U0629744

本书为国家哲学社会科学基金青年项目
"明末清初《诗经》注本与学术史研究"（项目编号:17CZW032）的资助成果

致远学术文丛

明末清初
诗经学研究

History of *Shi-jing* Learning from
Late Ming to Early Qing Dynasty

于浩 著

社会科学文献出版社
SOCIAL SCIENCES ACADEMIC PRESS (CHINA)

序　一

　　于浩的《明末清初诗经学研究》以其博士学位论文为基础，扩充完善而成。数年之中，于浩从博士生而为教师学者，其间他申报和承担国家哲学社会科学基金青年项目"明末清初《诗经》注本与学术史研究"，五载精研，更进一层，对明代万历中期至清代雍正时期一百二十余年间的《诗经》研究情况进行了全面的梳理和总结，最终勒成此书，都五十余万言。于浩当年入我门下受业，于《诗》之经学已有根基，我们师生相从讲习，往复质问，相与辩难，他毕业远赴任教，辄有一得，我则听其分享。可以说，我随同经历了他产生问题意识，推进研究的全过程。今其书就，先得而读之，谨此略陈谫陋，聊附骥尾。

　　《诗》之学，于古经尤为显学，盖夫子谓"不学《诗》，无以言"，又谓《诗》之兴观群怨，可"迩之事父，远之事君，多识于鸟兽草木之名"，儒家视《诗》为教化所在，有根基之重。《诗》之言文，其事则时代早远，本事渺茫；其义则拟物缘情，理义无达诂；其文则训诂、制数、名物繁夥，又说经与他经交涉出入，儒者称义纷驳，饱学之士考说多端，故王应麟有"格物之学莫近于《诗》"之语；其辞则粲然可读，文学之士所乐讽诵。沿习而下，抄刻繁频，历代注说，有汉有宋，洎后有清，各相立异驰骋，叠床架屋。注《诗》说《诗》，成为时代学风的试炼场和风向标，而观《诗》注《诗》说，则为观察时代学术之迁演、眼脉之转移、涂辙之异同，提供了良好的视角和材料。

　　当年，于浩定立明末清初诗经学为博士学位论文话题，本初的问题意识是欲从明清之际《诗》学的角度，探究清代考据学术展立的先声和前提，表暴其形态和"活态"。清学考据之兴起是中国学术史一大事因缘，一代学风掖转，从现象上看，与前代大相径庭，涂辙迥异，引起后代探讨，虽为百年旧题，至今仍颇具兴味。学者各具只眼，从明清的社会环境、治统之变，到学术内在之转圜，乃至文化交流的影响，迭有论说。"汉"之学与夫"宋"之学，又是织组在清学中的核心问题之一。于浩开初将观察点设定在陈启源《毛诗稽古编》和吴中尊古"汉学"意识兴起之间的联系，一者以《诗》之经学为中心，一者以晚明吴中士人之尚古为中心，试图揭明清初江南文化和学风的内在迁衍，回答清代考据学兴起之话题，并由此假设，把眼光上移到中晚明时代的精英文化和学术好尚。但他随即由对陈启源《毛诗稽古编》的观察，关注到其与朱鹤龄进而与钱澄之的差异，开始研讨清初学风中"汉"之于"宋"的话题，由此以朱子《诗集传》为基点向下看，以清初《诗》学为基点向上看，参伍综核，关注到晚明到清初《诗》说中尊朱、订朱、反朱的纷驳现象，以至于"以理说《诗》"的衰亡；同时又由钱澄之、朱鹤龄等上溯到郝敬、何楷等人《诗》说，解释明末《诗》学试图回归古义，以古义立新诠的新风格。论文之所讨论日显丰盈，已颇溢出原本的研究意识和话题，最终成为一部明末清初《诗经》学的学术史。

于浩继续耕耘有年，呈现在此的专著，相较过往，又有显著的扩展和深进。观其梳理和总结，涉及《诗》学著作90余部，专门讨论者近30部，新增了章节。讨论所及，延括了尊序尊朱之争、尚博征实之学的兴起、《诗经》考证的演进、义理兴趣的衰微、科举注本的广泛流行、商业文化与学术的互动、官方《诗经》注本的传播等诸多话题，而始一终亥，线索不散。读而观之，其书有一些显明的特点。

就学术史研究来说，勾勒学术背景，总结学术观念，分析成就得失，对后世之影响，固为应有之宜，但解释时代学术的内在脉络和"活态"才是学术史研究的旨趣。此书对郝敬、何楷对于清初学界影响的描述，对朱鹤龄、钱澄之二人著作中的何楷学术印记的分析，揭示邹忠胤《诗传阐》在伪书考辨上的贡献，以及对姚际恒《诗》学观念的影响等，读之有致。又前此论者多将朱鹤龄、钱澄之、陈启源并提，认为三者较为接近，是学风变化之代表。于浩则注意到三家《诗》学之差异：朱鹤龄、钱澄之说《诗》虽言"尊序"，实多承宋儒；而陈启源说《诗》稽古尊汉，跳出"尊序"抑或"尊朱"的视域，直接从毛传入手，以古注、训诂、音声之法析义、考辨、校正。其书屡经惠栋、钱大昕、段玉裁表彰，传抄甚广，实为清代《诗》学风格的开创者，其方法和理念开启后来"汉学"法门，也令人读之称快。

此书能注意到以往学术史研究视域中"主流"之外的学者与著作，细加探讨和彰表。史上不少学人及其撰述，不为当世知赏，后世亦鲜推重，声光暗昧，若纯从学术史研究中"里程碑"和"巨链"式的观察眼光考量，也缺乏学术上的典范性和代表性，但这些人及其撰述，或以其新变隐蕴发萌新风，或以其因循时习体现时代风尚，对于理解士人群落和学术"生产"的"活态"极有意义。就此书所论及，前者如冯复京《六家诗名物疏》对考证兴趣兴起的影响、邹忠胤《诗传阐》在辨伪上的贡献等；后者如明末大量刻行的质量不高、转相剿袭的《诗经》名物注本、科举注本，往往反映时代学术取向，透露学风转向的讯息。例如，书中通过讨论《诗经》名物注本，发现其编辑和刊行与明中期以来私人编撰类书的兴趣有关，不少名物注本汲取类书，编者亦与同时类书的编刻者互通声气。不论是类书还是名物注本的编者，都反复标榜博学广知的重要性，并以朱子博学一贯之说为号召，批评空疏不观的浇弊，甚至科举考试也曾受此尚博风气之影响。虽然这些名物"考证"之作舛驳不精，但真实地呈现了某种"风气"，其广泛贩播，也对学林有所影响。

于浩撰写博士学位论文之时，曾对清代康雍乾时期的御纂诸经"汇纂""折中"等官书予以重要关注，但限于问题意识和成文篇幅，约略说之，论之未详未畅。此书较之博士学位论文有所提升。例如，对李光地、方苞与康熙官修《诗经传说汇纂》的密切联系的揭示，由《诗经传说汇纂》的衍生通俗刻本说及对清末方玉润《诗经原始》成书的影响等。该书对科举《诗经》注本的讨论也是一个特色和亮点。书中认为，很多所谓的"《诗经》文学阐释"其实就是科举文化的产物；科举《诗经》注本还常注意风气，也反映了风气的变化，尤其到明末，注意"经世致用"，颇多历史评论；明末复社兴起，复社成员多参与科举类经书文本的编纂，故明末科举类《诗经》注本中有极多与复社及晚明党社运动的相关材料等，颇令人耳目一新。

　　此书亦有可商榷之处，略举片言，以就教商量。例如，对于朱子《诗集传》的批评，自其同时代便已经开始，马端临《文献通考·经籍考》即有说。书中关于明末《诗》学中尊朱、抑议朱子的转变等论说，视野可以更廓朗，不必都放在明末的考察中加以勾勒表现，庶免拘拘。科举《诗》学的知识形态和图书出版，《诗经》名物注本和考证兴趣的展开，终究受限于综论和章节，疏朗有之，而未及其余，周密备遍稍嫌不足，有待下一步放大、扩充与深密的研究和阐述。

　　综而观之，此书在明末清初学术史和《诗经》学史研究上，有坚实不俗的表现，既有宏大的问题关怀，又能具体而微地理析综核。虽然格于篇幅，而造为宏大的叙述，不免未尽酣畅，但肯綮既切，可称有为之作。学术史之研究在于以深描工夫，既表彰学术之理脉典范，又能呈示学术“当时”“在场”之活态，实事求是，别白有征，解释时代学术义法、范式之形成和走向，及其广大精微，盖所谓“觑理自外，可以知中”。于浩沿着这条路做了坚卓的努力和有益的探索，足堪称道和鼓励！我期待他在后续研究中充实覃思，扩大邃密，见乎隐，显乎微，有进一步的成就。

于　亭

癸卯季春之月于珞珈山

序　二

　　笔者自 1990 年 7 月 2 日进入台北南港"中研院"中国文哲研究所，直到 2020 年 6 月 30 日退休，总共在中国文哲研究所任职 30 年，在这个世代的学习与研究生涯中，接触了来自世界各地不同国家、不同地区的学者与学员，没有上千人也有几百人。然而，这些为数甚多的学者与学员在访问期满离开研究所之后，主动继续保持纯粹学术联系者，实属凤毛麟角，于浩就是属于这类在没有利益交换前提下，依然乐意保持纯粹学术联系的凤麟学员。

　　于浩为南昌大学中文系本科生，2006 年在师从曹旭先生的导师文师华教授指导下，以《苏轼〈东坡易传〉研究》一文取得文学学士学位，随后进入宜春文化局任职，一年后转而从事记者职业。由于发现自己对学术研究的喜爱，于浩在 2010 年考入武汉大学文学院古籍整理研究所"中国古典文献学"专业，回归学术研究之路，2012 年在该校专研《诗经》和《圣经》的李会玲教授指导下，以《先秦两汉引诗与释诗考》取得硕士学位；接着于浩在 2013 年考入专研佛典音义之学并精于数位人文研究方法的于亭教授门下，继续攻读博士学位，并自 2013 年起参与《古音汇纂》的编辑工作，独力完成 190 余万字的书稿。2015 年 9 月 1 日，在于亭教授推荐下，于浩以"明末清初诗经学研究"的研究计划，通过"中研院"的学术审查，来到中国文哲研究所进行学术访问，同年 12 月 31 日结束访学。笔者的学术专业以"诗经学"研究为重心，因此承担了学术交流等方面的接待工作，在短短 4 个月时间里，因为我们两人的研究室相邻、学术关注的议题相同且重叠，更因笔者和于浩都属于"研究室宅男"和"夜猫族"，是以笔者经常有机会与于浩进行实质的学术交流，对于浩的学术研究内容与研究态度相较他人确有更深程度的了解。于浩回到大陆后，继续"明末清初诗经学研究"，2016年6月以题为《明末清初诗经学研究》的论文通过学术考验而取得武汉大学文学博士学位，旋即受聘到南昌大学国学研究院任教。于浩在生活与工作稳定之后，并没有丝毫松懈，不仅完成了国家哲学社会科学基金青年项目"明末清初《诗经》注本与学术史研究"，以及主持江西省汉代文化研究项目"海昏侯墓出土竹书与汉代经学研究"，同时还改写博士学位论文准备出版。此种不惰不懈的学习认真精神，着实令人赞赏。

　　笔者在2000年探讨自1912年以后50年左右中国台湾学者的诗经学研究表现时，曾经花费时间阅读了台湾地区出版的诗经学专著175部、博士学位论文17篇、硕士学位论文99篇、学士学位论文11篇及近2500篇论文等的内容或摘要，意外发现这些研究成果中固然有许多值得注意的创新见解，但也发现不少研究成果，无论是议题选择、研究思考还是研究方法，几乎都只固守前贤提供的固定或标准的答案与范围，尤其是对《诗经》文学价值的肯定与对《毛诗序》代表的传统"诗教"功能的批评显得太过情绪化，因而笔者有了一些反思、建议与研究上的私见。笔者以为《诗经》的研究，至少可以分为"诗经学"研究与"《诗经》学"研究等两大类。"《诗经》学"研究系以《诗经》专著内容为对象的研究。"诗经学"研究则先以将《诗经》专著作为研究内容的"《诗经》学"为基础，进而扩展到所有涉及《诗经》内容的文献，可粗略概括为《诗经》本文的研究以及应用《诗经》的研究两项，是以此种"诗经学"研究实际上就是结合《诗经》专著和涉及《诗经》内容的整体性的研究。笔者还认为真正的"经学"研究也应该有类似前述"诗经学"研究内涵的基本认识，亦即经学专著和涉及经学内容等整体文献结合的研究方是比较完满的"经学"研究。当然，无论是范围狭隘仅以《诗经》专著为研究范围的"《诗经》学"研究，还是以包括《诗经》专著及所有涉及《诗经》的文本为研究及文献对象，范围较为广阔的"诗经学"研究，都是经学研究的分支。若就"诗经学"研究范围进行思考，必须了解的基本问题，至少包括"诗经学"的本质、"诗经学"的终极关怀、"诗经学"研究的范围、"诗经学"与儒学的关系、现代"诗经学"研究的背景、现代"诗经学"发展的优势与阻碍、

"诗经学"与现代学科的关系、现代"诗经学"研究的方向……对这些基本问题的不同认知，自然会直接或间接地影响到研究时的思考与内容。

就经学整体范围的基本认知而论，大致可以粗略地将经学研究的内容区分为"实践性"与"学科式"两大类，更可以依照研究内容更加细致地分类，即包括学术面、政治面、通俗面、实践面这四个不同研究层面的区分。一是学术面的研究，指现代西洋学术分科意义下的经学研究，这是纯粹从知识求真层面进行的探讨。例如，一般文献学或历史学等相关议题的研究，这是属于"学科式"经学研究的范围。二是政治面的研究，主要讨论经学为何与政治发生关系以及经学与政治之间相互为用的关系。例如，有关儒家在传统政治中的地位与作用的研究、针对某位经学家的政治立场与政治主张等相关议题的研究，都属于"实践性"经学研究的范围。三是通俗面的研究，重点探讨经学如何传播渗透而落实到整个中国社会，以及扩散到其他周边国家与地区的情况，如韩国、日本、越南、琉球（琉球与日本在历史上有别）等地区。例如，探讨经学对一般民众是否具有实际影响力，如有影响力则透过何种方式产生作用，属于"学科式"经学研究的范围。四是实践面的研究，深入探讨经学内容与实践之间的关系以及实践功夫内涵的相关议题，包括个人的品德修养与群体伦理持守之类的内容，这是基于求善层面的研究。主要思考经学文本与实际行为之间的关系，传统经学家何以能够毫无怀疑地确立经学文本与实际行为之间的必然关系，亦即传统经学家根据何种预想而认定经学文本必然实质影响到读者的思想与行为？现代人又如何确定经学文本与传统文化之间的关系？传统文化表现的内容都可以归入受到经学文本的影响吗？或者那些传统的思想内涵或行为表现才是受到经学文本影响的结果吗？经学文本中哪些是中国文化独有的，哪些是多数人类社会共同表现的思想与行为？亦即传统中国人有哪些思想与行为确实是受到经学文本影响才出现的？经学文本的此种影响是透过何种方式实现的？产生影响需要哪些相互配合的必要条件？这些方面的议题当然都属于"实践性"经学研究的范围。

若以前述思考为前提，将其落实到诗经学实质研究的情况而论，就可以根据"一般性经典"和"神圣性经典"的不同地位，以及不同诠释家派在不同时代的传布与地位的实际表现，将周代到当代的诗经学研究发展区分为若干个阶段。一是周秦到汉武帝（公元前 156～前 87 年，公元前 141～前 87 年在位）之前《诗经》为一般性"经典"的阶段；二是汉武帝之后到郑玄（127～200 年）之前，《诗经》成为儒家专属经典，儒家后学积极推崇并圣化孔子和经书，然后再经由纬书的神话性建构解读，《诗经》乃成为具有"圣性"与"神性"双重本质的"神圣性"经典阶段；三是郑玄以后到初唐时代，郑玄以古文诗派为主并结合今文诗派，将两家《诗经》文本与解说融为一家之说，《毛诗故训传》和郑玄《毛诗笺》成为最重要的解读主流，然后贞观十六年（642）孔颖达（574～648 年）等奉诏再融合不同学者的诠释而成《毛诗正义》的阶段；四是初唐以后到北宋之前以《毛诗正义》为诠解唯一主流的阶段；五是北宋以后到朱熹（1130～1200 年），《毛诗正义》逐渐受到质疑并被修正，最后朱熹综合对《毛诗正义》的质疑而成《诗集传》的阶段；六是朱熹以后到元仁宗（1285～1320 年，1311～1320 年在位）时期，朱熹的《诗集传》由南方逐渐向北方传播，最终被全国接受，朱熹的诗经学从一家之学成为学派之学，再成为与《毛诗正义》共同分享官学的发展扩散阶段；七是元仁宗以后到明太祖（1328～1398 年，1368～1398 年在位）洪武十七年（1384），《诗集传》逐渐超越《毛诗正义》而成为独占《诗经》诠解地位的阶段；八是明太祖洪武十七年以后到万历年间（1573～1620），朱熹《诗集传》完全取代《毛诗正义》，成为独占《诗经》诠解唯一主流的阶段；九是万历以后到清代结束（1911 年），《毛诗正义》再度受到重视，成为辅助《诗集传》解释的官学，两家解说的"市占率"逐渐趋于平衡的阶段；十是中华民国建立（1912 年）到现代，以西方学术概念重新解读《诗经》，百家杂说并起的阶段。如果略去周秦与现当代，就可以根据解读《诗经》的不同主流立场，粗略地区分为"《诗经》汉学"与"《诗经》宋学"两大流派，观察两派相互消长的状况；略去少数特殊人物，《诗经》诠解者大约从北宋开始就逐渐出现一个与全然接受或有限度接受毛郑《诗》者针锋相对，强烈质疑《毛诗序》是不是圣人之言，并根据学者个人理解，重新诠释《诗经》的倾向，朱熹《诗集传》即秉承此强烈质疑观点而集其大成的《诗经》诠解本。不过，在朱熹生存的时代，《诗集传》被接受的程度实际上远远不如认同毛诗的吕祖谦（1137～1181 年）的《吕氏家塾读诗记》。朱熹过世之后，经由其弟子门生等后学及爱好者的宣扬传播,然后在南宋灭亡之际的历史偶然因素下,本来主要流传于长江以南的朱熹之学有机会渡江而逐渐成为流行于全国的学术门派,最后更因为元朝官员与皇帝的支持而成为学术主流,《诗集传》就在朱熹之学成为主流学术的历史情境下逐渐进入官学系统而成为获取利禄的科举考试的重要工具。

就诗经学的发展历程而言,《诗集传》首先在元代渐渐与《毛诗正义》分庭抗礼,到明成祖(1360~1424 年,1402~1424 年在位)永乐十三年(1415)官方编纂《诗传大全》并颁发全国后,《诗集传》的诠释完全取代了《毛诗正义》的地位,成为官方考试或平常引用唯一的解说标准本。从成化末年的 15 世纪开始,丘濬(1421~1495 年)、黄瑜(1426~1497 年)、王鏊(1450~1524 年)、祝允明(1461~1527 年)、许诰(1471~1534 年)、桂萼(1478~1531 年)、吕柟(1479~1542 年)、袁仁(1479~1546 年)、何景明(1483~1521 年)、杨慎(1488~1559 年)、黄佐(1490~1566 年)、唐顺之(1507~1560 年)、顾天竣(1562~?)等人在自己的文章中及同朋友的通信中不断地称美《毛诗正义》的价值,使得与杨慎关系密切的陈凤梧(1475~1541 年)、李元阳(1497~1580 年)和江以达(1502~1550 年)等人两度校刊《十三经注疏》,最后更影响到万历帝(1563~1620 年,1572~1620 年在位),他命国子监重修《十三经注疏》并颁发各地学宫,间接承认《毛诗正义》解说的地位,于是《毛诗正义》又重新进入官学教育系统。即便如此,《诗集传》的解读依然是官方学术最终的判准。到清代雍正五年(1727)颁布《诗经传说汇纂》之时,虽已对《诗集传》部分内容提出质疑,并附录不同解读的内容供读者参考,但官方考试的要求依然以朱熹的解说为主流,直到乾隆二十年(1755)完成的《诗义折中》,才没有再出现特别推崇《诗集传》解说之处。清代官方一直没有脱离以朱熹解说为主的宗旨,光绪十五年(1889)在王懿荣(1845~1900 年)推荐陈奂(1786~1863 年)的《毛诗传疏》之际,朝廷似乎有转向支持毛诗的倾向,但最后还是不了了之。因此就清代而言,《毛诗正义》在官方的地位与功能大致是补充或纠正《诗集传》不足或疏漏,不过在许多学习研究《诗经》者的眼中,《毛诗正义》已经可以与《诗集传》分庭抗礼了,乾隆朝以后民间部分学派甚至反过来以《毛诗正义》为主,进而批判《诗集传》

的不足与疏漏。但这也只是在形式上看起来好像《毛诗正义》的地位与官学的《诗集传》几乎相近而已，实际上清代官方从来都没有放弃以《诗集传》解说为标准答案的坚持。虽然民间爱好毛诗者越来越多，但官方从来没有真正放弃过《诗集传》，同时那类爱好《毛诗正义》的学者最初接受的《诗经》诠释必然是科举考试必考的《诗集传》，因此清代不可能存在不阅读或不受《诗集传》影响的诗经学者，清代此种官方《诗集传》和民间毛传共存共荣的实况大约从乾隆朝就已经开始，直到清代灭亡。进入民国以后，由于蔡元培（1868～1940年）担任教育总长时，下令在正式教育体制内，高中以下的课程设计取消所有与传统经学相关的课程，因此《诗经》也就没有官定解说的问题，诗经学界因而形成百家争鸣的状况，不过最普遍的参考阅读书目依然非《毛诗正义》与《诗集传》莫属。但民国以后的《诗经》研究者在研究认知与意图上与传统学者已经大大不同，如果根据研究者的终极关怀加以区分，就可以依据诗经学研究者的表现分成以恢复传统经学义理实践为追求目标的"实践性诗经学"和以现代西方学术分科为前提，以追求文本学科知识内容与历史事实真相的学术价值为目标的"学科式诗经学"两种研究类型。提倡或认同"白话文学至上"等一类"学科式诗经学"的研究者，由于朱熹质疑与自主的解说精神，较合乎受到讲求理性与尊重个人价值的启蒙主义影响的现代学术独立和尊重个性自由的观点，《诗集传》又有部分符合现代西方学术分科意义下"文学性"的内容，《诗集传》因此成为民国以后"学科式诗经学"研究者研究或解读《诗经》的重要传统资源。《毛诗正义》在清代虽然没有取代《诗集传》的官学地位，但学术地位逐渐提升则非常明显，民国以后更因诗序传达的义理内涵比较符合认同传统经学具有经世致用功能研究者的需要，成为许多"实践性诗经学"研究者研究之际的重要资源。

就诗经学发展的整体角度而论，汉武帝以后"三家诗"最受推崇，东汉末期毛诗逐渐得到全面性的接受，唐代达到巅峰而成就集其大成的《毛诗正义》。北宋后《毛诗正义》的典范地位开始受到质疑，质疑的成果汇聚为朱熹的《诗集传》。元代以后《诗集传》逐渐被接受，进入明代达到巅峰而有《诗传大全》的问世。从此以后《毛诗正义》地位逐渐低落，甚至成为无人阅读的"废书"，直到明末才又"死灰复燃"，但也只是《诗集传》的旁衬而已，最终还是无法摆脱与《诗集传》平分诠释的地位。从这些事实来看，可知宋代以后诗经学的发展固然与前期的诗经学脱离不了关系，但这时诗经学的研究重心已从独重《毛诗正义》的态势转移到逐渐崇重《诗集传》，最终《诗集传》的地位超越《毛诗正义》。《毛诗正义》固然在明代万历以后又逐渐受到注意而得到重视，到清代乾隆朝以后，其地位似乎又可以和《诗集传》比肩，得益于不少乾嘉时期学者的大力提倡与传播，《毛诗正义》似乎又再度成为诗经学的主流，实际上《诗集传》依然是清朝的官学。虽然《毛诗正义》相比明代和清初时期受到较高的重视，但在传统学术必须与政治相依存的状况下，并非官学崇重的《毛诗正义》仅能成为补苴《诗集传》不完美的旁衬，最多与《诗集传》平分秋色，再也无法像宋朝以前那样独占《诗经》诠解的典范地位了。从一般历史线性意义下诗经学发展的常识性观点来看，虽然宋代以后的《诗经》诠释与汉唐以前的诠释在经世致用的终极关怀上有共通之处，但在方法、重点及对本质的认知等诠解方向上确实已有所不同。《诗集传》出现以后，诗经学发展就是在有别于毛诗诠释典范的前提下，经由不断扩散传布而逐渐将《诗集传》形塑成另一个诠释典范的过程。在《诗集传》这个经由反抗而终于反对，最后独立并取代原有典范的过程中，当然有许多需要厘清或值得研究探讨的问题，这些问题也的确引起不少现代学者的研究兴趣，出现不少具有创见的研究成果。不过观察前贤这类研究的实际表现，可以发现多数学者采取的研究方式，不是对某本专书的研究，就是对某位学者的专门研究，较少有结合或针对学术群体、相关学者、有相互影响或渊源关系的论著等整体环境，进行比较大范围的研究，至于较长时期的一朝或一代及跨朝代的历史研究更属少数中的少数。至于研究的对象，多数研究者只挑选某位、某几位或某本，早已被学界公认较有学术成就或价值的学者或图书，从事孤立的分析论述，很少见到融合相关影响学术的条件，诸如政治、经济、教育、制度等背景因素，进行必要的联结性分析探讨，因此多数研究成果仅是对单一的"点"的说明，仅能表现某一孤立的学术状态，既然对同一时间内不同空间"面"的照顾都很缺乏，则"史"的发展意义下的"线性"联系自然也就更无法进行有效的联结，至于综合"点"、"面"与"线"等成"体"的诗经学研究就更不用说了。

就诗经学研究的进行而论,前贤在"点"方面的研究贡献其实正是从事"面"的研究以及进而联结成"线"成"体"的研究之重要基础。基于前述认知,笔者因而以为应该可以在前贤建立的既有良好基础上,更进一步地进行"面"的整体性研究。以宋代以后诗经学的研究为例,在以"面"的整体研究为前提的思考下,研究之际可以注意到的问题大致有《诗集传》如何传播,《诗集传》如何取代《毛诗正义》而流行,《诗集传》流行的层面与区域如何、形成此一结果的原因何在等。此外,还可以针对被现代学者选为某个时段典范代表的研究对象进行实际影响状况的确认观察,辨明其在现代诗经学界认定的地位是"历史表现"事实的陈述,还是"后世追认"的虚假建构结果;重新厘清这些现代学者重视强调的诗经学研究对象在学术创见上有没有特殊贡献;在其出现时代有没有影响力;在诗经学发展上实际的影响状况如何。需要对前述现代学者所重视的研究对象进行重新观察,探讨其在所生活的时代是否被接受、被接受的程度如何,在其时代是否真的具有代表性,会不会被现代研究者"以后律前"地加以误解等,只要是探讨任何学术发展的研究,都是属于"史"的强调的研究,必然都要重视可以有效证明连续性的证据,前述追问的目的就在于可以提供较为有效的论证,用以证明诗经学前后之间确实存在"传承"或"影响"的关系,因此研究之际,除了须注意时间的先后、思想义理内涵的相似性外,还必须能够举出足以说服读者的证据,也就是这些证据在"实证"层面及"数量"上必须具有足够的说服力。这也是在前贤研究基础上可以再进一步研究的内容及方法。

以前述研究方式观察宋代以后诗经学相关议题的研究,可以发现多数研究缺乏对整体"面"的照顾,这导致无法形成"史"的整体内涵。此种缺漏的出现应该是受到研究态度和研究方法过分单一化的影响,因而缺乏多元观点与视角。为了排除这类"有面无史"的缺陷,进而做更全面的深入研究,以便获得更确实、更可信的研究结果,笔者以德国"完形心理学"(Gestalt Psychology)的"整体"概念及英国宗教学家希克(John Hick,1922–2012)的"多元观"为旨,并立基于"学术公平主义"和"学术互动互惠",从"整体情境"的了解与"传播接受"的角度,尝试建构了一套探讨学术传播流传扩散实情的研究方法,笔者称之为"整体情境传播研究法"。这个研究方法的背后根据是从"符号学"（Semiotics）的角度，吸收转化"语库"（language）、"互文关系"（intertextuality）与"结构主义"（structuralism）等整体概念，依据"部件"、"系统"和"关系"等的系统性互动，透过引录形式的统计、比较、分析，借以论证学术发展变化的研究方法，由于此法的研究重心是传播扩散，主要是透过外部可验证的数据论证分析，虽也重视"质"的内涵，但整体上还是比较倾向"量"的分析，故而也称之为"经学外部研究"。"整体情境传播研究法"的主要思考内容有三：一是重视"点"的扩大影响、"线"的连续发展、"面"的一体贯通；二是结合"精英文献学研究方式"（学术创新的研究）与"普通传播学研究方式"（流行影响的研究），即既重视精英学者创新的研究成果，也不忽视一般群众共识的陈腔滥调，以及扩散融入非经学著作的情形；三是注意结合政治、教育、心理、社会、家族、出版，以及个人背景、时间、区域文化、经济差别等相关因素的互相影响。在研究内容上考虑三个主要层次：一是就具有影响力作者而言的"传播影响研究"层次；二是就当代或后代接受者而言的"选择接受研究"层次；三是就学术长期功能而言的"历史效应研究"层次。在实际操作上要掌握两个基本原则：一是必须了解学者个人的学术渊源、生活经历、社会观感、政治评量等内部思考因素；二是考察当时的学术风气、社会状况、地域差别等外部环境因素。

　　强调"内部思考"与"外部环境"的理由在于，无论就传统学术"致用"的实践性本质要求而言，还是就现代知识性学科的学术研究要求而言，学术的实践与学科研究的有效性与价值性都必须落实到学习者、研究者生存的实际时空，才能产生实质的意义，这也是历史研究必须考虑的"回到历史现场"的基本要求。无论生存在哪个时代的学术研究者，都不可能在完全脱离当时现存世界的状况下进行"真空式"研究，即使仅从学科式追求知识的角度思考，研究者的诠解分析也必然带有研究者自觉或不自觉的文化与环境的效应作用，何况必须确实落实于日常生活的实践性传统学术，其与生存环境的密切关系就更不用质疑了。因而，对研究者自身及相关背景环境的理解自然成为研究者从事研究之际必要的认知过程。在研究态度上，则要求对于研究议题与研究成果的评价尽量摆脱"成见"、"私见"与"旧说"的束缚，秉持一种"既不相干"但"相互尊重"的客观立场，根据实际可信的证据发言，不将"可能性"绝对化地变为"必然性"，下判断之时尽可能自我反省，检查是否受到不自觉存在的"前解释"影响或干扰，这应该是从事学术研究时应当遵循的基本原则。研究者若能秉持前述研究态度与方法，应该比较有可能站在前贤既有的贡献上，更进一步弥补与纠正前贤不足之处。

就入民国后的学术环境而论，不可否认的是20世纪初如胡适（1891～1962年）、鲁迅（1886～1936年）等认同欧美与日本现代化的学者对经学妨碍中国现代化的负面批判，经学几乎已成为边缘学术的历史事实。不过历经百年批判的激情之后，似乎也应该进行必要的反省。例如，学者们认定的妨碍现代化的经学因素确实是妨碍中国现代化的因素吗；如果真的如此，则这些因素是否已完全消除，若无法消除则原因何在。除此之外，当然还可以用比较客观公正的态度重新面对经学，思考经学对现代社会或学术是否还具有正面价值。例如，经学过去学术表现的意义与价值云何，促成经学学术发展的条件与因素是什么，经学过去的表现是否可能具有现代的意义与价值，比较有效的执行经学义理内涵的实践方法等。这当然是从实践性经学层面进行的思考。以民国初年新文化运动带动的"反传统"及其引发的"疑古"等思潮为例，不仅仅在知识上改造了传统学术的认知与研究方式，更重要的是改变了传统经学知识和实践之间的必然性关系，在经学知识与经世致用之间画了一道既深且宽的鸿沟。原因就在于整体社会对知识共同认知而产生的环境气氛必然影响到个人在面对经学文本传达的规范性义理内容时，自然兴起的认同或排拒、接受或唾弃等心理反应。影响实践知识意愿最基本的因素主要是读者对该知识实践可能性的认定，影响实践可能性认定强弱的最重要因素必然是认同而非质疑，认同才有可能接受，接受才有实践的可能。接触之后的选择、认同、接受、实践等在社会群体间普遍性认知的深浅，必然和整体社会存在的共同气氛关系密切，当整个社会都同意某种知识具备实践价值甚至必须进行切实的实践时，生活在此社会中的群众大致也会努力想办法执行。经学义理在传统中国社会是社会共同认定可能且值得实践的规范性知识，生存在此种社会境况下的中国人不仅对经学义理的认同度高，实践的意愿也同样高昂，经学在传统中国社会确实是隶属大众化的实践性学问。入民国后，欧美二元对立及乐观社会达尔文主义概念被引入中国，一切价值重新估量，传统既存价值遭到怀疑。蔡元培当教育总长时，又下令全国中小学停止经学相关课程，于是经学从独占学术尊位的学问变成无法统整为学科的零碎知识，甚至还有许多人到今天还不承认经学具备独立学科的地位。整个中国社会在知识上逐渐对经学疏离陌生，对经学的认同度逐渐降低，实践经学的意愿当然也就不复存在，于是经学从原来隶属于大众实践性规范性的学问，变为特殊群体小众化保守性的学问。在传统中国社会境况下，读者在心理上对经学的认知状态是主动接受、认同依赖且不反对实践的对象；进入现代社会后读者对经学的心理认知状况是：被动强迫、排拒唾弃且令人厌恶的对象。既然在心理上无法接受，就不可能产生认同，没有认同也就没有选择、实践的可能性，这就是传统经学和现代经学在内涵上的变化与差别。

在现代社会，无论是从经学自身学术发展的角度论，还是从与其他学科竞争的方向论，经学的地位与研究的意图，自然再也无法像过往一样仅仅坚守在自我建构的自我感觉良好的堡垒中即可存活。比较可喜的是大陆学界从 20 世纪 80 年代开始就有意识地进行学术转型，故而无论基于学术的统合竞争，还是拓展不同学科的对话，现代经学研究者都必须考虑到经学现代意义与价值的发扬，并寻求与其他学科进行有效对话的可能。因为现代经学的研究者不可避免地需要实际面对不同学科的挑战，更需要与研究领域相同却拥有不同世界观、价值观的研究者，以及或者深入或者奇特甚至荒谬等的研究成果，进行必要的交流或学术争辩，必须如此才有机会学习到沟通或学术争辩的能力，才能够较为有效地吸收融入竞争对象在研究方法与知识表现上的优点，以及弥补自己研究过程中的阙漏，并能够了解自己与之争辩、沟通、竞争等的对象在研究上出现的问题，从而提高自己的研究能力。这些争辩与沟通、竞争等的对象，除中国本土的研究者、留学外国接受不同研究方法与意识形态训练的学者外，当然也包括那些留在外国学术界的华裔学者，以及那些有不同文化背景的外国汉学研究者。因而，了解国内外不同学科的相关研究状况，举凡研究成果、研究方法、研究议题、意识形态、研究发明、研究贡献等实际的表现，都是现代经学研究者必须具备的知己知彼的基本功夫。

现代经学研究为了符合现代学术行政科层管理的需要，当然无法脱离也没有必要脱离西方学术分科的规制，但也不能完全忽视传统经学本质性的实践要求，因此在西方学科分类的意义下加入"实践性经学"研究的内涵，可以有下述几种不同的研究方向或范围。一是儒学意义下的经学研究，从后代的综合角度来看，大体上儒学的官学化就是经学，在这个最基本、最简略的意义下，"儒学"的范围大于"经学"，因此经学家必然是儒学家，但儒学家不必然是经学家，儒学家固然拥有各自的经学思想，但如果没有经学典籍方面的著作，即不能归入经学家，例如某些宋明理学家，可以看作儒学家，同时也有自己的经学思想，但因为没有经学典籍方面的专门著作，所以不能归入经学家。这个视野下的研究内容大致上就是一般有关经学本身的问题，包括个别学者的经学研究表现，以及群体或整体的经学形成、传播、发展与表现等方面，都在此范围内运作。二是中国学术意义下的经学研究，主要探讨经学与其他学术之间的渗透、互动影响等关系，如经学与文学的互动关系、经学与宗教的互动关系等，例如经学与小说、戏曲，或经学与佛教、伊斯兰教、基督教之间渗透、互动关系研究等，大致均属此范围内的研究。三是中国汉文化意义下的经学研究，主要探讨经学对社会生活产生的影响、作用，在此视野意义之下则所有儒学家的经学思想以及其经学思想与行为的关系，如人际、伦理、政治、道德、修养、思想、教育等涉及实践应用的表现，均可以纳入此研究的范围之内。这是一种以"中国文化为中心"的研究视野，当然还可以进一步从"以中国人为中心"的视野进行研究，探讨中国人的行为表现与经学之间的关系，了解中国人的行为与思考中的哪部分是受到经学影响而特别不同于其他文化的思想行为表现。四是东亚文化圈意义下的经学研究，主要讨论韩国、越南、日本、琉球等受到中国儒家思想影响的周边地区，涉及经学研究的状况，包括传入接受的问题、发展传播的问题、诠解内容的问题、诠解特色的问题、出版阅读的问题等，这是一种抱持"以东亚立场为中心"视野的研究方式。五是世界学术文化意义下的经学，探讨世界各国经学研究的状况，这当然涉及传播、翻译、诠解等问题，必然也涉及影响问题。在这个研究类型中，传播和影响是既相互关联又相互区别的两个领域，"传播"的重点在于探讨西方学者对中国文化典籍的翻译、介绍和研究，必须先通过这些学者的认知、翻译、介绍与研究，才有可能出现所谓"汉学"；"影

响"的前提是"接受","接受"的前提是"选择","选择"的前提是
"接触","接触"的前提是"传播",没有"传播"也就不可能有"影响"
了。在"影响"的前提下,还能进一步探讨"汉学"如何突破研究者所在
国的学术边缘地位,因而进入该国主流学术的论述,亦即探讨"汉学"在
"汉学"学术圈外的作用,其中可以包括诸如"汉学"在该国的思想家和
艺术家之间产生的作用等。六是全球化意义下的经学研究,这是居于一种
"全球化视野"下的研究考虑,将经学放在整个世界人类的历史文化脉络
中,以了解并说明其价值与意义,大致接近所谓"全球伦理"研究的方式。
研究背景的基本设想就是"以全球为中心"的"整体性视野"与"立基于
公平性"的研究考虑,在此意义下的研究,重点不在于追究研究对象如何
表现随顺中国经典本有意义的解读,而是放在其表现不同于中国文化母体
的"异义"上,亦即将重点放在探讨透过不同文化素养与环境之中跨文化
间"误读"的表现上,中国传统经典到底还有哪些未曾被开发出来的意义
与价值,此种研究视野才是研究异文化交流的正常表现。此种对"相异点"
的强调,除了可以借用"他者"的眼光来"阅看"自己的理由之外,同时
也涉及一个文化交流的复杂过程,任何文化接受外来文化必然是一个按照
自己的需要与理解选择的过程,不可能接受自己完全不理解与不需要的东
西,有时候甚至还会按照自己的需要主动"改造"异文化,透过此种"文
化过滤",就形成了"歧义在同一层面共存"的现象。可知中国经典进入
他国文化语境后出现所谓"误解""歪曲""改造""变形"等"相异"的
诠解,不仅是正常的反应,也正是该国"汉学"特色的表现,这种异国特
色正可以用来与自己和本土的研究进行对照,透过第三者眼光的比较检讨,
对经学研究者的思想开阔与议题的开发必然具有正面的促进作用。虽然这
些不同范围与视野的研究有内在的相关性,但它们也都具有独立存在的研
究意义与价值,故而并没有先后次序或上下高低层次的差别。这是从学科
分立的角度建构的不同经学研究范围与视野的状况。

最后就研究文献采用的范围而论,"诗经学"研究使用的文献与前贤多
数研究者的情况相当不同。以往经学研究者多数重视"经学文献资料"即
经书文本及其诠释性专著,经学专著之外的"非经学文献资料"在经学研
究上的功用与价值并没有受到经学研究者的重视,最多被当作可有可无的

辅助资料。所谓"非经学文献资料"指在诠释经学时引入来协助诠释经学文本内容的不同文本，包括史部、子部和集部等非经学的论著，以及十三经之外的经部典籍，例如《说文解字》、《埤雅》、《史记》、《汉书》、《后汉书》、《老子》、《庄子》、《易林》、道教论著、佛教经论、《山堂考索》、《本草注》、《楚辞》、唐诗等，这类"非经学文献资料"除了可以依据其引述的经书文本来探讨各经书的扩散及其功能、各经书传播扩散的实际表现之外，还可以用来探究何人何时引入经学专著，选择引入的理由何在，引入了哪些内容，引入的目的何在，引入后产生了何种作用，引入后的发展与影响如何，这种引录方式与引入的资料在经学研究上的意义与地位如何，这些问题其实与经学诠释内涵的整体发展关系密切。总的来说，对这些引录的资料内容、学派认同、增删变化等实际的探讨分析，当有助于对经学研究者在诠释方式、诠释内涵等选择接受实况的更深层的了解。

统合前述诸观点，"诗经学"研究，除探讨《诗经》专著整体表现的内容、思想，内容的来源，以及著作的成就、影响、价值等"《诗经》学"的普遍性问题外，同时还从具体落实"整体情境传播研究法"的角度，从整体与发展的角度，思考在诗经学研究范围内种种可能与切实可行的研究议题，然后将时间限定在宋代以后的《诗经》相关研究，通过思考和观察大致可以获得下述几大类研究。一是《诗集传》传播扩散的研究，探讨《诗集传》如何传播，如何被接受，如何成为官学，成为官学后的利弊得失，发展变化如何，影响如何，学者的评价如何。二是《毛诗正义》价值重现的研究，探讨《毛诗正义》何以再受重视，何时何地开始再受重视，何人或何群体重新提倡，重新提倡后影响如何，如何传播，受到哪些人或学派的青睐，对《毛诗正义》重视的意义又何在。三是《诗经》汉宋诠解系统比较研究，若将《诗经》诠解大略区分为以《诗集传》为代表的"《诗经》宋学"一系和以《毛诗正义》为代表的"《诗经》汉学"一系，则汉宋诗经学两派不同的解说内容价值高下状况如何，其中何人或何书的成就较高，何人或何书对后代影响较大，汉宋诗经学的发展有没有空间上的差别或特色。四是经学反向反馈的研究，探讨何书或何人的意见或解说被经学诠释者引入其注解，经由何人何时引入，引入后的使用状况如何，在经学研究上的意义与影响如何。五是经学与宗教关系的研究，探讨经学诠解者引述宗教论著（佛教、道教、基督教、伊斯兰教等）文本或思想观点的理由；经学诠解者引述宗教论著与观点造成何种影响；宗教论著引用经学文本或解说的状况如何；宗教论著引述经学文本或解说行为的理由与意义何在；宗教论著引述的经学文本有没有"误解""歪曲""改造""变形"等改写的表现；宗教性解说的引述改写是否反过来作用于经学诠解；宗教论著引述经学文本与解说的内容与行为是否具有经学发展上的意义；经学诠解与宗教论著双方面的引述是平等尊重的互惠关系，还是上下阶级的控制关系。六是经学与文学关系的研究，中国传统的经、史、子、集四部的分类乃具有价值与地位高下的差序分类，就是以经部为首而其他三部为辅，亦即第一级为经部、第二级为史部、第三级为子部、最下级为集部的一种学术分类。在经部中又以五经本身为首，以诠释五经的经学专著为辅，首与辅相加后乃形成所谓十三经。由于经部学术地位崇高，在传统中国学术中其他三部难免受到影响，这应该是个一般性的共识，史部与子部和经学的关系比较受到注意，至于集部和经学的关系，除诗作与《诗经》风雅诗教的关系等比较倾向于思想部分的研究受到注意外，经部与集部在引述关系上的实质状况如何，亦即经部与集部在"互文"关系上的表现如何，似乎并没有受到学者认真的关注，但经部与集部这两种不同部类的著作，除具备抽象思想的关系外，更具有文本引述的关系，这个研究设想就是立足于任何传统学术均无法脱离经学笼罩以及"互文"角度的前提下，探索诸如诗、文、赋、词、曲、小说、戏曲等文学创作与经学文本间的"互文"关系。在"经学与文学关系"的前提下，这类研究至少有两类功能。其一，了解文学文本应用经学文本的状况。这项功能探讨的目的首先是了解作者使用经学文本的状况，有助于探索作者的学术立场；其次是分析文学文本运用经学文本的实际表现，有助于了解文学文本写作的技巧；再次是归纳文学文本表现的经学诠释家派，可作为经学发展研究的实证性有效资料。其二，了解经学诠释专书运用文学文本的实情。这类探索的目的除了更有效地证实传统中国经、史、子、集四部在关系上乃不可分开的系统性结构外，还另外附带几项功能：其一，有助于了解经学诠释者的文学认同；其二，有助于了解哪些文学作品被认定具有经学层次的意义；其三，有助于了解哪些作家的作品最受经学家的注意。根据这些信息，进而有助于更深入地了解文学作家创作内容的精神、学术定位及传播状况。

　　于浩的学术研究主要偏重经学史、古典学术史等方向，本书探讨的重心即属《诗经》学史研究的范围，自然也属于一般经学史的研究范围。考察本书全文约五十万字，以探讨跨越明清二朝诗经学演变为重心的博士学位论文《明末清初诗经学研究》为底稿，经过修改和补充而成书。全书透过对90余部《诗经》学专著以及28部相关著作的了解与分析，对明代万历中期至清代雍正时期120余年间的《诗经》研究进行了较为全面的梳理和总结。就本书的研究表现而论，首先，本书借助学术史的研究方法，透过对冯复京《六家诗名物疏》、郝敬《诗经原解》、何楷《诗经世本古义》、邹忠胤《诗传阐》、朱鹤龄《诗经通义》、钱澄之《田间诗学》、陈启源《毛诗稽古编》、毛奇龄《续诗传鸟名卷》《诗传诗说驳义》、王夫之《诗广传》《诗经稗疏》、顾炎武《诗本音》、姚际恒《诗经通论》、康熙官修《诗经传说汇纂》等的深入讨论，勾勒这些学者的学术背景、总结各家《诗》学观念，并分析个别学者的学术渊源与交游，其著作的成就、得失、方法、观点及对后世之影响，最终衡定各学者在学术史上的地位，因而可让读者对这些重要学者有较为明晰的认识。其次，本书不仅关注学术发展过程中的"主流"，而且注意揭示并研究远离学术主流却具有学术价值或能够体现一时学术风气的学者及其著作等"潜流"。例如，冯复京《六家诗名物疏》对考证兴趣兴起的影响、邹忠胤《诗传阐》在辨伪上的贡献，以及明末大量出现的《诗经》名物注本、科举注本等，大有助于对当时学术取向及学风转向的切实认知。再次，本书相当细腻地勾勒出明末清初《诗经》学发展的演进过程。一是分析尊序风气的兴起及其原因，认为一方面是科举弊端等原因带来对朱子学的不满和质疑，另一方面是明末宗经崇古风气的影响。二是尊崇经典、古注，使更多的《诗经》学遗产回归学术视野。尊序是为了更好地尊经，并非完全尊信，故明末清初"尊序"的著作并不一定反对朱子。其中陈启源不仅跳脱出简单的"尊序"或"尊朱"的视域，同时还直接从毛传入手，注重用训诂、声音之法总结古注的义例与法则，分析词义，考辨名物制度，校勘经典文字，此种研究表现对清代汉学产生了深远影响。最后，本书将学术研究放在当时社会文化背景下加以考察，同时对当时具有代表性的学术现象进行了较为全面的讨论。不仅对当时诸多学术现象产生和消歇的原因、特点、影响等进行细密的分析说明，而且对当时伪书的流行与影响、名物之作的盛行、科举文化影响下《诗经》注本的刊行与流布、清代官方《诗》学的编纂与传播等诸多学术议题均进行了必要的研究和讨论，揭示了前人未发现的学术转变的重要信息。总之，本书乃立基于对重要代表性著作的深入研究和讨论，针对此时期学术发展的脉络、尊序尊朱之争、尚博征实之学的兴起、《诗经》考证的演进、义理兴趣的衰微、科举注本的广泛流行、商业文化与学术的互动、官方《诗经》注本的传播等诸多学术表现与现象进行了细致的梳理，详细分析了这些现象背后的原因及其对学术发展的影响。本书固然对某些《诗》家的讨论不够充分，也遗漏了对某些重要著作如朱朝瑛的《读诗略记》、张怡的《白云言诗》等的讨论，但通观所得的研究成果，确实对明清经学史、学术史尤其《诗经》学的研究者提供了许多前人未曾关注或探讨不足的有效答案，在研究方法上也具有示范作用，故而笔者以为本书乃相当值得相关学科研究者参考的学术佳作。

　　观察于浩此书的写作表现和笔者前述经学上的认知与反省，可以发现就学术范围而言，笔者和于浩大致有以下几个共通点：一则两人学术研究的专业领域相同；再则两人学术关心的研究范围相似；三则两人研究思考的理路相通。除此之外，笔者还认为于浩此书的研究议题具有学术价值，研究成果对相关学术大有贡献。故而当于浩询问可否为此书写序时，笔者毫不犹豫答应了，主要理由除了前述原因之外，更在于肯定于浩在学习与学术上的优良态度与表现，是以乐于承担写序之重任也。

杨晋龙

2022 年 12 月 18 日序于思玫秀影斋

目 录

Contents

1

绪　论

何为"诗经学"①？20世纪30年代，胡朴安先生在《诗经学》一书中做了定义：

诗经学者，关于《诗经》之本身，及历代治《诗经》者之派别，并据各家之著作，研究其分类，而成一有统系之学也。

胡氏又从三个方面加以解释。其一，《诗经》为古书之一种，"诗经学者，所以研究此古书者也。凡关于《诗经》之种种问题，以征引、思审、辨别、判断之法行之"。其二，诗经学者，关于《诗经》一切之学也，"《诗经》一切之学，即历代治《诗经》者之著作是也。……《诗经》一切之学，授受异而派别立，派别立而思想歧。思想之影响于时代、社会道德之变迁、国家政治之因革皆有关系焉。所以诗经学，一为研究《诗经》时代之思想，一为研究治《诗经》者各时代之思想，而并求其思想变迁之迹"。其三，诗经学是按学术分类而求其有统系之学，包括文字、文章、史地、礼教、博物等。②

胡氏所谈的三点，第一点其实是诗经学之性质，也包括诗经学核心的一些问题，如删诗、诗序等，第二点近于诗经学史，第三点是诗经学的内容。本书所要做的是诗经学史之研究，更接近胡氏的第二点，以"历代治《诗经》者之著作"为中心，研究所关注时代之学术，并求其学术、思想

---

① 本书为行文之便，将"诗经学"作为专门名词，故"诗经学"三字中《诗经》不加书名号。

② 胡朴安：《诗经学》，上海：商务印书馆，1930，第2~3页。

变迁之轨迹。诗经学史之研究，既要注意到时代之学术与思想，同时也不能不关注各时代学者对《诗经》主要问题、相关内容的讨论与考辨，也即胡氏所谈到的第一点和第三点。不过诗经学史的工作不是对这些具体问题加以考证和论述，而是关注历代研究的异同、发展及其流变，并加以提炼和解释。是故所谓诗经学史，当以学术史的论述为纲，以诗经学著作和学者为中心，考察历代《诗经》研究之内容、思想、方法，揭示其中的重要观点与发现，梳理学术源流，并及《诗经》著作与当时社会文化之关系。

自西汉以来，《诗经》为五经之一，立于学官，颁诸功令，其学说属于经学之范畴，因而历来对《诗经》的理解、阐释、校勘与研究都关切人伦政教、修齐治平，以诗篇来阐发经学大义。经学是诗经学的核心，由诗经学衍生出的文字、文章、史地、博物等学，最初也都依附于经学。① 历代学者考辨文字、考证历史故实和地理沿革、分析文辞结构，其最终目的大多仍是更好地诠解经义，并非有意立一语言文字之学，或有意以文学诗教解诗。故诗经学史的研究，宜切合当时学术发展之背景，不能以今度古，而须对古代学术带着一种"同情之理解"。

中国古代诗经学的历史大致可分为三期，一为汉唐诗经学，一为宋元明诗经学，一为清代诗经学。② 汉唐诗经学以毛传、郑笺、孔疏一系为主，另包含齐、鲁、韩三家诗，以及南北朝之音义与义疏学。宋元明诗经学则以朱子诗学及其羽翼之作为中心，包括北宋欧阳修、王安石、苏辙、程颐及南宋范处义、程大昌、吕祖谦、严粲、黄震、王应麟等诸家。清代诗经学则以乾嘉学术为中心，尤以陈启源、戴震、段玉裁、胡承珙、陈奂、马瑞辰、魏源等诸家成就最高。三个时期中，北宋为一过渡，明末清初为一

---

① 潘重规指出"《诗经》本身即为经学"，参见潘重规先生为林叶连《中国历代诗经学》所撰之序，载林叶连《中国历代诗经学》，台北：学生书局，1993，第1页。

② 徐澄宇在《诗经学纂要》中将诗经学分为汉学、宋学、清学三个时期，认为"汉学，汉人之学也。然派流所衍，迄于隋唐。凡说经者，无不以汉人为宗。今言汉学，不顾指两京，枝疏叶附，穷原竟委，俾学者识其巨要云尔"，其汉学囊括了唐代注疏。又将宋学分为三派："一曰废小序也，二曰存小序也，三曰专言训诂名物也"，其范围涵盖了元、明两代。参见徐澄宇《诗经学纂要》，上海：中华书局，1936，第175、183、193~196页。洪湛侯也将诗经学分为三个时期，大略与徐澄宇同，将此三个时期称为"诗经汉学"、"诗经宋学"与"诗经清学"，详见洪湛侯《诗经学史》，北京：中华书局，2002，第155、362~363、486~501页。

过渡。相对来说，学界更倾向关注学术极盛时代，如南宋与清乾嘉，学术成果均较卓著，对于过渡时期则较易忽略。其实过渡时期最能看到学术发展之态势与轨迹，学术的发展并非披沙拣金，而是聚沙成塔，"金"固然重要，而"沙"亦是一种学术风气之形成与成熟的重要组成部分。

由于本人的学术训练以乾嘉之学为进路，对惠栋、戴震、钱大昕、段玉裁、王念孙等人的考证之学和语言文字之学尤感兴趣。诗经学方面，在精读《毛诗正义》与朱熹《诗集传》后，接触的也多为乾嘉学者的《诗经》研究成果。在阅读乾嘉学者的著作时，常感觉到他们受到明末清初学术影响甚大，前人虽已注意到这一点，但未有深入的探讨。又屡觉今人对于明末清初学者之认识与当时的实际也有出入。是故有必要重新检视这一时期的学术，考察其渊源流变及对清代学术的影响。带着这样的问题，我首先取陈启源《毛诗稽古编》、钱澄之《田间诗学》、朱鹤龄《诗经通义》、康熙朝官修《钦定诗经传说汇纂》（以下本书省称《诗经传说汇纂》）等著作一一读之，发现不少有意思的问题。

首先，陈启源的《毛诗稽古编》在乾嘉学者著作中常常出现，钱大昕、王昶、阮元、胡承珙等学者对其评价极高，钱大昕《潜研堂集》、胡承珙《毛诗后笺》、陈奂《诗毛氏传疏》、马瑞辰《毛诗传笺通释》等书均广泛引用其说。此书还在崇尚汉学的学者手中流布、传抄，这些学者视其为"典范"之作，加以学习和模仿，而这个过程又恰恰是清代汉学开展的一个过程。

其次，钱澄之《田间诗学》和朱鹤龄《诗经通义》与郝敬、何楷等明代学者有密切关系。钱澄之与朱鹤龄皆尝师事何楷，钱澄之《田间诗学》多抄纂何楷《诗经世本古义》中的内容。朱鹤龄《诗经通义》还与明万历间郝敬所著《诗经原解》遥相呼应。在进一步考察过程中，我发现黄宗羲对郝敬、何楷、朱朝瑛这些明末学者推崇备至。清初学者似在对明末学术的追忆、总结中，继承了明末学者的学术遗产，并将他们的研究再往前推进。

对《诗经传说汇纂》的初步观察耗去了我大半年的时间，但我从中发现了许多有趣的学术史细节，例如此书的编撰受到吴中汉学风气的影响，此书与方苞、李光地之关系等。通过阅读此书，我还发现清末方玉润的

《诗经原始》大量袭用此书内容和观点。

在这样的初步观察后，我觉得十分有必要对明末清初的诗经学进行深入而系统的考察和讨论。学界对这一时期的研究并不充分。比如，对于清初诗经学研究，严格来说只有 2003 年苏州大学陈国安硕士学位论文《清初诗经学研究》。对明末清初诗经学的研究较为集中于专人或专书，已经出现了不少非常突出、具有代表性的著作，下文我会详细举例。但专人或专书研究的局限在于容易忽略学者间的互动，也不易从中看到学术史的发展、变化和前后的连续性。因此，本书试图梳理明末清初诗经学的全貌，分析此一时期诗经学的发展和流变，观察它对乾嘉学术尤其是考据学生成的影响。这也可以说是一种"学术前史"的研究。在解释学术史发展流变的过程中，我同时关注当时学者对诗经学中一些核心问题的探讨与推进，注意学者之间的交往互动与学术网络的形成，以及政治、社会等因素对学术的影响等。

本书围绕明末清初这一时期的学术展开，对于具体时间的限定，我将上限设置于明神宗万历三十三年（1605），因为这一年冯复京撰成《六家诗名物疏》，第二年陈第又写成《毛诗古音考》、吴雨撰成《毛诗鸟兽草木考》，郝敬也开始撰写《毛诗原解》，新的学风有渐起之势；下限则设置于清世宗雍正五年（1727），以《诗经传说汇纂》的刊刻与颁赐为结束之标志，前后共计 120 余年。

明末清初的诗经学研究目前尚无专论。不过，自有明清学术史专著以来，大多会涉及这一时期的《诗经》研究。例如，梁任公的《中国近三百年学术史》即辟专节介绍清代《诗经》研究情况，但限于篇幅和体例，清初诗经学只提及陈启源《毛诗稽古编》与朱鹤龄《诗经通义》二书。自 20 世纪七八十年代以来，明清学术史的研究逐渐丰富，许多探讨明、清一代或某一时段的学术专著也会涉及当时的诗经学。例如，林庆彰《明代考据学研究》中对杨慎、焦竑的《诗经》研究都有专节论述，并揭示当时学者对于朱子《诗》说已有很大不满，往往折中诗序、古义和宋明诸家之说来探讨诗义。① 林庆彰在《清初的群经辨伪学》中更是辟出专章论述明末清

---

① 林庆彰：《明代考据学研究》，台北：学生书局，1983，第 60~65、323~329 页。

初对伪《子贡诗传》《申培诗说》的考辨，认为两书的出现是自明中后期努力突破宋学笼罩、回归汉学的结果，明末清初的学者通过对这两部书的辨伪，发展出一套全新的考辨方法，这在学术史上具有重要意义。①

有关历代诗经学史的通论性质的著作，对于明、清诗经学也都有所论述。20世纪30年代，胡朴安的《诗经学》是最早的一部诗经学史专著，但胡氏在此书中对清初诗经学的评价并不高，他认为乾嘉以前之诗经学，家法未立，一些颇具特色的著作也存在博而不精或精而不博等疏失。② 稍后徐澄宇在《诗经学纂要》中也指出："清代诗经学，在乾隆以前，大氐家法未立，或沿明习，或杂汉宋，或兼及名物而伤芜杂。"不过，他还是考察了钱澄之、朱鹤龄、陈启源、李光地、毛奇龄、杨名时等清初诗经学者③，虽然大体上多沿用《四库全书总目》的意见，但已注意到这一时期诗经学的特点。

此后，诗经学史研究逐渐兴盛，在世纪之交，先后出现了林叶连《中国历代诗经学》和洪湛侯《诗经学史》等专著。林书探讨的清代诗经学者包括陈启源、惠周惕、胡承珙、马瑞辰、陈奂、魏源、姚际恒、方玉润，以及在《诗经》古音研究上极有成就的顾炎武、江永、段玉裁、孔广森、江有诰等。其中属于清初诗经学的则是陈启源、惠周惕、姚际恒和顾炎武，对陈启源的诗学观点论述较详。林氏广泛综合各家观点，总结了明清之际学风转变与考据学兴起的十一条原因：一是受明朝前后七子提倡文学复古之影响；二是远绍杨慎、焦竑、方以智之尚博雅；三是对明朝以时文取士之不满；四是清初顾炎武、黄宗羲、王夫之、颜习斋四大学者力矫王学末流之空疏；五是胡渭、阎若璩唤起求真之观念；六是清廷怀柔高压并用之政策；七是清廷表彰程朱，将其列为学官，空谈心性一扫而光；八是受明末自然科学研究之影响；九是经济安定繁荣，助长朴学兴盛；十是西学之影响；十一是得力于精良之研究法。④ 基本纳入了所有的解释，既注重外在

①　林庆彰：《清初的群经辨伪学》，台北：文津出版社，1990，第251～298页。林庆彰另撰有《丰坊与姚士粦》，考证甚详，今有万卷楼图书公司新版。

②　胡朴安：《诗经学》，第102页。

③　徐澄宇：《诗经学纂要》，第197～199页。

④　林叶连：《中国历代诗经学》，第334～346页。

的政治、文化、思想等方面的原因，也重视学术的内在连续性。洪湛侯《诗经学史》一书中清代诗经学部分的基本解释框架就是在梁任公《中国近三百年学术史》所论清代诗学成就之上展开的，他认为清初的诗经学是"诗经宋学"到"诗经清学"的转型时期，这一时期的诗经学具有兼采汉宋、复古考据之风渐起、诗经宋学日渐式微、科举用书依旧泛滥等特点，并论述了康熙朝《钦定诗经传说汇纂》和乾隆朝《御纂诗义折中》两部官书在驳朱尊汉方面的标志性意义。洪湛侯也非常重视陈启源《毛诗稽古编》，将其视为"诗经清学"的发轫之作。洪湛侯解释了清代诗经学的发展轨迹由前期宋学之特征逐渐转向中后期的汉学特征，乾嘉时最为兴盛，又有独特的特点，即尊从古文经说，注重文字、音韵、训诂和名物、制度的考证，重视辑佚和辨伪等，同时不废思辨。① 因此，他将乾嘉诗经学称为"诗经清学"，并指出乾嘉之后，今文学和文学阐释逐渐兴起。这种对清代诗经学的概括性论述对后来的研究产生了较大的影响。

随着诗经学史研究的兴盛，断代研究也逐渐丰富。例如，关于明代诗经学最为全面和重要的两部著作为杨晋龙《明代诗经学研究》② 和刘毓庆《从经学到文学——明代〈诗经〉学史论》。杨晋龙揭示了明代诗经学的研究状况和背景，并通过对朱善《诗解颐》、吕柟《毛诗说序》及《诗传大全》等书的考察，否定了前人关于明代学风空疏的观点。刘书也探讨了复古与考据学风在明代的兴起，刘书的重点在于明中后期的《诗经》文学解读，认为明末诗经学是由经学向文学的转变，"明代中后期，大批文人学士从文学的角度研究《诗经》的审美意义，确立了《诗经》文学研究的传统，使这部诗歌宝典初次放射出了文学的光芒。尽管《诗经》文学研究的高潮不久便为清代经学复兴的浪潮所吞噬，但这毕竟是《诗经》从经学框梏中解放出来的第一步"。③

迄今清代诗经学的研究尚无令人满意的专著，这与清代诗经学内容过于庞杂、过于丰富而难以把握有关。进入 21 世纪以来，清代诗经学的研究渐有兴起之势，2003 年陈国安完成硕士学位论文《清初诗经学研究》，之

---

① 洪湛侯：《诗经学史》，第 493 页。
② 杨晋龙：《明代诗经学研究》，博士学位论文，台湾大学，1997。
③ 刘毓庆：《从经学到文学——明代〈诗经〉学史论》，北京：商务印书馆，2001，第 230 页。

后又在此基础上撰成博士学位论文《清代诗经学研究》①。在论述清初诗经学时，陈国安从总体研究和个案研究两个部分着手，总体研究介绍了清初诗经学的概况，个案研究则分析了孙承泽（《诗经朱传翼》）、陈子龙（《诗问略》）、王夫之及陆奎勋（《陆堂诗学》）四家。何海燕《清代诗经学研究》② 在洪湛侯《诗经学史》的框架基础上做了进一步研究，重点讨论了乾嘉时期的"《诗经》考据学派"，对于清初部分的论述则较为简略。黄忠慎的《清代诗经学论稿》与《清代独立治诗三大家研究——姚际恒、崔述、方玉润》③ 对个案做了详细分析，有许多创新之处，颇具启发意义。比如，对于王夫之诗学，黄忠慎认为，王夫之在《诗广传》中"循情可以定性"的说法，"已将诗歌的功用扩展至伦理学的层次，甚至超越传统《诗》教局限，把诗歌教化观情的理论提升至极致"。④

此外还有从其他角度论述明清诗经学的著作。例如，朱孟庭的《清代诗经的文学阐释》从文学阐释角度考察清代诗经学，其内容分为具有灵眼灵手的金圣叹、首创系统研究的王夫之、析论丰富多样的姚际恒、运用文论观点的方苞、杂糅诗学批评的袁枚、欲原诗人始意的方玉润六个部分。⑤ 侯美珍《晚明〈诗经〉评点之学研究》则从科举的角度探讨明末诗经学，关注到应考士子与《诗经》的关系，颇具创发性意义。⑥ 侯美珍《明代会试〈诗经〉义出题研究》同样反映了举人阶层、应试考生的诗经学，呈现了一般学子在学习、备考时的《诗经》普遍状况，对从科举的角度理解诗经学提供了极为丰富且翔实的材料和新的学术视角。⑦

与诗经学史研究兴盛相应，有关此一时段的专人、专书研究也逐渐增多。首先，研究较为集中于重要的学者，如郝敬、何楷、姚际恒、朱鹤龄、

---

① 陈国安：《清初诗经学研究》，硕士学位论文，苏州大学，2003；陈国安：《清代诗经学研究》，博士学位论文，苏州大学，2008。
② 何海燕：《清代诗经学研究》，北京：人民出版社，2011。
③ 黄忠慎：《清代诗经学论稿》，台北：文津出版社，2011；黄忠慎：《清代独立治诗三大家研究——姚际恒、崔述、方玉润》，台北：五南图书公司，2012。
④ 黄忠慎：《清代诗经学论稿》，第 38 页。
⑤ 朱孟庭：《清代诗经的文学阐释》，台北：文津出版社，2007。
⑥ 侯美珍：《晚明〈诗经〉评点之学研究》，台北：花木兰文化出版社，2009。
⑦ 侯美珍：《明代会试〈诗经〉义出题研究》，《台大中文学报》第 38 期，2012 年 9 月，第 203～256 页。

陈启源等。其次，对明清官方修订的诗经学著作有了较为深入的探讨，重新评定了这些图书在学术史上的意义与价值。

例如，对于何楷的研究，林庆彰《何楷〈诗经世本古义〉析论》① 首开先声，其后又有李家树《何楷的〈诗经世本古义〉》②、刘毓庆《何楷的〈诗〉学贡献》③ 等。杨晋龙《何楷〈诗经世本古义〉引用〈化书〉及其相关问题探究》从《诗经世本古义》的材料来源入手，不仅探讨了《文昌化书》在当时士人信仰中的地位，而且揭示了何楷所吸收的历代研究成果及其材料来源。④ 杨晋龙的另一篇长文《明人何楷〈诗经〉诠解中的个人情感与大众教化》则从明末学者主体自我意识与社会大众教化的关系角度探讨了何楷对《诗经》的诠解。⑤ 关于姚际恒《诗经通论》的研究，《姚际恒研究论集》收录了有关《诗经通论》的研究论文 13 篇。⑥ 其中李家树《清代传统〈诗经〉学的反动》、李景瑜《姚际恒〈诗经通论〉之研究》、林庆彰《姚际恒对朱子〈诗集传〉的批评》及蒋秋华《姚际恒对〈子贡诗传〉、〈申培诗说〉的批评》从各个角度探讨了《诗经通论》在学术史上的价值。

明末诗经学的专人、专书研究还有蒋秋华《郝敬的诗经学》《季本〈诗说解颐〉诗次说评议》，日本早稻田大学西口智也《季本的诗经学》和《季本的〈诗经〉观》，以及刘毓庆《季本、丰坊与明代〈诗〉学》等。⑦ 清初

① 林庆彰：《何楷〈诗经世本古义〉析论》，《中国文哲研究集刊》第 4 期，1994 年 3 月。
② 李家树：《何楷的〈诗经世本古义〉》，载李家树《传统以外的诗经学》，香港：香港大学出版社，1994。
③ 刘毓庆：《何楷的〈诗〉学贡献》，《晋阳学刊》2000 年第 2 期。
④ 杨晋龙：《何楷〈诗经世本古义〉引用〈化书〉及其相关问题探究》，《中国文哲研究集刊》第 21 期，2002 年 9 月。
⑤ 杨晋龙：《明人何楷〈诗经〉诠解中的个人情感与大众教化》，载钟彩钧、杨晋龙主编《明清文学与思想中之主体意识与社会——学术思想篇》，台北："中研院"中国文哲研究所，2004。
⑥ 林庆彰、蒋秋华编《姚际恒研究论集》，台北："中研院"中国文哲研究所筹备处，1996。
⑦ 蒋秋华：《郝敬的诗经学》，载中国诗经学会编《第三届诗经国际学术研讨会论文集》，北京：学苑出版社，1997。此文又载于《中国文哲研究所集刊》第 12 期，1998 年 3 月，第 253~294 页。蒋秋华：《季本〈诗说解颐〉诗次说评议》，载中国诗经学会编《第四届诗经国际学术研讨会论文集》，北京：学苑出版社，2000。〔日〕西口智也：《季本的诗经学》，载中国诗经学会编《第四届诗经国际学术研讨会论文集》，北京：学苑出版社，2000。〔日〕西口智也：《季本的〈诗经〉观》，载林庆彰主编《国际汉学论丛》第 2 辑，台北：乐学书局，2005。刘毓庆：《季本、丰坊与明代〈诗〉学》，《中国文学研究》2003 年第 3 期。

诗经学的专人、专书研究，除了上文提到的有关姚际恒的研究以外，还有黄忠慎《惠周惕〈诗说〉析评》、袁愈宗《〈诗广传〉诗学思想研究》、施马琪《朱鹤龄〈诗经通义〉文献学研究》、周挺启《钱澄之〈田间诗学〉研究》等①，都对各自的研究对象做了基础性探讨和较为详细的分析。

越来越多的学者注意到陈启源《毛诗稽古编》一书的重要性。郭明华的硕士学位论文《毛诗稽古编研究》开其端，之后洪文婷《毛诗稽古编研究》、蔺文龙《陈启源对清代〈诗经〉考据学的贡献》从不同角度进行论述。② 这里要特别提到日本北海道大学江尻彻诚的《陈启源的诗经学：〈毛诗稽古编〉研究》③，该书全面论述了《毛诗稽古编》的不同版本及传抄问题，以及陈启源、朱鹤龄诗学之异同，并及陈启源诗学观念。该书材料丰富、论证翔实，可以说是目前有关《毛诗稽古编》最全面的著作。江尻彻诚是第一个着手解决《毛诗稽古编》诸多版本之间的关系及其内在异同的学者，用丰富的资料解释了《毛诗稽古编》的传抄与刊刻中的复杂情况。同时，他还指出陈启源诗经学的最大特征是对诗序的笃信，认为陈启源用实证的方法解释诗序和毛传，对清代学术产生了重大影响。江尻彻诚此书对本书研究也极具启发，正是在阅读了此书之后，我才开始关注到《毛诗稽古编》的不同版本以及被反复传抄的过程。不过，江尻彻诚的研究仍然有所不足，一是没有注意到《毛诗稽古编》的传抄正好是吴中学者利用此书宣扬考据方法的一个过程；二是虽关注到陈启源与朱鹤龄的异同，但没能更进一步从学术史的角度论述二者不同的意义，陈、朱之不同其实代表着明清学术气质的迥异；三是没有从考据学生成的角度探讨《毛诗稽古编》在清代语言考据转

---

① 黄忠慎：《惠周惕〈诗说〉析评》，台北：文史哲出版社，1994；袁愈宗：《〈诗广传〉诗学思想研究》，博士学位论文，山东师范大学，2006；施马琪：《朱鹤龄〈诗经通义〉文献学研究》，硕士学位论文，华中师范大学，2012；周挺启：《钱澄之〈田间诗学〉研究》，博士学位论文，华东师范大学，2013。

② 郭明华：《毛诗稽古编研究》，硕士学位论文，东吴大学，1992；洪文婷：《毛诗稽古编研究》，博士学位论文，台湾中大，2007；蔺文龙：《陈启源对清代〈诗经〉考据学的贡献》，《宜春学院学报》2013 年第 8 期。

③ 江尻徹誠『陳啓源の詩経学：「毛詩稽古編」研究』、札幌：北海道大学出版会、2010。

向上的枢纽地位和重要意义。但正因有江尻彻诚教授的精审研究，本书才能进一步从学术史发展源流层面上详细审视《毛诗稽古编》的贡献和学术史价值。

另外值得一提的是对明清官修诗经学注本的研究和重新审视。杨晋龙早在《明代诗经学研究》中就对明代官修之《诗传大全》做了重新评估。① 之后又撰《从〈诗经传说汇纂〉到〈诗义折中〉——清代两部官订〈诗经〉注本诠释形式之比较》一文，从体例、内容等方面探讨了康熙钦定到乾隆御纂之间学术宗主和解诗方式等的变化。② 同时，伍纯娴《〈诗传大全〉与〈诗经传说汇纂〉比较研究》详细比对明代官修与清代官修之书的异同，认为两书在内容和形式方面有密切的关系，《诗经传说汇纂》以加入集说、附录、按语等方式，在发明朱传的基础上，又存异说，呈现出清代官学折中众说之趋势。③ 卢启聪的硕士学位论文《〈诗经传说汇纂〉研究——以编撰背景、体式内涵与思想特质为中心》对《诗经传说汇纂》一书做了十分详尽的研究。④ 卢文考证了《诗经传说汇纂》的编纂时间、参编人员，并着重分析了《诗经传说汇纂》的编纂原则、说诗旨趣及其在清代经学发展中的意义。王丰先的《康熙朝御纂诸经编纂研究》全面梳理了康熙晚年编纂《周易折中》《书经传说汇纂》《诗经传说汇纂》《春秋传说汇纂》的经过、编纂人员构成、体例、内容等，在清代官修经书研究方面有开先之功。⑤

---

① 另可参阅杨晋龙《论〈诗传大全〉与〈诗传通释〉的差异》，《中国文哲研究集刊》第 8 期，1996 年 3 月，第 105～146 页；杨晋龙《〈诗传大全〉来源问题探究》，载林庆彰、蒋秋华主编《明代经学国际研讨会论文集》，台北："中研院"中国文哲研究所筹备处，1996，第 317～346 页；杨晋龙《〈诗传大全〉与〈诗传通释〉关系再探——试析元代诗经学之延续》，载杨晋龙主编《元代经学国际研讨会论文集》，台北："中研院"中国文哲研究所筹备处，2000，第 489～538 页。

② 杨晋龙：《从〈诗经传说汇纂〉到〈诗义折中〉——清代两部官订〈诗经〉注本诠释形式之比较》，载《王叔岷先生学术成就与薪传研讨会论文集》，台北：台湾大学中国文学系，2001。

③ 伍纯娴：《〈诗传大全〉与〈诗经传说汇纂〉比较研究》，硕士学位论文，台北：中国文化大学，2000。

④ 卢启聪：《〈诗经传说汇纂〉研究——以编撰背景、体式内涵与思想特质为中心》，硕士学位论文，台北：政治大学，2013。

⑤ 王丰先：《康熙朝御纂诸经编纂研究》，博士学位论文，北京大学，2009。

随着诗经学史研究逐渐兴盛,历代诗经学书目的整理方面也有颇多成果。早期诗经学书目有张寿林《清代诗经著述考略》、南京图书馆编《诗经刊本及其研究论著篇目》、裴溥言《诗经学书目》,① 但此三书编辑年代较早且不易获得。此后则有刘毓庆、贾培俊《历代诗经著述考》,先后出版了"先秦—元代"部分和"明代"部分。② 蒋秋华、王清信纂辑《清代诗经著述现存版本目录初稿》,其后蒋秋华又编撰《清代诗经学考述》,关于清代诗经学书目十分翔实。③ 这些成果给诗经学史的研究带来了极大便利。

明末清初诗经学研究已有不少成果,但也存在不少问题。首先,缺少对明末清初的诗经学史的全面梳理和研究。其次,不少关于清初诗经学研究之作较为零散和宽泛,缺乏对学术史内在发展轨迹的论述,不少解释和结论也存在疑问,需要做进一步探讨。再次,专人、专书方面的研究虽出现许多精审之作,但因体例所限,无法或者很难将研究对象放在整体学术史框架下进行讨论。故此明末清初的诗经学研究还有很大的空间,有必要在深度和广度上做更为系统的探讨。

近一个世纪以来明清学术史的研究也不断地推进和丰富了该领域的研究方法。蒋寅曾指出学术史"主要是通过勾勒出学科产生、发展、演变的历史,综合本学科现有的成果,总结学术研究中的经验和教训,揭示杰出学者的卓越贡献,提出悬而未决的问题",因此"学术史是对既往精神活动史的更为深刻的批判性重构"。④

明清学术史的研究,自章太炎、刘师培等学者发端,梁启超、胡适、

---

① 张寿林:《清代诗经著述考略》,《燕京大学图书馆报》第 50～56 期,1933;南京图书馆编《诗经刊本及其研究论著篇目》,南京图书馆藏,1954;裴溥言:《诗经学书目》,《书目季刊》第 10 卷第 3 期,1987。

② 刘毓庆:《历代诗经著述考(先秦—元代)》,北京:中华书局,2002;刘毓庆、贾培俊:《历代诗经著述考(明代)》,北京:中华书局,2008。

③ 蒋秋华、王清信:《清代诗经著述现存版本目录初稿》,附吴宏一《清代诗话知见录》后,台北:"中研院"中国文哲研究所,2002,第 661～727 页;蒋秋华:《清代诗经学考述》,附吴宏一《清代诗话考述》后,台北:"中研院"中国文哲研究所,2006,第 1415～1524 页。

④ 蒋寅:《学术史研究与学术规范化》,载陈平原等主编《学人》第 1 辑,南京:江苏文艺出版社,1991,第 39～43 页。另可参阅杨晋龙对此的解读,见于《明代诗经学研究》,第 83 页。

钱穆继有开创性著作，① 各有侧重。但若以今日眼光审视，梁启超、钱穆、胡适之作均着力于学术思想的梳理，更近于学术思想史，亦因草创，其观点或尚可议，或未及深入。其后谢国桢延续梁氏研究路径，并深入讨论学术风气与明清政治、社会之关系。② 张舜徽在章太炎、刘师培二人基础上以地域特征讨论清儒诸学派，又对清代学术笔记、文集做了细腻的梳理。③ 赵俪生则致力于顾炎武及西北学人群体研究。④ 其后研究，或以学者、著作为中心探讨学术发展，如龚书铎、王俊义、何佑森、陈祖武、胡楚生、漆永祥、罗炳良、郭康松、徐道彬等学者的相关研究⑤，林庆彰则在揭橥明代考

---

① 章太炎：《清儒》，收入《訄书》，《章太炎全集》第 3 册，上海：上海人民出版社，1984，第 154~160 页；又收入《检论》，《章太炎全集》第 3 册，第 472~479 页。刘师培：《论近世文学之变迁》，《国粹学报》第 26 期，1907 年 3 月 4 日；刘师培：《近儒学术系统论》，《国粹学报》第 28 期，1907 年 5 月 2 日；刘师培：《清儒得失论》，《民报》第 14 号，1907 年 6 月 8 日。上述文章后俱收入刘师培《刘申叔遗书》，南京：江苏古籍出版社，1997。梁启超《清代学术概论》初稿成于 1920 年 10 月，1921 年 2 月由上海商务印书馆出版单行本；《中国近三百年学术史》为梁启超 1923 年秋至 1924 年春夏间在清华等校讲课之讲义，部分内容在 1923~1925 年发表于《晨报五周年纪念增刊》《晨报副镌》《东方杂志》《史地学报》等，1926 年 7 月由上海民志书店出版单行本。钱穆《中国近三百年学术史》初刊于 1937 年由上海商务印书馆发行。胡适《戴东原的哲学》原载于 1925 年 12 月《国学季刊》第 2 卷第 1 期，1927 年 10 月由上海商务印书馆出版单行本；胡适另有《清代学者的治学方法》《校勘学方法论》等，均对清代学术方法有所总结。还可参阅汪学群编《清代学问的门径》，北京：中华书局，2009。
② 谢国桢：《顾宁人学谱》，上海：商务印书馆，1933；谢国桢：《黄梨洲学谱》，上海：商务印书馆，1933；谢国桢：《孙夏峰李二曲学谱》，上海：商务印书馆，1934；谢国桢：《明清之际党社运动考》，上海：商务印书馆，1934；谢国桢：《明末清初的学风》，北京：人民出版社，1982。
③ 张舜徽：《顾亭林学记》，北京：中华书局，1963；张舜徽：《清代扬州学记》，上海：上海人民出版社，1962；张舜徽：《清人文集别录》，北京：中华书局，1963；张舜徽：《清人笔记条辨》，北京：中华书局，1986；张舜徽：《清儒学记》，济南：齐鲁书社，1991。
④ 赵俪生的《顾炎武〈日知录〉研究》《顾炎武〈天下郡国利病书〉研究》《清初明遗民奔走活动事迹考略》《顾炎武新传》《王山史年谱》等，均载《赵俪生史学论著自选集》，济南：山东大学出版社，2009。
⑤ 龚书铎：《清代学术史论》，北京：故宫出版社，2014；王俊义：《清代学术探研录》，北京：中国社会科学出版社，2002；何佑森：《何佑森先生学术论文集（下册）：清代学术思潮》，台北：台大出版中心，2010；陈祖武：《清初学术思辨录》，北京：中国社会科学出版社，1992；陈祖武：《清儒学术拾零》，长沙：湖南人民出版社，2002；陈祖武、朱彤窗：《乾嘉学派研究》，石家庄：河北人民出版社，2005；胡楚生：《清代学术史研究》，台北：学生书局，1988；胡楚生：《清代学术史研究续编》，台北：学生书局，1994；漆永祥：《乾嘉考据学研究》（增订本），北京：北京大学出版社，2020；罗炳良：《清代乾嘉历史考证学研究》，北京：北京图书馆出版社，2007；郭康松：《清代考据学研究》，武汉：崇文书局，2001；徐道彬：《戴震考据学研究》，合肥：安徽大学出版社，2007。

据之贡献、明清经学之成就方面均有重要贡献；陈鸿森对清代经学的考辨、钩沉用力极深。① 或从学术与社会、文化、制度等关系角度加以讨论，如黄爱平、马积高等对清代社会与学术、文学关系的相关研究，刘玉才、徐雁平对清代书院与学术关系的研究，徐雁平、罗检秋对清代学术家族的研究，艾尔曼对清代考据学形成的社会史研究及对常州学派的思想社会史考察，以及尚小明对学人游幕与清代学术的考察，等等。② 或延续胡适等的路径，从思想史角度探讨清代学术风气观念的发展与转变并继有开拓，如余英时、王汎森、朱鸿林、何冠彪、张寿安、张循等。③ 随着经学史研究的不断深入，专经学史的研究也越来越丰富，除《诗经》外，关于《周易》《尚书》《左传》《礼记》《孝经》《论语》等先后都有历代研究史的专门之作。

　　以上著作中，林庆彰、漆永祥、徐道彬等学者的相关研究对本书影响最大。这些学者注重对《诗经》相关学术著作的分析，在勾勒学者生平思想渊源的基础上，细腻分析文本，总结学者及其学术著作的方法、得失及影响，并在学术史脉络中对学者及其著作加以评议。

　　我一直认为，学术史研究主要解决某个时期学术发展的诸多问题，包

---

① 林庆彰：《明代考据学研究》，台北：学生书局，1986；林庆彰：《清初的群经辨伪学》，台北：文津出版社，1990；林庆彰：《明代经学研究论集》，台北：文史哲出版社，1994；陈鸿森：《清代学术史丛考》，台北：学生书局，2019。

② 黄爱平：《朴学与清代社会》，石家庄：河北人民出版社，2003；马积高：《清代学术思想的变迁与文学》，长沙：湖南人民出版社，2002；刘玉才：《清代书院与学术变迁研究》，北京：北京大学出版社，2008；徐雁平：《清代东南书院与学术及文学》，合肥：安徽教育出版社，2007；徐雁平：《清代世家与文学传承》，北京：生活·读书·新知三联书店，2012；罗检秋：《清代汉学家族研究》，北京：中华书局，2019；〔美〕艾尔曼：《从理学到朴学：中华帝国晚期思想与社会生活面面观》，赵刚译，南京：江苏人民出版社，2012；〔美〕艾尔曼：《经学、政治和宗族：中华帝国晚期常州今文学派研究》，赵刚译，南京：江苏人民出版社，1998；尚小明：《学人游幕与清代学术》（增订本），北京：东方出版社，2018。

③ 余英时：《论戴震与章学诚》，北京：生活·读书·新知三联书店，2000；余英时：《清代学术思想史重要观念通释》，载余英时《文史传统与文化重建》，北京：生活·读书·新知三联书店，2004；王汎森：《晚明清初思想十论》，上海：复旦大学出版社，2004；王汎森：《权力的毛细管作用：清代的思想、学术与心态》，北京：北京大学出版社，2015；朱鸿林：《儒者思想与出处》，北京：生活·读书·新知三联书店，2015；何冠彪：《明末清初学术思想研究》，台北：学生书局，1990；张寿安：《以礼代理——凌廷堪与清中叶儒学思想之转变》，石家庄：河北人民出版社，2001；张循：《道术将为天下裂：清中叶"汉宋之争"的一个思想史研究》，桂林：广西师范大学出版社，2017。

括：有哪些学者、哪些著作，提出了哪些观点，运用了哪些方法，这些观点和方法的渊源是什么，以及产生了怎样的影响。在评议相关学者和人物时，要努力跳出学术研究的"后见之明"，尽量摆脱用今人的学术成就与观点肆意评诋前人，要将他们放置在学术史发展的脉络中衡量其贡献与价值。在本书中，不少著作曾受到清人的讥评，也长期为后来的学者所忽略，但回到历史语境中会发现，他们屡屡被当时学者所提及，这显示出：其一，后人所重视的"潮流"，往往在当时并非潮流，学术史的研究需要描述这种真实的学术语境；其二，后人与当时人意见的不同正显示出学术观念发生了极大变化，这种变化产生于何时、为何产生，学术史研究也需要进一步探讨并做出解释。所以本书尽量描述明清之际《诗经》研究的真实面貌，展现学术变化的轨迹，并尝试解释学风转变的原因。

作为一部《诗经》研究史著作，本书还深受杨晋龙经学研究的影响。他的博士学位论文《明代诗经学研究》本身就是极具方法论意义的一部诗经学史研究著作。他特别强调明代诗经学作为经学史研究的立场，注重师承渊源、内容特色、诠解形式、派别演化和影响的"实情"。[1] 在具体的操作上，注重引用数据统计并加以分析。杨晋龙详尽统计了《明实录》、《登科录》、明人文集、通俗类图书对《诗经》解说的引用情况，揭示明代诗经学流衍的真实面貌。用同样的方法，杨晋龙又统计了后世引用和参考《诗传大全》的情况，发现《诗传大全》自问世后对后世明代学者都有莫大的影响，并且其影响力一直延续到清初。[2] 他纠正了前人未经详考而抹杀《诗传大全》"实际影响"的做法。他常将自己的研究方法称作"外部研究"，即相对忽略思想、内容方面的讨论，多注重统计各家《诗经》诠解著作的相互引用、影响，从中考察学术的发展与流变。此外，杨晋龙还有50 余篇与诗经学或经学相关的学术论文也主要采用了这一方法，尤其在探讨何楷《诗经世本古义》的资料来源、考证题为陈子龙的《诗问略》实为吴肃公之《诗问》、考辨《诗传大全》采用刘瑾《诗传通释》之实际情况以及《诗传大全》之影响等方面，成就极为可观。

---

① 杨晋龙：《明代诗经学研究》，第 82 ~ 84 页。
② 杨晋龙：《明代诗经学研究》，第 255 页。

余英时探讨清代思想史时提出的"内在理路"说对本书思路也有启发，他认为："每一个特定的思想传统本身都有一套问题，需要不断地解决；这些问题，有的暂时解决了，有的没有解决，有的当时重要，后来不重要，而且旧问题又衍生新问题，如此流传不已。这中间是有线索条理可寻的。"① 通过对清代思想史的细腻考察，余英时提出清代的经学考证是明代理学内部争辩的必然结果②，明代学术发展到清代并非一种断裂，更多的是延续。这种观点引发了对明清学术思想的广泛讨论。

不论其观点和结论是否可议，余英时确实使清代学术史的研究更为细腻。自胡适等学者根据《四库全书总目》及相关著作提出清代汉学风气已起于明代中叶以后，这个观点一直影响至今。但余英时指出："这个说法的最大漏洞在于根本忽略了从顾炎武到乾嘉汉学家所共持的中心理论。离开这一理论，我们便无法了解清学的发展何以采取那样一个特殊的方式，而不循别种途径。"进而他指出胡适和梁启超在观点上的疏失，"考证方法和反理学并无必然关系，在清代如此，在明代亦如此"。③ 本书写作过程中也深切地感受到这一点。明代中期确实已经出现汉学风气，但这种汉学风气究竟对整体学风有多大影响，它又如何发展为清代学术格局，这些问题都值得进一步深入探讨。余英时尝试用儒学内部的思想争论解决这一问题，本书也尝试通过诗经学的角度加以解释。

20 世纪七八十年代，西方史学兴起的新文化史潮流也给明清学术研究带来了新的观念和方法。新文化史较之以前的历史研究，更注重文化分析，用文化的观念解释历史进程，强调对知识生成、交流与传播过程的考察，注重表象与实践，关注日常生活和大众文化。④ 受新文化史影响，西方学者首先将社会史和思想史结合，透过区域和地方史视角来看待清代考据学，通过师友交互、知识的生产和传播方式来考察考据学的展开。艾尔曼在《从理学到朴学：中华帝国晚期思想与社会生活面面观》中提出清代考据学是长江下游地区一个由少数学术精英参与的学术共同体，即"江南学术共

---

① 余英时：《论戴震与章学诚》，第 325 页。
② 余英时：《清代学术思想史重要观念通释》，载余英时《文史传统与文化重建》，第 207 页。
③ 余英时：《论戴震与章学诚》，第 311～312 页。
④ 周兵：《新文化史：历史学的"文化转向"》，上海：复旦大学出版社，2012，第 2～3 页。

同体"。这一观点激发人们关注江南的经济、藏书业、文化事业以及家族、姻亲、师友等方面对学术风气的影响。同时,艾尔曼还借鉴福柯的"话语"概念,从社会史和思想史角度来讨论考据话语的生成。① 新文化史研究的发展也使不少学者开始关注到明清时期的书籍文化,并从书籍史、阅读史等角度对这一时期图书生产与流通、士人和一般民众的阅读、科举制度与商业出版影响下的图书文化等展开了较为充分的研究,周启荣、周绍明、包筠雅、高彦颐、魏爱莲、何谷理、何予明等人均从不同视角做过讨论。② 明代商业出版和数量庞大的科举文献逐渐受到学者重视,用文献学与文化史相结合的方式对这些文献材料加以梳理和研究,成为一大研究趋势,沈俊平、张献忠、何朝晖等学者在这方面有重要贡献。③

　　沈俊平对制举用书的刊行、变化、特点、读者等做了介绍,并详细考察了制举用书的编者、种类、形式、宣传手段、流通渠道、价格策略等内

---

① 〔美〕艾尔曼:《从理学到朴学:中华帝国晚期思想与社会生活面面观》,第 28 ~ 66 页。
② Cynthia J. Brokaw and Kai-wing Chow, eds., *Printing and Book Culture in Late Imperial China*, Berkeley, Los Angeles and London: University of California Press, 2005. 周启荣(Kai-wing Chow)的研究还包括:周启荣《为功名写作:晚明的科举考试、出版印刷与思想变迁》,载张聪、姚平主编《当代西方汉学研究集萃:思想文化史卷》,上海:上海古籍出版社,2016;周启荣《明清印刷书籍成本、价格及其商品价值研究》,《浙江大学学报》(人文社会科学版)2010 年第 1 期,又载周生春、何朝晖编《"印刷与市场"国际学术研讨会论文集》,杭州:浙江大学出版社,2012,第 73 页;周启荣《晚明印刷与名物训诂学》,载《第十届明史国际学术讨论会论文集》,北京:人民日报出版社,第 427 页;周启荣《从坊刻"四书"讲章论明末考证学》,载郝延平、魏秀梅主编《近世中国之传统与蜕变:刘广京院士七十五岁祝寿论文集》上册,台北:"中研院"近代史研究所,1998,第 53 ~ 68 页;Kai-wing Chow, *Publishing, Culture, and Power in Early Modern China*, Stanford: Stanford University Press, 2004。〔美〕周绍明(Joseph McDermott):《书籍的社会史:中华帝国晚期的书籍与士人文化》,何朝晖译,北京:北京大学出版社,2009。〔美〕包筠雅(Cynthia J. Brokaw):《功过格:明清社会的道德秩序》,杜正贞、张林译,杭州:浙江人民出版社,1999。〔美〕包筠雅《文化贸易:清代至民国时期四堡的书籍交易》,刘永华等译,北京:北京大学出版社,2015。〔美〕高彦颐(Dorothy Ko):《闺塾师:明末清初江南的才女文化》,李志生译,南京:江苏人民出版社,2022。〔美〕魏爱莲(Ellen Widmer):《晚明以降才女的书写、阅读与旅行》,赵颖之译,上海:复旦大学出版社,2016。〔美〕何谷理(Robert E. Hegel):《明清插图本小说阅读》,刘诗秋译,北京:生活·读书·新知三联书店,2019。何予明:《家园与天下——明代书文化与寻常阅读》,北京:中华书局,2019。
③ 沈俊平:《举业津梁:明中叶以后坊刻制举用书的生产与流通》,台北:学生书局,1999;张献忠:《从精英文化到大众传播:明代商业出版研究》,桂林:广西师范大学出版社,2015;何朝晖:《晚明士人与商业出版》,上海:上海古籍出版社,2019。

容。沈俊平认为良好的制举用书能够有效帮助学子在科考上获得成功，而且给不少科场失意的学子参与图书生产的机会，也给自雇或受雇于书坊的缮写人员、校对人员、刻工、印工、装订工提供了大量工作机会。制举用书也促进了图书商业的发展，对知识传播等也起到一定作用。不过，制举图书存在质量低下、转相抄袭、败坏学风等弊端。张献忠从商业出版角度对明代商业出版兴盛的原因、商业出版中心、商业出版类型、商业出版的经营状况、精英文化到大众传播的转变等做了详细研究。何朝晖则侧重从士人身份角度，考察晚明士人参与商业出版的情况，讨论了科举壅塞、秀才经济贫困、退休官员待遇低下等导致越来越多的士人参与商业出版，并讨论了士人商业出版的各种类型与参与方式。这两部具有代表性的著作不仅揭示了明代商业出版与科举考试的密切关系，而且提供了明代商业出版研究的多种视角与方法。本书在《诗经》科举注本研究方面即受到以上著作启发。

本书将学术史和文献学研究相结合，也借鉴了文化史与书籍史研究路径，主要考察明末清初《诗经》研究的特点、演变与影响，涉及《诗经》观念的变化、考据兴趣的兴起，汉学话题的生成等问题，以学者及其著作为中心，分析其方法、观念，揭示其贡献、得失与影响。同时关注学者之间的互动与交流、著作的传抄流布对学术的影响、科举用书在学术史上的意义以及官方对学术的传扬与推广等相关话题。

本书第一章将考察明末清初的思想、政治与社会背景及其对诗经学的影响。第二章将讨论明末诗经学，揭示冯复京《六家诗名物疏》、郝敬《毛诗原解》、何楷《诗经世本古义》等著作的得失与影响，展现在复古好奇的风气下，明末诗经学表现出纷繁多样的特征，并指出其所具有的共同趋向，即从古义入手，或托古以立新，或复古以述义，其结果是诗序、毛传、郑笺、孔疏的价值得到重新体认，并被广泛运用于诗经诠解，考据意识也逐渐兴起。第三章考察出版文化视域下的明末《诗经》名物注本的编纂、刊行及其学术史特征，发掘自明代万历类书编纂与《诗经》名物注本、科举参考书之间的关系，并揭示此类著作背后的思想渊源。第四章讨论科举文化、商业出版对明末清初诗经学的影响，尤其在明代，科举与经学、文学研究的关系极为密切，许多诗经学著作浸染着科举印记。第四章还以陈子龙为个案，考察文人社团、商业出版与科举文化的互动。第五章考察清初诗经学，以钱澄之、朱鹤龄、陈启源三家为中心，钱澄之、朱鹤龄承继明末以来的诗经学成果，都已遵从序说，但二人学术思想颇近于宋学，故对朱子之说多有弥缝，朱鹤龄还常以程颐、吕祖谦、严粲、黄震等人之说来补充朱子之不足。陈启源《毛诗稽古编》极具开创性，其格局、理念与当时的风气大不相同，此书的传抄过程也显示了清代汉学生成和展开的轨迹。第六章将探讨明清之际"以理说《诗》"著作的情况，分析几部祖述朱传的著作及其在诠释中的困境，专察两部杰出的著作即王夫之《诗广传》和姚际恒《诗经通论》在《诗经》诠解上的继承、创发与贡献。第七章围绕官方的诗经学展开，以《诗经传说汇纂》为中心，考察参与编纂的学者及其学术取向，同时考证康熙学臣与此书编撰的关系。《诗经传说汇纂》在清代具有持续的影响力，至民国时期，徐澄宇在《诗经学纂要》中还推荐人们阅读此书，通过《诗经原始》与此书的关系，本书则考察它的影响以及古人撰述的取裁方式与学术成果的生成。最后本书介绍了三部《诗经传说汇纂》的衍生刻本，勾勒清代官修经书出版在传播和影响过程中意想不到的结果。

德国历史学家鲁道夫·普法伊费尔（1889～1979年）特别强调学术史研究须重视知识的连续性，在其巨著《古典学术史：自肇端诸源至希腊化时代末》一书中提出"赓续不绝之语文学"观念，他说道："我们不欲了解那些不合时宜、澌灭无闻的事物，只想知悉尚在延续者；我们想要探求知识的连续性，即'赓续不绝之语文学'（philologia perennis）"，"一部学术史，应当关注以往新颖且硕果累累者，当辨析谬误与真实，区分旧日之观点与流诸久远之真知，此即我们所言之'赓续不绝'。"① 他认为无论时代与地域如何变化、学术研究的对象如何改变，相关技艺如何演进，学术的核心部分是始终不变的，古代学术之发展乃对学术核心内容的完善。② 学术史的任务即通过统率之思想、清晰之结构，将此过程予以揭示，并辨析

---

① 〔德〕鲁道夫·普法伊费尔：《古典学术史（上卷）：自肇端诸源至希腊化时代末》，刘军译，张强校，北京：北京大学出版社，2015，第1～2页。

② 〔德〕鲁道夫·普法伊费尔：《古典学术史（上卷）：自肇端诸源至希腊化时代末》，第418～419页。

瞬时现象与永久主题。此种观点对我深有启发。此外，我一直欣赏赫伯特·巴特菲尔德关于历史学家工作的经典论述，他在《历史的辉格解释》中反复强调历史学家的工作不是价值判断，而是描述，更指出历史学家所能"做到的唯一解释，就是向人们具体地展示整个情节，并且通过具体的讲述"恢复并揭示历史的全部复杂性和丰富性。① 这驱使我努力去揭示明清之际诗经学研究的本来面貌，在论述中避免以"后见之明"对当时学术做出价值判断或不符合事实的比附。

　　当然，本书远远不能达到上述之境界，惟心向往之，希望借由诗经学史的研究，努力展现明清学术的连续性，寻索其中极富意义和趣味的学术细节，并给当时学术转向提供丰富的实例和自己的解释。

---

① 〔英〕赫伯特·巴特菲尔德：《历史的辉格解释》，张岳明、刘北成译，北京：商务印书馆，2012，第16、40~41页。

第一章　明末清初学术背景与诗经学

钱穆论清代学术之渊源流变，尝曰：

> 治近代学术者当何自始？曰：必始于宋。何以当始于宋？曰：近
> 世揭橥汉学之名以与宋学敌，不知宋学，则无以平汉宋之是非。且言
> 汉学渊源者，必溯诸晚明诸遗老。然其时如夏峰、梨洲、二曲、船山、
> 桴亭、亭林、蒿庵、习斋，一世魁儒耆硕，靡不寝馈于宋学。继此而
> 降，如恕谷、望溪、穆堂、谢山乃至慎修诸人，皆于宋学有甚深契诣。
> 而于时已及乾隆。汉学之名，始稍稍起。而汉学诸家之高下浅深，亦往
> 往视其所得于宋学之高下浅深以为判。道咸以下，则汉宋兼采之说渐盛，
> 抑且多尊宋贬汉，对乾嘉为平反者，故不识宋学，即无以识近代也。①

钱穆强调不识宋学，无以识近代，并认为言清代汉学渊源，一定要溯
诸晚明诸遗老。此说极确，也是我在论清初诗经学必须溯诸明末之原因。
钱穆在《中国近三百年学术史》中强调晚明至清三百年学术渊源来自两宋，
故特别在此书中将两宋之学作为引论。限于篇幅，钱穆在论及两宋学术之
后，直接论晚明东林之学，至于明前中期之学术则留下一片"空白"。② 这
个空白期对于理解明代整体学术及至明末学术发展流变至关重要，也是理

---

① 钱穆：《中国近三百年学术史》，北京：商务印书馆，1997，引论，第1页。
② 钱穆文中亦谈到了明中后期学术对于清代学术的影响，如归有光、钱谦益之经学对顾炎
武、黄宗羲的启发，参见钱穆《中国近三百年学术史》，第153~154页。后钱穆先生在
《中国学术思想史论丛》第七卷（生活·读书·新知三联书店，2009）中纵论明代学术，
极为精彩，不过关注点与本书不同。

解清初诗经学的前提。

葛兆光在谈到这种"空白期"时，曾有一段很精辟的论述：

　　思想史的撰写者常常在他们的著作中留下一些空白的时间段，在这些时间段中仿佛没有什么思想。之所以有这些空白的时间段，主要是思想史家在自己的视野中，没有搜寻到高明的人物或异常的思想，于是，习惯于按照"光荣榜"来构筑思想史连续性的人物，不免就有些放松警惕，以为这就像电影中一段可以剪辑掉的空白。不过，如果改变一下思想史写作的思路，把思想的平庸、停滞甚至是倒退的时代也看成一种"历史"，也许思想史会更具有连续性，因为平庸也罢，停滞也罢，倒退也罢，其实毕竟都不是没有思想，只是没有精彩思想，而没有精彩思想实际上也是一种思想。①

明代前中期学者在面对朱子学的遗产时，看似只是敷衍其学说，并没有任何思想上和学术上的突破，但若做微观的考察，则会发现他们对朱子之学其实有不少推进和补充。② 当然，经学史与思想史的研究方法不同，所关注的内容亦各异。从经学史的角度能更细致地看到明代学者如何一步步推演、补充和修正朱子的解说。这段空白时期的《诗经》诠释，并不是静如止水，而是在缓慢前进，有一个量变的过程。从思想史角度看，这段时间确实没有产生足以传世的思想，但是如果没有这段时间的积累和发展，显然无法出现明代后期学术多元的局面，甚至也无法出现明代后期思想上的巨变。

本章介绍明代前期这一时间段的思想概况，以及在这种思想背景下诗经学发展的大致面貌。我将考察当时学者如何面对朱子的《诗》学遗产，在去取上有哪些选择，在诠释上又有哪些演绎和推进。明代前期固守程朱之学的学者在对朱子《诗》学遗产的诠释与申说上的去取和补充显示了朱子《诗》学本身存在的缺失和矛盾，需要折中宋代其他学者之说和汉唐

① 葛兆光：《中国思想史》第二卷，上海：复旦大学出版社，2001，第280页。
② 参见吕妙芬《胡居仁与陈献章》，台北：文津出版社，1996，第31~32页；王蕾《曹端理学思想研究》，博士学位论文，山东大学，2008，第44~51页。

21

《诗》说，同时这也与朱子所强调的"致知"之途并行不悖。明代中期以后，阳明学兴起，学风大变，加上城市经济的发达、商业文化的兴蔚，文化、学术逐渐由单一走向多元。因此本章后几节将集中考察明中期以后至清初这段时间内，思想、文化、社会等多方面的状况及其对诗经学产生的影响，探讨多元文化背景下复古和宗汉之风兴起的原因及轨迹，并且关注这种风气在明清鼎革之际发生了哪些变化，清初的诗经学在这种转变过程中又有哪些表征，希望借此能够从宏观角度展现明末清初诗经学的思想、文化与社会背景。

第一节　明代前中期思想背景与诗经学

一　明代前中期的思想学术与诗经学

万斯同为《明史》所撰《儒林传》开篇论明代学术云：

> 明兴，二祖相继，首崇六经。六经者，圣人载道之区也。既又特取洛闽诸家羽翼之说，颁之学宫，以式多士。二百年间，占僻钻研，确为遵禀。虽承习之余，或稍滞于章句，寡所变通，而士习民风，彬彬秩秩，质诸往圣，宁有悖谬哉？嘉隆而后，新说烦兴，诐淫邪遁之辞，日趋波〔披〕靡。是则世道之浸微，斯文之胥丧，而二三耽奇好异者之狡焉作俑也。虽然，天地间道自若也，岂真有所改易哉。人于其中，憧憧往来，自消自长，于於穆流行之际，亦犹乾坤六子之迭嬗偵胜而已。若太极浑然在中，曾何增减绝续之有哉。且夫群焉由之，混焉习之，而引为身任者，则必有事焉。或作或述，或附会或救正，皆不谓之有关于斯道，不可考而论之，文行具在，亦焉可诬也哉。①

万斯同对明代前期的学术多有表彰，肯定其学术成就，包括科举对于提振士民风气之贡献。他认为，明代前期学术虽因尊禀宋学、颁之学宫而

---

① （清）万斯同：《明史》卷三八三《儒林一》，《续修四库全书》第 331 册，影印北京图书馆藏清抄本，上海：上海古籍出版社，1997，第 86 页。

寡所变通，但士习民风彬彬秩秩。对于隆庆之后的学术则多加讥评，将明代灭亡部分归结为世道浸微与斯文沦丧。这种观点体现了经历明亡学者的一般意见，亦为清廷认可和接受。

朱子学被列入官学系统最早是在元仁宗皇庆二年（1313），朱子《诗集传》成为科举程式参用之标准，但仍与古注疏并列。① 明朝建立时，因袭元制，仍是"《诗》主朱氏传、古注疏"。洪武十七年（1384）重订科举程式，《诗集传》才完全取代《毛诗注疏》的地位，成为官方认定的唯一标准。但此时开科五经，除《诗经》专用朱传外，则《易》用程传及朱子《周易本义》，《书》用蔡沈《书集传》及古注疏，《春秋》兼用三传及胡氏传、张氏传，《礼记》则用古注疏。② 可见《尚书》和《礼记》仍用古注疏系统，而其他各经虽在宋学体系下，但多所兼用，不主一家。就科举角度而言，明代初期虽以宋学为主，但仍博采众说。

明永乐编纂《五经大全》之后，才废古注疏不用。③ 此举固出统一思想之需要，也是科举制度下，为便于士子学习、取用的必然结果。从诗经学角度而言，《诗传大全》虽专守朱传，但仍容纳了元代及明初各家之说。④ 科举为利禄之工具，一方面固然造成后世所讥评的"废书不观"的局面，不少士子除举业之书外，不再读古注疏；另一方面，士子通过科举进入仕途之后，举业之书也就失去了现实价值，在私人学术撰述中仍可以对朱子学说进行修正和衍说。

正德间学者黄佐（1490～1566年）曾记载明初学者对于经学之疑问，多有辨正：

---

① 《元史》卷八一《选举志》，北京：中华书局，1976，第2018～2019页。
② 《明史》卷七十《选举二》，北京：中华书局，1974，第1694页。另可参阅杨晋龙《明代诗经学研究》，第177、227～228页。
③ 《明史》卷七十《选举二》，第1694页。
④ 参见林庆彰《〈五经大全〉之修纂及其相关问题探究》，《中国文哲研究集刊》创刊号，1991年3月，第361～383页，此据林庆彰《明代经学研究论集》（增订本），上海：华东师范大学出版社，2015，第50页；杨晋龙《论〈诗传大全〉与〈诗传通释〉的差异》，《中国文哲研究集刊》第8期，1996年3月，第105～146页；陈恒嵩《〈五经大全〉纂修研究》，台北：花木兰文化出版社，2009，第132～145页。陈恒嵩一书，承蒋秋华先生惠示，谨此致谢。

洪武中……编修王廉，经书多有疑辨，然未有成书。天顺间，侍读学士周洪谟著《疑辨录》，皆取经传中可疑者辩论之，每读书有所得，欣然谓人曰："进我两阶，不足言也。"及为祭酒，日与太学士等正讹订舛，凡数百条，梓行于时，盖多有与先儒异者。近世儒臣未有主两京教者，有之自洪谟始。抗颜师席，论难经学得失，独与诸儒异者，亦自洪谟始也。成化初，学士杨守陈所著《三礼》《周易》《尚书》《诗》《孝经》《大学》《中庸》《论》《孟》私抄凡数百卷。虽经文亦多以己意更置次第之，自谓正其错简，定其章句，择诸家传注而傅以私见，虽大儒之说不苟从，岂惟是也，虽昔人所遵，以为出于孔子删述者，亦不尽从矣。盖又不特疑辨而已。①

这段话里提到王廉、周洪谟、杨守陈等对经、传均有怀疑和考证，其中周洪谟是明代较早提倡宗主汉学的学者。杨守陈之书大多不存，朱彝尊《经义考》录有杨守陈《诗私钞》自序，其说云：

晦庵朱夫子博考诸家，深探古史，以为《集传》，多主夹漈之说，且断然以序说谬妄浅拙，实汉儒所作，不当分冠诸篇，因并为一编，而详论其得失。学者莫不信而遵之，奋千古之卓见，以扫百代之陋闻，非命世之大儒，其孰能与于此哉。然其主夹漈，而郑、卫诸风尽断为淫诗，则东莱固尝议之，其后马氏端临亦尝辨之，今虽专门举子尚或有疑于此者。蒙少从先祖栖芸先生授诗，仅闻大旨，已厌淫诗之繁而疑之矣。其后遍考诸家，益详味之，则所疑亦不止此。历岁浞久，疑犹未能释也。今居闲处静，日味诸经，详考各家传注，择而钞之以诵习。诗则专钞《集传》，独于疑未释者或乃从传、笺，或易他说，或写愚见附焉。②

---

① （明）黄佐：《翰林记》卷十九，《景印文渊阁四库全书》第596册，台北：台湾商务印书馆，1983，第1075～1076页。廖可斌指出，明代前期统治者推行政治和文化高压政策，士大夫多噤若寒蝉，对程朱之说不敢有丝毫背离。成化以后，政治环境逐渐松动，学者"开始进行独立的思考，并对程朱理学提出种种质疑和不满"。参见廖可斌《明代文学复古运动研究》，北京：商务印书馆，2008，第43～45页。
② （清）朱彝尊：《经义考》第4册，许维萍等点校，林庆彰等编审，台北："中研院"中国文哲研究所，1997，第165～166页。

杨守陈以朱子《诗集传》为根本，有所疑问之处则参考毛传、郑笺，兼附己意，其所疑处集中于"淫诗"说，此不仅是杨守陈一人之见，比他稍后的学者廖道南（？～1547 年）也写道：

> 予幼学诗，诵（朱）善所著《解颐》辑释，颇得其要领。然而国风民谣，宗庙朝廷雅颂之诗，爰自千篇，删为三百，亦已严矣。宋儒泥于郑声淫之说，遂概以为淫奔，而不以进讲，岂皆作者之本旨哉？①

可见，对于朱子《诗集传》中难通之处或认为不符合经义之处，当时学者已有一些批评和思考。周洪谟、杨守陈与廖道南所处时代在永乐颁行《诗传大全》之后。《诗传大全》宗守朱子《诗集传》，并且大量引用朱善《诗解颐》作为补充，在这样的背景下，仍然有许多学者对朱传有所疑惑，加以辨正，并非一味死守朱说和朝廷官修注本的解释。他们在辨正疑义的时候，仍以朱子之说为根基，可见并非反对朱子，而是为了让朱子《诗》说系统更加完满，用毛、郑等旧说来补充、弥缝朱子《诗》学中的矛盾和不足。本来宋儒在为学功夫上就有主敬和致知两途，朱子尤其强调博学致知，所谓"求一贯而多识，而约礼于博文"②，又反复申明读经要读注疏③，并说"读书玩理外，考证又是一种工夫"④。明代学者以注疏旧说来补充朱子《诗》学，其实就是承袭朱子博学致知之理路。杨守陈特别标举朱子"博考诸家，深探古史"，也意在说明他的做法其来有自。

由此可见，明代学者对于朱子之学有所宗也有所推进。此种推进与发展使明代学术出现一些独有的现象，并隐约透露出后来思想、学术发展之端倪。以下再从三个方面略做申说，并探讨这些思想面貌与诗经学之关系。

第一，宋学为学致知与主敬二途，到了明代初期，在致知方面逐渐转

---

① （明）廖道南：《殿阁词林记》卷三，《景印文渊阁四库全书》第 452 册，台北：台湾商务印书馆，1983，第 165 页。

② （清）章学诚：《文史通义》卷三《朱陆篇》，北京：中华书局，1985，第 263 页。

③ （宋）朱熹：《晦庵先生朱文公文集》卷七五，《朱子全书》第 24 册，合肥：安徽教育出版社，2002，第 3614 页。

④ （宋）朱熹：《晦庵先生朱文公文集》卷五四，《朱子全书》第 23 册，第 2538 页。

向对实践笃行和心性的重视①，如恪守程朱的学者薛瑄（1389～1464 年）即"以复性为宗"②；吴与弼（1391～1469 年）称"不敬则不直"，特别重视"涵养须用敬"③。其他学者如胡居仁（1434～1484 年）、陈献章（1428～1500 年）等也都十分重视日常生活行为及为学上的笃行、慎独和用敬。④到具体的学术上，如薛瑄的《读书录》内关于《诗经》的部分后被钟惺收入《古名儒毛诗解》。薛瑄解诗也重心性一路，他认为"《诗》一经，性情二字括尽"⑤，又解《大雅·抑》云：

> 《抑》之诗曰："相在尔室，尚不愧于屋漏。无曰不显，莫予云觌。神之格思，不可度思，矧可射思。"此即川流不息之意，其要在谨独。予诵此诗，深有警于心。⑥

薛瑄解诗，大略如此。这样发展的结果，一方面是明代朱子学有向陆学靠拢的趋势，另一方面则对王学的兴起有直接的影响。⑦

第二，致知之途渐向心性发展，其实质是为学逐渐偏向笃行，重行过于重知，但重知识者并未因此而消失。宣德、正统间学者黄润玉（1391～1479 年）就十分重读书，讲征实，万斯同《明史》本传记载：

> 为学知行并进，以程朱为宗。尝曰："明理务在读书，制行要当谨独。"自少迄耄，好学不怠。以朱子尝欲编《礼记》附《仪礼》，乃分《仪礼》为四卷，而以《礼记》比类附之，不类者附诸卷末；以五礼独缺军礼，乃取《周官》大田礼补之，而以《礼记》载田事者附焉，皆为之注释，总曰《仪礼戴记附注》；以小学、四书、诸经注家，或遗

---

① 参见容肇祖《明代思想史》，台北：开明书店，1978，第 14 页；吕妙芬《胡居仁与陈献章》，第 31～32 页。
② （清）黄宗羲：《明儒学案》卷七《河东学案上》，北京：中华书局，2008，第 111 页。
③ （清）黄宗羲：《明儒学案》卷一《崇仁学案一》，第 23～24 页。
④ 容肇祖：《明代思想史》，第 23～25、35～37 页。
⑤ （明）薛瑄：《读书录》卷七，《景印文渊阁四库全书》第 711 册，台北：台湾商务印书馆，1983，第 658 页。
⑥ （明）薛瑄：《读书续录》卷二，《景印文渊阁四库全书》第 711 册，第 736～737 页。
⑦ 容肇祖：《明代思想史》，第 34～35 页。

或误，乃撰《经书补注》。以《大学》《中庸》词旨渊奥，乃撰《学庸通旨》；以郑氏注深衣不合，乃撰《考定深衣古制》。①

他以程朱为宗，又重视博学致知，因此综考古今之说，并多关注小学、诸经诸家和郑氏之学。可以说和宋学中重博学考据的王应麟、黄震等一脉相承。而上举王廉、周洪谟、杨守陈等学者亦是如此。在诗经学方面，明初也并非只有谈心性、涵养之作，学者王鏊（1450～1524 年）尝撰《诗经口义》，此书虽佚，但其《震泽长语》还存其诗学观念，云："荀卿子传大毛公，是为《毛诗》。是时诸儒掇拾补葺，专门名家，各守其师之说。其后郑玄之徒笺注训释，不遗余力。虽未尽得圣经微旨，而功不可诬也。宋儒性理之学行，汉儒之说尽废。然其间有不可得而废者，今犹见于《十三经注疏》，幸闽中尚有其板，好古者不可不考也。使闽板或亡，则汉儒之学几乎熄矣。"② 王鏊是正德间的科举名人，其八股范文、《诗经》科举注本屡屡见称于明世，且以尊尚程朱义理为标榜。但他的经学观点颇为平正，既认同宋儒之贡献，也强调汉儒之学有不可废之处，呼吁人们重视《十三经注疏》。可见一般认为"学术史要到明中叶以后才再次渐开注重汉唐经注的风尚"③，并不十分恰切。在明代前期，重博学致知的学者总体来看也许并不算多，也不是主流，但是这种读书风气一直存在而未中断，成为后来博学复古风气勃兴的渊源。

第三，实践笃行的风气走到极端，致使部分学者逐渐倾向归隐，无意举仕，退而修身，以讲学为务。吴与弼、胡居仁、陈献章等明初学者皆是如此。陈献章的学生林光（1439～1519 年）的一段话很能说明他们的观点：

善学者不汲汲于施为成败利钝之际，而汲汲于吾心权衡尺度之间；宁学成而不用，未有不成而苟用者也。④

---

① （清）万斯同：《明史》卷三八三《儒林一》，《续修四库全书》史部第 331 册，第 91 页。
② （明）王鏊：《震泽长语》卷上，《景印文渊阁四库全书》第 867 册，台北：台湾商务印书馆，1983，第 191 页。
③ 吕妙芬：《胡居仁与陈献章》，第 35 页。
④ （清）张夏：《雒闽源流录》卷十四，《四库全书存目丛书》史部第 123 册，影印中国科学院图书馆藏康熙二十一年黄昌衢彝叙堂刻本，济南：齐鲁书社，1996，第 225 页。

明中期以后，更多学者走向民间，以杜门读书、外出讲学自励。因此明代学术的特色之一不在于精深，而在于普及和宣讲。这都与明初的吴与弼、胡居仁等学者有着密切的关系。当致知走向复性，又发展为王学，一方面更为强调思想的开放，另一方面仍有读书传统隐约存续，故在学术上呈现出更为多元也更具明代商业、科举、文化特色的独特风貌。

二 阳明学背景下的诗经学

前引万斯同所撰《明史·儒林传》批评明中期以后的学术"嘉隆而后，新说烦兴"，这是当时经济发展、人口总数集聚增加之必然。人口增长，学子的数量也相应增长，虽然生员的配额逐渐放宽，但进士名额没有增加，这导致学子成为举人、进士的概率大大降低。根据何炳棣的研究，嘉靖年间是生员人数急速增加的一段时间。① 一方面，这导致大量拥有一定知识水平的生员无法登上仕途或至少在短时间内很难登上仕途；另一方面，学子群体游学、交友的时间和机会也增加了。② 嘉靖以后新说繁兴与社会变化密切相关，王学也在这样的背景下应运而生。

阳明学说流行以前，已有陈献章导夫先路。黄宗羲说："有明之学，至白沙始入精微。其吃紧工夫，全在涵养。喜怒未发而非空，万感交集而不动。至阳明而后大。"③ 陈献章从学于吴与弼，但为学讲求静坐、舍繁求约，以求心之本体，更近于陆九渊之学。④ 他"以心体为源泉涓涓、发用不穷、能契悟天道的关键，故以为学在求诸心"。⑤ 对于古书，他认为"观书博识，不如静坐"。⑥ 陈献章的弟子湛若水（1466～1560年）在思想上继承陈献章的主静和涵养，但补救了其师轻视读书的缺失，认为不读书而静坐，难免陷入支离，似是禅学。湛若水的学说融汇周敦颐、程颐、朱子和

---

① 何炳棣：《明清社会史论》，徐泓译注，台北：联经出版公司，2013，第 210 页。
② 参见吕妙芬《阳明学士人社群：历史、思想与实践》，台北："中研院"近代史研究所，2003，第 39～40 页。
③ （清）黄宗羲：《明儒学案》卷五《白沙学案上》，第 79 页。
④ 参见容肇祖《明代思想史》，第 35～40 页。
⑤ 吕妙芬：《胡居仁与陈献章》，第 42 页。
⑥ （清）黄宗羲：《明儒学案》卷五《白沙学案上》，第 85 页。

陆九渊之学，既重视内心修养，也强调致知和笃行。① 湛若水对《诗经》之态度就很能体现这种思想。他撰有《诗厘正诵》和《厘正诗小序》，他不赞同舍书而谈心体，故他颇重视读古书古注，也重视小序。他认为大序为子夏根据孔子之意撰成，小序为国史所补，相比后来之说更为近古，自有可信之处：

> 诗之大序，孔门弟子子夏以夫子之意为之，其曰：国史明乎得失之迹。国史谓小序也。其时近，故其记事也切。与后之生乎千百年之后，而忆说乎千百年之前者，不亦异乎？故论诗者，必以小序为正。②

又自序作《厘正诗小序》之宗旨，云：

> 诗也者，承其心之所之以成文而为言者也。是故燮理乎性情之间，以为教者，莫深乎诗。然则何以学夫诗？曰大序明其本矣，小序明其迹矣。大序者，其子夏之徒推夫子之志而为之者乎？小序者，其史臣之良述作者之指而为之者乎？故大序曰：国史明乎得失之迹。得失之迹，夫有所受之矣。是故大序废，则学诗者不知其本；小序废，则学诗者不知其迹。迹且不知，而况其本乎？是故沿流而求其源，诵言而得其意会。意以畜其德，小序之谓矣。曰：然则小序之为纯也固如是乎？曰：今夫珠玉非不纯也，坭沙混之可以为美乎？故去其汉儒之杂之者，全其国史之本纯者，因迹以讽其言，因言而得其意，养其性情，合乎道义。③

他认为小序掺杂了不少汉儒之意见，故需要厘正，以求国史之本纯，进而可得圣人之意。他论诗的根本仍是从义理中求，以得诗中所体现之性情、道义。不过，他之所以要厘正小序，也正是从读书中获得的，希望能

---

① （清）黄宗羲：《明儒学案》卷三七《甘泉学案一》，第 879～888 页。
② （明）湛若水：《湛甘泉先生文集》卷十七，《四库全书存目丛书》集部第 56 册，影印山西大学图书馆藏清康熙二十年黄楷刻本，济南：齐鲁书社，1997，第 685 页。
③ （明）湛若水：《湛甘泉先生文集》卷十七，《四库全书存目丛书》集部第 56 册，第 686 页。

从经文本身去寻求国史、圣人的真意。

王阳明（1472～1529年）的思想曾受陈献章影响，又与湛若水相交。他在思想上最大之推动在于破除朱子求理于事物的致知格物说，而认为"圣人之道，吾性自足"。王阳明所谓的"良知"是道德本心，并非学问思辨上的经验知识。成圣之道的关键在于将良知推致到事事物物上面，即"致良知"。① 因此在对待经书的态度上，王阳明承陆九渊"六经皆我注脚"之说，认为"六经者，吾心之记籍也"。又说："世之学者，不知求六经之实于吾心，而徒考索于影响之间，牵制于文义之末，硁硁然以为是六经矣。"②

王阳明在面对朱子格物之说的时候，发现天下之书读之不尽，外在的事物更是格之不穷，格物要豁然贯通才能明理，那么大多数读书人无法达到这一点。因此，王阳明的"良知"见解是一种极为平易的法门，而他在为学上也具有平等的眼光和平易近人的态度。③ 这利于阳明学风靡天下，"一方面满足了士阶层谈'本体'、说'工夫'的学问上的要求，另一方面又适合了社会大众的精神需要"。④

阳明学说既易为士大夫及社会大众所接受，加之当时社会自由讲学风气甚盛，不论是王阳明，还是湛若水、邹守益、王畿、钱德洪等，生前都四处讲学，私人书院、学会也遍及各地，利于学术的传播。万历十二年（1584），明神宗将王守仁、陈献章、胡居仁一并从祀孔庙，更加促进了王学的风靡。⑤

王学兴起自然也影响到诗经学的发展。嘉靖之后，《诗经》著作的倾向和宗旨显然发生了一些转变。如果按照学术取向进行分类，明代诗经学大概可分成株守或推衍朱子之作、申发汉学之作、融汇众说以持其平之作、别自为说不主一家之作四类。在嘉靖以前，大多为株守或推衍朱子之作，

---

① （清）黄宗羲：《明儒学案》卷十《姚江学案》，第180～181页。
② （明）王守仁：《王阳明全集》卷七《稽山书院尊经阁记》，上海：上海古籍出版社，1992，第255页。
③ 参见容肇祖《明代思想史》，第89页。
④ 余英时：《中国近世宗教伦理与商人精神》，载余英时《士与中国文化》，上海：上海人民出版社，2003，第448页。
⑤ 参见葛兆光《中国思想史》第二卷，第301页。

申发汉学之作极少，不少赞同序说的也只是在朱子体系的内部进行补充，并非宗主毛序。而王学兴起之后，此四类诗经学著作之比例即有了显著变化，一是申发汉学和持平的著作逐渐增多；二是别自为说、不主一家的著作也在增加。因此总体来看，固守朱子或者推衍朱子的著作比例就相应减少，显示朱子《诗》学地位逐渐下降的趋势。

这种现象的出现，王门学者起到了关键性的作用。正德、嘉靖间的诗经学者如季本、袁仁、黄绾、黄省曾、朱得之、皇甫涥、蔡汝楠、邓元锡等，均为王门后学或与王学有渊源。其中季本（1485～1563 年）《诗说解颐》、袁仁（1479～1546 年）《毛诗或问》、蔡汝楠（1514～1565 年）《诗经札记》、邓元锡（1529～1593 年）《诗经绎》等都对清代诗经学产生了一定影响，清代诗经学著作如钱澄之《田间诗学》、康熙朝官修《诗经传说汇纂》等尝引用他们的《诗》说。这些王门学者的著作大多有如下表现。

第一，逐渐重视汉人之学，出现贬抑朱子的现象。明代程朱学者亦有申汉学者，但并不反对朱传，往往是在朱传的体系下引书汉人旧注，实质是以汉人之说来补充朱说。但阳明学者始贬抑朱子，如袁仁在《毛诗或问》自序中云：

> 朱元晦尽去孔门序说，而以意自为之解。盲人摸象，岂不揣其一端？然而去象远矣。①

这是直接批评朱子《诗》说，在《毛诗或问》中，袁仁之见也多不同于朱子之说，甚至直斥朱子《诗集传》之非。例如，论《采苓》之诗云：

> 《采苓》，刺晋献公也，果否？曰：献公内有骊姬，外有二五，杀太子、逐重耳，夷吾卒乱晋国，听谗之效，史有明征。朱传不信而削之，过矣。②

---

① （明）袁仁：《毛诗或问》，《四库全书存目丛书》经部第 60 册，影印北京图书馆藏清道光十一年六安晁氏木活字学海类编本，济南：齐鲁书社，1997，第 595 页。
② （明）袁仁：《毛诗或问》卷上，《四库全书存目丛书》经部第 60 册，第 609 页。

又如，论及《衡门》之诗，斥朱子解释为隐居"则粗浅矣"。① 这在以前都是很少见到的。阳明学者对于朱子以外的汉人《诗》说也颇多关注，如皇甫涍尝云："至于汉之儒，以遗经为尚，以专门为学……道之深微，固未必其果有所见，而其学之一、风之笃，良亦去古非远也。"② 所以他的学问是"主之以宋，辅之以汉"，"以警夫末流之弊"。③

第二，阳明学者尤好立新说，不尽信朱子《诗》说，也不完全依傍序、传，而是别自为说。上举袁仁的《毛诗或问》即具有此特色，另如黄绾《诗经原古》、黄省曾《拟诗外传》、朱得之《印古堂诗话》、蔡汝楠《诗经札记》、邓元锡《诗经绎》等皆是如此，在阐释诗义时，多抒发一得之见，故后世有"多凭臆见"之讥④。甚至出现改经的现象，黄绾《诗经原古》就将二南以外的十三国风列在南、雅、颂之后，并改名为"列国"。⑤

阳明学影响下最具代表性的诗经学著作是季本的《诗说解颐》。季本尝自述其从学之渊源：

> 予少师黄擧子，黄擧子，姓王，名文辕，字司舆，山阴人。励志力行，隐居独善，乡人重其德者，皆乐亲之。少学为古文，绝类《庄》《列》，诗逼唐人，读书不牵章句，尝曰："朱子注说，多不得经意。"成化、弘治间，学者守成说，不敢有非议朱子者，故不见信于时。惟阳明先师与之为友，独破旧说，盖有所本云。⑥

---

① （明）袁仁：《毛诗或问》卷上，《四库全书存目丛书》经部第 60 册，第 610 页。
② （明）皇甫涍：《皇甫少玄集》卷二二《奉华阳兄第二书》，《景印文渊阁四库全书》第 1276 册，台北：台湾商务印书馆，1983，第 636 页。
③ （明）皇甫涍：《皇甫少玄集》卷二二《奉华阳兄第二书》，《景印文渊阁四库全书》第 1276 册，第 636 页；（明）皇甫涍：《皇甫少玄集》卷二二《奉华阳兄第三书》，《景印文渊阁四库全书》第 1276 册，第 637 页。
④ 《印古堂诗话》，《续修四库全书总目提要（稿本）》第 19 册，济南：齐鲁书社，1996，第 660～661 页。
⑤ （清）黄宗羲：《明儒学案》卷十三《浙中王门学案三》，第 284～285 页。
⑥ （明）季本：《说理会编》卷十六，《四库全书存目丛书》子部第 9 册，影印清华大学图书馆藏明冯继科刻本，济南：齐鲁书社，1995，第 407 页。

季本早年从王文辕和阳明受教，认为朱子经说有不得经义处。因此他的《诗说解颐》不以朱子《诗集传》为依归。不过他也不完全认同毛、郑之说，因此《诗说解颐》"于旧说多所破之，而一以经文为主"。持不偏主一家的态度。① 《四库全书总目》称《诗说解颐》"大抵多出新意，不肯剿袭前人，而征引该洽，亦颇足以自申其说"。② 阳明学者诗经学的这两个特点影响到后来，遂有郝敬《毛诗原解》之作的出现。

嘉靖以后，王学气势虽然盛大，但程朱一派的学者也没有停止对朱子《诗集传》的讨论和诠释。比较重要的学者有吕柟、黄佐、李经纶、薛应旂、张瑞等。一方面，一些学者以私人或官方的角色尽力维护朱子《诗》说和官方学说的地位。例如，李经纶作《诗教考》，沿袭王柏的做法，将自己认为不符合诗教的诗篇尽行删去，"欲洗千古之淫诗以正人心"③。从正人心的角度来看，李氏的做法正是对异说纷纭的一种极端反应。另如薛应旂的《方山诗说》则是依据朱传而作，张瑞《诗经宗义》也是"溯紫阳之宗而会其旨归"。④

另一方面，程朱学者也再次回到朱子"致知"的理路上，逐渐重视古注疏，其中比较有代表性的是吕柟。吕柟为薛瑄弟子，是王学兴盛时期笃守程朱的学者。他的《诗》学不废序说，所撰《毛诗说序》以阐发序义为宗旨，对于诗序与朱传抵牾之处，亦对诗序多有维护。吕柟曾担任国子监祭酒（1535～1536年在任），要求学子必读《十三经注疏》，并推扬毛、郑《诗》说。⑤ 不论是在行动上强调汉学之重要，还是在具体的著作中申说诗序，吕柟的目的都不是反对朱子之学。他指出朱子驳序是因朱子《诗》说有前后之不同，本身就存在矛盾。他宗序之目的是补正和弥缝朱子《诗》

---

① 参见〔日〕西口智也《季本的〈诗经〉观》，载林庆彰主编《国际汉学论丛》第2辑，台北：乐学书局，2005，第1～13页。

② （清）永瑢等：《四库全书总目》卷十六，影印浙江杭州本，北京：中华书局，1965，第128页。

③ （清）姜炳璋：《诗序补义》卷七，《景印文渊阁四库全书》第89册，台北：台湾商务印书馆，1983，第110页。

④ 刘毓庆、贾培俊：《历代诗经著述考（明代）》，第101页。

⑤ （明）吕柟：《毛诗说序》，《四库全书存目丛书》经部第60册，影印北京图书馆藏明嘉靖三十二年谢少南刻泾野先生五经说本，济南：齐鲁书社，1997，第537、538页。

说。① 这种做法在明末清初的程朱学者中十分常见。

第二节　明末复古宗汉之风的兴起

明末的复古宗汉之风，自明前中期就已略见端倪，如上文所述正德间诸学者对博学与征实之追求，以及在诗经学上朱传、诗序并重的情况。正德十年（1515）卢雍（1474~1521年）重建毛公书院并集诸生讲毛诗、正德十二年（1517）顾兰（1475~1545年）重修郑玄祠等举动，都显示出重视汉人之学的一股潜流。万历十四年（1586），明神宗下令刊刻《十三经注疏》，万历二十二年（1594）刻成并颁发天下学宫，代表官方亦逐渐承认汉唐注疏之学的地位。② 此后复古宗汉之风又因社会、思想、经济等多方面的原因乘势而起，并直接影响到清代的学术发展。是故讨论明末的复古风气，不单单要考虑学术发展的内部变化，也必须涉及当时经济、社会、文化等方面对其产生的影响。因此，本节主要从明末的官学与私学、藏书风气、出版事业、结社活动等角度讨论影响复古之风兴起的几个因素及其对于学术发展之意义。需要特别强调的是，本节虽以明末复古宗汉之风兴起为主题，但并非意在说明当时复古宗汉已经成为主流，恰恰相反，相比程朱、王学的大背景，复古宗汉只是一个新兴的文化与学术风气，且多集中于经济较为发达的地区，远未到取代程朱或王学的地步。而之所以把它提出来讨论，正因它不是主流，属于主流思想背景下一个比较特殊的风气，此风气渐渐影响到学术的发展，并成为后来清代征实考据之学的滥觞。正如杨晋龙对明末诗经学发展的评价："这个时期就朱传而言是衰落期，就汉学而言是兴盛期，惟并非汉学已超越朱传之兴盛，不可误解。"③

一　官学与私学

明洪武二年，太祖朱元璋下诏天下府州县皆立学，经费由政府支持。

---

① 参见杨晋龙《明代诗经学研究》，第 256~260 页。
② 杨晋龙：《明代诗经学研究》，第 228~229 页。
③ 杨晋龙：《明代诗经学研究》，第 232 页。

官学不仅监督生员的日常课业，而且拥有大量政府颁发的图书，虽为科举而设，但客观上亦促进了知识传播与学术交流。万斯同所撰《明史》载：

> 洪武二年，太祖谕中书省曰：元人礼教销亡，上下波［披］靡，学校之设，名存实亡。兵变以来，习于战斗，惟知干戈，莫识俎豆。朕谓教化之道，学校为本，宜令郡县皆立学宫，延师儒教授生徒，以讲论圣道，使人日渐月化，以复先王之旧。于是天下郡县并建学，府学生员四十人，州学生员三十人，县学生员二十人，缺听于民间选补，免其徭丁。生员令专治一经，以礼、乐、射、御、书、数设科分教。三年，置应天府儒学，生员六十人，入学校射仪。六年，令生员一应文字，皆用散文，不许为四六误后学。①

此为明初之制，到明太祖去世时，各地学校已多达一千二百所。② 生员专治一经，且习更为实用的散文，加之不少地方的教师均为老师宿儒，如吕柟、吴讷等均曾担任学宫讲习，对学术之发展自然有所促进。

至明中期以后，随着经济日益发达，尤其是浙江、江苏等地区，社会长期安定和城市商业普遍发展，官学不断增多，规模也日益扩大。清官修《明史》表彰道："盖无地而不设之学，无人而不纳之教。庠声序音，重规叠矩，无间于下邑荒徼，山陬海涯。此明代学校之盛，唐宋以来所不及也。"③ 王锜（1432～1499 年）描述苏州学宫之规模时亦云："吾苏学宫制度宏壮，为天下第一，人材辈出，成夺魁首，近来尤尚古文，非他郡可及。"此处所言学子崇尚古文，当非学官制度所引起，而是社会普遍的尚古风气蔓延到官学，但官学中的知识精英接受此风气，对于复古之风的传播与影响自然有极大助力。王锜在后文即说道：

> 至于人材辈出，尤为冠绝。作者专尚古文，书必篆隶，骎骎两汉

---

① （清）万斯同：《明史》卷七五《选举五》，《续修四库全书》史部第 325 册，第 319 页。
② 何炳棣：《明清社会史论》，第 210～211 页。
③ 《明史》卷六九《选举一》，第 1686 页。

之域，下逮唐宋，未之或先，此固气运使然，实由朝廷休养生息之恩也。①

从以上记载可见官方学校在复古风气传播中所起到之重要作用。万历二十二年（1594）刻成《十三经注疏》并颁发给天下学宫更是从官学层面上鼓励学子读宋以前的古注疏。

官学以外，明代私人讲学之风亦盛。尤其明代中期后王学兴起，王门学者常举办讲会，推广其学说。王阳明生前即重视讲会，其弟子遍布各地，也纷纷兴建书院，如泰州王艮（1483～1541 年）曾随王阳明在会稽讲学，又应邹守益之邀，主讲复初书院，嘉靖五年（1526），又主讲泰州安定书院，次年与湛若水、邹守益、欧阳德等聚讲于金陵新泉书院。② 王阳明去世后，其弟子邹守益、聂豹、罗洪先、欧阳德讲学于江右，周桐、应典等讲学于浙中，而苏、皖、闽等地亦有大量王门弟子的讲学身影，形成"搢绅之士，遗佚之老，联讲会，立书院，相望于远近"的局面。③ 虽然朝廷时有禁止讲学之举，然终明之世，讲学之风始终未熄。程朱学者亦尚讲学，最著名的当属高攀龙（1562～1626 年）、顾宪成（1550～1621 年）等讲学于东林书院。万斯同云：

> 其时海内学者率流入二氏，宪成深忧之，故其为学一以程朱为宗，力辟无善无恶心之体之说。邑故有东林书院，宋杨时讲道处也，宪成与弟允成修复之，三十二年落成。偕同志高攀龙、钱一本、薛敷教、史孟麟、于孔兼辈，讲学其中。当是时，士大夫抱道忤时者，率退处林野，而东南诸郡邑尤多，于是闻风向附，学舍至不能容。④

---

① （明）王锜：《寓圃杂记》卷五，《四库全书存目丛书》子部第 239 册，影印上海图书馆藏清抄本，济南：齐鲁书社，1995，第 707～708 页。
② （明）王艮：《王心斋全集》卷三《王心斋年谱》，南京：江苏教育出版社，2001，第 71～72 页。
③ 《明史》卷二三一，第 6053 页。另可参阅吕妙芬《阳明学士人社群：历史、思想与实践》，第 60～67 页。
④ （清）万斯同：《明史》卷三四四《顾宪成传》，《续修四库全书》史部第 330 册，第 154 页。

与东林学者时相过从的冯从吾（1557～1627年）亦上疏论讲学云：

> 宋之不竞，以禁讲学之故，非以讲学故也。我二祖表章六经，天子经筵，皇太子出阁，皆讲学也。臣子以此望君而已，则不为可乎？先臣王守仁当兵事倥偬，不废讲学，卒成大功，此臣等所以不恤毁誉而为此也。①

可见鼓励讲学为当时学者之共识。冯从吾本王门后学，而论学亦重程朱。讲学之风盛极一时，许多学者不事举业，无意仕进，专门讲学授徒以终，如漳浦蔡宗禹，升刑部主事而不就，"以疾乞归，讲学于湖西书院……四方负笈来者，至房舍不能容，别结草庐以居"。② 衢州叶秉敬（1562～1627年），万历二十九年（1601）进士，史志记载他"淹贯万卷，著述鸿富，拥皋比，讲学四方，请益盈户外。撰书凡四十余种，海内称为名儒"。同郡学者方应祥（1560～1628年），"山居时，讲求性命之学，从游者踵相接，遂扩庐舍以居之，发明身心性命之旨，循循善诱，诲之不倦，人比其功，不下濂溪伊川云"。③此外，还有章潢（1527～1608年）弟子万尚烈，"万历辛卯举于乡，授建昌教谕，历擢邵武同知，捐俸刻潢所集《图书编》，晋比部郎，擢平越知府，致仕归，杜门却扫，益肆力于性命之学，中丞解学龙，督学陆之祺、蔡懋德皆请主澹台祠。太史金声请主新安还古书院，年九十五卒。所著有《四书测》《易赞测》《诗述传测》《闻学杂记》"。④ 这些学者以讲学为志业，对于知识普及与学术发展起到了一定的推动作用。

二 藏书与出版

明代藏书之风甚盛，官方藏书数量极为可观，私人藏书的风气更是十分

---

① （清）万斯同：《明史》卷三四四《冯从吾传》，《续修四库全书》史部第330册，第157页。
② （清）李清馥：《闽中理学渊源考》卷八二，徐公喜、管正平点校，南京：凤凰出版社，2011，第839～840页。
③ 《（雍正）浙江通志》卷一七七，《景印文渊阁四库全书》第523册，台北：台湾商务印书馆，1983，第621页。
④ 《（雍正）江西通志》卷七十，《景印文渊阁四库全书》第515册，台北：台湾商务印书馆，1983，第440～441页。

盛行。上文出现的王鏊、黄省曾等均是著名藏书家。弘治、嘉靖间学者陆深（1477～1544 年），在京师为官时藏书达三千卷。① 据他自述："臣本农家，僻居江海之上，兼有藏书可资考索；衣食所余，足备笔札之费。"② 可以见到藏书对其学术研究之助益。陆深著作极丰，有《史通会要》《古奇器录》《春雨堂杂钞》《愿丰堂漫书》《玉堂漫笔》《溪山余话》《传疑录》等，书名皆与其藏书、读书有关，其诗经学方面的著作《俨山诗微》存于《俨山集》，其自序撰述宗旨云："是编也，盖欲折衷传、序，兼采众长，以明诗人之旨。"③ 可知《俨山诗微》是折中诗序与朱子《诗》说之作。陆深弟子潘恩（1496～1582 年）藏书亦富，王世贞在《潘恭定公状略》中写道："顾生平无他嗜，独嗜书。晚而弥笃，未尝一日释卷。自六经子史，以及国家典故，毋论金匮石室之藏，即虞初小黄衣所纂，靡不手录而汇之。一室萧然，唯图书自环而已。"④ "虞初小黄衣"即小说，可见不论是经书、子、史，还是通俗文学之书，他均予以收藏。潘恩著有《诗经辑说》，也是折中诗序与朱子《诗》说之作，他以序冠于各篇之前，然后再录朱公迁《诗经疏义》所定朱传序义，再录经文，最后杂采毛传、郑笺、孔疏微言绪论，可广见闻者。⑤

明代后期私人藏书之风与文坛复古风气相激荡，藏书好古的风气也由之兴盛。⑥ 藏书家本来就对古本、秘本感兴趣，可以说藏书好古与文学、学术上的好古互为影响，同时藏书家又好以博富炫世，故好古、炫博之风盛行。好古、炫博主要体现在几个方面：一是对古本、宋本以及罕见之所谓秘本的兴趣极为浓厚；二是对金石、书画、古器物等的收藏亦十分兴盛；

---

① （明）陆深：《陆文裕公行远集》卷四《绿雨楼记》，《四库全书存目丛书》集部第 59 册，影印复旦大学图书馆藏明陆起龙刻清康熙六十一年陆瀛龄补修本，济南：齐鲁书社，1997，第 8 页。

② （明）陆深：《俨山外集》卷二八，《景印文渊阁四库全书》第 885 册，台北：台湾商务印书馆，1983，第 2 页。另可参阅陈冠志《明代的江南藏书》，台北：明史研究小组，2006，第 27 页。

③ （明）陆深：《俨山集》卷四一，《景印文渊阁四库全书》第 1268 册，台北：台湾商务印书馆，1983，第 254 页。

④ （明）王世贞：《弇州史料后集》卷十六，《四库禁毁书丛刊》史部第 49 册，影印北京大学图书馆藏明万历四十二年刻本，北京：北京出版社，2000，第 396 页。

⑤ 参见（清）朱彝尊《经义考》第 4 册，第 181～183 页。

⑥ 参见陈冠志《明代的苏州藏书》，台北：明史研究小组，2002，第 33 页。

三是对宋以前的经注、小学字韵之书以及子部书的重视。这些兴趣激发了学者对古经注和先秦子书的重新关注、对版本源流的考察以及对声音文字之学的研讨。这样的情况在江南地区尤为明显。崇古之学在这些地区兴起并影响到其他地方，也就不奇怪了。

　　例如，常熟学者冯复京（字嗣宗）家富藏书，据其孙冯武所述，"藏书万卷"①。冯复京子冯舒、冯班，藏书臻于鼎盛。冯复京《六家诗名物疏》旁征博引，考证名物，多引经注反复征核。焦竑云："取《疏》（即陆玑《毛诗草木鸟兽虫鱼疏》）、《略》（即郑樵《昆虫草木略》）而广之，缀集昔闻，参以新义，自鸟兽草木而外，如象纬、堪舆、居食、被服、音乐、兵戎，名见于经者，种种具焉，足以补陆、郑之遗，而起其废疾。"② 可见《六家诗名物疏》的考证内容十分丰富。冯班有《钝吟杂录》，所论内容极广，包括经史、文学、书法等方面，其中对汉学较为推崇，颇有贬斥朱子之处。这样的学术取向和成就与冯氏两代人的藏书密不可分。

　　吴县赵宧光（1559～1625 年）、赵均（1591～1640 年）父子的寒山堂藏书规模亦极为宏大，且对于小学之书尤为重视，董斯张（1587～1628 年）称其"所藏字书韵书数十种"③，如宋刻徐锴《说文解字系传》④、元刊本《汉隶分韵》⑤、照元抄本《隶续》⑥、元吾丘衍《续古篆韵》（为赵均手抄本）⑦、明张萱《汇雅》（赵宧光且手校之）⑧ 等。赵宧光对于声音文字之书不仅极感兴趣，而且因此类图书收藏较为丰富，故能撰写

①　（清）莫友芝：《宋元旧本书经眼录》，"书目丛编"本，台北：广文书局，1988，第 24 页。
②　（明）焦竑：《焦氏澹园集》卷十四《诗名物疏序》，《四库禁毁书丛刊》集部第 61 册，影印中国科学院图书馆藏明万历三十四年刻本，北京：北京出版社，2000，第 129 页。
③　（明）董斯张：《吹景集》卷五，《续修四库全书》第 113 册，影印山东省图书馆藏明崇祯二年韩昌箕刻本，上海：上海古籍出版社，2002，第 47 页。
④　（清）瞿镛：《铁琴铜剑楼藏书目录》卷七，《续修四库全书》第 926 册，影印瞿氏家塾刊本，上海：上海古籍出版社，2002，第 140 页。
⑤　（清）陆心源：《皕宋楼藏书志》卷十六，《续修四库全书》第 928 册，影印光绪八年万卷楼藏版，上海：上海古籍出版社，2002，第 176 页。
⑥　（清）瞿中溶：《古泉山馆题跋》，《国家图书馆藏古籍题跋丛刊》第 9 册，北京：北京图书馆出版社，2002，第 670～671 页。
⑦　（清）钱曾：《读书敏求记校证》，管庭芬、章钰校证，上海：上海古籍出版社，2007，第 60 页。
⑧　（清）翁方纲：《复初斋集外诗》，《清代诗文集汇编》第 382 册，影印吴兴刘氏嘉业堂刊本，上海：上海古籍出版社，2010，第 447 页。

《说文长笺》一书，其《凡例》中"字书得失例"条遍举历代字韵书，并加以评析，囊括籀文，石鼓文，峄山碑刻，《玉篇》，蜀本石经，张参《五经文字》，唐玄度《九经字样》，颜元孙《干禄字书》，徐锴《说文解字系传》，宋王楚、黄伯思《博古图说》，郭忠恕《佩觿》，卫元嵩《元包经传》，戴侗《六书故》，黄公绍《古今韵会举要》，毛晃《礼部韵略》，孙愐《唐韵》，杨桓《六书统》《书学正韵》，郑樵《六书略》，张有《复古编》，《隶释》，无名氏《同文正要》《篆韵》，周伯温《字原正讹》，赵㧑谦《六书本义》，《篆决偏旁》，魏庄渠《六书精蕴》，以及杨慎、王元美、吴元满、王应电等人之作。[①]《说文长笺》近乎一部简要的文字学史，若无丰富藏书作为参考，相信很难写下这部皇皇巨著。

明代藏书风气之盛与书籍刊刻的兴盛是分不开的。明代官刻以北监、南监最盛，尤其南监存宋元旧版较多，所刻《十三经注疏》《二十一史》尤称精品。诸藩府的刻书也极多。[②]明中叶以后，私人刻书及书坊刻书渐多。例如，毛晋（1599~1659年）的汲古阁刻书极多，对后世产生巨大影响，崇祯十二年（1639）刻成《十三经注疏》、崇祯十七年（1644）刻成《十七史》，尤有功于学林。毛晋在编辑、刊刻过程中重视校勘、辨伪等考证工作，这无疑和他的刻书一起促进了考证之学的发展。[③]再如，上举赵宧光、赵均父子亦有能力刻书，尝筑小宛堂，聚集刻工，不仅刊刻自己的《说文长笺》等著作，还刻有大量古书，至今还存世的覆宋本《玉台新咏》、重刻《万首唐人绝句》均称精刻。[④]

明代刊刻的朱子《诗》学系统以外的诗经学著作，无疑拓宽了当时一般学者的视野，对于推动古学之兴起起了一定的作用。今略考各家书目，将明代所刻部分宋以前诗经学著作及宋代非朱子系统的诗经学著作列于表

---

① （明）赵宧光：《说文长笺》，《四库全书存目丛书》经部第195册，影印首都图书馆藏明崇祯四年赵均小宛堂刻本，济南：齐鲁书社，1997，第122~125页。

② （清）叶德辉：《书林清话》卷五，影印1911年观古堂刊本，上海：上海书店出版社，第1页。

③ 参见章宏伟《毛晋刻书活动考论》，载章宏伟《十六—十九世纪中国出版研究》，上海：上海人民出版社，2011，第96~121页。

④ 参见（清）叶德辉《郋园读书志》卷十五，《湖南近现代藏书家题跋选》第1册，长沙：岳麓书社，2011，第722、743页；林夕《明寒山赵氏小宛堂刻〈玉台新咏〉版本之谜》，载林夕《闲闲书室读书记》，桂林：广西师范大学出版社，2011，第53~60页。

1。在万历二十二年刻成并颁布《十三经注疏》之前，李元阳已先在福建刊刻，即世称"九行本"。另如《韩诗外传》亦久行于世，欧阳修《诗本义》明刊本也全列小序、毛传和郑笺，与后来通志堂本不同。可见当时学者获得汉代《诗》学及注疏之学的渠道较为丰富。

表 1　明代刊刻的宋代之前及宋代相关诗经学著作

书目	刊刻资料	资料来源
《韩诗外传》	明初刊本	清官修《天禄琳琅书目》
	沈辨之野竹堂刊本	杨守敬《日本访书志》
	嘉靖十八年（1539）芙蓉泉屋刊本	陆心源《皕宋楼藏书志》
	毛晋汲古阁刊本	丁仁《八千卷楼书目》
《毛诗注疏》	御史李元阳刊于福建，世称闽本、九行本	丁丙《善本书室藏书志》
	北监本，万历二十一年刻成	丁仁《八千卷楼书目》
	毛晋汲古阁刊本	丁仁《八千卷楼书目》
《毛诗陆疏广要》	焦竑刊本	丁仁《八千卷楼书目》
欧阳修《诗本义》	明刊本，篇首冠有小序，经文下备列毛传、郑笺，之后再系之以"论"和"本义"	张金吾《爱日精庐藏书志》
苏辙《诗集传》	毛晋汲古阁刊本	丁仁《八千卷楼书目》、陆心源《皕宋楼藏书志》
吕祖谦《吕氏家塾读诗记》	嘉靖辛卯（1531）御史傅应台刻于南昌	丁仁《八千卷楼书目》
	万历癸丑（1613）刊本	丁仁《八千卷楼书目》
严粲《诗缉》	万历昧经堂刊本	丁仁《八千卷楼书目》、陆心源《皕宋楼藏书志》
王应麟《诗考》	毛晋汲古阁刊本	丁仁《八千卷楼书目》
王应麟《诗地理考》	毛晋汲古阁刊本	丁仁《八千卷楼书目》

资料来源：笔者整理制作。

明代后期藏书和刊刻的兴盛给学术研究至少带来了三个方面的影响。一是学者获取图书更为容易，知识与文化能得到较广泛的传播，不仅利于学者开阔眼界，也给撰述带来了便利。二是促进了当时学者对汉学的关注，当时藏书家好求秘本、罕见之本，汉唐注疏、各种字韵书渐受重视，而对于毛诗、《说文解字》等书的关注也日益增加。例如，与赵宧光有交往的张师绎著《说诗》，其自序云："宋人之理学实能蚀诗，而使之亡也。"又道："假我十年，会大小序之异同，补名物、制度、礼乐、昆虫之残缺，取笺、疏，而乙其烦冗，鸠《读诗记》诸家，而判其抵牾，窃有志焉，不敢不勉。"① 张师绎为其友罗述甫《诗经翼注》写序，写道："训传莫汉为盛，皆与经别行。马融注《周礼》，欲省学者两读，兼载本文，后世始就经为注。至于为之训故，而传注犁然具存。述甫故有所本之，是亦义起之一例也。"② 罗述甫之书本是羽翼朱传之书，在著作中并存《诗集传》而为之注，故名为"翼注"，并且于朱注"未敢有轻易诋諆之心"，张师绎反到汉学中寻找源流和证据，亦可见当时汉学所受重视之程度。

三是图书刊刻的兴盛也使有条件的学者出版学术著作更为便利，对于学术传播也起了一定作用。例如，赵宧光的所有著作即在自家小宛堂刊刻。另如郝敬撰有《九部经解》，规模极为宏大，郝敬有财力刊书，其《九部经解》刊后便得到一定程度的传布，张自烈、邹迪光、黄宗炎、陆文虎等均曾受到它的影响。③

藏书和出版兴盛也促进了学人间的交流，一个个学术网络已隐约现出雏形。不少学者前往藏书家之处抄书、观书，并品评和讨论，这促进了学术的进步。赵宧光的寒山别业就容纳了大量学者，冯舒、冯班就经常至其藏书楼抄书和观书④。以赵宧光为中心，集合了冯舒兄弟、董斯张、张师绎、冯时可、王穉登、魏大中等众多学者，其中冯时可、王穉登与董其昌、邢侗、李维桢并称"中兴五子"，以复古为旗号。这些学者互通声气，促进了复古之风的兴起。

与藏书、刊刻兴盛相应的是明代后期商业出版的繁荣，不少文人亦加

---

① （明）张师绎：《月鹿堂文集》卷一，《四库未收书辑刊》第6辑第30册，影印清道光六年蝶花楼刻本，北京：北京出版社，1996，第18页。

② （明）张师绎：《月鹿堂文集》卷一，第17页。

③ （清）张自烈：《芑山文集》卷十三《四书寄言序》，《清代诗文集汇编》第11册，影印清初刻本，上海：上海古籍出版社，2020，第453页；（明）邹迪光：《始青阁稿》卷二四《复郝仲舆》，《四库禁毁书丛刊》集部第103册，影印中国科学院图书馆藏明天启刻本，北京：北京出版社，2000，第477页；（清）黄宗炎：《周易寻门余论自序》，载（清）朱彝尊《经义考》第2册，第757页。

④ 冯舒、冯班雪夜至寒山别业抄宋本《玉台新咏》，穷四昼夜而成，为藏书史一段佳话。参见叶昌炽《藏书纪事诗》，王欣夫补正，徐鹏辑，上海：上海古籍出版社，1989，第239~240页。

入商业出版的浪潮，学者文人与出版商合作之事例渐多。以钟惺为例，顾炎武论及钟惺，多有讥评，《日知录》云："余闻闽人言，学臣之鬻诸生，自伯敬始。当时之学臣其于伯敬，固当如茶肆之陆鸿渐，奉为利市之神，又何怪读其所选之诗，以为风骚再作者耶？其罪虽不及李贽，然亦败坏天下之一人。"① 亭林虽以钟惺为"败坏天下之一人"，但也透露出明末学者奉钟惺为"利市之神"，足见钟惺在当时商业出版界的地位。

钟惺一般借自己在文坛的地位以及在知识阶层的影响力编辑大量图书，再交由出版商刊刻出版。当时与他关系密切的出版商为钱塘陆云龙、吴兴闵氏（闵振业、闵振声兄弟）、凌濛初等。② 据丁仁《八千卷楼书目》所载，除《诗经》相关著作以外，钟惺主持、编辑之书还有《春秋繁露》《明纪编年》《史怀》《捷录大成》《名物通》《东坡文选》《合刻三先生东坡文汇》《诗归》《周文归》《宋文归》《唐诗归》《秦文归》《汉文归》《晋文归》《南北朝文归》《明八大家集》等。③ 另外还有大量冒名之作，多为小说，如《钟敬伯先生秘书十五种》《新刻钟敬伯先生批评封神演义》《新刻剑啸阁批评西（东）汉演义传》《钟敬伯先生批评三国志》《钟敬伯先生批评忠义水浒传》等，都是伪托钟惺之名，可见钟惺在当时书坊主人中的声望，"实不下李卓吾、袁中郎"。④

钟惺所编撰的《诗经》著作大部分也属于商业出版下的产物，数量亦较多，如《批点诗经》、《古名儒毛诗解》、《诗经图史合考》、《诗经注疏钞》、《纂注诗经》、《诗测》、《诗触》、《逸诗》、《诗经备考》（与韦调鼎合署）等。⑤ 钟惺所编撰的这些著作的读者群体为一般的知识阶层，加上商业利益方面的考量，显得丰芜新奇。例如，《古名儒毛诗解》就收入了当时伪造的《申培诗说》，还收入《毛诗序》、《韩诗外传》、黄震《黄氏日钞》

① （清）顾炎武著、（清）黄汝成集释《日知录集释》卷十八，上海：上海古籍出版社，2013，第1072页。

② 参见郑艳玲《钟惺评点研究》，博士学位论文，复旦大学，2005，第40~43页。

③ 分别见于丁仁《八千卷楼书目》卷二、卷四、卷九、卷十五、卷十九，《续修四库全书》第921册，影印民国十二年铅印本，上海：上海古籍出版社，1997，第89、111、197、267、296、372页。

④ 李先耕：《钟惺评点小说考》，《古籍整理研究学刊》2007年第3期，第6页。

⑤ 参见刘毓庆、贾培俊《历代诗经著述考（明代）》，第244~259页。

中的《山堂诗考》、章如愚《山堂考索》中的《读诗一得》、王应麟《困学纪闻》中论诗部分、王应麟《诗地理考》及《诗考》与《逸诗》、《诗传大全》中的《诗传纲领》。另外,《诗经图史合考》杂释名物;《诗经备考》则以伪《鲁诗》说为依归,参酌齐诗、韩诗与毛诗,以及毛传、郑笺、孔疏之说,详加考定各家《诗》说之是非,颇攻击朱子。从钟惺编撰、出版这些著作可见当时复古宗汉之风已初步形成。而以他的影响力,这些著作的出版自然也会对复古宗汉风气有进一步的推动。他在《批点诗经》中对诗旨的解读完全超越毛序和朱传,提出不少新解,显现了当时求奇、求新的学风。尤其是他对《诗经》的解读在文学方面还产生了经学以外的意义。以清初学者的观点来看,钟惺的解读固然属于背离经义,但以现代的文学观念来看,则应予以肯定。①

明代出版业的兴盛对诗经学的另一影响就是产生了大量童蒙和举业之书,这也是明代诗经学的特点之一。沈翘楚《新刻沈汉阳先生随寓诗经答》、宋景云《毛诗发微》、李若愚《诗经演义辩真》、张本《新刻诗经八进士释疑讲意》、郝孔昭《诗经全备讲意》、瞿汝说《诗经桥梓世业》、张元芳等人的《毛诗振雅》均为举业而设,内容多为诗题制艺之法。

出版业的发达还导致明代造伪之风猖獗。与《诗经》有关且影响最大的伪书是丰坊(约1500~1564年)伪造的《子贡诗传》和王文禄伪造的《申培诗说》。《子贡诗传》出版后,还被收入明代王完所辑《丘陵学山》、王文禄《百陵学山》、程荣《汉魏丛书》、何允中《广汉魏丛书》、胡文焕《格致丛书》、凌濛初《圣门传诗嫡冢》、毛晋《津逮秘书》、钟惺《古名儒毛诗解》、钟仁杰等人的《唐宋丛书》、陶珽《说郛》等书,至清代王谟所编《增订汉魏丛书》仍收入此书。王文禄在帮助王完编辑《丘陵学山》时,还改窜《子贡诗传》。② 当时虽有人怀疑此二书之伪,但从信者亦较多,如郭子章、李维桢、万尚烈、毛晋、凌濛初、姚应仁、沈守正、邹忠允、黄道周、何楷等,他们或信以为真,或尝引述其说。至清代,张能麟《诗经传说取裁》、陈迁鹤《毛诗国风绎》、姜兆锡《诗蕴》、范尔梅《读诗

---

① 参见杨晋龙《明代诗经学研究》,第295~301页;刘毓庆《从经学到文学——明代〈诗经〉学史论》,第345~359页。

② 参见林庆彰《丰坊与姚士粦》,第74~76页。

小记》等均采《子贡诗传》《申培诗说》。① 这些尊信《子贡诗传》《申培诗说》者不能仅仅以识见不明视之，一方面因求古之风甚巨导致时人过于信古，乃至于佞古；另一方面很可能是出版传播不一所致，《子贡诗传》《申培诗说》出版后，立刻被收入各类丛书，借助出版之力，二书传播甚广，反倒一些辨伪之书因为私人专著，流通较为缓慢，一般学者或僻乡儒生获得信息较晚，甚或完全没有得到此类研究信息，到清代初期，考据、辨伪之风完全兴起之后才出现较为精审的考辨《子贡诗传》《申培诗说》的著作。

三　文人结社与文学观念

明代文人结社活动极为活跃，有明一代，结社多达930家②，而明末最有影响力的当属复社，据朱鹤龄记：

> 庚午辛未间，复社盛兴，舟车之会，几遍海内。每邑以一二人主其事，招致才隽之士，大集虎丘。其中负盛名、矜节概者固多，而借此钻营竿牍、奔竞科场，亦实繁有徒。至厪天子下诏严禁，然终明之世不能绝也。③

庚午为崇祯三年（1630），辛未为四年（1631），复社当时在金陵召开大会，后又大集于虎丘，朱鹤龄适逢其会。复社最初成立于吴江，朱鹤龄籍贯便是吴江，且一直居住在此，故上述"终明之世不能绝"的结社之风当属亲历者的记录。复社的前身为张溥（字天如，1602～1641年）、张采（字受先，1596～1648年）等人所创的应社。应社本为科举而立，由于张溥等人对于当时帖括程序有所不满，认为需丰富其内容、改变其形式，故十分强调复古与经世致用。张溥自陈："应社之立也，所以至于尊经复古

① 参见林庆彰《丰坊与姚士粦》，第169～177页。
② 此据李玉栓所做统计，参见李玉栓《明代文人结社考》，北京：中华书局，2013，第1页。
③ （清）朱鹤龄：《愚庵小集》卷十五《传家质言》，卢思征点校，上海：华东师范大学出版社，2010，第331页。

者，盖其至也。"① 故应社选文尊经复古，课艺唯尚古文，计东（1625～1676 年）《改亭文集》载：

> 又有五经应社，杨子常、顾麟士主《诗》，维斗、钱彦林主《书》，介生兄弟主《春秋》，受先、王惠常主《礼记》，西铭、朱云子主《易》。②

可见应社五经选文各有主持者，其中《诗》的主持者为杨彝（字子常，常熟人，1583～1661 年）、顾梦麟（字麟士，太仓人，1585～1653 年），《书》的主持者为杨廷枢（字维斗，长洲人，1595～1647 年）、钱栴（字彦林，嘉善人，1597～1647 年），《春秋》的主持者为周镳（字仲驭，金坛人）、周钟（字介生）兄弟，《礼记》的主持者为张采、王启荣（字惠常，太仓人），《易》的主持者为张溥（号西铭）、朱隗（字云子，长洲人）。后应社联合几社、闻社、澄社、征书社、南社、一社等其他社，成立复社，张溥将复兴古学之观念与经世致用之思想也纳入复社的宗旨。张溥在复社成立时倡言："期与四方多士共兴复古学，将使异日者务为有用，因名曰复社。"③ 因复社容纳各地学社，声势浩大，影响扩展至江、浙、赣、皖、闽、晋等省，在明清之际对学术也产生了较为深远的影响。

张溥作为应社和复社之盟主，尝代宋澄岚为杨彝、顾梦麟所选《诗经》八股范文作序，云：

> 论诗于齐鲁其来最远，然而亡失久矣。汉代言诗四家，今惟毛《传》、郑《笺》通行于世。韩婴之书，仅存《外传》，而《内传》《章句》犹时见于《文选》之注。独申公鲁诗、辕固生齐诗则无闻焉。且齐、鲁与韩诗并列学官，说多杂采而后之。论者以鲁为近，则浮丘之传，殆有圣人之指乎？然唐人既云：齐诗亡于魏，鲁诗亡于晋。而

---

① 转引自谢国桢《明清之际党社运动考》，上海：上海书店出版社，2004，第 108 页。

② （清）计东：《改亭文集》卷十《上太仓吴祭酒书一》，《清代诗文集汇编》第 97 册，影印清乾隆十三年计璸刻本，上海：上海古籍出版社，2020，第 196 页。

③ （清）陆世仪：《复社纪略》卷一，周骏富辑《明代传记丛刊》第 7 册，台北：明文书局，1991，第 554 页。

石林叶氏又云：齐诗犹有见者。甚矣，古人之于经亡，而冀其不亡如是乎至也？予生于齐鲁，又受《诗》于家之师，申辕之责予，其可辞乎？此应社之立，所以与子常、麟士共之也。①

张溥兴复古学之情由此可见。张溥编纂《诗经注疏大全合纂》，亦为举业而作，杂取《毛诗注疏》与《诗传大全》合纂而成，他在自序申明此书宗旨：

朱子舍序言诗，但期有功于诗，不辞得罪于序，用意诚深。然依序论诗，尚有凿空之惑；并序去之，未知据何者以说诗也。齐、鲁、韩、毛，诗之四家，不容偏废，然齐诗亡于魏，鲁诗亡于晋，毛学独存，去古不远……唐孔仲达《正义》，据二刘疏为本，删烦增简，合南北解毛、郑，详哉！言之庶乎无遗。《大全》宗朱，采释颇略，今同次列，使学者于诗首先观序，而后《辨说》。于本诗先观传、笺、疏，而后《集传》及诸儒。则古今异同，汉宋曲直，亦过半矣。②

张溥虽以朱子舍序言诗为"用意诚深"，但强调为学要有次第，故读诗应先读诗序，欲明本诗，应先读毛传、郑笺与孔疏，然后再接触朱子《诗序辨说》与《诗集传》，再次是各家之说。张溥与复社对当时学子的影响极大，故对于诗序、毛传等《诗》说当有推动之功。清初大儒钱澄之与复社、几社之人多有来往，几社的陈子龙、徐孚远，复社的钱继章、钱棻、魏学濂、钱邦芑等均是钱澄之至交好友。钱澄之本是笃守程朱之学的学者，但其撰《田间诗学》以诗序为主，很可能曾受到复社复古风气的影响。复社的顾梦麟、王志长、贺贻孙也是明清之际较为重要的诗经学者。

明代文学思潮也有一股复古之风。早在弘治、正德年间，文坛上即有复古的号召，举其帜者即后世所谓"前七子"，而以李梦阳、康海、何景明、边贡、王廷相等影响最大，在诗歌创作上宗主杜诗，并十分重视模拟

---

① （明）张溥：《七录斋诗文合集·文集存稿》卷五《诗经应社再序》，《续修四库全书》第1387册，影印明崇祯九年刻本，上海：上海古籍出版社，1995，第516页。
② （明）张溥：《诗经注疏大全合纂》，《四库全书存目丛书》经部第69册，影印北京大学图书馆藏明崇祯刻本，济南：齐鲁书社，1997，第3~4页。

盛唐以及魏晋诗风，作文则重视学习先秦诸子之文以及经书中《诗经》《尚书》《论语》《周易·系辞》《礼记》等。嘉靖初年，王九思将这种文学复古观念总结为"文必曰先秦两汉，诗必曰汉魏盛唐"。① 嘉靖后期至万历间，文坛复古之风再起，此次主导风气者为后世所称"后七子"，其中以李攀龙、王世贞为魁首。一方面他们集成"前七子"复古之精神，另一方面对"前七子"一味模拟魏晋之诗感到不满，故虽然他们仍举文必秦汉之目标，但更强调除去靡丽文辞，讲求语言质朴、内容充实。

不过，明代文坛的复古之风只是文学风貌的一部分，此外还有以归有光为主的"唐宋派"，以钟惺、谭元春为首的"竟陵派"，以公安三袁为主的"性灵派"等，一如当时的学风，文坛也呈现出多元、活跃的状态。他们的文学观念大多就文章、诗歌而论，不过客观上也促进了当时文人重新关注先秦两汉的经典及子书。王世贞等人对诗经学真正的影响是在《诗经》的文学阐释层面上。明代后期文学观念发展，文学源流、体裁、表现手法等方面多有较为深入的讨论，不少涉及《诗经》的论述直接将《诗经》作为文学作品加以评析，后来以文学方法、观点阐释《诗经》之作大量出现，与此当不无关系。王世贞的《艺苑卮言》中就有大量论及《诗经》之语。他认为《诗经》内容丰富，但风格各异，虽裁自圣手，但诗旨各有深浅：

> 《三百篇》删自圣手，然旨别浅深，词有至末。今人正如目沧海，便谓无底，不知湛珊瑚者何处。②

他甚至认为《诗经》中不少篇目的句法有瑕疵：

> 诗不能无疵，虽《三百篇》亦有之，人自不敢摘耳。其句法有太拙者："载猃歇骄"三名皆田犬也；有太直者："昔也每食四簋，今也每

---

① （明）王九思：《渼陂续集》卷下《刻太微后集序》，《续修四库全书》第 1334 册，影印明嘉靖刻崇祯补修本，上海：上海古籍出版社，1995，第 236 页。另可参阅罗宗强《明代文学思想史》上册，北京：中华书局，2013，第 283～289 页；廖可斌《明代文学思潮史》，北京：人民文学出版社，2016，第 155～191、269～328 页。

② （明）王世贞：《艺苑卮言校注》卷一，罗仲鼎校注，济南：齐鲁书社，1992，第 42 页。

食不饱";有太促者:"抑罄控忌","既亟只且";有太累者:"不稼不穑,胡取禾三百廛";有太庸者:"乃如之人也,怀昏姻也,大无信也,不知命也";其用意有太鄙者,如前"每食四簋"之类也;有太迫者:"宛其死矣,他人入室";有太粗者,"人而无仪,不死何为"之类也。①

举出《诗经》中句法太拙、太直、太促、太累、太庸、太鄙、太迫、太粗等诸类,其实客观上降低了《诗经》的地位,不再将其视为经,而视为一般诗歌体裁,这对于学术研究是有意义的。总体上,王世贞认为《诗经》内容丰富,而诗旨之风格各异,后来楚辞、汉赋、乐府都源出于此:

> 诗旨有极含蓄者,隐恻者,紧切者;法有极婉曲者,清畅者,峻洁者,奇诡者,玄妙者。《骚》、赋、古选、乐府、歌行,千变万化,不能出其境界。吾故摘其章语,以见法之所自。其《鹿鸣》《甫田》《七月》《文王》《大明》《绵》《棫朴》《旱麓》《思齐》《皇矣》《灵台》《下武》《文王》《生民》《既醉》《凫鹥》《假乐》《公刘》《卷阿》《烝民》《韩奕》《江汉》《常武》《清庙》《维天》《烈文》《昊天》《我将》《时迈》《执竞》《思文》,无一字不可法,当全读之,不复载。②

受到王世贞影响的胡应麟在考据成就以外,亦从文学角度对《诗经》予以点评,胡应麟在其《诗薮》中对《诗经》文学上的成就评价甚高:

> 国风、雅、颂,并列圣经。第风人所赋,多本室家、行旅、悲欢、聚散、感叹、忆赠之词。故其遗响,后世独传。楚一变而为骚,汉再变而为选,唐三变而为律。体格日卑,其用于室家、行旅、悲欢、聚散、感叹、忆赠则一也。雅、颂闳奥淳深,庄严典则,施诸明堂清庙,

---

① (明)王世贞:《艺苑卮言校注》卷一,第42~43页。
② (明)王世贞:《艺苑卮言校注》卷二,第59~60页。

用既不伦。作自圣佐贤臣，体又迥别。三代而下，寥寥寡和，宜矣。①

在此段中，胡应麟论及国风内容与情感之丰富，乃后来楚辞、汉代古诗乃至唐诗之渊薮，而格调极高，为后世所不能及；又论雅、颂风格之庄严，三代之后难以倡和，均是从文学内容、情感、体裁、风格等方面讨论《诗经》。对于《诗经》的句法及技巧，胡应麟亦论之：

> 诗三百五篇，有一字不文者乎？有一字无法者乎？《离骚》，风之衍也。安世，雅之缵也。郊祀，颂之闿也，皆文义蔚然，为万世法。

> 国风、雅、颂，篇章简古，咏叹悠长，或一物而屡陈言，或片语而三致意。盖六经之文，体要当尔。②

像王世贞、胡应麟的观点在当时并非特例，对后世影响亦甚巨，如张溥就经常引用二家论诗之说。他们注重诗篇的语言、句法、结构，也注意到《诗经》各篇的内容和体现出的情感，以及对汉魏隋唐之诗的影响。这种方法运用到对《诗经》的注释，就出现了许多以文学角度分析和探讨《诗经》之作，如孙鑛《批评诗经》、戴君恩《读风臆评》、徐光启《诗经六帖》等。此外还有颇受公安派、竟陵派影响的评析《诗经》之作，如沈守正《诗经说通》、陆化熙《诗通》、万时华《诗经偶笺》等。③ 孙鑛的《批评诗经》就多受明代文坛的复古风气影响，他将《诗经》作为最高的文学典范，认为汉魏以下之诗皆来源于此，在具体的训解中，多注意《诗经》各篇的内容、风格、语气、辞藻、结构等方面。④ 例如，他表彰《硕人》和《君子偕老》二诗，"《君子偕老》铺张服饰，此篇（即《硕人》——引者注）绘写容貌，皆各极其致，觉《神女》《洛神》，犹多累句"。他认为《小戎》之诗"闳壮而精丽，气骨特雄劲甚，第比之周雅，

---

① （明）胡应麟：《诗薮·内编》卷一，上海：上海古籍出版社，1958，第3页。
② （明）胡应麟：《诗薮·内编》卷一，第3、4页。
③ 参见刘毓庆《从经学到文学——明代〈诗经〉学史论》，第299~359、394~411页。
④ 刘毓庆：《从经学到文学——明代〈诗经〉学史论》，第304~305页。

觉声色太厉耳。汉魏乐府诸奇峭调,多本此"。① 这样的评析与王世贞的观念较相近。

总而言之,以文学观点诠释《诗经》是明末学术、文化多元风貌的一个表现,并给《诗经》的诠释和注释带来了新的面貌,直至清初,许多专尊经学的学者的《诗经》注本仍然带有此种面貌的留痕,如姚际恒《诗经通论》、朱鹤龄《诗经通义》、钱澄之《田间诗学》等书中均有对诗篇的文学解读和分析,透露出明末学术对于清初的深刻影响。

第三节　清初文化与学术背景

明亡清兴,对于当时士大夫而言,为"千古未有之痛"②。清朝政府在统治初期不断调整政策,以期达到统驭之效。而经历国变的晚明学者亦面临人生重大选择。在局势渐渐稳定之后,由明入清的学者群体从各层面展开了对明亡的反思。不论是清廷之政策,还是明末学者之省思,都对清代学术产生了重大影响。故本节集中讨论清初顺治、康熙、雍正三朝的文化与学术政策及其对诗经学之影响。其后二节则着重讨论由明入清学者对明代学术的总结与反思,统计并分析清初诗经学者群体的身份。

一　清初科举

清代科举承用明代制度,仍用八股文,命题则来自四书以及《易》《书》《诗》《春秋》《礼记》五经。其中《易》主程传和朱子《周易本义》、《书》主蔡传、《诗》主朱子《诗集传》、《春秋》主胡安国传、《礼记》主陈澔《礼记集说》,之后《春秋》改主《左传》,参以《公羊传》《榖梁传》。③

清代八股文曾经废立,康熙二年(1663)乡试、会试停用八股,改为头场策论五篇,二场为四书与五经论各一篇及表一篇。康熙五年(1666)

---

① (明)孙鑛:《孙月峰先生批评诗经》,《四库全书存目丛书》经部第150册,影印明末天益斋刻本,济南:齐鲁书社,1997,第63、76页。

② 《明史》卷二七四《史可法传》,第7021页。

③ 《清史稿》卷一百八《选举三》,北京:中华书局,1977,第3148页。

议复八股文，仍从旧制第一场八股、第二场经书、第三场策论。例如，礼部侍郎黄机认为，去掉八股文使得科考太过简易，还会导致学子不再读经书：

> 制科向系三场，先用经书，使阐发圣贤之微旨，以观其心术。次用策论，使通达古今之事变，以察其才猷。今止用策论，减去一场，似太简易，且不用经书为文，人将置圣贤之学于不讲，请复三场旧制。①

康熙七年（1668）遂复行八股。② 可见清初科举制度曾一度摇摆。此后第二场、第三场的策论及表，士子答题多雷同，已有一定程式，因此首场八股文更受清廷重视。

清初科考还有一项特色，就是独重《孝经》。清代儒童儒学考试，出题范围在四书以外，就已经兼用《孝经》，之后乡试、会试亦兼用《孝经》。"《孝经》的教导完全符合清廷对家族组织的支持与收编，具有稳定上下秩序、移孝作忠、敬顺君父的教化功能"③，所以尤其受到清廷重视。例如，顺治十年（1653），魏裔介（1616～1686 年）就在《振士习以养人才疏》中强调需要重视《孝经》，顺治十六年（1659）清廷正式规定科举兼用《孝经》出题，顺治时期还曾编纂《孝经衍义》，至康熙时继续修纂，康熙二十一年（1682）编成，康熙二十九年（1690）刊刻颁赐。④ 不过，随着清廷统治逐渐稳定，《孝经》的地位在康熙中后期逐渐下降，首先是因为《孝经》篇幅短小，出题重复，故在《孝经》以外，兼用《性理精义》《太极图说》《通书》《西铭》《正蒙》等书。康熙五十五年（1716）则专用《性理精义》。⑤ 从用《孝经》到用《性理精义》，可见清廷对理学的重视程

---

① 《清史稿》卷一百八《选举三》，第 3149 页。
② （清）蒋良骐《东华录》卷九，北京：中华书局，1980，第 149 页；《清史稿》卷一百八《选举三》，第 3149 页。
③ 吕妙芬：《孝治天下：〈孝经〉与近世中国的政治与文化》，台北：联经出版公司，2011，第 214 页。
④ 参见吕妙芬《孝治天下：〈孝经〉与近世中国的政治与文化》，第 215～216 页。
⑤ 《清朝文献通考》卷四七《选举考》，杭州：浙江古籍出版社，1988。

度逐渐加强，同时也能看到清代政权逐渐稳定的过程中，其科举制度的灵活性。

康熙朝晚期编成《朱子全书》《性理精义》等书，又先后编纂《周易折中》《诗经传说汇纂》《春秋传说汇纂》《书经传说汇纂》诸经注本，康熙五十二年（1713）至雍正间陆续刊刻颁赐，要求学子诵习，并定期加以考核。①《周易折中》等御纂诸经虽仍以朱子学为宗，但已开始参考古注疏之说。例如，《诗经传说汇纂》大量存录不同于朱子的宋、明各家《诗》说，同时多存古义，并在按语中辨别异同，或为折中，或直接指出毛序为长，显示出康熙朝晚期在思想统驭上的再一次调整。

二　思想政策

清廷在建立之初极为尊崇程朱之学，康熙本人之提倡尤力。不仅科举一以宋学为标准，复编辑《朱子全书》《性理精义》等，而且康熙在经筵日讲等场合反复申明对宋学之推崇。康熙五十年（1711）康熙曾说：

> 朕御极五十年，听政之暇，勤览书籍，凡四书五经、《通鉴》、《性理》等书，俱经研究。每儒臣逐日进讲，朕辄先为讲解一过，遇有一句可疑、一字未协之处，亦即与诸臣反复讨论，期于义理贯通而后已。②

康熙以身作则，以帝王之力推行宋学，且不只是空口泛言，还一字一句反复讨论，直到贯通义理为止。

康熙提倡程朱之学有思想统驭上之考量。一方面，康熙更为强调宋学的道德约束，而对于宋学原本所极重视的思辨则加以抑制。③另一方面，在倡导宋学义理的同时，更强调实学和致用，这种实学和致用体现在两点上，

---

① 《大清会典则例》卷六九，《景印文渊阁四库全书》第 622 册，台北：台湾商务印书馆，1983，第 302~303 页。

② 《圣祖实录》，《清实录》第 6 册，北京：中华书局，1985，第 432 页。

③ 参见张丽珠《清代新义理学——传统与现代的交会》，台北：里仁书局，2005，第 56~59 页。

一是康熙要求当时理学家为官要有实际的行政能力、力求务实有为；二是重视算学、历法、乐律等实用和技术之学。

康熙二十二年（1683），康熙与张玉书有一段对话：

> 上问："理学之名始于宋否？"张玉书奏曰："天下道理，理具在人心，无事不有，宋儒讲辨，更加详密耳。"上曰："日用常行，无非此理。自有理学名目，彼此辩论，朕见言行不符者甚多，终日讲理学，而所行之事全与其言悖谬，岂可谓之理学？若口虽不讲，而行事皆与道理吻合，此即真理学也。"①

可见康熙批评理学家彼此辩论理学之名目，并且将对辩论的批评与道德品行相结合，特强调口中不讲，但行止规矩的"真理学"，而这种"真理学"的评判标准显然只能依康熙之标准来定。此后康熙常批评当时理学家言行不符之事，如康熙三十三年（1694），康熙论道学家云：

> 道学之人果如是挟仇怀恨乎？又李光地、汤斌、熊赐履皆讲道学之人，然各不相合。……道学当以忠诚为本，岂有在人主前作一等语，退后又别作一等语者乎？今汤斌虽故，李光地、德格勒现在也。又熊赐履所著道统一书，王鸿绪奏请刊刻，颁行学宫。高士奇亦为作序，乞将此书刊布。朕览此书内过当处甚多，凡书果好虽不刊自然流布，否则虽刻何益？道学之人，又如此务虚名而事于渎乎？今将此等处不过谕尔等闻知，朕惟以治天下国家之道存之于心，此等人议论又何足较哉？②

康熙先是批评李光地、汤斌、熊赐履等人不相合。当时理学家行止固然有亏，尝为康熙所鄙，然李光地、熊赐履被批评后，仍长期受康熙重用，可见康熙之批评并非完全针对李光地等人的品行，其真实目的一是御人之

---

① 《圣祖实录》，《清实录》第 5 册，第 157～158 页。
② （清）蒋良骐：《东华录》卷十六，第 268～269 页。

术，二是针对理学思辨而言。故后文中康熙表达了对熊赐履《道统》（原名《学统》）一书的不满，关键即在"此等人议论""过当处甚多"。二十年后，康熙又将此书举出来批评：

> 又如理学之书，为立身根本，不可不学，不可不行。……昔熊赐履自谓得道统之传，其没未久，即有人从而议其后矣。今又有自谓得道统之传者，彼此纷争，与市井之人何异？凡人读书，宜身体力行，空言无益也。①

可见康熙意在消弭"彼此纷争"，归于一统，不使学者轻言道统，而将理学努力转向"身体力行"。因此康熙五十四年（1715）三月，康熙明确要求：

> 又如注书一事，所系匪轻，必深识古人之意，得其精要，乃可注解。若学力未到，妄自注辑，则意义反晦矣。朱子所著诸书，其义甚明，迄今五百余年，人无訾议。朕每见近今人所注书，细探其旨，大约皆私意为人。……至于《近思录》乃朱子之书，义甚明晰，何必更注。②

康熙特别强调近今人注书皆"私意为人"，意即不允许拥有私人之意见，并明确表明朱子之书不必注释。一个月后康熙再次强调这一点：

> 古来圣贤经传，纯粹以精，先儒论著，疏通易晓，即不立注解，其义自明。而或逞其臆见，人自为书，家自为说，或假以立名，或用以阿世，使圣贤精意，反因之而滋晦。其何以芟刈繁杂，倡明正学欤。③

---

① 《圣祖实录》，《清实录》第 6 册，北京：中华书局，1987，第 613 页。
② 《圣祖实录》，《清实录》第 6 册，第 585 页。
③ 《圣祖实录》，《清实录》第 6 册，第 586 页。

很显然，一方面康熙要将宋学的解释权掌握在朝廷手中，另一方面也要消除宋学中的思辨色彩，使其内在的思想性稳定在朝廷所能控制的范围，不至于横生议论。一些臣僚误以为康熙意在禁止注释所有古书，故在康熙刚发表以上意见之后，大学士松柱、李光地、萧永藻、王掞等上疏请禁止注释古书，康熙并没有同意，认为："古书内义理甚明者，虽不必注释，或有义理深奥，学者不易领会，将大中理敷衍详明以解释之，亦大有裨于学者之事，禁止可乎？"① 可见康熙并不是要完全禁止注释古书，其重点在于"古书内义理甚明者"不必注释，而义理甚明者即上文康熙所提到的朱子之书，如《近思录》之类。并且注释古书在于发明深奥之义，不必再做辩论。

在这个意义上看，康熙从官方的角度，完全消除了理学思辨进一步拓展的空间，理学家所做的工作无非阐述程子、朱子等圣人的深奥之义理，而不需要有自己的见解和意见。而此种深奥之义理也需要得到官方的认定，并非程朱所有的观点都一概吸纳，不具有统治之效的自然就被排除在外，康熙尝云：

> 程子曰：人"不学为圣人，皆自弃也"。此语亦属太过。尧舜之后，岂复有尧舜乎！昔人有言：孟子不足学，须学颜子。此皆务大言，不务实践者。朕自幼喜读《性理》，书中千言万语，不外一敬字。人君治天下，但能居敬，终身行之，足矣。②

康熙认为尧舜之后不复有尧舜，故指出程子所言"不学为圣人，皆自弃也"一语不当，为君之道在于主敬而已。既然康熙以帝王之身份都表示不谈学圣人，则一般学者更不能谈成圣之事。而成圣之道其实是理学之精髓，康熙将此撤去，剩下的自然只有简单的道德层面之"伦理"和技术层面之"实践"而已。因此与消解理学内在思辨理路相应的就是反复强调实践和实学。

康熙曾对大学士谈他读《朱子全书》的体会：

---

① 《康熙起居注》第 3 册，北京：中华书局，1984，第 2166 页。
② 《圣祖实录》，《清实录》第 6 册，第 700 页。

《朱子全书》，凡天文、地理、乐律、历数，俱非泛论，皆能确见其所以然之故。朕常细加寻绎，欲求毫厘之差，亦不可得。即如径一围三，畸零之数，讲论已自通彻，尚有留待后人参考之语。其虚心不自是如此。黄钟之管，朕曾试过，葭管飞灰，未经候验，但南北地形，高下不同，一时难于定准，今如畅春园，距京城观星台，地形便微有不同，至于各省或同此一时，未必同此一刻矣。①

康熙特别标举朱子天文、地理、乐律、历数之精妙，又亲自试验，展现出康熙对实学、实践之兴趣。康熙亦常与学臣探讨天文、历法、音韵等学问，又曾要求魏廷珍等习乐律，又令蒋廷锡作《尚书地理今释》②，皆是指导学臣转向实学之表现。康熙晚年曾对参加殿试之学子发表上谕称：

> 广励士习者以通经为要务，近代诠释群经至朱子无可议。朕潜心玩味，见其皆切于躬行日用，绝无华言浮说以汩乱乎其间。夫虚文多则本意晦，枝辞盛则实理微。欲使士通一经，则明一经之义，而收一经之用者，其术安在。③

一方面康熙再次强调朱子无可议，另一方面要求学子通一经，需明一经之"用"。

康熙之强调实学，还表现在对经义的取向上，呈现出折中的趋势。康熙曾说："儒者著书立说，荟萃群言，务期阐明大道，折衷于至当。"④ 之后康熙令学臣编《周易折中》《诗经传说汇纂》《春秋传说汇纂》《书经传说汇纂》，即秉持此种"折衷于至当"的标准。康熙持此种标准之实质即在精神上以程朱之学为宗主，而在经义上则融汇汉唐宋元明诸家之说，以获得至当之义，所谓"荟萃群言""阐明大道"是也。这样的态度和立场，一则缘于康熙要抑制宋学思辨展开和讲求实学之结果，二则因明末以来的

---

① 《圣祖实录》，《清实录》第 6 册，第 439 页。
② （清）永瑢等：《四库全书总目》，第 104 页。
③ 《圣祖实录》，《清实录》第 6 册，第 728 页。
④ 《圣祖实录》，《清实录》第 6 册，第 586 页。

汉学风气导致当时学人不得不面对汉唐经说。当时严守朱子之学的陆陇其（1630~1692年）虽秉持宋儒精义远超汉儒之立场，但亦承认为学当有次第，不应忽略汉儒之贡献：

> 言六经者，以为始于汉矣。然汉儒多求详于器数，而阔略于义理。圣人之遗言虽赖之以传，而圣人之精微亦由之而湮。历唐及宋，至濂洛关闽诸儒出，即器数而得义理，由汉儒而上溯洙泗，然后圣人之旨昭若白日，而六经之学于是为盛，是故汉、宋之学不可偏废者也。[①]

陆陇其极为推崇宋学，但不得不承认汉宋不可偏废，而宋人之成就也是由汉儒上溯洙泗而得之。陆陇其曾引元代刘因（号静修，1249~1293年）之语云："六经自火于秦，传注于汉，疏释于唐，议论于宋。议论之学自传注疏释出，故必先传注，而后疏释，先疏释，而后议论。"[②] 明确为学的次第，当从汉人传注之学开始，再为唐代义疏之学，最后才是宋人之议论。另一位理学家汤斌更是在其所著《洛学篇》中首列杜子春、郑兴、郑众、服虔等汉儒。[③] 他在《重修苏州府儒学碑记》中写道：

> 国家兴治化，在正人心；而正人心，在崇经术。汉儒专门名家，师说相承，当诗书煨烬之余，仪文器数之目，删定传授之旨，犹存什一于千百。且其时举选不以词章，通经学古之士皆得上闻。朝廷定大议、断大疑，博士据经以对，故其时士大夫勇于自立，无苟简之心，孝弟廉让之行更衰乱而不变。此重经术之效也。……宋濂洛关闽诸大儒出，阐天人性道之源流，故天下知性不外乎仁义礼智，而虚无寂灭非性也，道不外乎人伦日用，而功利词章非道也。所谓得六经之精微，而继孔孟之绝学，又岂汉以后诸儒所可及欤。《宋史》"道学""儒林"

---

① （清）陆陇其：《三鱼堂集·外集》卷四，《清代诗文集汇编》第 117 册，影印清康熙四十年琴川书屋刻本，上海：上海古籍出版社，2020，第 550 页。

② （清）陆陇其：《松阳钞存》卷下，《景印文渊阁四库全书》第 725 册，台北：台湾商务印书馆，1983，第 657 页。

③ 参见张舜徽《清人文集别录》，北京：中华书局，1980，第 51 页。

厘为二传，盖以周、程、张、朱继往开来，其师友渊源不可与诸儒等耳。而道学、经学自此分矣。夫所谓道学者，六经四书之旨体验于心，躬行而有得之谓也，非经书之外更有不传之道学也。故离经书而言道，此异端之所谓道也；外身心而言经，此俗儒之所谓经也。宗洙泗而祢闽洛，人心之所以正也。①

此序中有几点意见非常重要。第一，汤斌认为汉儒专门名家，师说相承，并且政事多重儒术，故士人之气颇正。第二，《宋史》列《道学传》虽重在表彰周、程、张、朱，但使后世道学与经学两分，因此清廷修《明史》时，汤斌亦反对设"道学传"。② 第三，汤斌认为"非经书之外更有不传之道学也"，将道学重新纳入经学（更为确切地说是经书）的范畴，因此他强调"离经书而言道，此异端之所谓道也；外身心而言经，此俗儒之所谓经也"。此种观点，与顾炎武"古之所谓理学，经学也"有异曲同工之妙。不过，一方面汤斌此说其实更适应康熙的思想统驭政策，特强调不可离开经书来展开思辨；另一方面，汤斌也更强调经书内容所展现的正人心的作用，这也符合康熙对经学的理解。

康熙所编之书更是体现了这种折中经义、融汇众说的"经学立场"，如康熙朝前期所编《日讲诗经解义》，"凡立说一准于考亭，而旁搜义蕴，兼及注疏，博综名物，亦参《尔雅》"。③ 不仅兼及注疏，考核名物亦参照《尔雅》。康熙晚年编《诗经传说汇纂》则更进一步，在首列朱子《诗集传》之外，"采汉唐以来诸儒讲解训释之与传合者存之，其义异而理长者别为附录，折衷同异，间出己见"。④ 因此，《四库全书总目》认为《诗经传说汇纂》"虽以《集传》为纲，而古义之不可磨灭者，必一一附录以补阙遗，于学术持其至平，于经义乃协其至当"，⑤ 体现了此种经学观念。

---

① （清）汤斌：《汤文正公（潜庵）全集》卷一，沈云龙主编《近代中国史料丛刊》第92辑，台北：文海出版社，1973，第189～190页。
② 参见张丽珠《清代新义理学——传统与现代的交会》，第64页。
③ 《清朝文献通考》卷二百三《经籍考三》，第6769页。
④ 《清朝文献通考》卷二百三《经籍考三》，第6769页。
⑤ （清）永瑢等：《四库全书总目》，第123页。

三 翰林制度

清代康熙时期的翰林学臣对于清代学术的发展起到了极大作用。不仅当时理学名臣如李光地、方苞等均出身翰林，对后世考据学影响较大的朱彝尊、徐乾学、惠周惕、惠士奇、何焯等亦出身翰林。

清代翰林院之设立始于顺治，最初承袭明代旧制，为笼络文人士大夫、安置降官而设。此时清廷类似于翰林院作用的是国史院、内秘书院与内弘文院，即所谓"内三院"。① 康熙九年（1670）始裁撤内三院，专设翰林院，成为定制：

> 自康熙九年专设翰林院，历科皆以掌院学士领其事，内阁学士间亦参用。三十三年，命选讲、读以下官资深学优者数人，分司训课，曰小教习。②

翰林院设满汉掌院学士各一人，正三品；侍读学士三人，侍讲学士三人，正五品；侍读、侍讲各三人，正六品；修撰、编修、检讨无定员，依次为从六品、正七品、从七品；庶吉士无定员，亦无品秩。庶吉士由新科进士考选，修撰由一甲第一名进士除授，编修由一甲第二名、第三名进士除授，并由二甲庶吉士留馆后补授；检讨由三甲庶吉士留馆后补授。康熙朝因修书任务极多，留馆编修、检讨多至二百人，庶吉士亦多达五六十人。③

清代翰林院职掌大致包括经筵日讲、撰拟讲章、外国奏书翻译、考选庶吉士、担任会试乡试主考、撰拟封赠诰敕、编纂实录、撰拟郊庙祭祀等文、编辑校勘群书等。④ 康熙朝、雍正朝不少重臣出身翰林，如徐乾学、王鸿绪、张廷玉、蒋廷锡、励廷仪等，他们还以总裁身份组织翰林学臣编辑大量图书，其中不少编修、修撰出馆后又担任地方学政，对于学术之推动

---

① 邸永君：《清代翰林院制度》，北京：社会科学文献出版社，2002，第 51~72 页。
② 《清史稿》卷一百八《选举三》，第 3165 页。
③ 参见邸永君《清代翰林院制度》，第 75 页。
④ （清）朱珪等：《皇朝词林典故》，陈文新主编《历代科举文献整理与研究丛刊：翰林掌故五种》，武汉：武汉大学出版社，2009，第 741~766 页。

和发展起到很大的作用。

康熙对于翰林学臣的要求极高，经常对庶吉士的讲习和教育加以指导。例如，康熙五十一年（1712）四月上谕："今岁考中进士，除拣选庶吉士外，其余勿使回籍，俱交与礼部，选翰林内学优品端者数人，派令教习文艺，从事典礼，如有修书处，率同修书。"① 康熙五十二年十一月又谕："翰林院选拔庶常，原以作养人材，今科进士，特加简阅，取……吴襄、徐骏、蔡嵩、陈治滋、景考祥、冯喁、刘松龄、王奕仁、蒋洽秀、李正元、乔学尹……等五十三名，俱着改为庶吉士，并修撰王敬铭，编修任兰枝、魏廷珍，分别满汉书教习。"② 故康熙一朝，翰林学臣中杰出者犹多，如朱彝尊、徐乾学、李光地、陈梦雷、王鸿绪、毛奇龄、汪琬、冉觐祖、查慎行、何焯等皆是，且不少学者对后来的考据学产生了一定影响。下文根据《词林典故》所载馆选翰林院之学者，选择其中撰有《诗经》相关著作者制成表 2，以见翰林学臣对诗经学之贡献。

表 2　部分馆选翰林院学士及其《诗经》相关著作

学者姓名	馆选时间	诗经学著作
李光地（1642～1718 年）	康熙九年	《诗所》
王鸿绪（1645～1723 年）	康熙十二年	《钦定诗经传说汇纂》
毛奇龄（1623～1716 年）	康熙十八年	《毛诗写官记》
汪琬（1624～1691 年）	康熙十八年	《诗问》
秦松龄（1637～1714 年）	康熙十八年	《毛诗日笺》
陈迁鹤（1639～1714 年）	康熙二十四年	《毛诗国风绎》
冉觐祖（1636～1718 年）	康熙三十年	《诗经详说》
杨名时（1661～1737 年）	康熙三十年	《诗经札记》
惠周惕（1662?～1696 年）	康熙三十年	《诗说》
严虞惇（1650～1713 年）	康熙三十六年	《读诗质疑》
姜宸英（1628～1699 年）	康熙三十六年	《诗笺别疑》
宋在诗（1695～1777 年）	康熙六十年	《读诗尊朱近思录》
陆奎勋（1663～1738 年）	康熙六十年	《陆堂诗学》

① 《圣祖实录》，《清实录》第 6 册，第 471 页。
② 《圣祖实录》，《清实录》第 6 册，第 540 页。

学者姓名	馆选时间	诗经学著作
沈淑（1702~1730年）	雍正元年	《毛诗异文补》《陆氏毛诗异文辑》
诸锦（1686~1769年）	雍正二年	《毛诗说》
刘青芝（1675~1755年）	雍正五年	《学诗阙疑》

康熙十八年，即康熙己未博学鸿词科除表 2 中的毛奇龄、汪琬、秦松龄三人外，此科还有李因笃、陈维崧、朱彝尊、潘耒、施闰章等人，俱为一时之选，对于后世之学术亦有极大影响。此外，方苞（1668~1749年）著有《朱子诗义补正》，以举人身份入直南书房；姜兆锡（1666~1745年）著有《诗传述蕴》，康熙二十九年举人，乾隆初年充三礼馆纂修官；顾栋高（1679~1759年）著有《毛诗类释》《毛诗订诂》，康熙六十年进士，曾担任内阁中书，后任国子监祭酒。他们应亦属于翰林学臣之列。

上述翰林出身之学者的诗经学著作呈现出四个特点。一是多为折中之作，如秦松龄、陈迁鹤、冉觐祖、严虞惇、杨名时、惠周惕等人之作，均不主朱子《诗集传》，亦不恪守序说，而是参酌二者异同、博采众说。二是有不少批评朱子者，如毛奇龄、刘青芝、诸锦等，其中毛奇龄批评朱子甚力。三是出现了专门考据之作，如沈淑的《毛诗异文补》和《陆氏毛诗异文辑》。四是尊朱之作为最少，若论专门尊朱者，大约只有李光地的《诗所》、宋在诗的《读诗尊朱近思录》两部，从中可见清初朱子《诗》学的地位进一步下降之趋势。

四　编辑群书

清初极重文教，自定鼎中原后，即行修书之事，而以康熙朝所修之书最多。顺治朝即开始修纂《明史》，并广求遗书，顺治八年（1651）即开始悬赏购求天启朝、崇祯朝实录、邸报以及野史、外传、集记等书。[①]《明史》编纂至乾隆四年（1739）方告竣，而重要的编纂时期在康熙一朝，参与编纂的学者俱为一时之选，如分撰文皇帝本纪及洪武朝臣传三十篇的朱

① 《世祖实录》，《清实录》第 3 册，第 426 页。

彝尊，分撰景泰朝、天顺朝列传的施闰章，分撰各朝列传的汪琬，分撰食货志兼其他纪传的潘耒，分撰俞大猷、戚继光等人传记的徐釚，分撰隐逸传的严绳孙，分撰刑法志的姜宸英，分撰大礼议、三案及东林诸事迹的徐乾学等，此外彭孙遹、李因笃、陈维崧、秦松龄、尤侗、毛奇龄、吴任臣、汤斌、万言、汪懋麟、黄虞稷、王鸿绪等均参与修纂。① 黄宗羲之子黄百家、弟子万斯同亦入史馆，而万斯同之贡献尤大。②

　　与此同时，康熙帝也日益重视经学，更广求遗书，为编辑群书做准备。例如，康熙二十五年（1686）四月上谕礼部、翰林院：

　　　　自古帝王致治隆文，典籍具备，犹必博采遗书，用充秘府，盖以广见闻而资掌故，甚盛事也。朕留心艺文，晨夕披览，虽内府书籍，篇目粗陈，而裒集未备。因思通都大邑，应有藏编；野乘名山，岂无善本，今宜广为访辑。凡经史子集，除寻常刻本外，其有藏书秘录，作何给值采集，及借本抄写事宜，尔部院会同详议具奏，务令搜罗罔轶，以副朕稽古崇文之至意。③

此时所购求之书，包括经、史、子、集四部。一个月后康熙又谕礼部：

　　　　自古经史书籍，所重发明心性，裨益政治，必精览详求，始成内圣外王之学。朕披阅载籍，研究义理，凡厥指归，务期于正。诸子百家，泛滥诡奇，有乖经术，今搜访藏书善本，惟以经学史乘，实有关系修齐治平、助成德化者，方为有用，其他异端诐说，概不准收录。④

　　搜集之重心则放在了有关修齐治平、助成德化的经学、史乘之书，这与康熙重视经学相应。综观康熙一朝，御纂、钦定之书中，属于经部的就

---

① 李晋华：《〈明史〉纂修考》，载姜胜利主编《明史研究》，北京：中国大百科全书出版社，2009，第108~109页。

② 参见黄云眉《〈明史〉编纂考略》，载姜胜利主编《明史研究》，第47~49页。

③ 《圣祖实录》，《清实录》第5册，第331页。

④ 《圣祖实录》，《清实录》第5册，第336页。

多达十四种。最早的为康熙十六年（1677）所编《日讲四书解义》，之后又相继编纂《日讲易经解义》《日讲书经解义》《日讲诗经解义》《日讲礼记解义》《日讲春秋解义》《孝经衍义》，大多为康熙朝初期编成。至康熙朝晚年，又陆续编成御纂四经《周易折中》《书经传说汇纂》《诗经传说汇纂》《春秋传说汇纂》，还完成了《律吕正义》《康熙字典》《音韵阐微》。除经部外，康熙还组织人员编纂了《历象考成》《数理精蕴》《星历考原》《渊鉴类函》《分类字锦》《子史精华》《佩文韵府》《古文渊鉴》《历代赋汇》《全唐诗》《四朝诗》《全金诗》《御选唐诗》《历代诗余》《词谱》《曲谱》等书。[①] 此外，还有陈梦雷所编、雍正间刊刻的类书《古今图书集成》，以及康熙时开始编纂、乾隆初完成的《一统志》等，可谓浩博无涯，令人叹为观止。

康熙朝所编群书，有三个特点。第一，参编人员众多，其中有不少知名学者，年轻学者也获得训练。例如，徐乾学奉敕纂修《一统志》，罢归后设局于苏州洞庭山，一时知名学者如阎若璩、胡渭、黄仪、顾祖禹、唐孙华等均参与其中。另如编纂《诗经传说汇纂》的官员将近30人，修撰主体为新进馆选的翰林院编修、检讨、庶吉士等，如吴士玉、张大受、沈翼机、陈万策、林佶等，这些官员后来多任各地学政，对于促进地方学术发展当起到一定作用，他们与当时已获声名的学者如李光地、朱彝尊、汪琬、阎若璩等均有往来，学术间的交往亦较为密切。

第二，重视实用之学。康熙重视实学，反复强调历算、天文、地理、律吕以及小学等的重要性，并组织人员编辑了《律吕正义》《历象考成》《数理精蕴》《星历考原》等书，以及字书《康熙字典》和韵书《音韵阐微》。康熙还常督促翰林学臣修习律吕等实用之学，故康熙学臣的学术水平都较高，且多有考据方面的著述，如朱彝尊《经义考》、蒋廷锡《尚书地理今释》、惠周惕《诗说》、方苞《仪礼析疑》和《礼记析疑》等，揆叙《隙光亭杂识》、何焯《义门读书记》亦精于考证。

第三，康熙御纂经书多持折中之论，融汇历朝诸家精义，荟萃成说。康熙五十四年开始编纂、五十六年编成的《周易折中》即秉持"折中"之

---

① 参见萧一山《清代通史》第 1 册，北京：中华书局，1986，第 782～784 页。

意,《四库全书总目》针对此书之体例与宗旨云:

> 自宋以来,惟说易者至伙,亦惟说易者多岐。门户交争,务求相
> 胜,遂至各倚于一偏。故数者易之本。主数太过,使魏伯阳、陈抟之
> 说,窜而相杂,而易入于道家。理者易之蕴。主理太过,使王宗传、
> 杨简之说,溢而旁出,而易入于释氏。明永乐中,官修《易经大全》,
> 庞杂割裂,无所取裁,由群言淆乱,无圣人以折其中也。我圣祖仁皇
> 帝道契羲文,心符周孔,几余典学,深见弥纶天地之源。诏大学士李
> 光地采撷群言,恭呈乙览,以定著是编。冠以图说,殿以启蒙。未尝
> 不用数,而不以盛谈河洛,致晦玩占,观象之原。冠以程传,次以本
> 义。未尝不主理,而不以屏斥谶纬,并废互体变爻之用。其诸家训解,
> 或不合于伊川紫阳,而实足发明经义者,皆兼收并采,不病异同。惟
> 一切支离幻渺之说,咸斥不录,不使溷四圣之遗文。盖数百年分朋立
> 异之见,至是而尽融。数千年画卦系辞之旨,乃至是而大彰矣。至于
> 经传分编,一从古本,尤足正费直以来割裂缀附之失焉。①

尤可见康熙折中荟萃,求其经义之至当之意。后来又相继编《诗经传
说汇纂》、《书经传说汇纂》和《春秋传说汇纂》,即一本《周易折中》之
体例,只是稍根据各经内容略做调整。例如,《诗经传说汇纂》虽以朱传为
主,但不废众说,在训释朱传之后,以"集说""附录"的形式,并存汉
唐宋元明各家之说,以补朱子之不足,并以按语形式辨别毛、郑与朱子之
异同。康熙此种折中众说、不废汉唐注疏的态度且以官方纂修经注的形式
体现出来,无疑对于当时学人重新重视汉唐旧说起到了较大的推动作用。

第四节 清初遗民学者对明代学术的总结和反思

明代末年学术呈现出多元和蓬勃的气象,然而此种多元和蓬勃也带来
了不少不良后果,比如不够严谨、误信伪书等。崇祯年间就出现了许多评

---

① (清)永瑢等:《四库全书总目》,第34~35页。

判和反思的声音，并进一步检讨明代学术得失。明亡清兴，不少历经国变的学者更是将明亡部分归结到学术和思想层面，主要针对王学末流、科举程式以及文士束书不观、喜好空谈的不良风气。入清以后，国变给学者带来巨大的心理冲击，学者论学难免带感情色彩。本节力求通过一些较为典型之例证来展现清初学者对待明代学术遗产的观点和态度，以及他们在总结和反省明代学术的过程中体现出来的学术理路。

明末阳明学极盛，清初不少学者如钱谦益、孙奇逢、黄宗羲、张履祥、钱澄之，或与阳明学颇有渊源，或尝受阳明学影响。他们面临的问题是在国变的刺激之下如何评价阳明学。故当时呈现出一个学者由王返朱的趋势，也有不少宗守程朱的学者吸纳阳明之说，不只是激烈地批评而已。何佑森指出，顾炎武、黄宗羲所做的工作不是分辨陆王或朱王的异同，而是分辨儒释之是非，使儒学回到学术思想的主流。[①] 这种说法极有见地，当时的学者尤其是王门后学在总结阳明学之得失时，常做的工作是将阳明学中符合孔孟之道的内容加以表彰，并纳入一个更为宽泛的儒学或经学的范畴。例如，施闰章在《书罗念庵先生赠汪中丞卷后》中写道：

> 致知著在《大学》，良知发端孟氏，非姚江私言也。然先生自述良知二字从万死一生中得来，果易言乎哉？当时罗公整庵作《困知记》以辨之，盖救学者空言良知之误，在不能致，非良知罪也。近日专以排击姚江，为有功绝学，或亦过矣。[②]

一方面，施闰章指出阳明学其实亦源自孟子和《大学》，另一方面他也认为当时专以抨击阳明学为风尚，有待商榷。余英时论及清代考据学之发生，认为其仍是宋学之延续，是明末朱陆、陆王之争以及关于为学应该更重"尊德性"还是"道问学"的内部争辩不可避免的结果。[③] 这应该也是

---

① 何佑森：《朱子学与清代学术》，载何佑森《何佑森先生学术论文集（下册）：清代学术思潮》，第 37～40 页。

② （清）施闰章：《学余堂集》卷二六，《景印文渊阁四库全书》第 1313 册，台北：台湾商务印书馆，1983，第 318 页。

③ 余英时：《清代学术思想史重要观念通释》，载余英时《文史传统与文化重建》，第 207 页。

清初学者有意识总结明代王学之得失、重新规整经学谱系与脉络的结果。关于"尊德性"与"道问学"二分之说，南宋及元代朱门后学如吴澄即已提出，目的本是弥缝和融通朱子之学，嘉靖间陈建《学蔀通辨》还以此说大力抨击陆王之学。清初学者朱鹤龄又将其重新提出：

> 宋儒理学莫粹于濂溪、明道，一再传而为考亭、象山。象山直探原本，注脚六经；考亭博极散殊，穷研著述。吴幼清以为一主尊德性，一主道学问，二家各尊所闻、行所知，持论多龃龉不合。至无极太极之辨，象山掊击再三，考亭亦无以难也。后世儒者多右朱而左陆，遂疑象山为禅。不知圣贤之学，皆心学也。①

这是回过头来再弥合朱陆。说这话的朱鹤龄为学多受顾炎武影响，但他对王学的观点与顾炎武有所不同，朱鹤龄对阳明之学颇持通融态度，他论阳明学云：

> 后三百余年而阳明先生出焉，以致良知为宗，大阐心学。困踣蛮徼而此心愈明，驱驰军旅而此心愈定，骤膺艰大，更历谤疑，而此心愈不动。自来有用道学无逾先生者，盖其学即象山之所以学，其教即象山之所以教而已矣。世之以禅疑先生者，特因其扫除闻见，往往弹射考亭，吾谓此非真弹射也。俗学崇奉考亭太过，遂至溺惑于语言文句之间，举其曰主敬、曰穷理、曰豁然贯通之精义尽泊没无余。先生出而洒然正救之……学者诚取此书而沉研省发，去其词章之俗尚与功利之蒙情，以求所谓此心此理者何在，则文章也，节义也，事功也，特太虚中之糠秕尘垢耳。百世而下，有欲因阳明以知象山，因象山以知濂洛，因濂洛以知孔孟者，其能不奉是书为泛海之斗杓、入河之碣石也哉？②

---

① （清）朱鹤龄：《愚庵小集》卷七《阳明要书序》，第 145 ~ 146 页。
② （清）朱鹤龄：《愚庵小集》卷七《阳明要书序》，第 146 ~ 147 页。

此处朱鹤龄直将心学与道学合一，并认为可以因阳明以知象山、因象山以知濂洛、因濂洛可知孔孟，完全将王学归结到一个整体的儒学范畴。此种做法与其说是由王返朱，不如说是折中朱王，汇于一途。朱鹤龄还引魏禧之说云：

> 魏凝叔曰：阳明之学与考亭诚有异同，然皆原本于尊德性、道问学之旨。后儒当从异处证其同处，必掊击阳明，以伸考亭，则过矣。且考亭之教如日中天，何待诎阳明始伸之耶？[①]

这也是融汇朱王的意思，魏禧此说不见于《魏叔子文集》，与此说略相近者有《重兴延陵书院记》，魏禧在此文中写道：

> 近日程、朱、阳明之说异，而君子之讲学与讲学者相攻矣。……《易》曰："殊涂而同归。"为学者各有所得力之处，要归于圣贤之道而已，是故弊有所必救，则殷、周损益，虽圣人之制可以改其未善；理有所合，则诸子百家之言，未尝不可以发明圣人之经。[②]

魏禧认为为学各有所得力处，大概即朱鹤龄所引述之"皆本原于尊德性、道问学"之意，最后"要归于圣贤之道而已"。可见当时学者纷纷解释王学与程朱之渊源实同，一则可能为了挽救王学末流之弊、消除门户之争，二则为了整合明代学术，因此清初对王学的总结与明末对王学的认识有一定差异。钱谦益在《重修维扬书院记》中写道：

> 良知之弊者，曰泰州之后，流而为狂子、为傝民。所谓狂子、傝民者，颜山农、何心隐、李卓吾之流也。彼其人皆脱屣身世，芥视权幸，其肯蝇营狗苟欺君而卖国乎？其肯偷生事贼、迎降而劝进乎？讲良知之学者，沿而下之，则为狂子，为傝民；激而返之，则为忠臣，

---

① （清）朱鹤龄：《愚庵小集》卷十三《书阳明先生传习录后》，第285页。
② （清）魏禧：《魏叔子文集》卷十六，北京：中华书局，2003，第745页。

为义士。视世之公卿大夫，交臂相仍，违心而反面者，其不可同年而语，亦已明矣。呜呼！圣人之言，元气也；孟子之言，药石也；姚江之言，救病之急剂也。……用良知之学为急剂，号呼惕厉，庶几其有瘳乎？①

此记写于崇祯十六年（1643），钱谦益对王学末流持正面评价，认为他们虽为狂子、傃民，但激而反之，可以成为忠臣义士，相比虚伪的公卿大夫都显得更为真诚。并且钱谦益将阳明学作为拯救时世之急剂，对比朱鹤龄"文章也，节义也，事功也，特太虚中之糠秕尘垢耳"，显然意义不同。从中窥见明末清初在王学之认识上的转变。清初对王学之总结发展到后来，即有修《明史》时道学立传与否之争。当时不赞同立"道学传"者皆与王学有渊源，如黄宗羲、汤斌、朱彝尊、毛奇龄等。朱鹤龄尝引计东之说云：

甫草曰：自唐以前，止有儒林列传。《宋史》始分儒林、道学。近人邓元锡又分薛文清辈为道学，阳明为心学。不知心学之外无道学也。②

计东是汤斌的弟子，汤斌之意见前文已言之。计东又与朱鹤龄相交，可见当时对于道学、儒林之分已有颇多讨论，影响又于官修《明史》，甚至黄宗羲修书给明史馆，不赞同立"道学传"，最后汤斌以黄宗羲之书信示之馆臣，"道学传"终未得立。③

除了总结王学，对于明代的程朱之学以及更为广义的明代经学之得失，清初学者亦予以总结和省思。其实明末已有相关讨论，崇祯末钱谦益即

① （清）钱谦益：《牧斋初学集》卷四四《重修维扬书院记》，（清）钱曾笺注，钱仲联标校，上海：上海古籍出版社，2009，第1129~1130页。
② （清）朱鹤龄：《愚庵小集》卷七《阳明要序》，第147页。
③ （清）全祖望：《鲒埼亭集》卷十一《梨洲先生神道碑文》，沈云龙主编《近代中国史料丛刊三编》第39辑，台北：文海出版社，1988，第527页。另可参阅黄云眉《明史编纂考略》，载黄云眉《史学杂稿订存》，济南：齐鲁书社，1980，第132页；〔美〕魏伟森《宋明清儒学派别争论与〈明史〉的编纂》，载姜胜利主编《明史研究》，第238~250页；张丽珠《清代新义理学——传统与现代的交会》，第64页。

指出：

> 我太祖高皇帝设科取士，专用程朱，成祖文皇帝诏诸儒作《五经大全》，于是程朱之学益大明。然而再变之后，汉唐章句之学或几乎灭熄矣……宋之学者，自谓得不传之学于遗经，扫除章句，而尽归之于身心性命。近代儒者遂以讲道为能事，其言学愈精，其言知性知天愈眇，而穷究其指归，则或未必如章句之学，有表可循，而有坊可止也。汉儒谓之讲经而今世谓之讲道，圣人之经，即圣人之道也。离经而讲道，贤者高自标目，务胜于前人，而不肖者汪洋自恣，莫可穷诘……经学之熄也，降而为经义；道学之偷也，流而为俗学。尽天下不知穷经学古，而冥行擿埴，以狂瞽相师。驯至于今，轻材小儒，敢于嗤点六经，訾毁三传，非圣无法，先王所必诛不以听者，而流俗以为固然。①

钱谦益对明代学术之批评至烈，观察犀利。此文为钱谦益给其门人毛晋《新刻十三经注疏》所写之序，序中先论明初程朱之学大明，指出缺陷即在于重视讲身心性命过于章句，延至明末，则嗤点六经、訾毁三传，为害尤大。钱谦益还举例：

> 若近代之儒，肤浅沿习，缪种流传，尝见世所推重经学，远若季本，近则郝敬，蹖驳支蔓，不足以点兔园之册，而当世师述之，今与汉、唐诸儒，分坛立埠，则其听荧《诗传》，认为典记也，又曷怪乎！②

钱谦益直接指出季本、郝敬之书连童蒙之书都不如，更认为当时人将它们与汉唐诸儒并列实在是见识太低。而钱谦益对于汉唐诸儒之重视从中亦可见一斑。至清初，钱谦益对明代学术的评价则更为深刻，他曾批评明代经学有三谬：

① （清）钱谦益：《牧斋初学集》卷二八《新刻十三经注疏序》，第 850～851 页。
② （清）钱谦益：《牧斋初学集》卷七九《与卓去病论经学书》，第 1707 页。

　　盖经学之缪三：一曰解经之缪，以臆见考诗、书，以杜撰窜三传，凿空瞀说，则会稽季氏本为之魁；二曰乱经之缪，石经托之贾逵，诗传拟诸子贡，矫诬乱真，则四明丰氏坊为之魁；三曰侮经之缪，诃《虞书》为俳偶，摘雅、颂为重复，非圣无法，则余姚孙氏鑛为之魁。①

　　钱氏所举三谬都是站在经学的立场上，此三点归纳起来，即学风空疏、好伪造经书以及以文学观点肆意评点和解说经书。这些也是后世抨击明代经学最多的地方。对比顾炎武之说亦可见此类意见之盛行：

　　近世之说经者，莫病乎好异。以其说之异于人而不足以取信……徐防有言："今不依章句，妄生穿凿，以遵师为非义，意说为得理，轻侮道术，浸以成俗。"呜呼，此学者所宜深戒！

　　若有明一代之人，其所著书无非窃盗而已。

　　万历间，人多好改窜古书。人心之邪，风气之变，自此而始。②

顾炎武尝对明代学风之兴衰做一总结：

　　愚尝谓自宋之末造以至有明之初年，经术人材于斯为盛。自八股行而古学弃，《大全》出而经说亡，十族诛而臣节变，洪武、永乐之间，亦世道升降之一会矣。③

　　顾炎武对八股文、《五经大全》之批评常为后世所引述。顾炎武将世道升降归于方孝孺之死，亦为后来《四库全书总目》所吸取。④ 可见清初诸

---

① （清）钱谦益：《牧斋有学集》卷十七《赖古堂文选序》，上海：上海古籍出版社，1996，第768页。
② （清）顾炎武著、（清）黄汝成集释《日知录集释》，第123～125、1073、1076页。
③ （清）顾炎武著、（清）黄汝成集释《日知录集释》，第1045页。
④ 参见《四库全书总目》对《诗传大全》之提要，（清）永瑢等《四库全书总目》，第128页。

儒对于明代学术之反思与批评不少为清廷所接受，并成为此后以官方形式批评明代学术的普遍结论。但钱谦益、顾炎武等学者在论及明代学术时带有国变之情绪，语气难免激烈，有时对明代学者之批评颇不体谅，细考之不免有偏颇之嫌。更为重要的是，清初学者对明代学术进行反思时批评明代经学家不重视汉唐注疏、轻视经文文本，因此他们认为明代经学之疏，很重要的原因就是不学古、不读经，钱谦益就说：

> 学术之失也，以其离圣而异躯，捐古而近习。方其滥觞也，朱黄丹铅，钻纸弄笔，相与簸弄聪明，贸易耳目。而其极也，经学蠹，人心圮，三才五常，各失其所，率兽食人，于是焉始。古者谓之非圣无法，学非而博，顺非而泽，以疑众者，诛不以听，岂过也哉！①

因此要重振当时学术，就必须重视读书和求古，明末学者金铉（？~1644 年），即指出昌明正学的办法不外乎两点，一是表彰程朱之学、讲求实际；二是重视经书文本，其《与友人辨无善无恶书》云：

> 弟年来因此愤恨不平，思欲力挽邪风，昌明正学，其要有二：一在表程朱之学问，使天下人引绳切墨，动静毫不丛恣，时时省提，事事讲究，以求复吾心大中之体，推吾心至正之用……一在穷六经之本末，使天下人自首至尾，一字一句，真知力行，要识无极、太极，原是饮食之常；洒扫应对，无非上天之载。不可视六经为糠秕，鄙诵读为外求。明道先生读史不遗一字，原与玩物丧志之旨绝不相背，勿徒东扶而西倒也。俾天下人沉涵浸淫于义理之中，自然有冰释冻解之日。而其大要，不过程子两言曰"涵养用敬，进学则在致知"而已。②

金铉此文本是针对王学而发。金铉学宗程朱，排斥阳明无善无恶之说，

---

① （清）钱谦益：《牧斋有学集》卷十八《李贯之先生存余稿序》，第784页。
② （明）金铉：《金忠节公文集》卷六，《四库未收书辑刊》第6辑第26册，影印清初刻本，北京：北京出版社，1997，第486页。

意在力挽颓风，昌明正学。① 可见明末已经出现对当时浇薄学风的反省。金
铉昌明正学之法门，又回到涵养用敬、进学致知，强调用敬与致知并行。
但如何致知？具体言之，就是要"反经"，即返回到经文文本，钱谦益曰：

> 孟子曰：我亦欲正人心。君子反经而已矣。诚欲正人心，必自反
> 经始；诚欲反经，必自正经学始。②

朱鹤龄亦曰：

> 六书者，经籍之权舆也，圣人以之该三才之理，备万汇之情。俗
> 学罔探源委，好出私见穿凿，由是经解晦塞，沿讹失真。……诸生以
> 制举义来质者，必进之以经学，以经学来质者，必进之以篆隶古文，
> 凡音韵、清浊、形体、丰杀、义解浅深，流俗相沿未正者，一经讲明，
> 皆粲然有绪。③

朱鹤龄强调进之以经学，进之以篆隶古文，可见由经书入手、重视声
音文字成为经学进路之不二法门。清初学者在总结明代学术缺失的同时，
找到一条重新归正经学的道路，即以汉人之学为主，参以唐代注疏与宋人
之学。朱鹤龄在写给徐乾学的《论经学书》中即已展现出这种观念：

> 六经之学，汉兴之，唐衍之，宋大明之，至今日而衰。其兴也，
> 以不专一说而兴，其衰也以固守一说而衰。……又读正学先生之言曰：
> "经传非一家之书，则其说亦非一人所能尽。世人党所闻，而不顾理之
> 是非，皆非朱子意也。"乃复喟然兴曰：先儒是非之论，至朱子始定，
> 然朱子亦岂谓己之所是非必无待后人之审择哉？夫理之蕴于经，犹水
> 之蕴于地也。凿井以出水，而或取之以蠡勺，或取之以瓶罍，或取之

---

① 参见孙承泽《益智录》卷二十，《四库全书存目丛书》史部第119册，影印清康熙刻本，
　　济南：齐鲁书社，1996，第628页。
② （清）钱谦益：《牧斋初学集》卷二八《新刻十三经注疏序》，第851页。
③ （清）朱鹤龄：《愚庵小集》卷八《赠洪广文计偕序》，第161~162页。

以瓮盎，随器之大小为汲之浅深，及盥而饮之，则皆水也，于蠡勺、瓶罂、瓮盎奚别焉。是故说经者亦求其至是而已矣。①

朱鹤龄指出理之蕴于经，犹水之蕴于地，即认为理学渊源于经学，义理乃从经学中出也。经学为承载水之土地，如要汲水，方法各异，关键在于"求其至是"。从中不仅能看到顾炎武"古之所谓理学，经学也"的类似观念之展开，同时亦能见到考据学家"求其至是"观念之渊薮。可以说，清初诸儒对明代学术的总结同时也是新的学术理路和方法的开启。

第五节　明清之际诗经学者群体

甲申国变之际，学者或以身殉，或隐居，或仕清，不论何种选择，都影响到他们的学术生涯。以身殉国者，自然学术由此而尽，而隐居不仕和出仕于清者，也在不同程度上受到国变的刺激，其学术著作中往往带有鲜明的时代特色。为了更好地考察明清之际学者群体的出处行止，遂制作表3，并略做说明。

表3　明末清初诗经学者出处行止

序号	姓名	功名	诗经学著作	明亡后行止
1	曹学佺（1574~1646年）	万历二十三年进士	《诗经质疑》等	自杀殉国
2	章世纯（1575~1644年）	天启元年举人	《章大力诗艺》	忧愤而亡
3	熊明遇（1579~1649年）	万历二十九年进士	《诗经说约》	隐逸不仕
4	凌濛初（1580~1644年）	崇祯贡生	《诗逆》	病亡
5	黄道周（1585~1646年）	天启二年进士	《诗经琅玕》等	抗清殉国
6	顾梦麟（1585~1653年）	崇祯贡生	《诗经说约》	隐逸不仕
7	戴羲	天启贡生	《诗经简注》	隐逸不仕
8	张次仲（1589~1676年）	天启元年举人	《待轩诗记》	隐逸不仕
9	岑之豹（1589~1648年）	天启五年进士	《诗经纂笺》	隐逸不仕
10	方孔炤（1590~1655年）	万历四十四年进士	《诗经永论》	隐逸不仕

① （清）朱鹤龄：《愚庵小集》卷十《寄徐太史健庵论经学书》，第218~219页。

74

续表

序号	姓名	功名	诗经学著作	明亡后行止
11	何楷（？～1646年）	天启五年进士	《诗经世本古义》	遇害病亡
12	凌义渠（？～1644年）	天启五年进士	《诗经广雅》	自杀殉国
13	陈弘绪（1597～1665年）	明末诸生	《诗经群义》	隐逸不仕
14	黄文焕（1598～1667年）	天启五年进士	《诗经考》	隐逸不仕
15	邹之麟	万历三十八年进士	《诗经翼注讲义》	隐逸不仕
16	陈管	天启二年进士	《诗经微言》	忧愤而亡
17	冯元飚（？～1644年）	天启二年进士	《诗经鼎来》等	追随弘光朝，病亡
18	冯元飚（？～1644年）	崇祯元年进士	《诗经时艺》等	忧愤而亡
19	唐大章	天启三年贡生	《诗赞易参礼记编》	隐逸不仕
20	提桥	天启二年进士	《诗说简正录》	入清后官刑部侍郎
21	罗万藻（？～1647年）	天启七年举人	《诵诗三百》	病亡
22	戴震雷	天启七年解元	《诗解》	不明
23	毛晋（1599～1659年）	屡试不第	《毛诗草木鸟兽虫鱼疏广要》	隐逸不仕
24	张自烈（1597～1673年）	南京国子监生	《诗经程墨文辨》	隐逸不仕
25	黎遂球（1602～1646年）	天启七年举人	《诗风》	守赣州殉国
26	范宏嗣	崇祯贡士	《毛诗补亡》	病亡
27	薛寀	崇祯进士	《诗经水月备考》	出家为僧
28	杨彝	崇祯八年岁贡	《皇明诗经文征》	隐逸不仕
29	申佳胤（？～1644年）	崇祯四年进士	《诗经泽》等	自杀殉国
30	杨廷麟（？～1646年）	崇祯四年进士	《诗经难字辨疑》等	守赣州殉国
31	堵胤锡（1601～1649年）	崇祯十年进士	《诗经泽书》	抗清病亡
32	高承埏（1603～1648年）	崇祯十三年进士	《五十家诗义裁中》	隐逸不仕
33	朱朝瑛（1605～1670年）	崇祯十三年进士	《读诗略记》	隐逸不仕
34	陈子龙（1608～1647年）	崇祯十年进士	《诗经人物备考》	抗清殉国
35	黄润中	崇祯十年进士	《诗经注解》	隐逸不仕
36	费经虞	崇祯时举于乡	《毛诗广义》	隐逸不仕
37	徐时勉	贡生，崇祯赐进士出身	《诗经注疏》	隐逸不仕
38	黄淳耀（？～1646年）	崇祯十六年进士	《诗札》	守嘉定殉国
39	归起先	崇祯十六年进士	《诗经通解》	隐逸不仕

续表

序号	姓名	功名	诗经学著作	明亡后行止
40	袁启翼（1600～1672 年）	崇祯十七年举人	《诗论序记等》	隐逸不仕
41	王介之（1606～1686 年）	崇祯十五年举于乡	《诗传合参》	隐逸不仕
42	朱鹤龄（1606～1683 年）	明末诸生	《诗经通义》	隐逸不仕
43	陈启源（？～1689 年）	明末诸生	《毛诗稽古编》	隐逸不仕
44	张怡（1608～1695 年）	明末诸生	《白云学诗》	隐逸不仕
45	吴国鼎	崇祯十六年进士	《诗经讲义》	隐逸不仕
46	唐达	崇祯贡生	《毛诗原解评》	隐逸不仕
47	夏大辉	明末贡生	《诗经渔樵野说》	隐逸不仕
48	施泽深	不明	《诗志度与》	不明
49	胡绍曾	明末举人	《诗经胡传》	不明
50	马元调	明末生员	《诗说》	嘉定死难
51	贺贻孙	明末诸生	《诗触》	隐逸不仕
52	郭金台	崇祯间拔贡	《毛诗辨》	隐逸不仕
53	潘集（？～1646 年）	布衣	《葩经解》	自杀殉国
54	顾懋樊	崇祯贡生	《桂林诗正》	不明
55	范王孙	不明	《诗志》	不明
56	钱澄之（1612～1693 年）	明末诸生	《田间诗学》	抗清后隐居不仕
57	陆圻（1614～？）	明末贡生	《诗经吴学》等	隐逸不仕
58	彭孙贻（1615～1673 年）	明末贡生	《题诗经围屏》	隐逸不仕
59	姚应仁	不明	《诗述述》	不明
60	章梦易	不明	《诗经说略》	隐逸不仕
61	易为鼎	不明	《毛诗说》	隐逸不仕
62	王大经	不明	《毛诗备考》	隐逸不仕
63	徐继恩	明末诸生	《毛诗别解》	出家为僧
64	颜鼎受	明末诸生	《国风演连珠》等	出家为道
65	王夫之（1619～1692 年）	崇祯十五年举人	《诗广传》等	抗清后隐居不仕
66	董说（1620～1686 年）	不明，受学于黄道周	《诗发》等	出家为僧
67	吴肃公（1626～1699 年）	明末诸生	《诗问》	隐逸不仕
68	林时跃	明末贡生	《毛郑会笺》	隐逸不仕

续表

序号	姓名	功名	诗经学著作	明亡后行止
69	理鬯和	明末举于乡	《毛诗歌》	不仕，航海而死
70	孙承泽（1592~1676年）	崇祯四年进士	《诗经朱传翼》	降闯，后降清，官吏部右侍郎
71	张能麟（1618~?）	顺治四年进士	《诗经传说取裁》	入清从仕
72	姜文灿	不明	《诗经正解》	不明
73	陈迁鹤（1619~1692年）	康熙二十四年进士	《毛诗国风绎》	入清从仕
74	毛奇龄	康熙十八年举博学鸿词科	《毛诗写官记》等	获清功名后隐居不仕
75	朱日濬	不明	《朱氏训蒙诗门》	不明
76	吴汝遴	不明	《诗说》	不明
77	张沐	顺治十五年进士	《诗经疏略》	获清功名
78	阎若璩（1636~1704年）	康熙补廪膳生	《毛朱诗说》	获清功名
79	汪琬	顺治十二年进士、康熙十八年举博学鸿词科	《诗问》	入清从仕
80	赵灿英	不明	《诗经集成》	不明
81	姜宸英	康熙三十六年进士	《诗笺别疑》	入清从仕
82	吕留良（1629~1683年）	顺治诸生	《三元堂新订增删诗经汇纂详解》	获清功名后隐居不仕
83	田雯（1635~1704年）	康熙三年进士	《诗经大题》	入清从仕
84	秦松龄	顺治十二年进士、康熙十八年举博学鸿词科	《毛诗日笺》	入清从仕
85	冉觐祖	康熙三十年进士	《诗经详说》	入清从仕
86	陈诜（1642~1722年）	康熙十一年举人	《诗经述》	入清从仕
87	李光地	康熙九年进士	《诗所》	入清从仕

资料来源：作者根据相关文献整理制作。

清初遗民学者群体庞大，虽然表3只统计了诗经学者，但因《诗经》人人所习，撰述繁多，因此他们亦具备一定代表性。除去情况不明的学者，明清之际不仕、死难、病亡、因故而亡者共有63人，其中隐逸不仕者（包括出家为僧、为道者）为44人，在所有学者中占据了很高的比重。这些隐逸不仕者皆为明之遗民，故说清初诗经学者中遗民为最重要之学者群体，当不为过。所有学者中，真正担任明朝官员后降清者只有提桥、孙承泽二人。孙承泽于顺治十一年（1654）因卷入政争，被迫致仕，再不复用，此后专心撰述，多有遗民情思。① 获得清朝功名者中，如毛奇龄、吕留良等，获功名后即归隐，不再出仕，且亦有遗民之感。其他入清从仕者因国变之时年纪尚幼，其读书、成长时期已处于清朝统治，故成年后考取清朝功名为自然之事。故除去这些学者，入清的诗经学者绝大部分为遗民或在撰述中带有遗民情绪，故在论及清初诗经学时，对于其中易代之感所带来的学术上的种种转变，应加以关注。

所有学者中，明代进士有 25 人、明代举人有 9 人、明代诸生有 25 人。这是构成诗经学群体的主要作者，其实也是明末的精英群体。不少学者不仅能著述，而且能事功，如方孔炤为方以智之父，曾任右金都御史、湖广巡抚，剿寇成绩斐然。熊明遇为东林士人，又是明末介绍西学的重要学者，曾任崇祯朝兵部尚书。② 冯元飏、冯元飏兄弟亦均身居要职并参与抗清斗争，冯元飏官至兵部尚书，国变后追随福王直至病故；冯元飏官至天津巡抚，国变后病没。黄道周尝任隆武朝武英殿大学士，参与抗清并殉国。

晚明诸生是诗经学者群体的重要组成部分，这些学者大多为 1610 年前后生人，国变之时二三十岁，正值青年。一方面，他们深受明末多元、蓬勃的士子习气之影响，同时也浸染复古、博学之风，如毛晋为钱谦益弟子，杨彝为应社重要成员，陈弘绪、贺贻孙、罗万藻等为豫章社成员。董说为董斯张之子，尝受学于张溥、黄道周门下。钱澄之与复社人士多相往来，曾向黄道周学《易》、向何楷学《诗》。另一方面，明清鼎革也使得这些原本可以进一步通过考试进入仕途的知识群体从仕之途断绝，而走上著述、讲学之路。他们中一些人的著述带有强烈的遗民情绪，这在亲自参与抗清的学者中表现得尤为明显，如钱澄之、王夫之。还有一部分学者在明代已

---

① 参见刘仲华《世变、士风与清代京籍士人学术》，第一章第一节 "孙承泽与清初降臣学术"，北京：中国人民大学出版社，2013，第 1～70 页。

② 参见徐光台《明末清初西学对中国传统占星气的冲击与反应：以熊明遇〈则草〉与〈格致草〉为例》，载纪宗安、汤开建主编《暨南史学》第 1 辑，广州：暨南大学出版社，2002，第 284～302 页。

绝意进仕，明亡后更是专心于著述，这些学者的著作中则少见国变之痛，而专注于学术，如朱鹤龄、陈启源等。

最后需要强调的是，自康熙中期以后，政治日趋稳定，遗民虽持不合作态度，但对清廷的敌意已大大减少。例如，袁启翼坚持隐逸不仕，但一意教育其子，其子后中康熙三年（1664）进士，官翰林院提督、四译馆太常少卿。① 钱澄之亲历弘光、隆武、永历三朝，但晚年亦称赞康熙云："今上殚心经学，文教聿兴，以江南、浙江为人才之渊薮，四方风气之所自开，其所系与首善略等，于是俱改用词臣，比诸京邑。"② 这近乎承认了清朝的统治。

本章考察了明中期至清初的思想、社会、经济、文化制度、学者阶层等方面及其对诗经学所产生的影响，我们可以得出以下结论。

其一，自明代初期开始，恪守程朱之学的学者并非一味固守师说，相反，他们常对经学中的疑义进行考辨，对于宋学中尚未解决或者存在疏失的地方，也力求弥补。在诗经学方面，不少学者能采用宋以前的《诗》说以及不同于朱子《诗》说的宋人著作，对诗义进行考辨也不完全遵从朱子。宋人当中如吕祖谦、严粲等人的诗经学观念就颇不同于朱子，而朱子本人也认同为学应博学多识，这些都使明代程朱一派的学者不抵触吸收其他学说，因此他们对朱子的批评多是站在补充和弥缝的立场，并非真正反对朱子。

其二，阳明学兴起之后，始渐有反对朱子《诗》说者。不过王门学者多以"吾心"之说来解六经，故他们在朱子《诗》学方面的工作破多于立。虽有逐渐重视诗序的倾向，但并未形成规模，在诠解上也不系统。但王门学者给学界带来思想上的解放，拓宽了学者的视野，并对明末的诗经学产生了重要影响。

其三，明代中期以来城市经济发达，刻书业、藏书业繁兴，讲学、结

---

① 《（雍正）广西通志》卷八四，《景印文渊阁四库全书》第 567 册，台北：台湾商务印书馆，1983，第 416～417 页。

② （清）钱澄之：《田间文集》卷十七《送江南督学李醒斋太史特简内阁学士宗伯还朝序》，彭君华校点，合肥：黄山书社，1998，第 319 页。

社之风盛行，这些变化使当时学者更易于阅读、著述和交流，也促进了复古之风的兴起。尤其是当时学者已渐渐注意到汉学的价值，并出现了一些发明汉学的著作。但需要强调的是，这并不代表汉学已经为大多数学者所了解，也不意味着汉学的兴起。因为此时汉学仅出现在部分学者的序跋、书信等文字中，其内涵、特征都不明晰，发明汉学的著作如赵宦光的《说文长笺》也存在不少疏失。总之，这仅仅是汉学作为一个概念逐渐得到传播的时期。

其四，清朝建立以后，出现了大量遗民学者，这些学者成为清代初期诗经学的主体。一方面他们继承了明末学术成果，另一方面也对明代学术进行了深刻的反思，并由此确立了清代学术的矩矱。自康熙朝开始，清廷逐渐重视文教，康熙尤其注意翰林院对于学术人才的培养和学术传播的作用，康熙朝中后期，逐渐产生了一个翰林学者群体，他们的著作才开始真正带有清代的学术特征，并对乾嘉之学具有直接影响。

第二章　复古竞新：明末诗经学崇古考辨风气的兴起

　　清代以前诗经学可以分成两大诠释系统，一是汉唐注疏系统，二是宋代说《诗》系统，其中之分界当以朱子《诗集传》之出现以及被列为科举程式为标志。从元代至明中叶，绝大部分诗经学著作属于宋代说《诗》系统，特点为重视义理，以阐发义旨为目标，相对疏于考证。明中叶以后，渐有学者参考各家之说，尤其是不同于朱子《诗》说的其他《诗》说来诠解诗义，朱子《诗》说的地位逐渐下降。但这些不完全述朱或者反朱的著作，大部分还是沿袭了宋代说《诗》系统，即以申说诗义为主，尤其是诗义所体现出的义理，如吕柟《毛诗说序》、李先芳《读诗私记》等，虽已有重视诗序之趋向，但他们的诠解方法仍重在阐述义理。

　　万历末，郝敬撰《毛诗原解》，始尽废朱子之说，并一一驳之，独尊诗序。当时学者多不满于经学荒芜，尤其是科举的程序化弊端，重新体认经书及诠释传统的呼声日高，具体表现在回归经文文本和阐释圣人之意两个方面。郝敬的《毛诗原解》即从此出发来阐释《诗经》。其后，何楷更是打乱《诗经》原有次序，依据孟子"知人论世"说，对诗篇的时代进行重新编次，并参考历代《诗》说，重新诠解诗旨。同时考据风气逐渐兴起，当时学者直接面对经文文本，对经书中的文字形义、名物制度、天文地理等方面加以考证，以期获得确切的经义。

　　一方面，虽然明代中期已有学者注意到汉人之学，但这些学者主要强调宋代说《诗》系统以外还有一个《诗经》诠释传统，呼吁学者重视其价值，以改变经学定于一尊后的封闭和凝滞，并非有意识地回归汉人之学的门径，更没有高举"汉学"以抗衡宋代学术。另一方面，不少学者欲突破朱子《诗》学的桎梏，树立新说，往往依托古义作为立论的根据，这是明末炫奇好新和复古风气相互激荡而形成的。这使得当时学者对诗序、毛传、郑笺以及考据话题的兴趣大大增强。明代的诗经学经过了一个由述朱到述义理，再到发现诗序，进而发现毛、郑之学，并重新体认汉唐经解传统的过程，在学术上为清初学者做足了积累与铺垫。在明亡之前，明代《诗》学已有五个方面的表征：第一，尊序尤其是尊序之首句，已经成为学者的共识，不论学术取向如何，学者大都认同诗序的价值不容偏废；第二，重视汉代《诗》说传统，包括毛传、郑笺、齐鲁韩三家诗佚说等；第三，重视陆德明《经典释文》和孔颖达《毛诗正义》之价值；第四，注重对《诗》中名物制度的考证；第五，开启文字、声音方面的讨论。此五点皆是后来清代诗经学所注意的方向，只是较之明末学者，更为精审、系统。

　　本章及此后两章聚焦万历三十三年（1605）至明朝灭亡这一时段的诗经学史。之所以将万历三十三年作为起点，因为正是在这一年冯复京完成了《六家诗名物疏》，第二年陈第完成《毛诗古音考》，郝敬开始撰写《毛诗原解》，可以说标志着一个新的学术时代的来临。本章将以郝敬《毛诗原解》、何楷《诗经世本古义》及伪《子贡诗传》和《申培诗说》相关著作为中心，详尽分析明末诗经学的特质及其对清初学术的影响，并考察此一时期大量出现的《诗经》考证方面的著作，分析考证方法如何从简单的资料堆砌逐渐走向成熟。

第一节　郝敬《毛诗原解》：回归圣人原意

一　郝敬生平与学术思想

　　郝敬（1558～1639年），字仲舆，号楚望，湖北京山人。万历十七年（1589）进士，曾任浙江缙云知县、永嘉知县，颇有政绩，以治行授礼科给事中，后改户科。郝敬因弹劾内官陈增、辅臣赵志皋，为当朝者所忌。万历二十七年（1599）大计京朝官，遂降为宜兴县丞，后再降官。万历三十二年（1604），郝敬辞官归隐，此后三十余年，倾力著书。① 他最重要的成就在于经学，从万历三十三年（1605）冬开始，花费十年时间，于四十二年（1614）写成《九部经解》，至四十七年（1619）全部刊成。黄宗羲表彰他说："五经之外，《仪礼》《周礼》《论》《孟》各著为解，疏通证明，一洗训诂之气。明代穷经之士，先生实为巨擘。"②

《九部经解》包括《周易正解》二十卷、《尚书辨解》十卷、《毛诗原解》三十六卷、《周礼完解》十二卷、《仪礼节解》十七卷、《礼记通解》二十二卷、《春秋直解》十五卷、《论语详解》二十卷、《孟子说解》十四卷。每部卷首各有总论一卷，分别为《读易》《读书》《读诗》《读周礼》《读仪礼》《读礼记》《读春秋》《读论语》《读孟子》。此九篇总论别汇为一书，名曰《谈经》，内容与各经解中无别，略有增损。郝敬的其他著作还有《易领》《问易补》《学易枝言》《毛诗序说》《春秋非左》《四书摄提》《时习新知》《闲邪记》《谏草》《小山草》《啸歌》《艺园伧谈》《史汉愚按》《四书制义》《读书通》③，以及《批点左氏》《批选杜诗》《批选唐诗》《蜡谈》与批点史书数种④，可见郝敬读书之赅博。其中《毛诗序说》是选取《毛诗原解》中诗序诠解和批驳朱子的部分另成一书。⑤

郝敬的学术，一自家学，一自鲍士龙。京山郝氏一族，自郝敬四世祖

---

① 关于郝敬生平，参见（明）郝敬《小山草》卷九《生状死制》，《四库全书存目丛书》补编第53册，影印中国社会科学院图书馆藏明天启三年刻本，济南：齐鲁社，2001，第160～166页。有关郝敬的诗经学研究，可参见〔日〕村山吉广《〈毛诗原解〉序说》，林庆彰译，《书目季刊》第29第4期，1996年3月；蒋秋华《郝敬的诗经学》，《中国文哲研究集刊》第12期，1998年3月，第253～294页；〔日〕西口智也《郝敬的诗序论》，《贵州文史丛刊》2000年第4期，第1～6页；〔日〕西口智也《郝敬的赋比兴论》，李寅生译，《陕西师范大学继续教育学报》2004年第2期，第60～63页；周挺启《论〈毛诗原解〉中朱子改序说》，《淮北师范大学学报》（哲学社会科学版）2012年第6期，第6～9页。有关郝敬的思想研究，参见〔日〕荒木见悟《郝敬气学思想研究》，李凤全译，载袁行霈主编《国学研究》第3卷，北京：北京大学出版社，1995；董玲《郝敬思想研究》，北京：中国社会科学出版社，2011。关于郝敬的生平及著作研究，可参见张晓生《郝楚望生平考述》，《书目季刊》第36卷第3期，2002年12月；蒋秋华《郝敬著作考》，载《张以仁先生七秩寿庆论文集》，台北：学生书局，1999。
② （清）黄宗羲：《明儒学案》卷五五《诸儒学案下三》，第1313页。
③ 以上诸书与《谈经》一共十六种，收入郝敬《山草堂集》内编，明崇祯刊本。
④ 共十二种收入郝敬《山草堂集》外编。
⑤ 参见蒋秋华《郝敬的诗经学》，第289页。

起就十分重视经学。郝敬之父郝承健尤精于《诗》，以《诗经》中本省乡试，而郝敬亦以《诗经》中试。他自陈："上世学《易》、学《礼》，至我先君学《诗》。"① 郝承健晚年将郝敬托付给好友李维桢。李维桢为当时知名学者②，对郝敬颇为提携照顾。不过，李维桢主要在文辞和制义等方面对郝敬有所指导，对其在经学上的影响似乎不多。郝敬的经学主要得益于家传和自己的思索，他很具有思辨精神，对长期以来行于士子间的宋明经说感到不满：

> 余幼受《毛诗》，疑朱传浅率；与同学受《易》者听说《易》，其浅率尤甚于《诗》。听说《春秋》，其穿凿又甚于《诗》《易》也。③

他在《诗经》方面更是有一己之独见，其《毛诗序说序》曰：

> 余幼承师说，守功令，何敢自异。偶阅古序，觉食芹美。人有心问之同学，可，则与众共之，若其否也，野人无知，博一笑而已，其敢有他。④

"承师说"当指承朱子之说，而"守功令"指守《诗传大全》此类功令之学。直到他读到古序，才觉得古序与朱传完全不同且更合自己的心意。他又说："家世诗，守师说，古序不讲，为著《毛诗原解》。"⑤ 可见因古序久置不讲，他才撰写《毛诗原解》。

郝敬的性命之学亦有渊源，得益于王门后学鲍士龙。鲍名观白，曾从阳明弟子王畿受良知之学。郝敬知永嘉县时，鲍士龙为郡博士。当时郝敬对《易》一书颇有疑义，故前往问之：

---

① （明）郝敬：《小山草》卷八《郝氏族谱》，第 126 页；又见郝敬《小山草》卷六《九部经解叙》，第 95 页。
② 《明史》卷二八八《文苑四》，第 7385 ~ 7386 页。
③ （明）郝敬：《山草堂集》卷首《问易补》，明崇祯刊本，第 1 页。
④ （清）朱彝尊：《经义考》第 4 册，第 316 页。
⑤ （明）郝敬：《小山草》卷九《生状死制》，第 162 页。

余宰永嘉时，吴兴鲍观白士龙氏为郡博士，治《易》，尝从先辈讲良知，善谈名理。余就而问《易》，手书所言于册见示，卑之无甚高论，忽以为老生常谈耳。乾坤而后，遂阙如。罢官归来，下帷覃思，取鲍子言复之，旁薄道理，导窾批却，豁然四解，深恨当年未竟其蕴也。余晚岁学《易》，三益之友如鲍子，真空谷之足音也。①

虽然郝敬至晚年才了解到鲍士龙《易》学之深蕴，但二人反复论学，成为忘年好友。郝敬更从鲍士龙处探求性命之旨，对于理学有了更为深刻的了解。郝敬述此段经历云：

两人倾盖片语，相视而笑，莫逆于心，遂成忘年之好。簿书暇日，相与商求性命宗旨，言必称宋朱、陆，近代王、陈语录，和以柱下、西竺之义，提耳而示余。②

鲍士龙讲性命之学，杂以释（西竺）、老（柱下），与其师王畿同。郝敬虽从鲍士龙处了解性命宗旨，但他的思想并非尽属王学系统，对于学术杂以释、老也不尽以为然。③ 可以说鲍士龙带领郝敬进入性命之学的世界，其益处在于开阔眼界，启发智识，而非固守王学门墙。因此郝敬的思想颇能出入于内心修行与外在求知之间，而更重知识上的学问。他曾说：

吾夫子自谓终日不食，终夜不寝，以思不如学也。吾读书，内体之身心，外参之经传。经传不合，又内反之身心。奉圣人文行博约之教。④

---

① （明）郝敬：《易说序》，载（清）朱彝尊《经义考》第 2 册，第 660 页。
② （明）郝敬：《时习新知·知言旧序》，《四库全书存目丛书》子部第 90 册，影印中国科学院图书馆藏明万历崇祯间郝洪范刻山草堂集增修本，济南：齐鲁书社，1995，第 726 页。
③ 例如，郝敬云："今圣学寂寞，百氏蜂午，而浮屠氏尤为猖獗。无论缙绅先生，宦成解组，谈空说苦，虽青衿小子，蹭蹬学步，而亦厌薄规矩，奔趋左道。无论翰墨游戏，捉尘清谈，夸毗因果，虽六经四书、博士制义，而亦牵帅禅网。剥蚀圣真，无论士习昕弛，隄防已溃。瓜李无嫌，虽主司持衡，试录程文，亦借函孔孟，稽首瞿昙。世道经术，人心士风，如今日者，可不为痛哭流涕长大息也哉！"参见郝敬《小山草》卷七《报叶寅阳道尊》，第 116 页。
④ （明）郝敬：《小山草》卷一《驳佛书》，第 6 页。

他的《时习新知》中批驳宋儒之处甚多，尤其指出理学穷理主静，流于悬空。又尝举良知之学之弊：

> 近代致良知之学，只为救穷理支离之病，然矫枉过直，欲逃墨而反归杨。孟子言良知，谓性善耳。是非之心，人皆有之，然自明自诚，先知先觉者少，若不从意上寻讨，择善固执，但浑沦致良知，突然从正心起，则诚意一关虚设矣。①

不论是宋以来之理学，还是新起之心学，他都觉得有不足，因此在思想上，郝敬先是返回孔孟原意，由是得孟子良知之意，乃性善。性善首要是诚意，如果意不诚而胡乱教人良知，则易陷于自欺。所以他说："既有诚意工夫，何须另外致良知。"诚意的首要在于躬行，而郝敬所说的躬行即学习：

> "下学而上达"一语，为学的。世儒与二氏教人先知，圣人教人先行，故学习为开卷第一义。学习即行也。……真能行习，未有不著察者也。故道以行为本，圣人教诸子，不过寻常践履躬行实地，其所谓正心诚意尽性知命者，已即在其中矣。②

郝敬此说也有难以融通处，黄宗羲早已指出："然按先生之下学，即先生所言之格物也，而先生于格物之前，又有一段知止工夫，亦只在念头上，未著于事为，此处如何下学？不得不谓之支离矣！"③

但郝敬的此种理路契合他的经学研究。因他认为躬行即学习，要从读书中来。而所习者无非圣人之意，圣人之意所存在经书，故必须回归经学。郝敬认为："六经者，百氏之根柢。经术不明，如五谷种杂而苗，灭裂以

---

① （清）黄宗羲：《明儒学案》卷五五《诸儒学案下三》，第 1323 页。
② （清）黄宗羲：《明儒学案》卷五五《诸儒学案下三》，第 1322 页。
③ （清）黄宗羲：《明儒学案》卷五五《诸儒学案下三》，第 1314 页。

报，转相蓄息，不复可简别矣。"① 又说：

> 圣人雅言，《诗》、《书》、执礼，而著之经。经者，圣人之文也，夫子谓文王既殁，文不在兹，故赞《易》，作《文言》。《文言》者，圣人所以谈经也，士修文而不明经，舍秋实而采春华也。②

郝敬直指六经为百氏之根柢，更为重要的是代表了圣人之意，关系到政教经济、世风民俗。但现实中经学早已衰微，郝敬指出：

> 窃闻大道水火，民生利用，六经日月，亘古常新。顾道待人行，而污隆随世。经本师承，而显晦因人。汉唐而下，经教之崇，无如今日。但昔之明经，茫昧训诂，其功难。而今之穷经，模仿师说，其功易。难则道尊，易则人玩。尊则人赏其新，玩则人弃其旧。……白首面墙，蚕岁占毕，滥竽释巾，浮湛敝帚，举世雷同。经教之衰，亦无如今日者矣。三百年来，雕龙绣虎，作者实繁，而含经味道，羽翼圣真，寂乎无闻。③

郝敬认为经学衰微的根本原因在于科举：

> 三代而下，取士明经。经之不明，由取士始。士业一经，守师说，浮湛主司，得当，则入官领簿书、学法律。经犹敝帚矣。官成，则优游林丘，啸咏余日。思入学鼓箧，如亡子过传舍假寓耳。安望知类通达，强立不返，以化民成俗，副国家取士之意乎。④

因此，从这个角度来看，郝敬认为不论是汉儒还是宋儒，都不能把握

---

① （明）郝敬：《尚书辨解》卷首《读书》，《续修四库全书》第43册，影印湖北省图书馆藏明万历郝千秋郝千石刻九部经解本，上海：上海古籍出版社，1995，第115页。
② （清）朱彝尊：《经义考》第7册，第512页。
③ （明）郝敬：《小山草》卷七《送九经解启》，第114页。
④ （明）郝敬：《小山草》卷六《九部经解叙》，第95页。

圣人之旨，李维桢就曾揭示郝敬这一观点：

> 仲舆病汉儒之解经详于博物，而失之诬；宋儒之解经详于说意，而失之凿。乃自为解。①

可以看出，郝敬之所以尊序、尊经，其根本乃在尊圣人（即孔子）之旨。故他为学的方法是力求直抵圣人，所谓"羽翼圣真"。具体而言，要回归原典，对经书重新进行阐释，而阐释的根据是圣人之意，所以要考辨何为圣人之意，经书中哪些源自圣人，哪些出于后世附会。郝敬之所以重视《易》之《文言》《系辞》、《论语》、《孟子》以及诗序，都是因他认为这些经典才真正传承有自，皆来自圣人。郝敬说《诗》特重孔子和孟子之"明法"，即在于此。他对诗序极为尊重并非因为尊汉，他并不认为诗序作于汉人之手，而认为其来源甚古，为孔子再传之学，故循诗序之义来解《诗经》。明乎此，才能够了解郝敬之经学以及他的《毛诗原解》尊序之根本原因。

二　郝敬的经学成就与《诗》学诠解理路

因郝敬认为研治经学，必须"含经味道，羽翼圣真"，故他解经是追溯经文文本，对于历代之说则多有疑思，以期能够破除成见而获得圣人真意。因此他既重文本，又具有极强的思辨精神。他的经学成就也颇多，足以在学术史上占有一席之地。综而论之，大略有四点：第一，怀疑伪古文《尚书》，认为二十五篇古文《尚书》及孔安国传皆出伪托；第二，认为《周礼》出于战国，为纵横家言；第三，认为《仪礼》作于衰世；第四，反对从《礼记》中割裂《大学》《中庸》。

对于古文《尚书》之真伪，在郝敬以前，梅鷟（约 1483~1553 年）已疑之，但当时并未产生如清代阎若璩那样大的影响，以古文《尚书》为真者仍居多数。郝敬是梅鷟之后考辨古文《尚书》又一重要学者。他认为伏生所传二十八篇为真古文，晚出二十五篇托名孔壁，其实出自后人伪作。

---

① （清）朱彝尊：《经义考》第 7 册，第 511 页。

他曾考辨伪古文《尚书》与经传所引《尚书》之异同,指出:

> 诸传独《孟子》近古,七篇中所引《书》如《太甲》《伊训》《汤誓》等语,质直而少逸响,正与二十八篇文字一律。足征伏书是真,孔书是假。又如《大学》所引《康诰》作新民、若保赤子、唯命不于常等语,篇内自然浑合,孔书取引语填补,痕迹宛然。①

他又指出伪古文《尚书》模仿、补缀经传的痕迹:

> 孔书《伊训》《太甲》《说命》《君陈》等篇,《礼记·学记》《表记》《缁衣》多引用其语,盖《记》与孔书先后同出,其所引当世,已无全文,摹仿补缀,非古人完璧也。②

他又从文体、文辞等方面辨之:

> 孔书四代文字一律,必无此理。《诗》如《商颂》缜栗而渊瑟,《周颂》清越而驯雅,此二代文质之分也。《诗》既尔,《书》亦宜然,岂得商书清浅,反不如周书朴茂也?若以《伊训》《太甲》与《康诰》《大诰》诸篇并列先后,文质倒置矣。③

又说:

> 孔书诸篇,辞义皆浮泛,如《伊训》不切放桐复亳,《说命》不切帝赉良弼,《君陈》《毕命》不切尹东郊,其他皆然。转移变换,皆可通用。古史典要,决无此病。多后人按步仿效,故其语势褊侧。④

---

① (明)郝敬:《尚书辨解》,《续修四库全书》第43册,第118页。
② (明)郝敬:《尚书辨解》,《续修四库全书》第43册,第118页。
③ (明)郝敬:《尚书辨解》,《续修四库全书》第43册,第118页。
④ (明)郝敬:《尚书辨解》,《续修四库全书》第43册,第118页。

郝敬从文例、文辞、史实等各方面驳后出古文之伪。又论《书序》为伪作:"《书序》非夫子作,其篇目真赝混淆,语多孟浪,烦简不中节,殆周秦间人杜撰。"① 他在《尚书辨解》中逐条辨正疏通。所以阎若璩特别称赞道:

> 今文古文之别,首献疑于吴才老,其说精矣。继则朱子,反复陈说,只是一义……近代郝氏敬始大畅厥旨,底蕴毕露,《读书》三十条,朱子复起,亦不得不叹如积薪。②

阎若璩还采录了郝敬之说的三分之二于其《尚书古文疏证》之内。③古文《尚书》的辨伪可以说是郝敬经学的最大成就。

关于《周礼》,郝敬认为"五官"非圣人所作,《考工记》也非汉儒所能补,大概是战国纵横处士所为,其中又杂以名家、法家之说,其目的可能是"欲使人主安富尊荣,崇体执要,如天运于上,而以作为之劳,尽委于地,春布其德,夏扬其威,秋收其利,冬考其成,名实归于富强,而机谋主于隐密,运于九地之下,而于九天之上。管子所以霸齐,商君所以强秦,皆是物也"。④因此郝敬认为《周礼》不可为经,乃战国时人想象古人之事作成,驳杂不纯,不过作者雄才大略,故仍有可取之处。

郝敬论《仪礼》,也以为非先圣之旧,"成于后儒手,而古籍亡矣,不复见先王朝会盛典,故觐礼只述其梗概,较诸篇为略"。⑤故"三礼"之中,郝敬最重《礼记》,认为《礼记》虽亦为后儒所记,但多中正之道:

> 夫三书皆非古之完璧,而《周礼》尤多揣摩,杂以乱世阴谋富强

---

① (明)郝敬:《尚书辨解》,《续修四库全书》第43册,第115页。
② (清)阎若璩:《尚书古文疏证》卷八,第一百十六条"言郝氏敬始畅发古文之伪",上海:上海古籍出版社,1987,第1143~1144页。
③ 刘起釪:《尚书研究要论》,济南:齐鲁书社,2007,第44页。
④ (明)郝敬:《周礼完解》,《四库全书存目丛书》经部第83册,影印湖北省图书馆藏明万历四十三年至四十七年郝千秋郝千石刻郝氏九经解本,济南:齐鲁书社,1997,第2页。
⑤ (明)郝敬:《仪礼节解》,《四库全书存目丛书》经部第87册,影印湖北省图书馆藏明万历四十三年至四十七年郝千秋郝千石刻郝氏九经解本,济南:齐鲁书社,1997,第349页。

之术。《仪礼》枝叶繁琐，未甚切日用。惟此书多名理微言，天命人性易简之旨、圣贤仁义中正之道，往往而在。如《大学》《中庸》两篇，岂《周官》《仪礼》所有，故三礼当以记为正。①

郝敬不赞同朱子以《大学》《中庸》两篇为典要，认为这割裂了《礼记》，失圣人"博文约礼"之意：

> 先儒以《大学》《中庸》两篇为道学典要，别为二书，夫礼与道非二物也。……世儒见不越凡民，执小数，遗大体，守糟魄而忘菁华，如《曲礼》《王制》《内则》《玉藻》《杂记》则以为礼，如《大学》《中庸》则以为道，过为分疏，支离割裂，非先圣所以教人博文约礼之意。自二篇孤行，则道为空虚而无实地，四十七篇别列，则礼似枯瘁而无根柢，所当亟还旧观者也。②

由上所述可见郝敬经学观念与成就。这些都归因于他欲回归经学，必溯诸文本，考辨经义，期由此道直抵圣人之意，故他能够抛弃陈说，有不少新见，他对群经的怀疑也开清初姚际恒等人议论之先河。

郝敬解《诗》亦循此路径，其《诗经》著作名曰《毛诗原解》，主旨即原圣人之意。他之所以尊序，是因为古序来源于圣人。他在《考亭疑问》中就曾写道：

> 夫诗三百有古序，其来尚矣，或曰作自夫子，或曰作自子夏，或曰作自毛公，骕括深约，法戒详明。数千年来，学者墨守无异辞。自考亭出，始斥为妄语，世代名目，皆以为凿空，一切用己意改作。明兴，奉此以程士，立之学官，晚遂并古序废之。予窃疑焉。盖诗之为教也，主文而谲谏，正言若反，直言若曲，急言若缓，诉言若颂，刺言若美。所以圣人每难于言诗也。孟子云：不以文害辞，不以辞害志，

---

① （明）郝敬：《礼记通解》，《四库全书存目丛书》经部第91册，影印湖北省图书馆藏明万历四十三年至四十七年郝千秋郝千石刻郝氏九经解本，济南：齐鲁书社，1997，第638页。
② （明）郝敬：《礼记通解》，《四库全书存目丛书》经部第91册，第641页。

以意逆志，是谓得之。高叟咸丘蒙，以辞害志者也。子贡、子夏，不以辞，是为得之者也。故曰："不学诗，无以言。"圣人独取于二子者，以能得其意于言之外也。①

郝敬在《读诗》中对此又申论之：

诗序相传为子夏与毛公合作。今按各序首一句为各诗根柢，下文皆申明首句之意。故先儒谓首序作自子夏，余皆毛公增补。今观首序简当精约，非目巧可撰。古人有诗即有题，或国史标注、或掌故记识，曾经圣人删正，决非苟作。而毛公发明微显，详略曲尽，为千余年诗家领袖。②

又指出：

诗序首句函括精约，法戒凛然，须经圣裁，乃克有此。其下毛公申说，乍读似阔，略寻思极得深永之味。……或谓毛公有大小，非出一手，其父子兄弟转相发明，故传与序间有不合。大抵笺不如传，传不如序，毛公补序又不如序首一语。读诗惟当以首序为宗。③

从以上可见，郝敬认为诗序首句来源甚古，可能是国史或掌故先有所题，之后经孔子删正，并传之子夏。毛公续有申发而渊源有自，其语虽不及首句精当，但也颇合圣人之意。郝敬之尊序，最重视与圣人关系最近的首序，之后才是首序以下之序，而毛传、郑笺又次之。他论汉儒《诗》学曰：

---

① （明）郝敬：《小山草》卷三《考亭疑问》，第 58～59 页。
② （明）郝敬：《毛诗原解》，《四库全书存目丛书》经部第 62 册，影印湖北省图书馆藏明万历四十三年至四十七年郝千秋郝千石刻郝氏九经解本，济南：齐鲁书社，1997，第 138～139 页。
③ （明）郝敬：《毛诗原解》，《四库全书存目丛书》经部第 62 册，第 139 页。

诗别有齐、鲁、韩三家，失传矣。然三家未见古序，其学亦可知。毛公根据古序，与经传合，而能变通游演，曲畅作者之情。①

他认为齐、鲁、韩三家诗未见古序，所以其学不必言。而他尊诗序，也是因为毛公所述《诗》根据古序，且与经传相合。

郝敬解诗遵循圣人的明法，即根据孔门言诗之法来解经：

六经惟诵诗多明法。孔子曰："诗可以兴，可以观，可以群，可以怨，迩之事父，远之事君。""诵诗三百，授之以政，不达，使于四方，不能专对，虽多亦奚以为。"故子贡论学知诗，子曰："赐也，始可与言诗。"子夏论诗知礼，子曰："商也，始可与言诗。"此孔子说诗之明法也。孟子亦曰："说诗者不以文害辞，不以辞害志，以意逆志，是谓得之。"故高子问《小弁》小人之诗，孟子曰："固矣！高叟之为诗也。"咸丘蒙问诗云："普天之下，莫非王土。率土之滨，莫非王臣。舜为天子，瞽瞍非臣，如何？"孟子曰："非此之谓也，如以辞而已。《云汉》之诗曰：'周余黎民，靡有孑遗'，是周无遗民也。"此孟子说诗之明法也。学者通乎此意，而学诗无余术矣。②

综合言之，郝敬所说的明法，一是孔子的诗可以兴、观、群、怨，并能论学、知礼；二是孟子的以意逆志。这也可以说是郝敬释诗的原则和标准。其中，郝敬特别重视孟子的以意逆志，尤其是不以文害辞、不以辞害志之说。郝敬认为说诗之所以不能以辞害志，重要原因在于诗有微婉之特质，如前文所举《考亭疑问》"正言若反，直言若曲，急言若缓，诉言若颂，刺言若美"之论，又说：

不微不婉，径情直发，不可为诗；一览而尽，言外无余，不可为诗；美谓之美，刺谓之刺，拘执绳墨，不可为诗；意尽乎此，不通于

---

① （明）郝敬：《毛诗原解》，《四库全书存目丛书》经部第 62 册，第 139 页。
② （明）郝敬：《毛诗原解》，《四库全书存目丛书》经部第 62 册，第 138 页。

彼，胶柱则合，触类则滞，不可为诗。朱说皆犯此数病。①

所以郝敬尤其强调读《诗》不宜固守文辞，他批评朱子解诗之误也多从于胶固凝滞入手，认为朱子释诗多胶固于诗辞，如果美某人之诗中必须出现某人、刺某人之诗必须写到某人，则诗不成为诗。不过，郝敬指出，以意逆志并不代表是以自己之意去逆诗人之志，他有一个基本的前提和标准，就是前面所言圣人之意，这也是郝敬心中之所谓"道"：

> 六经所为重以道，非以辞也。世多良史，而《春秋》为宗，非《春秋》能富于《史》《汉》也。世多《骚》《雅》，而《三百篇》为宗，非《三百篇》能攻于屈、宋也。则其所重可知已。是非不足以训，美刺不足以风，《三百篇》犹之夫诗耳。如古序言诗，灵龟宝鉴，万世常新。如朱子言诗，扬葩掞藻，嘲风弄月而已，圣人奚取焉。②

综合以上所论，郝敬解诗之理路与方法，一是原圣人之意；二是注重诗之微婉特质。原圣人之意，使他十分重视诗序，循序解经，并能参考经传之说，加以补充和申释，因此往往能有经学上的独到之见。注重诗之特质，使他解诗不固塞呆板，且能发现《诗经》作为文学作品在表达方法上的婉曲、深幽等精妙之致。下节将具而论之。

三 《毛诗原解》的诠释特色

关于《毛诗原解》的体例，每首诗先列诗文，后列诗序首句，增"古序曰"三字，序首句以下之文，以"毛公曰"别之。其后或附朱子之说，并加以批驳，或对序说加以解释。再是对诗篇的逐章逐句的说解，其体类似于《毛诗正义》释毛传"毛以为"如何如何，亦与当时举业类经书注本讲解意旨相近，将诗文的内容串讲一过。最后部分是对字义、名物等的解释。

---

① （明）郝敬：《毛诗原解》，《四库全书存目丛书》经部第62册，第141页。
② （明）郝敬：《毛诗原解》，《四库全书存目丛书》经部第62册，第146页。

《毛诗原解》是一部反朱子《诗》学的著作，只要朱子的解释与诗序不同，就加以批驳。不过郝敬的目的不在于破而在于立，不在于反朱而在于"原意"。因此，《毛诗原解》中对诗序的解释和进一步申发是最具独创性的部分。他根据孔、孟"兴、观、群、怨""以意逆志"之明法以及《诗》本身的特质，发展出自己的诗经学观念，并以此为准来解释《诗经》。郝敬相信孔子曾经删《诗》，现行之三百篇也经过孔子编定，而且其编定之目的是"所以鉴往惩来，未有事无所指者"。① 郝敬还提出《诗》与《春秋》一体说。郝敬认为孔子作《春秋》和删《诗》，均有深意。故他认为"三百篇，皆治乱兴衰之迹"。又认为《诗》虽可以弦歌，但"本不为乐作，而言诗者定以为乐章，拘矣"。又说："凡诗之所存者，皆史之所遗。如节彼南山，则知幽王用尹氏；十月之交，则知其任皇父。"② 郝敬以《诗》与《春秋》为一体，皆因二经是圣人手裁。《诗》也能够像《春秋》一样，可以展现治乱兴衰之轨迹。

在具体解释诗旨方面，《诗经原解》大致有两大特点。

（一）"一诗三义"说与以"比"释诗

郝敬《诗》学观念中最为核心的当属"一诗三义"说，即赋、比、兴合而成诗。郝敬指出：

> 诗言微婉，托物为比，陈辞为赋，感动为兴，三义合而成诗。朱子断以某诗为赋、某诗为兴、某诗为比，非也。《诗》有无比者，未有无赋与兴者。兴不离比，比兴不离赋。③

又解释了赋、比、兴三义：

> 兴者，诗之情，情动于中，发于言为赋。赋者，事之辞，辞不欲显，托于物为比。比者，意之象。故夫铺叙括综曰赋，意象附合曰比，

---

① （明）郝敬：《毛诗原解》，《四库全书存目丛书》经部第 62 册，第 145～146 页。
② （明）郝敬：《毛诗原解》，《四库全书存目丛书》经部第 62 册，第 146、147 页。
③ （明）郝敬：《毛诗原解》，《四库全书存目丛书》经部第 62 册，第 159 页。

感动触发曰兴。①

郝敬认为"兴"是"感动触发"。根据郝敬《毛诗原解》卷首《读诗》以及正文部分，他所说的"感动触发"之"兴"应包括两种情况，一是引起诗歌创作的兴发，二是读诗之后的感发。前者涉及作诗者，后者涉及诗之功用，二者皆须符合性情之正。因此，他说："非但欢娱为兴，喜怒哀乐皆本于兴，故诗者，性情之道，和人神，协上下，移风易俗，莫非兴也。"②

"赋"是"事之辞"，即反映事物、表达事理的文辞。"比"则是"意象附合"，即用一些象征性的事物来比拟诗人所表达之"意"。诗篇仅有直白的文辞是不够的，须用"比"来表达一些隐约、繁复的情感与意旨。并且隐约、繁复之情意通过"比"表达出来，更能感动他人，起到正人心、移风易俗的功用，实现"兴"的效用。郝敬认为"赋"和"比"都是实现"兴"的方式，《诗》往往辞不欲显，故更多地使用托物之"比"。因此他将毛传和朱子所揭示之"兴"皆释为"比"。在三义之中，郝敬独重视"比"，他归纳出"比"的五种主要类型：

> 比者，寓托之义，非独两物切譬为比也。但不直斥此事，而托言于彼，皆是比。如关雎、鹊巢、凤凰、麟趾、黄鸟、鸱鸮、狼跋、鹿鸣、桃李、唐棣、黍稷、葛藟之类，此其亲切譬喻者也。其他或文字音响，物象情景，假借附合，如采葛以喻谗言蔓引，采萧以喻其薰灼，采艾喻其烁肤，此类比之取义者也。如《载驰》之阿丘采蝱，蝱一名贝母，借作背母思归之喻；《中谷有蓷》，蓷一名充蔚，一名益母，借作丰年得养其妻之喻，此类比之为隐语者也。如《殷其雷》之殷借作殷商，以雷喻商纣之威虐也；《采唐》刺淫，唐之言荡也；《兔爰》闵周，兔之言毒也、雉之言痴也；《终南》之条言理也，梅言谋也；他如棣之言弟也、桑之言丧也、棘之言急也、栩之言虎也；新台有泚借作

① （明）郝敬：《毛诗原解》，《四库全书存目丛书》经部第62册，第143页。
② （明）郝敬：《毛诗原解》，《四库全书存目丛书》经部第62册，第143~144页。

颣泚之泚，君子偕老之玼兮亦借作泚，言可愧也；瑳兮之瑳借作巧笑之瑳，言可笑也，此类比之切响者也。如清人在彭、在消、在轴，未必河上实有是地；《桑中》孟庸、孟弋，未必上宫实有是女；彭盘也、消散也、轴旋也，皆游嬉之喻也；庸言贱也、弋言引也，皆诲淫之喻也，此类比之会意者也。至如《周颂》之丝衣，因缘于祭蚕；《小雅》之鸳鸯，取义于交物，此类无序，几不可解。故凡托物皆比。①

这五种"比"分别是亲切譬喻之比、取义之比、隐语之比、切响之比、会意之比。亲切譬喻是直接以事物的性质、习性来做比喻，如雎鸠可比贞专，鹊巢可喻婚姻；取义之比是用引申事物特征、习性等方式来比喻其他事类，如《采葛》用葛藤的蔓延来比喻谗言的蔓延；隐语之比较之取义又更深一层，需要通过事物的不同语义来找出其内在的含义，如《载驰》的"蝱"又名"贝母"，许穆夫人以此来喻"背母思归"；切响之比与隐语之比同是利用语音、语义来作比，而较隐语更为显著，如《终南》诗"有条有梅"，"条"喻条理，"梅"喻筹谋；会意之比则类似于借代，用具体的地名、人名借代一般，但所用之名称在语义上亦有深意，如《清人》之彭、消、轴为具体地名，借代高克驻兵之地，而语音上"彭"同"彭盘"、"消"同"消散"、"轴"同"轴旋"，以喻高克之兵盘桓嬉戏以致溃散。

通过分析诗篇中"比"的方法，就能了解到意象背后蕴含的深层内涵，从而明白诗序所说的含义，进而抵达圣人编《诗》、删《诗》之意和诗人之原意。郝敬几乎对每首诗中所用之"比"都进行了分析，如解释《鹊巢》诗何以以"鹊巢"比夫人之德：

> 春鸟巢居，正婚姻之时。鹊为巢木杪，最高大，不取堕枝，有尊贵之义；自冬至春始成，有积功累行之义；户牖背岁向太阴，有下女之义。鸠，鸤鸠，一名鹡鸰，南方之鸟，不自为巢。遇鹊巢则托之，鹊亦安之，他鸟未有若是者，故为受成之比。鸟唯鸠多族，天子诸侯之配，皆以鸠比，而雎鸠变化，以比王后。鸤鸠守成，以比君夫人。

---

① （明）郝敬：《毛诗原解》，《四库全书存目丛书》经部第62册，第144～145页。

君夫人比鸤鸠，何也？王者开创，诸侯袭享封国，故周公作《梓材》曰："以厥庶民暨厥臣达大家，以厥臣达王惟邦君。"邦君无为受成，而其夫人可知矣。《大雅》曰："哲夫成城，哲妇倾城。"《小雅》曰："无非无仪，无父母贻罹。"君夫人而欲有为，毁巢之道也。故曰：鹊巢，夫人之德。①

郝敬为了申序之义，从鹊之习性解释，认为鹊筑巢最高，故象征尊贵；筑巢时间久，象征积功累行。鸠入鹊巢而鹊安而受之，象征夫人守成。又以经典论夫人不可有为之道，因鹊巢有以上象征之意，故序才称"鹊巢，夫人之德"，"国君积行累功，以致爵位，夫人起家而居有之，德如鸤鸠，乃可以配焉"。郝敬所论鹊巢的象征之意，全从诗序中演绎而来。又如郝敬解释《凯风》之诗意：

此诗以凯风棘心比，何也？美其子之孝，则不忍斥其母之恶，故若为几谏以达孝子和气之衷。凯风以比和气。棘，小枣丛生，以比七子也。为孝子言，则凯风似母，棘心似子。为诗人言，则凯风、棘心皆讽其母之微辞也。凯，乐也，物通淫曰风。棘之言急也，心，花蕊，俗云枣花多心，妇不贞之比也。棘性晚发，夏始生心，东风吹桃李，则男女及时；炎风至，桃李实落，而棘生心，非桃夭之时矣。母生七子，犹有淫行，诗人不忍言母老，而但言子晚成，劳凯风之吹，善讽谕也。棘虽非大材，丛生为篱，中赤而外多刺，比七子卫护一母也。二章比薪，三章比水，予虽无用，亦足供薪水。岂其悦母，不如黄鸟乎？黄鸟应节，又为审时之比也。②

郝敬将事物的语义、性质结合诗旨做了很大程度的引申。例如，"棘"在这里就有三层深意：其一，棘在语音上同"急"，表示急切；其二，棘草生长较慢，很晚才发花蕊，比喻七子晚成以及母生七子犹有淫行，这里郝

---

① （明）郝敬：《毛诗原解》，《四库全书存目丛书》经部第62册，第168~169页。
② （明）郝敬：《毛诗原解》，《四库全书存目丛书》经部第62册，第183页。

敬又认为"心"有不贞的喻义；其三，棘非大材，外多刺，比喻七子护卫其母。通过这样的解读可以很容易地解释诗序"虽有七子之母，犹不能安其室，故美七子能尽其孝道，以慰其母心，而成其志耳"的合理性。

由上可见，郝敬认为"比"是《诗经》最为重要的表现方法，透过"比"可以了解诗所蕴含的深意。郝敬用"比"来诠释诗章，诗旨意蕴全从诗序中出。换句话说，郝敬其实是用诗序来倒推"比"的用法，这种方法对于理解诗序有一定帮助，但也难免陷入穿凿附会。郝敬的这种解释，一方面承袭了孔颖达的《毛诗正义》，另一方面也受到明代《诗经》诠释的影响。

郝敬以"比"释《诗》的目的与《诗大序》所彰示的诗歌功能一样，意在阐释《诗》中所具有的人伦大义，强调后人如何从《诗》中获得性情之正，从而达到厚人伦、美政教之效。他认为："凡诗人美刺，代为其人之言，非尽出其人之口。然则谓之道性情，何也？声音之道，自与性情通。咏其事，而可兴可观，即是性情之理。非以其人之诗观其人性情之谓也。"[1] 他解释《诗》之所以可以道性情，即在于观《诗》可知何为性情之正，并非观诗人的性情。如此哪怕是淫诗、刺诗，也能起到警醒的作用。一方面这可以解释《诗》为何有变风、变雅，另一方面可以看到郝敬所秉持的经学立场。郝敬以这种象征、隐喻之法来阐释诗篇是历来经学诠释当中常有之义。例如，毛传释《静女》"俟我于城隅"曰："城隅，以言高而不可隅。"郑笺申之曰："待礼而动，自防如城隅。"以城隅象征自防之礼。孔疏再解之云："城隅高于常处，以喻女之自防深故。《周礼》'王城高七雉，隅九雉'，是高于常处也。"[2] 郝敬释《静女》，即由旧说引申而来：

> 城四隅有敌台，最高峻。大雅曰："哲夫成城，哲妇倾城"，城者，内外之闲，以比礼义也。国君以礼厚防，谁敢逾之，所以为搔首踟蹰也。[3]

① （明）郝敬：《毛诗原解》，《四库全书存目丛书》经部第 62 册，第 183 页。
② （唐）孔颖达：《毛诗正义》，北京：中华书局，1980，第 310 页。
③ （明）郝敬：《毛诗原解》，《四库全书存目丛书》经部第 62 册，第 190 页。

在郝敬之前，吕柟《毛诗说序》也曾用这种方法来解释诗篇。例如，吕柟释《采葛》云："其以葛蔓生，萧科生，艾苍白色，如谗邪之人变乱黑白乎？"① 此即郝敬所归纳的隐语之比。可见郝敬释《诗》之方式有其经学解释的渊源，只不过他运用得更为广泛和普遍。当然，郝敬的弊端也在于过于泛滥，以致有不少穿凿附会之处。

（二）重视诗的微婉特质与"诗不必实指"说

郝敬的"一诗三义"的根本是回到诗序和圣人之意。他也注重诗的微婉特质，因此也发现了诗篇所具有的文学特征。例如，释《茉苢》："终篇变换才六字，一唱三叹，恍然如见庶女于原野之间，而闻其讴歌之声者，诗所以善于言也。"② 后来方玉润《诗经原始》即承此说又加以申发③。又说《甘棠》之诗："语缓而情切，辞约而旨深。不言召伯之仁，有言所不能尽者，千古去思，此为首唱。"④ 郝敬重视"比"之作用，又注意诗的特质，故强调"诗不必实指"。例如，解《北门》：

> 诗谓"出自北门"者，如"陟彼北山""出其东门"之类，以为实然则固矣。诗人托为仕者之怨以刺时，非必仕者自言也。北门背阳，比昏主，刺多比北，美多比南。⑤

郝敬以为"出自北门"并非诗人从北门而出，而是北门背阳，象征晦暗不明，如果指实，则会失诗之深意。又如对于《小雅·何人斯》，郝敬云：

> 愚读是诗，而益知性情之说矣。通篇非真有适梁过门之事，盖比其艰险反侧，欺君贼友，分谊已绝，而其言周恳，伤往望来，有不忍遽绝之情，何其厚也。岂必苏公实有处谗不动之养乎？盖诗之为言，

---

① （明）吕柟：《毛诗说序》，《四库全书存目丛书》经部第 60 册，第 548 页。
② （明）郝敬：《毛诗原解》，《四库全书存目丛书》经部第 62 册，第 165 页。
③ 参见（清）方玉润《诗经原始》，北京：中华书局，1986，第 85 页。
④ （明）郝敬：《毛诗原解》，《四库全书存目丛书》经部第 62 册，第 172 页。
⑤ （明）郝敬：《毛诗原解》，《四库全书存目丛书》经部第 62 册，第 189 页。

长言之也，言不如此，不可以为诗。人能以诗之言养性，则性定；以诗之义操心，则心安；以诗之气处人，则人和；以诗之性情处变，则无所往而不自得。故曰："不学诗，无以言。"非谓据其诗即观其人性情之谓也。其人未必中和，至其为诗，必无暴厉。如执诗以信人，则三百篇必皆周公之制作然后可，孟子所谓高叟者矣。①

郝敬提出诗可以使人性定、心安、人和，无所往而不自得，在于诗中体现出性情之正，而性情之正并非观诗中所描绘之人之性情，而是诗中描绘所展现出来的性情，也正因如此，诗不能句句落实。

《毛诗原解》在词义、名物诠释方面大部分承袭朱子《诗集传》，兼参考毛传、郑笺。但一些自为解的地方出现了不少错误。例如，《关雎》中，郝敬释"述"为"聚"，是误以"述"为"求聚"之"求"；"寤寐思服"，释"服"为祭服，乃望文生义。又如，《汝坟》"惄如调饥"，朱子释"调"为"輖"，重也，尚能破假借，郝敬则直接释为"调理疾病"，误甚。由此可见郝敬在训诂方面实无多少成就。

综上所论，郝敬的《毛诗原解》既不从宋儒，也不从汉儒，而是尝试直抵圣人原意。当然，"圣人原意"是郝敬自己理解并加以解释的原意。因此，一方面他尊重诗序，论证诗序代表圣人之意，依托序来立说；另一方面，他承袭既有经学诠释传统，以为诗中之物象皆有象征和隐喻之意，蕴含着更深层的人伦、政教之道和性情之理，由此发展出"一诗三义"之说和"五类之比"的诠释方法。郝敬对朱子的批驳客观上起到了突破朱子《诗》学解释体系的作用，他是第一个在经解中对朱子《诗》说进行全面、系统批评的学者，认为朱子论《诗》胶固、穿凿，如同孟子所讥的咸丘蒙和高叟。这一点在后世产生了极大影响，后来清初学者朱鹤龄作《诗经通义》即受郝敬启发，大量引用郝敬之说，《诗经通义》的体例也与《毛诗原解》类似，而他批驳朱子又有过之，对清初学风转向起到了关键作用。

郝敬虽尊诗序，但尚未在较为完整的意义上"发现"汉人之学，对于训诂也颇鄙夷，因此《毛诗原解》的训诂几乎全袭朱子《诗集传》。不过

---

① （明）郝敬：《毛诗原解》，《四库全书存目丛书》经部第 62 册，第 310~311 页。

郝敬不满朱子对诗旨的诠解，在诗义方面，时能引经传互证。例如，释《何彼襛矣》中"平王"非周平王曰：

> 朱子谓为武王以后诗，是矣；疑平王为东迁之宜臼，齐侯为齐襄公诸儿，非也。二南皆追诵文王齐家治国平天下之化，所谓平王、齐侯云者，如《书·大诰》称武王为宁王，《酒诰》称为成王，《商颂》称契为玄王，《易》云康侯，《周礼》云宁侯，皆非定谥也。平，正也；齐，一也。如均平、荡平、齐圣、狗齐云尔，皆美其祖父之德，见男女家教有本，即文王之孙下嫁诸侯者也。若谓东迁以后之王，诗当入《王风》，宜臼诸儿，名字何足辱简策，而厕诸二南乎？①

总体而言，郝敬重在经义诠解，训诂考核非其书宗旨。《毛诗原解》的意义在于突破朱子《诗》学解释体系，其中所体现的学风转变态势已较为明显。

第二节　何楷《诗经世本古义》：以古义立新诠

一　何楷生平及其学术

何楷（？～1646年），字玄子，号黄如，漳州镇海卫（今漳州市漳浦县）人。生年不详，天启五年（1625）进士，曾任户部主事，管榷江南，后任刑科给事中、工科都给事中。何楷屡上书直言，弹劾辅臣，崇祯十一年（1638）被贬为南京国子监丞。在南京期间，方以智、黄宗羲、朱鹤龄等皆曾拜访何楷，黄宗羲并与何楷讨论五经。② 崇祯十四年（1641）何楷

---

① （明）郝敬：《毛诗原解》，《四库全书存目丛书》经部第 62 册，第 176～177 页。
② （清）方以智：《方子流寓草》卷六《晤何玄子先生》，《四库禁毁书丛刊》集部第 50 册，影印北京大学图书馆藏明末刻本，北京：北京出版社，2000，第 719 页；（清）黄宗羲：《朱康流先生墓志铭》，载（清）黄宗羲《南雷诗文集》，《黄宗羲全集》第 10 册，杭州：浙江古籍出版社，1985，第 348 页；（清）朱鹤龄：《愚庵小集》卷七《禹贡长笺序》，第 135 页。另可参阅樊国相《黄宗羲、何楷交游考略——点校本〈黄宗羲年谱〉正讹一则》，《语文教学通讯》2015 年第 1 期，第 67 页。

完成《诗经世本古义》，交给钱澄之校订。① 国变后，何楷担任弘光朝户部右侍郎。顺治二年（1645），清军入南京，何楷走杭州，旋随隆武帝入闽，担任户部尚书。因受郑芝龙兄弟倾轧，何楷辞官归乡，途中又遭郑芝龙部将威胁，几乎死难，最后被割去一耳。第二年（1646）十一月，清军攻破漳州，何楷抑郁而卒。②

何楷学极综博，在当时即以经学见称于世。其著作有《四书字考》《考定孝经》《考定古文》《春秋绎》《古周易订诂》《诗经世本古义》，前三种今已不存，《春秋绎》一书在清代徐乾学的《传是楼书目》中尚有著录，今存佚不明。《古周易订诂》和《诗经世本古义》二书则存于世，在编纂《四库全书》时均被采入，两书是考察何楷学术的重要材料。③

黄宗羲在《思旧录》中写道："何楷，字玄子，闽人，著《五经解诂》。余入其书室，方为《周易解诂》，收罗甚博。百年以来穷经之士，黄石斋、郝楚望及公而三耳。"④ "入其书室"是指崇祯三年（1630）何楷管榷苏州浒墅关时，黄宗羲顺道拜访之事。黄宗羲评价何楷与黄道周、郝敬三人称得上"百年以来穷经之士"，这个评价很高。郝敬学术成就上节已有介绍，关于何楷的经学，从现存《古周易订诂》和《诗经世本古义》来看，两书都以收罗宏富著称，这是何楷学术的一大特色。从《思旧录》可知，何楷似撰有《五经解诂》。与郝敬一样，他有意将经书都重新做一番整理和疏释，这也是经学回归趋势下对五经的重新关注，但最终似乎只撰成

---

① （清）钱澄之：《田间诗学·诗学凡例》，朱一清校点，合肥：黄山书社，2005，第 7 页。

② 关于何楷事迹，参见《明史》卷二七六，第 7076～7077 页；（清）李清馥《闽中理学渊源考》卷八三，第 849～850 页。另参见黄仲琴《重刊古周易订诂》，《岭南学报》1932 年第 3 期，第 164 页。

③ 有关何楷《诗经世本古义》的研究，参见林庆彰《何楷〈诗经世本古义〉析论》，《中国文哲研究集刊》第 4 期，1994 年 3 月，又载林庆彰《明代经学研究论集》（增订本），上海：华东师范大学出版社，2015；李家树《何楷的〈诗经世本古义〉》，载李家树《传统以外的诗经学》，香港：香港大学出版社，1994；刘毓庆《何楷的〈诗〉学贡献》，《晋阳学刊》2000 年第 2 期；杨晋龙《何楷〈诗经世本古义〉引用〈化书〉及其相关问题探究》，《中国文哲研究集刊》第 21 期，2002 年 9 月；杨晋龙《明人何楷〈诗经〉诠解中的个人情感与大众教化》，载钟彩钧、杨晋龙主编《明清文学与思想中之主体意识与社会——学术思想篇》，台北："中研院"中国文哲研究所，2004；张丹丹《〈诗经世本古义〉述略》，《鲁东大学学报》（哲学社会科学版）2010 年第 3 期，第 53～57 页。

④ （清）黄宗羲：《思旧录》，《黄宗羲全集》第 1 册，第 356～357 页。

三经，书名也改为《古周易订诂》《诗经世本古义》《春秋绎》，《春秋绎》尚未写完①，恐因国变而未能卒业。

　　何楷的学术深受晚明学风的影响。首先，他曾入复社，并与复社发起者张溥知交甚久，张溥称其为"盟翁"②。后辈学人如临川傅占衡尝以师事之。③ 复社提倡尊经复古，从傅占衡致何楷书信可见当时学子欲回归经学之一斑：

　　　　不肖尝疑明兴以经义裁题，曾不及古帖括之制，反令经学芜灭，训诂道绝。《易》与《春秋》，其最甚也。《易》有辞无画，《春秋》有传无经。而其辞其传，又皆数传之后，因时立教，或取其便，文增以智巧而已。④

　　傅氏所论与郝敬有相近之处，二人都认为科举取士致使经学衰微，而近人只知传而不知有经，更严重者甚至抛弃传，因时立教，毫无根柢。故欲整齐经学，必须回到五经，参酌古今众说。何楷学术之理路正是如此，其书一名曰《古周易订诂》、一名曰《诗经世本古义》，皆在于复古。

　　其次，何楷之学也深染晚明炫博风气，而此风气又与刻书、藏书之风盛行有关。《四库全书总目》对《古周易订诂》和《诗经世本古义》皆不乏批评之词，但赞许二书取材宏富。如论《古周易订诂》曰：

　　　　楷之学虽博而不精，然取材宏富，汉晋以来之旧说杂采并陈，不株守一家之言。又辞必有据，亦不为悬空臆断、穿凿附会之说，每可以见先儒之余绪。明人经解空疏者多，弃短取长，不得已而思其次。楷书犹足备采择者，正不可以驳杂废矣。⑤

----

① 参见黄仲琴《重刊古周易订诂》，第 164 页。
② 黄仲琴：《重刊古周易订诂》，第 166 页。
③ （清）傅占衡：《湘帆堂集》卷十三，《清代诗文集汇编》第 27 册，影印清康熙六十一年木活字印本，上海：上海古籍出版社，2010，第 108～112 页。
④ （清）傅占衡：《湘帆堂集》卷十三，《清代诗文集汇编》第 27 册，第 108 页。
⑤ （清）永瑢等：《四库全书总目》，第 33 页。

又论《诗经世本古义》云："楷学问博通，引援赅洽。凡名物训诂，一一考证详明，典据精确，实非宋以来诸儒所可及。"① 何楷为四库馆臣所取者都是在学问通博、援引赅洽方面。张溥在《何玄子易诂序》中也写到何楷著书："聚书十年，始得下笔，其说大约折衷众家，断以己意。"② 何楷的《诗经世本古义》引用古今一百余家之说，收集了在他之前的众多诗经学著作，而何楷也能获得当时出版不久之书，如朱谋㙇《诗故》、郝敬《毛诗原解》、万时华《诗经偶笺》等。

最后，明中期以来诗经学发展，尤其是诗经考证学方面的著作蜂出，给何楷的研究奠定了一定的基础。《四库全书总目》除赞许何楷学问通博外，对于何楷考证方面的工作亦加以表彰。在何楷之前，已有不少《诗经》考据方面的著作，尤其嘉靖以后，此类著作日益增多，名物考证之作如冯复京《六家诗名物疏》、林兆珂《毛诗多识编》、沈万钶《诗经类考》等，顾大韶《诗经野语》、朱谋㙇《诗故》亦有所考证。当时声音文字之学大昌，嘉靖间杨慎首开风气，之后考古音方面有陈第《毛诗古音考》，考《说文》的有赵宧光《说文长笺》，文字学方面还有张萱的《汇雅》等。何楷对这些著作颇加征引、借鉴。何楷著有《四书字考》《考定古文》，二书虽不存于世，但从书名可知它们是文字学方面的著作，张溥在《送何玄子之浒墅》中写道："住舟不负湖山长，问字仍如经义斋"③，也可见何楷擅长文字之学，故他在《诗经世本古义》中不仅征引当时学界之成果，也详加考订，展现出明代考据学的成就。

二　何楷的《诗经》观

何楷的诗经学观念主要见于《诗经世本古义》的自序和书首的《原引》，今综而论之。

其一，何楷相信孔子删诗，认为诗序为卫宏所作。何楷承《史记》之说云："迨乎孔子之世，古诗存者三千余篇，于是去其繁复，录其止于礼

---

① （清）永瑢等：《四库全书总目》，第 130 页。

② （明）张溥：《七录斋诗文合集·文集近稿》卷二，《续修四库全书》第 1387 册，第 291 ~ 292 页。

③ （明）张溥：《七录斋诗文合集·诗稿》卷一，《续修四库全书》第 1387 册，第 583 页。

义，廑得十之一，著以为经。"又引王应麟之说云："二帝之世，工以纳言，时而扬之，其施之学校以教士，与礼、乐、书相参，谓之四术。至孔子，始删取著以为经。"① 何楷认为孔子为经学的奠基之人，三代文献，如礼、乐、书、诗之类，经孔子删取，遂成后日之经。此观点与郝敬相近，他们都认为《诗》曾经孔子删定。何楷在自序中又写道：

> 昔者孔子之教天下，道不外乎六经，而礼乐为王者之事，当世必皆各有成书，如《周礼》《仪礼》之类，不容以意为之损益。其所手定，惟《易》《书》《诗》《春秋》四者。《易》衍十翼，《春秋》修旧史，皆述也，而有作焉。若《书》《诗》，第以弃取见义而已。②

与郝敬不同，何楷并不认为《周礼》成于战国，而认为《周礼》《礼记》均为王者之事。他认为孔子手定之书为《易》《书》《诗》《春秋》四者。《易》《春秋》，述而有作；《书》和《诗》的意义和价值都是从孔子的删、选中见得。何楷又论汉四家诗曰：

> 汉兴，有鲁、齐、燕三家之学，皆列学官，鲁最先显，齐最先亡。鲁诗出于浮丘伯，浮丘伯者，荀卿门人也。齐、燕不知所从受，而韩氏之学，乃自谓其《诗》不如《易》深。孟坚扬扢三家，独许鲁为近之。最后毛公诗出，称得传于子夏，不与三家同，以授毛苌。然其本亦出荀卿云。传至卫敬仲，有序行世。③

何楷认为诗序为卫宏所作，又引程大昌之语，以序首二句为古序，续申之词为卫宏语。何楷以序首二句为古序，与郝敬的观点相同，此亦是明末大部分学者之共识，但何楷认为续申之词为卫宏所作，故对于解说诗义并不持尊序之态度。《诗经世本古义》中，在各诗之首皆有仿照诗序之体所

---

① （明）何楷：《诗经世本古义》，《景印文渊阁四库全书》第 81 册，台北：台湾商务印书馆，1983，第 5 ~ 6 页。

② （明）何楷：《诗经世本古义》，《景印文渊阁四库全书》第 81 册，第 3 页。

③ （明）何楷：《诗经世本古义》，《景印文渊阁四库全书》第 81 册，第 6 ~ 7 页。

作的诗旨题词，其中沿用序说的才四十余篇，其余诗篇之旨或用三家诗之说；或参酌前人之说，如朱熹、严粲、陈祥道、陈阳等；或参酌时贤之说，如邓元锡、季本、朱谋㙔、邹忠胤等；或直以己意。甚至参考《子贡诗传》《申培诗说》这两部伪书。①

其二，重孟子知人论世说，这是何楷《诗》学的核心。何楷自陈：

> 楷家世受诗。先君每举孟子论世一法以为诗学要领，谓不能论其世，以知其人，则不能知其诗之从何而作；不能知其诗之从何而作，则所以说之者皆呓语耳。②

何楷家世传《诗》，其父何湛重孟子知人论世之说，并以此授何楷。郝敬与何楷都重视孟子说《诗》，但郝敬取其"以意逆志"，何楷取其"知人论世"。孟子的知人论世说是何楷《诗经世本古义》重新编排《诗》之次序的理论基础，何楷认为之所以论《诗》要论其世、知其人，是因为《诗》可以明得失之迹、政教兴衰之由。他引《文中子》"圣人述史三焉"之说云：

> 其述《书》也，帝王之制备矣，故索焉而皆获；其述《诗》也，兴废之繇显，故究焉而皆得；其述《春秋》也，邪正之迹明，故考焉而皆当。③

因此，何楷认为："诗者，联属《书》与《春秋》者也。""《书》《诗》《春秋》原相首尾，诗即史也。"④ 他进一步解释道，《诗》亡于周敬王时，《下泉》为终，而《春秋》正作于此时。当时周已日渐衰弱，不复中兴之象。孔子删定《书经》，尤以王之称呼不足，必曰帝乃可；孔子删定

---

① 参见林庆彰《何楷〈诗经世本古义〉析论》，《中国文哲研究集刊》第 4 期，1994 年 3 月，第 329~331 页。

② （明）何楷：《诗经世本古义》，《景印文渊阁四库全书》第 81 册，第 8 页。

③ （明）何楷：《诗经世本古义》，《景印文渊阁四库全书》第 81 册，第 8 页。

④ （明）何楷：《诗经世本古义》，《景印文渊阁四库全书》第 81 册，第 8 页。

《诗经》，对于夏、商二代之诗，独取少康、盘庚、武丁三君之世，也是寄希望于平王能够中兴之故。① 何楷重新编定《诗》之次序，《诗经世本古义》前三卷即少康之世、盘庚之世和武丁之世。

其三，"别其美恶，以资教化"的诗教观。何楷的《诗》学观念由《诗大序》发展而来，他认同《诗大序》"诗者，志之所之也。在心为志，发言为诗"之说。同时认为《诗经》为太师所采，先王可以据《诗》"经夫妇、成孝敬、厚人伦、美教化、移风俗"。他在《诗经世本古义·原引》中写道：

> 古文诗作詖，心有所之形而为言，斯其义也。太师采之，别其美恶，以资教化。弃取之间，官实为政，故变文施寺。寺者，法度之廷也。或曰寺之为言侍也，取其可以侍御于君也。②

何楷认为"诗"字原本从言从之，即志之所之之义。后因关系政教，遂变为从寺，寺为官署，故与政教有关。又认为寺有侍奉之义，因诗乃为君主服务。从文字学角度来看，何楷此说颇为牵强。不过从中可见他特别强调《诗》在政教上的功用，并且体认到《诗》之所以成为经，其缘由即在于政教和"侍御于君"。何楷以经典来证明《诗》在"侍御于君"上的功用，例如他引用了《尚书》《左传》：

> 《虞书》："舜曰：予欲闻六律五声八音，在治忽，以出纳五言，汝听"，《左传》云"瞽诵诗谏，此以诗侍御于君之义也"。③

"侍御于君"并非指《诗》用于服侍君王，而是以《诗》来劝谏、讽谏，即诗序所谓"主文而谲谏"。而《诗》的劝谏功能通过政教兴衰的轨迹来体现。何楷提出："以事言，则《书》《诗》又与《春秋》为类，道之有升降也……若以《诗》则第以道性情一语蔽之足矣，将安取此？嗟乎！

① （明）何楷：《诗经世本古义》，《景印文渊阁四库全书》第81册，第3~4页。
② （明）何楷：《诗经世本古义》，《景印文渊阁四库全书》第81册，第5页。
③ （明）何楷：《诗经世本古义》，《景印文渊阁四库全书》第81册，第5页。

诗教失传莫大于是。"① "道之升降"即政教兴衰，这是他特别重视《诗》之世次的缘故。何楷还认为圣人借《诗》以存礼乐，"若夫典章文物、声容器数之盛散见于《诗》中者，犁然明备"。② 因此，他特别重视制度、名物、山川地理等方面的考证。他自述《诗教世本古义》的考证理路：

> 先循之行墨以研其义，既证之他经以求其验，既又考之山川谱系以摭其实，既又寻之鸟兽草木以通其意，既又订之点画形声以正其误，既又杂引赋诗断章以尽其变。诸说兼详，而诗中之为世为人，若礼若乐，俱一一跃出。③

何楷的考证步骤是先解词义，证之群经以求字义之确；然后考山川地理以证史实，考鸟兽草木以疏通诗所隐含之意，再订正历来文字讹误，并存异文；最后考察历代引用诗辞之情况，以见诗义在历史上的变化。在考证方面，何楷注意到郑笺和《毛诗正义》在诗经学史上的贡献，他自陈撰《诗经世本古义》"非敢求多前贤，聊以仰承先志云尔：若夫权训诂，则郑汉郑玄，字康成孔唐孔颖达，字仲达，著《正义》之功决不可诬。古诗有云：读诗不到康成处，不敢高声论圣贤。课进修，则朱子之言深得其要"。④ 可见何楷认为朱子之学侧重于进德修身。但要论训诂，则以郑玄、孔颖达之功最高。明代诗经学到何楷这里终于揭示了郑玄和孔颖达的贡献。本来明代人对于汉唐训诂和宋人义理都有所不满，如郝敬即如此，前文已述，范景文给何楷《诗经世本古义》所作序中也说："汉儒之诂释粉蠹雕虫，宋人之议论凿空传响。"⑤ 所以当时学者试图直抵五经，重新对经书进行阐释。郝敬尊序，目的就是原圣人之意。不过在诠解的方式上，郝敬仍在宋人议论的范围内，训诂几乎全用朱子。何楷则注意到郑玄和孔颖达的诠解方式，在学习汉人文字音义之学和唐人注疏体式的基础上，力求重建经学的诠释体例。

---

① （明）何楷：《诗经世本古义》，《景印文渊阁四库全书》第 81 册，第 3 页。
② （明）何楷：《诗经世本古义》，《景印文渊阁四库全书》第 81 册，第 4 页。
③ （明）何楷：《诗经世本古义》，《景印文渊阁四库全书》第 81 册，第 4 页。
④ （明）何楷：《诗经世本古义》，《景印文渊阁四库全书》第 81 册，第 8 页。
⑤ 转引自刘毓庆、贾培俊《历代诗经著述考（明代）》，第 339 页。

三 《诗经世本古义》的诠释体例与特色

《诗经世本古义》的诠释体例与特点有四点：其一，重新编排诗次，并按时间次序重新排列诗篇；其二，重视《毛诗正义》等材料，引述宏富；其三，重视先秦两汉与诗相关的史料，罗列诗下，排列近乎类书；其四，考证诗义颇有独得之见。

《诗经世本古义》最具风格的一点是打破《诗经》风、雅、颂的编排方式，重新拟定《诗经》各篇的时代，然后按时代顺序进行排列。何楷共分二十八世，以二十八宿冠其名，共成二十八卷，每一世系以一王，一共二十八王。比如，第一卷"角部"为"夏少康之世"，以《公刘》《七月》《甫田》《大田》等篇为始。最末一卷为"轸部"，属"周敬王之世"，以《下泉》一诗为终。

这种编排受后世学者批评。例如，姚际恒就说：

> 其法紊乱《诗》之原编，妄以臆见定为时代，始于《公刘》，终于《下泉》，分列某诗为某王之世。盖祖述伪《传》《说》之余智而益肆其猖狂者也……其罪尤大者，在于灭《诗》之《风》《雅》《颂》……紊乱大圣人所手定，变更三千载之成经，《国风》不分，《雅》《颂》失所，罪可胜诛耶！[①]

姚际恒认为何楷的最大罪过在于打乱圣人手定之经，风、雅、颂编次所体现出的政教人伦大义不复可见。这样的做法不符合经学著述的标准。就连何楷的学生钱澄之也说此书"自成一家言，孤行于世，不必以经学相律也"[②]，为何楷做十分勉强的辩护。

由于带着打乱经书的前见，清代学者对此书的评价往往贬多于褒，容易忽略何楷在经义上的追求。尤其在诠解《诗经》文字、名物、制度等方面，何楷已十分注意从汉唐注疏中取材。其实何楷未尝不明风、雅、颂之

---

① （清）姚际恒：《诗经通论》，北京：中华书局，1958，第6~7页。
② （清）钱澄之：《田间诗学·诗学凡例》，第7页。

义。程大昌曾论《诗》无"国风"一名："《诗》有南、雅、颂，无国风，其曰国风者，非古也。夫子尝曰：'雅、颂各得其所'，又曰：'人而不为周南、召南'，未尝有言国风者……左氏记季札观乐，历叙周南、召南、小雅、大雅、颂，凡其名称，与今无异，至列叙诸国自邶至豳，其类凡十有三，率皆单纪国土，无今国风品目，吾是以知古固如此，非夫子偶于国风有遗也。"何楷引其说，驳之云：

> 今按，程氏谓自邶至豳，皆不入乐，以为徒诗，是已。若谓诗无风名，则不必然，《乐记》师乙告子贡，明有歌风之语，即季札亦曰：是其卫风乎；又曰：泱泱乎大风也哉。《左传》曰："风有《采蘩》、《采蘋》"。至《周礼·大师》教六诗，以风为首，则风名非出于古而何？①

何楷认为国风之名出于古，又认同《周礼·大师》以风为首，可见他打乱《诗》之次序，不以十五国风之次编排，并非泯灭风、雅、颂，而是为了更好地展现他"以诗论世"的诠经体系。

《诗经世本古义》的诠释体例是先列诗旨，诗旨仿小序之体，其义或宗序说，或从他人之说，或直下己意；诗旨之下，引众说详述诗篇所归世次之缘由，以及解释选择诗旨之原因。其次，分章列诗文，每句之下，若有异文则举之，押韵处亦注明属某韵、叶某韵。最后，逐句诠解诗文，尤详于字义、名物、典制、地理、史事等考证，遍引经传、历代字韵书、史籍、金石碑刻，以及汉、唐、宋、元、明各家《诗》说。可见，何楷的诠解与注重议论的宋学系统完全不同。包括解释诗义之处，何楷也列举各家之说，详考异同与得失，然后提出自己的观点，往往深得诗旨。例如，释《关雎》之义：

> 若诸书引《关雎》者多以为讽刺之诗。《列女传·曲沃负》云："周之康王夫人晏出朝，《关雎》起兴，思得淑女以配君子。"《路史》

---

① （明）何楷：《诗经世本古义》，《景印文渊阁四库全书》第81册，第9页。

云："康王一晏朝，而暴公作《关雎》之诗以讽。"《鲁诗》亦云："后夫人鸡鸣佩玉去君所，周康王后不然，故诗人叹而伤之。"《后汉书·皇后纪序》："康王晏朝，《关雎》作讽。"盖用此也。及《前汉书》杜钦云："佩玉晏鸣，《关雎》叹之，知好色之伐性短年，故咏淑女几以配上，忠孝之笃，仁厚之作也。"《后汉书》明帝诏云："应门失守，《关雎》刺世。"注引《春秋说题辞》曰："人主不正，应门失守，《关雎》故歌以感之。"宋均云："应门，听政之处也。言不以政事为务，则有宣淫之心，《关雎》乐而不淫，思得贤人与之，共代修应门之政者也。"《杨赐传》云："昔周王承文王之盛，一朝晏起，夫人不鸣璜，宫门不击柝，《关雎》之人见几而作。"薛君云："诗人言《关雎》贞洁慎匹，以声相求隐蔽乎无人之处，故人君退朝入于私宫，后妃御见有度，应门击柝，鼓人上堂，退反燕处，体安志明，今时大人内倾于色，贤人见其萌，故咏《关雎》说淑女，正容仪以刺时。"而司马迁亦云："周道缺，诗人本之衽席，《关雎》作。"扬雄云："周康之时，颂声作于下，《关雎》作乎上，习治也。故习治则伤始乱也。"冯衍《显志赋》云："美《关雎》之识微兮，愍王道之将崩。"此其说必有所本。朱子非之，据《仪礼》以《关雎》为乡乐，又为房中之乐，谓周公制作之时已有此诗，其非出于康王明甚，又无故而播其先祖之失于天下，不可以为风化之首。于论正矣。愚又读《后汉书》注云："康王晚朝，内人诵《关雎》诗以刺王。"郑樵《奥论》亦云："古人以声诗奏之乐，后世有不能法祖，怠于政者，则取是诗而奏之，以申警讽。故曰作，非谓其始作于衰世也。"是说盖近之。而朱子直以为文王求得圣女为配，宫中之人，于其始至，见其有幽闲贞静之德，而作是诗。则愚不能无疑。夫所谓宫中之人者果何人欤？考《大纪》称昌为世子，娶于有莘，曰太姒。则太姒至时，王季故在。如以为王季之宫人，则古者命士，父子皆异宫，彼淑女之得与否，亦何预于王季宫人之忧乐也？如以为文王之宫人，则古者诸侯一娶九女，格之同时者，盖必嫡夫人至而侄娣从之，未有夫人未至而先有宫人者也。且《大明》之诗曰："文王初载，天作之合。文王嘉止，大邦有子。"何待宫人寤寐求之、展转反侧而后得耶？至于琴瑟友、钟鼓乐，若指文王，则近于妣，若指宫人，则近于媚，又何以风耶？朱说既无据，而又不可以为文王之作，则非归之太姒安属乎？愚之从序、传之说者以此。他若张超、蔡邕又以为毕公作，要皆传讹，不足信。程子谓："序言后妃之德，非指人而言，凡为王后妃者当如是。"冯元成亦以为周公制房中之乐，追称后妃思得淑女以共理内治，所谓忧乐，皆设言其事，播诸管弦以代箴铭者，于理亦近似，并存之。①

何楷首先引刘向《列女传》、《鲁诗》（出自《汉书·杜钦传》颜师古注引"李奇曰"）及杜钦、宋均、薛汉、司马迁、扬雄、冯衍等汉人之说，他们均以《关雎》为讽刺周康王所作，何楷认为此说必有所本。又举朱熹的反驳意见，朱熹认为《仪礼》以《关雎》为乡饮酒乐和房中之乐，说明周公时已有此诗，不当为康王时。同时引郑樵《六经奥论》，补充朱子之说，认定此诗在周公之前即已有之，并以此诗入乐，后世君主若有荒怠者，奏此诗以为讽诫，因此所谓康王宴朝《关雎》作，乃作乐，非谓作诗。何楷又驳斥朱子以此诗为宫中之人见太姒始至而作，认为朱说无据，于理亦不通。因此何楷在诗旨上仍从诗序和毛传。从这段材料可以看到何楷的诠释特色，旁征博引，几乎穷尽材料，并通过比对和分析材料来得出较为合理的解释。例如，上文论及《关雎》讽刺之说，何楷发现两汉之时认同此说的学者极多，因此尽管他不取此说，但仍承认此说必有所本，并非毫无根据。

何楷考辨文本亦有比较精当之处。例如，考《七月》中的"觱发""栗烈"：

　　觱发，毛云："风寒也。"按，觱，《说文》云："羌人所吹角屠觱惊马也。"徐锴云："今之觱栗。"……疑古文音同者，字得通用，故《说文》觱发作滭冹，滭，风寒也，冹，寒也。先言滭而后言冹者，孔所谓仲冬待风乃寒，是也。栗当通作凓，《说文》云："寒也。"烈当通作颲，《说文》云："烈风也。"既言凓而又言颲者，季冬寒既甚矣，更重之以朔风，则愈寒也。②

① （明）何楷：《诗经世本古义》，《景印文渊阁四库全书》第81册，第93页。
② （明）何楷：《诗经世本古义》，《景印文渊阁四库全书》第81册，第27～28页。

何楷认为古文音同者，字可以通用，可见他已经认识到文字假借之理，可惜未能贯通全书。何楷以《说文》为证，认为《七月》"觱发"当作"潷泼"，后来陈启源、段玉裁均同此说。何楷又认为"栗"当作"溧"，亦十分正确。但"烈"作"颲"之说不确，同时他不明联绵词之理，将"觱发""栗烈"分而释之，亦是他的疏失。

何楷对诗中名物与制度也有不少考证，详引经传及群书，反复证明。例如，释《商颂·长发》"受小球大球"：

> 小球大球，朱子、金氏皆谓小国、大国所赞之玉也。按《聘义》云："天子制诸侯，比年小聘，三年大聘，相厉以礼。此天子之所以养诸侯，兵不用而诸侯自为正之具也。以圭璋聘，重礼也。已聘，而还圭璋，此轻财而重礼之义也。"《周礼·小行人》："合六币圭，以马璋，以皮璧，以帛琮，以锦琥，以绣璜，以黼，此六物者，以和诸侯之好故。"夏殷之世，聘礼所用，经无明文，据此言受球，则亦圭璋璧琮琥璜之类矣。《左传》孟献子曰："小国之免于大国也，聘而献物，于是有庭实旅百。"事亦同此。①

又如，释《小雅·大田》"螟螣"与"蟊贼"之义十分详尽：

> 螟螣、蟊贼，旧说以为四虫名，皆害稼者。《尔雅》云："食苗心曰螟；食叶，螣；食节，贼；食根，蟊。"郭璞云："分别虫啮食禾所在之名。"邢昺云："旧说螟、螣、蟊、贼一种虫也，如言寇贼奸宄，内外言之耳。故犍为文学曰：此四种虫皆蝗也。"李巡云："食禾心为螟，言其奸冥冥难知也；食禾叶者言假贷，无厌也；食禾节者言贪狠，故曰贼也；食禾根者言其税取万民财货，故曰蟊也。"王安石《字说》云："螣食苗叶，无伤于实，若螣可贷也；贼食苗节，贼苗者也；蟊食根，如矛所植；螟食心，不可见。诸家以为四种虫。"陆玑云："螟似蚼蛑而头不赤。"《诗诂》云："今禾始发，有虫生苗心中，如蚕而细，

---

① （明）何楷：《诗经世本古义》，《景印文渊阁四库全书》第81册，第65页。

仍能吐丝包缠其心，使不生穗。"罗愿云："今食苗心者乃无足小青虫，既食其叶，又以丝缠集众叶，使穗不得展，江东谓之螟虫，音若横逆之横，言其横生，又能为横灾也。"汉孔臧赋云："爰有蠕虫，厥状似螟。"是螟为无足虫也。又《说文》云："螟，虫食谷叶者。"未详孰是。《春秋含元孽》云："螟应苛（克）。"螣，陆玑云："蝗也。"《说文》作蟘，云："食苗叶者。"《诗诂》云："《春秋》谓之螽，其子谓之蝝，螣亦音腾，谓其飞也。"蔡邕云："螣，水处泽中，数百或数十里，一朝蔽地，而食禾粟苗尽复移，虽自有种，其为灾云，是鱼子中化为之。"蟊，《说文》云："虫食草根者，本作蟊，从虫，象其形。"徐锴云："唯此一字象虫形，不从矛书者多误。"愚按，蟊字不从矛，何得有矛音？或以字形相似故耳。陆玑云："或说蟊即蝼蛄，食苗根，为人害也。"贼似非虫名，玑以为桃李中蠹虫，赤头身长而细。愚按，桃李中蠹虫，于苗何与？此不足信，且诸经传中未有单名贼为虫者，以蟊连言，意即指蟊耳。故《桑柔》之诗曰"降此蟊贼"，以食叶食心，苗本犹在，今下食其根，则无苗矣，命之为贼，深恶之也。又《瞻卬［印］》之诗曰"蟊贼蟊疾"，既拟之于贼矣，又丑之以疾，贼言其自外至，疾言其自内生，皆恶之之辞也。是则蟊贼止是一蟊，其文理甚明。或分螟、螣、蟊、贼为四种，或云一种，皆非也。①

此条考证的材料几乎全来自冯复京的《六家诗名物疏》，可见明末考证学对何楷此书之影响与助益。但何楷论蟊贼，认为诸经传中未有单名贼为虫者，与蟊连言是在说明蟊之性质，并引《诗经》中其他篇目为证，此为前人所未发。

由上可见何楷诠释之一斑，尤其引据宏富，明代著作难有匹敌，因此这一点常为后世所称道。但何楷引述材料有时过于详尽，不加兼采，如《说苑》《新序》等材料，有时全篇具引之，显得过于冗杂，体例上也近于类书。《诗经世本古义》所引历代学者超过两百家，所引历代典籍遍及经、史、子、集四部。尤其需要注意的是，何楷十分重视引用明代学者之说。

---

① （明）何楷：《诗经世本古义》，《景印文渊阁四库全书》第81册，第45页。

经粗略统计，《诗经世本古义》所引明代学者至少有 47 家，包括胡广、朱善、吕柟、湛若水、陆深、袁仁、季本、陈际泰、蒋悌生、徐光启、范景文、丰熙、丰坊、邓元锡、邹忠胤、陆化熙、黄佐、万时华、杨慎、蔡汝楠、顾大韶、钟惺、章潢、万尚烈、刘辰翁、冯复京、冯元成、张萱、陈第、冯时可、朱谋㙔、凌濛初、沈万钶、林兆珂、魏浣初、焦竑、归子慕、黄省曾、蔡毅中、姚舜牧、陈士元、王道、金燏、王樵、孙鑛、陆燧、胡胤嘉。

何楷引用的材料中包含了明代主要的诗经学著作，如胡广《诗传大全》、朱善《诗解颐》、吕柟《毛诗说序》、袁仁《毛诗或问》、季本《诗说解颐》、陆化熙《诗通》、冯复京《六家诗名物疏》、朱谋㙔《诗故》、徐光启《毛诗六帖》、沈万钶《诗经类考》、林兆珂《毛诗多识编》、孙鑛《批评诗经》、姚舜牧《诗经疑问》等，既有官修之书（如《诗传大全》），也有考据类的著作（如冯复京《六家诗名物疏》），还有评点类著作（如孙鑛《批评诗经》）、举业类著作（如徐光启《毛诗六帖》）；还有音韵训诂学方面的专著（如陈第《毛诗古音考》、张萱《汇雅》、陈士元《古今韵分注撮要》）、史学类著作（如金燏《诸史汇编》）。因此何楷的《诗经世本古义》几乎囊括了明代诗经学的成就，可谓集明代诗经学之大成。

综上所论，我们可以看到何楷的诠释体例是逐句逐章为解，列异文、音训，对字义、训诂、名物、制度、山川地理、史事详加考证，并以经传相互证明，再引历代之说进行对比、分析，进而得出合理之解释。这样的诠释理路已经逐渐摆脱了宋元以来以畅说诗旨为中心的诗经学著作。何楷大量引用明代学者的意见显示出其总结明代学术之意图。在解释的宗主方面，何楷虽屡屡称颂郑玄、孔颖达，"若夫权训诂，则郑、孔之功决不可诬"，但更多的是直抵经文，网罗旧说，然后成一家之言，所以他一则改变《诗经》的编排次序，以自己拟定的世次为序；二则不从任何一家之说来定诗旨，而是综合各家，自拟诗旨；三则训诂字义，不疏释毛、郑，而是并列各家，再为之解。这表明他的目的在于建立新诠，欲成一家之说。①

---

① 林庆彰在《何楷〈诗经世本古义〉析论》一文中已提出何楷"重建诗篇诠释系统"，参见林庆彰《明代经学研究论集》（增订本），第 341 页。

　　然而，何楷的重建是打乱经文次序。他诠释经文虽在体式上近于注疏，却无所依归，诗旨既不从序也不从朱，训诂也不专从毛、郑，就经学来说，无疑正当肆意改经、无所宗旨之弊，故后人对此往往讥之。

　　何楷的考证本身也存在不少错误。较为显著的疏失包括：其一，何楷以二十八宿对应二十八王之世，再将三百零五篇纳入这个体系，难免有附会和委曲成说之处。例如，何楷以《行苇》为美公刘之诗，据《吴越春秋》"不履生草"及《列女传》、《潜夫论》成说。①《列女传》为西汉刘向所作，《吴越春秋》为东汉赵晔所作，《潜夫论》为东汉王符所作，皆不足以证《公刘》之事。又如，何楷因豳风、豳雅、豳颂之说，遂以《七月》为豳风，《甫田》《大田》为豳雅，《丰年》《良耜》为豳颂，以本朱子旧说，但将它们并列为夏少康之世的诗作，极为牵强。② 其二，何楷改乱经书，不仅改动《诗》之次序，还改动诗之篇名。例如，将《邶风·柏舟》改为《泛彼柏舟》，将《王风·扬之水》改为《戍申》，将《唐风·扬之水》改为《白石》，将《秦风·黄鸟》改为《交交黄鸟》。③ 其三，何楷不明音理，考证词义，尤其是解释联绵词时，皆分而释之，如上文所举"鬈发"和"栗烈"，又如释"猃狁""崔嵬""旭颠"等皆是如此。其四，引据赅博，难免有混乱失考之弊。例如，考证"蟊贼"的材料多来自冯复京的《六家诗名物疏》，但不加弃取，显得驳杂而无系统，在考证"螟"义之后云"未详孰是"，是已论毕，而又列《春秋含元孳》之语，未加解释，后文紧接考论"螣"之内容。《春秋含元孳》这条材料置于此处非常突兀，似是直接袭用冯氏材料，未进一步加以剪裁。其五，好用伪书，《诗经世本古义》不少地方引及伪《子贡诗传》、伪《申培诗说》，何楷明知此二书乃伪作，但仍引述之，这使其考证的可信度大大降低。

　　虽然何楷的《诗经世本古义》有以上缺失，但此书取材宏富，援引赅洽，在材料上的价值毋庸置疑，对诗篇中的字义、名物、制度等问题一一详加考证，网罗汉至明末各家之说，对比异同、分析得失。加上何楷本人

---

① （明）何楷：《诗经世本古义》，《景印文渊阁四库全书》第 81 册，第 55 页。
② （明）何楷：《诗经世本古义》，《景印文渊阁四库全书》第 81 册，第 50 页。
③ 参见林庆彰先生《何楷〈诗经世本古义〉析论》，载林庆彰《明代经学研究论集》（增订本），第 335 页。

在明末以经学著称于世，因此《诗经世本古义》一书对后世产生了较大影响，在学术史上自有其地位与价值。

四 何楷对明清诗经学的影响

何楷的《诗经世本古义》在崇祯末年曾有刊本，但因战乱，书版被毁。故林庆彰认为该书在当时流传并不广。[①] 对于流传广泛与否的问题，若以全国范围为标准，何楷此书只在若干学者中流传，确实不广；但这些学者在学术史上的贡献和影响都较大，并且《诗经世本古义》不只是影响到明末清初，甚至一直影响到清代末年。从这个意义上讲，何楷的影响不仅"广"，而且"深"。

《诗经世本古义》甫经刊刻，即已流传开来，顾梦麟《诗经说约》、张自烈《正字通》、朱朝瑛《读诗略记》、张次仲《待轩诗记》等都征引其说，朱睦㮮《授经图》也著录了此书。黄文焕还因何楷而作《诗经考》，欲与其《诗经世本古义》抗行一时。[②] 清初学者朱鹤龄、钱澄之更是曾经师事何楷，朱鹤龄的《诗经通义》、钱澄之的《田间诗学》都深受何楷的影响。姚际恒对《诗经世本古义》一书虽有批评，但在《诗经通论》中仍有不少认同何楷之处。而清廷官方所编《诗经传说汇纂》中引用的《诗经世本古义》之说多达170条。[③]

至乾隆年间，何楷的影响力犹在，如陆奎勋撰《陆堂诗学》就颇从何楷之说。李元度（1821~1887年）《清朝先正事略》载：

> 奎勋字聚侯，号星坡，世楷子也。康熙六十年进士，选庶吉士，授检讨，修《明史》……《诗学》十二卷，不取正变之说，不特《楚茨》十诗断为成康盛世之音，凡《斯干》《无羊》考室考牧均归正雅。《洪澳》《楚邱》《缁衣》《蟋蟀》均归正风，讥郑氏《诗谱》时代舛错不伦，欧公强为厘正，犹多牵合。周、召二南以地不以人，《王风》

---

① 林庆彰：《何楷〈诗经世本古义〉析论》，载林庆彰《明代经学研究论集》（增订本），第352页。
② （清）永瑢等：《四库全书总目》，第142页。
③ 此据杨晋龙所做统计，参见杨晋龙《明代诗经学研究》，第273页。

乃时为之，非有意于贬。其持论与明何楷《诗世本古义》相近。①

何楷《诗经世本古义》对清代学术的影响还体现在多个方面。例如，考证方面，秦蕙田（1702～1764 年）《五礼通考》、黄以周（1828～1899 年）《礼书通故》、李超孙《诗氏族考》、徐璈（1779～1841 年）《诗经广诂》、马瑞辰（1782～1853 年）《毛诗传笺通释》等书颇引何说，虽有驳斥其臆说、舛误之处，但赞同之处亦有不少，可见何楷在制度、名物、文字等方面的考证贡献。《诗经世本古义》取材宏富，三家诗材料尤多，对清代三家诗之研究具有一定启发，冯登府（1783～1841 年）《三家诗遗说》、陈乔枞（1809～1869 年）《齐诗遗说考》、王先谦（1842～1917 年）《诗三家义集疏》等均引用何楷之说。何楷重新阐释诗义的方式还影响到龚橙（1817～1870 年）和魏源（1794～1857 年）对《诗经》本义的研究。据周中孚《郑堂读书记》所云，魏源撰《诗古微》也是从《诗经世本古义》入手。② 由此可见何楷对明清两代诗经学尤其是清代诗经学所产生的深远影响。下文便举朱鹤龄、钱澄之详细论之。

（一）何楷与朱鹤龄

朱鹤龄在《禹贡长笺序》中写道：

> 余甲申岁读书金陵瓦官寺，窃网罗诸说，会粹一编，谓厥赋贞当是下下之转，东迤北会于汇，当是为汇之讹，间以质之闽漳何玄子先生，先生跃然印可。时先生方著《春秋比事属词》，未及《尚书》，遂命余卒成之。③

朱鹤龄《赠徐石兄二首》其二又云：

---

① （清）李元度：《国朝先正事略》卷四十，《清代传记丛刊》第 193 册综录类 8，台北：明文书局，1985，第 488～489 页。

② （清）周中孚：《郑堂读书记》卷八，北京：商务印书馆，1958，第 151 页。

③ （清）朱鹤龄：《愚庵小集》卷七《禹贡长笺序》，第 135 页。

儒术尊漳浦谓闽漳何玄子先生，通经有别诠。吾曾亲末席，君独抱遗编。郭泰碑谁撰，田何学定传先生著《易经订诂》，深明象学，儒者多称之。音尘追仿佛，相顾各潸然。[1]

一则谓"质之闽漳何玄子先生"，一则谓"吾曾亲末席"，故可知朱鹤龄曾师事何楷，并向何楷问《禹贡》之学，《禹贡长笺》即受何楷鼓励而成。又称何楷《古周易订诂》深明象数，赞其可传田何之学。朱鹤龄撰《诗经通义》亦多用何楷之说，今统计《诗经通义》引用的《诗经世本古义》内容多达131条，略举于下。

朱鹤龄释《卷耳》"云何吁矣"之义引何楷之说：

何楷曰：《尔雅》作盱，长目远望也。盖望贤者之来，而解我思也。尤有味。[2]

何楷解释"吁"，由词义而引申至诗义，朱鹤龄认为深得诗味。又如，朱鹤龄释名物，《诗经通义》解《秦风·小戎》引何楷之说：

何楷曰：镂膺上下，皆言弓，不应训为马当胸带饰。按《弟子职》执箕膺揲，此乃以虎皮为弓室，而以金镂饰其胸也。与《采芑》《崧高》《韩奕》之镂膺不同。[3]

《小戎》之镂膺为金镂弓室，此说范处义《诗补传》首言之，严粲《诗缉》又承之，并举《采芑》《崧高》《韩奕》之镂膺，认为此三诗中的"镂膺"皆为马胸之带，而《小戎》上言虎韔，下言交韔二弓，故此诗中的"镂膺"当为以金镂饰弓室之胸之意。何楷又综合范处义、陈祥道、严粲之说，另引孔疏所引《弟子职》"执箕膺揲"，证成此说。朱鹤龄在何楷

---

① （清）朱鹤龄：《愚庵小集》卷五《赠徐石兄二首》，第73页。
② （清）朱鹤龄：《诗经通义》卷一，《景印文渊阁四库全书》第85册，台北：台湾商务印书馆，1983，第12页。
③ （清）朱鹤龄：《诗经通义》卷四，《景印文渊阁四库全书》第85册，第108页。

的基础上又进行了归纳和整理，使其更为简明易晓。

又如，朱鹤龄考诗之时代，《诗经通义》述《泉水》诗义云：

> 《载驰》诗许穆公夫人作，有"驱马悠悠，言至于漕"，而《泉水》诗亦有"思须与漕，我心悠悠"。须、漕在楚丘，卫未渡河以前，本都朝歌，不应卫女不得归宁乃思其地。何玄子以为此亦许穆公夫人诗，戴公庐漕时作，说甚有理。但诗序编此于宣公之世，不敢易耳。①

朱鹤龄的《诗经通义》意在通诗序之义，故宗主诗序，秉持不破诗序之体例，故此处虽认为何楷之说甚为有理，但仍从序说。从何楷到朱鹤龄，《诗经》诠解又向汉唐《诗》说系统更近一步，何楷注诗无所依归，故失之无本；朱鹤龄拨正此弊，作《诗经通义》以诗序为归，丝毫不敢乱之。何楷意图重建《诗》学诠解体例，到朱鹤龄和陈启源这里，渐渐找到一条路。这个方面将在第四章详加讨论。

（二）何楷与钱澄之

钱澄之在《田间诗学》凡例中说：

> 晋江何玄子先生作《诗经世本》，向谪南曹，时剞劂甫竣，即持以示余，使为校订。余少好异书，见其以《诗》编年，混《风》《雅》《颂》而一之，则大骇，秘为帐中物。今读之，其牵强杜撰颇多，至于考据精详，有恰与《诗》指合者亦存之，以备一说。何先生授余以《易》，又授以《诗》，其教不敢忘也。故录存者多，而亦时加辩论。②

这一段话提供了三个信息。第一，何楷曾授钱澄之《易》学和《诗》学，钱澄之亦以受业弟子事之。第二，崇祯十四年（1641），何楷在南京国子监丞任上完成并刊刻《诗经世本古义》，曾交给钱澄之校订。钱澄之惊骇

---

① （清）朱鹤龄：《诗经通义》卷二，《景印文渊阁四库全书》第 85 册，第 43 页。
② （清）钱澄之：《田间诗学·诗学凡例》，第 6～7 页。

其例，认为牵强杜撰者多，而考据精详，可备一说。第三，钱澄之在撰写《田间诗学》时，又读此书，并在《田间诗学》中录存不少何楷之说。今统计《田间诗学》引用何楷之说共 139 处。对比《田间诗学》和《诗经世本古义》二书，可知《诗经世本古义》乃钱澄之撰写《田间诗学》的重要参考材料。钱澄之曾说自己在撰写《田间诗学》时，"家无藏书，命儿拗录从友人家搜录诸本，择其粹精者，手自编辑"。可知钱澄之当时获书不易，而《诗经世本古义》取材宏富，正可作为绝佳参考。《田间诗学》当中，除 139 处明引何楷之说外，暗袭《诗经世本古义》之处亦多。杨晋龙就指出《田间诗学》有 1/3 以上的解说全抄自《诗经世本古义》。[①] 如上文曾举何楷考证《关雎》非朱子所言而为宫人所作，《田间诗学》中此处钱澄之的按语即大量引用何楷之文：

> 愚按，朱子宗毛氏，以淑女指后妃是也。或疑宫人，不知何指？如以为王季之宫人，则古者命士父子异宫，彼淑女之得与否，亦何预于王季宫人之忧乐也？如以为文王之宫人，古者诸侯一娶九女，盖必嫡夫人至，而侄娣从之，未有夫人未至，而先有宫人者也。考《皇王大纪》称昌为世子，娶于有莘，曰太姒。谓太姒至时，王季故在，文王无宫人审矣。然尝读《大明》之篇，而疑《大纪》所载为不足据。《诗》曰："文王初载，天作之合。"明为文王即位之初年矣。其曰："文定厥祥，亲迎于渭。造舟为梁"，一皆由于文王，未有一语言承王季之命而行者。若云《大明》专美文王，虽王季尚存，要以文王为主。夫娶妻必待父母之命，父在，子得自为主乎？《周书·无逸》篇称："文王受命惟中身，厥享国五十年。"《史记》载文王年九十七，而云享国五十年，当以四十七即位，《诗》言"文王初载"，盖即位之初年也。吾不知太姒此时为年几何？若正当及笄之年，则文王且五十年，齿不相当也。《大明》诗有曰："缵女维莘。"缵，继也。吾疑太姒为文王之继妃。因悟《大纪》称昌为世子，娶于有莘者，非太姒也。意必前有莘女，不禄无子，文王中年艰于嗣胤，续娶于莘，而得太姒。

---

① 杨晋龙：《明代诗经学研究》，第 273 页。

有不妒之德，因有则百斯男之庆，故周世歌诵之，比其功于姜嫄也。若是，则《关雎》为文王宫人之作，亦足据矣。①

此段自"或疑宫人"至"子得自为主乎"，均袭用何楷《诗经世本古义》之文。但此后又以年岁考之，认为太姒非文王原配，乃为继妃，钱澄之由此认定朱子的《关雎》为文王宫人所作之说即有根据。何楷以诗文反复证明以怀疑朱子，而钱澄之则隐含赞同朱子之意。

又如上文举何楷对蟊贼之考证，钱澄之亦袭之：

经传蟊多与贼连，言当即一种耳。《桑柔》诗曰："降此蟊贼"，以食叶食心，苗本犹在。今下食其根，则无苗矣。名为贼，深恶之也。《瞻卬》诗曰："蟊贼蟊疾"，贼言其自外至，疾言其自内生。②

钱澄之只是删节何楷的原文，使其更为简明而已。《田间诗学》中此类情况甚多，兹不具举。

另外，《田间诗学》中也大量引用历代学者之说，今考钱澄之所引诸人之说尤其是明代学者之说多直接抄自《诗经世本古义》。例如，《田间诗学》中所引9处朱善、14处黄佐、4处周昌年、3处胡胤嘉、1处章潢、2处万尚烈、2处蒋悌生、2处陈际泰、2处万时华、3处蔡汝楠（钱澄之作蔡汝南）、1处归子慕、4处钟惺等学者之说，均见于《诗经世本古义》。可见钱澄之在撰写《田间诗学》时对《诗经世本古义》之依赖，足证《诗经世本古义》一书在《诗》学材料上具有重要的价值。

第三节　伪《子贡诗传》《申培诗说》
与明末诗经学

明人好造伪书，其中在学术史、思想史上影响最大的当属明中叶四明

---

① （清）钱澄之：《田间诗学》，第5~6页。
② （清）钱澄之：《田间诗学》，第598页。

学者丰坊所造的一系列伪书，以及围绕丰坊造伪衍生的伪书和相关羽翼之作。① 在诗经学史上，丰坊伪造《鲁诗世学》在明末引起了不小轰动，不少学者信从其说。更为重要的是，即便一些明知其伪的学者，也常引用其说作为立论的根据。丰坊的造伪和他引起的连带反应有时代背景，当时复古之风翕然兴起，学者文人以杂博相尚，又颇嗜奇书、秘书。② 丰坊伪书的出现满足了当时部分学者这种炫博好奇的心理。在诗经学方面，朱子《诗》说的权威日益下降，诗序之权威性尚未完全得到学界认同，故从朱子《诗》说者渐少，而疑诗序者亦不乏其人。在这样的背景下，许多学者上溯汉人《诗》说，参考传、笺、疏及欧阳修、苏辙、吕祖谦、严粲等不同于朱子《诗》说的其他宋人《诗》说，试图对《诗经》的诠释进行折中和弥缝。《鲁诗世学》以及依托《鲁诗世学》伪造的《申培诗说》的出现正好给当时学者提供了折中、弥缝的理由与托古的依据。

丰坊伪造之书包括"外国本"《尚书》，石经《大学》《古易世学》《古书世学》《春秋世学》《鲁诗世学》等。与《诗经》有关的即《鲁诗世学》，大约作于嘉靖四十一年至四十二年（1562~1563）。③《鲁诗世学》前有黄佐序，亦为丰坊伪托。正文则题为"卫端木赐子贡述"。诗传部分大字顶格，下低一格则列丰稷"正音"、丰庆"续音"、丰耘"补音"、丰熙"正说"、道生"考补"、邵培"续考"。丰稷为丰坊十五世祖，北宋仁宗嘉祐四年（1059）进士，官工部尚书，谥清敏。丰庆为丰坊曾祖，明正统四年（1439）进士，官河南右布政使。丰耘为丰坊祖父，弘治元年（1488）贡生，为府学教谕。丰熙为丰坊之父，弘治十二年（1499）进士，因大议礼事件谪戍福建镇海卫达十三载，死于戍所。道生即丰坊别名，邵培为丰坊门生。④ 道生以上诸人之作皆出丰坊假托，借以证明其鲁诗流传有绪，为

① 关于丰坊的造伪，林庆彰1978年所著《丰坊与姚士粦》已有详辨，后该书再版，参见林庆彰《丰坊与姚士粦》，台北：万卷楼图书公司，2015。有关丰坊造伪在思想史上的意义，可参考王汎森对《大学》石经的讨论，参见王汎森《明代后期的造伪与思想争论——丰坊与〈大学〉石经》，载王汎森《晚明清初思想十论》，上海：复旦大学出版社，2008，第30~49页。
② 参见林庆彰《丰坊与姚士粦》，第1页。
③ 林庆彰：《丰坊与姚士粦》，第78页。
④ 林庆彰：《丰坊与姚士粦》，第7~13页。

丰氏家学，故名之曰"世学"。其中以"正说""考补"部分最多，几乎每条诗传下皆有，内容是对诗传的解说。可见《鲁诗世学》不只是造出诗传，还对诗传进行阐释，其中包含对诗义的探讨以及对诗序、朱子《诗》说的评述。例如，《关雎》一诗下，《鲁诗世学》"正说"云：

> 旧说以为文王求得圣女以为之配，宫中之人于其始至，见其有幽闲贞静之德而作是诗，然所谓宫中之人者，果何人欤？以为文王之宫人，则古者诸侯一娶九女，格之同时者，盖必嫡夫人至而侄娣从之，未有夫人未至而先有宫人知其君夜寝不寐之事也。近世学究又更之曰：王季之宫人也。夫古者命士以上，父子皆异宫，岂有王季宫人夜至文王之侧，知其欲妻不得而极其展转思服之态，又播之诗章，以公言之，殆将诬圣人以聚麀之行，而《关雎》为宣淫之词矣。①

上文所谓"旧说"即朱子《诗》说。此驳朱子以《关雎》为宫中之人所作之非，又驳申朱者之误。后来何楷《诗经世本古义》即同此。《鲁诗世学》还引武城王氏之说云："汉儒去古未远，其说略近。至于朱子为传，翻倒注疏，自立门户，则异甚矣……则知出于太姒一手，信无疑矣。"② 显示出他托古立新、反对朱子《诗》说的立场。

《鲁诗世学》出现五六年后，王文禄将《鲁诗世学》中的"子贡"诗传部分单独取出，并稍加改窜，名之曰《子贡诗传》，另伪造《申培诗说》，收入王完所刻《丘陵学山》和自己增辑刊刻的《百陵学山》。《丘陵学山》刻于隆庆二年（1568），此系《子贡诗传》《申培诗说》首次同时出现。③后世常将《子贡诗传》《申培诗说》并称，但从上可见二书实有不同，学者对二者的重视程度亦有差异。《子贡诗传》实为丰坊伪造，经王文禄割裂删改，但大体与《鲁诗世学》中的内容无别。王文禄将《子贡诗传》刻入《丘陵学山》与《百陵学山》有助于此伪书之传播。《申培诗说》则全

---

① （明）丰坊：《鲁诗世学》，《四库全书存目丛书》经部第 60 册，影印天津图书馆藏清抄本，济南：齐鲁书社，1997，第 638 页。

② （明）丰坊：《鲁诗世学》，《四库全书存目丛书》经部第 60 册，第 639 页。

③ 参见林庆彰《丰坊与姚士粦》，第 46～55、76～79 页。

为王文禄根据《鲁诗世学》伪造。关于这一点,林庆彰考证甚详。当时学者更为重视《子贡诗传》,万历间,李维桢刻《二贤言诗》、郭子章刻《二贤诗传》、万尚烈作《诗传合测》,均围绕《子贡诗传》展开。郭子章所刻一书中的"二贤"即指子夏(以诗序为子夏作)与子贡(指《子贡诗传》)。① 邹忠胤的《诗传阐》专申伪传之义,他以《子贡诗传》为真,以《申培诗说》为伪。钟惺、韦调鼎《诗经备考》亦多用鲁诗说,其实即《子贡诗传》之说。可见伪造的《子贡诗传》与《申培诗说》,《子贡诗传》的影响更大。

《子贡诗传》出现于明代中叶,其影响主要产生于明末。首先,明末的一些丛书常将其收入,除上引《丘陵学山》与《百陵学山》两种外,还有何允中《广汉魏丛书》、胡文焕《格致丛书》、毛晋《津逮秘书》、钟人杰等《唐宋丛书》、陶珽增补《说郛》、钟惺《古名儒毛诗解》等。② 这些丛书也反映出当时学者好奇、好古之趋向。其次,不少著作引述《子贡诗传》之说,如林兆珂《毛诗多识编》、沈守正《诗经说通》、张以诚《毛诗微言》、钟惺和韦调鼎《诗经备考》、钱天锡《诗牗》、顾懋樊《桂林诗正》、范王孙《诗志》、黄道周《诗表》和《诗经琅玕》等。更重要的是出现了几部专门申述《子贡诗传》的著作,如万尚烈《诗传合测》、姚应仁《诗述述》、邹忠胤《诗传阐》、凌濛初《圣门传诗嫡冢》,其中邹忠胤之书影响最大。延至清代,张能鳞《诗经传说取裁》、陈迁鹤《毛诗国风绎》、姜兆锡《诗蕴》、范尔梅《读诗小记》等仍不断取用《子贡诗传》之说。何楷《诗经世本古义》、姚际恒《诗经通论》虽皆斥《子贡诗传》为伪,但在诠释中仍有不少地方引用其说。信伪传学者中亦有疑心者,如李维桢知丰坊好作伪,其《二贤言诗序》云:

> 人翁好作赝书,且附以己意,称传之外国,众更疑弗信。而郭相奎授梓蜀中,蜀道阻远,不能多布四方,亦未知与所见丰本合否。子贡传钟鼎篆书,不知何人笔,古法森然,两家于三百篇次第事义,亦

---

① 以上三书皆佚,仅存李维桢、郭子章序,而万氏《诗传合测》后世多有征引。
② 参见林庆彰《丰坊与姚士粦》,第49~50页。

不尽相合。要以孔子二贤相问答语，则孟子所谓不以文害辞、不以辞害志，以意逆志是为得之。固不妨异同耳。①

李维桢不信丰坊之书，却以郭子章传抄的《子贡诗传》为真，认为"钟鼎篆书""古法森然"。李维桢即郝敬之师，不知他对《子贡诗传》的态度是否影响到郝敬。此外，钟惺和韦调鼎《诗经备考》常引用鲁诗说，称之为"鲁传"，其书凡例云：

> 孔门言诗，子夏氏尚矣，后有孟轲氏、孙卿氏，孟之徒无传者，而浮丘伯、毛亨皆孙卿之徒也。汉初申公培与楚元王交，俱受诗于浮丘伯，申公始为诗传，号鲁诗，亨亦作训故，号毛诗，共一师授而分为二家，故鲁、毛之诗不大相远也。蜀本所刊石本诗传，妄云子贡，应是申公诗传，故往往与申说同也。或疑申公既作传，复有说，何欤？曰左丘明为春秋传，又为《国语》，不嫌并存。②

上引"蜀本所刊石本诗传，妄云子贡"，已疑其非真，但又根据史载申培有传，认为《子贡诗传》当为《申公诗传》，是不明《申培诗说》本据《子贡诗传》伪造。李维桢、韦调鼎等皆已有所疑，而未进一步详加考辨，一方面可能是因学识不够，另一方面很可能《子贡诗传》满足了他们求古、好奇的心态。

从当时诗经学的发展来看，朱子《诗》说与汉人《诗》说出现了难以弥缝的情况，朱子《诗》说的弊端不断被揭示，其权威与地位逐渐下降。与此同时，诗序的权威又尚未树立，诗序以及毛传、郑笺的不少解释同样无法使当时学者心安。在这种情况下，《子贡诗传》的出现给《诗经》诠释提供了另一种可能，学者或借其弥缝、折中各家之说，或托《子贡诗传》以立新说。例如凌濛初《圣门传诗嫡冢·自序》云：

---

① （明）凌濛初：《圣门传诗嫡冢》，《四库全书存目丛书》经部第66册，影印中国科学院图书馆藏明崇祯刻本，济南：齐鲁书社，1997，第244~245页。

② （明）钟惺、韦调鼎：《诗经备考》，《四库全书存目丛书》经部第67册，影印故宫博物院图书馆藏明崇祯十四年刻本，济南：齐鲁书社，1997，第163页。

序说自汉以传，虽夹漈力辩其妄，紫阳细索其瘕，或至尽更其说。时亦小有易置，而终不敢移其篇第，以类相从，徒使读者从违皆不安，惟有仍袭固然，莫或究诘耳。今得子贡传，一览而群疑皆释。复得申公说，一证而阙义皆完。郑氏不必牵经以合序，朱子不必泥文以害志，学者亦不必凿别解以抗前闻。如薄雾见朝晞，暗中燃炬烛，何其快也！……汉尊经术而重师承，各立博士，分门别户，竞相角胜，犹有传有不传。今功令锢人，古义悉废，学者安于固陋，一见异同，骇而欲走，虽博学好事家，犹咸未深考，何惑乎疑端之种种也。余不欲古学之日湮，乃取子贡传，从其次而行之。而申公之说、毛公之传、郑氏之笺，皆附见焉。①

凌濛初认为通过《子贡诗传》和《申培诗说》，郑玄不必牵经以合序，朱子也不必寻绎文辞以解经义，围绕诗序长久以来的纷纭聚讼亦可息，而古义可重见天日。韦调鼎也有相似的说法，他在《诗经备考答语》中写道：

汉重经术，师尚专门，言诗家如申如辕如韩如毛，学有根据，互为阐宣，若老农谈稼，山人谈樵，泽人谈渔，自写其胸中独得之妙，不必一也。而鲁最为近。后世传注笺疏，日增月益，繁文杂举，如鬻矛而兼盾，抵牾不相下，而诗之义晦矣。晦庵朱氏最后，集诗传，自谓可以垂世，不知其误亦不少。盖其论诗，与东莱抗议，力诎小序，尽翻旧说，于国风尤甚，而诗之义愈晦矣。后之学士讲师，无先儒之才识，不得一定之说，则相与颠顿于训诂章句之内，而终不能晓诗人之旨义，不亦悲乎。予故旁搜博考，以鲁诗为正始，酌辕、韩、毛三家，使不相病，合序传、笺、疏诸说，使不相悖，上自孔卜端木，下及夹漈考亭，参之于章句之外，会之于声响之先，不守一说，不牵一隅，弃其暌离，采其无弊者，定以为训，使天下后世有所折衷焉。②

---

① （明）凌濛初：《圣门传诗嫡冢》，《四库全书存目丛书》经部第66册，第240～242页。
② （明）钟惺、韦调鼎：《诗经备考》，《四库全书存目丛书》经部第67册，第143页。

　　韦调鼎认为汉以后之《诗》说相互矛盾，而朱子之误亦不少，致使诗义愈晦。"诗传"（即钟惺、韦调鼎所认为之鲁诗传）可以作为根据，参酌齐诗、毛诗、韩诗、笺疏、朱子之说，可以折中诗义。

　　《子贡诗传》也给好立新说者提供了依据，学者或据此以驳朱，或据此以驳序。詹思谦的《二贤诗传小序跋》就批评朱子道：

　　　　彼其舍圣门授受之微言，而直断以千载悬搜之臆说，至其说之难通，如青衿城阙诸章，则又两解而互存焉。夫诗盖尝删之，约其义蔽于无邪止耳，若夫郑、卫之音，正其所谓淫，所谓亡国而恶且放焉者也。而今一切并录之，至为曲模，其淫态佚情而了无愧畏，然则当时所删者何诗，而所云无邪者又何指乎。此马贵与力辨其非，而谓序为必不可废，非苟而已也。序出于商，毛公传之，迨于今共习，故得不废。而赐之诗世未有习者。岁己丑，谦幸以职事侍文宪郭公，纵言及于诗，因出所藏秘阁子贡诗传石本示谦，谦受而卒业，然后又知赐之为诗，而益信马氏之辨为有据……传中每多残阙，然所不阙者，要与小序相发明。且篆画精研，足备好古一助。①

　　此是借《子贡诗传》与诗序相发明。邹忠胤则借《子贡诗传》之说，对序说、朱说皆驳之，以立新说。钱天锡《诗牖》亦如此，其自序云：

　　　　今读诗传、诗序二编，则同时受业者，其指归次第已截然不同。而欲执三家以裁毛、郑，执东莱、颖滨诸人以绳紫阳，是以征笑羽也。徒知己指之为指，不知彼指之不殊也。②

　　钱天锡以《子贡诗传》、诗序之不同，认为《诗》说源流、次第本截然不同，故取齐、鲁、韩三家裁毛、郑之说，取吕祖谦、苏辙之说驳朱子，这种做法失当可笑。钱氏据此提出："诗当以声论。夫以义求者离性远，以

---

① （明）凌濛初：《圣门传诗嫡冢》，《四库全书存目丛书》经部第66册，第243页。
② （明）钱天锡：《诗牖》，《四库全书存目丛书》经部第67册，影印上海图书馆藏明天启五年刻本，济南：齐鲁书社，1997，第516页。

声感者于性近，牖民孔易，亦求之于性情之间而已"，故其《诗牖》别自为说，以性情论诗。

信从《子贡诗传》者还有一个倾向值得注意，即往往将《子贡诗传》与诗序并举，称为"二圣诗传"，以相发明，客观上可以促进人们对诗序的认识。还有不少著作详引毛传、郑笺、孔疏阐释《诗传》或诗义，这也使汉唐《诗》说系统得到进一步推广。例如，凌濛初的《圣门传诗嫡冢》在诗前列《诗传》、诗序，诠释诗文则全用毛传、郑笺。又如，钟惺、韦调鼎《诗经备考》以《子贡诗传》为宗，其有未当，兼用毛诗，注释多取毛、郑，间亦采齐韩《诗》说、《尔雅》、《说文》。可见《子贡诗传》之流传在一定程度上也促进了诗序、毛传、郑笺的传布。

过去学界对于《子贡诗传》，多注意其负面影响，《四库全书总目》对《子贡诗传》及其羽翼之书也屡加抨击。例如，《四库全书总目》论《诗传阐》云："是书即丰坊伪《诗传》，每章推演其义。而于坊伪《诗说》，则深斥其妄。一手所造之书，而目为一真一赝，此真不可理解之事矣。"但四库馆臣未加深考，不知《申培诗说》《子贡诗传》非出一手。其他如《圣门传诗嫡冢》《言诗翼》《诗经备考》等提要亦似如此。深绎此类著作，可发现其内容、体例在学术史上往往别有意义，下文以邹忠胤的《诗传阐》、凌濛初的《圣门传诗嫡冢》二书为例，略加申说。

一 邹忠胤《诗传阐》

邹忠胤，字肇敏，江苏武进人。生卒年不详，万历四十一年（1613）进士，曾担任钱塘令、福建参议。清康熙间编《常州府志》载其事迹云：

> 初任钱塘令[①]，有惠政，升福建参议，平剧寇刘香，转九江副使。当事欲佟城凿功，忠胤曰："守在人，不专在地，徒妨农事，无益。"以此忤当事，投劾归。穷研经学，所著有《周易揆》《尚书稽》《诗传

---

① 按，据乾隆《杭州府志》，邹忠胤于万历四十五年（1617）开始担任钱塘令。参见《杭州府志》卷一百二，《中国方志丛书·华中地方》第 199 册，台北：成文出版公司，1974，第 1972 页。

阐》《春秋衷》等书。①

据沈守正《邹侯肇敏扈冶斋诗义序》可知，邹氏以《诗》学教授钱塘；②丁丙《善本书室藏书志》载，邹氏任钱塘令期间曾刊刻其先祖北宋学者邹浩《道乡集》。③《常州府志》所言"有惠政"，非虚言。邹忠胤的著作除《诗传阐》外均不存于世。邹氏早期事功，触忤当事，遂归而穷研经学。研治范围包括《周易》《尚书》《诗》《春秋》，除《礼记》未有专门研究外，几乎遍及五经，这是明代后期学者的共同特征。

在《诗》学方面，邹忠胤既不认同诗序，也不以朱子《诗》说为然。其自序云：

> 惟毛序托重子夏，其说遂蔓衍至今，传、笺、疏、注，递相耳食，虽互有合离，总之郢书燕说，而"无邪""得所"之义，历百千余载，长蔽云雾。④

在此序中，邹忠胤直指毛传、郑笺、孔疏和朱注递相耳食、郢书燕说，认为圣人思无邪、雅颂各得其所之义蒙蔽已久，幸有《子贡诗传》存世，"一展卷而部分粲如，并宗旨亦跃如，兼有可以旁证他经，而破千古聚讼之不决者"，以《子贡诗传》为秘宝。他对《申培诗说》的态度则不同，在书中直斥为伪，"伪《申公诗说》，则乱苗之莠，不可不亟芟也"。⑤故邹氏此书主要申《子贡诗传》之义，并借《子贡诗传》驳诗序与朱说。而他在考辨方面尤具特色。

---

① 《（康熙）常州府志》卷二四，《中国地方志集成·江苏府县志辑》第36册，南京：江苏古籍出版社，1991，第540页。

② （明）沈守正：《雪堂集》，《四库禁毁书丛刊》集部第70册，影印中国图书馆藏明崇祯沈尤含等刻本，北京：北京出版社，2000，第70册，第634~635页。

③ （清）丁丙：《善本书室藏书志》，《续修四库全书》史部第667册，上海：上海古籍出版社，1997，第489~490页。

④ （明）邹忠胤：《诗传阐》，《四库全书存目丛书》经部第65册，影印北京图书馆藏明崇祯刻本，济南：齐鲁书社，1997，第471页。

⑤ （明）邹忠胤：《诗传阐》，《四库全书存目丛书》经部第65册，第477页。

邹氏首先考辨了《子贡诗传》和《申培诗说》的区别，并指出《申培诗说》之伪。《子贡诗传》为丰坊伪造，《申培诗说》则是王文禄在《子贡诗传》基础上的再次造伪，清代学者多未认识到这一点，常误以二书出自丰坊一手。邹氏之失乃在于信从伪《子贡诗传》，也正因如此他能对比《申培诗说》，进而发现其中区别，这在辨伪上是一大进步。

邹氏在《诗传阐》卷二十四《鲁申公诗说辨》中对《子贡诗传》与《申培诗说》非出一手详加辨明。他先根据内容风格断定《申培诗说》乃托《子贡诗传》为之：

> 汉承秦烬，诸儒筚路以启草昧，固未能畅厥十［其］旨，要以各禀师承，各不相袭，虽守残专己，然亦多匠心并获，未有若《诗说》之规规焉，摹仿《诗传》，每篇仅倒其数字，而赘之曰若者为赋、若者为兴、若者为比，此汉儒所不屑，亦所不暇详也。

邹氏又从目录所载鲁诗书目、卷数及《汉书》所载鲁诗之说断《申培诗说》之伪：

> 考《汉志》，《鲁故》二十五卷，《说》二十八卷，今《诗说》既不若是侈。鲁诗之见于《汉书·杜钦传》者曰："佩玉晏鸣，《关雎》叹之"；及释"先君之思，以畜寡人"，谓为卫定姜作。即此二条，又与今《诗说》不类。则《诗说》非出自申公，不较著矣乎。《隋志》谓鲁诗亡于西晋，而小学有一字石经鲁诗六卷，今亦未见其卷之有六，所云亡于西晋，审矣。

邹氏又考察出《子贡诗说》释诗多与前人之说同：

> 载观《诗说》中释《泮宫》《有駜》《载驰》《溱洧》《维清》《长发》，则词同《小序》；释《河广》《鸨羽》《十亩之间》，邹之《羔求》《匪风》，则词同朱子；释秦之《晨风》，则意同东莱。其他释雅、颂，与朱《传》雷同者不下十余篇。虽虑百致一，我心先获，亦何能

乃符至是。此决非朱之袭申，而为申说者袭朱也。①

　　邹氏辨《申培诗说》之伪极为详审，他指出《申培诗说》乃依托《子贡诗传》伪造，非成于一手，是《子贡诗传》与《申培诗说》出现以来第一人。② 不过，他误以《申培诗说》可能是"宋元季世陋儒所为"③，这也是过信《子贡诗传》的成见导致的。

　　《诗传阐》是专门阐释伪《子贡诗传》之作，在体例上先列《子贡诗传》之说，再逐篇论析。虽然其主旨在于阐述伪《子贡诗传》，但邹氏对于诗中之训诂、文字、制度等诸多问题详加考辨，对诗旨的探讨也颇有独到之处。

　　例如，在训诂方面，邹忠胤吸收了当时最新的考证成果，不少地方能明假借、读本字。《汝坟》"惄如调饥"之"调"，《静女》"爱而不见"之"爱"，杨慎的考证均属假借，并用《说文》、《方言》、三家诗异文等材料配合声音之理，推断"调"为"朝"之假借，"爱"为蔽薆之"薆"的假借。邹忠胤在《诗传阐》中全面吸收了这些意见："按调饥之'调'，《韩诗》作'朝'，《薛君章句》云：'朝饥最难忍。'《易林》云：'伣如旦饥。'其义最晰。"④ "爱，《说文》作僾，《方言》作薆，字书作靉，皆蔽而不见之意。"⑤

　　在考证诗义和史实方面，邹氏也颇有创发。例如，《周南》诸诗，自诗序定为美后妃，历来多认为与文王太姒有关，即如朱子驳序，对《周南》诗义仍多袭用毛、郑旧说。邹忠胤对此则加以驳斥：

　　　　周人美后妃，止《桃夭》一诗，序于诸诗，无不归美后妃者，夫太姒以伣天之妹嗣徽音而宣阴化，其扶助德美为华宠，亦何庸殚述。

① （明）邹忠胤：《诗传阐》卷二四，《四库全书存目丛书》经部第 65 册，第 820～821 页。
② 明末其他学者考辨《子贡诗传》《申培诗说》者，参见林庆彰《清初的群经辨伪学》，台北：文津出版社，1990，第 263～270 页。按，在邹忠胤之前，周应宾已意识到《申培诗说》与《子贡诗传》篇次稍异，但未能详考。
③ （明）邹忠胤：《诗传阐》卷二四，《四库全书存目丛书》经部第 65 册，第 821 页。
④ （明）邹忠胤：《诗传阐》卷一，《四库全书存目丛书》经部第 65 册，第 489 页。
⑤ （明）邹忠胤：《诗传阐》卷四，《四库全书存目丛书》经部第 65 册，第 531 页。

要以妻道无成，后妃之美孰非文王之美，故《诗传》于《螽斯》曰："周人庆文王之多男"，于《麟趾》曰："周人美公子之多仁"，而词不及后妃。非谓后妃无足美也，美文王则后妃在其中。若如序专美后妃，将置文王于何地乎？①

邹氏认为专美后妃则置文王于无地，其证据正来自《子贡诗传》，可见《子贡诗传》对于当时学者怀疑精神之推动作用。他又详考史实，认为太姒之身份有不少问题：

诗言"长子维行"，先之以命文王于周京，则谓初载为即位初年，似亦非凿。但《书·无逸》云："文王受命惟中身。"若斯时甫娶，无乃太晚？愚又意太姒为文王继娶，"缵女惟莘"，傥是谓邪？礼，诸侯不再娶，或乃周制，非殷制邪？且元妃卒于未即位之先，故无嫌续娶邪？因思《关雎》寤寐淑女，何求之若是其迫？傥亦以文王年已中身、胤嗣未广故邪？②

邹氏连续提出六个疑问，尤其是据"缵女惟莘"疑太姒为文王继室，对后世影响甚大，明末何楷、清初钱澄之、清末魏源都是在邹忠胤的怀疑基础上做了进一步考论。③

邹氏考证较为精审，能破除汉儒、宋儒之成见，故往往能就诗论诗，分析《诗经》文字中蕴含的情感，解释诗旨颇具特色。例如，邹氏论《氓》诗云："此女归非礼，衰而见弃，《氓》之诗所为赋也。诗本刺而无一语讥诋，但代弃妇言，委致如其自叙，诗之曲尽人情如此。"④ 邹氏善于分析诗篇的文学特色，不少论析颇为生动，如论《汉广》云：

---

① （明）邹忠胤：《诗传阐》卷一，《四库全书存目丛书》经部第 65 册，第 485 页。
② （明）邹忠胤：《诗传阐》卷十九，《四库全书存目丛书》经部第 65 册，第 740 页。
③ 参见（明）何楷《诗经世本古义》，《景印文渊阁四库全书》第 81 册，第 93 页；（清）钱澄之《田间诗学》，第 5～6 页；（清）魏源《诗古微》，《魏源全集》第 1 册，长沙：岳麓书社，2004，第 331～332 页。
④ （明）邹忠胤：《诗传阐》卷五，《四库全书存目丛书》经部第 65 册，第 538 页。

翘薪四语，似与章首四句遥对，盖乔木不可休，错薪则有可刈也。游女不可求，于归则有可效也，又似兴而实赋。薪中之楚可以秣马，薄言刈之而秣其马乎？薪中之蒌可以秣驹，薄言刈之而秣其驹乎？乃其不可求者，卒令人自远矣。故复咏汉之广云云、江之永云云，夫女不可求，女之守礼可见。知女之不可求，男子之秉礼可见，国风好色而不淫，此类是已。后世骚赋如"相下女之可贻"，"令蹇修以为理"，"理弱而媒拙兮，恐导言之不固"，"满堂兮美人，忽独与子兮目成采"，"芳洲兮杜若，将以遗兮下女"，固是寓言，又如意似近而既远，若将来而复旋顾……所谓词人之赋丽以淫，要亦古诗之流也。夹漈郑氏云："屈宋以来，骚人词客多生江汉，二南始基矣。"①

上引讨论了《汉广》诗之遣词造句，并结合诗义加以分析，又引《楚辞》等后世诗赋进一步阐发其影响及意义，颇为贯通。又如，对于《陈风·月出》，伪《子贡诗传》造"朋友"二字为说，伪《申培诗说》认为"朋友相期不至而作"，邹氏则直指此为相念之诗，论之曰：

陈近于楚，其音节正相类，窈、纠、忧、受等语，已隐然具骚人之致矣。又《神女赋》云："其少进也，皎若明月舒其光"，谢庄《月赋》云："美人迈兮音尘阙，隔千里兮共明月"。意俱本此。②

像这样指明后世诗赋受《诗经》影响的内容在《诗传阐》中比比皆是，邹氏的见解独到，具有很高的价值。

邹氏过信伪《子贡诗传》，其疏误在所难免，最严重的是据伪《子贡诗传》改乱《诗经》的次序，改换诗题。例如，以《鄘风·定之方中》为"鲁诗"，并改其名为《楚宫》，还引《左传》僖公二年城楚丘事详加考辨；将《桑中》更名为《采唐》，将《邶风》的《雄雉》《匏有苦叶》《北门》《简兮》《北风》等诗系之管叔之乱，皆非解经之正途。因伪《子贡诗传》

---

① （明）邹忠胤：《诗传阐》卷一，《四库全书存目丛书》经部第65册，第490页。
② （明）邹忠胤：《诗传阐》卷十四，《四库全书存目丛书》经部第65册，第644页。

中《王风》载所谓《唐棣》篇，邹氏遂以《郑风·东门之墠》为此诗，并移置《王风》。邹氏拘泥伪《子贡诗传》之说，如释《荣莒》为儿童斗草，过于求新说、异说。①

邹忠胤《诗传阐》一书面世后，明代学者即有引用，如曹学佺《诗经剖疑》（成书于明崇祯末年）、何楷《诗经世本古义》（成书于明崇祯十四年）、顾梦麟《诗经说约》（成书于明崇祯十五年）、朱朝瑛《读诗略记》（约在清康熙初年成书）、张次仲《待轩诗记》（成书于清康熙十五年）等多用其说。何楷、朱朝瑛、张次仲为明末大儒，对清初学术影响较大。他们的诗经学著作成书时间距《诗传阐》均不太远，从侧面可见《诗传阐》的传播之广。而《诗传阐》以《竹书纪年》考古史的方法也被何楷、朱朝瑛等人所继承。清朝诗经学著作，则朱鹤龄的《诗经通义》、顾栋高的《毛诗订诂》、胡承珙的《毛诗后笺》等多用其说，甚至康熙御纂之《诗经传说汇纂》也收录了不少邹氏意见②。更反映出《诗传阐》一书在明末清初诗经学史上的价值和地位。

前人未注意的是，受邹氏《诗传阐》影响最大的一部著作是姚际恒的《诗经通论》。姚际恒对邹氏的评价颇为矛盾，他在《古今伪书考》中说："凌濛初为《传诗嫡冢》，邹忠彻（胤）为《诗传阐》，姚允恭为《传说合参》，使得以尽售其欺，可叹也夫。"③ 在《诗经通论》里，姚际恒也说邹忠胤入伪书之魔而不悟④，但同时又说他的《诗传阐》"文辞斐然"，对于他笃信伪《子贡诗传》颇有可惜之意。今检《诗经通论》中明引《诗传阐》有 20 处，其中反对其说仅 4 处，而赞同其说多达 16 处。姚际恒引邹氏之语，往往称赞"其说良快"，"阅此可以击节"，"此说良是"，"此说甚新……尤巧而确"，"可谓发千古之蒙矣"，⑤ 等等，表现出他对邹氏的赞赏之情。

---

① 参见（明）邹忠胤《诗传阐》，《四库全书存目丛书》经部第 65 册，第 513～515、527～528、605、491 页。

② （清）王鸿绪等：《钦定诗经传说汇纂》，《景印文渊阁四库全书》第 83 册，台北：台湾商务印书馆，1983，第 266、377 页。

③ （清）姚际恒：《古今伪书考》，顾颉刚点校，北京：朴社出版，1933，第 10 页。

④ （清）姚际恒：《诗经通论》，第 6 页。

⑤ （清）姚际恒：《诗经通论》，第 23、241、264、342、343 页。

以《邶风·柏舟》为例，刘向《列女传》以为卫宣姜所作，朱子用其说，以为妇人所作。姚际恒引邹氏说云："原向作《传》之意，特因燕尾垂涎，辑闺范以示讽喻，取其通俗易晓，故其书庞而无择，泛而未检，何得取以释《诗》！马贵与曰：刘向上封事，论恭、显倾陷正人，引是诗'忧心悄悄，愠于群小'，而继之曰，'小人成群，亦足愠也'，此正合序意。夫一刘向也，《列女传》之说可信，封事之说独不可信乎！"① 姚际恒赞同邹氏之说，并认为诗中的饮酒、遨游、威仪棣棣等皆男子语，力驳朱说之非。

姚际恒《诗经通论》中所用邹氏之意见不止明引的 20 处，还有很多地方暗用、暗袭邹氏之说。笔者详勘二书，发现除明引邹氏外，《诗经通论》中未加明示而实引自邹忠胤《诗传阐》的内容有 41 处。姚际恒或直接袭用《诗传阐》之说；或归纳《诗传阐》考证与意见，重新述之；或直接承用《诗传阐》的结论；或节引《诗传阐》的观点，再加以引申。以下分别举例言之。

直接袭用《诗传阐》之说者，如《小雅·南山有台》，邹氏《诗传阐》云："序以《南有嘉鱼》为乐与贤，此篇为乐得贤，不过更一字以为异，其实无甚意义也。"姚际恒《诗经通论》直接袭之云："按序以前篇《南有嘉鱼》为'乐与贤'，此篇为'乐得贤'，'与'之与'得'，所差几何？如此说诗，不近稚乎！"② 又如《大雅·棫朴》，邹氏《诗传阐》云："序以《棫朴》为能官人，此窃左氏释《卷耳》意，要非正解。"姚际恒《诗经通论》袭之云："小序谓'文王能官人'，差些，盖袭《左传》释《卷耳》之说。"③

归纳《诗传阐》的考证与意见，重新述之者，如《魏风·葛屦》，《诗传阐》论之云："愚意诗原属兴体，则当会其兴义。纠纠四句，不当如毛、郑平说直拟《序》所云机巧趋利而已……即彼纠纠之葛屦，尚见为可以履

---

① （清）姚际恒：《诗经通论》卷三，第 49 页。
② （明）邹忠胤：《诗传阐》卷十六，《四库全书存目丛书》经部第 65 册，第 665 页；（清）姚际恒：《诗经通论》卷九，第 185 页。
③ （明）邹忠胤：《诗传阐》卷十九，《四库全书存目丛书》经部第 65 册，第 741 页；（清）姚际恒：《诗经通论》卷十三，第 268 页。

霜，况此掺掺之女手，安在其不可以缝裳。于是遂要之、遂襋之而遂服之，若有汲汲焉不能少须之意，抑何褊也？斯固所称好人乎。"姚际恒亦承用其说："诗人取兴多有难详者，不必执泥强求……诗取兴谓虽纠纠之葛屦亦可以履霜，则掺掺之女手亦可以缝裳矣，于是要之襋之，使好人服之。'好人'犹美人，指夫人也。以见其服事之勤如此。"① 可见姚际恒对兴之理解、对诗义之解释仍与邹氏同，只是改换文字，用己意述之。

直接承用《诗传阐》之结论者，如《秦风·蒹葭》，《诗传阐》论诗义甚详而精："而乃有遗世独立，澹乎埃壒之外若斯人者，岂所谓一国之人皆若狂而此其独醒者欤？按秦士自贱，所从来矣，然当焚坑之候，尚有飞遁离俗如鲁两生、商山四皓，其人则幽贞，道未尝缺，而秦川伊人已为之嚆矢。若其诗，抑亦桃源记之祖也。"姚际恒则直接用邹氏结论，曰："此自是贤人隐居水滨，而人慕而思见之诗。"② 又如邹氏《诗传阐》以《菁菁者莪》《隰桑》为燕贤之诗，乃人君"直自写其中心之好，以菁莪、隰桑起兴，谓其芳可撷、其荫足可庇也"。姚际恒则用其结论，认为《菁菁者莪》"大抵是人君喜得见贤之诗"。③

节引《诗传阐》之观点，再加以引申者，如姚际恒解《卷耳》，自"欧阳氏驳之曰"，至"此诗固难详，然且当依《左传》，谓文王求贤官人，以其道远未至，闵其在途劳苦而作，似为直捷"，几乎全袭邹氏之意见，而略加引申。④ 又如，姚际恒解《周南·兔罝》，认为诗序"后妃之化"之说迂而无理，并引胡胤嘉语以之为求遗贤之诗，此亦节引自邹氏《诗传阐》。⑤ 再如《小星》，邹氏引章俊卿之说认为该诗是"史臣勤劳之诗"，姚际恒亦云："此篇章俊卿以为'小臣行役之作'，是也。"姚际恒据诗句详

---

① （明）邹忠胤：《诗传阐》卷九，《四库全书存目丛书》经部第 65 册，第 596 页；（清）姚际恒：《诗经通论》卷六，第 124 页。

② （明）邹忠胤：《诗传阐》卷十五，《四库全书存目丛书》经部第 65 册，第 653 页；（清）姚际恒：《诗经通论》卷七，第 141 页。

③ （明）邹忠胤：《诗传阐》卷十六，《四库全书存目丛书》经部第 65 册，第 660 页；（清）姚际恒：《诗经通论》卷九，第 188 页。

④ （清）姚际恒：《诗经通论》卷一，第 20 页；（明）邹忠胤：《诗传阐》卷一，《四库全书存目丛书》经部第 65 册，第 487 页。

⑤ （清）姚际恒：《诗经通论》卷一，第 25 页；（明）邹忠胤：《诗传阐》卷一，《四库全书存目丛书》经部第 65 册，第 488 页。

加分析，举出不类后妃妇人之事者三、不可通者三，订旧说之失。①

从姚际恒对邹忠胤《诗传阐》的扬弃可见明末清初学术递进之过程。一方面，从姚际恒对《诗传阐》的袭用可见姚氏对邹氏之考辨、怀疑精神的继承与发扬；另一方面，姚际恒虽袭用邹氏之说，但对不少地方加以改进，显示出经学观念和考据理念的进步。首先，在对待朱子的态度方面，邹忠胤虽常驳朱子之说，但总体而言他对朱子的批评较为委婉，甚至有曲护之处，更侧重于批驳诗序、毛、郑。姚际恒则批驳朱子甚力，毫不留情。例如，对于《周颂·桓》一诗，邹忠胤、姚际恒皆以序说为无稽之谈，并批驳后世尊序之失，但邹忠胤仅批评孔疏之不当，对朱子不置一词；姚际恒则力批朱子，称"何其无学识至于此也"。② 足见邹氏虽驳朱，但不排朱，而姚际恒则意在排斥朱子《诗》说。其次，在考证方面，邹氏常利用《竹书纪年》《周礼》《孔子家语》等考证史实，姚际恒则视这些书为后出之伪书③，故很少采用，更多地使用《左传》等材料，善于以经证经，在理念上更为严谨和审慎。加之姚际恒学识更高、考证更为精密，故能在邹氏的基础上青出于蓝。

二　凌濛初《圣门传诗嫡冢》

凌濛初羽翼伪《子贡诗传》的著作有两部，一为《圣门传诗嫡冢》，一为《孔门两弟子言诗翼》。二书皆宗主诗序、《子贡诗传》，而风格略有不同。《圣门传诗嫡冢》先列《子贡诗传》，次诗序，正文则详列毛传、郑笺为解，后有按语，引历代之说加以考辨，并附有《申培诗说》。《孔门两弟子言诗翼》则先列诗序，次《子贡诗传》，不举毛传、郑笺训诂，仅列经文，再引沈守正、陆化熙、钟惺、徐光启等诸家《诗》说，重在分析文辞、结构。

与邹忠胤处处批评诗序、朱子不同，凌濛初意在弥缝、折中，故申说

---

① （明）邹忠胤：《诗传阐》卷二，《四库全书存目丛书》经部第 65 册，第 501～502 页；（清）姚际恒：《诗经通论》卷二，第 43～44 页。
② （明）邹忠胤：《诗传阐》卷二二，《四库全书存目丛书》经部第 65 册，第 788 页；（清）姚际恒：《诗经通论》卷十七，第 350～351 页。
③ 参见（清）姚际恒《古今伪书考》，第 11、16、18～20 页。

《子贡诗传》时，往往举序意、朱说相互发明，并对朱子多有曲护，整体来看，更倾向朱子《诗》说。如《葛覃》诗，凌濛初《圣门传诗嫡冢》按语云：

> 愚按，此诗传意极明，毛、郑因序有在父母之家语，未免饰经从序，俱以治葛为在父母家，而言归反是谓嫁，则下浣服又是在夫家矣。忽又粘连归宁，使杂出费解。窃谓序意因末句有宁父母字，便推其本，知在父母家，勤俭之性已然。今贵而能如此不改，则可以归安父母。在家之志，正在宁字上想出，非谓治葛告师，俱是道父母家事也。古人文字简直，略少一转，后人不能通其意，而遂泥其辞，颇不如朱注之直截，与传意正合。至其云已贵而能勤，已富而能俭，恰又适用传中夫子之语。①

《葛覃》序云："后妃之本也。后妃在父母家，则志在于女功之事，躬俭节用，服浣濯之衣，尊敬师傅，则可以归安父母，化天下以妇道也。""在父母家"，于经"归宁父母"不合，故历来聚讼纷纭，伪《子贡诗传》则直作"大姒将归宁，而赋葛覃"，凌濛初认为较为合理，且朱子《诗》说与此正合，可相互为证。

又如《采蘩》，凌濛初曰：

> 愚按，传序同旨，序所谓循法度者，正采盛湘奠之。序即传之言勤也。毛、郑止因季女一女字，遂谓是为女子时教成之祭。则所谓大夫妻云云者，反是诗外预推他日嫁后事，非诗中所有，亦牵强矣。王肃云：此篇所陈，皆是大夫妻助夫氏之祭。其说合于序，朱子从之为是。②

凌濛初在此欲折中诗序、伪《子贡诗传》，故认为传、序同旨，而以

---

① （明）凌濛初：《圣门传诗嫡冢》卷一，《四库全书存目丛书》经部第66册，第266～267页。
② （明）凌濛初：《圣门传诗嫡冢》卷一，《四库全书存目丛书》经部第66册，第274页。

毛、郑之解为牵强，不如王肃之说。朱子从王肃，既合于序，又合于义。

又如《出其东门》，《子贡诗传》有阙文，云："郑有贞士，宜其□□□□□俗，赋出其东门"，凌濛初亦认为朱子之说与伪传相合：

> 愚按，传虽阙文，详上下文意与朱子之说正合。序云"思保室家"，于经各末二句，义原自可通。郑乃云"时亦弃之，心不忍绝"，则于聊乐、聊娱之义，便不伦矣。①

在名物训诂方面，凌濛初亦多从朱子之解。例如，对于《鸱鸮》诗之"鸱鸮"，凌濛初曰：

> 鸱鸮，《尔雅》作鸱鸺，即鸺鹠。朱子谓："其攫鸟子而食，故托为鸟言呼之云'既取我子，无毁我室'"，自是明顺。今作鸱鸮，自言其子与室，并作巢之勤苦，周公何乃以恶鸟自况乎？毛引《尔雅》作鸋鴂，谓似黄雀而小者。应似无碍。然《泮宫》之鸮，又曰恶声之鸟，当复何物耶？旧说尽有不及朱者，使朱得见子贡传而作注，必有可观。②

凌濛初认为毛传自相矛盾（其实诗中之鸱鸮与鸮为二物，凌濛初未加深考），故以朱说为佳。他又认为旧说尽有不及朱子者，对于朱子没有见到《子贡诗传》而感到遗憾。其实凌濛初之所以能发现朱子《诗》说可与《子贡诗传》相发明，很重要的原因就在于《子贡诗传》中的一部分解释是附会朱子《诗集传》而伪造的。

对于朱子淫诗之说，凌濛初则持怀疑态度，他在被朱子指为淫诗的篇目后都未做讨论，但在《出其东门》一诗后总而论之。他将伪《子贡诗传》作为证据，论朱子淫诗之说是误读了孔子"郑声淫"一句：

---

① （明）凌濛初：《圣门传诗嫡冢》卷七，《四库全书存目丛书》经部第66册，第367~368页。
② （明）凌濛初：《圣门传诗嫡冢》卷二，《四库全书存目丛书》经部第66册，第280~281页。

据毛本郑诗二十一篇，朱子不以为淫诗者，才七篇耳。据传，郑诗十四篇，而仅《溱洧》一篇，似淫非淫。可知朱子只因错认孔子郑声淫一句，遂冤屈许多郑诗也。孔子原只说郑声淫，不曾说郑诗淫，声之与诗，岂可无辨，而遂令若是。①

淫诗之说是朱子《诗》说中被攻击最多的观点之一，许多遵从朱传者也不从其说。② 有关淫诗的讨论一直延续到明末，伪《子贡诗传》的出现正好给学者提供了证据，以对朱子的淫诗之说进行重新评估，使诗义诠释重新回归到"厚风俗、美人伦"的轨道上来。

明末是诗经学由朱子《诗》说转向汉人《诗》说的过渡时期，朱子《诗》说的权威逐渐下降，但诗序、毛传等的权威尚未树立，朱子的影响也不会在很短的时间内消退。在这种情况下，在诗义的解释上疑义纷出，是非难定，学者也各自为宗、各自为解，需要有新的权威之说来弥缝和折中诗义，甚至取代旧有的诠释系统。伪《子贡诗传》的出现恰好适应了这种学术需求，并满足了不少学者好奇、求古的心理。欲立新说者借《子贡诗传》驳斥序说、朱说，弥缝旧说者则以《子贡诗传》证明序说、朱说。这个过程一方面给后来疑经、思辨的学者带来不少启发，另一方面也促进了诗序、毛传、郑笺等古义的传播，加深了人们对汉唐《诗》说系统的认识。

综合本章所述，其一，自万历中期以后，诗经学的诠释形式发生了较大变化，出现了一批不同于宋学义理系统的著作，这些著作不再以朱传为中心，也改变了重视义理诠释的特点，而慢慢注意到诗序的权威以及毛传、郑笺和孔疏的价值。当时学者多对科举程式所带来的负面影响感到不满，于是有回归经学的呼声，具体表现在两方面：一是常批评汉儒琐碎、宋儒空虚；二是直面经书文本，并重新考察孔门诗教的内涵及价值。郝敬的《毛诗原解》就是回归经学的代表之作。郝敬是自朱子《诗集传》行世之后，首部以疏解诗序为中心的著作。他认为诗序渊源最古，尤其序之首句

① （明）凌濛初：《圣门传诗嫡冢》卷七，《四库全书存目丛书》经部第66册，第368页。
② 参见黄忠慎《朱子〈诗经〉学新探》，台北：五南图书公司，2003，第104～115页。

与孔子密切相关。他尊信诗序，无关汉学，而是力求直抵圣人原意。因此他在训诂上仍多承袭朱子《诗集传》，而在解释诗义方面重视用"比"之法来诠释诗中蕴含的大义，并由此提出"一诗三义"之说。郝敬的研究对清初学者朱鹤龄深有启发。

其二，何楷在明末考据学成就基础之上试图重建《诗经》诠释体例。在体例上，何楷的《诗经世本古义》打乱了《诗经》原来的次序，而按照自己拟定的二十八个时代重新编排；在诗旨的择取上，何楷参考众说，不专从某家；在对诗句的诠释上，何楷注重博引经传及群书考证制度、名物、天文和地理，同时也详列异文材料。何楷也非常重视对明代学者著作的引用，所引明代学者多达四十八家，几乎囊括了有明一代最为重要的诗经学研究成果，集明代《诗》学之大成。《诗经世本古义》取材宏富，征引赅博，故成为后世诗经学著作的重要参考著作，对清代诗经学产生了不小影响。当然，何楷之书还有类书化的倾向，这是因为受到当时风气的影响，下章还会对此做进一步讨论。

其三，明末不少学者信从伪《子贡诗传》，尤其一些学者怀疑其为伪或明知其为伪，仍不断引用，同时还出现了不少主述伪传的著作。从中可以发现，一方面，伪传满足了当时学者好奇、求古的心理；另一方面，对于诗经学聚讼纷纭的一些问题，当时学者已很难考定是非，而伪传的出现恰好给学者提供了证据，学者或据以弥缝旧说，或据以驳斥诗序、朱传。不论目的是弥缝还是批驳，都给后世的诗经学发展带来了较为深远的影响，尤其是邹忠胤的《诗传阐》成为姚际恒疑经考辨之先河。

最后仍需强调一点的是，明末诗经学者出现了反对朱子《诗》学的倾向，并注意到汉人之学和注疏之学，但反对朱子《诗》学，不等于反对朱子的其他学术成就，更不等于全面反对宋学；而注意到汉人之学，也不意味着学者就尊主汉学。例如，顾大韶论诗以汉学为主，多驳斥朱子，但《东林列传》记载他的其他学术则说：

> 其论《礼记》，谓自宋以前，为礼经之学者，惟知郑注、孔疏，无所是非。宣和间三代器物间出，学者援以证汉人之谬，而陈氏《集说》出焉。未有《集说》以前，学者之患在于疑而不能明，既有《集说》

以后，学者之患又在于明而不能疑。不可不深维而自得也。其论《周礼》，则地官之原隰裸物，小司徒之上中下地，以及乡师、乡老、州长之名秩，春官大宗伯之天产地产，春官之世妇，夏官马质之旬内外，司爟之出火内火，冬官之量豆毡案，以及匠人营国，皆援经据传，考古征今，以订补注疏之阙。①

可见，顾大韶是站在整个经学立场上的，意图折中、融合历代之说，包括明代的学术成果。因此论《诗》，他认为宋人凿空为说，以汉人今古，故以序、传为主；论《礼》，他认为仅据郑注、孔疏，无所是非，至陈澔《礼记集说》出而明之。同时又因明代学者之思想渊源皆从宋学中来，故总体来看，他们的为学取向仍以宋学为根基。这种情况也延续到清代。

本章以这几部著作为中心，并不是说在明代末期回归经学与考辨是主流，相反，正因为这并非主流，才显得特出。之所以选择这几部著作，是因为他们对后世产生了深远影响，如果考察这一时期诗经学著作目录可以发现，占最大比例的其实是举业用书，其次是专主义理之作，而征实、考据、尊序一类仍属少数。但正是这些少数在清代发挥了重要影响。这个涓涓细流最终发展为清代考据学的洪流，故需要特别加以考察和说明。

---

① （清）陈鼎：《东林列传》卷三，《景印文渊阁四库全书》第458册，台北：台湾商务印书馆，1983，第216～217页。

第三章　类聚物分：明末《诗经》名物注本与考证兴趣的展开

明代万历以降，出现了一批《诗经》名物注本，学者黄文焕在《诗经考·自叙》中就写道："先是海虞冯有《名物疏》、莆中林有《多识篇》、武塘沈有《类考》、吾郡林吴有《人物鸟兽草木考》，庶几备其大观，亦足资其广见，第录辑各有详略，参订或多异同。"① 所举包括冯复京《六家诗名物疏》（万历三十三年，1605）、林兆珂《毛诗多识编》（万历中期）、沈万钶《诗经类考》（万历三十七年，1609）、吴雨《毛诗鸟兽草木考》（万历三十四年，1606），黄文焕《诗经考》亦属此类，此外还有钟惺、韦调鼎《诗经图史合考》和《诗经备考》、毛晋《毛诗草木鸟兽虫鱼疏广要》、薛寀《诗经水月备考》、胡文焕《诗识》、佚名《三百篇物考》等。② 《诗经》名物之作前代即有，但未若这一时期如此集中。一方面，这是商业发达、出版业繁荣带来的结果，另一方面也是崇尚博学的风气所致。是故这一时期的《诗经》名物注本较之此前同类著作具有内容广博、资料繁杂等特点。杨晋龙、刘毓庆已发现此类著作多有转相抄袭、隐匿资料来源之弊，并指出它们与类书之性质相近。③ 刘毓庆举例说："如《多识编》分为《草部》、《木部》、《鸟部》、《兽部》、《虫部》、《鳞部》等，《六家诗名物疏》分为《释天》、《释神》、《释时序》、《释地》、《释国邑》、《释山》、《释水》等……《诗经类考》更为典型……其中《天》、《露》、《雷》、《霆》、

---

① （明）黄文焕：《诗经考》，日本内阁文库藏明末刻本。
② 参见刘毓庆、贾培俊《历代诗经著述考（明代）》，第480页。
③ 杨晋龙：《明代诗经学研究》，第 309～311 页；刘毓庆：《从经学到文学——明代〈诗经〉学史论》，第 145～146 页。

《电》、《星》之类的细目完全是按类书的要求设定的。"① 对于这一点，《四库全书总目》批评林兆珂《毛诗多识编》："征引故实，累牍连篇，此自类书，何关经义。"又称《诗经图史合考》"名虽释经，实则隶事"。② 《诗经》名物注本和类书为何如此相似，又有何内在联系，目前尚乏讨论。本章力求发掘明末《诗经》名物注本与类书的关系，探讨类书编纂与《诗经》著述的互动，并在明末学术风气与思潮大背景下，钩沉《诗经》名物注本的资料来源和知识生成过程，以及这类注本如何与类书一道起到促进学术研究、传播学术观念等作用。

第一节　明末类书编纂与《诗经》名物注本

一　明末类书编辑与诗经学

明末《诗经》名物注本涉及的"名物"内容颇为庞杂。例如，焦竑为《六家诗名物疏》所写序称冯氏"缀集昔闻，参以新义，自鸟兽草木而外，如象纬、堪舆、居食、被服、音乐、兵戎名见于经者，种种具焉"③，除了草木、鸟兽、虫鱼，还有天文、历法、制度、兵器、音乐、衣食起居等各个方面。其他名物注本如沈万钶《诗经类考》、黄文焕《诗经考》虽未明言名物范畴，但据其内容可知实际亦包含天文、地理、音乐、兵器等诸多方面。专释草木、鸟兽、虫鱼之作如林兆珂《毛诗多识编》、吴雨《毛诗鸟兽草木考》、毛晋《毛诗草木鸟兽虫鱼疏广要》等在具体解释名物时亦好引异闻野记之书，与当时类书有着共同的旨趣。

明代类书数量极多，《四库全书总目》著录就多达 139 种④，其中不乏与名物有关者，如耿随朝《名物类考》、王世贞《异物汇苑》、彭俨《五侯鲭》、黄一正《事物绀珠》、陈继儒《文奇豹斑》、吴楚材《强识略》、穆希文《蟫史》、刘侗《名物考》、何三畏《何氏类镕》等。其中王世贞《异物

---

① 刘毓庆：《从经学到文学——明代〈诗经〉学史论》，第 145～146 页。
② （清）永瑢等：《四库全书总目》，第 140、141 页。
③ （明）焦竑：《诗名物疏序》，载（明）冯复京《六家诗名物疏》，哈佛燕京图书馆藏明万历刻本。
④ 何诗海：《明代类书与文体学》，《安徽大学学报》（哲学社会科学版）2015 年第 1 期，第 68 页。

汇苑》、黄一正《事物绀珠》分类系事，多引典故，主要作用是方便写诗作文时查考材料。耿随朝、陈继儒、吴楚材、穆希文、刘侗诸书体例、分类均相近，如耿随朝《名物类考》分天文、地理、人物、职官、经籍、人事、身体、衣服、饮食、宫室、器用、珍宝、鸟兽、昆虫、草木，杂引群书，罗列材料；陈继儒《文奇豹斑》分天文、地理、人物、文史、花木、鸟兽、器用、人事、释教、字学十类，但所用材料较耿书简略；吴楚材《强识略》、刘侗《名物考》的分类与上述两书大致相同，材料各有详略。穆希文《蟫史》则专释鸟兽、虫鱼。这些著作与《诗经》名物著作的体例特征都非常相近。

除专门的名物类书外，明代还有一些包罗各类事物的类书，其所用材料及与名物有关的内容也与《诗经》名物注本有所交集，如唐顺之《荆川稗编》、徐元太《喻林》、陈耀文《天中记》、章潢《图书编》、彭大翼《山堂肆考》、董斯张《广博物志》、俞安期《唐类函》、刘仲达《鸿书》等。这些著作使用的资料有相近或相同之处，观念上亦趋近（详见下文）。其中章潢的《图书编》就包含《学诗多识》，但内容极为简略，严格来说既非经解也非类书，更近于索引。陈耀文除《天中记》外，亦有《经典稽疑》，稽考《诗经》所用材料，内容多与《天中记》重复。例如《经典稽疑》解释"萱草"云：

> 俗谓母为萱堂，考之《诗》云："焉得谖草，言树之背。"注云："背，北堂也。"笺云："忧以生疾，恐将危身，欲忘之。"是《诗》既以君子行役为王前驱而作，以忘忧解之极通，于母何干预？（《鼠璞》《野客丛书》同）
>
> ……………
>
> 江淹《拟潘岳悼妇诗》："销忧非萱草，永怀寄梦寐。"（《文选》）
>
> 梁何逊《为衡山侯与妇书》："心如膏火独夜自煎，思等流波终朝不息。始知蒌蒌萱草忘忧之言不实，团团轻扇合欢之用为虚。"（《艺文类聚》皆作妇事用）①

---

① （明）陈耀文：《经典稽疑》卷下，《景印文渊阁四库全书》第184册，台北：台湾商务印书馆，1983，第843页。

陈耀文的《天中记》卷五十三"萱草辨"云:

> 俗谓母为萱堂,考之《诗》云:"焉得谖草,言树之背。愿言思伯,使我心痗。"注云:"背,北堂也。"笺云:"忧以生疾,恐将危身,欲忘之。"是《诗》既以君子行役而作,以忘忧解之极通,于母何干预?(《鼠璞》)

> 愿得萱草枝,以解饥渴情。(李陵《录别诗》)积愤成痰痗,无萱将如何?(谢惠连《献康乐诗》)思君如萱草,一见乃忘忧。(王融《和南海王谏秋胡诗》)销忧非萱草,永怀寄梦寐。(江文通《拟潘黄门悼妇诗》)始知萋萋萱草忘忧之言不实,团团轻扇合欢之用为虚。(梁何逊《为衡山侯与妇书》))①

二书所用材料雷同,可知当时类书编纂与经典著述之间的密切关系。当然,陈耀文二书使用的材料并非全然相同或相近,亦有绝不相同者。例如,关于"驺虞",《天中记》按毛传解释为义兽,《经典稽疑》则按今文经说解释为"驺者,天子之囿;虞者,囿之司兽者"。这是二书体例不同所致,《经典稽疑》在于稽考异说,《天中记》引毛传意在解释兽名。但从二书罗列材料的方式可见,《经典稽疑》的体例仍与类书非常相近。

明代类书中还有一类为经学而设,如徐常吉《六经类雅》、许獬《八经类集》、杨联芳《诸经纂注》、江旭奇《朱翼》、汪宗姬《儒函数类》、罗万藻《十三经类语》、张云鸾《五经总类》等,这些著作多为举业之用,或分类以便于记忆,或重新董理材料以扩充知识内容,属于章学诚所称"经生习业"的兔园私册②。这类著作自被归入类书后,历来受关注不多,其实其内容和材料与《诗经》名物注本所用材料多有交互,显示出在科举文化背景下,明代学人对于类书、经解、科举用书认识的混淆与模糊。

明人对类书的认识本就宽泛,李维桢为刘仲达《刘氏鸿书》所作序曰:"古之为类书者,大要有二,一类事一类文。事或博于名物,如《类苑》

---

① (明)陈耀文:《天中记》卷五三,《景印文渊阁四库全书》第 967 册,台北:台湾商务印书馆,1983,第 559 页。

② 王重民:《校雠通义通解》,上海:上海古籍出版社,2009,第 11 页。

《华林》，文或博于词章，如《玉彩》《瑶林》，而兼载事、文，如《类聚》《学记》之类，皆以备遗忘、便讨论，词林所不废也。其重在典故经济，如《通典》《元龟》《通志》《通考》之类，则可见行事非托空言矣。"① 将杜佑的《通典》、郑樵的《通志》与马端临的《文献通考》等指为类书的观念屡见于明人之书。

在作用和功能上，不论是《诗经》名物注本，还是类书，都能够达到增强记忆力、扩充知识量的显著效果，而类书的编辑也能够给经解类著作的编撰带来资料上的便利。前文所言陈耀文《经典稽疑》使用的材料即来自《天中记》，编辑《六经类雅》的徐常吉亦撰有《诗经翼说》。可以说类书的编辑促进了学术著作的撰写，但因明人学术观念尚不成熟，故经解类著作体例不纯、材料不明，甚至存在有意抄袭、隐匿材料之处，这是由编辑材料到学术研究的必经阶段，必须放置于学术发展的整体背景中考察，方能得出较为平实的结论。

二 类书与诗经学的互动及其观念的演进

明末类书的编撰者与诗经学者往来交互十分频繁，其中一些重要学者还起到导向作用。例如，对崇尚征实、渊博学风兴起贡献甚巨的焦竑与《天中记》的作者陈耀文常有往来，并大为推崇陈氏之博学。② 焦竑还曾给刘仲达的《刘氏鸿书》、汪宗姬的《儒函数类》作序，又极力推举冯复京《六家诗名物疏》。在明末学风转变过程中颇具影响的李维桢也对类书的编纂与经学研究起到了鼓励和推动作用，他与俞安期关系十分密切，曾帮助俞安期校订《唐类函》《诗隽类函》《唐诗纪》，俞安期则帮助李维桢校刻了其诗文集《大泌山房集》。③ 李维桢是大儒郝敬之师，郝敬董理群经，撰写《九部经解》，与李维桢的鼓励密不可分。④

---

① （明）刘仲达：《刘氏鸿书》，《四库全书存目丛书》子部第 214 册，济南：齐鲁书社，1997，第 510 页。
② 朱仙林：《陈耀文生平事迹及其交游考》，《古籍整理研究学刊》2017 年第 3 期，第 65 页。
③ 何朝晖：《山人与出版：俞安期生平著述与刻书活动考》，《古典文献研究》第 15 辑，2012 年 1 月，第 385、389 页。
④ 蒋秋华：《郝敬的诗经学》，《中国文哲研究集刊》第 12 期，1998 年 3 月，第 289～290 页。

作为一介山民，俞安期与沈思孝、申时行、刘仲达、曹学佺等学者皆有交。俞安期校订了刘仲达《刘氏鸿书》，而申时行、沈思孝都给俞安期《唐类函》作了序。《唐类函》成书于万历三十一年（1603），通过李维桢、沈思孝、申时行、曹学佺等人的推扬，很多学者可能获知此书。顾起元与俞安期交往也颇密切，他与李维桢、曹学佺一起校订了俞安期《诗隽类函》。顾起元本人著有《尔雅堂诗说》，自称此书是"备忘之作"，应该也是近似类书的《诗》学著作。申时行曾为《六家诗名物疏》作序，沈思孝为沈万钶《诗经类考》作序。曹学佺与吴雨有来往，对吴雨《毛诗鸟兽草木考》的刊刻起到一定作用。

学者们的频繁交往与互动使他们的学术观念也较为相近。从类书与《诗经》名物注本的凡例及各家序言体现出的宗旨可知他们拥有以下几点共同的趋向。

首先，朱子格物观念成为博学、综核非常重要的思想依据。明代学者倡导"格物致知"，其直接渊源是朱熹，在类书中这一点表现得尤为明显。[1] 早在正统年间重刊宋人《事物纪原》，阎敬所作序曰："圣门之学，以格物致知为先；文学之士，以博问洽识为贵。"[2] 万历以后，这样的言论更为丰富且更加系统。汪尚谊为江旭奇《朱翼》所作序云："朱子曰：今日格一物，明日格一物，久之自然贯彻，诚谓循此以入圣，其实地可据也。何世之语冥悟者委弃伦物，顿希玄解，与朱子之学几为对垒。夫孔子之言上达，未始不由于下学也。曾子指唯一贯，未始不由于随事精察也。"[3] 强调不论上达还是一贯，都源于下学和随事精察。李维桢也提到孔子虽然认为多识不如一贯，但并不反对多识："昔者，仲尼以多能为鄙事，以多学而识不如一贯，然而圣道之大，峻极于天，发育万物，其细微曲折，礼仪三百、威仪三千，缺一不可……仲尼识大识小，学无常师，忘〔发〕愤忘食、信而好古，何若斯之勤也。文武之政布在方策，如有用我，其为东周乎，

---

① 〔美〕本杰明·艾尔曼：《收集与分类：明代汇编与类书》，刘宗灵译，《学术月刊》2009年第5期，第126~127页；何诗海：《明代类书与文体学》，《安徽大学学报》（哲学社会科学版）2015年第1期，第70页。

② 转引自何诗海《明代类书与文体学》，第70页。

③ （明）江旭奇：《朱翼》，《四库全书存目丛书》子部第206册，影印北京大学图书馆藏明万历四十四年刊本，济南：齐鲁书社，1995，第1~2页。

九逵书意当在此。余为序其大归，谂于通今博古者，无以为仲尼所禁。"①
从理论上肯定达到"一贯"的途径当由多识、博古，连孔子亦不反对。

　　《诗经》名物注本在这方面与类书的观念是一致的，方承章题林兆珂《毛诗多识编》即云："无论一名数物，一物数名，即一之不辨，而格致于何有？"② 学者们进一步讨论研究名物与格物、博学之关系，作为理解诗义的重要媒介，名物起到了何种作用。焦竑所作《诗名物疏序》云："夫诗有实有虚，虚者其宗趣也，而以穿凿实之；实者其名物也，而已孤陋虚之，欲通经学古，以游圣人之樊，岂可得哉？……若夫草木鸟兽诸名物之类，非援据不明，非参伍不核，顾往往置而不言，则比兴之义微矣。"③ 明确指出不明名物则比兴之义微。叶向高也说："善说《诗》者，举其物而义可知也，不辨其物而强绎其义，《诗》之旨日微，而性情日失矣。"类似的观点还可以在李雯《诗经类考序》中找到："夫惟出于匹夫匹妇，故寓其情者有以辨其物，又惟经于学士才人，故辨其物者有以尽其情。"不论是"举其物而义可知"还是"辨其物者有以尽其情"都显示当时学者意在强调，只有辨明名物才能够了解诗中之情性，并能进一步深入了解诗之意旨。④

　　值得注意的是，这一时期雅学类著作的重新刊刻也进一步激发了学者对名物研究的兴趣，也凸显了名物对理解经学的作用。万历年间，焦竑的学生陈懿典重刊了陆佃的《埤雅》，他在《重刻埤雅广要序》中说："《易》言多识以蓄德，而夫子论《诗》亦曰：多识于鸟兽草木之名。夫精微莫若《易》，而夫子提一贯，非多学犹然不欲空诸一切而何？世之学道者遂欲托言名理，而尽扫博闻格物之功哉？"⑤ 其理路与类书、《诗经》名物注本完全一致。

　　将孔子倡导的多识、朱子的格物作为名物研究的思想依据，学者们便

①　（明）刘仲达：《刘氏鸿书》，《四库全书存目丛书》子部第 214 册，第 511～512 页。
②　（明）林兆珂：《毛诗多识编》，《四库全书存目丛书》经部第 62 册，影印清华大学藏明刻本，济南：齐鲁书社，1997，第 2 页。
③　（明）焦竑：《焦氏澹园集》卷十四，《四库禁毁书丛刊》集部第 61 册，第 129 页。
④　参见杨晋龙《明代诗经学研究》，第 306 页。
⑤　（明）陈懿典：《陈学士先生初集》卷三，《四库禁毁书丛刊》集部第 78 册，影印北京大学图书馆藏明万历四十八年曹宪来刻本，北京：北京出版社，2000，第 688 页。

能大力提倡博学与综核，并由此批评宋人经学之空疏与当时科举给学术带来的负面影响。

当时学者借由类书和名物注本的编辑对宋人之学大加讨伐。屠隆所作《天中记序》云："儒者自周、秦、两汉、六朝、李唐皆务博综，至宋诸公倡为物丧志，博溺心之说……至我朝诸公，返古尚博，力挽宋颓波。"① 因宋人心、理之学空疏，而转贵核实。李雯在《诗经类考序》中同样谈道："然而后之学者，分流而驰，考物色者，支离而不详，争同异者，词烦而意惑，则宋儒师又从而大芟夷之，以为独见诗人之旨可耳。然削英华于茂树，而曰我将以扶其根；剥徽弦于琴瑟，而曰我将以叩其音，千载而下，其又可尽欺耶？"②

相比于宋儒，当时学者更为不满的是依托于程朱理学的科举取士所带来的种种弊端。钱龙锡所作《何氏类镕叙》云："国家用明经取士，博雅一途，居训诂以下，迩来务奏一种，惝恍解悟之学，超忽变换之文，但取空灵无资实际，故有名登高第而目未尝涉典坟，籍系胜流而调不能别宫征，识者病焉。"③ 指出学风空疏不端缘于"取空灵无资实际"。沈师昌所作《诗经类考叙》进一步揭示学风空疏的根源在于专尊宋人之说："明兴，黜汉进宋，一尊紫阳集注，士浸淫于制科，而《诗》又在若存若亡间矣。"④ 叶向高和申时行给《六家诗名物疏》写序时，不约而同谈到制科之弊带来的严重后果就是经学衰微，而矫正之法唯有通经博古。叶向高云："今经学衰微，谈空说幻之徒又以名物为障，欲一举而尽捐之，以自文其寡陋，六籍皆然，不独于诗，浸淫不止，其害且与秦火同烈。"⑤ 申时行则说："盖经学之晦久矣，有司以尺幅程士，士操帖括，掇青紫如承蜩，以涉猎剽袭为事，而高者翘举横骛，窜入祇洹舍卫之旨，以超悟捷入为宗，大都怵汗

① （明）陈耀文：《天中记》，哈佛燕京图书馆藏明刻本。
② 转引自刘毓庆、贾培俊《历代诗经著述考（明代）》，第 209 页。
③ （明）何三畏：《何氏类镕》，《四库全书存目丛书》子部第 197 册，影印中国科学院图书馆藏明万历四十七年刻本，济南：齐鲁书社，1995，第 280 页。
④ （明）沈万钶：《诗经类考》，《四库全书存目丛书》经部第 62 册，影印中国科学院图书馆藏明万历刻本，济南：齐鲁书社，1997，第 429 页。
⑤ （明）叶向高：《六家诗名物疏叙》，载（明）冯复京《六家诗名物疏》，哈佛燕京图书馆藏明万历刻本。

漫而习玄虚，厌烦琐而乐简径。师不以督课，弟子不以质疑，而欲使博通于名物，是闻钟揣籥以为日也，其将能乎？"① 于是复兴古学尤其是汉唐注疏之学，以及崇尚综博、重视考核，成为反对帖括之学，力挽经学颓敝的方式与手段，可以说类书和名物注本的编辑正是其中的方式之一。

由上可见，当时类书编辑者和倡导者的观念与旨趣同《诗经》名物注本的编撰者非常相近。他们倡导博学、综核，并从孔子博闻多识和朱子格物及道问学传统中寻找思想根据，强调复古、征实的重要。他们对当时的学术现状有很大的不满，并将经学之衰微归结为理学的不良影响与科举取士制度下帖括之学的大行其道。当然，反对理学、批评帖括的风气由来已久，明末更是蔚然成风，其形成背景十分复杂②，但类书和《诗经》名物注本正是在这样的学术风气下大量出现的，并对此学风之传布起到推动作用。

三　《诗经》名物注本与类书的关系

在明末《诗经》名物注本中，不少编者直陈自己的著作只属于"汇编"性质，也不讳言曾对材料进行了部分修改。例如，沈万钶在《诗经类考》凡例里写道："是编只属丛纪，蕲无漏，未蕲订定，故自经传子史以至稗编瑑录，靡不该收。"指出《诗经类考》"只属丛纪"。冯复京也在其书叙例里写道："所述之书，或芟烦就简，或移后从前，或著论檃栝其言，或他章错综其义"。毛晋《毛诗草木鸟兽虫鱼疏广要序》提到他对相关材料做了"芟其芜秽，润其简略，正其淆核"的工作。过去学者曾发现，这些著作在材料方面有着很明显的承袭关系，如沈万钶《诗经类考》（以下简称《类考》）、吴雨《毛诗鸟兽草木考》（以下简称《草木考》）、毛晋《毛诗草木鸟兽虫鱼疏广要》（以下简称《陆疏广要》）、黄文焕《诗经考》曾大量抄袭、引录冯复京《六家诗名物疏》（以下简称《名物疏》）中的内

① （明）申时行：《赐闲堂集》卷九，《四库全书存目丛书》集部第 134 册，影印北京大学图书馆藏明万历刻本，济南：齐鲁书社，1997，第 187 页。

② 这方面可参考林庆彰《明代的汉宋学问题》《明末清初经学研究的回归原典运动》，载林庆彰《明代经学研究论集》（增订本），上海：华东师范大学出版社，2015，第 12 ~ 26、417 ~ 430 页；廖可斌《明代文学复古运动研究》，第 54 ~ 55 页。

容，而《名物疏》本身也有不少材料来自罗源《尔雅翼》、陆佃《埤雅》等。① 但细考之，这些《诗经》名物注本中的材料更多地来自上文谈到的诸多类书，这些内容给《诗经》名物注本带来了复杂的面貌。

以冯复京《名物疏》为例，此书中的诸多材料来自穆希文《蟫史》、陈耀文《天中记》等类书，其编次材料的方式亦多受类书影响。例如，《名物疏》释"燕"，其材料多与《蟫史》相近；释《大雅·凫鹥》之"鹥"引及《禽经》《晋中兴说》《南越志》等书，皆出自《天中记》（卷五十九）之"鸥"条。这些材料多属"异闻博览"之类，其实无关经义。后吴雨《草木考》亦承《天中记》《名物疏》之文。若将《名物疏》、《草木考》与罗愿《尔雅翼》、陆佃《埤雅》做对比，则可见二者在引用的材料和编排方式上均有较大不同，而《名物疏》、《草木考》与《天中记》更为接近。今即以"鹥"为例来展现这几部书在材料上的密切关联。

陆佃《埤雅》：

鹥，凫属，苍黑色。凫好没，鹥好浮，故鹥一名沤。《列子》曰：沤鸟之至者，百住而不止。今字从鸟，后人加之也。凫鹥安乐于水者也，故《诗》以为神祇祖考安乐之譬。而《周官》王后安车鹥。总《诗》曰："凫鹥在泾，公尸来燕来宁。公尸燕饮，福禄来成。凫鹥在沙，公尸来燕来宜。公尸燕饮，福禄来为"，来成以祖言福禄也，来为以考言福禄也，《传》曰"来为言厚为孝子"，则其为考可知矣；又曰："凫鹥在渚，公尸来燕来处。公尸燕饮，福禄来下。凫鹥在潨，公尸来燕来宗。公尸燕饮，福禄来崇"，来下以天神言福禄也，来崇以地祇言福禄也，盖天故自上来下，地故自卑来崇，亦其天道主贵高，地事主富崇故也。于祖曰尔酒既清，尔殽既馨；于考曰尔酒既多，尔殽既嘉，则以宗庙尚文故也。郊丘则贵质而已，故曰尔酒既湑，尔殽伊脯也。其卒章则又总上四章之词，故曰"公尸燕饮，无有后艰"，无有后艰者，道也，盖道之至可以祐神，非有资于物也。孰能福禄之哉，

---

① 杨晋龙：《明代诗经学研究》，第 307 页。又可参阅杨晋龙《何楷〈诗经世本古义〉引用〈化书〉及其相关问题探究》，《中国文哲研究集刊》第 22 期，2002 年 9 月，第 316~317 页。

故于福禄为不足道也。《苍颉解诂》曰：鹥，鸥也，今鸥一名水鸮，形色似白鸽而群飞。《风土记》曰："鹥，鹥鸭也，以名自呼，大如小鸡，生于荷叶之上。"

陈耀文《天中记》：

> 水鸮：鹥，鸥也，生藕叶上，名水鸮。（《仓颉解诂》）
> 信鸟鸥：信鸟也，信不知用。（《禽经》）鸥潮至则翔水向以为信，反为鸷鸟所击，是知信而不知所以自害也。（《注》）
> 食鸥：玄股国，其人食鸥。（《山经》）
> 海鸥：江鸥一名海鸥，在涨海中随潮上下，常以三月风至乃还洲屿生卵，似鸡卵，色青。颇知风云，若群至岸必风，渔人及渡海者皆以此为候。（《南越志》）
> 好鸥：海上之人有好鸥鸟者，每旦之海上从鸥鸟游，鸥鸟之至者百数而不止，其父曰：吾闻鸥鸟皆从女游，取来吾玩之。明日之海上，鸥鸟舞而不下。（《列子》）
> 集殿：咸和二年正月，繢万国有五鸥集于太极殿前。（《晋起居注》）
> 鸥集太极殿：殿非鸥所处，鸥，湖泽鸟也。时苏峻作逆，宫室被焚。（《晋中兴征祥说》）
> 献赋：崔湜既私附太平公主，时人咸为之惧，门客陈振鹭献鸥赋以讽之，湜虽称善而心实不悦。（《周书》）

冯复京《六家诗名物疏》：

> 《仓颉解诂》曰：鹥，鸥也，一名水鸮。
> 《禽经》云：鸥，信鸟也，信不知用。注云：鸥如仓庚而小，随潮而翔，迎浪蔽日，食小鱼，潮至则翔水向以为信，反为鸷鸟所击，是知信而不知所以自害也。
> 《晋中兴说》云：鸥，湖泽鸟。
> 《南越志》云：鸥在涨海中随潮上下，常以三月风至乃还洲屿生

卵，似鸡卵，色青，颇知风雨，若群飞至岸必风。

《风土记》云：鷖以名自呼，大如鸡，生卵于荷叶之上。

《埤雅》云：鷖，凫属，凫好没，鸥好浮。

《雅翼》云：鸥色青黑，亦有白者。

吴雨《毛诗鸟兽草木考》：

鷖，水乌也，苍黑色，凫属。凫好没，鷖好浮，故一名沤，在海潮中随潮上下，常以三月风至乃还洲渚，生卵似鸡卵，色青。颇知风云，若群飞至岸必风，渔人及渡海者皆以此为候。数百为群，食小鱼虾之属，潮至则翔水向以为信，谓之信鸥。《仓颉解诂》曰：鷖，鸥也，生藕叶上，名水鸮，形色似鸽而群飞。《风土记》曰：鷖鸭也，以名自呼，大如小鸡。

从以上对比可见，《名物疏》中引用的《仓颉解诂》、《禽经》及注、《晋中兴说》、《南越志》诸条均来自《天中记》，甚至连编排次序都非常相近，《名物疏》不过节引《晋中兴说》之一句置于《南越志》前。另外《名物疏》引《禽经》为全引，《天中记》则为节引。《禽经》一书，《崇文总目》及以前目录皆不见载，陆佃《埤雅》始引用之，而称张华注始于左圭《百川学海》，《四库全书总目》认为《禽经》是南宋末年所伪造①。明代《诗经》名物注本亦曾深受陆佃影响，学者重视《禽经》一类图书或亦受陆佃《埤雅》启发。《名物疏》引《风土记》中《埤雅》的内容即均见于《埤雅》一书。《名物疏》中"《雅翼》云：鸥色青黑，亦有白者"为节引罗愿《尔雅翼》之文。可知冯复京在撰写此条目时至少参考了罗愿《尔雅翼》、陆佃《埤雅》、《禽经》、陈耀文《天中记》等书，而受《天中记》影响最大。

上述四书中，最善解诗者是陆佃《埤雅》，其文紧扣《大雅·凫鷖》，冯复京、吴雨二书均不见与诗义有关的内容。吴雨《草木考》细细考之，

---

① （清）永瑢等：《四库全书总目》，第994页。

其材料亦非直接抄自《名物疏》，而是多采陆佃、陈耀文之书。吴雨《草木考》成书只比《名物疏》晚一年，撰写过程中能否利用《名物疏》尚有疑问，因此利用《埤雅》《天中记》这类当时已有一定流传的著作应更为可能。

此外，《名物疏》还采用了明代以前的类书。例如，解释《燕燕》一诗之"燕"，引用的《广州志》《运斗枢》《左传》《夏小正》《月令》《博物志》等材料均来自《太平御览》；释"蟋蟀"（卷二十四），所引崔豹《古今注》《易通系卦》《易通卦验》《周书》《诗义问》《春秋说题词》《春秋潜潭巴》等亦来自《太平御览》。此类情况较多，兹不具举。毛晋《陆疏广要》（卷下之下）"蟋蟀"条的材料与《名物疏》极为相近，看似袭自《名物疏》，其实也是抄自《太平御览》，因《名物疏》有省文，而《陆疏广要》不省。

在众多《诗经》名物注本中，《诗经类考》的材料和内容最为复杂，引用的著作包括《性理大全》、冯复京《六家诗名物疏》、焦竑《焦氏类林》、彭大翼《山堂肆考》、陈耀文《天中记》、董斯张《广博物志》、郑若庸《类隽》等书。《类考》中有些内容明显袭自冯复京《名物疏》，如"兵制卷"之"闲"条，内容与《名物疏》（卷二十六）完全一致；"戈"条只是将《名物疏》的内容改换次序，《名物疏》释"戈"，引《周礼》文在前、《礼记疏》在后，《类考》则将《礼记疏》置于前，将《周礼》文列于后。[1] 又如，《类考》中"天文考"之"露""星"等条目在《名物疏》的基础上增添了一些《名物疏》中未见的材料。[2] 像这样改头换面的情况在《类考》中比比皆是。《四库全书总目》怀疑它可能"本《诗名物疏》而作"不是没有道理的。

但冯氏《名物疏》只是《类考》的众多参考材料之一，大多数情况下，《类考》并不是简单地抄袭《名物疏》中的内容，而是在参考众书的情况下，对材料进行了选择比次。尤其是《类考》"天文考"诸条内容庞杂，有些条目中的材料完全与《诗经》无关，条目内容与类书无异。如

---

① （明）沈万钶：《诗经类考》，《四库全书存目丛书》经部第 63 册，第 36 页。
② （明）沈万钶：《诗经类考》，《四库全书存目丛书》经部第 62 册，第 497、500 页。

"天"一条，沈万钶首先引《白虎通》解释天之名，其次引《河图括地志》《物理论》《续博物志》说明天之清浊轻重，再次引黄裳《天文图》、邵雍之说等解释天体圆周之数，再次引陆九渊之说、朱熹之说、《晋书·五行志》等说明南北二极、黄道等知识，内容十分丰富。① 值得注意的是，像《河图括地志》、《物理论》、《续博物志》、《晋书·五行志》、黄裳《天文图》等书都是明代类书常常引用的材料。

沈万钶也使用了明代类书。例如，"天文考"之"天"条的第一条引《白虎通》，"一云神也，珍也，施生为本，运转精神，功列效陈，其道可珍重也"非《白虎通》原文，《艺文类聚》和董斯张《广博物志》均引《白虎通》释"天"，都不见此句，唯有陈耀文《天中记》中有此句，《天中记》注明此句出自《礼统》（按，《太平御览》亦引此则，《天中记》很可能从《太平御览》抄来），可见沈万钶很可能抄自《天中记》，而又加以删减。后文数则材料又源自他书，如《河图括地志》一条也见于《山堂肆考》《类林》《名物疏》，《物理论》一条见于邢昺《尔雅疏》，《晋书·天文志》一条见于郑若庸《类隽》，陆九渊之说一条见于《性理大全》（卷二十六"理气一天度"），等等。从这些材料也可以看到沈万钶在撰写《类考》时能够利用的资源，他应有四种以上明人所编类书，这些类书大多编纂于沈万钶撰写《类考》之前，最近者相隔两年左右，最远者也不过相隔三十余年。此外，沈万钶还使用了明人重刻的宋人著作，它们共同构成了《类考》的知识来源。

《名物疏》与《类考》刊行之后也对后来的类书产生了影响。尤其是《类考》内容丰富庞杂，后世著述常从其中摘录材料。这本身就反映了从当时的认知而言，这两部著作的界限不明确、不明显。例如，成书于万历四十四年（1616），由江旭奇编纂的《朱翼》就大量采录《类考》中的资料。举例来说，《朱翼》中，禽虫类的顺序依次为黄鸟、马、兔、螽斯、兔、鸠、鹿、驺虞、鸿雁等，这种排列是完全照录《类考》，内容亦摘抄自《类考》。又引所谓"万仲容"语："万仲容曰：胎生者眼胞自上而瞑，卵

---

① （明）沈万钶：《诗经类考》卷四，《四库全书存目丛书》经部第62册，第493～494页。

生者眼胞自下而瞑，湿生者眼无胞不瞑，化生者眼无窍惟有黑点耳。"① 此亦是沈万钶《类考》原文，见于《类考》卷二十四末之"总附"，沈万钶字仲容，朱旭奇将其名字误写成"万仲容"。

　　明末的《诗经》名物注本深受当时类书编撰的影响与启发，或者说《诗经》名物注本原本就与类书是同一性质的出版物，都是当时经济发展与学术风气影响下的产物。通过考察《诗经》名物注本在材料和编排体例上对类书的"借鉴"，可以看到当时类书给学术研究带来了很大便利，不仅激发了知识方面的兴趣，而且在材料方面给学者撰写学术著述带来了实实在在的方便，冯复京、林兆珂、沈万钶、吴雨等学者可以广泛地利用类书来解决名物解释方面的问题，扩充知识量和扩宽学问的广度。对于诗经学而言，类书和名物注本的编辑使非义理的博物著作以及汉唐注疏系统又重新进入学者的视野，类书和《诗经》名物注本都不厌其烦地采录唐人疏中的内容，同时陆佃、罗愿、吕祖谦、严粲、王应麟、黄震、马端临等注重博学的宋代学者的学术成果也频繁地出现在这些著作中，促进了当时学者对征实、综博之学的认同。

四　《诗经》名物注本的学术史意义

　　上文对比了冯复京的《六家诗名物疏》、吴雨的《毛诗鸟兽草木考》与陆佃的《埤雅》，可以看到冯、吴二书均不如陆佃之书系统和精密，冯书在明末《诗经》名物注本中属较优之作，尚且如此，其他注本材料泛滥、隐匿材料来源、转向抄袭等现象更为严重。那么这些注本的学术价值何在？它们在学术史上又处于何种地位？

　　名物注本的出现很显然是明末学风转变的一个结果，大体而言这个转变是由空疏变为征实，由重视阐发义理转变为重视考证名物和训诂，由密切围绕举业到回归学术、回归经典本身。前文在讨论类书与《诗经》名物注本的观念时已展现这种学风转变之际学者学术认识的变化。将《诗经》名物注本置于学术史的视域中，就能看到它们其实在汉唐注疏传统、宋代考据传统与清代经典考证学之间架起了一座桥梁，是当时学者回归经学、

———————
① （明）江旭奇：《朱翼》，《四库全书存目丛书》子部第206册，第89页。

重新进入经典世界并重新讨论经典话题的一种尝试。这种尝试刚刚开始的时候，难免会呈现出驳杂、繁复、研究技巧粗劣等种种情况，但随着学者们对以往的著作越来越熟悉，辨析越来越细致，对相关研究方法的总结和吸收越丰富，学术也随之越发精密。

冯复京除了在《名物疏》中罗列了抄录自《尔雅翼》《埤雅》《天中记》等书的材料外，还在相关条目下写有按语。按语共 288 条，具有一定的学术水平，也系统地展现出冯复京的经学取向，那就是不满足于朱子《诗》学，并试图通过名物考证重新审视诗义。① 例如，针对《关雎》"在河之洲"，朱传云："河，北方流水之通名。"冯复京则不赞同此说，其按语道："河即四渎之河也，太姒生于洽阳，正在河西，临河之境，故诗起兴于河洲之鸟，盖本其所生而言也。况雍州东据大河，以周人咏周水，颇极亲切，而必以流水通名释之，何邪？"② 冯复京对"河"一词做了具体考订而否定了朱子的解说。像这样的例子在《名物疏》的按语中比比皆是（对冯书的讨论，详见本章下节）。而这些按语之所以能如此广泛地引据群书，对朱子之说加以批评，并对诗义加以深入的探讨，都与材料的丰富与编次是密不可分的。

《诗经》名物注本材料宏富的特点也给后来《诗经》注本的撰著带来了便利，学者可以直接从名物注本中获取知识资源，而不必再去搜罗众书。最为典型的例子当属何楷《诗经世本古义》。《诗经世本古义》广泛引用了林兆珂《多识编》、冯复京《名物疏》、沈万钶《类考》这类名物注本。不仅如此，《诗经世本古义》中的不少材料直接抄自《名物疏》《类考》。比如《诗经世本古义》解释《大雅·凫鹥》一诗中的"凫鹥"：

> 鹥，毛云"凫属"，《苍颉解诂》云："鸥也"。陆佃云："鹥，一名沤。"列子曰："沤鸟之至者，百住而不止。今字从鸟，后人加之也。"孔云："一名水鸮。"《格物论》云："鹥，鹥鸭也，以名自呼，大如水鸡，生于荷叶之上。"《海物异名记》云："鸥之别类，群鸣嗜

---

① 此处据杨晋龙统计，参见杨晋龙《明代诗经学研究》，第 307 页。
② （明）冯复京：《六家诗名物疏》，《景印文渊阁四库全书》第 80 册，台北：台湾商务印书馆，1983，第 43 页。

嘴，随潮往来，谓之信凫。"《南越记》云："水鸦，色白，数百为群，多在涨海中随潮上下，常以三月风至乃还洲屿，颇知风云，若群飞至岸必风，渡海者以此为候。"郝敬云："凫善没，鹭善浮，有变化出没之象，以比鬼神。"愚按，郝说是矣。①

根据前文所引，可知何楷此则考证所列材料很可能来自陈耀文《天中记》或冯复京《名物疏》，何楷只增加了一条郝敬《毛诗原解》中的材料。再如，辨析《小雅·大田》中"螟螣"与"蟊贼"之区别、解释《小雅·鹿鸣》中"鹿"之情性与诗义之关系等，所引材料均来自冯复京《名物疏》。将《诗经世本古义》与《名物疏》《类考》进行对勘，很容易发现这几种《诗经》注本在材料上的承续关系。② 何楷及其《诗经世本古义》在明末清初的学术史与诗经学史上有相当大的影响，钱澄之的《田间诗学》中就有不少采录何楷的观点或其材料之处。在研究学术史的过程中，我们常常忽略一个问题，即尽管当时部分地区经济较为发达、出版业昌盛，但获取图书仍十分不便③，因此拥有类似《诗经世本古义》、名物注本或者相关类书无疑会给学者的学术研究带来极大的方便。

在采录何楷的意见时，钱澄之不是仅仅照录材料或何楷原意，还会做进一步考证和阐发。张舜徽论及钱氏经学云："其治经深于《易》、《诗》，而说《诗》尤精。尝自言治《诗》特宗小序……《诗》与《尚书》、《春秋》相表里，然必考之三礼，以详其制作；征诸三传，以审其本末；稽之五雅，以核其名物，博之《竹书纪年》、《皇王大纪》，以辨其时代之异同与情事之疑信。由此可见其用力之勤、搜采之博。而尊信小序，汇纳古今，则又与朱鹤龄治《诗》之法，若合符契。从知废序言诗之习，与夫固守一家之弊，至清初已渐廓清，钱、朱二家，桴鼓相应，皆于当时治经风气之转移，大有关系也。"④ 其中谈到的考证方法和观点，如《诗》与《春秋》

① （明）何楷：《诗经世本古义》，《景印文渊阁四库全书》第 81 册，第 159 页。
② 参见杨晋龙《何楷〈诗经世本古义〉引用〈化书〉及其相关问题探究》，《中国文哲研究集刊》第 22 期，2002 年 9 月。
③ 〔美〕周绍明：《书籍的社会史：中华帝国晚期的书籍与士人文化》，第 100～102 页。
④ 张舜徽：《清人文集别录》，北京：中华书局，1963，第 19～20 页。

相表里，何楷先发之；而稽之五雅以及频繁利用《竹书纪年》《皇王大纪》考证古史亦是何楷之特色，只是钱澄之的考证更为精炼和明晰。

从陈耀文《天中记》，到冯复京《六家诗名物疏》、沈万钶《诗经类考》，再到何楷《诗经世本古义》，再到钱澄之等清初学者，可以很清楚地看到学术递进的过程，逐渐从简单的材料比次走向更为系统和纯熟的考证。

明代万历以后《诗经》名物注本的出现不是个别现象，它们与当时类书的编辑密切相关，二者都是复古尚博思潮下的产物，因此类书的编纂者与名物注本的作者具有共同的理念和学术观念，即对理学感到不满，对定于一尊的科举考试与帖括之学盛行深觉忧虑。他们力求恢复旧的经学传统，其思想路径就是朱子的道问学和孔子倡导的博闻多识，"名物"成为一个很好的切入口。不论是类书的编纂者还是名物注本的作者，在当时都拥有博学之名，他们尽力囊括有关名物的解释与记录，尤其重视《尔雅》、《说文》、汉人旧注、唐宋旧疏材料，以及以陆佃、罗愿、王应麟、郑樵、马端临、黄震、吕祖谦等人为代表的宋代博物考证传统。类书和名物注本都囊括了丰富的知识，它们在材料和体例上互相影响，并进一步影响到后来的学术研究，明末清初的曹学佺、何楷、钱澄之、朱鹤龄等人都从中获取了不少养料。清代康熙时期的学者陈大章的《诗传名物辑览》也有大量材料直接抄自《六家诗名物疏》等书，《四库全书总目》称："毛诗自陆玑以下，诠释名物者毋虑数十家。此书成之最后，故于诸家之说采辑尤伙。"[1] 可以说《诗传名物辑览》是名物注本的殿军之作。

本节梳理了《诗经》名物注本在明代后期的发展过程，它们为什么会被编辑，编纂者有着怎样的学术观点，它们如何编辑而成、利用了哪些材料以及产生了怎样的影响。绝大多数《诗经》名物注本在功能上与类书混淆不明，当时学者似乎也无意厘清二者之区别。《诗经》名物注本广泛地利用类书，在材料和体例上与博物类类书都有相近之处，在功能上则与类书更为接近：材料丰富、便于检寻。它们不仅仅丰富了当时学人的知识世界，更重要的是将古史材料、雅学相关图书、汉唐注疏系统以及宋人考据传统

---

① （清）永瑢等：《四库全书总目》，第 132 页。

重新纳入《诗经》诠释，学者对考证古史、文字、训诂、名物、制度等方面的兴趣渐渐加深，考证话语逐渐进入学术世界，并借由这些著作得到一定程度传播。通过明末的积累、清初的发展，在清代中期蔚为大观。

第二节 明末《诗经》名物注本与考证兴趣的展开

自明代中期开始，杨慎、焦竑等人先后提倡征实和考据。杨慎认为："汉世去孔子未远，传经之人虽劣，其说宜得其真。"他还认为宋人的议论出于汉唐义疏，汉唐义疏之学传经学十之六七，宋人新注传经学十之三四。他通过考证经书中的字词、音义来判定汉宋传经学之优劣。[①] 焦竑从孔门明训"博学约礼"出发，强调非经博文不足以约礼，重视博通、考证，而他本人又对声音文字之学深有所得。[②] 明末的诗经学深受杨、焦二氏影响，如林兆珂曾刊刻杨慎的著作[③]，冯复京、沈万钶、何楷等学者的著述曾引用杨慎之说。焦竑的"古无叶音说"则直接启发陈第，焦竑还与陈第反复讨论古音，对陈第的古音考证有着直接的影响和助益。[④] 焦竑还给冯复京的《六家诗名物疏》写序，称："若夫草木鸟兽诸名物之类，非援据不明，非参伍不核。"又称赞冯复京此书"足以补陆、郑之遗，而起其废疾"。[⑤] 而他《焦氏笔乘》中的论《诗》之语对后世学者也多有启发。

在这样的背景下，诗经学研究陆续出现一批专门考证名物、制度、地理、人物、声音、文字等方面的著作。除前文所论各类《诗经》名物注本，还有周应宾《诗经考异》（《九经考异》之一）、朱睦㮮《毛诗稽疑》（《五经稽疑》之一）、陈第《毛诗古音考》、张蔚然《三百篇声谱》、唐达《毛诗古音考辨》、杨贞一《诗韵辨略》等声音、文字学之作。一些非专门考证的诗经学著作也大量引用这些著作的考据成果、承用其考据方法和理路。

---

① 参见林庆彰《明代经学研究论集》（增订本），第 283 页；林庆彰《明代考据学研究》，第 50~53 页。
② 参见林庆彰《明代考据学研究》，第 314~316 页。
③ （清）李清馥：《闽中理学渊源考》卷五六，第 610 页。
④ 参见焦竑《毛诗古音考序》及陈第《屈宋古音义跋》，载（明）陈第《毛诗古音考·屈宋古音义》，北京：中华书局，2011，第 6、276 页。
⑤ （明）焦竑：《焦氏澹园集》卷十四，《四库禁毁书丛刊》集部第 61 册，第 129 页。

这些著作中,有不少存在互相抄袭的现象,如上文所举沈万钶的《诗经类考》、钟惺的《诗经图史合考》多抄冯复京一书。虽然这种现象反映出明代学术尚有不甚规范之弊,但我们也不能一味以现代学术标准加以衡量。虽然这些著作存在直接抄袭的情况,但从这些著作的不同之处可以看出明末复古的观念是如何一步步强化并推广到其他学者的学术世界。本节以冯复京、沈万钶、曹学佺等为学者中心,考察明末诗经学的考据成就和复古观念的传播。

一 冯复京与回归古义的实践

冯复京,字嗣宗,江苏常熟人,是明清之际著名藏书家冯舒之父。冯复京著有《六家诗名物疏》,成书于万历三十三年(1605)。在他之前,考证《诗经》名物之作已有林兆珂的《毛诗多识编》。但冯书与林书有很大的不同,林书类似于材料汇编,未加自己的解释。冯书则在汇集历代材料之后,多加按语,辨别是非异同;林书仅就名物释名物,冯书则重视通过名物释诗义。冯书还注意对汉唐《诗》说进行诠解,显示出复古的倾向。故不论在当时还是在后世,冯复京《六家诗名物疏》的影响都要远超《毛诗多识编》以及其他《诗经》名物类著作。

关于冯复京的生平,钱谦益所撰《冯嗣宗墓志铭》述之最详,其中记载:

> 君讳复京,世为常熟人……妻盛氏,生三男子:舒、伟节、知十。天启二年卒,年五十。君强学广记,不屑为章句小儒。少而业诗,钩贯笺疏,嗤宋人为固陋。著《六家诗名物疏》六十卷。谓冠昏丧祭,不当抗家礼于会典,作《遵制家礼》四卷。罗旧闻、述先德,作《先贤事略》十卷、《族谱》四卷。年四十余,始见本朝实录,谓《通纪》详而野,《吾学》裁而疏,弇山炫博,妄而缪。宪章典则,自邻无讥。作《编年书》,驳正得失,曰《明右史略》,草创未就而殁。[1]

---

[1] (清)钱谦益:《牧斋初学集》卷五五,第1378~1379页。

除《六家诗名物疏》外，冯复京还著有《遵制家礼》《明常熟先贤事略》《族谱》等，还准备撰写《明右史略》，但未能完成。他对宋儒之学早有不满，号召回到汉人之学和唐代注疏。此时复古之风渐渐兴起，尤其以吴中地区为中心，学者往往好驳斥宋儒之非，而强调注疏之学的重要，并进而上溯到汉学，重新认识汉学的意义。这一学术趋向与郝敬只重"圣人手裁"的诗序有明显区别。与冯复京同时代的华亭学者吴炯著有《诗经质疑》，其自序曰：

> 余少读《左氏春秋》，见其援引《诗》辞，确有证据，而比诸考亭，疑有异同。长而闻之长者，谓考亭信理，不若毛氏近古有师传也。考亭以意逆志于千百世之下，大破汉人之彀。然汉儒师传，亦未可尽扫。余取序、传、考亭比而读之，考亭无可疑者，不复搜剔训诂，考亭有可疑者，则取节序、传，兼附己意。①

其中明确提到毛诗"近古有师传"。同时吴县赵宧光著有《说文长笺》，大力提倡汉学，他在《说文长笺》中写道：

> 上之不必援古，下之不必徇时，惟汉是从……前乎此者莫能明，后乎此者无足寄，是以不得折衷于汉，汉所不足，然后旁逮逯晚。②

可见冯复京求古的态度与当时吴地盛行的复古尊汉风气密切相关。不过此时的"古""汉"概念十分宽泛和随意，或专指汉学，或兼指汉唐注疏之学。钱谦益为冯复京所撰墓志铭称其"钩贯笺疏"，可见冯复京所持"古"之概念包含汉人《诗》说和唐代注疏。冯复京还常向友生推扬古学。与冯复京同郡的顾大韶《诗经野语旧序》称：

> 昔王元美论诗，谓一涉议论，便是鬼道。又谓：师法欲高，取材

---

① （清）朱彝尊：《经义考》第 4 册，第 223 页。
② （明）赵宧光：《说文长笺》，《四库全书存目丛书》经部第 195 册，第 104 页。

欲博，通于此语者，可与言诗义矣。我友冯嗣宗，其庶几乎。往乙丙之交，予兄弟之诗义方且贪奇，务博以为高。而嗣宗近稿一成，遂臻先辈。予心爱慕之，而窃疑其词之伤于实也。殆戊己之际，两家议论未免相左。嗣宗尝驳予文云："仆平实之文，仲舅固不屑为；仲舅流丽之作，仆亦不能为也。"予闻而心悸，徐而悟往者之非也。乃尽加删改，一禀正度……染指三载，几盈百篇，缄以示嗣宗，嗣宗始抚膺高蹈曰："子得之矣！"①

王元美即王世贞，其论《诗》反对议论和提倡师法务博②，其著作《艺苑卮言》即论诗歌创作。冯复京极力反对此观念，论《诗》提倡平实，并使顾大韶改正其流丽风格，转为平正笃实。而顾大韶学风似亦受冯复京影响，钱谦益所撰《顾仲恭传》记述了顾大韶论《诗》之语：

> 《诗》有齐、韩、鲁三传，毛传出而三家废。郑笺时与毛异，唐、宋诸儒多与毛、郑异。朱子尽扫毛、郑，概以郑、卫为淫风，世儒皆知其缪。其尤踳驳者，则不取义之兴也……今欲刊定一书，当用毛传为主，毛必不可通，然后用郑。毛、郑必不可通，然后用朱。毛、郑、朱皆不可通，然后网罗群说，而以己意衷之。③

可见顾大韶的《诗》学理路与冯复京相近。从汉人《诗》学出发，再参考孔疏，孔疏不同，再参用朱子《诗集传》，再不可得，则网罗群说，兼下己意，以为折中。顾大韶的《诗》学著作今已不能见，但清人常引之，如揆叙《隙光亭杂识》引用了不少顾氏《诗》说，多遵从汉学，驳斥朱子。

冯复京还与同郡学者魏冲相交甚契④，魏冲撰有《毛诗阐秘》，其自序曰：

---

① （明）顾大韶：《炳烛斋稿》，《四库禁毁书丛刊》集部第 104 册，影印中国社会科学院文学研究所图书馆藏清道光二十年抄本，北京：北京出版社，2000，第 548～549 页。
② （明）王世贞：《艺苑卮言校注》卷一，第 24 页。
③ （清）钱谦益：《牧斋初学集》卷七二，第 1611～1612 页。
④ 参见（明）王应奎《柳南随笔》卷六，北京：中华书局，1983，第 108 页。

诗三百篇，孔子删之，要非大小毛公传、序，学《诗》者又安所适从哉？则知毛氏之于《诗》，固大有功于世。①

魏冲认识到汉人《诗》学的可贵。魏冲还与毛晋交往甚密，据其《毛诗阐秘》自序所述，此书本为毛晋之子讲求经义而作。毛晋撰有《毛诗陆疏广要》一书，专释名物，旁征博引，其考证理路与冯复京十分相近，同时又注重对陆玑《毛诗草木虫鱼疏》的校勘、补正，不少考证引用的文献远超冯复京《六家诗名物疏》，一方面这是因毛晋得益于汲古阁的丰富藏书，另一方面也正可看出明代考据学后出转博，在文献和材料梳理上不断进步。②

冯复京之学亦传之其子嗣，冯班的《钝吟杂录》也呈现出尊汉复古的倾向，驳斥朱子的言论亦不少。可见当时的复古学风是由若干学者群体互相问学、砥砺，然后逐渐扩散，并影响到后世的。他们不仅在相关文章中反复提倡毛传、郑笺及孔疏，他们的学术著作中也展现了这种回归古义的努力。

冯复京《六家诗名物疏》的体例是按照诗篇的顺序逐一对诗中出现的名物进行诠释，在诠释的同时紧扣诗义。书前有《六家诗名物疏提要》，按类别分列所考之物名，名下注明源自何篇，因此可以将其视为此书之"索引"，具体包括释天、释神、释时序、释地、释国邑、释山、释水、释体、释亲属、释姓、释爵位、释饮食、释服饰、释室、释器、释布帛、释礼、释乐、释兵、释舟车、释色、释艺业、释夷、释兽、释鸟、释鳞介、释虫、释木、释谷，共29类。该书征引亦十分宏富，根据杨晋龙统计，引用书目共计587部。③《六家诗名物疏》最显著的两个特点，一是既注重名物考证，也重视通过考证名物以辨诗义；二是训释以《尔雅》为主，参酌毛传、郑笺、孔疏，再详考各家之说。

首先，《六家诗名物疏》虽然以考证名物为主，但与林兆珂《毛诗多识编》、吴雨《毛诗鸟兽草木考》、黄文焕《诗经考》等书不同的一点在于，冯复京的意图不单在博引众说、专考名物，而是通过考证名物来疏解诗义，尤其重在辨别毛、郑、孔、朱及齐鲁韩三家诗之异同是非。因此冯

---

① （明）魏冲：《毛诗阐秘》，台北"中央"图书馆藏明天启间稿本。
② 参见刘毓庆《从经学到文学——明代〈诗经〉学史论》，第158~160页。
③ 杨晋龙：《明代诗经学研究》，第306页。

复京在征引众说之外，往往自下按语，考论众义之得失，其中又多批驳朱子。《六家诗名物疏》的按语一共有 288 条，虽偶有称美朱子之处，但大多数按语是责难朱子①，显示出他更倾向古义的态度。例如，前引《关雎》"在河之洲"之例，冯复京释"河"之名不仅仅是通释名词而已，更进一步解释了词中隐含的诗义，这样解释词义需要关注上下文的语境和诗篇体现出的人伦大义。冯复京认为，《关雎》既然是赞美太姒之诗，则河不得泛指北方流水之通名，而必然是四渎中的黄河。太姒生于河西，故《关雎》所咏当专指流经周地、洽阳的黄河。又如《桃夭》一诗，冯复京的按语云：

> 朱传宗郑义，以桃夭为婚姻之候，今俗人多用其说，不知毛、郑二义，合之则两得，离之则两偏也。为毛说者，以秋冬为期。《孔子家语》云："霜降而妇功成，嫁娶者行焉，冰泮而农桑起，婚始杀于此。"又曰："冬合男女，秋班时位。"孙卿、韩婴皆曰："霜降逆女，冰泮杀止。"董仲舒曰："圣人以男女阴阳，其道同类天道，向秋冬而阴气结，向春夏而阴气去，故霜降而逆女，冰泮而止杀。与阴俱近而阳远也。"为郑说者，以二月为期。《夏小正》曰："二月绥多女士。绥，安也。冠子取妇之时也。"《月令》仲春祠郊禖，盖玄鸟生乳之月，以为嫁娶之候，天子重之而祀焉。《白虎通》曰："嫁娶以春，何也？春天地始通，阴阳交接之时也。"凡此诸书，皆二家证据，未易评定得失。然郑本据《媒氏》之文，愚请即以《周礼》正之。《媒氏》云："仲春令会男女，奔者不禁，会男女之无夫家者。"盖时至仲春，则农业已起，婚期过晚，故不禁奔者。或无夫家，则汲汲然伺而会之。若正为婚姻之时，而复不禁奔，则男女必多野合者矣，岂礼也哉？据荀卿云："霜降逆女，冰泮杀止。"其意谓九月至二月皆可婚也，此近得其实矣。②

---

① 此据杨晋龙统计，参见杨晋龙《明代诗经学研究》，第307页。又据杨晋龙研究，《六家诗名物疏》的材料多为抄录、裁剪前贤固有的材料而成，如罗愿的《尔雅翼》、陆佃的《埤雅》等书。因此《六家诗名物疏》的按语对于考察冯复京本人的学术和态度尤为重要，参见杨晋龙《何楷〈诗经世本古义〉引用〈化书〉及其相关问题探究》，第316页。

② （明）冯复京：《六家诗名物疏》，《景印文渊阁四库全书》第80册，第60页。

冯复京指出，朱子从郑笺认为婚候在二月，但未能了解郑笺的解释不是违背毛传而另生别解，实为补充毛传。毛传以秋冬为期，而《荀子》、董仲舒、韩诗、《孔子家语》皆同此说。二月为期，则郑玄、《夏小正》、《月令》、《白虎通》等持此说。冯复京认为郑笺本据《周礼·媒氏》之文，所言二月为期即指"仲春令会男女，奔者不禁，会男女之无夫家者"。毛、郑二说，互为补充，而朱子专从郑义则失之。由此可见冯复京的诠释理路是根据毛、郑并及今文家之《诗》说、朱子《诗》说，考辨其是非得失，而颇以毛、郑之说为正诠。冯复京此书虽称"名物疏"，其意更在于通过考订六家之异同辨析诗义。《六家诗名物疏叙例》云："汉世说《诗》者，齐、鲁、毛、韩，分镳并驱。洎乎郑笺续缀，毛说孤行。朱传晚成，学官植立，古今名家，不越乎此。"这是他将书名定为《六家诗名物疏》的原因。《四库全书总目》未明冯复京之意，故于此颇为讥之，称："惟所称六家乃谓齐、鲁、毛、韩、郑笺、朱传，则古无是目，而自复京臆创之。"[①] 其实冯复京并非以六家为名，而是通过梳理此六家之说来考辨诗义。

其次，冯复京考证名物、辨析诗义尤为重视《尔雅》。虽然他在叙例中没有明说，但细考其书，可以发现他将《尔雅》作为训诂方面最权威的标准，其次则为毛传、郑笺、《说文》等，再参考郭璞注、陆玑《毛诗陆疏广要》、罗愿《尔雅翼》等书，最后得出自己的结论，而其结论往往与《尔雅》契合。如"豝"字，冯复京考证说：

> 《尔雅》云："豵，牝豝。"……按，罗氏云："牝，豕之小者，对大豕而言。若对豵，则豝为大矣。"玩二章经旨，葭丛高，故有豝藏焉，蓬丛低，故有豵藏焉。《说文》"一岁为豵，二岁为豝"之说，殆必有所昉也。朱子以豝为牝豕，显悖《尔雅》，此卤莽之过。《广雅》云："兽一岁为豵，二岁为豝，三岁为肩，四岁为特。"则豝、豵之名可通于群兽也。[②]

① （清）永瑢等：《四库全书总目》，第 129 页。按，《四库全书总目》"杭州本"冯复京作冯应京，文渊阁《四库全书》中《六家诗名物疏》书首之总目本作"冯复京"，是《四库全书总目》原本不误。

② （明）冯复京：《六家诗名物疏》，《景印文渊阁四库全书》第 80 册，第 109 页。

《尔雅》云："豝，牝豝。"毛传云："豕牝曰豝。"与《尔雅》正相合。牝是豕之小者，牝豝是小豕，豵则更小。冯复京又引《说文》为证。故他认为朱子以豝为牡豕之说背离《尔雅》，显然有误。又如，冯复京解释《尔雅·释鱼》之体例云：

> 《释鱼》云："鲤、鳢、鳏、鲇、鳢、鲩。"载六鱼之名也，非谓鲤一名鳢、鳏一名鲇、鳢一名鲩也。舍人、孙炎之徒皆误读《尔雅》。毛传及《说文》因释鳢为鲤，失之远矣。此二鱼吴中所恒有，形味迥然不同。[①]

此说甚精，清代邵晋涵所撰《尔雅正义》即同此说：

> 《小雅》云："鱼丽于罶，鲂鳢。"又云："鱼丽于罶，鳏鲤。"《说文》云："鲤，鳢也"，"鳢，鲤也"。毛传云："鳏，鲇也。"《诗疏》引舍人云："鲤一名鳢，鳢一名鲩。"孙炎谓："鳏鲇一鱼，鳢鲩一鱼。"是皆谓《尔雅》释二名，以鳢释鲤，以鲇释鳏，以鲩释鳢也。郭氏分为六物，得诸时验，不从先儒旧说。《诗疏》又引郭氏《音义》云："先儒及《毛诗训传》皆谓此鱼有两名，今此鱼种形状有殊，无缘强合之为一物。"以今验之，郭注信有征矣。[②]

邵氏此说正是承冯复京之说而加以引申，并指出实际上郭璞注已言之，则可知冯复京对《尔雅》与郭璞注十分明了，故能贯通《尔雅》用例。在《六家诗名物疏》中，即使没有按语的地方，也能见冯复京在材料编排上的用心，如论《七月》之"田畯"：

> 《释言》云："畯，农夫也。"孙炎曰："农夫，田官也。"郭璞曰："今之啬夫是也。"传云："田畯，田大夫。"疏云："此官选俊人主田，

---

① （明）冯复京：《六家诗名物疏》，《景印文渊阁四库全书》第 80 册，第 198 页。
② （清）邵晋涵：《尔雅正义》卷十七，《续修四库全书》第 187 册，影印南京图书馆藏清乾隆五十三年邵氏面水层轩刻本，上海：上海古籍出版社，1995，第 275 页。

谓之田畯，典农之大夫，谓之农夫，以王者尤重农事，知其爵为大夫也。按郑注《周礼·载师》云：六遂余地，自三百里外，天子使大夫治之，或于田农之时，特命之主其事。以《周礼》无田畯正职，故直云田畯大夫。《春官·籥章》掌击土鼓，以乐田畯。郑司农云：田畯，古之先教田之官，彼说祈年之祭，知为祭先教者也。"《甫田》笺云：田畯，司啬，今之啬夫也。疏云：《郊特牲》曰：蜡之祭也，主先啬而祭，司啬也。注云：先啬，若神农司啬，若后稷。蜡者，为田报祭，故知祀此二人。此言田畯，乃是当时主稼之人，故以司啬言之，与《郊特牲》名同实异。①

此条虽未加按语辨析异同，但从其材料编排来看，解释"田畯"之义颇为清晰，《尔雅》释"畯"为农夫，此农夫即田官，也即啬夫。又据孔疏所引《周礼》可知其职能。《甫田》诗中亦有"田畯"，郑笺以为司啬，同于啬夫。冯复京又引孔疏说明此司啬与《郊特牲》中的司啬不同，而与《七月》中的田畯同为一事。由此不仅解释了《尔雅》之义，也能贯通诗义。

由上可知，冯复京《六家诗名物疏》虽以"名物"为名，其实更注意诠释诗义，梳理各家的解释，并辨析异同、断其是非。在这其中，他显然更重视古义，首先是《尔雅》的解释，但《尔雅》的解释过于简单，于是他广泛利用历代注释，同时又参考毛传、郑笺，再反复以经传所记及汉人旧注、汉三家《诗》说等互相证明，如果以上犹不足，则再参考孔疏、朱传。在考证名物、辨析诗义的过程中，他往往以古义为准的，故多驳斥朱传之非。可以说，在《六家诗名物疏》里，冯复京用自己的考证实践证明了《尔雅》、毛传、郑笺、孔疏等的价值。

二　明末《诗经》考据旨趣的文本衍生

明代名物考证一类的著作大多存在转相传抄的现象，而且并非均来自第一手文献。有些著作尚能对所用前贤既有材料进行裁剪和编排、比对，

---

① （明）冯复京：《六家诗名物疏》，《景印文渊阁四库全书》第80册，第323页。

有些著作则完全是相关资料的汇辑。例如，冯复京的《六家诗名物疏》多抄录罗愿《尔雅翼》、陆佃《埤雅》等书，而沈万钶《诗经类考》又多抄录《六家诗名物疏》，何楷《诗经世本古义》则多参考《六家诗名物疏》和《诗经类考》，前文已详论之。虽然冯复京和何楷二家所用材料多为二手，但对材料进行了重新整理，使其融合为前后连贯的整体。① 这其中冯氏《六家诗名物疏》后来成为明末此类名物研究的"数据库"，除沈万钶、何楷多参考此书外，吴雨《毛诗鸟兽草木考》、黄文焕《诗经考》也多直接抄录《六家诗名物疏》中的材料。另外题名为钟惺的《诗经图史合考》也几乎全抄冯书，并且存在许多抄错、刻错的情况，因此有学者怀疑此书很有可能是坊间假托钟惺之名制造的粗糙之作。② 虽然以清代学者的观点和现代学术的标准来看，这种转相抄袭的情况尤不足取。但明代考据学正是从这样的反复抄袭中使学者一步步拓展学术视野，强化对考据、征实的认识，然后逐渐在学界推广开来的。这种考据学的文本衍生对于传布征实之学、复古风气大有裨益。下文以沈万钶、曹学佺为例加以讨论。

（一）沈万钶

沈万钶，字仲容，嘉善人，万历丁酉（1597）举人。其《诗经类考》大约成书于万历三十七年（1609）。据陈增远所撰序，沈万钶因"愤笺疏之学不明，而遵传注者，孤陋局促，不可开谕，发愤欲救其弊，于是有《类考》之作"。③ 可见其在观念上与冯复京非常接近，也是有感于朱子《诗》学以及《诗传大全》带来的负面影响，试图发明"笺疏之学"。

《诗经类考》本身所受《六家诗名物疏》的影响极大，《诗经类考》的体例更像专考名物之作，不似《六家诗名物疏》那样按照诗篇的顺序依次释名物，而是分为二十六个类目，包括"古今论诗考""逸诗考""音韵考""天文考""时令考""地理考""列国考"等，在各类目之下再引众说释之。但就《诗经类考》内容看，多承袭《六家诗名物疏》，而且相比

---

① 杨晋龙：《何楷〈诗经世本古义〉引用〈化书〉及其相关问题探究》，第304~322页。
② 参见刘毓庆《从经学到文学——明代〈诗经〉学史论》，第150页。
③ 《四库全书存目丛书》所收沈万钶《诗经类考》中并无陈序，此处转引自刘毓庆、贾培俊《历代诗经著述考（明代）》，第211页。

于《六家诗名物疏》，此书更多的是罗列材料。比如，在"音韵考"类目下，只是列举严粲《诗缉》和《切韵指掌图》、《洪武正韵》、杨慎《古音丛目序》中有关四声切法清浊、三十六字母、七音、叶音说等内容，毫无系统，也无所考证。① 其他方面也大略如此，辨析异同的内容多是引用冯复京《六家诗名物疏》的按语。因此《四库全书总目》评价《诗经类考》说："盖此书本《诗名物疏》而作，而实不及原书也。"

《诗经类考》中能体现出沈万钶考证成就的，反倒不是考证名物，而是考证诗义，集中于"说《诗》异同考"。虽然该类目下仍是排列材料，但通过他对历代《诗》说和明代学者相关研究成果的重新整理与编次，能看出他试图发明"笺疏之学"的努力。如《采蘋》一诗，沈万钶先引郑笺："古者妇人先嫁三月，祖庙未毁，教于公宫，祖庙既毁，教于宗室，教成之祭，牲用鱼，芼用苹藻，所以成妇顺也。蘋之言宾也，藻之言澡也，妇人之行，尚柔顺，自清洁，故取名以为戒。"郑笺此说与诗序略有不同，诗序认为此诗为大夫妻能循法度，是已成婚，而郑玄以为妇人先嫁三月教成之祭。对于此区别，沈万钶在郑笺此说之后引诗序语，再引《经典释文》、孔疏、《说文》等诠释字义，然后引冯复京《六家诗名物疏》中的按语，驳斥朱子以牖为奥之误。最后引同郡学者陆垹之语云：

> 按，诸家以季女为士大夫之妻。然已嫁曰归，安得复称女也。《昏义》云："妇人将嫁三月，教于宗室，教成之祭，牲用鱼，芼之以苹藻"，盖此诗乃将嫁之女，教成而祭，能敬其事者也。其于归而执妇道可知矣。②

可见沈万钶是以陆垹之说来解释郑笺。虽然在此条目中沈万钶未下己意，但从他对材料的编排可以看出他遵从郑笺，同时也能见郑笺与诗序之异，又通过引众家训释字义，复引冯复京之语驳朱子之非，最后用陆垹之语证成郑笺之义。

从冯复京《六家诗名物疏》到沈万钶《诗经类考》，再到何楷的《诗

---

① （明）沈万钶：《诗经类考》，《四库全书存目丛书》经部第 62 册，第 488~492 页。
② （明）沈万钶：《诗经类考》，《四库全书存目丛书》经部第 63 册，第 205~206 页。又沈氏引郑笺之语为节引，故本文在其所删节的地方加上引号，以标明之。

经世本古义》，可以看到他们在材料上的承继关系，同时也看到他们都试图发明"笺疏之学"，并在具体的诠释中进行了实践，学术发展的脉络依约可寻。冯复京和沈万钶所用的乃名物考证的方式，而何楷则从诠释体式入手。虽然他们还存在体例不严密、训解过于粗疏等弊病，但对毛传、郑笺乃至孔疏等古义的认识和理解逐渐深刻。正是在这样的过程中，汉儒之学以及考据学的征实理念和方法缓缓地被揭示出。

（二）曹学佺

曹学佺，福建侯官人，著有《诗经剖疑》。此书非考证之作，主要是诠释诗义。但曹学佺显然受到回归古义的风气的影响，故他诠释诗义不再围绕朱子《诗》学展开，也不是像吕柟、李先芳等人那样对比分析诗序、朱传的异同是非，他主要参考毛传、诗序、郑笺、孔疏等说，再加以诠释。如释《葛覃》云：

> 毛诗笺曰："葛所以为绤绤女功之事烦辱者。"序云："葛覃，后妃之本也。"……葛叶茂盛，灌木丛阴之时，北方多在五六月。《周礼》仲春会男女，度此时女妇之嫁于夫家，已阅季矣。是亦寒暑载更，易裘为葛之时矣。故因葛覃而起兴也。覃，延；施，移也。言其蔓生之不一也。莫莫，茂盛貌。莫莫，则茂而且密矣。濩，煮也。精曰绤，粗曰绤，此言盛夏之时，葛既茂矣，于是采之治以为布，而被服之无厌焉。盖亲执其劳，而知其成之不易……计此数月之内，凡佐其夫子以致敬于宗庙社稷者，必事事周详，无愧于妇道，而后可以归宁其父母。故虽一衣服，亦无斁于浣濯，而状其辛勤烦苦之至也。葛覃，后妃之本，盖指此。①

所引"毛诗笺"当为毛传，这一段解说中，不少字词释义仍承用朱子《诗集传》。又如解释《卷耳》之金罍、兕觥云：

---

① （明）曹学佺：《诗经剖疑》，《续修四库全书》第60册，影印辽宁省图书馆藏明末刻本，上海：上海古籍出版社，2002，第3页。

韩诗说云：金罍，大夫器也，天子以玉饰，诸侯大夫以金饰，士以梓。《诗名物疏》云：燕礼、乡饮大夫之觥，俱有兕觥，盖恐其旅酬无算，吴傲失礼，故设此以防其抵触，兕角善触，令人睹此而思患也。初酌金罍，次酌兕觥，诗人于此有深意焉。①

此段所用材料均见于冯复京《六家诗名物疏》。朱子《诗集传》释兕觥，不言罚爵，对此冯复京已辨之甚详②，故曹学佺用此义，显然是受到《六家诗名物疏》的影响。而学者对考据的兴趣也渗透到《诗经剖疑》这类解说诗义的著作当中，如《诗经剖疑》考证"羔裘"云：

按，羔裘，古之礼服，郑注《论语》云：黑羊裘也，在朝君臣同服。是矣。但羊质多縓缁而变素，物有以小为贵，故羔之黑者，人君用之也。裘制君用纯，似必用羔之纯黑者，其臣则用襃饰，如郑风所云："羔裘豹饰"，豹非黑色，则羔岂纯黑乎。恐羔之与豹皆近于素者也。如此，则夫子又何以缁衣而袭羔裘，素衣而袭麑裘，曰缁衣、素衣，虽以色言，大抵缁衣只是礼服，素衣则私居之服也。夫子狐貉之厚以居，故用素衣裼之。若羔裘则朝见之服，故用缁衣裼之。论语所云重在礼私二字，不重在二色也。《郑风》"缁衣之宜兮"，此正司徒之礼服也。其曰适馆者，此固私朝，在天子宫内，诸侯入而治事，即此篇内自公者。非谓缁衣为大夫燕居之服也。朱子既云：羔裘，大夫燕居之服。其释《桧风》"羔裘逍遥"，又云诸侯朝服，彼此自相矛盾矣。海虞冯复京辨之颇详，然亦未知《论语》缁衣、素衣之不纯以色论也。③

这段考证的材料和思路均承袭冯复京《六家诗名物疏》，同时又补充《论语·乡党》中"缁衣，羔裘；素衣，麑裘"之说，认为缁衣、素衣不纯以色论。

---

① （明）曹学佺：《诗经剖疑》，《续修四库全书》第60册，第4页。
② 参见（明）冯复京《六家诗名物疏》，《景印文渊阁四库全书》第80册，第54~56页。
③ （明）曹学佺：《诗经剖疑》，《续修四库全书》第60册，第11页。

曹学佺当时以学术著称于世，交游极广，与陈第、朱谋㙔、胡应麟、赵宧光等均有往来。另外，当时闽地考据之风也渐渐兴起，除他及陈第、何楷以外，闽籍学者如黄道周、林兆珂、吴雨等均长于考证。他为吴雨《毛诗鸟兽草木考》所作序称：

> 林宗伯少子世陞本王应麟之《诗传图要》，作《人物考》三十卷；陈参戎第本吴棫之《补音》，作《诗经古音》四卷，与吴君雨，皆闽郡人，为一时之盛云。①

吴雨《毛诗鸟兽草木考》还将陈第《毛诗古音考》配入其中，可见当时学者间的互动与交流。

明末考据风气的兴起也使考据理念和方法得到进步，在辨伪、考证古音、考订异文等方面均有不少成就。明代伪造的《子贡诗传》和《申培诗说》影响甚大，当时不少学者均信以为真，如张以诚《毛诗微言》、沈守正《诗经说通》都加以采用，甚至还有学者专就此二书进行阐释，如邹忠胤《诗传阐》和凌濛初《圣门传诗嫡冢》。同时对此二书进行辨伪工作也已开始，周应宾《九经考异》中的《诗经考异》指出《鲁诗世学》与毛传文字不同，又考《汉至》所载鲁说与《子贡诗说》卷数不合，因此怀疑该书是伪作，其后陈弘绪、陈元龄相继提出质疑。何楷《诗经世本古义》也直接指出二书为"真赝书也"。

在考证古音方面，陈第《毛诗古音考》的成就和影响最大。他不仅系统地破除了叶音说，提出"盖时有古今，地有南北，字有更革，音有转移"的观念，并且使用成熟的考证方法，利用本证和旁证，不仅使用《诗经》和先秦古书的古韵来考证古音，还运用古注所存之音、谐音、形声声符、异文、方言等材料，对清代的古音研究实有开启之功。②

---

① （明）曹学佺：《毛诗鸟兽草木考序》，载（明）吴雨《毛诗鸟兽草木考》，《四库全书存目丛书》经部第67册，影印北京大学图书馆藏明万历磊老山房刻本，济南：齐鲁书社，1997，第4页。

② 参见王力《清代古音学》，北京：中华书局，2013，第2~4页；林庆彰《明代考据学研究》，第391~430页；刘毓庆《从经学到文学——明代〈诗经〉学史论》，第161~172页。

在考订异文方面，嘉靖间学者陈士元（1516～1597 年）著有《五经异文》，此后周应宾撰《九经考异》，其中之一为《诗经考异》，主要收集了韩诗、石经、《尔雅》、《说文》、《楚辞》、《经典释文》及部分汉人著作、唐以前旧注中的异文。沈万钶《诗经类考》最后一个类目为"群书字异考"，存录了先秦两汉古书、经传注释以及历代字韵书中的异文，较之周应宾著作略广，且偶尔下按语。例如，对于"栗烈"，录崔灵恩《集注毛诗》作"栗冽"，并说："按烈从火，不得为寒气。"①

由于在明末辨伪、考证古音方面目前已有较为深入的研究，故本书不再赘述。要指出的一点是，明末考辨伪书、古音和异文的成就直接影响到清初学术。在明末学者的基础上，姚际恒、毛奇龄、朱彝尊等人又进行了深入的辨伪工作。陈第《毛诗古音考》则直接启发了顾炎武的古音研究，并对清代古音研究和清代的诗经学均产生了深远影响。而明末对《诗经》异文的考订也给清代三家诗异文的研究奠定了一定基础。从这里可以很清楚地看到明末学术和清代学术的连续性。

---

① （明）沈万钶：《诗经类考》，《四库全书存目丛书》经部第 63 册，第 447 页。

第四章　举业津梁：明末科举出版与诗经学

　　科举制度肇端于隋唐，至明代臻于鼎盛，影响及于各个领域。不论是文学、经学，都能看到科举在其中的影响与互动，而科举类图书的出版也成为明代出版史上的一大景观。过去学界对于这类图书关注不够，近来因出版史、书籍史与文化史研究逐渐兴盛，才陆续有学者注意到科举类图书丰富的研究价值，其中沈俊平、张献忠、何朝晖等学者均有非常出色的成果。[1] 以上研究的关注重点均集中于八股选本、评点以及有关作文技法与应试技巧类图书，这类图书具有一定时效性，随着八股风气的转移而不断更新，故淘汰亦较多，不少书早已不存于世。而另一类科举图书尚缺乏足够的关注，即科举类经书注本。明代乡会试，第一场考四书义三道、五经义四道，且尤重第一场，因此围绕科举考试要求的各类四书、五经阐释著作纷涌而出，传播甚广，甚至不少学术类经解著作也受到这类注本影响，以致后世很难将经解与科举类注本截然分类。正因此，不少科举类注本得以流传下来，其中《诗经》注本尤多。明代五经义考试是考生自选五经中的一部进行应考，侯美珍通过对明代会试题目的全面统计发现，明代选择《诗经》参加科考并被录取的人数及占比远远超过选择《周易》《礼记》《左传》《尚书》四经应试者。而且考官出题偏好选择颂美、冠冕的诗篇，而不会就占《诗经》绝大篇幅的淫奔、怨刺、丧乱之诗出题，选考《诗

---

① 沈俊平：《举业津梁：明中叶以后坊刻制举用书的生产与流通》，台北：学生书局，1999；张献忠：《从精英文化到大众传播：明代商业出版研究》，桂林：广西师范大学出版社，2015；何朝晖：《晚明士人与商业出版》，上海：上海古籍出版社，2019。

经》容易猜题、拟题。① 这样的倾向无疑激发了明代学子阅读《诗经》的兴趣。与之相应的是明代的书坊主刊刻了各种形式的科举类《诗经》注本，有些注本不单单是围绕科举考试来阐释《诗经》，还存录了八股范文，可补已失传的八股选本之憾。更重要的是，为延揽读者、增加销量，科举类《诗经》注本在编辑、版式、内容等诸多方面都有创新，不仅能考察明代科举史的发展脉络，也是明代出版史研究的重要材料。本章根据 60 余种科举类《诗经》注本考察明代经书注本的出版传播、编辑生产及其在学术、文化上的影响。

第一节　明末商业出版与科举类《诗经》注本

一　明代官方对科举类经书注本出版的管理

明代科举类图书的出版管理并没有专门的部门和统一政策，大多数情况下是根据具体的情况制定相应措施。尤其是明中期以后，随着科举考试逐渐发展，科考士子增多，各类以科举为导向的经书注本越来越多，质量参差不齐，相应的一些管理措施也随之公布。明代科举类经书注本大体可分为两类：第一类是官方刊行的经书注本，数量较少，主要是官方编纂的《五经大全》及官方指定的五经四书注本如朱熹《诗集传》和《四书章句集注》等；第二类是私人或书坊刊刻的经书注本，数量较多。两类图书的出版规定各不相同。官方刊行的经书注本允许书坊翻刻，但不准自行改刊。嘉靖十一年（1532）建宁府主持刊刻的五经四书每部卷首都有建宁府的告示，明确规定要"照式翻刊"，"不许故违官式，另自改刊。如有违谬，拿问重罪，追版铲毁，决不轻贷"。② 这是因为当时书坊经常将官方经书刻本改为便于携带和价格低廉的袖珍本，改版后字体窄小且错误甚多。在建宁

---

① 侯美珍：《明代会试〈诗经〉义出题研究》，《台大中文学报》第 38 期，2012 年 9 月，第 203～256 页。又可参见侯美珍《明代乡会试〈诗经〉义出题研究》，台北：学生书局，2014。

② （清）叶德辉：《书林清话》卷七，漆永祥点校，北京：北京联合出版公司，2018，第 227～228 页；〔美〕贾晋珠：《谋利而印：11 至 17 世纪福建建阳的商业出版者》，邱葵等译，福州：福建人民出版社，2019，第 47～48、225～226 页。

府发布此条告示之前，已有官员注意到建阳坊刻刊行的官方经书注本存在"字多讹谬"的现象，需要专设儒学官员进行校勘，[1] 以保证官书的质量。

对于私人或书坊刊刻的经书注本，则有以下要求：一是私人编纂或坊刻的经书注本必须遵从程朱学说；二是私人撰写的经书注本需提交官方审定，通过后方能刊刻。明朝自洪武十七年（1384）确定科举程式以后，五经四书都以程朱学说为标准，《诗经》尊用朱熹《诗集传》，《尚书》用蔡沈《书集传》，《易》用程颐《程氏易传》，《礼记》用陈澔《礼记集说》，《春秋》用胡安国《春秋传》。明永乐年间，官方编订《五经大全》，将上述诸书作为主要的阐释对象，成为明代科举考试最为权威的参考注本。明中期以后，由私人编撰、书坊刊行的经书注本逐渐增多，主要内容是解释经注大义，指导如何围绕经义写作八股文等，这些注本有时会随着时代思潮的变化而变化，不尽依照程朱之说。一方面，因为程朱学说成为统治思想后逐渐僵化，不少学者努力求新求变，尤其是王阳明学说盛行给程朱之学带来很大冲击，这在科举上也有较明显的展现。另一方面，此类考试图书为吸引读者、增加销量，也会紧跟学术潮流和科举发展趋势。针对此种现象，嘉靖元年（1522）礼部要求："教人取士一遵程朱之言，但有叛道不经之书，不许私自刻板，互相传习，致误初学。"[2] 后又反复强调如有违背宋儒，坊间一切新说曲义，令地方官杂烧之。[3] 万历三十年（1602）六月礼部再次重申："凡书必有裨经传者方许刊行，非圣叛道之书有禁。"[4]

私人编撰的科举类经书注本必须交由提学官审阅，符合程朱学说、有裨经传者方能刊刻，未经审阅不得私自刊行。冯琦在为礼部撰写的《为遵奉明旨开陈条例以维世教疏》中提出："以后书坊刊刻书籍，俱照万历二十九年明旨送提学官查阅，果有裨圣贤经传者方许刊行，如有敢倡异说，违背经传，及借口著述，创为私史，颠倒是非，用泄私愤者，俱不许擅刻。

---

[1] （明）俞汝楫：《礼部志稿》卷九四，《景印文渊阁四库全书》第598册，台北：台湾商务印书馆，1983，第708页。

[2] （明）俞汝楫：《礼部志稿》卷九四，第710页。

[3] （明）冯琦：《宗伯集》卷五七，《四库禁毁书丛刊》集部第16册，影印天津图书馆藏明万历刻本，北京：北京出版社，2000，第3页。

[4] 《明神宗实录》卷三七三，"中研院"历史语言研究所，1984，第6990页。

如有不送提学查阅，径自刻行者，抚、按、提学官及有司将卖书刊书人等严行究治，追板烧毁等。"① 这一条要求恐在此之前就存在，嘉靖八年（1529），蔡存远欲刊刻其父蔡清所著《易经蒙引》，先将此书进呈乞请颁行，福建提学副使审阅订正后，允许建阳书坊刊行。② 可见在万历以前，此类经书注本已需进呈审阅，万历年间的礼部条例只是重新强调了这一要求。

　　虽然对于经书注本的出版有以上要求，但执行并不严格。何良俊提到他在南京时曾提议将南京部分地区和建阳书坊所刻科举用书尽数销毁，当地行政官员和提学官虽表示赞同，但没有付诸实施。③ 万历间徐奋鹏撰《诗经删补》被人举报擅改经传，明神宗审阅后准其刊行。④ 可见，一方面，明代官方对文化的管控逐渐宽松；另一方面，科举兴盛，大量科举用书是当时读书人的实际需求，而官方颁行的经书数量有限，不敷所用，不得不借助于书坊。不少中式举人、进士也纷纷参与科举用书的编撰，其中不乏官员的身影。⑤ 一些地方学校也购置坊刻制义之书，以供生员参阅。⑥ 例如，明嘉靖年间所修《建阳县志》中"学校志·图书"即已收入《五经旁注》《四书旁注》《五经类语》等坊刻经书注本，蔡清《易经蒙引》亦在其中。⑦ 明中期以后包括《诗经》在内的各种科举类经书注本不断出现，成为明代出版史上一大特色。

二　以制举名家为导向的科举类《诗经》注本

　　明代科举考试虽较为程序化，但每一时期的旨趣、趋向都有不同，并非一成不变。科举类《诗经》注本的编辑者和书坊主都会随时关注这些变

---

① （明）冯琦：《宗伯集》卷五七，《四库禁毁书丛刊》集部第 16 册，第 13 页。
② （明）蔡清：《蔡文庄公集》卷八，《四库全书存目丛书》集部第 43 册，影印武汉大学图书馆藏蔡清乾隆七年逊敏斋刻本，济南：齐鲁书社，1997，第 31～33 页。
③ （明）何良俊：《四友斋丛说》卷三，北京：中华书局，1997，第 24 页。
④ 黄霖：《徐奋鹏及其〈诗经〉与〈西厢记〉研究》，《中国典籍与文化论丛》第 8 辑，北京：北京大学出版社，2005，第 42 页。
⑤ 何朝晖：《晚明士人与商业出版》，第 113～183 页。
⑥ 陈宝良：《明代儒学生员与地方社会》，北京：中国社会科学出版社，2005，第 109 页。
⑦ （明）冯继科等：《建阳县志》卷五，美国加利福尼亚大学伯克利分校藏明抄本，页二一 b。

化，并在注本中加入相应内容。因此科举类《诗经》注本虽大多以朱熹的《诗集传》为阐释对象，但不同时期的注本内容仍各有特点。最显著的表现为重视制举名家，尤其是在八股文创作方面有影响的中式举人与进士，科举类《诗经》注本不仅在书名上常以制举名家为标榜，内容也多采录他们的解说和八股范文。

方苞在《进四书文选表》的凡例中评价明代八股文说：

> 明人制义，体凡屡变。自洪、永至化、治，百余年中，皆恪遵传注，体会语气，谨守绳墨，尺寸不逾。至正、嘉，作者始能以古文为时文，融液经史，使题之义蕴隐显曲畅，为明文之极盛。隆、万间，兼讲机法，务为灵变，虽巧密有加，而气体苶然矣。至启、祯诸家，则穷思毕精，务为奇特，包络载籍，刻雕物情，凡胸中所欲言者，皆借题以发之，就其善者，可兴可观，光气自不可泯。凡此数种，各有所长，亦各有其蔽。①

方苞认为明代八股经过了三个变化发展阶段，正德、嘉靖年间为一变，以古文为时文，融液经史，能够曲畅义蕴；隆庆、万历间又一变，兼讲机法，旁收博取；到天启、崇祯间，则再变为好务奇特，包络载籍。明代时文选本多亡佚不存，很难见此变化。而大量保存下来的明代科举类《诗经》注本能勾勒出此一观念与风气变化之迹。

明代成化至嘉靖年间，《诗经》制义方面最有影响力的是王鏊、唐顺之、薛应旂、瞿景淳四家。他们的名字反复出现在各类科举文献中，万历年间顾起元称："成、弘而后，王、唐、瞿、薛诸君子者，咸以制举义冠冕当代，而故皆用《诗》名家。"② 许国也称："成、弘以来，守溪先生树说《诗》赤帜，宇内业诗者已翕然向风。既唐中丞、瞿少宰、薛学部辈济济迭兴，大开诗家法门。"③ 王鏊是成化十一年（1475）进士，官至武英殿大学

---

① （清）方苞：《方苞集·集外文补遗》卷二，上海：上海古籍出版社，2008，第579～580页。

② 刘毓庆、贾培俊：《历代诗经著述考（明代）》，第157页。

③ （明）唐文献：《详训精讲新意备题标图诗经会达天机妙发》，日本尊经阁文库藏和刻本。

士；唐顺之为嘉靖八年（1529）会元、殿试二甲第一名，后成为唐宋派重要成员；薛应旂为嘉靖十四年（1535）进士，官至浙江提学使；瞿景淳为嘉靖二十三年（1544）会元，殿试高中探花。此四人在明代科举史上对士子选择《诗经》应试经义产生了深远影响，他们均能非常纯熟地运用八股文阐述《诗经》大义，且能畅达朱熹《诗集传》之旨，因此受到当时士子的追捧。四家都有《诗经》著作，如王鏊著有《诗经文粹》，唐顺之著有《文恪诗义》，薛应旂著有《方山诗说》，这些著作或属于八股范文，或为围绕科举解释《诗经》大义之作，但这些著作流传并不广，原因很可能是未及刊刻，只有抄本存世，也可能是因为内容较为简略。因此嘉靖以后，出现了不少以这四人著作为基础的《诗经》注本。例如，瞿景淳之子瞿汝说在其父《诗》说的基础上编成《诗经桥梓世业》；许天赠所著《诗经正义》是在薛应旂《方山诗说》的基础上增补、阐释而成的，此书初刻于嘉靖四十四年（1565），后万历年间南京国子监祭酒王弘海帮助再次刊刻，可见传播较广。万历十七年（1589）建阳杨氏刊刻的《新刻诗经八进士释疑讲意》是明代最为典型的坊刻科举类《诗经》注本，王、唐、瞿、薛四家《诗》说以及新晋的制举名家田一俊、许天赠、唐文献、邓以赞四人所著文汇为一书。书前用大字标明："会元王鏊文意、会元唐顺之讲意、会元瞿景淳口意、会魁薛应旂总文、会元田一俊心授、进士许天赠讲意、会元邓以赞句读、状元唐文献正讹"，这也是明代科举类《诗经》注本标榜名人以射利的典型方式，所谓文意、讲意、心授、句读、正讹等并非实际内容，只是显示其融会一众名家的特色以炫目，书内每首诗下罗列各家之说，客观上保存了王鏊、唐顺之、瞿景淳等人的《诗》说。

　　类似这种标榜名人的科举类《诗经》注本还有万历年间的《新刻十元魁述订国朝五百名家诗经文林正达》，所谓"十元魁"包括唐文献、萧云举、骆日升、张其廉、叶向高、刘觐文、蔡献臣、李光祖、徐彦登、田大年，他们均为当时制举名家，唐文献《诗》说已见于上述《新刻诗经八进士释疑讲意》。唐文献还有《详训精讲新意备题标图诗经会达天机妙发》，内题"新镌唐叶二翰林汇编详训"，实际是书坊将唐文献和叶向高两人的《诗》说合为一编。叶向高也是书坊非常青睐的名人，现存两部题为叶向高的科举类《诗经》注本，即《叶太史参补古今大方诗经大全》《新锲尊朱诗经讲意举业便读》，前者其实是将官修《诗经大全》重新刊刻，"参补之迹，几难寻觅"①，很可能是书坊伪托叶向高之名；后者从内容来看也是由书坊编辑，再借叶向高之名以射利。上述"十元魁"中的骆日升是万历二十三年（1595）进士，曾督学江西，选拔了陈际泰、罗万藻、章世纯、艾南英等人，建阳刘双松的安正堂曾与骆氏合作出版《葩经讲意金石节奏》，其后又有不少标榜骆日升之名的科举类《诗经》注本，如《鼎锲台晋骆先生辑著诗经正觉》《新镌台晋骆先生诗经坚白鸣集注》。

万历以后，张以诚、徐光启成为书坊青睐的制举名家，张以诚为万历二十九年（1601）状元，著有《毛诗微言》，流传甚广，书坊曾不断加以改编；②《叶太史参补古今大方诗经大全》书内题"张以诚较正"，也是借张氏之名来扩大影响。徐光启的《毛诗六帖讲意》本是他中式之前编辑的注本，中式之后，学子争相传抄，后书坊购得书稿，刊印出版。③ 万历年间还有一部《新镌张徐两太史审定葩经嫡正》，题为云间朱辂辑，就是将张以诚、徐光启二书汇为一书。明代末年，文社大兴，不少社团最初为应举而成立，如应社、几社、豫章社等以及后来合并江南各个社团的复社。这些社团的文学领袖往往也是制举名家，如张溥、杨廷麟、陈子龙、艾南英、罗万藻、黄道周等。这些社团经常会编辑八股文选来宣传时文观念，也会编撰经书注本，如张溥即将《诗传大全》和《毛诗正义》汇为一书——《诗经注疏大全合纂》并加以刊行，陈子龙也修订刊刻了沈万钶的《诗经类考》。因此当时的书坊也喜欢借用这些名人之名来编辑科举类《诗经》注本，如题为陈子龙的《诗经》注本就有《陈卧子先生辑著诗经旦》《诗经人物备考》，挂名黄道周的有《诗经琅玕》《诗表》，题名为冯元飙、冯元飏兄弟的有《诗经狐白》《新刻大小冯先生手授诗经》，题名为杨廷麟的有《朱订诗经搩一宗旨》《诗经听月》《诗经讲议鞭影》，题为陈组绶的有《诗经读》《诗经副墨》《陈伯玉先生新著诗经讲意拂镜尘》，题为顾梦麟的有《诗经说约》；这些著作除顾梦麟等少数外，不少是书坊自行编辑后假托

---

① 刘毓庆、贾培俊：《历代诗经著述考（明代）》，第167页。
② 杨晋龙：《〈毛诗蒙引〉考辨》，载《张以仁先生七秩寿庆论文集》，第217~255页。
③ 何朝晖：《晚明士人与商业出版》，第107页。

这些制举名家出版刊行。

除上举诸书以外，李廷机、邹之麟、魏浣初、江环等人也是《诗经》制举名家，其中不少著作的影响一直延续到清代。这些科举类《诗经》注本中只有少数是作者自行刊印，绝大多数是由书坊刊行，书坊或与名家合作，或盗用名家的姓名以谋利，都显示出制举名家对于应考学子强大的吸引力。书坊以标榜名家的方式，一方面充实注本的内容，另一方面扩大影响、招徕读者。这些注本不仅能够展现明代科举文化的发展与变化，也是明代科举出版的一大特色。

三 科举类《诗经》注本的内容与版式特征

明代科举类《诗经》注本随时代而不断发生变化，内容、版式也日趋多样化，为了在有限的版面中加入更多的内容，有些科举类《诗经》注本逐渐采用分栏、旁注、批注等多种形式，标点和插图的使用也越来越多。

从版式来看，科举类《诗经》注本常见的版式是一叶一版，不分栏，经文一般为大字，注释为双行或单行小字；也有经注字体大小一致者。许天赠《诗经正义》、徐光启《毛诗六帖讲意》、瞿汝说《诗经桥梓世业》、邹之麟《诗经翼注讲意》、张本《新刻诗经八进士释疑讲意》、杨寿隆《诗经集注删补》、李廷机《诗经纂注》等注本采用的都是这种常见版式。这些注本大多先列《诗经》经文，再阐释大义，或分章分句加以阐释，或只列诗名、单句后次以各家之解释。例如，《新刻诗经八进士释疑讲意》只列出需要解释的诗句，其后再依次列王、唐、瞿、薛等诸家解释；有的注本将《诗传大全》加以删节，取要点编辑而成，偶或加上编者自己与同时期其他学者的意见，如李廷机《诗经纂注》、杨寿隆《诗经集注删补》；有些注本会在天头部分加上少量批注，如陈组绶《诗经副墨》。绝大多数采用普通版式的注本质量比其他版式的注本要好。

高头讲章是明代科举类《诗经》注本的最显著特征，骆日升《葩经讲意金石节奏》、江环《诗经阐蒙衍义集注》、冯元飙和冯元飚兄弟《新刻大小冯手授诗经》、陈组绶《陈伯玉先生新著诗经讲意拂镜尘》、邹之麟《增补诗经脉讲义》、张元芳和魏浣初《诗经振雅》、黄文焕

《诗经娜嬛集注》等都采用这种版式。这种版式分为上、下两栏，少数注本还会在中间再加一栏（如江环《诗经阐蒙衍义集注》中间另设一栏，如腰封，内容主要是对诗序的解说与考证）。一般下栏刻经文与注释，如朱熹的《诗集传》等，上栏为诗旨、章旨的解释。这种形式的注本到明代后期越来越多，显示了科举内容和旨趣的变化。比如，到明代后期，上栏除了解释诗旨、章旨，还增添了"特见""附参""附考""别解""剖明""醒语"等内容，其中最常见的是科举考试技巧、传授如何点题，有的注本增添了名物、制度和史实考证等。丰坊等人伪造的《子贡诗传》《申培诗说》也常出现在"附考"中，显示了学术思想界的变化。明末社事大兴，各类文社成员编辑的《诗经》注本还附有同社社友的评点，内容越发多样化，转相抄袭的弊端也较显著。这类注本反映出书坊紧随学术潮流和科举要求的变化，在有限的版面内加入更多的内容以吸引读者。高头讲章式的注本大多数质量低劣，只有少数质量较佳，如张元芳、魏浣初《毛诗振雅》为朱墨套印本，墨色字体，朱色圈点，分上、中、下三栏，版式疏朗，字体流丽，但这样质量上乘的高头讲章式注本不多见。

明代科举类《诗经》注本使用各种标点的现象已较为常见，如《新刻大小冯先生手授诗经》、黄文焕《诗经娜嬛集注》均给全书标明了句读。这类注本常用圈、点的方式来标明重要句子、段落，《毛诗振雅》即使用朱笔圈点，邹之麟《增补诗经脉讲意》和《诗经翼注讲意》、陈组绶《诗经副墨》、徐光启《毛诗六帖讲意》均有圈点。一些注本还使用了特殊符号，如徐光启的《诗经六帖讲意》用黑色圆圈表示不押韵句，用白色圆圈、圈内标示数字来表示押韵句与隔句用韵；《新锲尊朱诗经讲意举业便读》使用三种不同的符号来引导读者阅读朱熹的《诗集传》，用黑点、黑色圆圈与◎◎◎符号来标示解说的关键之处。

不少科举类《诗经》注本书前附有插图。例如，朱日濬《朱氏训蒙诗门》有《十五国风图》，黄道周《诗经琅玕》有《十五国风图》《四始图》《正变风雅之图》《诗有六义之图》《皋门应门图》《泮宫图》《大东总星之图》《灵台辟雍图》《七月流火图》等，其实这些图均来自《诗传大全》，《诗传大全》的图则采录自元代刘瑾《诗传通释》和罗复《诗集传名物钞音释纂辑》二书。① 同样顾起元《新刻顾邻初太史朱批诗经金丹》中的十余幅插图也都来自《诗传大全》。值得注意的是《棣鄂堂诗义纂要》，此书虽然是清康熙十九年（1680）刊行，但其实是明代万历年间徐奋鹏《诗经删补》的一个改编本，该书一部分插图如《楚丘揆日景图》《明堂相阴阳图》《灵台辟雍图》《皋门应门图》等来自《诗传大全》，还有《天文图考》《地舆图考》《月掩日光为日食之图》《地影蔽月为月食之图》等非常重要的插图，《天文图考》全面展现了三垣二十八宿，《地舆图考》则几乎展现了明朝疆域的全貌，较为精密，《月掩日光为日食之图》《地影蔽月为月食之图》二图则直观地展现了日食、月食发生之原理，其来源很可能是明末清初天文学家游艺的《天经或问》，二图后还附有清初学者洪云来的《交食论》，有较高的科学史价值。

四 科举类《诗经》注本的编辑与生产模式

科举类《诗经》注本的需求极大，许多文人、学者、书坊主纷纷参与《诗经》注本的编辑出版，包括各领域的名人，如凌濛初编辑出版了《诗逆》《圣门传诗嫡冢》，钟惺曾批点《诗经》并加以刊行，陈子龙刊刻了沈万钶的《诗经类考》，而他自己的大名也常被书坊盗用。明代科举类《诗经》注本是如何编辑和生产的，这个问题非常值得讨论。根据现有材料，大致可知此类注本编辑生产方式大略有四种。

其一，作者编撰，本无意出版，书坊购买书稿加以刊行。徐光启的《诗经六帖讲意》就是如此。徐光启中式后，原稿抄本风行于学子之间，书坊闻风从徐光启弟子处购得书稿，甚至徐光启本人尚不知情。另外一个典型的例子是徐奋鹏，徐奋鹏为江西临川人，活跃在万历时期，他本无功名，靠四方讲学为生，因教授学童颇有办法，声名渐起，他编撰的《诗经》注本随之受到书坊主的注意。徐奋鹏留存下来的《笔洞山人文集》中的一篇文章《内讼》详细记载了他的著作出版经过，可以说该文是出版史上较为重要的文献，其中写道："人咸见予儿所读之经甚简便易记，亦易解，且不诡于紫阳原旨，于是竞为抄录而去……不意传录日广，风闻于剞劂之家，

---

① 陈恒嵩：《〈五经大全〉纂修研究》，第 117～118 页。

乃有就予而请者曰：'闻君有《诗经解注》一书，请付梓焉。'"① 从中可见当时书坊主对于科举类注本的敏锐认识。徐奋鹏现存《诗经》注本甚多，包括《诗经删补》《诗经辨俗晤言》《葩经》《诗经百方家问答》《诗经主意约》《笔洞山房批点诗经捷渡大义》，刻书地点既有建阳书坊，也有金陵书坊，可见多家书坊主注意到徐奋鹏的影响力，也可见其著作传播之广。这种编辑生产方式下，学者将书稿交给书坊后多不参与编辑刊刻过程，因此对于最后的成书和刊行多无自主权，《内讼》一文中提到徐奋鹏对书稿的编辑方式有一些异议，但书坊并未采纳，徐光启对《诗经六帖讲意》的出版也无可奈何。

其二，作者与书坊合作编辑出版，作者一般有较大的主动权，能够比较深入地参与图书的编辑和出版过程，因此这类注本的质量往往较高。骆日升的《葩经讲意金石节奏》即其中代表，此书原为骆日升在其父骆廷炜书稿基础上编辑而成，又交给其座师张位审阅并作序，由弟子刘会、辛兆鳌校勘，最后由建阳刘双松书坊刊行。根据骆日升之序可知，骆日升一直掌握着该书的编辑过程，刘双松书坊其实只是刊印和发行。明代末年，复社应时而起，强调尊经复古，并提倡改革时文，在学子中具有很大的号召力。复社成员常以编辑八股文选、编撰经书注本的方式来推广自己的文体理念，因此他们与书坊的合作也非常密切。例如，复社领袖张溥所编八股范文常交由昆山李尔公刊刻出版，他编撰的《诗经注疏大全合纂》也是与李尔公合作刊行的。② 陈子龙则与杭州书商汪淇来往密切③，他与汪淇的还读斋合作出版了《明七才子诗选注》与《诗经人物备考》。

其三，畅销注本的再版与二次编辑。一些科举类注本刊行以后，如果广受欢迎，书坊往往会再次刊行，大多重新制版。例如，黄文焕《诗经嫏嬛集注》重刻了四五次，现存最晚的刻本是雍正七年（1729）浙江沈三曾

---

① （明）徐奋鹏：《徐笔峒先生文集》，《明别集丛刊》第 4 辑第 67 册，合肥：黄山书社，2016，第 714 页；黄霖：《徐奋鹏及其〈诗经〉与〈西厢记〉研究》，第 48～49 页。
② （明）张溥：《七录斋诗文合集·文集近稿》卷二、卷四，《续修四库全书》第 1387 册，第 288、344 页。
③ 参见陈恩虎《刻书家汪淇生平考》，《文献》2005 年第 3 期，第 89 页。

刊刻的《四刻黄维章先生诗经娜嫒体注》，相比明末的刻本质量要更好一些。江环《诗经阐蒙衍义集注》、魏浣初《诗经脉》、徐奋鹏《诗经删补》也是书坊比较重视的注本，均有多个重刻本。除了再版以外，书坊还会对畅销注本进行二次编辑，或延请制举名家在原书基础上增加注释，或将两种或多种畅销注本汇为一书刊刻印行。例如，书坊就请制举名家邹之麟在魏浣初《诗经脉》一书的基础上撰成《增补诗经脉讲义》予以刊行；明末杨国会编《诗经振铎》，为高头讲章式，就是将江环、徐奋鹏二人之书合并，上栏为江环《诗经阐蒙衍义集注》，下栏为徐奋鹏《诗经删补》；上文提及朱辂编辑的《新镌张徐两太史审定葩经嫡正》也是将张以诚、徐光启二人之书重新编订为一书予以刊行。

其四，伪托与剽窃。前面已提到，作者如果与书坊关系不密切，很可能无法掌控著作的出版过程，各地书坊纷纷参与科举类《诗经》注本的出版，出现不少抄袭、剽窃和伪托的现象。骆日升的《葩经讲意金石节奏》在书首刻有一则告示："《诗经讲意》，坊刻繁兴，其间妙契款窍，称刻备著，固亦有之，彼其剽窃绪言，叛经毁旨者亦往往而是。若本堂斯讲则出台晋骆先生家传子弟者，较诸酙鸡其视、管豹其窥者，大径庭矣。海内君子幸无玉石概睹焉。"[1] 从中可见骆氏此书遭到书坊盗版，盗版的方式只是剽窃其书序言以假充骆氏之书，内容则与原书大异。即便是"正版"，也有转相抄袭的现象，如江环《诗经阐蒙衍义集注》、顾起元《诗经金丹》、黄文焕《诗经娜嫒集注》三书中有不少内容雷同之处。明代图书好用名人作序、校订以壮声势，科举类《诗经》注本也不例外，但其中很多序、订都是伪托，而且书坊对此并不讳言。徐奋鹏的《内讼》一文中就提到他的书稿交给书坊后，"刻将成，而议假翰阁名公为之序订，予止之曰……不虞梓人竟假之，盖坊间借名刻书以鼓动人耳目，此常套也"。可见这是当时惯例，如今存徐奋鹏《诗经辨俗晳言》上题"张以诚校"、《诗经删补》上题"魏浣初、钟惺同校"。上文还提到，明代书坊还会假托名人伪造注本，如题为陈子龙的《陈卧子先生辑著诗经旦》即伪托陈子龙之名，其内容多抄自其他科举类《诗经》注本及陆化熙《诗通》、万时华

《诗经偶笺》等书。

五 科举类《诗经》注本的学术价值

  不同时期的科举类《诗经》注本既因科举观念的发展而有所变化，也能反映出学术风气的转移。首先，八股文写作强调准确地表达经旨，注重分析文章结构与辞句，因此科举类《诗经》注本十分注意对各诗全篇诗义与各章章旨的讲解，非常细致地分析诗篇结构、文辞、句法、表现手法等，尝试讨论诗中透露的情感与情境，这种解说常反映当时文学思潮的演进，不少注本就显示出深受竟陵派文学观念的影响，明末的科举类《诗经》注本更是深受复社文学思想影响。这样的解释范式与汉唐注疏异趣，也与朱子《诗集传》及明初《诗传大全》的风格不同，不仅影响到《诗经》的"评点""批评"之作，客观上也促进了《诗经》文学分析的发展。

  其次，明代中期复古思潮兴起，科举类《诗经》注本也开始重视诗序和汉唐旧注的价值，常用诗序、毛传等旧说补充朱子《诗》说的不足，还注意从《左传》《国语》等文献中寻找史料依据；一些科举类《诗经》注本中出现不少反对朱子《诗》说的解释，显示朱子《诗》学受到越来越多的质疑。明人治经有较强的经世情怀，明末尤甚，表现在科举类《诗经》注本中就是喜做历史评论，由此又引发历史考辨的兴趣，常结合具体诗篇考核史实、制度等，虽较为简略，但可以说是明末学术趋向综核的一种反映。明末科举类《诗经》注本还常引用《子贡诗传》《申培诗说》这两部伪书，其实也是复古思潮影响所致。虽然不少注本误信《子贡诗传》《申培诗说》为真，但误信背后深层次的原因是当时学人益觉朱子《诗集传》和诗序解释都有不足，借《子贡诗传》《申培诗说》重新董理诗旨，回归古代语境加以辨析，客观上加深了对《诗经》解释传统的理解。

  最后，明代后期的尚博之风也影响到《诗经》注本的内容，不少注本旁搜博采，在后世看来不免驳杂不纯且有转相抄袭的现象。不少《诗经》著述从科举类注本等通俗类注本中汲取资源，而后书又抄前书，转相承袭。以下以相关注本中的《中谷有蓷》一诗的附考为例（见图1）。

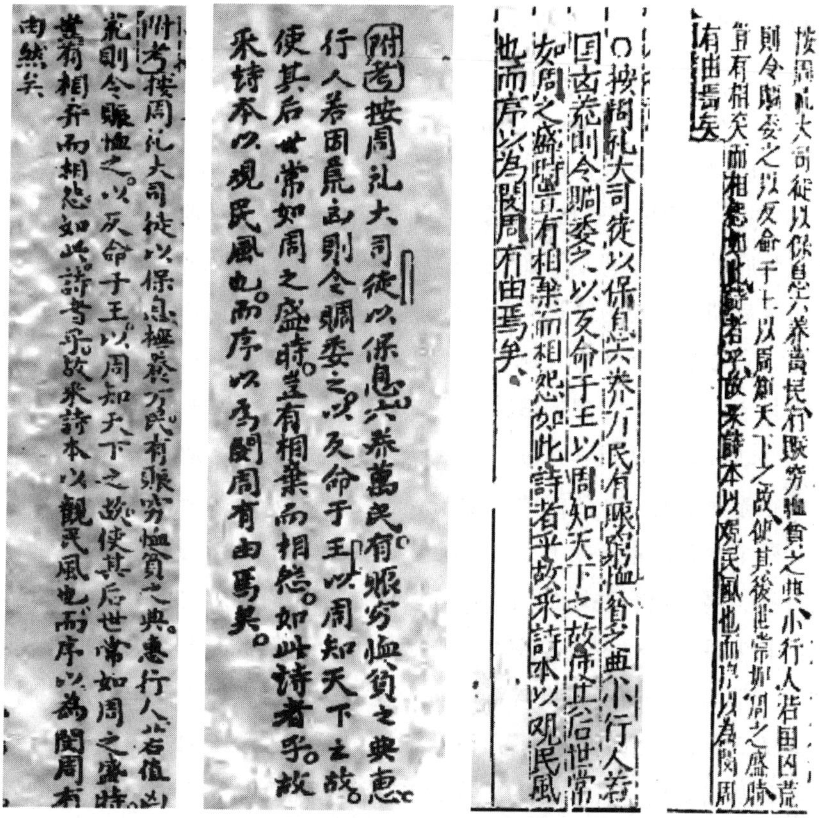

图1 科举类《诗经》注本举隅

注：从左至右分别为《五刻黄维章先生订诗经娜嬛集注》（卷二，页四一）、《新刻顾邻初太史朱批诗经金丹》（卷二，页四一）、江环《诗经阐蒙衍义集注》（卷二，页四一）、江环《重订诗经阐蒙衍义集注》（卷二，页四一）。

这是《中谷有蓷》一诗的附考部分，图1中所列都是典型的科举类注本，都抄了一则引《周礼》证诗序可信的内容，至于这则内容首先出于何书，则无法确知。清初学者孙承泽的《诗经朱传翼》亦引此说。到乾隆年间学者汪梧凤撰《诗学女为》，已不明此段内容的出处，径直认为是孙承泽之说：

孙承泽曰：《周礼·大司徒》保息生养万民，有赈穷恤贫之典，小行人若国凶荒，则令赒委之，以反命于王，以周知天下之故，则岂有相弃怨如此诗者。采诗观风，周之政荒民散可知矣。序以为闵周，信然。①

明代出版空前繁荣，各种科举类图书也是琳琅满目，从现存的科举类《诗经》注本也能见其一斑。考察明代官方对于出版的管理可知，明朝中央和地方政府虽出台了出版方面的相关规定，但执行与处置并不十分严格，加之明代后期对思想的管控逐渐松弛，带来了出版繁盛的现象。从积极的角度看，官方管控的宽松有利于明代科举类《诗经》注本内容和版式的创新，更易于突破程朱思想的藩篱，明末不少《诗经》注本已开始怀疑朱熹之说，并较频繁地从文学角度分析《诗经》的文辞，这是后来清代科举类注本中很难看到的。从消极的角度来说，出现了大量抄袭、剽窃、伪托的现象，图书内容质量参差不齐，易误导学子，清代学者对此就有很多批评。明代科举类《诗经》注本的出版也可以说是一种特殊的文化现象，书坊主虽以谋利为目的参与科举类注本的出版，但为了吸引读者，他们也能注意到文学、学术方面的新趋势与新动向，并将这些内容加入注本，这些科举类注本的刊行，无意间促进了知识的传播，影响了学子的知识趣味。可以说，不论从出版史、科举史还是学术史来说，科举类《诗经》注本都是非常有价值的材料。

第二节　文士与书坊的互动：陈子龙　与《诗经》科举注本

陈子龙，字卧子，号大樽，松江华亭人，他是明末几社的领袖，在诗、词、文方面有着极高的成就，影响巨大。同时，陈子龙在科举界和出版界也享有盛名，他在文学创作方面的成就与他在科举、出版方面的影响力密切相关。晚明时文人结社在很大程度上与科举密不可分。复社的前身五经应社本就是为科举应试而起，复社既是一个政治宗派和文学团体，也是一

---

① （清）汪梧凤：《诗学女为》卷六，《续修四库全书》第 63 册，影印复旦大学图书馆藏清乾隆不疏园刻本，上海：上海古籍出版社，2002，第 652 页。

个科举会社。几社与复社虽在立社宗旨和处事方面略有差异，但在时文观念上基本步调一致。为了扩大影响力，陈子龙曾编辑刊刻几社成员的时文选集和诗选，如崇祯五年编刻的《几社壬申文选》《几社六子诗》等。陈子龙还与徐世溥、宋征璧选辑明朝有关世务国政的文章，编为《皇明经世文编》五百余卷，于崇祯十一年（1638）刊行，崇祯十二年又编订刊刻了徐光启的《农政全书》。① 陈子龙虽非专门的"出版文化人"②，但积极投身于出版和科举事业，显示了明末出版事业与科举考试、诗文创作、学术研究交互甚深的独特文化现象。

这种现象在诗经学领域也有体现。值得注意的是，陈子龙的名字出现在当时多部《诗经》著作的署名中，《四库全书总目》著录了署名为陈子龙的《诗问略》，北京大学图书馆藏有一部署名为陈子龙撰的《毛诗人物备考》，另陈子龙重刊了《毛诗蒙引》和沈万钶的《诗经类考》。杨晋龙的《论〈诗问略〉之作者与内容》和《〈毛诗蒙引〉考辨》对陈子龙与现存《诗问略》《毛诗蒙引》两部著作的关系做了详尽的考察，指出《四库全书》著录的《诗问略》当为吴肃公《诗问》一书；《毛诗蒙引》的作者当为张以诚，该书内容与张氏的《毛诗微言》完全相同，亦与陈子龙无关。③ 这两部书之所以关联到陈子龙，很可能是书商为盈利而伪托陈子龙之名。

《毛诗人物备考》一书，与明末出现的一系列相关图书类似，如林世陞《毛诗人物志》、薛应旂《四书人物考》等，亦似伪托陈子龙之名。江西省图书馆藏有一部署名为陈子龙的《陈卧子先生辑著诗经旦》国风五卷，也可判定为书商伪其名。唯一能确定的是陈子龙的确重刊了沈万钶《诗经类

---

① 有关复社、几社的研究，参见廖可斌《明代文学复古运动研究》，北京：商务印书馆，2008，第373～400页；何宗美《明末清初文人结社研究》，上海：上海三联书店，2016，第179～190页；丁国祥《复社研究》，南京：凤凰出版社，2011；曾肖《复社与文学研究》，北京：人民文学出版社，2018；受志敏、刘占彦《复社文人的〈诗经〉学研究》，北京：人民出版社，2018；〔日〕小野和子《明季党社考》，李庆、张荣湄译，上海：上海古籍出版社，2013。

② "出版文化人"之概念为大木康先生所提出，参见〔日〕大木康《明末江南的出版文化》，周保雄译，上海：上海古籍出版社，2014，第118页。

③ 杨晋龙：《论〈诗问略〉之作者与内容》，载钟彩钧主编《传承与创新》，台北："中研院"中国文哲研究所筹备处，1999，第653～697页；杨晋龙《〈毛诗蒙引〉考辨》，载《张以仁先生七秩寿庆论文集》，第217～255页。

考》，并为之作序。由此衍生出两个问题：其一，既然绝大多数署名为陈子龙的《诗经》著作为伪托，那么陈子龙究竟有无诗经学专著？其二，为何书商喜借陈子龙之名来推销《诗经》著作？本节试图在前人研究基础上对陈子龙的《诗经》著作以及其中透露的文士与书坊的关系做进一步梳理和解释。

一　陈子龙诗经学还原

《四库全书总目》诗类存目著录了署名为陈子龙的《诗问略》，并为之撰写提要：

> 此编乃其读诗札记之文，曰《诗问》者，取问诸有道之意。又所解皆偶标己意，随拈各条，非说全经，故谓之略。《明史·艺文志》不著录，见于曹溶《学海类编》中。其说不主朱子《集传》，亦不甚主毛诗、郑笺。大抵因小序而变其说。如《有女同车》，序以为刺忽，子龙则以为美忽；以《蘀兮》《狡童》为刺祭仲。率以意为解，不必有据。观其自序，知其学从郝敬入也，宜其臆断矣。①

如前所述，根据杨晋龙的研究，此书与《四库全书总目》著录的吴肃公《诗问》内容完全相同，实为一书。很可能是书商射利而改署陈子龙之名以欺世。考察上引《四库全书总目》这一段提要，所谓《有女同车》为美忽、《蘀兮》为刺祭仲的观点与吴肃公之书完全吻合，也确实受到郝敬影响，可见四库馆臣见到的《诗问略》已是伪托之本，所谓"自序"也非出自陈子龙之手。四库馆臣之所以误信《诗问略》为陈子龙所作，很可能是因为负责编辑署名为陈子龙之《诗问略》的馆臣与负责吴肃公《诗问》之馆臣原非一人。

但由于《四库全书总目》著录了《诗问略》并为之撰写提要，加之康熙年间所编《诗经传说汇纂》引用了陈子龙论《诗》之语，这两个官方权威的学术著作导致后世对陈子龙的《诗》学认知存在混乱，因此有必要进一步加以厘清。

诸家诗经学著作中引录陈子龙《诗》学观点数量较多且较重要的有两

① （清）永瑢等：《四库全书总目》，第 143 页。

部，即明末范王孙《诗志》和清代康熙末年编定的官修《诗经传说汇纂》。《诗经传说汇纂》引及 8 条，均集中于国风；《诗志》共引 9 条，其中国风 6 条、小雅 2 条、大雅 1 条。值得注意的是《诗经传说汇纂》的征引，作为康熙晚期官修诸经注本之一，《诗经传说汇纂》具有很高的权威性。《诗经传说汇纂》虽注明引用内容来自何人，但未注明属于何种著作，因此《诗经传说汇纂》中陈子龙论《诗》内容究竟是来自其诗经学著作还是从他书引录仍有待进一步考察。《诗经传说汇纂》所引 8 条陈子龙观点都非常简短，今列于下：

①陈氏子龙曰：匏似瓠而圆，亦曰壶卢，性善浮，腰之可以涉水。《鹖冠子》："中流失船，一壶千金。"（《邶风·匏有苦叶》）

②陈氏子龙曰：《本草衍义》：雁得中和之气，热即北，寒即南，以就和气。所以为礼币者，一取其信，二取其和。（《邶风·匏有苦叶》）

③陈氏子龙曰：《埤雅》云：芜菁似菘而小，有台，一名葑，一名须，俗谓之台菜，其紫花者谓之芦菔，一名菜菔，所谓温菘也，梗长叶瘦高者谓菘，叶阔厚短者为芜菁。（《邶风·谷风》）

④陈氏子龙曰：《齐民要术》云：白色青角者为梓，或名角楸，又名子楸。萧炳云：梓树似桐而叶小花紫。（《鄘风·定之方中》）

⑤陈氏子龙曰：《本草》云：萱草一名鹿葱，花名宜男。（《卫风·伯兮》）

⑥陈氏子龙曰：《周礼·春官·大宗伯》云：士执雉，注：取其守介不失节。（《王风·兔爰》）

⑦陈氏子龙曰：义所难裁，莫深于贵宠之际；事所难处，莫甚于强大之间。郑之奢偪，桓武以来亦难调矣。其国疲小，则晋楚之事，亦孔艰矣。是不可姑息治而怯懦定者。猛兽有不采之威，君子有不辱之色，其之子之谓乎。（《郑风·羔裘》）

⑧陈氏子龙曰：刘向云：鸡者，主司时起居人。《管辂别传》：鸡者，兑之畜，故太白扬辉则鸡鸣。（《齐风·鸡鸣》）①

---

① 分别见（清）王鸿绪等《钦定诗经传说汇纂》，《景印文渊阁四库全书》第 83 册，第 151、153、154、184、213、227、243、262 页。

上引 8 条非常有特点，除了一条有关《郑风·羔裘》的诗旨外，其余 7 条都是解释名物。考察了这 7 条来源，发现它们均出自题为陈子龙所撰《诗经人物备考》一书，同时又与沈万钶《诗经类考》的内容完全相同。①《诗经类考》曾经陈子龙修订重刻，故《诗经人物备考》与《诗经类考》应有密切的关系（下文详论）。

有趣的是，唯一一条不是来自《诗经人物备考》的"陈氏子龙曰"，与《诗志》所引陈子龙论《郑风·羔裘》之语几乎完全一致，可见《诗经传说汇纂》的这条内容抄自《诗志》。也就是说，《诗经传说汇纂》所引 8 条陈子龙观点，7 条来自《诗经人物备考》，1 条转引自《诗志》。

范王孙《诗志》所引陈子龙语也十分可疑。《诗志》一书本为举业而作，《四库全书总目》称该书多采沈守正《诗经说通》、陈际泰《五经读》、顾梦麟《诗经说约》。②该书著述体例不甚谨严，其中引陈子龙语有 9 条，多驳杂不纯，且仅见于《诗志》，不见于他书。与陈子龙关系更密切的沈万钶《诗经类考》也未引用任何陈子龙论《诗》之语。晚明科举类《诗经》注本多割裂旧文、他说，而冠以名家之语，故《诗志》中所引陈子龙语很可能出于伪托。

《诗志》中一条有关陈子龙论《郑风·羔裘》的解释被收入清代官修《诗经》注本，导致后世产生很多误会，以致一讹再讹。例如，清代顾栋高《毛诗订诂》即引此条③，成僎《诗说考略》也称："陈子龙《诗问略》：'义所难裁，莫深于贵宠之际；事所难处，莫甚于强大之间。郑之奢逼，桓武以来亦难调矣。其国疲小，则晋楚之事亦孔艰矣。是不可姑息治而怯懦定者。猛兽有不采之威，君子有不辱之色，其之子之谓乎。'"④成僎直接以为这段话出自《诗问略》，不察《诗问略》中并无此句。顾栋高、成僎二人之书大量采录《诗经传说汇纂》的意见，可见成僎所引陈子龙论"义所难裁"一段都是摘录自《诗经传说汇纂》。成僎又受《四库全书总目》

---

① 参见（明）沈万钶《诗经类考》，《四库全书存目丛书》经部第 63 册，第 73、75、85、140、147、151 页。

② （清）永瑢等：《四库全书总目》，第 143 页。

③ （清）顾栋高：《毛诗订诂》卷三，《四库未收书辑刊》第 1 辑第 4 册，北京：北京出版社，1997，第 648 页。

④ （清）成僎：《诗说考略》卷六，《续修四库全书》第 71 册，影印湖北省图书馆藏清道光十年王氏信芳阁木活字印本，上海：上海古籍出版社，2002，第 590 页。

的影响，误以为陈子龙撰有《诗问略》，故推《诗经传说汇纂》所录陈子龙语应出自此书，却没有翻阅《诗问略》原书，致使认识混淆。

通过以上考察，基本可以判断唯一可能属于陈子龙的《诗经》注本是《诗经人物备考》，《诗问略》《毛诗蒙引》等皆非陈子龙之作，而是为人所伪托。明末清初不仅有伪托陈子龙的《诗经》注本，也有很多书引及陈子龙之说，可见他在科举类《诗经》注本和诗经学领域颇有影响力，因此从商业出版、科举文化和诗经学等角度考察这种影响力产生的原因是极为有意义的。

二　陈子龙与诗经学、举业及出版之关系

何以明末清初《诗》家好借陈子龙之名来表达观点与冠以书名？可以从两个角度来解释这个问题：第一，陈子龙确实研习过《诗经》且有一定见解和影响力；第二，他在举业领域和出版业享有盛名。

陈子龙早年受知于郑友玄，郑友玄号澹石，湖北京山人，官至监察御史。崇祯三年，陈子龙乡试中举，房师即郑友玄。关于此次乡试，陈子龙在自撰的年谱中有一段这样的记载：

> 是科相国姜燕及（姜曰广）、陈赞皇（陈演）两先生为试官，南国得士称最盛，而郑师之门，尤多名士。云予卷姜师初欲首拔，以《小雅》义与传注小忤，乃置平等，然甚爱其文。[1]

可知陈子龙以《诗经》应试，其诗经学当受教于郑友玄。在答卷中，他的解释不尽从朱熹《诗集传》，因此姜曰广虽爱其文，但只是将他置为普通等级，最后陈子龙以第七十五名中式。另据顾梦麟《诗经说约》卷十《豳风·东山》诗首章下所载：

> 徐文定则云："此篇各章首二句不叶东、濛，或以濛字作谟悲切以叶归，此曲说也。首章归本隔二句叶归、悲，如《权舆》次章及诞寘

---

① 《陈忠裕全集》卷三一《陈子龙年谱》，王英志辑校《陈子龙全集》，北京：人民文学出版社，2011，第930页。

之隘巷之例；次章以下则因首章而以独韵起调，如《瞻彼洛矣》《宾之初筵》之例。古乐府及唐宋人诗余长调亦多有独韵起者。"然则文定已见《鲁诗世学》，谓曲说者，指丰氏也。余所见，为天如从卧子借寄抄本，岂云间向有此书邪？①

这条信息证明丰坊、姚士粦伪造的《子贡诗传》《鲁诗世学》在当时学界之影响力，而陈子龙亦有此书，张溥曾从陈氏处借抄，足见陈子龙对诗经学的浓厚兴趣。

陈子龙中举之前，已与复社领袖张采、张溥、杨廷枢结交，并在与艾南英的争辩中"摄衣与争，颇折其角"②，享誉士林。在明末科举生态环境下，此次中式对陈子龙名声有推动作用。因此两年后，陈子龙与夏允彝、宋征璧、彭宾、杜麟征等几社精英编刻了《几社壬申文选》，推广几社的古文辞观念。

陈子龙的八股文在当时也极为流行，并有意选刻出版加以推广。张溥在《刘伯宗房稿论文序》中对此有所描绘：

> 房书之选，莫甚今日。以予所闻，吾党诸子选本殆有十余，卧子、受先、子常、麟士、吉士本最先行，伯宗、次尾继之，介生、维斗、石香所选乃晚出，指论各殊，宗尚一致。③

可见在八股范文的出版方面，陈子龙走在前列。张溥又在《二三场合钞序》中记述：

> 云间陈卧子，当世绝才，其所谈二三场，如人衣会事寻常切实，初无影响。虞山杨子常、娄东顾麟士，经学纯儒，其论议与卧子同，合钞本借合选后充行，两地不谋，指趣无爽，闭门造车，出而合辙，其信然矣。合选纵观渺论，杂以平居之言。合钞则因文考古，题据咸

---

① （明）顾梦麟：《诗经说约》卷十，《续修四库全书》第 60 册，影印复旦大学图书馆藏明崇祯织帘居刻本，上海：上海古籍出版社，2002，第 443 页。

② 《陈忠裕全集》卷三一《陈子龙年谱》，第 928 页。

③ （明）张溥：《七录斋诗文合集·文集近稿》卷一，《续修四库全书》第 1387 册，第 269 页。

列。前者不遗，后荐姑阙，揆之典章文物，俱无负也。今日格法稍开，
放言靡已，街巷市贩，刀笔米盐，欲登廊庙，禁以司败，□犹不止。
莫若悬二三场试之，质实者今其封策，博雅者兼作论表，分别高下，
定彼赏罚，庶山泽隐沦，不忘献纳髡钳亡命无阃至尊，则子常、麟士
与卧子二书，药石粱肉，时所最亟矣。①

张溥将陈子龙与杨彝、顾梦麟的科考二三场八股文比作药石粱肉，这
是当时士人急需的"营养品"，从侧面可见陈子龙八股文水平之高，而借由
复社领袖的推广，其影响力不言而喻。

崇祯十年（1637），陈子龙与夏允彝同中进士，崇祯十一、十二年，陈
子龙先后编刻了《皇明经世文编》和《农政全书》，崇祯十一年，帮助陈
增远重刻了沈万钶《诗经类考》；崇祯十五年，为谭贞默的名物类书《谭
子雕虫》作序；崇祯十六年又与李雯、宋征舆选辑刊刻了《皇明诗选》。
陈子龙在晚明时期深入参与书籍的刊刻与出版，直至国变之际投身于抗清
复明运动才告停止。他既有文名，又在科举、出版领域拥有声望，故不难
理解当时书商借用其名以射利。

借由传本不广的《诗经人物备考》，我们能更清楚地看到陈子龙与科
举、商业出版的互动。《诗经人物备考》全称《诗经人物备考大全》，北京
大学图书馆、上海图书馆各藏一部。书首题"陈卧子先生手辑""武林还
读斋藏板"，每卷卷首题"云间陈卧子、周勒卣两先生定""古杭汪桓殿武
订"。还读斋是明末清初杭州著名的书商汪淇书坊之名，汪氏与陈子龙颇有
来往。周勒卣即周立勋，为陈子龙好友，几社成员，也是云间派重要诗人。
汪桓是汪淇长子。

《诗经人物备考》半叶九行，每行二十一字，版式疏朗，纸张、字墨质
量较佳。全书共八册十三卷，卷一为人部，卷二为天文部，卷三至卷六为
地理部，卷七为草部，卷八为木部，卷九为谷部，卷十为鸟部，卷十一为
兽部，卷十二为鳞介部，卷十三为虫豸部，共分十类。书名所谓"人物备

---

① （明）张溥：《七录斋诗文合集·文集近稿》卷五，《续修四库全书》第 1387 册，第 382 ~
383 页。

考"包括"人考"与"物考"两部分,卷一书耳即直接标示为"诗经人考",卷二之后书耳标示为"诗经物考"。每卷所释人、物往往与《诗经》相关,但不以在《诗》中出现之先后为次,而以事物之重要性为次,每一名物下标明所涉诗名,如天文部"露"这一条目下以小字附注"行露,邶式微,郑野有蔓草,小雅蓼萧、湛露、白华"。这样的分类与编排与晚明出现的各种名物考释之作是一致的。

《诗经人物备考》出现的背景是,明末博物之风兴起,学者渐重视由多识博闻进入通贯之道,当时诗经学出现了大量名物考释类著作,较著名的有冯复京《六家诗名物疏》、林兆珂《毛诗多识编》、沈万钶《诗经类考》、吴雨《毛诗鸟兽草木考》、黄文焕《诗经考》、钟惺与韦调鼎《诗经备考》等,这些著作中后出者多袭用前书材料,又以内容丰富庞杂相标榜,致使解经之作近乎类书。《诗经人物备考》较晚出,明显受到沈万钶《诗经类考》的影响。《诗经人物备考》书前有题为陈子龙所撰之序,此序即据陈子龙《诗经类考序》改换而来,不过将《诗经类考序》介绍沈万钶一段删去,以"夫诗以言志,喜怒之情郁结而不能已,则发而为诗"为开篇,原序"今观沈氏之书,引据该博……"一段,《诗经人物备考》中将"沈氏"改为"备考",并删去序文最后陈子龙介绍其友陈增远称赞《诗经类考》文字。

内容方面,《诗经人物备考》也多承袭《诗经类考》。对比二书可以发现,《诗经人物备考》所引材料绝大多数直接来自《诗经类考》,材料排列次序也几乎与《诗经类考》相同,只是将沈万钶的按语改为"沈万钶类考云""沈万钶曰"等。但《诗经人物备考》对《诗经类考》材料也做了去取和编排,《诗经类考》的内容十分庞杂,不少条目直接抄自前代类书,体例也更近于类书而不似经解。《诗经人物备考》删去了大量《诗经类考》重复冗杂的材料,增补了《尔雅》、毛传、《说文》、郑笺、孔疏等与诗篇直接相关的材料,补充了冯复京《六家诗名物疏》、凌濛初《诗逆》等书中的考证,并改正不少沈万钶所引材料的错误。这些修改使《诗经人物备考》的内容与《诗经》联系更密切,更符合经解之体,材料的选取也更为严谨,编次更为合理。

例如,《诗经类考》一书解释"雷、霆、电",材料混乱无序,很难分清哪些是解释"雷",哪些解释霆、电,因此产生不少错误,《诗经类考》

载："《说文》：雷电余声铃铃，所以挺出万物也。"① 在这里，《诗经类考》引《说文》是为了解释"雷"，但此内容本为《说文》"霆"字条目，原文为："霆，雷余声铃铃，所以挺出万物。"②《诗经人物备考》则分释雷、霆、电，先释雷、次释霆、再释电，次序井然，并改正了《诗经类考》引《说文》之误。又如"参"条，《诗经类考》先后引《汉书·天文志》及孟康注、《晋书·天文志》、《步天歌》、《夏小正》等材料，从排列来看几乎是类书的形式，而与解《诗》无关；③《诗经人物备考》则先引毛传，其后引《汉书·天文志》、孔疏，再引《晋书·天文志》、《夏小正》与陆德明《音义》，较之《诗经类考》的驳杂无序，显然更为有条理。

在明末的《诗经》类著作中，杂抄、承袭前人材料以成书者十分常见，《诗经》名物之作更是转相袭引。出现这种情况的原因很多，既有商业利益的驱使，也有学术规范尚未树立等因素。当时出版商多借文人之名以牟利，文人亦多持默许态度，其中有利益交换亦未可知。《诗经人物备考》即属于这种情况。

刊刻《诗经人物备考》一书的还读斋主人汪淇，字右子，号澹漪（又作憺漪、瞻漪），生于明万历三十二年（1604），卒于康熙初年，祖籍安徽休宁，后迁往杭州。汪淇是明清之际极为活跃的出版商，其书斋名为残梦轩、蜩寄、还读斋。④ 陈子龙与汪淇交往甚深，据汪淇自述"卧子与余交最久"，还与周立勋等几社成员结社酬唱⑤。除了《诗经人物备考》，陈子龙还与汪淇合作出版了《明七才子诗选注》⑥。校订《诗经人物备考》的汪桓，字殿武，是汪淇长子。过去不少学者将其误认作明末清初著名医学家

---

① （明）沈万钶：《诗经类考》，《四库全书存目丛书》经部第 62 册，第 498 页。
② （清）段玉裁：《说文解字注》，上海：上海古籍出版社，1981，第 572 页。
③ 参见（明）沈万钶：《诗经类考》，《四库全书存目丛书》经部第 62 册，第 502～503 页。
④ 黄永年：《论〈西游记〉的成书经过和版本源流——〈西游证道书〉点校前言》，载黄永年《黄永年学术经典文集》，太原：山西人民出版社，2013，第 556～557 页。又参见陈恩虎《刻书家汪淇生平考》，《文献》2005 年第 3 期，第 84～91 页；文革红《汪淇"蜩寄"及其所刻书籍考》，《文献》2006 年第 3 期，第 79～83 页；张舰戈《明末清初杭州文人汪淇刻书考》，《东吴学术》2018 年第 2 期，第 108～114 页。
⑤ 陈恩虎：《刻书家汪淇生平考》，第 89 页。
⑥ （明）茅坤辑、（明）陈子龙重辑《明七才子诗选注》，"中研院"历史语言研究所傅斯年图书馆藏明末还读斋刊本。

汪昂之弟,这是因为汪淇、汪桓与汪昂同族,汪昂祖籍亦为休宁,后迁居扬州,二汪尝合作,汪桓帮助汪昂校订了《增订本草备要》等书,并署"弟汪桓殿武参订",其实汪桓与汪昂并非直系亲属。汪桓与父汪淇常居杭州,刻书常署"西陵汪桓殿武"等,西陵即指西泠,《诗经人物备考》署"古杭汪桓"中的"古杭"也是指杭州。①

陈子龙及几社成员与还读斋汪淇的密切关系说明了《诗经人物备考》一书在陈子龙名下应无问题。陈子龙或未直接参与此书的编写,或只参与了一部分,但署名当经过了陈子龙的许可。陈子龙曾参与修订重刻沈万钶《诗经类考》,很可能他推荐将此书作为重要的参考著作和资料来源。《诗经人物备考》的主体部分由周立勋、汪桓完成,再由还读斋刊刻。可以说,这本书是知名文人与知名出版商合作的产物,显示了明末文人社团与出版文化人之间的密切联系。

三 伪托陈子龙之名的科举类《诗经》注本《陈卧子先生辑著诗经旦》

《陈卧子先生辑著诗经旦》(以下简称《诗经旦》)是一部伪托陈子龙之名的《诗经》注本,存国风五卷,现藏江西省图书馆。缺封面和扉页,书后亦缺一页。此书不见于公私书目,刘毓庆、贾培俊的《历代诗经著述考(明代)》亦未著录。书前有钱肃乐所作序与陈子龙所撰凡例。各卷之前题"陈卧子先生辑著诗经旦国风卷之某"、"青浦陈子龙卧子父辑著"、"古鄞钱肃乐希声父参订"。此书为典型的明代高头讲章式科举用书,全书分上下两栏,下栏为《诗经》原文及依托朱子《诗集传》的训释和讲解。上栏则串讲诗旨、各章大义,同时辑录他人经解,标之以"旨要""特见""附参""参解""补遗""别解""剖明""醒语""考实""附考"等名,所引诸家多为明代学者,不少是常见于高头讲章式科举用书的举业名人。此书多剽窃他书,又常割裂前人之说冠以复社名人,可断定非陈子龙所撰,而是书商伪托陈子龙之名的射利之作。不过借由此书,我们可以看到书商

---

① 张舰戈:《明末清初徽商后裔汪淇与汪昂关系考证——以汪淇"还读斋"书坊为中心》,《徽学》第11辑,2018,第144~153页。

编撰科举类经书注本的方法，对丰富明末科举类经书注本的认识极有帮助。

《诗经旦》所剽窃较多者为陆化熙的《诗通》与万时华的《诗经偶笺》二书，另外还有元代朱公迁的《诗经疏义》、明代姚舜牧的《诗经疑问》等书。《诗经旦》的编者往往割裂前书以为他人之说。如《绿衣》，《诗经旦》引沈平斋之说曰："黄绿皆自然之色，不可相无，贵于各得其所用之道耳"，此为照抄陆化熙《诗通》所引沈平斋语①。《燕燕》诗篇下引卜坤仪之说曰："之子于归，以夫亡也，以子弑也。归极苦矣。而送其归者，遭际同之危疑，方追悲人，亦还自悲。"此为陆化熙《诗通》之语②。又如《北风》诗，《诗经旦》引："管泰阶曰：北门之处困，忠臣也，北风之去乱，智士也。又云：北风与魏十亩之间相似，然彼则其意舒，其词缓，犹之可也。此则危迫已甚，明夷之飞，将垂其翼矣。"实出自元代朱公迁的《诗经疏义》③，非管泰阶语。又如《诗经旦》引朱谋㙔《诗故》："西周之世，大夫非无所行役也，出有皇华四牡之劳，入有杕杜鱼丽之燕，人皆以为盛典而宠劳之也。"此亦非《诗故》原文，乃抄自万时华的《诗经偶笺》④。

以上均是不做更改加以剽窃，还有稍改字句剿袭他说之处。例如，《诗经旦》引陈淡生之说曰："要知自鬒发如云与蒙彼绉绤以下，正是服饰之芬丽，容貌之轻佻，大异于委委佗佗如山如河处。"此实出自姚舜牧《诗经疑问》⑤，将姚氏原文"蒙彼绉绤至扬且之颜"改为"自鬒发如云与蒙彼绉绤以下"；又如《君子于役》，《诗经旦》引李少文之说曰："草虫殷雷，平淡之思也；君子于役，哀伤之思也。世有盛衰而妇人女子之口传之，此之谓风也。"这其实是万时华《诗经偶笺》之文，仅将最后一句"此所谓风"改为"此之谓风也"⑥。又如《鸱鸮》诗，《诗经旦》引黄幼玄之说曰：

---

① （明）陆化熙：《诗通》卷一，《续修四库全书》第61册，影印北京大学图书馆藏明书林李少泉刻本，上海：上海古籍出版社，1995，第11页。

② （明）陆化熙：《诗通》卷一，《续修四库全书》第61册，第12页。

③ （元）朱公迁：《诗经疏义会通》卷二，《景印文渊阁四库全书》第77册，台北：台湾商务印书馆，1983，第125页。

④ （明）万时华：《诗经偶笺》卷三，《四库全书存目丛书》经部第70册，影印清华大学图书馆藏崇祯六年李泰刻本，济南：齐鲁社，1997，第557页。

⑤ （明）姚舜牧：《诗经疑问》卷二，《景印文渊阁四库全书》第80册，台北：台湾商务印书馆，1983，第616页。

⑥ （明）万时华：《诗经偶笺》卷三，《四库全书存目丛书》经部第70册，第557页。

"全诗俱是暗比。首言鸥鹗毁室，末言风雨摇室，皆暗指流言倡乱说。"此乃节用陆化熙《诗通》："全诗……意隐隐在言外，首言鸥鹗毁室，末言风雨摇室，皆暗指流言倡乱说。"①

这样的割裂或剽窃显示出当时书坊编辑者为射利，择取元明诸家《诗》说加以改造，换成当时科举界的名流，尤其是复社中的名士，以壮声势。这从侧面展现了明代科举类经学注本编纂过程中的复杂现象，我们在面对同类型的科举注本时需仔细加以辨别。《诗经旦》剽窃之书中，最晚的一部为万时华《诗经偶笺》，此书成于明崇祯六年（1633），由此可将《诗经旦》的刊刻时间限定在崇祯六年之后，而此时陈子龙在科举界声名日盛。

《诗经旦》刊于明末，很可能出版后不久明朝即灭亡，因此它对于士子有多少影响，今已不能考见。后代藏书家亦未著录此书，或因其为科举用书而不为藏家所重。不过，清代一部影响巨大的科举类注本《诗经备旨》却有不少地方承袭《诗经旦》。《诗经备旨》是福建四堡著名的坊刻商人邹圣脉所编辑的《五经备旨》之一②，邹氏此书以康熙末年御纂诸经为依据，如《诗经备旨》即以《诗经传说汇纂》为蓝本，版式亦分上下两栏，下栏为朱子《诗集传》原文及讲解，上栏论诗旨及各章旨，同时将《诗经传说汇纂》中康熙钦定按语以"御案"标注列出。仔细对比《诗经备旨》与《诗经旦》可发现，《诗经备旨》上栏论诗旨和各章旨之部分多袭用《诗经旦》。

《诗经备旨》对《诗经旦》的袭用并非直接抄袭，或化用其意，或节引，或调换语序，等等。例如，《诗经旦》论《葛覃》诗旨云："此诗首章以黄鸟为治葛之先声，末章以归宁为治葛之终事，总见无一时而非为绤为绤之心，故通诗当以治葛为主。"《诗经备旨》则云："此诗以治葛为主。首章是追序治葛以前事，次章正见治葛时事，末是治葛以后事。不重归宁上以因成绤绤而叙及之。"《诗经备旨》只是调换语序加以阐述。

又如《卷耳》首章，《诗经旦》云："首章托言有所事而不终于所事。谓方采时而此心适念君子，竟不果所愿也。总是构虚意以写实情。须知此怀非是闺情私怀想尔……嗟我，'我'字与置彼'彼'字相照，极妙，嗟

---

① （明）陆化熙：《诗通》卷一，《续修四库全书》第61册，第39~40页。
② 〔美〕包筠雅：《文化贸易：清代至民国时期四堡的书籍交易》，第272页。

我则置彼矣。"《诗经备旨》则作："此是托言不终所事，怀人意思，即在不盈顷筐内。采卷耳何以不盈？盖以念怀人不见顷筐，故生彼周行。若乃置彼周行'我'字'彼'字，正相叫应，嗟我则置彼矣。"此段前两句，《诗经备旨》的意思与《诗经旦》相同，只是变换表达方式；后一句分析"我"与"彼"相照应，内容同于《诗经旦》。

又如《邶风·日月》之首章，《诗经旦》论其旨曰："首呼日月照临之久，见得古今皆不能逃其所照。逝不古处，则日月无古今，人心有古今矣。逝字训发语，予谓任其情之所往，即舍柏舟之坚，弃黄裳之正也。逝字便藏无定在内。味一处字，即下相顾相好与报之，必述俱可照见，胡能有定，还是冀望其将来，正哀诉的口气，故情词凄断，不相联属。我字有意据注解怨矣，非诗意也。"《诗经备旨》则作："日月照临之久，见古今不能逃其所照。古处如克谐好合之当，不古处者，如舍柏舟之坚，弃黄裳之正也。不古处都由于无定，胡能二句有望其将来，而不则其既往亦。"正是节引《诗经旦》之文，而相较《诗经旦》更为平实流畅，由此可见《诗经备旨》与《诗经旦》关系之密切。

四堡雾阁邹氏为数代经营的坊刻商人，所刻之书数量众多，拥有非常成熟的出版体系。《五经备旨》是邹圣脉在康熙五十四年（1715）至乾隆二十七年（1762）之间编纂的，体例如此庞大的科举用书在编撰过程中一定会参考其他科举类注本，从以上的分析我们可以断定，《诗经旦》一定是邹圣脉重要的参考书之一。

明末的科举文化是非常独特的文化现象，影响及于出版、学术等诸多领域，由此产生了一批科举用书。目前有关明末科举出版与学术的研究多集中于科举与文学的关系、八股范文的出版及明末商业出版等方面[1]，对于

---

① 这方面研究包括蒋寅《科举阴影中的明清文学生态》，载蒋寅《视角与方法：中国文学史探索》，北京：北京大学出版社，2018，第482～520页；罗时进《八股文异名述论》《八股文长期沿用的文化机制》《八股文的消亡：时代必然取向与文体自我否定》，载罗时进《文学社会学——明清诗文研究的问题与视角》，北京：中华书局，2017，第171～210页；郭万金《明代科举与文学》，北京：商务印书馆，2015；沈俊平《举业津梁：明中叶以后坊刻制举用书的生产与流通》，台北：学生书局，1999；张献忠《从精英文化到大众传播：明代商业出版研究》，桂林：广西师范大学出版社，2015；何朝晖《晚明士人与商业出版》，上海：上海古籍出版社，2019。

科举类经书注本的关注尚不足，其中仍有非常丰富的信息有待挖掘。本节尝试通过陈子龙与科举类《诗经》注本的关系这个个案，梳理还原陈子龙诗经学之面貌，探讨陈子龙与科举类经书注本出版的关系以及背后的原因，并借由署名为陈子龙的《诗经旦》揭示明末书坊在商业利润驱使下对这类注本的编造、剽窃、改头换面等诸多现象，丰富我们对明末科举类《诗经》注本的认识。

第五章　征实之路：清初《诗》学三大家与考据形态的生成

清初诗经学继承了明末诗经学的成果，尊主诗序已成为学界的主流，考据意识得到较为明显的发展和深化。康熙二十年（1681）之后，钱澄之《田间诗学》、朱鹤龄《诗经通义》和陈启源《毛诗稽古编》三部重要的诗经学著作相继问世。三人都具有遗民身份，亦深受明季复古尊经风气的影响，尤其钱澄之、朱鹤龄二人在当世享有盛名。钱澄之曾师从何楷、黄道周，其学有很深的明代学术的印记，并继续明末诗经学回归诗序和汉唐注疏传统的实践。朱鹤龄继郝敬之后，全面而系统地疏通诗序之义，进一步提高了诗序尤其是序首句的合法性与权威性。陈启源则从毛传入手，注重文字音义考证，对清代"汉学"的兴起产生了深远的影响。

钱澄之、朱鹤龄、陈启源三人承先启后，开启了清代诗经学的新格局。因此本书称他们为"清初《诗》学三大家"，并以三人为中心，探讨他们的《诗》学成就及其在学术史上的意义，以及考据理念在其著作中的体现。这一时期，专门的《诗经》考据学著作也相继出现，相比明代中晚期的考据著作，清初考据之作的观念更为系统，方法更为精密，成就更为卓著，成为乾嘉考据学的源头。本章将以上述清初《诗》学三大家为例考察清初《诗经》考据方面的成就得失和其中所显现的学术发展趋势。

第一节　钱澄之《田间诗学》：尊序背景下的弥缝与折中

一　钱澄之生平与学术

钱澄之，原名秉镫，字饮光，明亡后更名澄之，字幼光，号田间老人，桐城人。青年时读书于龙眠山中,时往来南京桐城之间,与复社中人多相交,尤与方以智、左光斗子左国棅等三兄弟、方畿(字奕于)、陈伟(字同人)、吴德操(字鉴在)、孙临(字克咸)、刘汉(字臣向)等关系密切,并与范景文(号质公,1587～1644年)成忘年交。崇祯八年(1635),方以智、黄宗羲等在南京作《留都防乱公揭》,主要目的是把阮大铖驱逐出南京,钱澄之亦预其事,遭阮大铖所忌。崇祯十五年(1642)秋闱不中,钱澄之自此不复为帖括之事。明年,游松江、嘉善、湖州、杭州等地,得识夏允彝、陈子龙、徐孚远、钱继章、陆圻、魏学濂、魏学渠等,其后留居南京。

甲申之变后,马元英、阮大铖等拥立福王,建弘光小朝廷。阮大铖趁机挟私报复东林、复社诸人,兴党狱,钱澄之亦列名其中,被迫避居嘉善钱棅家。逃亡途中钱澄之遇黄道周,道周劝其学《易》,并授所著《易象正义》。清顺治二年(1645),清军南下,南京不守,钱棅前往云间与陈子龙、夏允彝定盟,遂回嘉善举义兵,准备抵抗清军,钱澄之与吴德操、孙临参与其中。不久清军破嘉善,义兵溃散,钱棅死难,钱澄之与吴德操、孙临于混乱中逃出,钱澄之妻、次子与幼女不幸死于兵燹。随后钱澄之入闽,追随隆武小朝廷,经黄道周推荐,授吉安府推官。顺治三年(1646),钱澄之行至赣州,吉安城破,又遇乱兵,被迫返回福建,困居沙县,并得知黄道周遇难消息,悲恸不已。顺治六年(1649),钱澄之辗转至广州,追随永历帝,经瞿式耜推荐,取进士第二名,特授庶吉士、翰林院教习。

然永历朝亦深陷党争,当时金堡被劾,几乎丧命,赖钱澄之奋力营救,钱澄之也因此得罪政敌。顺治七年(1650),钱澄之请假前往桂林,与瞿式耜、方以智、吴德操终日宴集,诗酒唱和,并与张同敞订交。不久钱澄之离开桂林,欲回广州,未至,闻广州城破。十一月,清军又下桂林,瞿式耜与张同敞就义,钱澄之进退失据,仓皇易僧服逃出,顺治九年(1652)五月回到桐城。

从回到桐城至去世,钱澄之人生后四十年大致可分为两个阶段,第一阶段是顺治九年至康熙六年(1667),钱澄之往来于安徽、江苏等地,联络遗民,似有再举之意。顺治十四年(1657),钱澄之前往南京，与钱谦益、方以智会面。钱谦益《牧斋有学集·长干塔光集》有诗《和普照寺纯水僧房壁间诗韵，邀无可、幼光二道人同作》记其事。① 陈寅恪考证道："无可即方以智，幼光即钱澄之。方、钱二人皆明室遗臣托迹方外者。此时俱在金陵，颇疑与郑延平率舟师攻南都之计划不能无关。牧斋共此二人作政治活动，自是意中事也。"② 之后钱澄之晤顾炎武、觉浪道盛，又与曾传灿等宴集。曾传灿为易堂九子之一，曾随杨廷麟死守赣州，城破后削发为僧，但当时清廷以通海案罗织严密，曾传灿为谋食远游，不复为僧。③ 康熙三年（1664），钱澄之在南京始知永历遇难事，此后游闽，结交何云亮，并在建安见方以智。康熙五年（1666），经姚文燮（1628～1693年）推荐修《建宁府志》，第二年修成，回到桐城。

第二个阶段自康熙七年（1668）至钱澄之去世。康熙七年，钱澄之在外游历时，家中遇盗，长子钱法祖被杀。而当地官员多不作为，且刁难钱澄之，皖中结交者也无一人相助。钱澄之前后控诉两年，费资甚巨，仍不能伸子之冤。钱法祖自幼长随钱澄之身边，历经劫难，因此他的不幸身亡对钱澄之刺激甚大，亦使钱澄之深见人情冷暖。康熙九年（1670），旧友魏学渠担任湖广提学道佥事，招钱澄之入幕，钱澄之遂至汉阳。康熙十一年（1672），钱澄之两次入京，与旧友严沆、孙承泽、顾炎武、陆元辅等相聚，并与徐乾学和徐元文兄弟、朱彝尊等结交。康熙十六年（1677），为刊刻诗文集，钱澄之再次入京。康熙二十一年（1682），钱澄之请张英为其点订《田间诗学》并撰写序言。之后钱澄之数次往来于苏州和桐城之间，为刊刻其著作奔波。康熙二十七年（1688），钱澄之第四次也是最后一次入京，结交旧友查逸远之子查慎行，并致信黄宗羲，谈及所著《田间易学》《田间诗学》《庄屈合诂》。康熙二十八年（1689），在徐乾学资助下，《田间诗学》在苏州刊成。之后钱澄之仍常至吴门，为刊刻其他著作奔波，声名日

---

① （清）钱谦益：《牧斋有学集》卷八，第406页。
② 陈寅恪：《柳如是别传》，北京：生活·读书·新知三联书店，2015，第1175～1176页。另参见张晖《抵抗黑暗：钱澄之诗中的南京长干寺塔塔光》，载张晖《易代之悲：钱澄之及其诗》，北京：人民文学出版社，2014，第66～88页。
③ （清）钱澄之：《田间文集》卷十五《曾青藜壬癸诗序》，第277页。

高。康熙三十二年（1693），钱澄之逝世，终年八十二岁。①

钱澄之早年以诗文成名，晚年寄心学术，六十岁之后，相继写成《田间易学》《田间诗学》《庄屈合诂》，另撰有记录南明史事的《所知录》。《田间易学》《田间诗学》《庄屈合诂》以及钱澄之的诗文集《田间诗集》和《田间文集》于康熙二十七年至三十年相继在苏州刻成。另一部诗文集《藏山阁集》和《所知录》则未能开雕，后世均以抄本形式流传。钱澄之经历极为丰富，参与了明末的复社运动，国变之时投身于抗清斗争，又辗转于福建、江西、湖南、广东、广西等地，先后追随隆武朝廷与永历朝廷，与两朝重臣黄道周、严起恒、瞿式耜、张同敞等有师友之谊，并一度在永历朝兼管制诰，于南明朝廷上层党争知之甚悉。同时他交游甚广，桐城方氏与钱氏为世交，故他与方以智及其子侄辈交往密切，与方以智更是极为投契，又与钱谦益、王夫之、顾炎武、黄宗羲、胡星卿、魏禧等遗民相往来。钱澄之晚年四次入京，结交后辈学人，并与龚鼎孳、徐乾学、韩菼、张英等重臣相交，又常居吴门，极负盛名，而享寿又长。因此他不像王夫之隐逸之后默默无名，而是颇为当时学人所重，潘耒在钱澄之八十岁时给他作寿序，称："今兹先生年八十，精明不衰，来游吴下，吴人争以文词寿先生。余谓先生固不仅借文章以不朽，然先生隐而有名，显而无迹，其才与志，非诗文莫之见也。"② 钱澄之受推重如此，可以说他是晚明学术向清代学术转变过程中的代表性学者。

钱澄之《田间诗学》遵从诗序，并详引毛传、郑笺，故从表面上看，钱澄之的学术取向与宋明学术颇不相同。③ 但若细考察其学术理路，则可以发现钱氏之学仍以宋明理学为主，并且程朱之学和阳明学并重。钱澄之还受到顾宪成、黄道周等东林学者之影响，为学通融，兼采众说。

---

① 钱澄之生平见其子钱揆录《钱公饮光府君年谱》，参见（清）钱澄之《所知录》，诸伟奇辑校，合肥：黄山书社，2006，第177~217页；另可参考张晖《钱澄之年谱初稿》，载张晖《易代之悲：钱澄之及其诗》，第198~270页。

② （清）潘耒：《遂初堂集》卷十《钱饮光八十寿序》，《清代诗文集汇编》第170册，上海：上海古籍出版社，2010，第393页。

③ 杨自平曾讨论钱澄之易学究竟属汉系还是宋系，方东树《汉学商兑》以钱澄之为汉学一系，刘师培则认为钱澄之属宋系，张之洞认为钱澄之属于汉宋兼采者。杨自平通过考察钱氏易学与朱子易学之关系，认为其易学立场基本是尊朱、宗朱的。参见杨自平《世变与学术：明清之际士林易学与殿堂易学》，台北：台大出版中心，2012，第127~133页。

首先，钱澄之《田间诗学》以诗序为主，他的《田间易学》则专宗程颐《易传》和朱子《周易本义》，其《易学凡例》云：

> 王辅嗣《易注》、韩康伯《系辞注》、孔仲达《正义》，其学具有源流，虽以辅嗣扫去象数，淆乱经传，为诸儒所辟，然宋人亦因注疏相传得以益明其理，而粹然一归于正，则亦未可尽废也。兹所引者，取其与宋儒旨不相悖，或有以开宋儒之先，或足与互相发明者，要以程《传》及《本义》为据。①

钱澄之《田间易学》虽旁引各家之说，但皆以与宋儒之旨不相悖或能与宋儒互相发明为标准。因此《田间易学》虽兼采众说，但仍以阐述程朱的易学为主。钱澄之又述其《易学》体例云：

> 易理至宋儒而大明，元人继之。诸儒一以程朱为据，而皆精通邵氏之图学及启蒙之筮法，其辨极微，其说綦详矣，编中所录居多；而间次苏子瞻易解于诸说之后，以其独出己见，无所原本，故朱子有辨苏氏易也，然其独见亦自有可存。②

他认为宋儒易学及祖述宋儒之元人的易学极为精微，所说甚详，故易学类著作中颇多存录。可见钱氏对宋儒之学的认同。

其次，钱澄之尝贻书徐元文，论及对顾炎武鄙斥阳明学的不满，信中说道：

> 向与阁下聚首于令母舅宁人寓斋，宁人极诋阳明之学，又出吴江一老生所寄骂阳明书，比之毒药猛兽，遍示坐客。弟见其方寸败纸耳，字画怪诞，文理恶劣，皆陈羹馊饭语，不惟未尝见阳明书，并未尝读程朱书者，不知宁人何以欣然夸示人也？弟见宁人骂兴甚勇，如此固

① （清）钱澄之：《田间易学·易学凡例》，吴怀祺校点，合肥：黄山书社，1998，第1页。
② （清）钱澄之：《田间易学·易学凡例》，第2页。

陋，尚欲引之为助，其所以恶阳明者至矣，故默不与辨。……宁人学问淹博，弟不能窥其万一，但似详于事而疏于理，精于史而忽于经。经如《春秋》说，不谓不精，要亦史类也。弟尝与论《易》，辟象数而主义理，谓程《传》、朱《义》外不宜更有见解，不省程《传》但言义理，朱子兼通象数，《本义》之外，复有《启蒙》，故曰程演周经，邵传义画，则宁人于程朱之异尚未深悉，弟故以为于经忽也。……抑弟更有请焉：阳明宗象山，象山与考亭异者，吴幼清以为一主尊德性，一主道问学也，圣人之学具是二者。今谓主其一，岂即废其一耶？亦其所从入不同耳。读书而有悟，与悟后之读书，何以异哉？若宁人，不喜人言性与天道，专以多闻多见、好古敏求为圣人之为学，则自不信有悟之一路也，岂其然乎？①

从此札可见钱澄之学术观念与顾炎武之不同。钱澄之不仅对顾炎武公开诋毁阳明学感到不满，并且认为顾炎武非惟不明阳明之学，于程朱异同亦未深悉。他称亭林不省程传但言义理，朱子则兼通象数，朱子易学并非仅限于《周易本义》一书，可见钱澄之对程朱之学有较深的理解。他对顾炎武的批评不可谓不切，他认为顾炎武"详于事而疏于理，精于史而忽于经"，虽考据精审，但于义理恐不甚精。钱澄之又由顾炎武之弊进一步指出此种弊端只是为学路径和取向不同造成的，他举吴澄之说，认为朱、陆之异在于尊德性和道问学，他认为学者强调某一点不意味着废弃另一点，只是从学方法不同而已。顾炎武主道问学，则不宜偏废尊德性。可知钱澄之一方面对程朱之学用力颇深，另一方面也力求统一尊德性和道问学两种方法，故论学颇持中正融通的态度，能旁收博取。这在他的经学研究上也有比较明显的体现，《田间易学》以程朱为主，但不废众说；《田间诗学》以诗序为主，同时大量引用宋人之说。

最后，钱澄之对于烦琐考据颇不以为然，尤其是训诂、名物等方面，认为不过是博物之徒所为，这也是过去宋明理学学者普遍秉持的观点。钱澄之在给方以智《通雅》所作序中写道：

---

① （清）钱澄之：《田间文集》卷四《与徐公肃司成书》，第69~70页。

　　子尝谓道人曰："吾人读书，观大义而已。若夫研阴阳之理，穷天人之故，考政事之得失，辨学术之异同，以及古今制度之异宜，中外风土之殊俗，如子所载者，吾以尽心焉。至于器数之末，诂释之烦，点画之细，世自有窜句博物之徒，子何以役志为？"道人曰："嘻！吾于此疑有夙习焉。吾小时即好为之，吾与方伎游，即欲通其艺也；遇物欲知其名；物理无可疑者，吾疑之，而必欲深求其故也；以至于颓墙败壁之上有一字焉，吾未之经见，则必详其音义，考其原本，既悉矣，而后释然于吾心。故吾三十年间，吾目之所触，耳之所感，无不足以恣其探索而供其载记。吾盖乐此而不知疲也。"①

可见钱澄之认为读《诗》重在观大义，至于研求阴阳之理、穷天人之故、考政事得失、辨学术异同，以及考古今制度的沿革和中外风土殊俗，可以尽力求之。至于器数之末、诂释之烦和点画之细，不过是窜句博物之徒所为。这样的观点显示出钱澄之所受到的宋明理学的影响。

二　钱澄之《诗》学渊源与《诗》学观念

　　第二章已言钱澄之《诗》学受之何楷，且《田间诗学》多借鉴何楷《诗经世本古义》中的材料。其实不独何楷，郝敬对钱澄之的影响也极深。钱澄之《诗学凡例》云：

　　京山郝氏《解》，余初受经时，先君子即授以是书，因知有小序、大序之别，而解经断宜遵小序也。特郝氏拘定序说序，有难通者，辄为委曲生解，未免有以经就传之弊。而又立意与《集传》相反，不得其平；至于议论之精醇者，又往往足以发明《集传》，其功不可诬也。②

从此言可见郝敬《毛诗原解》对后来学者之影响，钱澄之初受经时即

---

① （清）钱澄之：《田间文集》卷十二《通雅序》，第 228 页。
② （清）钱澄之：《田间诗学·诗学凡例》，第 6 页。

从《毛诗原解》得知小序、大序之别。他指出郝敬有"以经就传之弊"，委曲成说，并批评其"立意与《集传》相反，不得其平"，深中《毛诗原解》之弊。钱澄之又推举郝敬之议论精醇，往往可以发明朱子《诗集传》，正是因钱澄之学术以宋学为根柢，故有此说，有折中诗序与《诗集传》之意。因此，钱澄之虽批评郝敬有意与《诗集传》相反，非为持平，但在《田间诗学》中他仍广泛引用郝敬之说，粗略统计引用多达158条，甚至多于引用何楷之说。

钱澄之《田间诗学》大量引用何楷《诗经世本古义》中的内容，他虽不赞同何楷重编诗次，但极为认同其重视知人论世之说，他曾说："是以论诗者当论其世也，论其地也，亦曰观其所感而已。"① 又在写给张英的信中谈道：

> 是以论诗者，必论其世也：生当明备之世，自有安和岂乐之音；处多难之时，自多哀怨愁苦之调，未有不疾而呻、无忧而叹，亦未有当呻而饰笑、临叹而强欢者也。世变则风、雅不得不变。不变者，其人必无性情，人无性情，可与言诗乎！②

可知钱澄之认为论诗必论其世。钱澄之又认为"《诗》与《尚书》《春秋》相表里"，这也是承自郝敬与何楷之说。钱澄之述其《田间诗学》的考释理路云：

> 必考之"三礼"以详其制作，征诸"三传"以审其本末，稽之"五雅"以核其名物，博之《竹书纪年》及《皇王大纪》，以辨其时代之异同与情事之疑信。而且列国之封域、山川之形势变迁不一，即今之舆志以考古之图经，而参以平生之所亲历。③

---

① （清）钱澄之：《田间文集》卷十五《田间集自序》，第292页。
② （清）钱澄之：《田间文集》卷五《与张敦复学士书》，第87页。按，此信是钱澄之嘱托张英为其《田间诗学》写序，故略陈其书宗旨，相当于《田间诗学》之自序。
③ （清）钱澄之：《田间文集》卷五《与张敦复学士书》，第86页。

　　此种考证理路与何楷所言极为相近，但钱澄之所述更为系统和简明。钱澄之不只是承继何楷与郝敬而已，在《诗》学观念和训释方式等方面也有所推进。

　　第一，钱澄之的诗序观承自郝敬，又由诗序认识到毛传之价值。钱澄之认为序之首句为古序，渊源甚古；毛公亦因此而作传，其学传至卫宏，申首句之说而成。他将序分为两部分，序首句从来甚古，续申之辞为汉人所作。此观点与郝敬同。不过以序首句为古序，以续申之辞为毛公、卫宏所作之说始于《隋书·经籍志》。隋志以序首句为子夏所创，毛公和卫宏又加润益。苏辙承此说，又从韩愈、成伯玙意见，不信古序出自子夏，仅认为其渊源甚古。同时程颐认为序首句为国史所作，秉持尊序之立场。南宋范处义认为诗序曾经圣人笔削，吕祖谦、严粲则承程颐之说亦以古序为国史所作。① 郝敬综合苏辙、程颐、范处义等人之说，认为古序很可能出自国史，又经圣人删削，续申之辞则为毛公所作。钱澄之又承郝敬之说云：

　　　　朱子《序辨》以序非孔子、子夏之作，而出于汉儒。苏子由亦云："诗序若诚出于圣人，则序若是详矣。圣人删诗，取三百五篇，今其亡者六焉。亡诗之序，未尝详也，是序之为汉儒所作审矣。"然吾观序之首句，其所从来者古，毛公因是以作传，而卫宏受之，乃增益其说，以足成序文。而朱子谓首句已有不得诗之本意者，亦刻论也。大抵汉去古犹近，学者皆有师承，递传而失实者，容有之，然未若后人之无所禀受，而一以己意推测，得则偶合，失则全为妄说矣。若郑夹漈之于国风，大半目以淫奔者是已，故吾宁右汉也。②

　　相比于郝敬，钱澄之不仅认为卫宏增益诗序，而且指出毛公因古序作传，并进一步强调汉人去古较近，皆有师承，故倡"吾宁右汉"。郝敬的《毛诗原解》始终围绕诗序阐释诗旨，未能发现汉人经注之价值，而钱澄之更近一步，发现毛传与古序之渊源。钱澄之又说道：

------

①　参见洪湛侯《诗经学史》，第 324～325、329～361 页。
②　（清）钱澄之：《田间诗学·朱子诗说》，前言，第 32 页。

　　极诋小序者，夹漈郑氏也。极推小序者，鄱阳马氏也。先鄱阳而推者，庐陵也。后夹漈而诋者，紫阳也。若二南列国，非据小序，何以知作诗之指？至其牵合无据，往往有之，不可废，亦不可尽宗也。所谓序者，篇首语也；传者，每篇之句解也，古皆谓之传。笺者，郑玄作也。孔颖达谓贯长卿传之于前，郑康成笺之于后，疑别有传焉。疏者，本刘焯、刘炫之旧文，而孔颖达为之删增者也。①

　　钱澄之承郝敬、何楷的学术成就，对诗经学历史脉络的了解极为清晰。他进一步强调诗序虽其来有自，但亦不可以尽宗。故《田间诗学》每诗之前首列诗序，恢复《诗经》文本在体例上的旧貌，但对诗序之说并非一味遵从。他还参考毛传、郑笺和孔疏，详加考辨，并对比朱子《诗》说的异同，然后得出自己的见解。

　　第二，论二南皆文王时诗。郝敬认为二南皆不作于文王时，认为"二南皆作于王业成后"，"二南皆作于周公制礼之时"，"二南之诗不作于文王之世"。钱澄之因从朱子之说，认为《关雎》为后妃之宫人所作，由此认为二南皆文王时诗，唯有《甘棠》《何彼襛矣》二篇为后王时作。他在《二南论》中写道：

　　　　周召二十五篇，惟《甘棠》与《何彼秾矣》二篇是后王时作。武王定天下，始封太公为齐侯，令周召为二伯。今《何彼》篇有"齐侯之子"，而《甘棠》篇有"召伯"之称，皆非文王为西伯时事也。郝敬以"二南言南者，指政教所及，皆周有天下后追诵其事，令世世师文王也"。愚观二南，皆文王时之诗。惟此二篇后人所作。其一为召伯而作，其一古者王姬下降，必有同姓诸侯主之，此当是成王之时，王女下降，召伯主之也。故后之录诗者，并以系之召南。②

　　可见钱澄之不同意郝敬之说，认为除《甘棠》《何彼襛矣》二诗外，

---

① （清）钱澄之：《田间诗学·古序考》，前言，第31页。
② （清）钱澄之：《田间诗学·二南论》，前言，第16～17页。

二南皆文王时诗。

第三，论凡诗皆可入乐。钱澄之认为《诗经》三百五篇皆可入乐，其《十五国风论》云：

> 凡诗皆可入乐，而以南、雅、颂十数篇为燕享祀乐章者，盖周公制作时所定也。礼、乐既定，后有作者无缘增入，至于瞽史未尝不肄习之，不然何由领诸乐官，季札得以尽观耶？诗有正变之分，亦由是也。今所谓变风、变雅，其诗皆周公未及见者。凡周公时诗，皆为正也。独是豳诗，本周公所作，或周人颂公之诗，而亦侪于十三国谓之变风何耶？他诗或公嫌于自伐不入雅颂，被之乐章可矣。若《七月》篇述祖德以戒成王，其体居然大雅，而以为风，且以为变风，因先儒序诗列诸十三国之后，遂相承以为变风，谬矣。或又以为声不入乐，《周礼·籥章》："中春昼击土鼓，龡豳诗以逆暑。中秋迎寒，亦如之。"则豳诗之入乐古矣。《周礼》又以祈年龡豳雅，蜡祭龡豳颂，当即此一篇，八章中取其音体各近者，分别用之。而今以《甫田》等诗为豳雅，《良耜》等诗为豳颂，恐未必然。①

钱澄之提出"凡诗皆可入乐"，且举《周礼》之文证豳诗之入乐古已有之。又以豳雅、豳颂均指《七月》，以八章中音体各近者分别用之，驳斥何楷以《甫田》等为豳雅、《良耜》等为豳颂之非。同时认为诗有正变，也是因诗用之乐而分，二南、雅、颂是周公制乐时定为燕享祭祀所用，故均为正风，其余变风都是周公去世不及见者。

郝敬在钱澄之论诗皆可入乐之时已言《诗经》三百篇皆可弦歌，郝敬云：

> 诗三百皆可弦歌，如《关雎》《驺虞》《鹿鸣》《四牡》《皇皇者华》，皆先王盛世徽音，义正辞雅，故借作乐歌，通诸朝廷邦国，射乡

---

① （清）钱澄之：《田间诗学·十五国风论》，前言，第20～21页。

食飨皆用之者，为诗不足故也。①

郝敬论诗皆可弦歌是指诗之用，非指诗之作。钱澄之亦同，不过他认为二南、雅、颂皆周公所定，并指出凡诗皆可入乐，小雅、大雅之分与音乐有关，他说：

> 吾意小雅者，雅音而微通乎俗，闻之者犹足以感动，故曰近于风也。大雅则其音益淡，其体益庄，时俗皆不足以听之，故曰近于颂。乐记曰："清庙之瑟，朱弦而疏越，一唱而三叹，有遗音矣。"近于颂，则大雅之不悦耳，较小雅尤甚，又可知矣。故小雅以用之燕礼乡饮酒礼，所以通人情而合欢也。大雅则直用之飨祀，以致敬也。是二雅固有一定之音体。王政既衰，变雅继作，取大雅之音，歌其政事之变者，谓之变大雅；取小雅之音，歌其政事之变者，谓之变小雅，皆由音体有大小也。变者，亦播之于乐，或无算之爵所用，或随事类而歌。又其诗在制礼之后，其乐不常用耳。②

郝敬认识到大雅、小雅在风格上之不同，郝敬云："雅，正也；正者，政也。言小政者为小雅，言大政者为大雅，皆王朝之诗，小雅多言政事而兼风，大雅多言君德而兼颂。故小雅之声飘姚和动，大雅之声庄严典则，小大之义尽此矣。"③ 何楷亦颇赞同此说。郝敬在前人有关大雅、小雅为政之大小之别的基础上，指出二者在文辞风格上的不同。钱澄之在《田间诗学》中引述郝敬之文，进一步论小雅、大雅的风格不同实与其用之于音乐有关。钱澄之谓小雅微通近俗，类似于郝敬所云"飘姚和动"，大雅音淡体庄即郝敬所谓"庄严典则"。只是钱澄之由此风格之不同，指出大雅、小雅在音乐上的用途各异，小雅用于燕礼和乡饮酒礼，大雅则用于飨祀。而变雅作后，以大雅之音歌政事之变的诗篇称为变大雅，取小雅之音歌者即为变小雅。所以变风亦有音乐上的功用。

---

① （明）郝敬：《毛诗原解》，《四库全书存目丛书》经部第 62 册，第 146 页。
② （清）钱澄之：《田间诗学·二雅论》，前言，第 23～24 页。
③ （明）郝敬：《毛诗原解》，《四库全书存目丛书》经部第 62 册，第 267 页。

三　《田间诗学》的折中立场与诠解方式

钱澄之《田间诗学》虽以诗序为主，亦称"吾宁右汉"，但是正如前文所言，他也说诗序"不可尽宗"。在《与张敦复学士书》中说：

> 弟于诗特宗小序，以小序去古未远，其世次本末虽难尽据，然大要不甚谬也。至于注疏传注，诸儒之说，未尝专徇一家：朱子《集传》凡从郑夹漈说者，概不敢遵；若毛氏之傅会，郑氏之穿凿，皆力辟其谬，亦各从其是者而已。①

从中可见钱澄之所持的折中立场。钱澄之对待朱子《诗》说的态度颇为通融，《田间诗学》中不遵从朱子之说的也只是朱子从郑樵说的部分。对于毛传、郑笺的穿凿附会，钱澄之也会指出其谬误，立场是"各从其是"。他在《诗学凡例》中写道："其中或援史论，或引古语，或诸家异同并载，以俟折衷。"② 从《田间诗学》的体例上也可以看出这种折中精神，《田间诗学》首列诗序，但序下往往引朱子之说及各家之说。这些《诗》说又往往与诗序不同，显示出钱澄之旁收并取的态度。细考《田间诗学》对诗文的诠解和对诗义的考辨，可见钱澄之从朱子《诗》说或曲护朱子之处亦不在少数。下文将以《田间诗学》内容分析的几种情况来讨论《田间诗学》的折中立场与诠解方式。

《田间诗学》首列诗序，往往并录朱子《诗》说，尤其对于朱子《诗》说承袭序说之处，钱澄之存录二说，以见序、朱二者大同小异，并加按语申说诗旨，尤能见其折中二说之意。如《采蘋》一诗，《田间诗学》并列序、朱二说：

> 序谓："大夫妻能循法度。"朱注谓："大夫妻能奉祭祀，而其家人序其事以美之也。"孔云："宗室，大宗之庙，若非教成之祭，则大

---

① （清）钱澄之：《田间文集》卷五《与张敦复学士书》，第86页。
② （清）钱澄之：《田间诗学·诗学凡例》，第7页。

夫之妻自祭，夫氏何故云大宗之庙？"又云："三月以来，教之以法度，故为此祭，所以教成其妇礼，使季女自设其羹"，则尸祭皆法度之教也。季女嫁，即为大夫之妻，故序曰："能循法度，可以共祭祀矣。"①

钱澄之又加申说，可见序说与朱说其实无别，朱子之说实承诗序而来。若朱说与序说不同，钱澄之也常折中二说。如《殷其雷》，《田间诗学》云：

> 朱注："谓南国之妇人，其君子从役在外而思念之，故作此诗。"
> 郝氏谓："西伯率南国诸侯以服事殷，其大夫以西伯之命，共纣之役，室家念之。"
> 愚按，篇中"斯"字，似指周言。诸侯既已归周，而复事纣，南国之大夫仍往役焉。妇人疑之，谓何哉？业已斯矣，而复违斯，且莫敢或遑如此。斯与彼对，违斯者，谓役于彼也，盖不敢质言耳。归哉！归哉！归于斯也。因其违，望其归耳。②

诗序云："劝以义也。召南之大夫远行从政，不遑宁处，其室家能闵其勤劳，劝以义也。"对于《殷其雷》，诗序认为"室家能闵其勤劳"，重在劝以义，朱子则认为指君子从役而室人思之。钱澄之引郝敬之说，并总而言之，将劝以义和室人思夫结合起来，认为劝以义是指诸侯归周，南国大夫复事纣，故妇人疑之，劝其归周。又如《破斧》一诗，《田间诗学》在诗前首列诗序，序下并列朱子之说：

> 序曰："美周公也。周大夫以恶四国焉。"
> 朱注谓："从军之士以前篇周公劳己之勤，故言此以答其意。"③

诗后钱澄之按语云：

---

① （清）钱澄之：《田间诗学》，第38页。
② （清）钱澄之：《田间诗学》，第47页。
③ （清）钱澄之：《田间诗学》，第378页。

武庚之乱，挟三监，并奄与淮徐之地，几半天下，自秦汉之世言之，所谓山东大抵皆反也。周公征之三年，始平。盖新造之周，于是而再造也。当其时，周公以王室为心，军士皆能以周公之心为心，故破斧缺斨，从军之士言之，皆以见周公之劳，而不言己之劳也。①

可见钱澄之是融会序之"美周公"和朱子"答周公劳己之勤"二义，折中而言诗。

若朱子之说与诗序相反，钱澄之则详加辨正，委曲成说，往往结论与朱子《诗》说暗合而不同于诗序，有曲护朱子之意。第二章论何楷与钱澄之关系时，引钱澄之《关雎》按语与何楷之说做对比，何楷并不认同朱子之说，钱澄之虽详引何楷之文，但赞同朱子《关雎》为太姒宫人所作之说，这是最为明显之例。另外，如《邶风·柏舟》，诗序认为该诗是"言仁而不遇也。卫顷公之时，仁人不遇，小人在侧。"朱子则据《列女传》认为此诗为妇人之诗，又说："今考其辞气卑顺柔弱，且居变风之首，而与下篇相类，岂亦庄姜之诗也欤。"② 钱澄之云：

> 刘向《列女传》称："此诗为卫宣夫人所作。齐侯之女嫁于卫，至城门而卫君死，保母请还，女不听，遂入持三年之丧毕。弟立，请愿同庖，不可。使人诉于齐兄弟，齐以谓女，女终不听，乃和诗。"此自一宣夫人，非宣姜也。朱子本《列女传》之意，改为"妇人不得于其夫之诗"，亦因其情辞有类于妇人耳。
>
> 愚按，刘向上封事论弘恭、石显倾陷正人，引此诗"忧心悄悄，愠于群小"，解之曰："小人成群，亦足愠也。"其指又与序合，但据诗辞"虽有兄弟，我心匪石"等句，与《列女传》所称不殊。编诗者于邶鄘二风，以两《柏舟》冠其首，知卫风之淫，非由于纣，由宣公也。③

---

① （清）钱澄之：《田间诗学》，第380页。
② （宋）朱熹：《诗集传》，上海：中华书局上海编辑所，1958，第15页。
③ （清）钱澄之：《田间诗学》，第65～66页。

钱澄之论《柏舟》诗义，不同意诗序之说，更倾向于朱子之说。朱子疑此诗为庄姜所作，钱澄之于此未明言何人所作，但认同朱子以此诗为妇人所作，又论《柏舟》冠首之意义，与朱子暗合。钱澄之辨《日月》诗旨，则明从朱子：

> 愚按，序谓："庄姜遭州吁之难，伤己不见答于先君。"而郑以为未定完也。朱子以为庄公在时作是也。石碏曰："将立州吁，乃定之矣。若犹未也，阶之为祸。"谚云："母爱子抱。"州吁之宠，以嬖人为之母也。完之未定，以庄姜之无宠也。姜自伤以己之故致完之未定，所忧莫大乎此，而尚冀其以夫妇之谊。顾我、报我，意在定完而已。定完，则公平日之无礼于己，皆可以相忘而不足道矣。①

诗序以此诗为庄姜遭州吁之难所作，而朱子认为此诗是卫庄公时所作，钱澄之认同朱子之说，再引郑笺证之，认为此诗为卫庄公尚未立公子完（即卫桓公）为太子，庄姜伤而作之。

又如《终风》，钱澄之在诗前并列序说与朱子之说：

> 序曰："卫庄姜伤己也。遭州吁之暴，见侮慢而不能正也。"
> 朱子谓："详味此诗，有夫妇之情，无母子之意。"②

朱子认为此诗非庄姜伤州吁之暴，而是透露夫妇之情，钱澄之按语曰：

> 诗辞实为庄公作也。篇中直写情事，其狂惑无道之状，宛然如见。国将乱矣，姜非徒以失宠自伤，如后世《长门》之怨也。③

钱澄之直用朱子诗义，认为据诗辞"实为庄公作也"，不同于序说。

再如《月出》一诗，钱澄之首列序说，但三章的诠释，均非阐述诗序

---

① （清）钱澄之：《田间诗学》，第73页。
② （清）钱澄之：《田间诗学》，第74页。
③ （清）钱澄之：《田间诗学》，第75页。

之旨。其述首章之意云："当月出之时，思其人僚然姣好，与皎月相映。且忆其人于月下迟回却步，脉脉以相思也。"释第二章云："懰与懮，皆指佼人独处伤愁之情，自所欢思之为骚然不宁耳。"释第三章云："此章盖想其对月之思，至于中心如燎，屈郁纠紧而不可解，则吾心安得不为之惨伤乎！"① 所释全无序"在位不好德，而悦美色"的刺好色之意。钱澄之在诗后则列朱注："此亦男女相悦而相念之诗。"钱澄之实际是在诠释朱子之意，可见其曲从朱子之态度。

由以上例子可知，钱澄之虽首列诗序，但往往暗用朱子之说，在以按语考辨诗义时，常折中二义，也有不少遵从朱子《诗》说的地方。这是考察《田间诗学》特别需要注意之处。另外，《田间诗学》中各诗的分章和小雅分什也遵从朱子之说，可见其经文文本也采用朱子《诗集传》的系统。

《田间诗学》诠释诗旨，在遵从序说的地方也不直陈朱子之非，这种做法与郝敬不同，有时还将朱子之说存于诗前或诗后。例如，《溱洧》首列诗序："序曰：刺乱也。兵革不息，男女相弃，淫风大行，莫之能救焉。"又在诗后存录朱子之说，并加按语：

> 朱注："谓是淫奔者自叙之辞。"
>
> 愚按，诗辞详述士女相谑，皆从旁纪事之辞，盖诗人暴其事，以刺之耳。亦如《鄘风·桑中》之类是也。②

钱澄之按语全述诗序之义，但对朱子之说不加评判，只存录其辞，显然有存异说之目的。又如《宛丘》，《田间诗学》亦在诗前并列二说，首列诗序："序曰：刺幽公也。荒淫昏乱，游荡无度焉。"序下列朱子之说："国人见此人尝游荡于宛丘之上，故序其事以刺之。"诗后钱澄之按语云：

> 自幽公以来，游荡无度，陈侯鲍出而不返，流弊使然。卒至灵公淫乎夏氏，株林之适，匪朝伊夕，皆幽公作法于凉所致耳。③

① （清）钱澄之：《田间诗学》，第 330～331 页。
② （清）钱澄之：《田间诗学》，第 222～223 页。
③ （清）钱澄之：《田间诗学》，第 320 页。

可知钱澄之认同序义，按语即解释序说，但对朱子之说不加辩驳。再如《东门之杨》，诗序认为"刺时也。婚姻失时，男女多违。亲迎，女犹有不至者也。"钱澄之在诗后录朱子之说，并引何楷之说：

> 朱注："此亦男女期会而有负约不至者，故因其所见以起兴也。"按，《周语》："定王六年，单襄公假道于陈，以聘于楚。火朝觌矣，道茀不可行也。及陈，陈灵公与孔宁、仪行父南冠以如夏氏，留宾不见。"何氏谓："此诗正此时所作。诗言杨叶牂牂、肺肺，皆赤色也。霜降后，则杨叶色赤，正心星晨见之时。灵公经东门而适株邑，其相订约皆以昏为期。及至启明之星煌煌然而犹盘桓不忍去也。"①

钱澄之引郑笺和郝敬之说诠释亲迎和昏期，明是认同诗序之说，但在诗后又存朱说，何楷之说即由朱注附会而来，将男女期会指实为陈灵公与夏氏期会。钱澄之并未考辨二说之是非，可见意在并存二说。钱澄之对朱子淫诗说多不认同，但他仍在《田间诗学》中保留了朱子之说，且不直陈其非，这点与郝敬有很大不同，显示出钱澄之对朱子之说较为宽容的态度。

《田间诗学》还有诗序、朱子之说均不用而自为之解的情况。如《雄雉》一诗：

> 序曰："刺卫宣公也。淫乱不恤国事，军旅数起，大夫久役，男女怨旷，国人患之，而作是诗。"
>
> 朱注："谓妇人思其君子从役于外而作。"
>
> 愚按，篇中既不见有军旅数起、大夫久役之事，亦无有妇人思其君子之情意。为贤者游宦于卫，当宣公之时，见其主昏国乱，欲去而适有道之邦而不能去也。故有始而自悔，中而有思，既而自解之辞。②

诗后钱澄之下按语云："通篇未见有思行役之情，末章'不忮不求'

---

① （清）钱澄之：《田间诗学》，第326页。按，点校本"何氏"误作"何向"。
② （清）钱澄之：《田间诗学》，第81页。

二句，亦决非妇人语。郑笺以为刺宣公宣淫之事，益谬矣。"① 钱澄之既不认同诗序军旅数起、大夫久役之说，也不以朱子妇人思君子之说为确，又以郑笺申序卫宣公淫乱之说，以刺宣公宣淫之事为益谬，故寻索诗文，认为此诗是贤者在卫国游宦，见朝政混乱，欲去而不能去之辞。

又如《匏有苦叶》，诗序认为"刺卫宣公也。公与夫人并为淫乱。"朱子认为这是"刺淫乱之诗"。钱澄之不赞同二者之说："非淫诗也。当是媒氏以仲春会男女之无夫家者，此守礼之士，虽逾婚期，不有苟就，而作是诗。"② 又引胡胤嘉之说驳之云：

> 序言："刺宣公、夫人并为淫乱。"郑云："夫人，夷姜也。"胡胤嘉云："刺淫之诗，未有若苦叶之辞微矣！岂有所避而然与？"
>
> 愚按，春秋时淫乱不道，未有如卫宣者，诗人于《新台》无所避，岂于此偏微其辞乎？朱注直以为刺淫乱之诗。此皆为雉鸣求其牡一语，误耳。③

胡胤嘉认为此诗刺淫，而文辞微婉，恐有所避讳。钱澄之则直接指出，卫宣公淫乱之事人尽皆知，诗篇中讽刺甚多，都直陈其淫，无所避讳，故此说不通，反而可见序说和朱子之说过于迂曲，这是对"雉鸣求其牡"的误读引起的。钱澄之自己的解释也并非蹈空臆说，他一方面寻索诗文，另一方面则从经传旧说中寻找根据，故以《周礼》媒氏之说来解此诗。类似的还有《野有蔓草》，诗序以为："思遇时也。君之泽不下流，民穷于兵革，男女失时，思不期而会焉。"钱澄之按语云："《周礼》媒氏：'以仲春之月，会男女之无夫家者'，蔓草生而有露，正仲春时也。故以仲春为媒月，此诗当是男女会而相悦之作。"又举朱子之说，辨之云：

> 朱子谓与男子"相遇于田野草露之间"而作。若然，则直为野合即事诗耳。按，《春秋传》郑子太叔赋此诗享赵孟，与伯有赋《鹑奔》

---

① （清）钱澄之：《田间诗学》，第83页。
② （清）钱澄之：《田间诗学》，第84页。
③ （清）钱澄之：《田间诗学》，第86页。

何异？则宜与伯有同讥，而称之曰"吾子之惠"何也？①

钱澄之认为朱子之说太过粗鄙，果如朱子之说，则《左传》郑太叔赋《野有蔓草》与伯有赋《鹑之奔奔》无异。可见此诗并非淫奔。钱澄之不全用序说，仍举《周礼》之文，以此诗为仲春会男女无夫家之事，而诗中所言当是此时男女会而相悦。因此，尽管钱澄之常以己意解诗，但都力求契合经传，而不是凭空臆解，显示出平和典正的诠经风格。

相对于制度、政事等，钱澄之并不十分重视训诂。然他认为毛公因序作传，且汉人去古未远，皆有师承，因此由诗序进而重视毛传。虽然他对毛传并没有进行阐释和考辨，但他常常将毛传列在诗文各章之首，作为渊源最古的训释材料，显示出他已注意到毛传的价值。如《田间诗学》对《葛覃》第三章的诠解：

> 毛云："师，女师也。古者女师教以妇德、妇言、妇容、妇功。祖庙未毁，教于公宫三月；祖庙既毁，教于宗室。"《昏礼》注云："妇人五十无子，出不复嫁，能以妇道教人者为女师。女出嫁，随以往。"按：襄三十年宋灾，伯姬待傅至，姆未至，逮火而死。此女师随往女家之一证也。言告师氏，是已告于师氏也。言告言归，俾师氏以归宁之意，告之舅姑夫子也。毛云："污，烦也。"郑云："烦揟之，用功深。"阮孝绪云："烦揟，犹捼莏也。"夫人有副袆盛饰，以朝事舅姑，接见于宗庙，进见于君子，其余则私也。衣，谓袆衣以下至褖衣，礼服也。盖因女工暇而归，因归而治服，本与缔绤无关。而上文"服之无斁"之俭德，亦即可想见矣。②

由此可见《田间诗学》的诠解体例，训释词义，先列毛传，如毛传不明，则引郑笺、《说文》或《尔雅》，要则以最古之训释为先。上引训师氏，先举毛传之言，又引郑玄之说申之，再引《左传》襄公三十年事证女

---

① （清）钱澄之：《田间诗学》，第 221～222 页。
② （清）钱澄之：《田间诗学》，第 9 页。

师随往女家。释"污"之义，亦先举毛传，再引郑玄、阮孝绪之说，又参考经传以考夫人礼服与私衣之别。又如《田间诗学》诠解《凯风》首章：

> 毛传："兴也。"朱注："比也。"《尔雅》云："南风谓之凯风。"盖南风长养万物，万物喜乐，故曰凯风。传云："豫章以木称郡，酸枣以棘名邦。"是酸枣即棘也。陆氏云："棘性坚强，费风之长，其心之生，更难于干。"《白虎通》云："景风至，棘造实。"吹彼棘心，将以趣其造实也。母之养子，于少时最为劳苦，故于天天言劬劳也。①

《田间诗学》解诗之各章，若毛传、朱子论及比兴，则皆标明异同。上引释"凯风"则引《尔雅》之文，这是因为毛传释"凯风"与《尔雅》同，故《田间诗学》于此不举毛传。"南风长养万物，万物喜乐，故曰凯风"，为李巡之文；释"棘"引"传云"之文，始出郦道元《水经注》，原作"豫章以树氏郡，酸枣以棘名邦"。②陆佃的《埤雅》引此文，称"传曰：豫章以木称郡，酸枣以棘名邦"，何楷照录《埤雅》之文，钱澄之袭用之。此段文字所引材料来自何楷《诗经世本古义》③，略有省减。何楷《诗经世本古义》无所宗主，而《田间诗学》显然有意先列古训，以古训为归。如此条虽引《尔雅》，其实毛传与《尔雅》训释相同，只是钱澄之认为《尔雅》更为古老，故用《尔雅》而不直接引述毛传。《田间诗学》之中毛传处处可见，钱澄之虽对其训诂无所考辨，但引历代训诂于其下，无疑有以毛传为根本之意。由郝敬、何楷到钱澄之，这是《诗经》诠解发展过程中的一个重要变化。

钱澄之作为学术取向更近于宋明理学的学者，在复古考据学风影响之下也不得不承认诗序，尤其是序首句的权威，他的《田间诗学》中虽有不少曲护朱子之处，但首列诗序，说诗以诗序为主，可以说诗序在诗义诠释上的合法性进一步增强。在训释方面，《田间诗学》也在何楷的基础上继续向汉唐经解系统回归，显示出学风转变过程中，诗经学由传统的宋代《诗》

---

① （清）钱澄之：《田间诗学》，第79页。
② （北魏）郦道元著，陈桥驿校证《水经注校证》，北京：中华书局，2007，第203页。
③ 参见（明）何楷《诗经世本古义》，《景印文渊阁四库全书》第81册，第380页。

说系统逐渐转向汉唐《诗》说系统的趋势。

《田间诗学》所用材料虽多来自何楷一书，但并非无所宗旨的抄袭，而是对材料进行了整理和排比，如上文所举诠释《凯风》之例。以下再举一例，并对比何楷原文以见钱氏之功。对于《小雅·鹿鸣》"食野之苹""我有嘉宾"，《田间诗学》云：

> 毛传："兴也。"朱注同。陆氏云："鹿性警防，分背而食，以备人物之害。"按，鹿分背而食，食则相呼，群居则环其角于外，以防物之害己。苹，《尔雅》云："藾萧也。"郭璞云："今藾蒿也。"唐德宗问宰臣诗"食野之苹"，苹是何草？杨珏以《尔雅》"藾萧"为对。上曰："诗疏叶圆而花白，丛生野中，似非藾萧。"今按：诗疏中都无此语，不知何出。孔云："《燕礼》于客之内立一人为宾，使宰夫为主，与之对行礼。其实君设酒殽，群臣皆在，君为之主，群臣总为宾也。《燕礼》云：'若与四方之宾燕，则迎之于大门内。'四方之宾，惟迎之为异，其燕皆与臣同。"①

何楷《诗经世本古义》释此二句则作：

> 陆佃云："鹿性警防，分背而食，以备人物之害。"盖鹿苹善走者，分背而食，食则相呼，群居则环其角外向，以防物之害己。而《毛诗草虫经》曰："鹿欲食，皆鸣相召，志不忌也。"《周官》曰："视朝则皮弁。"服皮弁，正以鹿皮为之，盖取诸此。《易林》云："白鹿鸣呦，呼其老少，喜彼茂草，乐我君子。"苹，《尔雅》云："藾萧也。"郭璞云："今藾蒿也。"陆玑云："叶青白色，茎似箸而轻脆，始生香，可生食，又可蒸食。"毛传、《说文》皆以为萍。按，萍乃水中所浮者，非野所生，非鹿所食，故郑笺不从。而罗愿驳之，以为"古人以水草之交为麛，则麛鹿亦食水草。今鹿豕多就水傍食，又人家养豕，皆以萍食之，何嫌于鹿不食乎？"愚谓罗说非也。考《尔雅》，先云"萍，蓱"，又云"苹，藾萧"，萍、苹字异，实非一物，安得混苹为萍乎？

---

① （清）钱澄之：《田间诗学》，第389页。

又唐德宗听政暇，博览群书，一日问宰臣："《诗》'食野之苹'，苹是何草？"杨珏以《尔雅》藾萧为对。上曰："诗疏：叶圆而花白，丛生野中，似非藾萧。"今按诗疏中都无此语，不知何出，野有苹而群鹿相呼以食之，以兴君有礼，而众嘉宾相率以趋之。古语谓："桃李不言，下自成蹊。"即此意也。旧说以鹿呼同类，如君呼臣子，似不成义理。《家语》："孔子曰：关雎兴于鸟，而君子美之，取其雌雄之有别；鹿鸣兴于兽，而君子大之，取其得食而相呼。若以鸟兽之名嫌之，固不可行也。"陆贾云："鹿鸣以仁求其群，关雎以义鸣其雄。"刘昼云："夫鸟兽之丑，苟有一善，诗人歌咏以为美谈，奚况人之有善而可弃乎？按昔裴安祖讲鹿鸣，而兄弟同食，诗之可以兴如此。"我，主人自谓也。嘉，善也。嘉宾，谓所燕之客。孔颖达云："《燕礼》于客之内立一人为宾，使宰夫为主，与之对行礼。其实君设酒殽，群臣皆在，君为之主，群臣总为宾也。《燕礼》云：'若与四方之宾燕，则迎之于大门内。'四方之宾，惟迎之为异，其燕皆与臣同。"按序以群臣嘉宾对言，则似谓群臣为本国之臣，嘉宾为四方之宾。然诗不言群臣，惟言嘉宾，则总谓群臣为嘉宾，待臣之厚也。朱子曰："于朝曰君臣焉，于燕曰宾主焉。先王以礼，使臣之厚于此见矣。"①

对比二者，可见钱澄之所用材料全来自《诗经世本古义》，所下按语亦抄自何楷，但钱澄之显然对《诗经世本古义》中的材料做了一番选择与裁剪，去掉了不必要的诠释，使《田间诗学》的诠解更为明晰。钱澄之虽然不以训诂与考据为重，但他删减材料并未完全去除训诂与考据，而是为了避免烦琐之弊。钱澄之在训诂和考证上深受何楷的影响，并进一步使其训释简明扼要，也更为系统和明晰。

从诗经学方面来说，尊序已成当时学者共识，不论是倡导复古的学者，还是宗主宋学的学者，都已经认识到诗序的权威性不可移易，《田间诗学》就是很好的例子。钱澄之的思想更近于程朱，但在诗义诠解方面他也尊重诗序的权威。他在《田间诗学》中或折中诗序和朱子之说，或曲从朱子之

---

① （明）何楷：《诗经世本古义》，《景印文渊阁四库全书》第81册，第106～107页。

说，从侧面反映出正因诗序的权威性和合法性已经得到普遍认同，钱澄之才需要不厌其烦地对朱子《诗》说加以辨正。汉人之学去古未远而皆有师承的观念也在《田间诗学》中得到发扬，他由诗序开始逐渐认识到毛传的价值，虽然未对毛传进行阐述和讨论，但由汉人之学入手探讨诗义的理路呼之欲出。

从整个学术史的角度来说，可以发现《诗经》研究在体认汉学、推崇复古方面的导先作用。相比其他经书，《诗经》篇目的真伪和文本的权威性都毋庸置疑，不论是否经过孔子删取，《诗经》来自周王室的典籍系统以及经过一番整理都是可以肯定的，因此《诗经》的问题主要围绕诗序的渊源、文本存在的大量异文、训诂名物制度等方面的疑义以及每首诗所属时代等方面展开，追寻诗序的渊源需细细寻绎经书以及相关传、记；考察异文、训诂名物，也需要参照经传和大量汉人之说。是故从明末开始，学者不断回归诗序，疏理《诗》学系统，进而发现汉人之学的价值。经过郝敬对诗序权威性的肯定、冯复京等学者对训诂名物及异文的考订、何楷对汉唐经说和历代《诗》说的收集与整理，钱澄之、朱鹤龄、陈启源等学者才能进一步就诗义及《诗经》中所存在的问题加以诠释与考辨，诗序的价值得到重新肯定，汉学的理念与方法也得以揭示。这既是明清之际学者先后的努力与贡献，也可以说是学术发展的必然结果。

第二节　朱鹤龄《诗经通义》：考据风气的渗透

一　朱鹤龄生平与学术立场

朱鹤龄（1606～1683 年），字长孺，苏州吴江人。朱鹤龄自幼不喜帖括之学，而好古文辞，十八岁时考中秀才，之后五次乡试皆不第，遂有著述立名之志。甲申岁（1644 年），读书于南京，曾向何楷请益。后闻崇祯帝自杀讯息，乃泫然长号："此何时也，尚思以科第显耶？"遂绝志弃举子业，时年三十七。朱鹤龄的后半生在隐逸著书中度过，顺治十二年（1655）和康熙元年（1662），前后两次寓居钱谦益家，撰杜诗辑注，并与钱谦益反复质正，后成《杜工部诗集辑注》，又撰《笺注李义山诗集》。朱鹤龄晚年受顾炎武影响，转向经学研究，据其自述：

> 余生平著述，经学居多，以朱子掊击小序太过，乃集诸家说疏通序义，为《毛诗古义》□□卷。以蔡氏释书未精，撰《尚书埤传》十五卷，又补二卷。以胡氏传《春秋》多偏见凿说，乃合唐宋以来诸儒之解，撰《春秋集说》二十二卷。又以杜氏注《左传》未尽合，俗儒又以林注乱之，撰《读左日钞》十二卷，又补二卷。《易》理至宋儒始明，然《左传》《国语》所载占法，皆言象也。本义精矣，而多未备。乃主注疏、程传，兼通象学，博引诸家，名《周易广义》。未几得脾疾，书遂不成，仅成《广义略》四卷。又以《礼记》注从无善本，徐鲁庵《集注》稍胜，陈汇泽《集说》惜拨遗注疏，终非古学，又中间考订多疏。欲主黄东发《日钞》体，更取卫湜《集解》诸书以及《大全》诸说广为编辑，非数年不成，而群书未具，又两目昏眵，不能执简，姑俟之后贤而已。①

可见朱鹤龄著述之丰，用功之勤。他长居吴门，闭户读书，崇祯年间复社人士在吴中聚集，朱鹤龄适逢其会。但他对结社风气颇有批评，这一点也与顾炎武同：

> 庚午辛未间，复社兴盛，舟车之会，几遍海内。每邑以一二人主其事，招致才隽之士，大集虎丘。其中负盛名、矜节概者固多，而借此钻营竿牍、奔竞科场，亦实繁有徒。至厪天子下诏严禁，然终明之世不能绝也。余时居同川，与章子两生皆不与。后余受知邑侯亨宇唐师，唐师荐于张天如先生，先生欲得余一见，然余卒不往也。呜呼！交太广则酬应繁，名太高则造物忌。语云：闭门造车，出门合辙。由今观之，大社果非美事，而余之不往，亦不失为自立骨脊也。②

---

① （清）朱鹤龄：《愚庵小集》卷十五《传家质言》，第333～334页。
② （清）朱鹤龄：《愚庵小集》卷十五《传家质言》，第331页。

他对结社的批评与对科举考试的批评是一贯的，可以说，朱鹤龄在晚明保持了一定的独立性，未为结社的门户之见所影响。当时他与章梦易皆未加入复社，张溥欲相见，他也不往。明亡之后，朱鹤龄交游极广，亦参与不少结社活动，但这些活动多与反清复明或怀念故明有关，也能加强遗民间的联络，同时在学术上学者能更好地互通声气。顺治七年（1650），朱鹤龄与同郡叶继武、吴炎、潘柽章、顾炎武、归庄、顾有孝等结"惊隐诗社"。又曾往徐乾学憺园观书，与钱澄之、万斯同等搜考秘文，诤质疑义。又与黄宗羲、唐甄、魏禧、陈瑚、冯班、吴伟业、王时敏、毛奇龄、汪琬、朱彝尊、王士禛、计东等相往来，声名日高，时人将他与李颙、黄宗羲、顾炎武并称为"海内四大布衣"①。

朱鹤龄的学术思想实渊源于宋学，而欲以经学囊括理学，会通历代之说，求经书之正诠。朱鹤龄尝与徐乾学论经学：

> 六经之学，汉兴之，唐衍之，宋大明之，至今日而衰。其兴也以不专一说而兴，其衰也以固守一说而衰，何则？学成于信者也。信生于辨，辨生于疑，疑生于不一说。当汉之初，《易》有田、丁、京、费诸家，《诗》有申、辕、韩、毛诸家，《书》有伏生、夏侯、欧阳诸家，《礼》则称后苍、戴、庆诸家，《春秋》则称左、公、穀三家。各立专门，递相传授，辨难击排，不遗余力，由是而是非之论出焉。李唐以后，纬书失传，诸家之学亦多致亡阙，而说经者乃渐趋于一。及有宋诸大儒出，理析毫芒，义穷秒忽，圣贤之微文奥指始炳然如日月中天，无复翳昧。注疏虽颁学官，咸视为蕞残玉屑，而古义几燹矣。其在于今，袭沿既久，影响弥多，人皆惘惘焉。如冥行者之摵埴索涂，虽关闽濂洛之遗书亦罔知省览，而况汉唐以来诸儒之说乎？盖自帖义混淆，经术芜没，狂瞽相师，茫昧白首，疑既无之，信于何有？此则固守一说者为之阂也。夫宋儒诠理，诚得不传之学。若夫笺解名物，训诂事类，必以近古者为得其真。今也专奉四大儒为祖祢，而孔、毛、

马、郑十数公尽举而祧毁之，何怪乎通经致用者之世罕其人乎？①

朱鹤龄认为，宋儒论理诚为不传之学。虽然他肯定了宋人在义理方面的贡献，但他从经学的角度，认为义理并非经学之全部，还包括笺解名物、训诂事类等方面，这些方面又以"近古者为得其真"。同时，他认为当下之问题在于古义茫昧，所以需要重新发现古学之价值。但这种对古学的重新董理，并非建立在反对宋儒的基础上。朱鹤龄反复言之："六经之学，汉兴之，唐衍之，宋大明之"，"及有宋诸大儒出，理析毫芒，义穷杪忽，圣贤之微文奥指始炳然如日月中天，无复翳昧"，可知他对宋儒之成就评价甚高。朱鹤龄又尝道，自己"湛思覃力于注疏诸经解以及先儒理学诸书"②，可知他深于理学；又论当时学术之弊不仅在于古学不明，就连"关闽濂洛之遗书亦罔知省览"，可知他对宋学并无反对之意，反倒忧心于时人对除功令以外的宋儒之书不知省览。他在学术著作中之所以对宋儒置之不讲或加以批驳，皆是为了以古学来弥补宋学之不足。因此他注重折中众说，而求其"是"，此"是"并非宋人之"是"或汉儒之"是"，而是经学之"是"。他说：

> 先儒是非之论，至朱子始定，然朱子亦岂谓己之所是非必无待后人之审择哉？夫理之蕴于经，犹水之蕴于地也，凿井以出水，而或取之以蠡勺，或取之以瓶罂，或取之以瓮盎，随器之大小为汲之浅深，及盥而饮之，则皆水也，于蠡勺、瓶罂、瓮盎奚别焉。③

朱鹤龄认为理之蕴于经譬如水之蕴于地，将经学比喻成藏纳水之大地，求理之方式有数种，或从剖析义理出发，或从考证训诂名物入手，而求理的目的无别。由此他提出："是故说经者亦求其至是而已矣。理苟存焉，部娄可传崇山；理苟不存，宝珪亦同燕石。愚用是网罗古今经解，衷以臆说，辑成《毛诗通义》《尚书埤传》《禹贡长笺》《读左日钞》诸书。"可见，

① （清）朱鹤龄：《愚庵小集》卷十《寄徐太史健庵论经学书》，第 218 ~ 219 页。
② （清）朱鹤龄：《愚庵小集》卷十《与吴汉槎书》，第 222 页。
③ （清）朱鹤龄：《愚庵小集》卷十《寄徐太史健庵论经学书》，第 219 页。

朱鹤龄十分重视经学中的"理",不过他的"理"已非宋人之"理",而是经学中之"是"。求其至是,即可明理。而求至是的方法,就是"网罗古今经解,衷以臆说"。

故综上所述,朱鹤龄的经学观念和立场,一是受到明末以来回归经学之影响,意图整合理学、心学及所谓"古学",而求经学之至是。二是朱鹤龄在肯定宋儒的基础之上,再进行古学的整理与研究。因此,他的经学著作本质上并不是为了反对朱子学说或朱子《诗》说而立论,更不是为了推扬汉学,而是为了弥补明代以来忽略古学、空谈义理之弊,补充宋人学说的不足,然后参考历代之说,求其至是。从朱鹤龄《毛诗通义序》也可以看到这一点,该文开篇即说:

> 诗之为道,以依永而宣苑结,以微辞而托讽谕,此非可以章句、训诂求也。章句、训诂之不足以言诗,为性情不存焉然。而古人专家之学,代有师承,又非可凿空而为之说。①

朱鹤龄认为章句、训诂不可以言诗,因为性情不存,而性情即上文所言"理"。可见朱鹤龄之立场实更近于宋儒,没有标榜"汉学"之意。而他认为诗序之不可废,实因其渊源甚古,而汉人专家之学代有师承,他说:"序之出于孔子、子夏,出于国史与出于毛公、卫宏,虽无可考,然自成周至春秋数百年间,陈之太师,肄之乐工,教之国子,其说必有所自来。大约首句为诗根柢,以下则推而衍之。推衍者间出于汉儒,首句则最古不易。"② 此说与郝敬之说同,可见朱鹤龄尊序仍在尊首句,因其渊源甚古;而序下推衍之词,间出汉儒,因汉儒代有师承,故亦可从信。因此朱鹤龄仍沿袭明末学者的做法,以序最古而尊信之,与汉学无关。他对汉儒之学的态度与对待魏晋、隋唐之学并无区别,只认为其是古代学说之一种,且远不如宋儒精粹,朱鹤龄曰:

---

① (清)朱鹤龄:《愚庵小集》卷七《毛诗通义序》,第 131 页。
② (清)朱鹤龄:《愚庵小集》卷七《毛诗通义序》,第 131 页。

毛传复称简略，无所发明。郑康成以三礼之学笺诗，或牵经以配序，或泥序以传经，或赘词曲说，以增乎经与序所未有，支离胶固，举诗人言前之指、言外之意而尽汩乱之。孔仲达疏义又依回两家，无以辨其得失。则夫紫阳《集传》之出，大扫蒙翳而与以廓清，此亦势有必至也。①

此语尤能见朱鹤龄对待朱子和汉学之态度，他认为毛传简略、无所发明，郑笺赘词曲说、支离胶固，又认为孔疏依回两家，无以辨其得失，朱子《诗集传》面世才得以"大扫蒙翳而与以廓清"。朱鹤龄的《诗经通义》虽主诗序，但亦不反对朱子之说，他尊序之原因在于认为序为说诗之根柢，若以己意解之，虽明简近情，但诗人微文奥旨则不能复识。朱鹤龄还认为序不可一一从信，因序渊源虽古，但叠经战国动荡、秦火、楚汉之争，难免有错简。对于序不可信之处，则需要采信朱子之说：

况经战国之云扰，秦政之燔灭，楚汉之龙战虎斗，能保无简编之淆乱者哉？书藏鲁壁，犹亡佚居半。三百篇特存于小儒曲学，占毕讽诵之流传，何独能一无讹舛、孔删如故哉？吾则以《楚茨》诸篇定属错简，序已非当时之旧，此又深有赖于紫阳之是正者也。②

朱鹤龄在《毛诗通义序》一文最后总结其《诗经通义》之旨云：

余不敏，窃主古义而参诸家，于序之不可易而可信者为疏明之，其抵牾不可信者则详辨之，要以审定可否，综核异同，使积蔽群疑涣若冰释，庶通经之一助云尔。抑观《东莱诗记》所载朱氏云云，皆奉古序为金科。黄东发引晦庵新说亦多从序，然则废序言诗，特过信夹漈之故，初非紫阳本指乎？吾不敢以紫阳之诗有殊于孔氏之诗，又不敢以孔氏之诗而格夫紫阳之诗也。故参伍群说以折其衷焉。世之学者，

---

① （清）朱鹤龄：《愚庵小集》卷七《毛诗通义序》，第132页。
② （清）朱鹤龄：《愚庵小集》卷七《毛诗通义序》，第132页。

其毋以余为输攻紫阳，斯可矣。①

可见朱鹤龄意在曲护朱子，认为朱子之说本有从序者，而《诗集传》及《诗序辨说》只是过信郑樵之说，此观点与钱澄之相近。因此《诗经通义》的宗旨和方法与钱澄之的《田间诗学》实有相同之处，都是"参伍群说以折其衷"之作，不过体例略异，《诗经通义》更侧重对诗序、诗义的诠释与考辨。朱鹤龄在《毛诗通义序》的最后强调"世之学者，其毋以余为输攻紫阳，斯可矣"。是则《诗经通义》的目的在于述古义，不在驳朱子之说，至于其最后所体现出的结果与其意图的矛盾下文将详加论述。综上可知，朱鹤龄秉持经学立场，立足于宋学，再以汉唐诸儒之说补充宋学之不足，融会众说，折中经义。

二　朱鹤龄的诗经学渊源

朱鹤龄的诗经学虽主诗序，但取折中之立场，对宋学又用功颇深，故《诗经通义》不少诠释往往从宋人中出，尤其宋人中尊主诗序或序首句者。今考《诗经通义》用宋人之说最多者为程颐、吕祖谦、黄震、严粲等人，而其中论述、考辨之材料又多来自吕祖谦的《吕氏家塾读诗记》、严粲的《诗缉》及元人许谦的《诗集传名物钞》。如《干旄》一诗，朱鹤龄释"干旄"云：

> 疏："《周礼·司常》云：州里建旟。又《大司马》云：百官建旟。旟亦有旌，言旄则有旒缀，言旟则亦有旄，二章互文也。"《解颐新语》："干旄、干旟、干旌，分言之以叶韵，其实皆旟也。鸟隼为旟，谓画鸟隼以为饰，以其注旄于干首，谓之干旄。以其析夏翟之羽以为缕，谓之干旌。"许氏曰："见贤载旟，礼无明文，或以疑此诗。然《司常》下文明言宾客亦如之，而陈祥道曰：州里建旟者，州里之常百官载旟者，一时之事，军国之客固不同耳。此诗干旟乃是笺所谓州长

---

① （清）朱鹤龄：《愚庵小集》卷七《毛诗通义序》，第132～133页。

之属，疏所谓遂内鄼长里宰邻长同建者也。首章三章旄旌皆因旟而言。"①

此段文字中，引孔疏之文来自吕祖谦的《吕氏家塾读诗记》，引范处义《解颐新语》之文来自严粲《诗缉》②，后文全引自许谦《诗集传名物钞》。按，孔疏原文作：

二章言干旟，传曰："鸟隼曰旟。"于《周礼》则州里之所建，若卿而得建旟者，《大司马》职曰："百官载旟"。注云："百官，卿大夫也，载旟者以其属卫王也。凡旌旗有军众者，画异物。"然则平常建旃，出军则建旟，是卿有建旟之时，旟亦有旃，二章互文也，言旄则有旒縿，言旟则亦有旄矣。③

吕祖谦节引孔疏之文："孔氏曰：《周礼》'州里建旟'，《大司马》又曰'百官载旟'，旟亦有旃，二章互文也。言旄则有旒縿，言旟则亦有旄矣。"④ 朱鹤龄则直用吕祖谦节引之内容，并非从《毛诗正义》中采之。又朱鹤龄在《干旄》诗后诠解诗序"美好善"之义云：

四之、五之、六之，马益多见礼益加；在郊、在都、在城，好益笃则贤者益至，序所谓臣子多好善也。⑤

这其实是用程颐之诠释，见于《程氏经说》⑥，吕祖谦节引其文："程氏曰：马四至于五六，马之益多见其礼之益加也；郊、都、城，好贤益笃

---

① （清）朱鹤龄：《诗经通义》卷二，《景印文渊阁四库全书》第85册，第53~54页。
② 参见（宋）严粲《诗缉》卷五，影印明嘉靖昧经堂刻本，台北：广文书局，1970，页二一。
③ （唐）孔颖达：《毛诗正义》卷三，第319页。
④ （宋）吕祖谦：《吕氏家塾读诗记》卷五，《景印文渊阁四库全书》第73册，台北：台湾商务印书馆，1983，第395页。
⑤ （清）朱鹤龄：《诗经通义》卷二，《景印文渊阁四库全书》第85册，第54页。
⑥ （宋）程颐：《程氏经说》卷三《诗解》，《景印文渊阁四库全书》第183册，台北：台湾商务印书馆，1983，第68页。

则贤者益至,不好贤则士益远遁也。"① 可见朱鹤龄非直接引用程颐之文,同样转抄《吕氏家塾读诗记》。

又如《小雅·采芑》,朱鹤龄《诗经通义》曰:

> 按,毛氏以采芑为菜,丰水有芑为草,维穈维芑为谷,临川王氏皆以为谷。范氏《补传》云:"新田菑亩中,乡不应指菜,盖以田亩善养嘉谷,喻周家善养士卒也。"严氏主此说。李氏又云:"既谓之采,必非谷矣。"《集传》则以芑菜军行采之,人马皆可食,故赋其事为兴。或疑三代行师,恐无取菜民田之事,然《采芑》与《采薇》一类,不过借此起兴耳,何必深泥耶。②

严粲《诗缉》解《采芑》云:

> 李氏曰:"毛以薄言采芑为菜,丰水有芑为草,维穈维芑为谷,王氏皆以为谷。"《补传》曰:"新田菑亩中,乡不应指菜,盖以田亩善养嘉谷,喻周家善养士卒也。《大雅》云:'丰水有芑',诗人于文武士皆以芑为喻也。"③

朱鹤龄所用李樗、范处义之说皆抄自严粲《诗缉》。朱鹤龄又认为《采芑》与《采薇》一类不过是借物起兴,此说亦非朱鹤龄独创,黄震《黄氏日钞》已言之,其文曰:

> 毛以芑为菜,朱以为即苦荬菜,而《诗缉》力主芑谷之说。按,李氏云:"既谓之采,则不宜谓之谷。"愚意其不以为菜而以为谷者,盖疑行军所仰,不徒在芑菜,而芑菜亦不应如是之多耳。然诗人不过

---

① (宋)吕祖谦:《吕氏家塾读诗记》卷五,《景印文渊阁四库全书》第73册,第395页。
② (清)朱鹤龄:《诗经通义》卷六,《景印文渊阁四库全书》第85册,第157页。
③ (宋)严粲:《诗缉》卷十八,页二三。

因菜苢而起兴。①

可见朱鹤龄所引"李氏又云"乃抄自黄震之文，而以苢起兴之说亦来自《黄氏日钞》。

又如《小雅·正月》首章，《诗经通义》训解如下：

> 正月繁霜，《解颐新语》："或疑四月不得有霜，考之汉武元光四年四月陨霜，杀草；晋武咸宁九年四月陨霜，伤粟麦。"我心忧伤。民之讹言，亦孔之将。董氏曰："霜降非时，灾降于上也；讹言非常，祸起于下也。上下相应如此，则国亡无日矣。"念我独兮，忧心京京。欧阳义："念我独兮，忧心京京，言己独为王忧耳，以见幽王之朝多小人，而君臣不知忧惧也。"哀我小心，癙忧以痒。刘氏曰："鼠病而忧，在于穴内，人所不知也。我有癙忧，至于痒病，亦人所不知也。"②

其中所引《解颐新语》来自严粲《诗缉》③，董氏、欧阳修、刘氏之说则皆来自《吕氏家塾读诗记》。

除转抄吕祖谦、严粲、黄震、许谦等人所用材料外，《诗经通义》中还大量直接引用以上诸人之说，如引吕祖谦、严粲之说都超过了200条，朱鹤龄亦在《诗经通义·凡例》中言明："东莱《读诗记》极为宋人所推，华谷《诗缉》其次也，此书义例多取裁焉。"④ 另外，朱鹤龄解诗义多用程颐之意见，可见他对宋人学说之重视。以上诸家大多尊主序之首句，再加以申发，朱鹤龄是将他们作为不同于朱子《诗》说的另一渊源而加以引述和阐释的，以补充举业盛行之后专尊朱子所造成的缺失，"制举之家，专宗朱传，故诗序久置不讲，并宋元诸儒之说皆无由而见"。⑤ 朱鹤龄大量采用宋人之说可证他折中众说、意欲补充经学内涵的撰述目的。

---

① （宋）黄震：《黄氏日钞》卷四，《景印文渊阁四库全书》第707册，台北：台湾商务印书馆，1983，第49页。

② （清）朱鹤龄：《诗经通义》卷七，《景印文渊阁四库丛书》第85册，第174页。

③ （宋）严粲：《诗缉》卷二十，页十。

④ （清）朱鹤龄：《诗经通义》，《景印文渊阁四库丛书》第85册，第5页。

⑤ （清）朱鹤龄：《诗经通义·凡例》，《景印文渊阁四库丛书》第85册，第4页。

朱鹤龄深受明末诗经学的影响，他的《诗经通义》即仿郝敬《毛诗原解》而作，他又曾求教于何楷，故《诗经通义》中引用郝敬、何楷二家之说最多，在考辨诗序之义以及训释体例上也多受二者影响。冯复京《六家诗名物疏》对朱鹤龄亦有不少影响，冯复京子冯班与朱鹤龄往来密切，常有诗文倡和，从中尤能见到明末清初在学术上的连续性。今即以郝敬、冯复京、何楷为例，论述朱鹤龄的诗学渊源以及明末清初诗经学的延续与发展。

（一）朱鹤龄与郝敬

朱鹤龄《诗经通义·凡例》第一条即云："通义者，通古诗序之义也。盖序乃一诗纲领，必先申序意，然后可论毛、郑诸家之得失。"① 与上文所举《毛诗通义序》之义相同，朱鹤龄认为序首句渊源甚古，续申之词为汉儒所增，故他尊序，犹重序首句，而对于续申之词不无所议。这样的诗序观正是源于郝敬。在对于诗序的安排上，朱鹤龄也沿袭郝敬的做法，他说：

> 古本皆标序于经文之前，后儒遂以诗序若今之诗题，余谓序所以明作者之意，非先有序而后有诗也。郝仲舆移序从经，最为得体，今从之。②

朱鹤龄认为："古人之书卷末多系以序，孔安国迁古文《书序》于各篇之首；王弼迁《易》象、象、爻辞于各卦之中；毛公取诗序移置诗首，亦犹是也。"③ 朱鹤龄以序置于卷末为古人书之体例，序移置诗首是毛公所为。他赞同郝敬恢复经文原本面貌的做法，移序置于各诗之后。朱鹤龄还沿袭了郝敬所重视的"不以辞害志"的孟子说诗明法，运用于诠释诗义。如释《遵大路》诗，朱鹤龄曰：

> 此诗即难定为庄公之诗，而系思旧好，情词蔼然。朱子本从序说，

---

① （清）朱鹤龄：《诗经通义·凡例》，《景印文渊阁四库丛书》第 85 册，第 4 页。
② （清）朱鹤龄：《诗经通义·凡例》，《景印文渊阁四库丛书》第 85 册，第 4 页。
③ （清）朱鹤龄：《愚庵小集》卷七《毛诗通义序》，第 131 页。

后乃改为淫妇见弃，挽其人而留之，盖据郑声淫一语以概郑风诸篇也。夫所谓淫者，郑之声耳，声与诗有辨：诗，志也；声，辞也。杨慎、郝敬俱云。孟子云："说诗者不以辞害志。"如此，诗志本思望君子，而其辞轻儇，乃似出自妇人之口。所谓郑音好滥淫志，盖风气使然，安得以其辞故遂命为淫诗乎？①

朱鹤龄不仅引述郝敬对诗、声之辨，又引孟子之说，认为诗志与文辞并非紧扣，若以文辞所展现出的表面含义推测诗旨，则难以获得诗之本志。此论与郝敬《毛诗原解》的方法相同。

《诗经通义》中引用郝敬之说达 79 处，引用的内容大多为考辨诗义、驳斥朱子之说，还有一些有关叶韵、名物考证等方面的内容，可见郝敬在申说诗序方面对朱鹤龄产生了深刻影响。不过朱鹤龄的《诗经通义》并非模拟《毛诗原解》之作，在体例和宗旨等方面都与《毛诗原解》有很大的不同。郝敬申述序义专从经文出发，故强调比兴之作用，难免有委曲、附会之弊。而朱鹤龄遍引汉唐及宋儒之说，以发明序说为主，辨别异同，求其至是。朱鹤龄尤其注重宋儒对序的阐发，对于难以辨明之处往往存录众说，不强为解释，较之郝敬更为通融。在训释方面，朱鹤龄受到冯复京和何楷的影响，详引历代之说，郝敬则依据朱子《诗集传》。从朱鹤龄的训释来看，冯复京的《六家诗名物疏》和何楷的《诗经世本古义》给他的研究带来了不小的便利，在资料等方面远较郝敬更易获取，《诗经通义》中大量引用注疏及陆玑、郭璞、罗愿、陆佃等各家之说，间参毛传、郑笺及经传之文，可见朱鹤龄对材料的使用已十分纯熟。

（二）朱鹤龄与冯复京

《诗经通义》引用冯复京之说有 17 处，这在朱鹤龄所引众家之说中并不算多，但朱鹤龄在材料和名物考证方面有不少地方借鉴冯复京的《六家诗名物疏》。如《草虫》一诗，朱鹤龄考释"草虫"云：

---

① （清）朱鹤龄：《诗经通义》卷三，《景印文渊阁四库全书》第 85 册，第 77 页。

传："草虫，常羊也。阜螽，蠜也。"按，草虫即《尔雅》草螽，陆玑以为大小长短如蝗，好在草茅中者也；阜螽即《尔雅》蛗螽，李巡、陆玑皆以为蝗子，陈藏器《本草》以为状如蝗，《埤雅》又以为今之蚱蜢，青色，飞不能远，未知孰是。颜师古注《汉书》以螽为阜螽，盖祖李、陆之说。笺："草虫鸣，阜螽跃而从之，同类有情，犹男女嘉时以礼相求呼。"何楷曰："《尔雅》蛗螽曰蠜，草虫曰负蠜，有夫妇之象，草虫比其夫，阜螽以自比也。"①

朱鹤龄引何楷之语，何楷《诗经世本古义》考"草虫"原文如下：

草虫，郭璞云："常羊也。"陆玑云："大小长短如蝗，奇音，青色，好在茅草中作声。"趯，《说文》云："踊也"。阜螽，李巡云："蝗子也。"陆玑云："今人谓蝗子为螽子，兖州人谓之螣。"陆佃云："今谓之蚱蜢，示跳示飞，飞不能远。"许慎以为蝗螽，蔡邕以为螽蝗，明是一物。《方言》云："宋魏之间谓之蚮，南楚之外谓之蟅蟒，或谓之蟒，或谓之螣。"按螽之族，厥类实繁，《尔雅》云："蛗螽，蠜；草虫，负蠜；蜇，螽蜙；蟿，蟿螽；螇，蚸土；螽，蠰谿。"陆佃云："草虫鸣，阜螽跃而从之，故阜螽曰蠜，草虫谓之负蠜也。"草虫兴南仲，阜螽以自况，妇人从夫，其象有如此者，君子指南仲也。②

可见朱鹤龄对草虫的考证多来自何楷。不过，何楷以《草虫》诗中之君子指实为南仲，过于附会，故朱鹤龄不取，只取草虫比妇人之夫、阜螽自比之说。朱鹤龄的材料中还有一条来自陈藏器的《本草拾遗》，此条即来自冯复京《六家诗名物疏》所引。《六家诗名物疏》考证"草虫"云：

《释虫》云："草螽，负蠜。"郭璞曰："常羊也。"陆疏云："大小长短如蝗，奇音，青色，好在茅草中。"《左传》有蜚，杜注云："蜚，

① （清）朱鹤龄：《诗经通义》卷一，《景印文渊阁四库全书》第85册，第20页。
② （明）何楷：《诗经世本古义》，《景印文渊阁四库全书》第81册，第118页。

负蠜。"疏："负蠜，岁时常有非灾，虫螱一名负盘。此注相涉误为蠜耳。"陈藏器云："飞廉一名负盘，蜀人食之，辛辣。"杜预《左传》注云："蜚，负蠜，如蝗虫，又夜行，一名负盘，名字及虫相似，终非一物也。"陆佃云："一云蚯蚓即负蠜，亦以离应草虫鸣于上风，负蠜鸣于下风而风化。"①

但《六家诗名物疏》引陈藏器《本草拾遗》并非陈氏原文，而是引《左传》杜预之注。

（三）朱鹤龄与何楷

何楷与朱鹤龄之关系及其对朱鹤龄学术之影响前文已述。朱鹤龄《诗经通义》引何楷之说达 129 条，引用内容亦广，包括考辨诗旨、考证名物制度、考论字义等。例如，考辨诗旨方面，《清人》一诗下，朱鹤龄引何楷之说：

> 何楷曰："是时狄人入卫，卫在河北，郑在河南，故使高克将兵防御河上。"为克者，当枕戈荷舍，不遑宁处，而乃盛其军容，嬉游自若，使狄人一旦轶境，何以御之？《春秋》书郑弃其师，正讥文公命将非人。观此诗可见旧注，但以师久不召为言，失其旨矣。②

又如《郑风·扬之水》诗下，朱鹤龄引何楷之说：

> 何楷曰："郑突夺嫡非正，然其出奔也，诸侯尚有会师而谋纳之者。忽以世子当立，乃自其失位，以至复国，迄于被弑，外不闻邻国之援，内未有臣民之戴，意其人必多猜喜忌，于物无亲者，读此诗可想其概。"朱传改为淫者相会之词，而于兄弟难通，则曰兄弟婚姻之称，礼所谓不得嗣为兄弟是也。或又云兄弟如所谓宴尔新昏，如兄如

---

① （明）冯复京：《六家诗名物疏》卷五，《景印文渊阁四库全书》第 80 册，第 81 页。
② （清）朱鹤龄：《诗经通义》卷三，《景印文渊阁四库全书》第 85 册，第 76 页。

弟者，盖亲之之辞。然章首扬之水二句当作何解？①

朱鹤龄引何楷书，往往约其辞义，如上引第一条；或略改其文，如第二条。其他引何楷处多类此。他常借何楷之说来说明诗旨，同时更进一步，作为立论根据，驳斥朱子之说。论《清人》云"旧注"的"师久不召"为言失诗义旨，"师久不召"正是朱子《诗集传》的说法。《扬之水》则直接点出朱子说法的矛盾。

在考证名物制度方面，如《野有死麇》"无感我帨"，朱鹤龄引何楷之说云："《内则》注：帨，拭物之巾，女子所佩也。感我帨者，女子自动其帨。"② 又如《谷风》"其甘如荠"，朱鹤龄释"荠"云："荠，注疏不详。何楷曰：《尔雅》荠类不一，此当是荠苨。《本草》陶注云：根茎都似人参，叶小，异根，味甜。"③

在字义方面，朱鹤龄亦常引何楷之说，如《兔爰》"尚寐无吪"之"尚"，"何楷曰：尚，《说文》云：曾也，庶几也。尚无为之尚，当从曾解；尚寐之尚，当从庶几解"④，全用何楷之说。又如《唐风·羔裘》"自我人居居"，朱鹤龄解释"居居"亦引何楷之说云："居古通作倨，《汉书·邶都传》：丞相条侯至贵居。"⑤

综合上文所论，朱鹤龄的诗经学渊源多来自吕祖谦、黄震、严粲等宋人诗学，而这些学者又有共同的特征：首先，对诗序尤其是序首句较为遵从；其次，不全谈义理，也注重训诂、名物等的考辨。除了这几家外，从朱鹤龄所引的王应麟、许谦等学者也能看到这一点。可知朱鹤龄选择了宋学中倾向"道问学"的路径，补充朱传的不足，以疏通古义。朱鹤龄也广泛吸收了明末诗经学的成果，继承了郝敬、何楷在回归经学方面的努力，进一步辨明诗序的权威。

从朱鹤龄的诠解中也可以看到，《诗经通义》一书以吕祖谦《吕氏家

---

① （清）朱鹤龄：《诗经通义》卷三，《景印文渊阁四库全书》第 85 册，第 84 页。
② （清）朱鹤龄：《诗经通义》卷一，《景印文渊阁四库全书》第 85 册，第 26 页。
③ （清）朱鹤龄：《诗经通义》卷二，《景印文渊阁四库全书》第 85 册，第 39 页。
④ （清）朱鹤龄：《诗经通义》卷三，《景印文渊阁四库全书》第 85 册，第 68 页。
⑤ （清）朱鹤龄：《诗经通义》卷四，《景印文渊阁四库全书》第 85 册，第 103 页。

塾读诗记》、黄震《黄氏日钞》、严粲《诗缉》、许谦《诗集传名物钞》、郝敬《毛诗原解》、冯复京《六家诗名物疏》以及何楷《诗经世本古义》为主要参考著作和取材来源，并对所用材料进行了重新整理和取裁，使其更为疏通、简明，因此《诗经通义》在训释词义、名物等方面虽较为简略，但其考论范围与内容丰富和庞大。

三　《诗经通义》经学"意图"与"效果"的矛盾

从上文所论可知，朱鹤龄《诗经通义》意在参伍群说以俟折中，他强调此书并非输攻朱子。从《诗经通义》中广泛引用吕祖谦、严粲等宋人之说亦可看出，一方面，朱鹤龄尊主古义及古序之义，而非汉人所述之义；另一方面，他又多采用宋元诸儒符合古义之说。这样一来，他既能疏通序义，亦能阐发朱子以外的宋人《诗》说。这一点在朱鹤龄弟子张尚瑗所写的《诗经通义序》中亦有所体现：

> 汉儒之失拘守陈言，宋儒之失尽反前说。宋儒之所欲反者，非仅汉唐也，伊川《易传》谈理至精，朱子则推本邵氏数学以求驾之；颍滨《诗传》、东莱《读诗记》其书皆醇正无疵，朱子以其祖述小序，多所不满，郑、卫淫奔之说独采渔仲；明复、康侯《春秋》之学尽废三传，朱子遂尊称胡传，后世因有四传合刻，则左、公、穀下侪于宋明杂说，而十三经之名号可无庸矣。夫汉代经儒掇拾残缺于秦烬之后，疵颣荒缪，固所不免。必尽举而撤之，虽神解渊悟，岂真能舍？此山岩屋壁之所得，别有不传之秘，与尼山邹峄梦授而墙见者。程子曰："学诗而不求序，犹欲入室而不由户也。"朱子论诗尽撤大小序，鄱阳马氏驳议平允洞畅，先生《通义》之作所宗主也。毛公亦有不能无弊者，在于执正变之论，而篇次错糅，不复详求，概以前后定美刺，《楚茨》至《车舝》十章与《载芟》《良耜》之报蜡、《鹿鸣》《嘉鱼》之燕宾何有差别，而以为刺幽王之作，辞理全悖矣；《崧高》五诗并美宣王，何以窜于《大雅》终篇，此古序之误有目共知也。然而去古未远，刺忽、刺佗之属，信而有征，而概指淫奔，不得并于《清人》之在郑、《株林》之在陈，则毛诗、《左传》虽并献河间，而平帝时立毛诗于学

官，已为定著，《左传》经范升、陈元争讼，俟章帝而始定，奚以取彼弃此，此《集传》之过当也。《通义》一书，荟萃两宋元明诸家之言，于朱子《集传》外又广求遗说，或问、语录，胪列参互，衷之至当，间附己意，以相发明。①

"汉儒之失拘守陈言，宋儒之失尽反前说"是承袭明末学者的观点。张尚瑗所作序还认为朱子尽反前说，其意不独在反汉唐之学，宋人前说亦反之，可知朱子意欲超轶众人，以成一家之学。元代以后，朱子《诗集传》为科举标准，其流弊在于使学子不仅不明汉唐之学，连朱子以外的宋元学者之说亦湮没无闻。朱鹤龄强调："诗序久置不讲，并宋元诸儒之说皆无由而见"，"后序多汉儒附益者，今取欧、苏、吕、严诸说为之辨正"。② 这在上文论朱鹤龄宋学渊源时已详言。

张尚瑗之序还指出《诗经通义》宗主马端临之说，马端临认为朱子之说多可疑，又认为诗序不可废③，《诗经通义》中亦有多处引用马端临之说。前文已言，除马端临外，朱鹤龄还多从吕祖谦、严粲等人之说，而他对于朱子之说不刻意掊击。朱鹤龄认为朱子《诗》说的疏失仅在于过信郑樵，因此往往以朱子《诗集传》和《诗序辨说》以外的著作所存《诗》说来曲护朱子，认为朱子之说在不少地方其实颇合于古义。这一点在《诗经通义》具体的诠释中也可以看到，如《唐风·无衣》"岂曰无衣？六兮"，朱鹤龄按语云：

　　《集传》："变七言六者，不敢必当侯伯，以得受六命，比天子之卿为幸。"此全用郑笺。疏云："郑以《大车》诗'毳衣如菼'是子男入为大夫，得服毳冕，知侯伯入为卿士，依其本国之命，不服六章之衣，故云谦也。"何玄子引《典命》：天子之卿六命，出封加一等，晋侯爵出，得七命，则入为王卿，正当得六命，此与疏说相反。且晋文

---

① （清）朱鹤龄：《诗经通义》，《景印文渊阁四库全书》第 85 册，第 2~3 页。
② （清）朱鹤龄：《诗经通义·凡例》，《景印文渊阁四库全书》第 85 册，第 4 页。
③ 参见洪湛侯《诗经学史》，第 415~416 页。

侯辅平王，本侯伯也，岂以天子之卿出封者耶。①

此处朱鹤龄认同朱子之说，又指出朱子全用郑笺，并引孔疏申说郑笺；他还认为何楷之说不确。

又如论《隰有苌楚》诗旨，朱鹤龄云：

> 序："隰有苌楚，疾恣也。国人疾其君之淫恣，而思无情欲者也。"序云疾恣，谓疾桧君之恣于政刑不知惠恤其下，犹所云淫刑以逞也。国人疾其君以下，当是后人误解恣字而妄益之，郑氏曲说傅会，拗僻甚矣。朱子谓：政烦赋重，国人不堪其苦而作。文义粲然。朱子每驳序，然亦有功于序，如此诗是也。②

从中可以看到《诗经通义》重在疏通序首句和折中序说与朱子之说的意图。对于《隰有苌楚》的诗旨，朱鹤龄认为序首句"疾恣也"为确，续申之语为妄说，又指出朱子之说"文义粲然"，并强调"朱子每驳序，然亦有功于序"，表彰朱子之意十分明显。

又《鸱鸮》一诗，朱鹤龄考证道：

> 鸱鸮比武庚，我子比管蔡吕记：周公谓管蔡为子者，为周家语殷民之辞也，我室比王室，郑笺作邸鸮自言，又谓周公救其属党，大谬。王肃固已正之。朱传出而诗义如发蒙矣。但谓周公东征二年，得武庚、管叔而诛之，其后乃作此诗，则因《书传》误解《金縢》弗辟之语孔安国解作致辟之辟，郑氏《诗谱》以为避流言之变而沿袭其讹也。考居东、东征是二时，居东者，周公始闻流言而避居于国之东也东不详其地，大抵去国不远，观《金縢》王亲迎出郊可见。东征者，成王既迎公归，而往正武庚、管叔之罪也。居东之时，武庚、管蔡方相煽为乱，周公处骨肉之间，必无遽兴师往征之理。又成王方疑周公，公不应不请而自诛之，

---

① （清）朱鹤龄：《诗经通义》卷四，《景印文渊阁四库全书》第85册，第103页。
② （清）朱鹤龄：《诗经通义》卷五，《景印文渊阁四库全书》第85册，第120～121页。

若请之于王，亦必不从此朱子说。《金縢》"罪人斯得"，谓周公居东之后，成王始知流言之罪人为管蔡，非谓即诛管蔡也。自风雷示警，成王感悟，周公归，乃承王命，作《大诰》往征之。《东山》《破斧》等诗皆作于其后。观《金縢》云"居东二年"，《东山》云"自我不见，于今三年"，则知居东、东征首尾共五六年间事。朱子晚年与蔡九峰辨《书传》弗辟之说，以为宜从郑氏，特《诗传》未及追改耳。①

朱鹤龄表彰朱子道："朱传出而诗义如发蒙矣"，只是认为《诗集传》误将"居东"和"东征"合为一事。朱鹤龄用郑玄《诗谱》之说，认为居东、东征为两个不同时期之事，此说又见于朱鹤龄《周公居东论》②。朱鹤龄又引朱子晚年之说，认为朱子晚年已改从郑玄《诗谱》，只是《诗集传》中未及改正，由此证朱子晚年之说与其在《诗集传》中的观点不同，尤见朱鹤龄曲护朱子之意。

结合以上所论，可以认定朱鹤龄撰《诗经通义》之意图首先在于疏通序义；其次，申发宋元诸儒之说；再次，弥缝朱子之说，认为朱子虽驳序，但往往能发明序义，故其实有功于诗序，且朱子晚年的一些观点已有所更正。③ 由此可见朱鹤龄之意绝不在攻击朱子，他自己也反复强调这一点。

然而，朱子《诗》说毕竟与序说有难以调和之处，朱鹤龄的意图首在疏通诗序，又往往举朱子之说以折中，但最后的效果是折中少而非议多，出现了撰述"意图"与最后呈现的"效果"背道而驰的局面。而朱鹤龄所用的方法较为精密，使《诗经通义》一书成为郝敬《毛诗原解》之后"反朱"的又一力作。换句话说，朱鹤龄本意虽不在"反朱"（甚至欲弥缝、曲护朱子），却起到了"反朱"的效果。

《诗经通义》中批驳朱子有两个比较显著的方法：一是考证朱子之说的来源以破其谬，二是从诗文的内容以及其所蕴含的制度、史实来指出朱子

---

① （清）朱鹤龄：《诗经通义》卷五，《景印文渊阁四库全书》第 85 册，第 129~130 页。
② 参见（清）朱鹤龄《愚庵小集》卷十一，第 223~224 页。
③ 朱熹《诗》说本多用诗序，据今人研究，国风部分，朱子《诗集传》《诗序辨说》大半采用序说，完全赞同诗序占全部《诗经》解说的 27%。参见林叶连《中国历代诗经学》，第 292~294 页；杨晋龙《朱熹〈诗序辨说〉述义》，《中国文哲研究集刊》第 12 期，1998 年 3 月，第 315~316 页。

之误。

（一）详考朱子之说来源以明其非

详考朱子之说来源是《诗经通义》中极为常见的一种方法，不论是考辨诗旨，还是训释字义、名物，朱鹤龄往往指出朱子之说的来源，然后再加以驳正，从根本上指明朱子误释之由。朱鹤龄认为朱子《诗》说除多采用郑樵之说外，还多采用汉代三家诗、郑笺及《诗谱》、孔疏，以及如王安石、欧阳修、苏辙等宋儒的《诗》说。如《关雎》诗义，朱鹤龄曰：

> 以淑女为嫔御之贤，后妃思得之助供荇菜、承宗庙者，毛郑说也；以淑女为后妃，下二章左右为求之非一方者，朱子说也。朱子实祖匡衡，衡治齐诗者也。从朱子说，则哀乐皆属文王。今据小序以后妃之德言之，仍从古注为是。①

朱子以淑女为后妃太姒，与毛、郑不同，朱鹤龄指出其说本于匡衡。又如《溱洧》"方秉蕑兮"，朱鹤龄认为"蕑"为兰草，并云："采兰，毛无明文。《集传》以为上巳祓除，盖本韩诗之说。"② 又如，朱鹤龄认为商颂文辞古奥，并非宋人所作，并驳朱子之说云：

> 朱子曰："太史公云：宋襄公修行仁义，欲为盟主，其大夫正考父美之据《郑谱》，正考父当宣王时，追道契汤高宗所以兴，作商颂。"盖本韩诗之说，诸儒多惑之者。今考此颂皆天子之事，非宋所有，且其辞古奥，亦不类周世之文，而《国语》闵马父之言亦与序合，韩诗、太史公之说谬矣。③

朱鹤龄据《国语》认为《国语》引闵马父之言与诗序相合，当从序说，以韩诗、司马迁之说为非，朱熹从韩诗、司马迁，则非是。

---

① （清）朱鹤龄：《诗经通义》卷一，《景印文渊阁四库全书》第85册，第10页。
② （清）朱鹤龄：《诗经通义》卷三，《景印文渊阁四库全书》第85册，第86页。
③ （清）朱鹤龄：《诗经通义》卷十二，《景印文渊阁四库全书》第85册，第319页。

《诗经通义》又指出朱子有从王肃之说者，如《采蘋》"宗室牖下"：

> 按，朱子以牖下为奥，本王肃之说。孔疏驳王云："经典未有以奥为牖下者，户西牖东，去牖近，故曰牖下耳。"陈启源曰："奥为深隐之名，牖乃通明之处，肃合为一，恐不然。"①

朱子释牖下为奥，朱鹤龄指出其说本于王肃，而孔疏早已驳之，又引陈启源之说，从字义上考证奥、牖非一处。朱鹤龄不仅指出朱子所本，并引旧疏、新说加以驳正，以见其疏失。

朱鹤龄还指出朱子解草木鸟兽等多本孔疏，《诗经通义》释《草虫》"言采其薇"云：

> 《说文》："薇菜似藿"，陆玑《疏》："薇，山菜，茎叶皆似小豆，蔓生，味亦如小豆，藿可作羹。项氏曰：今野豌豆苗也，蜀谓之巢菜。"《集传》以为迷蕨，与此不同。按，朱子所解草木鸟兽之类，皆本孔疏，出自《尔雅》、《说文》、陆玑《诗疏》诸书，惟雎鸠与此薇不从，盖别自有据。②

可见朱鹤龄对于朱子《诗集传》的训诂有甚为体贴之理解。除指出朱子多从汉唐旧说以外，朱鹤龄还考证出朱子从宋人之说者，如《麟之趾》之"公姓"：

> 传："公姓，公同姓。"按，《大传》："五世袒免，杀同姓也"，姓为同姓，氏为庶姓，则同姓是五世以外之亲。《集传》："公姓，公孙也。"此用介甫之说。③

毛传解公姓为公同姓，朱鹤龄以《礼记·大传》解之，认为公姓为五

---

① （清）朱鹤龄：《诗经通义》卷一，《景印文渊阁四库全书》第85册，第21页。
② （清）朱鹤龄：《诗经通义》卷一，《景印文渊阁四库全书》第85册，第20页。
③ （清）朱鹤龄：《诗经通义》卷一，《景印文渊阁四库全书》第85册，第18页。

服之外同姓之族，不同于朱子"公孙"之解。朱鹤龄指出《诗集传》所解本是用王安石之说。

又如《小雅·常棣》"鄂不韡韡"：

> 疏："华下有萼，萼下有跗，花萼相承覆，故得韡韡而光明也。"欧阳义："不韡韡者，韡韡也，古诗之语如此者多，何烦改字为柎。盖已言鄂，则足见兄弟相承之意矣。"程子曰："韡韡，鲜华壮盛之貌。不作柎，可如字，亦可以华萼相依，生相亲，力相承，兴人之莫如兄弟也。"按欧阳之说本于王肃，《集传》从之。然古义自不可废。①

孔疏认为"鄂不"为萼、跗，欧阳修则认为"不"并非"柎"之假借，而是发语词，无任何意义，程子之说则意在折中，朱子的《诗集传》则从欧阳修之说。朱鹤龄对此并未判断是非，而是认为古义不可废。

朱子《诗集传》中有引"汲冢竹书"者，朱鹤龄亦加以说明：

> 《集传》谓："召公从王游卷阿之上，叙其事以发端。"朱子之说实本《汲冢纪年》，《纪年》云："成王三十三年，游于卷阿，召康公从。"长发云："《纪年》之书，先儒不用以释经，故朱子采其说而不著所自也。"②

朱鹤龄引陈启源之说，驳斥朱子用《汲冢纪年》不当，并指出先儒不用此书释经，朱子恐不自安，故未标出处。

可见，朱鹤龄特别重视考证朱子《诗》说的来源，如若可证朱子所据有臆说之处，则说明朱子之说的根据不牢固。同时，指出朱子所本，显示出朱子是以后儒诸说推倒序说，这种方法本不可取，又可从侧面证朱子之说不如古义渊源有自，更为可信。不过，朱鹤龄挖掘朱子《诗》说的来源也不全在驳斥其说，亦有不少赞同的地方，从中尤其能看到朱鹤龄的"折

---

① （清）朱鹤龄：《诗经通义》卷六，《景印文渊阁四库全书》第85册，第138页。
② （清）朱鹤龄：《诗经通义》卷九，《景印文渊阁四库全书》第85册，第253页。

中"意图。如《考槃》一诗，朱鹤龄按语云：

> 《孔丛子》："子曰：吾于考槃，见遁世之士无闷于世。"朱子本此为说解弗谖、弗过、弗告甚明黄震曰："弗谖，程子以为不忘君，但弗过、弗告难通"，朱传"弗忘此乐也"得之，但驳序以为非刺则不然。贤者隐处涧谷，至于独寐、独寤、独宿，则时君不能用贤之失，亦可知已。①

朱子《诗集传》解释《考槃》，以为"诗人美贤者隐处涧谷之间，而硕大宽广，无戚戚之意，虽独寐而寤言，犹自誓其不忘此乐也"。②朱鹤龄指出朱子此说本于《孔丛子》，并以《孔丛子》之说引申，解释"弗谖、弗过、弗告"甚明，认同朱子之说。朱鹤龄又引黄震之说以折中序说和朱子之说，认为朱子驳序以为非刺不然，贤者独处与刺君不能用贤并不冲突。

总体来说，朱鹤龄指出朱子之说所本，指明其非为多，赞同其说少。因此朱鹤龄虽无反朱之意，但在诠释中处处批驳朱子。

（二）以诗文内容、制度等证朱子《诗》说之非

如《伯兮》诗，朱鹤龄驳朱子云：

> 从王伐郑事，在卫宣公十三年，三国之从王正也，而序以为刺者，刺其过时，非刺宣公也。疏："过时者，谓三月一时。《穀梁传》：伐不逾时。"郑在卫之西南，而诗言东者，时三国从王，必会兵东都乃行也。上云"为王前驱"，下云"自伯之东"，明是从王为前驱东行伐郑，非谓郑在卫东也。孔仲达解此诗最当。朱子终以郑在卫西疑之，又云："无明文可考。"然则《春秋》非明文耶？若但是卫国用兵，何以有为王前驱之语？③

朱鹤龄引孔疏之文，考证史实中本有从王出征之事，以驳朱子《诗序

---

① （清）朱鹤龄：《诗经通义》卷二，《景印文渊阁四库全书》第 85 册，第 57 页。
② （宋）朱熹：《诗集传》，第 35 页。
③ （清）朱鹤龄：《诗经通义》卷二，《景印文渊阁四库全书》第 85 册，第 62 页。

辨说》之非。

又如《载驱》，朱鹤龄曰：

> 襄公疾驱其车以会文姜，文姜疾发会之。笺、疏解同。《集传》作文姜乘此车来会襄公，非是。以经云"簟茀朱鞹"，簟茀乃诸侯车饰。①

此处朱鹤龄以古代车制驳朱说之非。

又如《葛屦》诗，朱鹤龄曰：

> 朱传解首章本用毛、郑，惟"好人"异耳。"好人"即缝裳之女，苏传："妇人既嫁未庙见，犹称女。"如此解于下章"左辟象掃"，语方顺。左辟，妇入门避夫，不敢当尊也。象掃，妇人之盛饰，言女子始嫁，治其礼仪如此，而遽可使之缝裳要襋以自服欤？魏俗如此，由其用心褊急，吾是以刺之。序刺其君意，只见之言外，朱子疑缝裳之女所作，而以好人为大人，则佩其象掃如何作男子之服？②

此处朱鹤龄以朱子之说与诗文内容不符，驳朱子之说之非。

又如对于《山有枢》诗旨，朱鹤龄曰：

> 唐俗俭啬，不应此诗忽作旷达语。序以为刺昭公，可信也。特后序"不能修道"以下语太繁杂耳。是时曲沃成师势盛，昭公不能制，日就危亡，故诗人作此以讽之，其辞不直斥昭公，托为同侪相告语者，忧危之情，最为迫切。朱子乃以为答蟋蟀之诗，相劝行乐。若然，不过如后世《将进酒》《箜篌引》《来日大难》之类，此何关于理乱者，而夫子录之乎？③

此处朱鹤龄从情理上驳朱说之非。

---

① （清）朱鹤龄：《诗经通义》卷三，《景印文渊阁四库全书》第85册，第92页。
② （清）朱鹤龄：《诗经通义》卷四，《景印文渊阁四库全书》第85册，第94页。
③ （清）朱鹤龄：《诗经通义》卷四，《景印文渊阁四库全书》第85册，第99页。

通过上文所举可见，朱鹤龄《诗经通义》一书虽意在折中，也并无驳朱、攻朱之意，但最后呈现的效果是从不同方面驳斥了朱子《诗》说的疏误，起到了反朱、攻朱的作用。

出现这样的矛盾有多种原因。首先，明末以来，朱子《诗》说的权威性不断被削弱，郝敬、何楷等均不主朱子之说，而朱鹤龄又多引用之。其次，复古风气的影响。自明末以来，尊序渐渐成为共识，尤其是尊主序之首句，像钱澄之这样有着宋学背景的学者也首列诗序，可见朱鹤龄也是追随当时学术之潮流。最后，朱鹤龄也受到了吴中学风的影响。当时以苏州、南京等地为中心的吴中因地域之便和长期以来经济、文化上的优势而成为一时的学术中心，并承明末好古、博学的风气，逐渐形成重视文字、声音、训诂之学以及好用考据方法的学术旨趣。朱鹤龄本不重视文字音义的考证，前文所引其《毛诗通义序》就有"非可以章句、训诂求"之语，他对于音理也不甚明了。但是他在《诗经通义》中广泛引用顾炎武、陈启源等人的学术成果，使他的著作不仅反映出当时学界的新信息，也成为清代学术由宋学系统转向汉学系统的标志性著作。

四 《诗经通义》中所引吴中学者之说所见新学风的渗透

前文讨论冯复京时已略言明末吴中地区的复古考据之风。朱鹤龄的思想背景更偏于宋学，然他身处吴中，又与顾炎武、陈启源、冯班等相交，自不觉浸润于此风气。这种复古考据的风气具体表现，首先是重视考证方法，尤其是通过声音、训诂、文字来考证经文、字义；其次，重视文字音义，由此偏重汉儒之学，这与钱澄之、朱鹤龄以及明末郝敬等学者持中立场不同；最后，部分学者有意反对朱子、反对宋学，欲超越宋学，回归汉唐经说传统，这与钱澄之、朱鹤龄并非有意反对朱子也不同。如冯班、陈启源等学者都在各自的著作中驳斥朱子，冯班就直指"宋儒都不解《诗》"，又批驳朱子《诗》说谬甚，重复可厌、亦鄙而拙。① 这样强烈的批评在钱澄之、朱鹤龄的著作中都很难看到。

朱鹤龄与冯班、陈启源都有深交，他撰《诗经通义》，又与陈启源反复

---

① （清）冯班：《钝吟杂录》卷四，台北：广文书局，1969，第155～156页。

商讨，同时在对声音之理的体认上又受到顾炎武的影响。他虽然不重训诂，也并非有意输攻朱子，但因《诗经通义》中大量引用陈启源、顾炎武等人的学术成果，因此其书不仅受到渗透着新学风，也被这股新的学风推到其研究本意的反面。

（一）《诗经通义》与顾炎武

朱鹤龄中年以后转向经学研究即受顾炎武之影响，他曾对吴兆骞说："弟三十年来奄忽无成，始而泛滥诗赋，既而黾勉古文，后因老友顾宁人以本原之学相勖，始湛思覃力于注疏诸经解以及先儒理学诸书。"① 顾炎武也极力推扬朱鹤龄的著作，为其《尚书埤传》《读左日钞》细校讹字②，《诗经通义》中也使用了顾炎武所撰《诗本音》，朱鹤龄在《凡例》中写道：

> 诗《释文》止有音反而不甚详，陆氏所谓古人韵缓不烦改字者也。朱子始取吴才老韵叶诗，然不尽依用。万历间陈季立氏谓："古字本有古音，与后代不同，不必改叶。"吾友顾宁人氏引申其说，又谓沈约四声不当以律古人之诗，二家援证精博，可信从无疑矣。但细核《集传》所叶之音，与二家考证者无甚相远，而四声不用，则平上去入通为一音，入声转韵，初学多不晓，故今仍用《集传》所叶，但易为读某切，而平上去入概不分注，庶几三百篇之文读之谐协，复无以今音律古诗之失。③

朱鹤龄虽认为陈第和顾炎武"二家援证精博，可信从无疑"，但又以《诗集传》叶音与二家无甚相远，因此仍用叶音，只是将叶某音改为读某某反，实质上仍延续朱子的叶音说。然陈第、顾炎武二书的最大贡献即在于破叶音说，故朱鹤龄认为《诗集传》所叶之音与陈第、顾炎武所考证者无甚相远，可见尚未完全了解古音之理。

尽管朱鹤龄仍延续叶音的做法，在字下注明读某某反，但他在诠释中

---

① （清）朱鹤龄：《愚庵小集》卷十《与吴汉槎书》，第222页。
② （清）朱鹤龄：《愚庵小集》卷五，第115~116页。
③ （清）朱鹤龄：《诗经通义·凡例》，《景印文渊阁四库全书》第85册，第5页。

引用顾炎武之说极多，实际上在《诗经通义》中吸纳了顾炎武的古音研究成果。顾炎武的《诗本音》于诗字下注音，改叶某音为古音某，朱鹤龄注音也不作叶某而改为读某；朱鹤龄的叶音只是在字下注音，很少做解释，但他引用的顾炎武《诗本音》的内容详细考证古音。这也使朱鹤龄的《诗经通义》呈现出"意图"和"效果"相反的现象，他本意是叶音与顾炎武的考证无别，因此仍沿用叶音法，但在注音上不再用"叶"，而《诗经通义》中征引的顾炎武《诗本音》的内容成为其考证古音的重要组成部分。比如《葛覃》中"谷""敦"字，朱鹤龄引顾炎武之说云：

> 顾炎武曰："按谷音欲，乃臾之入声。莫乃模之入声，濩乃胡之入声，绤乃区之入声，敦乃余之入声，本同一韵，后人分属三四部，而其条理遂不可寻矣，凡入声字仿此。"①

又论同诗中"否""母"字，引顾炎武之说云：

> 顾炎武曰："考否字诗并房以反，母字诗并满以反，惟《螽斯》二章与两韵，要当以满以为正。"又曰："古无平上去入四声，通为一音。此章通平上为一韵，盖氏与否母本协也，后仿此。"愚按，母字又音某，《古音考》音米，母若音米，则否当读彼美切，音鄙。②

上引是顾炎武有关入声的观点，第一条论入声多与平声同为一韵，主要是说明近代入声配阳声韵，而古音入声配阴声韵。第二条论"古无四声"，其实顾氏此论当为四声一贯，但他多表述不清，往往造成理解上的混乱。③ 朱鹤龄恐亦未能弄清顾氏四声一贯说之实质，故未加解释。而朱鹤龄的按语仍按叶音方法来判断"害澣害否"之"否"于此当改读彼美切，尤能见朱鹤龄对顾炎武之古音成就尚未深悉。朱鹤龄又常引顾炎武之说论诗

---

① （清）朱鹤龄：《诗经通义》卷一，《景印文渊阁四库全书》第85册，第11页。
② （清）朱鹤龄：《诗经通义》卷一，《景印文渊阁四库全书》第85册，第12页。
③ 顾炎武此两条注释，参见张民权《清代前期古音学研究》上册，北京：北京广播学院出版社，2002，第122～123页。

中之韵：

> 顾炎武曰："古人音韵虽宽，而用之则密，故同一部而有亲疏。如此章支、觿、知，平与平为韵；遂、悸，去与去为韵，而合之则通为一也。《干旄》二章鸮、都，平与平为韵；组、五、予，上与上为韵，而合之则通为一也。《木瓜》二章桃、瑶，平与平为韵；报、好，去与去为韵，而合之则通为一也。同一声而有亲疏，如秦诗《黄鸟》之首章，棘、息、特为韵，穴、栗为韵，而合之则通为一也，其用音之密如此。"①

朱鹤龄用顾炎武之说考证诗中用韵虽宽，但体例严密，如《芄兰》首章前四句押平韵，后二句押去韵，合之平去又能通押。又如《候人》诗：

> 顾炎武曰："诗有一句之中而兼用二韵，如'其虚其邪''日居月诸'是也，此章则荟、蔚自为一韵，婉、娈自为一韵，而隮、饥又自为一韵，古人属辞之工、比音之密如此。"②

再如《小雅·车攻》中"弓矢既调"之"调"：

> 按，调本田聊切，一徒吊切，一职流切，又一叶徒红切。《离骚》"挚咎繇而能调"，叶"求矩矱之所同"，是也。此吴棫《韵补》之说，朱子从之。顾炎武曰："此章首尾为一韵，中二句为一韵，盖诗之变体。《周颂》'思文后稷，克配彼天，立我烝民，罔非尔极'，稷与极为韵，天与民为韵，同此例也。"③

朱鹤龄引吴棫之说认为"弓矢既调"，"调"又可叶"同"音，如此则与下句"射夫既同"相押。这一判断很可能来源于顾梦麟的《诗

---

① （清）朱鹤龄：《诗经通义》卷二，《景印文渊阁四库全书》第85册，第60页。
② （清）朱鹤龄：《诗经通义》卷五，《景印文渊阁四库全书》第85册，第123页。
③ （清）朱鹤龄：《诗经通义》卷六，《景印文渊阁四库全书》第85册，第160页。

经说约》①。其实"调"不当与"同"同韵,调、同相押,当从钱大昕之说,即以双声为韵,而戴震、孔广森亦指出古音侯、东二韵常相协。② 朱鹤龄尚未明此理,故用吴棫之说,又引顾炎武论诗韵之变例,以求存录众说。

除了用顾炎武之说论古音以及诗之用韵外,朱鹤龄还引《诗本音》之文来考证文字。如《君子偕老》中"扬且之皙也"之"皙",朱鹤龄引顾炎武之说云:

> 顾炎武曰:"《集传》叶征例反,似因《易·大有》传'明辨皙也'而误。按《易传》之皙从折从日,音制,明也,与陈风'明星皙皙'之皙同,亦作晰。此章之皙,从析从白,音析,白也,即曾皙之皙,今依石经、监板《注疏》正之,转音为息例反也。"③

此处从构字来考皙、晰二义不同,又据石经文字及北监本《毛诗注疏》正经文文字。由此条考证可见顾炎武所谓"读九经自考文始,考文自知音始"④ 的理路。

除了引用顾炎武《诗本音》中的学术成果,朱鹤龄还引用了不少《日知录》中的考证,如《小雅·鹿鸣》"承筐是将",朱鹤龄引顾炎武之说云:

> 顾炎武曰:"君子不亲货贿,束帛笺笺,实诸筐筥,非徒尽饰之道,亦所以远财而养廉耻也。以此坊民,民犹有轻礼重货者。"⑤

顾炎武此说见于《日知录》卷三⑥,另如《诗经通义》中引顾炎武论邶、鄘、卫为三监之地,由《采薇》"小人所腓"考证古代车战之制等,

---

① 参见(明)顾梦麟《诗经说约》卷十三,《续修四库全书》第 60 册,第 507 页。
② (清)马瑞辰:《毛诗传笺通释》卷十八,北京:中华书局,1989,第 555~556 页。
③ (清)朱鹤龄:《诗经通义》卷二,《景印文渊阁四库全书》第 85 册,第 47~48 页。
④ (清)顾炎武:《音学五书·答李子德书》,北京:中华书局,1982,第 8 页。
⑤ (清)朱鹤龄:《诗经通义》卷六,《景印文渊阁四库全书》第 85 册,第 135 页。
⑥ (清)顾炎武著、(清)黄汝成集释《日知录集释》,第 149 页。

均引自《日知录》①。

可见朱鹤龄虽不甚明于古音之学，对顾炎武古音学上的成就亦未深悉，但仍在《诗经通义》中采用顾炎武之说，并吸收了《日知录》中的考证成果，因此这些征引既弥补了朱鹤龄学术上的不足，也充实了《诗经通义》的内容，尤其是考据方面的内容。

（二）《诗经通义》与陈启源

朱鹤龄与陈启源交往甚密，朱鹤龄在给《毛诗稽古编》所写的序中说："余向为《通义》，多与陈子长发商榷而成，深服其援据精博。"② 《诗经通义》中引用陈启源之说亦极多，据江尻彻诚统计，共 198 条。③ 《诗经通义》所引陈启源之说虽出于《毛诗稽古编》一书，但非《毛诗稽古编》之定本，朱鹤龄去世之后，陈启源对《毛诗稽古编》又做了不少修订，他在《毛诗稽古编后叙》中就感叹道："忆初脱稿时，以质于朱子长孺，赖其指摘，得以改正者数十条。今复再易稿，所改正者又数倍于前矣，欲求就正之人，不能起长孺于九原也。辍斤息弦之叹，乌能已已。"④ 可见二人在学术上交流之密切。相比朱鹤龄，陈启源的研究兴趣更集中在考据上，尤其是文字音义方面的考证，故朱鹤龄所引陈启源之说中字义、名物考证等占了绝大部分。如《谷风》"其甘如荠"：

> 荠，注疏不详。何楷曰："《尔雅》荠类不一，此当是荠苨。《本草》陶注云：根茎都似人参，叶小异根，味甜。"陈启源曰："荠名四见于《尔雅》，一薪蒤大荠；一苨蔱，苨，注曰：荠苨；一蒫荠实；一姚茎蒤荠，四者之中，惟蒫荠实注云味甘，邢疏引《本草》云：'荠味甘，叶可作菹及羹。'又引诗'其甘如荠'证之。盖郭、邢之意皆以蒫荠实当诗之荠也。何说虽据《本草》，与《尔雅》不合。又按，

---

① （清）顾炎武著、（清）黄汝成集释《日知录集释》，第 135～136、150～151 页。
② （清）朱鹤龄：《愚庵小集》卷七《毛诗稽古编序》，第 152 页。
③ 江尻徹誠『陳啓源の詩経学：「毛詩稽古編」研究』，67 页。
④ （清）陈启源：《毛诗稽古编》，《孔子文化大全丛书》本，影印张敦仁校清抄本，济南：山东友谊书社，1991，第 1145 页。关于这一点，又可参阅江尻徹誠『陳啓源の詩経学：「毛詩稽古編」研究』、68－70 页。

荠冬生夏死，即《月令》靡草，夏侯湛有《荠赋》。"①

《谷风》之"荼"，毛、郑无训，注疏亦不详，何楷的解释又与《尔雅》不合。陈启源认为对经典的训释以毛传和《尔雅》最古，因此他归纳了《尔雅》中所有对荼的解释，又通过古注，发现唯有蕛荼实味甘，与诗"其甘如荠"相合。

又如《淇奥》"如切如磋，如琢如磨"，朱鹤龄的训释全引陈启源之说：

> 陈启源曰："《尔雅》：骨谓之切，象谓之磋，玉谓之琢，石谓之磨。《毛传》亦用其语，四者各为一义，初无浅深。朱传既切而复磋，既琢而复磨，与古训异矣。"②

陈启源通过分析古训义例，认为《尔雅》、毛传中的切、磋、琢、磨为同义词，特指有别，泛指无别，以驳朱子以切磋琢磨喻为学深浅之非。

再如《芄兰》"佩韘"，朱鹤龄引陈启源之说云：

> 陈启源曰："佩韘，毛以为决，决钩弦也；郑以为沓，沓以沓指，放弦也。朱传两存其解。《说文》与毛同，《礼书》则是郑而非毛、许，《名物疏》则是毛、许而非郑。按，决以象及棘为之；沓亦名极，以韦为之，今韘字从韦，则训沓为近。"③

陈启源从决、沓二者的材质不同，认为韘从韦，而沓亦由韦制成，故当以郑训为是。陈启源还举出毛传、郑笺、《说文》的训释，分析朱传、陈澔《礼记集说》、冯复京《六家诗名物疏》的意见，考证过程十分精密。朱鹤龄在引用陈启源的考证时，一般都没有按语，即认同陈氏的考证。因此朱鹤龄虽不以训诂见长，但他征引了陈启源、顾炎武的成果，因此文字

① （清）朱鹤龄：《诗经通义》卷二，《景印文渊阁四库全书》第85册，第39~40页。
② （清）朱鹤龄：《诗经通义》卷二，《景印文渊阁四库全书》第85册，第55页。
③ （清）朱鹤龄：《诗经通义》卷二，《景印文渊阁四库全书》第85册，第60页。

音义考证成为《诗经通义》的重要内容。

（三）其他吴中学者的影响

《诗经通义》中引用的吴中学者还有顾大韶、王志长、顾梦麟、章梦易等。其中章梦易为朱鹤龄好友，同为吴江人，相交甚契，复社兴盛时，朱鹤龄与章梦易都拒绝参加，可见二人志趣相投。《吴江县志》记章梦易云：

> 章梦易字两生，少工举子业，有盛名，为陈际泰、艾南英辈所称许。中年弃去，潜心经子，晚更喜释氏书。为人能忍饥，不惑于财色，乐救人危，尝脱人于死者三，而不使其人知。年八十余卒。著有《周易筌》《毛诗鸡跖集》《春秋左氏兵法》《楚辞改注》《诗源》《续同里先哲志》等书。①

章梦易在诗经学上多不同意朱子之说，如解《有女同车》诗义，朱鹤龄引章梦易之说云：

> 章梦易曰："此诗只如后人《美女篇》耳，《有女同车》乃二女同车，非己与之同车也。'将翱将翔'，下车而游邀也，'彼美孟姜'，又于同车中指其尤美者，都是体态闲雅，德音则善，其音吐犹子建赋所云吹气如兰也。咏美人而深致，其慕悦之意，诗赋如此者多矣。目以淫奔不亦枉乎。"②

由此可见章梦易解诗之一斑。他以文学观念解诗，别具一格，并且不同意朱子淫奔之说。

王志长，字平仲，昆山人，万历中举于乡，深于经学。③ 其诗经学著作有《毛诗注疏删翼》，《诗经通义》中颇引其说，多为驳朱子之非，亦多从序说，如《终风》诗义，朱鹤龄引王志长之说云：

---

① 《乾隆吴江县志（二）》卷三二，《中国地方志集成·江苏府县志辑》第 20 册，第 132 页。
② （清）朱鹤龄：《诗经通义》卷三，《景印文渊阁四库全书》第 85 册，第 79 页。
③ 《明史》卷二八八《王志坚传》后附，第 7402 页。

王志长曰:"朱子《辨说》谓州吁无谴浪笑傲之理,故《集传》以终风之暴改属庄公。然州吁狂暴且至于弑君,而何有于笑傲其国母哉?按《左传》州吁嬖人之子,有宠而好兵,庄姜恶之。或疑庄姜既恶州吁,不应有'悠悠我思'及'愿言则嚏'、'愿言则怀'等语,是不然。恶之者,以其有夺嫡之势;思之者,不能绝母子之情。仍以序说为正。"①

此为王志长不同意朱说,而认同序说。又如《载驱》,朱鹤龄引王志长之说云:

王志长曰:"曰岂弟、曰翱翔,则徜徉自得,并惭沮之意而无之;曰行人彭彭、曰行人儦儦,则禽兽之事公然与众人征逐为之矣,序所云播其恶于万民也。"②

此为朱鹤龄借王志长之说申述传义,可见王志长的诗经学多从序说。顾大韶的诗经学前章已有介绍,朱鹤龄在《诗经通义》中亦有引用。③

从以上所举可以发现,训诂考据之学的传播已经影响到当时的学术撰述,尤其考订经文文字、字义等方面深深影响到朱鹤龄的《诗经通义》。

综合上文所述,可知朱鹤龄的学术取向多近于宋学,他尊从古序,一方面是当时学风之趋势所致,另一方面也是从程颐、吕祖谦、黄震、王应麟、严粲、马端临等宋元学者中来,可见尊古与宋学并不冲突。在《诗经》诠释上,朱鹤龄也多兼采众说,力求折中,对朱子之说也有不少曲护和赞同之处,但因朱子《诗》学与诗序存在本质上的矛盾,故朱鹤龄欲尊主诗序,驳朱在所难免。

《诗经通义》中还大量吸收了明末清初学者的诗经学成果,如郝敬、何楷、王志长、顾大韶、赵宧光以及朱鹤龄的友人顾炎武、陈启源、章梦易等,从中可以看到尊主诗序已经成为诗经学主流,考证方法也进一步得到

① (清)朱鹤龄:《诗经通义》卷二,《景印文渊阁四库全书》第85册,第35页。
② (清)朱鹤龄:《诗经通义》卷三,《景印文渊阁四库全书》第85册,第92页。
③ (清)朱鹤龄:《诗经通义》卷六,《景印文渊阁四库全书》第85册,第150页。

运用。顾炎武对朱鹤龄的经学研究有着指导性的影响，除了《诗经通义》，朱鹤龄的其他著作中也能看到顾炎武的影响。如朱鹤龄在《禹贡长笺序》中写道：

> 赋税河渠，自神禹至今三千余年之利害得失，约略如指掌。以至山川都会、地理水利之属，凡经文所有者，无不博考而详辨焉。斯固经国之先资，救时之良砭也。①

这种重视地理沿革的考证、经世救时的态度与顾炎武非常相近。而顾、朱二氏的考据学实多来自宋学，如朱熹、黄震、王应麟等人的考据成就以及元代的程朱学者。这也是《诗经通义》多从黄震、王应麟、马端临等人之说，而对程颐、朱熹、吕祖谦等宋儒颇为尊敬之原因。朱鹤龄又尝说道：

> 若欲从事圣经，成一家之学，必如黄楚望所云：先以经证经，次引他经证，又次以经证传，又次以传证经，展转相证，更复出入群书。②

可见这种以经证经、以经证传、辗转相证的方法来自宋元学者。黄楚望即黄泽，元大德、至正年间学者，史传称他治经必行古注疏，于名物度数考核精审，而义理一宗程朱。③ 从朱鹤龄的研究我们可以发现，清代考据学的渊源有一部分来自宋代学术传统。

第三节　陈启源《毛诗稽古编》与清代汉学的发端

通过前文所论可知，受明末以来复古尊经风气影响，诗经学也开始注意到汉唐注疏传统。当时学者对宋人的《诗》说固然不满，对汉人的训诂也多不以为然。他们尊主诗序是因为序首句渊源甚古，故从郝敬开始，强调要从经文和诗序来讨论诗义，冯复京、何楷等人又发现汉人训诂虽有琐碎之

---

① （清）朱鹤龄：《愚庵小集》卷七《禹贡长笺序》，第 135 页。
② （清）朱鹤龄：《愚庵小集》卷七《读左日钞序》，第 148～149 页。
③ 《元史》卷一八九《黄泽传》，第 4322～4325 页。

弊，但较宋人近古，而孔疏意在发明毛传，故有不少可取之处。尽管赵宧光已提出唯汉是从，顾大韶提出宗主毛传，但总体来说，对毛、郑的认识尚不深入，如钱澄之、朱鹤龄等更多的是宋学的背景，朱鹤龄甚至称："毛传复称简略，无所发明。郑康成以三礼之学笺诗，或牵经以配序，或泥序以传经，或赘词曲说，以增乎经与序所未有，支离胶固，举诗人言前之指、言外之意而尽汩乱之。"① 陈启源首先标举汉学，并通过梳理、诠释和分析毛传、郑笺，详细考证训诂上的异同是非，可以说开启了清代汉学的先河。

一　陈启源生平与学术背景

陈启源与朱鹤龄同为吴江人，但与朱鹤龄享有盛名不同，陈启源生平不显，交游也不像朱鹤龄一样广泛，其传记亦多附于朱鹤龄后，往往数行而已。乾隆间官修《震泽县志》② 对陈启源有较详细的记载：

> 陈启源，字长发，邑诸生。性严峻，少许可，不乐与外人交，惟读书嗜而不倦，手披目览，终日坐兀如也。工于诗，顾有孝尝称之。晚岁研精经学，毛诗尤所致意，著《毛诗稽古编》三十卷，大指以小序为宗，其训释句字则采择汉唐宋诸儒之说，至于数典辨物，咸极精博。同邑朱鹤龄、张尚瑗序其书，皆以为可传。又有《尚书辨略》二卷、《读书偶笔》二卷、《存耕堂诗稿》四卷。③

从《震泽县志》所载可知陈启源尚有《尚书辨略》、《读书偶笔》和《存耕堂诗稿》等著作，这些著作均存佚不明。盖因陈启源"性严峻，少许可，不乐与外人交"，故其生平行止少有人知，与其交往最为密切者即朱鹤龄。陈启源自谓：

> 惟朱子长孺慨然以穷经自任，而与余游处最密。持论又多与余同，

---

① （清）朱鹤龄：《愚庵小集》卷七《毛诗通义序》，第 131～132 页。
② 雍正四年，由吴江县中分出震泽县，故陈启源入《震泽县志》。参见《乾隆震泽县志》，《中国地方志集成·江苏府县志辑》第 23 册，南京：江苏古籍出版社，第 1 页。
③ 《乾隆震泽县志》卷十九，《中国地方志集成·江苏府县志辑》第 23 册，第 184 页。

故所著《周易广义》《尚书坤传》《毛诗通义》《读左日抄》等书，并以示余，共为论定。

陈启源不仅与朱鹤龄往来密切，对朱鹤龄的经学研究也有不少助益和影响。陈启源还与毛奇龄相交，毛奇龄所作《吴江陈启源贻诗赋酬》诗云：

> 十年道路愧冥鸿，长向吴江听落枫。
> 画舫未逢三若下，高门只对五湖东。
> 冠时著作超承祚，满地兵戈忆子公。
> 何幸新诗能远寄，光芒百丈俨乘虹。[①]

承祚当是陈寿（字承祚），子公当是西汉陈汤（字子公），曾率军出击匈奴，攻杀郅支单于[②]。二人皆为陈启源同姓者。毛奇龄赞陈启源著作可超陈寿，又誉其诗作"光芒百丈"，足见毛奇龄对陈启源的钦服之意。

陈启源颇受明末学术风气的影响，明末学者多好谈佛理，陈启源亦不例外。例如，《毛诗稽古编》解《简兮》"西方美人"，即以之为西方释尊。[③] 又由《周颂·潜》诗论捕鱼之器，进而论云："俗敝民讹，机巧日滋，肆为不仁之器，残害水族，是可慨也。吾邑多水民，恃捕鱼为恒业，渔者既长子孙于中，而邑人亦赖以充口腹，广杀物命，恬不知怪，非大觉缘果之文，岂能救之哉！"[④] 然在经解中论佛理，终属不伦，故《四库全书总目》批评道："至于附录中西方美人一条，牵及杂说，盛称佛教东流始于周代，至谓孔子抑三王、卑五帝、藐三皇，独归圣于西方；捕鱼诸器一条，称广杀物命，恬不知怪，非大觉缘果之文莫能救之，至谓庖牺必不作纲罟，是则于经义之外，横滋异学。非惟宋儒无此说，即汉儒亦当有是论哉。白璧之瑕，固不必为之曲讳矣。"[⑤] 此外，朱鹤龄的《李义山诗集注》注释李

---

① （清）毛奇龄：《西河集》卷一七九，《景印文渊阁四库全书》第1321册，台北：台湾商务印书馆，1983，第836页。
② 《汉书》卷七十，北京：中华书局，1962，第3007~3028页。
③ （清）陈启源：《毛诗稽古编》，第1078~1080页。
④ （清）陈启源：《毛诗稽古编》，第1137页。
⑤ （清）永瑢等：《四库全书总目》，第132页。

商隐《题僧壁》"大去便应欺粟颗"句，引陈启源之说云："佛偈一粒粟中藏世界，即此句义。"① 亦可见陈启源极悉佛理。

明末以来学者尊经复古之风尤其是对声音文字之学的兴趣直接影响到陈启源《毛诗稽古编》对汉人之学的发现与系统研究。前文已略言及明末以吴中为中心的复古潮流，而吴江又居吴地中心，具有地利和商业之便。乾隆间，吴江学者沈彤《吴江县志》写道："吴江之地，乃太湖之委、三江之始、江浙之咽喉也。……为南北之枢纽，形如长练，而以城为锁，羽檄旌旄，农民商旅，水陆交驰，巨镇四五，星分棋布。"② 又写道："自明初至我朝三百余年间，民物滋丰，工商辐辏。"③ 又述由地利、商业带来的明末清初学术繁荣及取向云：

> 嘉、隆以来，吾邑科名之盛甲于三吴，弦诵之声达于下里，自缙绅以至逢掖，类多重名节、持清议。崇祯初，复社之创，继迹东林，至于奔走天下，倾动当宁，虽不免党援标榜之习，而士之卓然能以忠义相摩切者，实出其中。故明亡而向有闻望者，多遁迹林泉，不求仕进，清风亮节，指不胜屈。国初踵为慎交同声，诸社阐扬文艺，郁郁彬彬，亦极一时之盛，今之士子闻风兴起，犹知以伦常为人品，经史为学问，诗赋古文、先正制义为辞章，盖非得于师友之渊源，即得于家庭之传习，以视夫渐染时尚、徒拾青紫、月异而岁不同者，固有间矣。④

明末学术趋向复古，崇尚博学，且有炫奇好古之特质，而这在吴江地区尤为显著。当时学者好古文奇字，字学因此而兴，其表现之一即刻书好以楷体写篆书。⑤ 赵宧光的《说文长笺》即如此，其刻本采用《说文》小

---

① （清）朱鹤龄注、（清）程梦星重订《重订李义山诗集笺注》卷上，日本早稻田大学藏乾隆八年东柯草堂校刊本，页四。
② （清）沈彤：《吴江县志》卷一，国家图书馆藏民国石印本，页五。
③ （清）沈彤：《吴江县志》卷四，页十五。
④ （清）沈彤：《吴江县志》卷三八，页一至二。
⑤ 参见白谦慎《傅山的世界：17 世纪中国书法的嬗变》，北京：生活·读书·新知三联书店，2012，第 72~75 页。

篆楷化字体，并在一些难以辨识的字下注明"俗某""俗作某"。陈启源显然受到这种风气的影响，他的《毛诗稽古编》最后写定之本就是用《说文》小篆书写，之后其弟子赵嘉稷抄录一本，将小篆楷化，今所见《毛诗稽古编》清抄本与嘉庆二十年刻本均保留了这种风格。① 这样的风气体现了明末清初学者对《说文》一书的极大兴趣，提高了学者对文字训诂之学的重视，赵宧光在提出为学当以汉为是、唯汉必从的理念外，还提出明经必先解字的观念，例如他在《说文长笺》及《六书长笺》里反复强调：

> 明经必先解字，解字必先《说文》。
> 引经明字，引字明经，此二者不特《说文》之大用，实为学者急务也。②

> 毋论经传，即凡内外大小百家之学，并不出乎语言文字。文字不能逃于六书。六书之义简而易明，后世此道不彰，义学掩之，士子求义事师，翻成终昧倒置乃尔。悲夫，欲明经，先诵字，于是揭六书而表彰之。③

从这里能看到顾炎武"读九经自考文始"的渊源，陈启源也说："读书须识字，读古人书尤须识古人字。古今之字，音形多异，义训亦殊，执今世字训解古人书，譬犹操蛮粤乡音译中州华语，必不合也。夫字形之异，则古文大小篆，犹存于《说文解字》及钟鼎之铭，而唐李阳冰、徐铉及弟锴尝辨之矣。"④ 虽然陈启源与赵宧光一样，所用的《说文解字》其实是《五音韵谱》，但相比于赵宧光，陈启源的古今观念和地理分隔意识更为明晰。这又得益于陈启源的古音学理念，陈启源广泛吸取了明代杨慎、陈第等人的古音学成就，较之朱鹤龄，他对古音显然更为了解。他在《毛诗稽

---

① 江尻徹誠『陳啓源の詩経学：「毛詩稽古編」研究』、24－25页。
② （明）赵宧光：《说文长笺》，《四库全书存目丛书》经部第195册，第96、107页。
③ （明）赵宧光：《六书长笺》，《四库全书存目丛书》经部第197册，影印中国科学院图书馆藏明崇祯四年赵均小宛堂刻本，济南：齐鲁书社，1997，第1页。
④ （清）陈启源：《毛诗稽古编》，第903页。

古编》中写道："字音之异，则宋吴棫《韵补》一书，紫阳用以协诗。而近世杨慎之《古音略》、陈第之《古音考》又推演其所未备矣。"① 又云："窃意人之喉舌唇齿，因地气而殊，亦随天时而变。"② 与陈第"时有古今，地有南北，字有更革，音有转移，亦势所必至"之观念十分相近。正是从声音文字之学入手，陈启源发现汉人训诂尤其是毛传的贡献，因此他在清代学术史上首先揭橥毛传之成就，分析毛传义例，并对比各家训释、文字异同，考证经文，不论在训诂上还是校勘上，抑或在对毛传的发明上，都取得了令人瞩目的成就。

二　首标毛传之学：寻绎毛传以考经文

陈启源撰《毛诗稽古编》前后耗费十四年时间，三易其稿，康熙二十六年（1687）撰成定稿。③ 朱鹤龄在《毛诗稽古编序》中说道："经学之荒也，荒于执一先生之言而不求其是，苟求其是，必自信古始。"④ 道出《毛诗稽古编》的宗旨。而陈启源所信之古，就是汉儒之学，他说："汉，《诗》有鲁故，韩故，齐后氏、孙氏故，毛故训传；《书》有大小夏侯解故。故者，古也，合于古，所以合于经也。"又说："诸经注疏，惟毛诗叙、传最古，拟首从事焉。"⑤ 陈启源认为汉儒之学合于古，合于古所以合于经，而流传下来的诸经注疏中《毛诗序》和《毛诗故训传》最古，因此他的《毛诗稽古编》"篇义一准诸小序，而诠释经旨，则一准诸毛传，而郑

---

① （清）陈启源：《毛诗稽古编》，第 903 页。

② （清）陈启源：《毛诗稽古编》，第 943 页。

③ （清）陈启源：《毛诗稽古编》，第 1145 页。关于《毛诗稽古编》一书之研究，较早有郭明华的《毛诗稽古编研究》（硕士学位论文，台湾东吴大学，1992）。后来研究成果渐多，洪文婷《陈启源〈毛诗稽古编〉研究》（博士学位论文，台湾中大，2007）从《毛诗稽古编》的成书背景、解经立场与原则、文字形音义观念、赋比兴说、知人论世说、以意逆志说等各方面，以经学角度对《毛诗稽古编》展开考察。江尻彻诚《陈启源的诗经学：〈毛诗稽古编〉研究》则首先关注到《毛诗稽古编》抄本的流传、抄本与刻本间的异同，并从清代诗经学史的角度，梳理了陈启源和朱鹤龄学术异同、陈启源的《诗经》诠释方法、诗序观及与其他学者之异同、赋比兴观等内容。蔺文龙《陈启源对清代诗经考据学的贡献》（《宜春学院学报》2013 年第 8 期），从稽古思想、考证方法和治学态度三个方面探讨了陈启源的贡献。

④ （清）朱鹤龄：《愚庵小集》卷七《毛诗稽古编序》，第 152 页。

⑤ （清）陈启源：《毛诗稽古编》，第 23 页。

笺佐之"。① 这其中尤为重视毛传，视毛传为判断经文、经义是非的权威和标准。②

陈启源首先认为，古人释经由师传授受，不专据经本，诸儒传写、师读并不一致，因此经文出现大量异文。陈启源由此提出经书文字与词义未必相符，若考求本字本义，必须回归汉人师法。师法虽然不存，但是毛传犹在，因此毛传是考订经文、解释词义的关键。陈启源在《毛诗稽古编·叙例》中写道：

> 原古人释经，多由师授，不专据经本。况诗得于讽诵，非竹帛所书，确有画一。诸儒传写、师读各分，经文亦互异，故字与义有不必相符者，非得师授，岂能辨其孰是哉。今师授虽绝，而传义尚在，寻绎传义以考经文，其异同犹可证也。③

陈启源提出"寻绎传义以考经文"，也就是以毛传来考订经文之是非。这在学术史上极为重要。此前，学者虽已关注到汉儒之学，但相对毛传，更重视诗序，如郝敬就认为："笺不如传，传不如序，毛公补序又不如序首一语。"④ 前文亦尝论及，明末学者多批评宋人《诗》学凿空，但也认为汉儒训诂琐碎支离。李维桢认为郝敬"病汉儒之解经详于博物，而失之诬；宋儒之解经详于说意，而失之凿，乃自为解"。⑤ 又如张师绎虽认识到"训传莫汉为盛"，但依然认为"有分章截句之学，得诗之体节矣，予厌其支而不贯也。有句笺字故之学，得诗之绪末矣，予惜其琐而不宏矣"。⑥ 包括朱鹤龄在内的学者批评毛传简略，无所发明，郑笺支离胶固等。因此，明末清初，虽然学者有标举汉学的意识，但具体的研究并不深入。赵宧光的

① （清）永瑢等：《四库全书总目》，第 132 页。
② 陈启源亦十分重视诗序，见其《毛诗稽古编·举要》"小序"条，第 841～846 页。但陈启源《毛诗稽古编》的考证实从毛传入手，关于《毛诗稽古编》之诗序观，前人亦已详论之，故本文从略。
③ （清）陈启源：《毛诗稽古编》，第 23～24 页。另，"寻绎传义"，清经解本《毛诗稽古编》作"寻释传义"，见《清经解》第 1 册，上海：上海书店出版社，1988，第 345 页。
④ （明）郝敬：《毛诗原解》，《四库全书存目丛书》经部第 62 册，第 139 页。
⑤ （清）朱彝尊：《经义考》第 7 册，第 511 页。
⑥ （明）张师绎：《月鹿堂文集》卷一，《四库未收书辑刊》第 6 辑第 30 册，第 17 页。

《说文长笺》是第一部系统研究汉人之学的著作，但其著作中错误极多，古今观念不明，考据方法和体例也不一致。因此在陈启源之前，学者对于"汉学"只有一个笼统的认识。

在这样的背景下，陈启源首先标举毛传，立意明豁，旨趣与同时期多数学者大不相同。陈启源认为毛传其来有自，渊源最古。毛传的内容往往与经传相合，在文字训诂方面也多有所承，所谓"率宗《尔雅》"①。陈启源在《毛诗稽古编·考异》"《尔雅》毛传异同"条中写道：

> 《尔雅》与《诂训传》皆诗说之最古者也。《尔雅》始于周公，而子夏之徒述而成之；《诂训传》作于大毛公，而渊源实出于子夏。故此二书之释诗往往相合。然其中亦不无小异，或诗之所有而《雅》无文，或《雅》之所释而毛无《传》，或《雅》、《传》并有训释，而义趣迥不相谋，窃尝推其故：二书皆出子夏，而弟子各述其师说，则不尽同。传《尔雅》之学者，虽稍增益其文，而未必取资于诗传。毛公之传诗，亦自述其师说，著之于书，而未尝规摹于《尔雅》。是其同者由于所出同而，非谋袭；其异者由于述者之殊，而非有意于立异也。②

陈启源认为《尔雅》始于周公，《释诂》为周公所作，《释训》以下为子夏、子贡等孔子后学述而成之；③ 毛传作于大毛公，而渊源亦出自子夏。是故二者渊源相同，在训诂上可互相参考，二者之异在于传者各述其师说而已。因此依据毛传，再参考《尔雅》，循此理路自然能知训诂之根本。

陈启源"寻绎传义以考经文"至少包括三个方面的内容：一是通过寻绎毛传的训诂来校勘经文文字，二是明毛传破假借、读本字之法，三是分析毛传义例。

首先，陈启源通过寻绎毛传的训诂，对比毛传与《尔雅》、郑笺等的异同，再详引历代训释，来校勘经文。后来段玉裁撰写《诗经小学》《说文解字注》以及为阮元校勘《毛诗正义》时也广泛使用这种方法。如《汝

---

① （清）陈启源：《毛诗稽古编》，第 24 页。
② （清）陈启源：《毛诗稽古编》，第 859～860 页。
③ 参见（清）陈启源《毛诗稽古编》，第 904 页。

坟》之"坟"或说当作"濆"，陈启源曰：

> 《尔雅》："汝为坟"，郭注引《诗·汝坟》证之，宋董逌据此谓《诗》"坟"字当作"濆"，晋世《诗》本犹为"濆"也。此谬矣。观毛传训"坟"为大防，则汉世已作"坟"，从土旁矣，与今本正同，不应晋世偏从水。①

此从毛传训"坟"为大防，正坟当从土为是，不应从水。

又如《甘棠》"召伯所茇"之"茇"，陈启源考证道：

> 茇，《说文》训草根，而废字训舍，引诗"召伯所废"。今诗皆作茇。毛云："草舍也"，孔疏引《周礼》茇舍注草止释之。废云舍，义稍别而同归矣。又《左传》反首拔舍僖十五年，杜注云："拔草舍止。"殆因茇、拔文异，故不直云草止乎。三书各一，字义实相通，此诗则当以废字为正。②

陈启源根据《说文》，考证茇、废二字意义稍别，《说文》"茇"训草根，故引申又训为草舍，"废"则专训为"舍"。故认为"召伯所茇"当以"废"为正。

又如考证《终风》"愿言则嚏"之"嚏"云：

> 嚏字，《释文》作疐。案，作疐是也。毛传云："疐，跲也。"毛不破字，若有口旁，不应从跲训矣，是毛公传诗时本作疐也。郑笺云："疐读为不敢嚏咳之嚏。"若本来有口旁，郑何须破字乎，是郑氏笺诗时犹作疐也。自郑有道我之解，后儒喜纤巧近俗，多从其说。然陆本作疐，是唐时经文尚未尽改。其径改为嚏，不知始于何时矣。余谓《传》义得之，毛训疐为跲，疐当为竹利反，与《狼跋》篇"疐尾"

---

① （清）陈启源：《毛诗稽古编》，第50页。
② （清）陈启源：《毛诗稽古编》，第63~64页。

之疐同，是碍而不行之义。此言徒思不能行之也……又崔灵恩《集注》所载毛传，疐踬作疐欼，崔云："欼，今俗人云欠欠欼欼是也。人体倦则欠，意倦则欼，音丘据反。"《玉篇》云："欼，欠张口也。"余谓人多思之极，辄至困倦，崔义优矣。①

这条考证仍从分析毛传、郑笺义例入手，认为"疐"字毛传训为踬，即跌倒之义，而非为喷嚏义，又根据崔灵恩《集注毛诗》，认为此诗"嚏"字当根据《经典释文》作"疐"。

其次，在校勘文字的过程中，陈启源通过对比《尔雅》、毛传异同，了解毛传释词义例，发现毛传的训释多破假借、读本字，加上他的考证理念十分先进、考证方法较为精密，因此常常能够提示出字之本义。由此他的很多考证破除了长久以来望文生义的弊病，对于字义的考证和假借的训解有很多精妙的解释，如释《关雎》"左右芼之"之"芼"曰：

传以芼为择，与《尔雅》异义。《尔雅》云："芼，搴也。"孙炎注云："皆择菜也。"某氏云："搴，犹拔也。"郭璞云："拔取菜也。"某、郭专释《雅》文，孙则旁顾诗传。然以择释搴，于义离矣。孔疏引其文，又申之曰："拔菜而择之。"盖欲通两义为一。但拔与择原各一事，合之终属武断，非确解也。源谓《诗》《雅》两芼字文同而义异，毛就《诗》释《诗》，不必援《雅》为据矣。案，诗芼字亦作覒，《说文》云："覒，择也。"《玉篇》亦训择，因引《诗》"左右覒之"。《诗》字多借用，芼乃覒之借耳。毛云择者，本训覒，不训芼。②

陈启源认为毛传训"芼"为择，《尔雅》训"芼"为搴，根本原因在于"左右芼之"之"芼"并非《尔雅》训"搴"之"芼"，而是"覒"之假借，《说文》"覒"即训"择"。孙炎和孔疏都没有厘清这一层，故欲通二说，而失其本义。由此陈启源进一步断毛传训"择"是在解释"覒"

---

① （清）陈启源：《毛诗稽古编》，第 95～96 页。
② （清）陈启源：《毛诗稽古编》，第 36～37 页。

字，即经文本字当为"現"。后来马瑞辰《毛诗传笺通释》全同此说①。

再如释《小星》"寔命不同"之"寔"，陈启源曰：

> 毛云："寔，是也。"观《书》"是能容之"，《戴记》引《书》是
> 作寔。《春秋·桓六年》"寔来"，《公羊传》云"是来"，可见毛义允
> 当。朱传以为与实同，恐非诗旨。案《说文》："寔，止也，实富也。"
> 今寔音殖，入十三职韵；实读如石，入四质韵，二字音义各别。自杜
> 注"寔来"训寔为实，后儒相沿，溷为一字，朱传殆仍其误。②

陈启源对比经传异文，再考察《说文》之训，最后以"寔"与"实"
音读各异，考证出二字本义各别，不能混为一谈。并指出后世以"寔"训
"实"，始于《左传》杜预注。追本溯源，结论可信。

又如释《燕燕》之"塞渊"：

> 卫诗两言塞渊，邶"其心塞渊"，传云："塞，瘗也。"郑无笺，意
> 同毛矣。鄘"秉心塞渊"，笺云："塞，充实也。"毛无传，以邶传例之
> 意，未必同郑也。孔疏于二诗皆以塞为诚实，岂谓瘗与充实同义乎？案，
> 《释诂》："瘗，微也。"《释言》："瘗，幽也。"《说文》："瘗，幽薶也。"
> 幽微之义，与充实不同，孔氏一之，误矣。又案，邶传瘗字，崔《集
> 注》本作实，孔谓塞实乃俗本，是明知实非毛义矣，而申传用之，不解
> 其故。又，《书》"温恭允塞"，疏引诗毛传训塞为实，是又据崔本为正。
> 两疏皆出孔氏，而彼此互异，岂各因旧文邪？又案，《说文》有瘱字，
> 云"静也"，静与幽微义近，《雅》《传》瘗字是瘱之借。③

陈启源考察《邶风·燕燕》和《鄘风·定之方中》中两处"塞渊"，
毛传一训为"瘗"，一无训，按毛传体例，当是《定之方中》"秉心塞渊"
亦训为"瘗"，故不复出传。而郑笺于《燕燕》同传，于《定之方中》则

---

①　参见（清）马瑞辰《毛诗传笺通释》，第 33 页。

②　（清）陈启源：《毛诗稽古编》，第 70～71 页。

③　（清）陈启源：《毛诗稽古编》，第 90 页。

训为"充实",与毛传不同。陈启源又考《尔雅·释诂》《释言》《说文》，"瘗"均有幽微之义，与充实之义不同。又考《说文》"瘗"训"静"，与幽微义相近，故再根据词义判断，认为《尔雅》、毛传中的"瘗"乃"瘗"之假借，故毛传训"塞，瘗也"，当为幽微之义，而非充实之义。这样看，"塞渊"一词当是同义并列副词，塞为幽静之义，渊亦有幽深、幽微之义，较之旧说充实之义更为合理。陈启源通过考证毛传与《尔雅》、《说文》、郑笺、孔疏以及崔灵恩《集注毛诗》中的训释和文字异同，破文字假借，又得出各字的本义。这些都是以毛传为"中轴"，再反复寻绎而得出的结论。

最后，陈启源对毛传的训释体例十分明悉，故能发明毛传义例，其中最大的贡献当属指出毛传"以补为释"的体例。他在解释《七月》"一之日于貉"的时候考证道：

> "一之日于貉，取彼狐狸，为公子裘"，谓取此三兽皮为裘耳。《集传》乃云："貉，狐狸也。于貉，犹言于耜，谓往取狐狸也。"竟以貉为狐狸之总名，而合二句所指为一事，失之矣。推其故，殆因读毛传而失其句读也。毛传云："于貉谓取狐狸皮也。"传语简贵，读者多误。传"于貉"二字当读，"谓取"二字当句。于，往也，经言往，不言取，故传补言取。传"狐狸"二字当读，"皮也"二字当句，经言狐狸，不言皮，故传补言皮。皆以补为释也。且狐狸言皮，则貉之为皮可知，义又互相备也。康成善会毛意，故不更解，但分别用裘之不同。笺云："于貉，往搏貉以自为裘，狐狸以共尊者。"是也。仲达误读"谓取狐狸皮"为一句，故其申毛词多牵合，幸不失经意耳。朱子因误读传，并误释经矣。①

陈启源据《尔雅》，认为"一之日于貉"之"貉"本作"貈"，"貉"为"貈"之假借。②故上引此条训解均用本字。毛传释《七月》此句，旧

---

① （清）陈启源：《毛诗稽古编》，第 274～275 页。
② 陈启源此说，后段玉裁亦同之。参见段玉裁《说文解字注》，上海：上海古籍出版社，1988，第 458 页。

读为"于貉，谓取狐狸皮也。"至陈启源才改正此读之误，认为当作："于貉，谓取。狐狸，皮也。"陈启源进一步解释此为毛传"以补为释"之例。"以补为释"指补充经文未言之事来加以说解。《诗经》的文辞为了句式的整饬与音韵的和谐多有省略，如这里的"一之日于貉"，未言"于貉"何为，故毛传解释为"谓取"；"取彼狐狸"，未言取狐狸之何物，故毛传解释为"皮也"。二句上下互文，"谓取"和"皮也"意即"取皮也"，这是陈启源最大的发现。① 他详细说明了汉人释经的体例和方法，破前人之误读与疏失。

又如《生民》"鸟覆翼之"，陈启源考证说：

> 传文质略，然实简而尽。如"鸟覆翼之"，传云："大鸟来，一翼覆之，一翼藉之。"上补出翼字，下补出藉字，经意晓然矣。覆、翼两字，诗本互文相备，故传即以补为释也。②

"覆翼"是同义并列副词，指两个动作："覆"指用翅膀覆盖，"翼"指用翅膀捧住，显示出鸟类都在呵护照顾后稷。但诗文简略，故毛传补足言之。陈启源指出毛传"一翼覆之"是在解释"覆"，补出翼字，乃说明用羽翼覆之；"一翼藉之"是在解释"翼"，而补出"藉"义，"藉"，承藉也。陈氏又进一步指出诗句"覆翼"本是互文，故毛传用"翼覆"和"翼藉"来解释，分别补足诗义，即所谓"以补为释"。从以上两个例子可知陈启源特别能注意到毛传"传文质略，然实简而尽"的特色，虽然毛传简明，但是在解释经文上已非常充分。陈启源从分析毛传训诂义例入手，故能有许多创发。

此外，陈启源在寻绎毛传的过程中也常指出毛传的疏失。如《衡门》之"可以乐饥"，毛传释为"可以乐道忘饥"，陈启源认为这个解释不如郑笺：

---

① 后马瑞辰即用此说，参见（清）马瑞辰《毛诗传笺通释》，第 459 页。
② （清）陈启源：《毛诗稽古编》，第 626～627 页。

"泌之洋洋，可以乐饥。"传云："泌，泉水也。洋洋，广大也。乐饥，可以乐道忘饥。"广大正自泉水言耳，盖波流壮阔至寂寞也。然可以乐道忘饥，与上"衡门虽陋，而可游息"，两喻本一意，孔氏申毛，乃以泉水涓流，渐至广大，喻人君进德，亦积小成大，则乐饥语意迂回。况首章二兴，文义参差，殆非传意。又乐饥，郑本作瘵疗同，义更明捷。①

陈启源通过梳理毛传对诗文上下章的解释，认为以"乐道忘饥"来解释"乐饥"，与上章语意重复，而孔疏的申说又过于迂远，因此不如郑笺的解释简明。郑笺读乐为"瘵"，陈启源自注为"疗同"，显然他认为乐为"瘵"之假借，"瘵"即治疗之意，正是因为他精通声音假借之理，才能揭示毛传、孔疏的望文生训。

从以上所论，我们可以看到陈启源"寻绎传义以考经文"的理路，一方面，他通过考察毛传的训诂，破其假借，考订经文本字；另一方面，他通过分析毛传的义例，认为毛传虽然简明，但自有其训释体例，明其体例，才能穷尽其义。在方法上，陈启源参考《尔雅》、《说文》、郑笺等的训诂，分析、对比经传以及三家诗、《经典释文》、石经等材料中的异文，反复考证。他对于所用材料的时代层次也颇为明晰，对文字音义规律也十分了解。他在《毛诗稽古编·叙例》中写道：

引据之书，以经传为主，而两汉诸儒文语次之，以汉世近古也。魏晋六朝及唐人又次之，以去古稍远也。宋元迄今，去古益远，又多凿空之论、讹托之书，非所取信。然其援据详明，议论典确，鄙见赖以触发者，亦百有一二焉。②

陈启源在《毛诗稽古编》卷二十六至卷二十九详列"考异""正字""辨物""数典""稽疑"诸门，专考声音、文字、训诂异同以及名物、典

---

① （清）陈启源：《毛诗稽古编》，第249～250页。
② （清）陈启源：《毛诗稽古编》，第26页。

实等，因此他的不少思路和结论较为可信，并足以启发后人。陈启源从寻绎毛传入手，详考训诂、文字异同，并通过这种语言考据（或称小学考据）的方法，进而考证名物、地理、制度、史实及诗义。比如《甘棠》之"蔽芾"，陈启源考证道：

> 毛传云："蔽芾，小皃。"吕氏引宋范氏云："盛也。"两义相反。案，《说文》蔽字注云："蔽蔽，小艸也。"《易·丰卦》释文引《子夏传》云："芾，小也。"《尔雅·释言》亦云："芾，小也。"然则蔽芾皆为小义，诗合此二字，其当训小无疑。毛义不易矣。又芾字本作"市"，《玉篇》云："蔽市，小皃。"此又祖毛说。又案，甘棠即杜也见《尔雅》，谓之杜梨郭注，亦名棠梨陆疏，《唐风》两杕杜，皆咏其特生，一言枝叶稀疏，一言阴凉寡薄，俱与小义相近。晋孙楚《杕杜赋》云："华叶疏悴，靡休阴之茂荣。"今棠梨实非大树，合此赋语矣。范以为盛，岂其然乎！①

陈启源首先根据毛传、《说文》、《经典释文》引古注、《尔雅》，断定蔽芾只有"小"之义，不当训为"盛"。又通过词义，考证甘棠即杜梨、棠梨、杕杜，并且均非大树。又如《静女》一诗，陈启源考"彤管"并及古代之笔云：

> 《静女》诗"彤管"，毛传以为女史记事所执，而宋儒疑之。李氏言：针有管，乐器亦有管，古未有笔，不称管也。《解颐新语》亦谓：笔始于秦，古以刀为笔，不用毫，毛安得有管。此皆谬说。夫笔之来古矣，《尔雅》云："不律之谓笔。"曲礼云："史载笔。"《庄子》云："宋元君将画图，众史舐笔和墨。"《太公阴谋》载武王笔铭云："毫毛茂茂。"此皆三代文典也，已著有笔名，可谓古无笔乎，可谓古笔用刀不用毫毛乎？笔不始于秦明矣。又董仲舒答牛亨问曰："蒙恬所造即秦笔耳，以枯木为管，鹿毛为柱，羊毛为被，所谓苍毫，非兔毫竹管

---

① （清）陈启源：《毛诗稽古编》，第62页。

也。"又问:"彤管何也?"答曰:"彤者,赤漆耳。史官载笔,故以彤管,用赤心记事也。夫有笔之理,与《书》俱生,具《尚书中候》云:龟负图,周公援笔写之。其来尚矣。"案董仲舒答牛亨问,汉短书名也。王充《论衡》云:"二尺四寸,圣人文语,汉事未见,于经谓之尺籍短书。"张华《博物记》、崔豹《古今注》皆载其语。仲舒去古未远,所闻必有据。又武帝时毛诗未行,而仲舒之论彤管与训诂传相合,不足为确证乎?至谓恬造秦笔非今笔,而《古今注》又言秦吞六国,灭前代之美,故蒙恬得称于时,此皆笃论也。《集传》曰:"彤管未详何物。"殆惑于后儒之说。又案,董谓兔毫竹管非秦笔,而韩愈《毛颖传》有吐生管城之语。文人谩戏,非经考据,不足置辩也。①

陈启源考证古代经典中有关笔的记载,又有笔以管为之,以破宋儒之疑。他不仅考证出笔之来源甚古,而且又借以说明了诗中"彤管"之义。从中可见,陈启源是以毛传为基本的参照和权威,先考证本字本义,再由此考诗义、名物等内容,可以说是后世段玉裁、王念孙等学者语言考据之先河。

从明末以来标榜诗序,到陈启源标榜诗传,重新确立了毛传在诗义诠释上的合法性和权威性。以毛传定经文之是非正是后来清代汉学所标榜的理路。陈启源无疑有开创之功,故常为后来乾嘉学者所称道。

三 《毛诗稽古编》的传布与汉学典范的确立

《毛诗稽古编》于康熙二十六年(1687)写定,至嘉庆十八年(1813)方得刊行,一百多年间以抄本行于世。考察《毛诗稽古编》的传抄范围和传布轨迹,我们发现,它经历了以惠栋为中心,吴中学者群体广泛参与,并随着王昶、赵文哲、钱大昕等人推扬至京城,最后得到考据学者认同并被视为考据典范的过程。在这个过程中,吴中学者正是利用传抄、引用和模仿《毛诗稽古编》来推广汉学的理念和方法。

---

① (清)陈启源:《毛诗稽古编》,第119~120页。

在惠栋之前，《毛诗稽古编》已有传抄，但并未在学界产生影响。① 经过惠栋的推扬，《毛诗稽古编》在惠栋的朋友和弟子中产生了极大反响。例如，惠栋曾与江声讨论此书，江声又将它推荐给钮树玉（1760～1827 年），钮树玉云：

> 曩谒艮庭江征君，论及陈氏《毛诗稽古编》，征君云："先师惠松崖先生言此书好处已到七分。"其时未有刊本，故不获一读。嘉庆庚辰馆于海防陈君署中，适有是书，得读一过。其考订精密，持论详慎，信足攀唐窥汉。②

虽然钮树玉并未从江声处直接读到此书，但一直铭记师训，在嘉庆庚辰（1820）终于获得《毛诗稽古编》的刻本，可见惠栋在推扬此书过程中的影响力。惠栋藏有《毛诗稽古编》抄本，为陈启源本人手书，王昶曾在惠栋家中读到此本。后来此本归吴企晋所有，当时赵文哲在吴家，又手抄一帙。③ 王昶、吴企晋、赵文哲都肄业于苏州紫阳书院，与钱大昕等其他四人并称"吴中七子"，均从惠栋游。④ 钱大昕也对《毛诗稽古编》推崇备至，或亦经由惠栋推荐。钱大昕《潜研堂文集》卷六《诗》之《答问》直接引用陈启源之说有 3 处，暗引或受陈启源启发至少有 4 处，对陈启源之说颇多赞许。《毛诗稽古编》还在嘉定钱氏族中流传，今存张敦仁校抄本中，有钱坫批语 40 余条。

乾隆三十三年（1768），王昶从四川回到北京后，又从翁方纲处手抄一部《毛诗稽古编》，此本就是后来呈进四库馆的"王昶家藏本"。王昶还常向弟子揄扬《毛诗稽古编》，如示唐业敬云："诗以毛、郑为宗……嗣后如

---

① 参见陈启源弟子赵嘉稷为《毛诗稽古编》所写之序，载（清）陈启源《毛诗稽古编》，第 11 页。

② （清）钮树玉：《匪石先生文集·毛诗稽古编札记跋》，《清代诗文集汇编》第 463 册，影印民国四年上虞罗氏铅印学堂丛刻本，上海：上海古籍出版社，2010，第 492 页。

③ （清）王昶：《春融堂集》卷四三《跋稽古编》，《清代诗文集汇编》第 358 册，影印清嘉庆十二年塾南书舍刻本，上海：上海古籍出版社，2010，第 436 页。

④ （清）江藩纂、漆永祥笺释《汉学师承记笺释》，上海：上海古籍出版社，2013，第 336 页。

吕成公、严华谷、何元子、陈长发，其所发明，博洽宏通，尤当尽览。"① 王昶在写给褚寅亮的信中说："近长洲布衣江鱣涛名声，工《说文》之学，见其所书，当与张力臣、陈长发上下。"② 赵文哲曾随军征讨大小金川，没于木果木之役③，所藏之书多遭散佚。当时学者吴省钦作有《十月既望题璞函丙舍授诗遗照》（赵文哲号璞函）一诗，云："闻君经笥充，六义二毛谛。熟烂《稽古编》，一往决留滞。身后献石渠，秘本待刊劂。往我抄一通，私恨隔表畷。"自注说道："国初吴江陈氏源发撰《毛诗稽古编》，君抄习条贯，既殁，其家上之四库馆。"④ 可见赵文哲对于《毛诗稽古编》极为欣赏，乃至"熟烂"，吴省钦曾在赵文哲处见到此书，并转抄一通。赵氏一直想将《毛诗稽古编》刊刻，未及此便罹难，但书并未散佚，而是由其家人上呈四库馆，只是现在已不能知此本与王昶家藏本有何关系。

乾隆中后期，王昶和钱大昕以学问名重京师，门生遍布天下。⑤ 他们将汉学的理念由吴中传播至京城，对当时学风转变起到了关键作用。他们视《毛诗稽古编》为开启新学风之典范。钱大昕说："圣朝文教日兴，好古之士始知以通经博物相尚，若昆山顾氏、吴江陈氏、长洲惠氏父子、婺源江氏，皆精研古训，不徒以空言说经。"⑥ 王昶称："余尝谓绍郑、荀易学，定宇《易汉学》《周易述》称最；绍毛、郑诗学，是书（即《毛诗稽古编》）称最。"⑦ 至王昶将家藏本《毛诗稽古编》进呈四库馆，《四库全书》编成之后，更是以官方学术意识形态对《毛诗稽古编》做论定之语："明代说经喜骋虚辨，国初诸家始变为征实之学，以挽颓波。古义彬彬，于斯

① （清）王昶：《春融堂集》卷六八《示长沙弟子唐业敬》，《清代诗文集汇编》第 358 册，第 658 页。
② （清）王昶：《春融堂集》卷三十《与褚舍人擂升书》，《清代诗文集汇编》第 358 册，第 334 页。
③ （清）王昶：《春融堂集》卷五三《恤赠光禄寺少卿户部主事赵君墓志铭》，《清代诗文集汇编》第 358 册，第 527 页。
④ （清）吴省钦：《白华后稿》，《清代诗文集汇编》第 372 册，影印石经堂藏版，上海：上海古籍出版社，2010，第 185 页。"陈氏源发"原文如此，当为"陈氏长发"之误。
⑤ 参见（清）江藩纂、漆永祥笺释《汉学师承记笺释》，第 273、367 ~ 368 页。
⑥ （清）钱大昕：《潜研堂集·文集》卷三三《与晦之论尔雅书》，上海：上海古籍出版社，2009，第 605 页。
⑦ （清）王昶：《春融堂集》卷四三《跋稽古编》，第 436 页。

为盛，此编尤其最著也。"① 《四库全书》的编定更是为《毛诗稽古编》的传抄打开了方便之门。胡承珙就是从朱珔处获得《毛诗稽古编》的四库副本，遂即抄读一过。② 他还在给陈奂的书信中将陈启源与段玉裁比肩："我朝说《诗》家，所见十余种，善读《毛诗》者，唯陈氏长发与懋堂先生二人而已。"③ 体现出《毛诗稽古编》对当时学人、学术所具有的风向标式的影响。图1展示了《毛诗稽古编》一书的传布轨迹。

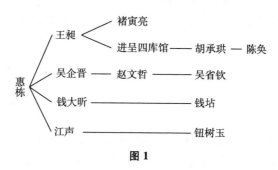

图1

可见，在《毛诗稽古编》的传播过程中，惠栋是中心，而吴中学者是主体。以上所列学者，除胡承珙属安徽籍外，其余都是江苏人，而胡承珙的学术渊源也多来自吴派。《毛诗稽古编》的传布轨迹也显示了汉学的影响从吴地逐渐扩散到全国的过程。《毛诗稽古编》编入《四库全书》之后，嘉庆十八年（1813），庞佑清（其曾祖母的曾祖父为陈启源）用陈家保存的陈启源手抄定本进行刊刻，同样来自吴中的学者阮元（江苏仪征人）为《毛诗稽古编》的刻本写序，称赞道：

> 元和惠君研溪著《诗说》，发明古义，与陈氏不谋自合。盖我朝稽古右文，儒者崇尚实学，二君实启之。④

---

① （清）永瑢等：《四库全书总目》，第132页。

② 参见（清）胡承珙《求是堂文集》卷五《毛诗稽古编后跋》，《清代诗文集汇编》第518册，影印清道光十七年刻本，上海：上海古籍出版社，2010，第288页。

③ （清）胡承珙：《求是堂文集》卷四《答陈硕甫明经书》，第255页。

④ （清）阮元：《毛诗稽古编序》，载（清）陈启源《毛诗稽古编》，《儒藏》精华编第29册，北京：北京大学出版社，2011，第884页。

道光年间，阮元在广州学海堂刻《皇清经解》，收入《毛诗稽古编》，并将其列为清代诗经学研究之首，通过《皇清经解》继续传扬汉学。

四 《毛诗稽古编》的影响与汉学的展开

《毛诗稽古编》首先标举毛传之学，惠栋加以推扬，王昶、钱大昕树以典范地位，到胡承珙、陈奂对毛传进行全面疏释，集汉学之大成。《毛诗稽古编》的传布轨迹，正是汉学逐渐展开的过程。下文以惠栋、段玉裁、胡承珙、陈奂四人为例，讨论《毛诗稽古编》对清代考据学的影响以及汉学理念、方法展开的轨迹。

（一）惠栋

陈启源"寻绎毛传以考经文"的理念和方法，深刻影响和启发了惠栋，这也是惠栋推扬《毛诗稽古编》的原因。惠栋在《九经古义述首》中便说：

> 汉人通经有家法，故有五经师。训诂之学，皆师所口授，其后乃著于竹帛……五经多出于屋壁，多古字古言，非经师不能辨，经之义存乎训，识字审音，乃知其义。是故古训不可改也，经师不可废也。①

这种理念与陈启源《毛诗稽古编·叙例》之语如出一辙。惠栋治《易》也是先恢复汉人之旧，再考订经文。他撰有《九经古义》，其中的《毛诗古义》就是回归汉代《诗》学，以毛传为主，广搜三家诗异文，参酌郑笺、《说文》、《尔雅》，考证本字。因为理念一脉相承，方法接近，所以惠栋的不少考证与陈启源暗合。例如，《野有死麇》之"白茅纯束"，惠栋认为古文"纯"为"屯"；《子衿》之"衿"与"襟"不同；《云汉》"耗斁下土"之"斁"当作"殬"，陈启源皆已言之。② 又如，惠栋考《汉

---

① （清）惠栋：《松崖文钞》卷一，《清代诗文集汇编》第284册，影印清光绪刘氏聚学轩丛书刻本，上海：上海古籍出版社，2010，第49页。

② （清）惠栋：《九经古义·毛诗古义》，《景印文渊阁四库全书》第191册，台北：台湾商务印书馆，1983，第402、406、420页；（清）陈启源：《毛诗稽古编》，第74、192、713页。

广》"江之永矣"之"永"所用方法与结论几乎完全与陈启源相同。惠栋《毛诗古义》曰：

> 《说文》于羕字下引《诗》云："江之羕矣"，韩诗同。《尔雅》云："羕，长也。"郭璞云："羕所未详"，是未考韩诗。齐侯镈钟云："士女考寿万年羕保其身，又子子孙孙羕保用昌。"是羕乃古永字。韩诗从古文故作羕，《说文》永部别载羕字，未之考也。①

《毛诗稽古编》曰：

> 永，《说文》作羕。案，《尔雅》："羕，长也。"郭注云："羕所未闻"，不引此诗。《文选·登楼赋》："川既漾而济深。"李善注引韩诗云："江之漾矣，不可方思。"薛君云："漾，长也。"则韩诗自作漾矣。《说文》羕字永字皆引此诗，东汉时三家诗具存，意羕字在齐鲁诗乎？②

惠栋在陈启源的基础上又增加了齐侯镈钟一条材料，使结论更为可信。

（二）段玉裁

段玉裁的《诗经小学》中亦有不少与《毛诗稽古编》相合之处，可见段氏尝受陈启源影响。例如，段玉裁认为《汝坟》之"坟"当从土，从毛传"大防"之训为正；《甘棠》"召伯所茇"之"茇"为"废"之假借；《终风》"愿言则嚏"之"嚏"当作"疐"，从毛传训"跲"为正；《泉水》"毖彼泉水"之"毖"为"泌"之假借；《七月》之"觱发"当作"滭冹"，陈启源均已言之，所用材料，亦颇多相同。③段玉裁在汉学理念上与

---

① （清）惠栋：《九经古义·毛诗古义》，《景印文渊阁四库全书》第191册，第402页。
② （清）陈启源：《毛诗稽古编》，第49页。
③ （清）段玉裁：《诗经小学》，《段玉裁遗书》本，影印道光乙酉抱经堂本，台北：大化书局，1986，第444、447、451、491页；（清）陈启源：《毛诗稽古编》，第50、63～64、95～96、113、270～271页。

陈启源非常相近，段玉裁提出：

> 毛传于鲁、齐、韩后出，未得立学官。而三家既亡，孤行最久者，子夏所传，其义长也。其称"故训传"何也？古者"传"以述义，如左氏、公羊氏、榖梁氏之于《春秋》，子夏之于《丧服》，某氏之于《小正》，皆是也。《释故》《释训》以记古今异言，《尔雅》是也。毛公兼其意，而于故训特详，故不专曰"传"，而曰"故训传"，是小学之大宗也。

段玉裁认为毛传渊源最古，而传又以述义，同时毛传又多记古今异言，所以他进一步论定："读毛而后可以读郑，考其同异略详疏密，审其是非。"[①] 正是通过毛传之是非来考订经文之是非。段玉裁还特别注意毛、郑异同，认为"读毛、郑诗者，不但当求其义之异，亦当求其字之异"。[②] 对比毛、郑文字之异发现假借之理，这种做法已见于《毛诗稽古编》，但未有详论，至段玉裁才系统揭示。

段玉裁在《诗经小学》中也考证了《汉广》"永"字之文，从中可考察从陈启源到惠栋再到段玉裁的学术递进。段玉裁曰：

> 《说文》永字注引诗"江之永矣"，羕字注："水长也"，引诗"江之羕矣"。明杨慎《丹铅录》曰："韩诗：江之羕矣。"《博古通》齐侯镈钟铭："羕保其身"、"羕保用言"，古永、羕字通。《文选·登楼赋》李善注引韩诗曰："江之漾矣，不可方思。"薛君云："漾，长也。"玉裁按：永古音羕，或假借羕字为之，如《夏小正》"时有养日"、"时有养夜"，即永日、永夜也。[③]

可见段玉裁结合了惠栋和陈启源两人所使用的材料，并且指出首发其

---

① （清）段玉裁：《经韵楼集》卷一《毛诗故训传定本小笺题辞》，上海：上海古籍出版社，2008，第5～6页。

② （清）段玉裁：《经韵楼集》卷一《毛诗衮入其阻说》，第19页。

③ （清）段玉裁：《诗经小学》，第443～444页。

覆的是明代杨慎，又指出惠栋所用齐侯镈钟铭材料来自《博古通》。段玉裁的梳理使材料来源更为清晰。同时，他以古音进一步证明，不仅古文"永"作"羕"，还经常假借为"养"。段玉裁贯通经文，使论证更为精密。

（三）胡承珙

从传统的清代学术史分域来说，胡承珙（安徽泾县人）当属皖派学者，但他的学术传承自吴派汉学。胡承珙对于惠栋、戴震、段玉裁等人之学非常精熟，又与段玉裁弟子陈奂相交甚契。在诗经学方面，胡承珙非常推崇陈启源和段玉裁，认为他们在清人中最善读毛诗，而他的理路也与二人一脉相承。他与朱琦述所著《毛诗后笺》之大略云：

> 承珙所见宋人说诗尚近十种，然皆一邱之貉耳。拙箸从毛者十之八九，从郑者十之一二，始则求之本篇；不得，则求之本经；不得，则证以他经；又不得，然后泛稽周秦古书。于语言、文字、名物、训诂，往往有前人从未道及者，不下数十百条，拟俟通录一本，后乃摘出别钞，以便就正。但近人箸述，如陈长发《稽古编》者，不可多得。①

可见他的《毛诗后笺》受到陈启源《毛诗稽古编》的启发和影响。他在写给陈奂的信中还说："总之诸经传注，惟毛诗最古。数千年来，三家皆亡，而毛独存，岂非以源流既真，义训尤卓之故？后人不善读之，不能旁引曲证以相发明，而乃自出己意，求胜古人，实则止坐卤莽之过耳。每有全章故训，从来误解者，承珙窃准之经文，参之传义，反复寻绎，以意说之。"② 此说几乎与陈启源之说完全相同，"准之经文，参之传义，反复寻绎"，正是陈启源"寻绎毛传以考经文"的另一种表达。

胡承珙撰《毛诗后笺》即通过疏释毛传的训诂，旁引经传古注、异文，参考《说文》、《尔雅》及相关字韵书，详加考证。其中征引《毛诗稽古

---

① （清）胡承珙：《求是堂文集》卷三《与竹邨书》，《清代诗文集汇编》第518册，第265页。
② （清）胡承珙：《求是堂文集》卷三《复陈硕甫书》，《清代诗文集汇编》第518册，第258页。

编》之说又最多，达300余条，或因其说而引申言之，或采其独到之说以存之，或引其说以证己意，或指明其误，等等。例如，关于《召南·采蘋》之"于以采蘋"，《毛诗正义》连引《尔雅》"苹，蒌"，"其大者蘋"两语，又误以郭璞注"蒌"者为"苹"，朱熹《诗集传》又袭其误，遂使后人误认为这是郭注之疏失，《毛诗稽古编》首辨明孔疏之误，故胡承珙在《毛诗后笺》中特意强调"陈氏《稽古编》辨之审矣"。①

除了继承陈启源的学术理路，胡承珙还更进一步广泛汲取前人成就，将考证继续往前推进。最为精审的，当属其对《墓门》之"讯"字的考证，胡承珙曰：

> "歌以讯之"，《释文》："讯，又作谇，音信。徐息悴反。"《广韵》六至引诗"歌以谇止"，王逸注《离骚》引诗"谇予不顾"。江氏《古韵标准》、戴氏《诗考正》、钱氏《养新录》、段氏《诗小学》皆据此以"讯"为"谇"之误。顾氏《诗本音》则谓古人以"讯""谇"二字通用，历引《诗·皇矣》、《礼记·乐记》及《庄子》、《文选》、《后汉书》等"讯"一作"谇"，"谇"一作"讯"……王氏《经义述闻》本之，谓"讯"、"谇"同声，故二字互通……承珙案：谓"讯"当为"谇"，始于《诗总闻》，据《龙龛手鉴》引《诗》"谇止"为证。江氏、戴氏始畅其说。然如《墓门》，《释文》引徐邈息悴反，此在诗本有作"谇"者，或即为"谇"字作音；若《小雅》"莫肯用讯"，并无一本作"谇"，而《释文》亦载徐息悴反，是徐邈已读"讯"如"谇"，不始于陆也。古人于"讯"、"迅"等字每书作"谇"、"逮"者，似从卂之字本可读若"卒"音，未必尽由草书偏旁卆卂相似之误。戚氏《毛诗证读》曰："说文'丨'：'引而上行读若囟，引而下行读若退。'可证'讯'得读'谇'，为一音之转，非字误。"今又考得《说文》"囟"或从肉、宰作膟，是囟有"宰"声。且囟，息进切，而侚、息、洵、絢皆从囟得声，此亦可为"讯"、"谇"

① （清）胡承珙：《毛诗后笺》，合肥：黄山书社，1999，第78~79页。

声通之例。①

"讯"与"誶"同音，陈启源亦言之，《毛诗稽古编》云：

> "歌以讯之"，《释文》云："讯又作誶，音信。徐息悴反。"案徐音与上莘协，良是。陈第《古音考》引王逸《离骚》注引《诗》"誶予不顾"及《雨无正》诗"瘁""讯"协韵证之，益信而有征矣。②

此后江永、顾炎武、戴震、钱大昕、段玉裁均认为"讯"为"誶"之误，至王引之《经义述闻》遍引文献，使"歌以讯之"当为"歌以誶之"几成定论。胡承珙在详引诸家之说后，认为"讯"未必误，举《小雅·雨无正》"讯"字，《释文》徐邈音亦作"息悴反"，又以《说文》证二字读音相同，认为二字可能只是通假关系，并非误字。从胡承珙这条考证可以看到清代考据学的发展，由陈启源提出问题，经江永、顾炎武、戴震、钱大昕、段玉裁、王念孙、王引之反复证明，最后胡承珙做出总结。他的结论并非推翻前贤之说，而是在前人研究的基础上，补充不足，使结论更为可信。

（四）陈奂

陈奂的《诗毛氏传疏》是以注疏之体疏释毛传的著作，深受陈启源《毛诗稽古编》和段玉裁《诗经》研究的启示，广泛吸收前人成果，集汉学之大成。他说："窃以毛诗多记古文，倍详前典，或引申，或假借，或互训，或通释，或文生上下而无害，或辞用顺逆而不违。……读诗不读序，无本之教也；读诗与序而不读传，失守之学也。文简而义赡，语正而道精，洵乎为小学之津梁，群书之钤键也。"③《诗毛氏传疏》直接引用陈启源之说有 8 处，暗合之处也有不少。相比《毛诗稽古编》，陈奂更加纯熟地对比毛、郑文字之异，参考的材料更为丰富，声音文字之理也更加精密，总体

---

① （清）胡承珙：《毛诗后笺》，第 622～623 页。
② （清）陈启源：《毛诗稽古编》，第 252 页。
③ （清）陈奂：《诗毛氏传疏》，影印 1851 年漱芳斋本，北京：北京市中国书店，1984，叙，页二。

上体现了汉学理念的成熟和方法的科学。例如《大雅·民劳》"汔可小康",陈奂疏释毛传,云:

> 传训汔为危,笺:"汔,几也。"《稽古编》云:"危即近义,郑言几,正申毛意,非易传也。《尔雅》:嘀几灾殆,危也;凯,汔也;几、凯、危、汔,转互相通。"《后笺》云:"古人言几每曰危。《汉书·宣元六王传》:恐无处所,我危得之。《外戚传》:今儿安在,危杀之矣。此皆以危为几意。昭二十年《左传》注:汔,其也。彼疏云:杜以几其同声,故以汔为其。盖杜训其,犹郑言几也。彼《汉书·班超传》引此诗,李贤注亦云:汔,其也。要皆与危意相同,非有异也。"①

陈启源《毛诗稽古编》原文作:

> "汔可小康",毛云:"汔,危也。"郑云:"汔,几也。"疏申毛云:"汔之下云小康,明是由危即安,故以汔为危。"又申郑云:"汔之为危,无正训,又劳民须安,不当更云危,故以汔为几。"源谓:孔氏失毛郑意矣。毛云危,即近义。《易》曰:"其殆庶几",殆与危,义皆可通于近,但毛语未明,故郑云几,正申毛危意,非易传也。又《尔雅·释诂》:嘀几灾殆,危也;凯,汔也;几、凯、危、汔,转互相通。毛危、郑几,同归近义耳,岂有异乎。②

陈启源申释毛传和郑笺义例,十分明晰,故陈奂《诗毛氏传疏》节引之,再引胡承珙《毛诗后笺》,证成古人"几""危"通用。陈奂引《毛诗稽古编》以疏毛传体例,又引《毛诗后笺》解释一般字义,可见陈奂此疏的严谨和周密。

当其他学者还在围绕诗序进行阐发,认为汉人训诂无所发明、过于琐碎之时,陈启源首先标举毛传、郑笺等汉人之学,通过分析毛传与其他古

---

① (清)陈奂:《诗毛氏传疏》卷二四,页三九。
② (清)陈启源:《毛诗稽古编》,第680~681页。

训的异同、参照历代训释、考订经文文字、辨正词义，往往能破其假借而读本字，又能发明毛传义例，对毛传进行了系统而又详尽的分析。陈启源的考证属于典型的语言考证，即通过分析声音、文字、训诂，进而考证名物、制度与典实等方面的内容。陈启源的成就，一方面固然是继承了明末以来的复古尊经的传统，尤其是以吴地为中心的尊汉传统；另一方面又源于他自己的匠心独运，在前人未对汉学有详尽了解和系统阐述的情况下，他对毛、郑之学多有发明，而考据的方法也极为严谨，可以说其《毛诗稽古编》是清代汉学的开端之作。因此，乾隆年间，惠栋欲推扬汉学，即将此书作为典范，其后辈学者也利用此书，通过讲学、传抄、模仿等方法，一步步推广汉学的理念和方法，使清代的汉学由一个地域性十分显著的学派发展至全国。

第四节　清初《诗经》考据形态的生成

清初《诗经》考据在明末的基础上继续展开，相比明末的《诗》学考据，这一时期的著作更为精审，方法也更为精密。尤其是声音文字之学得到极大的突破，不仅彻底破除了叶音说之弊，而且开始使用声音文字之学来校勘经文、考证词义和名物等，在经史考据之外，又开拓了语言考据的方法。在辨伪方面，这一时期对《子贡诗传》《申培诗说》的辨伪也取得了不少成就。

一　顾炎武的诗经学成就

顾炎武的诗经学主要见于《日知录》和《音学五书》，其主要内容包括考订古音、考证经义、考证地理和史实、校勘文字等多个方面。下文将从顾炎武的《诗》学观念、考据的经世精神、古音与文字考订及考据方法展开讨论。

顾炎武的《诗》学观念可大致分为四个方面。第一，四诗之说。顾炎武认为诗有四目，即南、豳、雅、颂，二南与豳皆非风，豳为豳诗，亦谓之豳雅、豳颂。他认为周代无豳国，因此豳不能列入国风："周世之国无豳，此非太师所采。周公追王业之始，作为《七月》之诗，兼雅颂之声，而用之祈报之事。"南、豳、雅、颂为四诗,列国之风附于其后,此为诗之本序。顾炎武又指出,二南与《豳风·七月》及正雅十六篇、大雅十八篇、颂都可入乐,其余则不可入乐。①

第二,论孔子删诗。顾炎武认为诗曾经孔子删定,而孔子通过删诗来展现兴衰治乱之本。他说:"选其辞,比其音,去其烦且滥者,此夫子之所谓删也。"因此他批评朱子的淫诗说,他认为这些淫诗是孔子留下来保存一国一时之风貌,而朱子一概指为淫奔,为"执理之过"。②

第三,诗之次序不尽可信。顾炎武认为:"《诗》之世次,必不可信,今《诗》亦未必皆孔子所正。"比如,他指出《小雅·正月》为幽王之诗、《黍苗》为宣王之诗,今《正月》在前而《黍苗》在后;又如《仪礼》歌《鹊巢》《采蘩》《采蘋》,今诗《采蘩》《采蘋》中间列有《草虫》,顾炎武引孔疏认为《采蘋》旧在《草虫》之前。故顾氏云:"知今日之《诗》已失古人之次。"③

顾炎武的《诗经》考据遍及名物、地理、典制、史事等各个方面,经世精神贯穿其中,其考据不仅在考据本身,而且通过考据以求当世之用,并尝加以议论。如《小雅·六月》"薄伐狁,至于大原"之大原,朱熹认为是当时太原阳曲县。顾炎武则认为朱熹此说不确,考证大原当为平凉。顾炎武认为太原在河东,狁从西来,不当从出兵东路,平凉其地近边,便于御敌。④ 又通过地理之考证,转而言之:

> 吾读《竹书纪年》而知周之世有戎祸也,盖始于穆王之征犬戎。六师西指,无不率服,于是迁戎于太原。以黩武之兵而为徙戎之事。懿、孝之世,戎车屡征。至夷王七年,虢公帅师伐太原之戎,至于俞泉,获马千匹。则是昔日所内徙者,今为寇而征之也。宣王之世,虽号中兴,三十三年,王师伐太原之戎,不克;三十八年,伐条戎、奔戎,王师败逋;三十九年,伐姜戎,战于千亩,王师败逋;四十年,

---

① (清)顾炎武著、(清)黄汝成集释《日知录集释》卷三,第147、127~128页。
② (清)顾炎武著、(清)黄汝成集释《日知录集释》卷三,第131、132页。
③ (清)顾炎武著、(清)黄汝成集释《日知录集释》卷三,第176~177页。
④ (清)顾炎武著、(清)黄汝成集释《日知录集释》卷三,第153~154页。

料民于太原，其与后汉西羌之叛大略相似。幽王六年，命伯士帅师伐六济之戎，王师败逋。于是关中之地，戎得以整居其间，而陕东之申侯至与之结盟而入寇。盖宣王之世，其患如汉之安帝也；幽王之世，其患如晋之怀帝也。戎之所由来，非一日之故，而三川之震，"檿弧"之谣，皆适会其时者也。然则宣王之功，计亦不过唐之宣宗，而周人之美宣，亦犹鲁人之颂僖也，事劣而文侈矣。书不尽言，是以论其世也。如毛公者，岂非独见其情于意言之表者哉！①

此段论西周戎祸及其对周室之影响，又借此称赞毛传"言周室之强，车服之美也，言其强美，斯劣矣"之精。顾炎武考证之余，又兼论史，重在以史论今，贯穿了其非常强烈的经世精神。又如，论《小雅·大东》"私人之子，百僚是试"云：

> 孔氏曰：私人，皂隶之属也。天下有道，小德役大德，小贤役大贤。故贵有常尊，贱有等威，所以辨上下而定民志也。周之衰也，政以贿成，而"官之师旅，不胜其富"。又其甚也，私人之子皆得进而服官，而文、武、周公之法尽矣。候人而赤带，曹是以亡。不狩而县貆，魏是以削。贱妨贵，小加大，古人列之六逆，又不但仍叔之子讥其年弱，尹氏之姻刺其材琐而已。自古国家吏道杂而多端，未有不趋于危乱者。举贤材，慎名器，岂非人主之所宜兢兢自守者乎？②

此则专以诗论史、论政，由"私人之子，百僚是试"论诗中曹、魏衰亡之所由，并进而论国家用人之重要，尤能见顾炎武在经世上的追求，而此则说诗又有与王夫之相近处（详见第六章）。

顾炎武《诗》学考据最大的贡献在于考订古音，集中体现在其《诗本音》一书中。具体来说，其成就一是考证三代以上之古音，二是匡正宋儒叶音说之流弊。张民权总结《诗本音》之特色，认为有两点：

---

① （清）顾炎武著、（清）黄汝成集释《日知录集释》卷三，第155～156页。
② （清）顾炎武著、（清）黄汝成集释《日知录集释》卷三，第159页。

一是以"古音某"注明古今音异之韵字。这是朱熹《诗集传》问世以来，对《诗经》叶音说一次真正的革命……自顾炎武《诗本音》问世后，《诗经》叶音之注才为之彻底改变。其后清儒皆仿效之，从此"古音某"代替了"叶音某"，这是顾炎武对古音学的重大贡献……第二，以四声一贯注释《诗经》韵例，使人知晓四声可以互押而并非叶音。然而顾炎武此举，得失皆在其中。得者可以破除叶音说之谬；失者过于泛滥，限制了人们对《诗经》韵部的细密考求。①

顾炎武树立了将《诗经》文本作为古音标准的做法，具有非常清晰的历史意识，破除了宋代学者以来援今论古研究古音的通病。顾炎武还运用了较为系统和精密的研究方法，使其研究成为清代古音研究和语言考据的典范。据张民权研究，顾炎武古音研究方法大致有三点。第一，以经为本，先以经证经，若经存不足，再自汉而六朝而唐而宋，必一一考究；第二，特别注意到谐声偏旁在古音研究上的重要性。顾炎武提出"凡字旁从某，音必从某"，这是在赵宧光提出"谐其声即同某韵"② 之后，再一次提出此观念。顾炎武还广泛从《诗经》以外的周秦之文反复求证，其方法更为精密。第三，顾炎武提出以唐韵为参照推求古音的原则，他说"欲审古音，必从唐韵始"。顾炎武所言"唐韵"即《广韵》一书，分析《广韵》可以发现其中又多保存古音，又可从韵部的分合考证古音分合的轨迹。③ 因此顾炎武从方法论和具体考证上为清代古音学的研究奠定了基础。

值得注意的是，顾炎武的《诗本音》不独考古音，往往还校勘文字，在校勘之时也会运用古音研究的成果，语言考据的形态已逐渐显现。如《东方未明》"不能辰夜"，"辰"或作"晨"，顾炎武云：

> 今本误作晨，依唐石经及国子监注疏本改正。《吕氏读诗记》、严

---

① 张民权：《清代前期古音学研究》上册，第 122 页。按，张民权此书第二编第二、三、四章对《诗本音》之体例、特色、古本音思想、研究方法、《诗经》用韵等方面讨论最详，参见张民权《清代前期古音学研究》上册，第 121～125、140～181 页。
② （明）赵宧光：《说文长笺》，《四库全书存目丛书》经部第 195 页，第 111 页。
③ 参见张民权《清代前期古音学研究》上册，第 154～157 页。

氏《诗缉》并与石经文同，后不更注。传曰："辰，时也。"①

顾炎武对比唐石经及监本，认为今本作"晨"者误，更通过毛传训"辰"为"时"，进一步可确定"辰"为正。顾炎武又考证《墓门》"歌以讯之"：

> 《释文》："讯又作谇，徐音息悴反。"《广韵》"六至"部中有谇字，引此诗作"歌以谇止"。《楚辞章句》引此亦作"谇予不顾"。考《雨无正》四章亦以讯与退、遂、瘁为韵，明是谇字之误。《皇矣》"执讯连连"，本又作谇；《礼记·乐记》"多其讯言"本又作谇。古人以二字通用。《庄子》"虞人逐而谇之"，注一作讯；《文选》王僧达《和琅邪王依古》诗"聊谇兴亡言"，李善本作讯；《后汉书·党锢传》"帝亦颇谇其占"，谇一作讯；《荀子》"行远疾速而不可托讯"，与逼、塞、忌、置为韵。张衡《思玄赋》"慎灶显于言天分，占水火而妄讯"，与内对为韵；左思《魏都赋》"翩翩黄鸟，衔书来讯"与匮、粹、溢、出、秩、器、室、莅、日、位为韵。②

顾炎武先由异文和古音之异考证"讯"与"谇"在声音上有联系，并根据《广韵》《楚辞》旧注所引诗文，认为《墓门》及《雨无正》之"讯"为"谇"之误。又从秦汉、魏晋的旧注、诗文考察，断定古书二字常通用。

又如，考《小雅·无将大车》"祇自痕兮"之"痕"字云：

> 宋刘彝曰："痕当作疷，病也，音民。"按唐石经此字作痕，从氐，唐人避太宗讳，凡字从民者皆省而为氐。今人书昏为昏，犹其遗法也。张参《五经文字》愍字下云："缘庙讳偏旁准式省从氐，凡泯昏之类皆从氐。"又珉字下云："莫巾反，《礼记》作瑶"，是其例也。后人不

---

① （清）顾炎武：《音学五书·诗本音》，第88页。
② （清）顾炎武：《音学五书·诗本音》，第101页。

解，遂以为《白华》"俾我疷兮"之疷，或乃于氏下又添一画而读为抵，则误之甚矣。按《说文》亦本无疷字。①

顾炎武考证"疷"字当从氏，乃是唐代避讳改民而沿袭至今，故音民，后人改为"疷"，读如抵，则因不解文字之理，《说文》中亦无"疷"字，可证"疷"为后来之讹字。

从以上所举之例可以看到，顾炎武考证、校勘文字及字义十分精审，其中从声音中求已是非常重要的一个方法，对比古音之异同，再参考历代古注、古书中的异文与训释，判定文字之是非，这种从声音文字来考证经文之法已经成熟。

二 王夫之《诗经稗疏》

王夫之《诗经稗疏》是其众经稗疏中的一部（其余包括《四书稗疏》《周易稗疏》《尚书稗疏》《春秋稗疏》），是专门的考据之作，考证内容包括诗中训诂、文字、名物、制度等，其中名物、制度的考证最为精审。对于古代经注，他最重视《尔雅》，对毛传则较为持平，因此他的考证并不像陈启源是从寻绎毛传得来的，他对毛传的义例亦不大明了，但他往往能详考《尔雅》、毛传、郑笺、《说文》等训释的异同，从历代注释中考察是非，仍有意识地循着语言考据的方法加以分析和讨论，也能发明假借相通之理。同时他的《诗经叶韵辨》也对叶音说进行了批驳，指出叶音之说有十弊，虽然其说没有顾炎武系统，但可见在当时叶音说的弊病已被不少学者所击破。

从清代考证学的发展来看，王夫之的《诗经稗疏》具备了一定的语言考据意识，而以经证经、经传反复相证的方法较为成熟，不少地方对后世的考据具有启发意义，是清初考据学一部十分重要的著作。下文从三个方面详加论之。

首先，考证名物较为精审。王夫之在名物考证方面继承了明末名物考证的成果，相比明末以罗列材料为主、综合归纳分析较少，王夫之的名物

---

① （清）顾炎武：《音学五书·诗本音》，第137页。

考证较为系统，除了罗列材料，亦多能对材料进行分析和类比，然后得出结论。如考《淇奥》之"绿竹"，王夫之曰：

> 绿竹非竹也，二草名也。绿，王刍也。竹，扁竹也。王刍者，郭璞谓之蓐，亦谓之鸭脚莎，《本草》谓之荩草，亦谓之盭草，或谓之菉草，多生溪涧侧，叶似竹而细薄，茎圆而小，可以染黄色，用之染绶曰盭绶。扁竹，《本草》谓之扁蓄，一名粉节草，《说文》作扁筑，《楚辞》谓之萹。郭璞云："似小藜，赤茎节。"李时珍云："其叶似落帚，弱茎，引蔓，促节，三月开细红花，结细子，节间有粉。"淇、澳非一水，绿、竹非一草，且皆草而非竹，好生水旁。若竹，则生必于山麓原岸，非水曲间物，而《集传》引《河渠书》下"淇园之竹"以证此为竹，不知卫武公时去汉武帝六七百年，竹岂长存，且《河渠书》言园竹，则淇上园林所蓄植，原非水田野生者，则愈知淇澳之绿竹，非淇园之修竹矣。①

按，"绿，王刍也。竹，扁竹也"。毛传即作此训，《尔雅》亦同，但"绿"作菉，扁竹作"萹蓄"，是《本草》之来源。王夫之从毛传、《尔雅》之训，又据历代注释，考证绿、竹并非一草，指出朱传之说非。冯复京在《六家诗名物疏》中亦考绿竹，但认为毛、郑、朱说均可通，其实未做定论，王夫之则破除了宋儒之非。

在考证名物方面，王夫之还往往指出朱子《诗集传》与毛传的关系，一是指出《诗集传》因袭毛传之处，二是指出《诗集传》在因袭毛传时妄加改训而失其本旨。比如《周颂·载见》"和铃央央"，王夫之考证说：

> 毛传曰："和在轼前，铃在旂上。"《集传》因之。今按，轼前非缀铃之处。杜预《左传解》曰："和在衡，铃在旂。"当以杜说为长。言诸侯之车，自鸾以下皆设，而特无锡。宣王锡韩侯以锡，滥也。若

---

① （清）王夫之：《诗经稗疏》卷一，《船山全书》第 3 册，长沙：岳麓书社，1988，第 62 ~ 63 页。

鸾，则达乎大夫。故蘧伯玉之车，音有和、鸾。今此言"和""铃"而不及"鸾"者，盖错举之，犹"夜如何其"之诗言"鸾"而不及"和""铃"也。①

王夫之指出《诗集传》训和、铃乃沿袭毛传之说。他认为毛、朱之说皆误，铃不当饰于轼前。又指出诗举车上不仅有和、铃，还有鸾，《载见》不言鸾，是互文，言和、铃相当于已言鸾，正如《小雅·庭燎》言鸾不言和、铃，其实已包括和、铃。

又王夫之考《墓门》之"鸮"云：

> 毛传："鸮，恶声之鸟。"《集传》乃云："鸱鸮，恶声之鸟。"不知何据而加鸱字。鸱鸮之为鹡鸰，非恶鸟也明甚。况鸱自鸱，鸮自鸮，鸱鸮自鸱鸮，尤无容混而为一。《集传》则直以为鹈鹕，更无考据。唯《禽经》注"怪鹏塞耳"，云是鹈鹕，当缘此淆讹耳。②

此训《诗集传》亦沿袭毛传，但改鸮为鸱鸮，误甚，王夫之指出鸮与鸱非一物，与鸱鸮亦非一物，又指出《诗集传》以之为鹈鹕，恐是因《禽经》注之误。

其次，考证制度亦较明晰。对于制度的考证，王夫之往往引经传相证，尤其是根据《周礼》《礼记》等书以及相关古注，引经证经，援传证经，反复相证，故发明之处亦颇多。比如，考证《七月》"一之日于貉"，"于貉"非取狐狸皮，而是兵祭，③可备一说。又如，考旗帜之旐、旗、旃、旆、旟等，详引《曲礼》、《韩诗外传》、《尔雅注》、《考工记》及毛传、《礼记》郑玄注等，条分缕析，极为清晰。④ 考裸之灌鬯非灌地，亦十分详尽。⑤ 又考《大雅·文王》"殷士肤敏"之"殷士"云：

① （清）王夫之：《诗经稗疏》卷四，《船山全书》第 3 册，第 209 页。
② （清）王夫之：《诗经稗疏》卷一，《船山全书》第 3 册，第 94 页。
③ （清）王夫之：《诗经稗疏》卷一，《船山全书》第 3 册，第 101 页。
④ （清）王夫之：《诗经稗疏》卷二，《船山全书》第 3 册，第 112 页。
⑤ （清）王夫之：《诗经稗疏》卷三，《船山全书》第 3 册，第 155～158 页。

毛传曰："殷士，殷侯也。"郑笺曰："殷之臣。"《集传》遂曰："商孙子之臣属。"盖以士为大夫士之士，则贱有司尔。今按，祼将大礼，非士得与。"常服黼冔"者，诸侯之服，非士服也。在殷为冔者，在周为冕。黼者，玄冕之服。士弁而祭于公，安得僭服黼冔哉？殷之侯、伯，周降而为子、男。衮冕以助上帝之祭，希冕以助先王之祭，玄冕以助先公之祭。此言衣黼冕以赞祼将，其禘祫而合祭先公与？固当以毛传为正。"殷士"，犹言殷人也，别于孙子，而为异姓诸侯之词。①

王夫之从冠服制度考证毛传"殷士，殷侯也"之训为正，又从不同冠服用于不同祭祀场合，认为"常服黼冔"可能是合祭先公。

最后，考证重古训，多主《尔雅》、毛传与《说文》。王夫之的考证多从语言考据入手，先训字义，再详考异同，考证名物等亦如此。如考"硕鼠"，王夫之云：

《集传》曰："硕，大也。"丘光庭曰："即凡鼠之大者，若封豕长蛇之称。"与《集传》义合。今按：《易》"晋如鼫鼠"，《子夏易传》"鼫"作"硕"，则"硕""鼫"古字通用，此硕鼠即鼫鼠也。郭璞《尔雅注》云："鼫鼠，形大如鼠，硕似兔，尾有毛，青黄色，好在田中食粟豆。"《广雅》谓之䶂鼠。陆玑所谓"河东有大鼠，能人立，交前两脚于颈上，跳舞善鸣，食人禾苗"。魏在河东，正与此合。孔颖达曰："头似兔，尾黄。"亦明此硕鼠即《尔雅》《周易》之鼫鼠矣。②

王夫之以硕训大，鼫鼠亦训大鼠，可知诗之硕鼠实即鼫鼠。

王夫之训释字义，颇有启发之处，如考《商颂·殷武》"罙入其阻"：

毛传曰："罙，深也。"今按：《说文》罙本作罙，从网从米。许慎

---

① （清）王夫之：《诗经稗疏》卷三，《船山全书》第3册，第155页。
② （清）王夫之：《诗经稗疏》卷一，《船山全书》第3册，第85～86页。

曰："罙，周行也。"盖网垂其上，周行以冒之。故郑笺曰："罙，冒也。""罙入其阻"者，周行以冒之。楚自唐、邓东抵江滨方城、冥阨、穆陵、黄土诸关，西接商、雒，东讫蕲、黄，带险千里，攻一道以入，则孤军受制。高宗大起师徒，四面奎入，使之莫有适守，而后楚不能旁出以挠我。师众役久，故《易》曰："三年乃克之，惫也。"罙字与深全别。今俗罙作罙，滰作深。故徇毛公之说，较为易晓。《集传》因而从之，亦或缘此。①

王夫之综合毛传、郑笺、《说文》之训，认为"罙入其阻"是"周行以冒之"。其实毛传与郑笺不同，郑笺意在改字，毛传谓深之义是《说文》从穴之"窔"，郑笺改为冒义，则是《说文》从网之罙。②虽然王夫之之说有误，但他已提出此问题，后来段玉裁又作《毛诗罙入其阻说》，对"罙"字详加考证，彻底解决了此问题。从中可见，王夫之虽已用到语言考据的方法，但尚不成熟和精密，同时也可以看到他在许多考证上对后世学者的启发意义。

三　毛奇龄的《诗经》名物考证与辨伪

毛奇龄淹贯群书，著作极富，但好与人争胜，故难得持平之论。比如，阎若璩撰《古文尚书疏证》断后出古文《尚书》之伪，毛奇龄便作《古文尚书冤词》力辨其真。③又如，顾炎武撰《音学五书》，分古韵为十部，毛奇龄不服，谓古韵仅五部，并撰《古今通韵》，创"五部三声两界两合"之说，支离破碎，不成系统。④不过，正因为他争胜好异，往往参与当时最热门的学术争辩，虽有刻意立异、博而不精、背离学术发展的正确方向等弊病，但于当时学术多能"预其流"，因此从他的著作中可以看到当时学术的发展趋势。毛奇龄在思想上尊主陆王，对于朱子之学多有排击⑤，这也体

---

① （清）王夫之：《诗经稗疏》卷四，《船山全书》第 3 册，第 223 ~ 224 页。
② 参见（清）段玉裁《经韵楼集》卷一《毛诗罙入其阻说》，第 19 页。
③ （清）永瑢等：《四库全书总目》，第 101 页。
④ 参见张民权《清代前期古音学研究》上册，第 54 ~ 55 页。
⑤ 参见钱穆《中国近三百年学术史》，第 254 ~ 255 页。

现在其诗经学著作中。毛奇龄的《诗》学考据集中于《续诗传鸟名卷》和《诗传诗说驳义》，今以此二书加以讨论。

《续诗传鸟名卷》专考《诗》中之鸟名，其体例以诗之次序排列，先列诗名，次列所含名物之诗句，再列朱子《诗集传》之解释，并加以考证。对于朱传之说，毛奇龄多有所不满，如开篇即说：

> 《论语》："小子学诗，可以多识于鸟兽草木之名。"而朱氏解《大学》"格物"又谓："当穷致物理。"则凡经中名物，何一可忽？况显作诗注，岂有开卷一物，而依稀鹘突越数千百年究不能指定为何物者？①

毛奇龄又说："《集注》凡鸟兽草木，尽袭旧注，而一往多误。"② 此说朱鹤龄已在《诗经通义》中言之："朱子所解草木鸟兽之类，皆本孔疏，出自《尔雅》、《说文》、陆玑《诗疏》诸书。"③毛奇龄尝与朱鹤龄相交，可见二人学术观念亦相近。

《续诗传鸟名卷》中的考证避免了明末名物考证多罗列材料的弊病，对材料进行了分析和排比，但相对顾炎武、陈启源、王夫之等人，仍显得不够精审，只是延续明末的名物考证之成果而略有推进，并没有像顾炎武、陈启源那样开创考据学的新格局。毛奇龄的名物考证的价值在于体现出不少学术发展的新趋势，最显著的就是声音文字之学在考证中的普遍运用。如他考《葛覃》之"黄鸟"云：

> 黄鸟，黄鹂也。原作鵹黄，以鸟本黄色，而间以黑色为缘饰，因两举其色而统名之曰鵹黄。旧注所云鵹黄以色名是也。乃作字书者，每遇鸟部，必加以鸟文，因之有鸴黄、鹠黄诸名，而古字通见，《说文》遂通作离黄。《文选·东京赋》又通作丽黄，乃丽又加鸟则直作

---

① （清）毛奇龄：《续诗传鸟名卷》卷一，《景印文渊阁四库全书》第86册，台北：台湾商务印书馆，1983，第277页。
② （清）毛奇龄：《续诗传鸟名卷》卷二，《景印文渊阁四库全书》第86册，第295页。
③ （清）朱鹤龄：《诗经通义》卷一，《景印文渊阁四库全书》第85册，第20页。

鹂字。顾野王《玉篇》始出鹂字，注鹂黄，而俗亦呼之曰黄鹂，则是鹂者，其色黄，鹂兼两色，安得单以鹂字称之？且字书无两文，故出一字。黄鹂非一字鸟也，《集注》非也。①

朱传释黄鸟云："黄鸟，鹂也"，其说本不严谨。毛奇龄认为黄鸟即黄鹂，本作鹚黄，鹚为黑色，黄为黄色，引黄鹂本黄色，又有黑边，故举两色以为名。此说亦颇为牵强，不知鹂、鹚只在声音上有联系。不过毛奇龄已注意到从文字形体和构造上来考察字义，至少能发现所谓离黄、丽黄、鹂黄、黄鹂不过一物。又指出古书"离黄"或"丽黄"本无鸟字作为偏旁，加鸟字作"鹂"出于顾野王《玉篇》。

又如《四月》"匪鹑匪鸢"，朱传云："鹑，雕也。"毛奇龄曰：

> 以鹑为雕，本袭旧注，然不著所自，则直误注耳，岂可为训。按鹑有三音，分作三鸟。一音淳，如陈切，则鹌鹑也；一音笋，思允切，则隼也；一音团，徒官切，则雕也。故以鹑作雕，当云鹑本作鹍，音徒官切，与鸢一类，其飞皆能戾天者。特鹑与鹍通字，故诗亦作鹑，此在毛传、《尔雅》、《广雅》、《说文》、《玉篇》、《广韵》、《集韵》、《韵会》诸书引释甚明。近作字书者，反变乱字学，谓以鹍作鹑是改经字相沿致误，殊不知此通字，非改字也。《说文》引诗文直作"匪鹍"，《集韵》云：鹍，今本诗作鹑，然亦有仍书鹍字者。是鹑之与鹍总是诗字，与鹂鹚之改鹍鹑不同。②

毛奇龄谓朱传袭旧注，其实即袭毛传之解释，又从声音、训诂指出鹑有三音三义。虽然其考证仍有些混乱，但他通过考察历代字书、韵书，认为"鹍"与"鹑"通，《四月》"匪鹑匪鸢"之"鹑"即《说文》之"鹍"，据《说文》、毛传均训雕，可知毛奇龄此说不误。

毛奇龄还著有《诗传诗说驳义》，专驳明代所出之伪《子贡诗传》和

---

① （清）毛奇龄：《续诗传鸟名卷》卷一，《景印文渊阁四库全书》第86册，第278页。
② （清）毛奇龄：《续诗传鸟名卷》卷三，《景印文渊阁四库全书》第86册，第298页。

《申培诗说》，是此两种伪书流行后第一部系统进行辨伪的著作，在诗经学史和辨伪学上都具有重要意义。全书共五卷，首先从传承上辨《子贡诗传》与《申培诗说》之伪，毛奇龄认为子贡作《诗传》、申培作《诗说》，向来无此书，至明嘉靖间突然出现，颇为可疑，又提出：

> 从来说诗，不及子贡，即古今《艺文志》目亦从无《子贡诗传》，徒以《论语》有："赐也，始可与言诗已矣"一语，遂造为此书，其识趣弇陋，即此可见。若申培鲁人，善说诗，故《汉书·儒林传》云："言诗于鲁则申培公。"而《艺文志》亦云："汉兴，鲁申公为诗训故。"则申培说诗固自有据，但《传》又云："申公独以诗经为训故以教，无传。"言第有口授，无传文也。则申公虽说诗，而无传文，即《志》又云："所载鲁诗，有《鲁故》二十五卷、《鲁说》二十八卷。"《隋志》亦云："小学有石经鲁诗六卷。"则申公说诗，虽有传文，亦第名《鲁故》《鲁说》《鲁诗》，不名《诗说》。即谓《鲁说》即《诗说》，然《诗说》只二十四篇，无卷次，亦并非二十八卷与二十五卷、六卷。况《隋志》又云："鲁诗亡于西晋。"则虽有传文，而亦已亡之久矣。乃或者又曰："鲁诗亡于西晋，则西晋后亡之固已然，安知西晋之所亡者，不即为明代之所出者耶？"则又不然，夫鲁诗至西晋始亡，则西晋以前凡汉魏说诗有从鲁诗者，则必当与今说相合。乃汉魏以来说诗不一，假如汉杜钦云："佩玉晏鸣，关雎刺之。"注云："此鲁诗也。"今《诗说》所载反剿窃匡衡所论如云"风诗之首，王化之基"，曾不一云刺诗。如刘向《列女传》云："燕燕，夫人定姜之诗。"或云此鲁诗，而《诗说》反袭毛、郑为庄姜戴妫大归之诗，如此者不可胜。则今之《诗说》全非旧之《诗故》，居然可知。①

历代书志无《诗传》《诗说》之名，而《申培诗说》又与西晋以前所存之《鲁说》不合，可知二书流传无绪，为伪书当无疑。

---

① （清）毛奇龄：《诗传诗说驳义》卷一，《景印文渊阁四库全书》第 86 册，台北：台湾商务印书馆，1983，第 234～235 页。

总论之后，毛奇龄即逐条批驳《申培诗说》与《子贡诗传》之非，全书共计108条①，通过详引经传及两汉魏晋之文，考证《子贡诗传》《申培诗说》在篇次、篇名、内容、诗旨、史实等方面与古说不合，又考《子贡诗传》《申培诗说》多袭用诗序、《大学》、朱子《诗集传》及唐宋学者之说，指出其抄袭、拼凑的情况，所用方法十分精密。如《兔罝》一诗，毛奇龄驳《申培诗说》云：

《诗说》云："兔罝，文王闻太颠、闳夭、散宜生皆贤人而举之国，史咏其事而美之。"按《墨子》云："文王举闳夭、太颠于罝网之中。"此或以兔罝字偶同，故云，然作者并不知有《墨子》，岂偶合者与。②

他指出《申培诗说》因《墨子》有"罝网"二字而袭用之。又如，《狼跋》，毛奇龄驳《申培诗说》云：

《诗说》曰："狼跋，周公居于鲁，鲁人睹其德容而作是诗。"按，诗句"公孙硕肤，德音不瑕"，尝见旧本孔鲋《小尔雅》引此二句作"德容不瑕，见成王美大声称远也"。以德音为德容，本传写误耳，此曰睹其德容，岂亦偶见《小尔雅》误本，故以音字改容字耶？③

《申培诗说》谓《狼跋》赞周公德容，而于诗句无所当，毛奇龄考《小尔雅》尝误作"德容不瑕"，可知此或为造《申培诗说》者袭用《小尔雅》之误。

毛奇龄考《子贡诗传》之伪亦如是。如《考槃》诗，毛奇龄驳《子贡诗传》云：

① 此为林庆彰统计，参见林庆彰《清初的群经辨伪学》，第272页。毛奇龄对《子贡诗传》《申培诗说》的辨伪，可参看林庆彰《清初的群经辨伪学》第五章第三节"毛奇龄的考辨"，第271～286页。
② （清）毛奇龄：《诗传诗说驳义》卷一，《景印文渊阁四库全书》第86册，第239页。
③ （清）毛奇龄：《诗传诗说驳义》卷一，《景印文渊阁四库全书》第86册，第241页。

　　《诗传》："鄘人美其君子不仕乱邦，赋考槃。子曰：见遁世而无闷矣。"此窃《孔丛子》云"于考槃见士之遁世而不闷也"语，观此则益信《柏舟》"匹夫不可夺志"亦正引《孔丛子》语而连篇以及之者，作伪之稚拙而底里尽见有如此，后《木瓜》篇同。①

　　可见毛奇龄在驳《子贡诗传》的基础上，进一步断定其作伪的底本之一即《孔丛子》，且作伪手段并不高明。

　　又如《淇奥》一诗，毛奇龄指出《子贡诗传》之说袭自《大学》：

　　《诗传》云："卫武公好学明德，国人美之，赋《淇澳》。"按，诗文"淇奥"，惟《大学》作"淇澳"，此故改澳字，且加明德字，则竟以《大学》释诗矣。《礼记》出汉后，岂能迁易诗文如此？况《礼记》原本原以《淇奥》诗证诚意，在故君子必诚其意，后未尝证明德也。证明德之说，创自朱子。以此节为明德之止于至善，此是臆解耳。而作伪者公然入此二字，浅学不审量，以为本之《大学》，而不知此《大学》系朱子之《大学》，非《礼记·大学》也。观此，则其书为宋后明季学究授市门幼稚于乡塾，而发狂为此，夫何疑焉。②

　　这则考辨极为清晰，从文字和诗义判断《子贡诗传》袭用《大学》，而又考《大学》引此诗本在证诚意而非证明德，证明德之说乃朱子所创，故可证伪造《子贡诗传》者必为宋后明季之人。从这则考辨可见毛奇龄深明朱子之学和宋明理学，如此方能层层剖析，论断《子贡诗传》之非。

　　经毛奇龄系统考辨，《子贡诗传》《申培诗说》之伪昭然若揭。毛奇龄的考辨还影响到其友人姚际恒。姚际恒在其《古今伪书考》和《诗经通论》中进一步辨明《子贡诗传》《申培诗说》之伪，并对明末学者引用二书之说者如何楷、邹忠胤等提出了批评。他在毛奇龄的基础上提出二书的

---

① （清）毛奇龄：《诗传诗说驳义》卷二，《景印文渊阁四库全书》第 86 册，第 245 页。
② （清）毛奇龄：《诗传诗说驳义》卷二，《景印文渊阁四库全书》第 86 册，第 245 ~ 246 页。

作伪者均为丰坊。①

值得注意的是，毛奇龄和姚际恒都具有王学背景，由尊陆王而排诋朱子，并由此影响到他们对群经的辨伪。钱穆曾指出："时浙人如陈乾初、潘用微、毛西河皆排击朱子，立方辨伪，深以未见陈乾初辨《大学》为憾，则其风声相摩，意气相通，固当在彼不在此。浙东王学流变，自有此一派。"②

综上所述，不论是钱澄之还是朱鹤龄，都具有较深的宋学渊源，他们的著作中都体现出曲护朱子和折中旧义的取向，一方面可证朱子《诗》说已不能使人信服，诗序的权威性重新获得承认；另一方面，他们多从不同于朱子《诗》学的其他宋人学者中寻找根据，并继承朱子重视"格物致知"的传统，吸收王应麟、黄震、马端临、许谦等宋元学者的考据理念。这在当时学者中有比较广泛的体现，如钱穆指出阎若璩对宋人理学就未敢轻讥，并说："潜邱之意，仅欲以汉儒之博物考古，与宋儒之理明义精者相阐证，对宋儒义理，未敢异同。"③ 阎若璩的诗学著作《毛朱诗说》同样多曲护朱子，而在大旨上取折中之意。即如顾炎武，其所驳斥者多为科举之弊和王学末流，对于宋儒尤其是程朱仍十分尊敬。④ 这种现象直到乾嘉考据学出现仍然存在。例如，陈寿祺尝致信段玉裁，论世道人心之衰颓云："窃怪近日学者，文藻日兴而经术日浅，才华益茂而气节益衰。固倡率者稀，亦由所处日蹙，无以安其身。此人心世道之忧也。"段玉裁却认为问题的关键不在于倡率者稀、所处日蹙，他回信说：

愚谓今日大病，在弃洛闽关中之学不讲，谓之庸腐，而立身苟简，气节败，政事芜，天下皆君子而无真君子，未必非表率之过也。故专

---

① 参见蒋秋华《姚际恒对〈子贡诗传〉与〈申培诗说〉的批评》，《中国文哲研究集刊》第8期，1996年3月，第257~304页。

② 钱穆：《中国近三百年学术史》，第280页。

③ 钱穆：《中国近三百年学术史》，第257页。

④ 参见（清）顾炎武著、（清）黄汝成集释《日知录集释》，第3~5、10页。

言汉学，不治宋学，乃真人心世道之忧。①

段玉裁信中写道"弟明年八十老至"，可知此信作于段玉裁晚年。段玉裁指出"专言汉学，不治宋学"才真正是人心世道之忧，可见在遵从汉学的学者心中，濂洛关闽之学仍是不言而喻的知识背景与最终追求。

不论是钱澄之首列诗序，还是朱鹤龄专申序义，他们的目的都不是驳斥朱子，尽管他们的著作（尤其是朱鹤龄）最后呈现出对朱子《诗》学的系统性甚至颠覆性批评，但是他们在根本上不反朱子之学，更不反对宋学。他们也没有完全揭橥"汉学"的概念，钱澄之只提出"吾宁右汉"，而朱鹤龄尊序也一如郝敬，乃在尊经，与汉人无关。他们的本意多是以汉唐旧说弥补宋人《诗》说的不足，以期经说能回到融贯众说的轨道上。朱鹤龄认为经学衰亡的本原在于固守一说，要避免此弊，就要辨、要疑，要吸纳历代之说，尤其是几乎被人遗忘的汉唐诸儒之说和朱子以外的宋元学者之说。

虽然自明末就已经形成一股尊经复古的风气，宗主汉学的呼声也渐渐兴起，但系统而又严谨的尊主汉学的著作一直没有出现，直到陈启源的《毛诗稽古编》面世，该书可以算是真正以汉学为皈依的著作。自明中期至清初，专门考据之作的相继涌现和声音文字之学的勃兴为陈启源的研究在方法上奠定了一定基础。在这样的学风影响下，尤其陈启源又居于复古学风的中心——吴江，故他一方面继承明末学术之成果，另一方面终于揭示了毛传的重要性，从毛传入手，重视声音、文字、训诂在考据方法上的意义，成为清代汉学的开端。同时也需要注意，尽管《毛诗稽古编》问世，但清代的汉学并没有迅速发展乃至成燎原之势，到乾隆年间惠栋大力推扬，并以《毛诗稽古编》为汉学研究的典范，这个地域性特征明显的学派才得以树立，并随着钱大昕、王昶等人传至全国。

由诗经学的观察可以认定，清代考据学的渊源与流派很难完全由地域来界定，更多的其实是学术背景的不同。根据本章的考察，乾嘉考据学至

---

① （清）陈寿祺：《左海文集》卷四《答段懋堂先生书》及后附《懋堂先生书三通》（第三通），《清代诗文集汇编》第 499 册，影印清刻左海全集本，上海：上海古籍出版社，2010，第 182 页。

少有两个不同的渊源，一是来自宋学，二是来自汉学。来自宋学者更偏向于经史考据，如朱鹤龄、顾炎武、阎若璩，其学多承王应麟、黄震等学者，尤其重视对地理、名物、制度等方面的考证；来自汉学者更重视语言考据，如陈启源以及后来的惠栋，偏重对汉人经解的钩沉、诠释和发明，其渊源还可上溯至明末的冯复京、顾大韶、赵宧光等学者。此二者常有交互，界限划定并不严格。来自宋学者又有尊主程朱和尊主陆王的不同，浙东学者如黄宗羲、毛奇龄、姚际恒等均由王学传承而下，又与明末具有王学背景的郝敬声气相通。

尽管这一时期的考据学著作并不算多，但这些著作预示了后来学术发展的趋势。从这些学者的著作中可以发现声音文字之学日益成为重要的考据方法，尤其在字义、训诂、校勘等方面，不通声音文字之理，则很难得出确切而通贯的解释。自此之后，专门说理之作逐渐减少，考据话语逐渐成为学术话语的主流，并进而影响到乾嘉考据学的生成。

第六章　义理衰微：清代以理说《诗》的衰亡

　　徐澄宇论宋代诗经学，认为有三派："一曰废小序也，二曰存小序也，三曰专言训诂名物也。"① 自元代朱子《诗》说被立为科举标准之后，废小序的朱子《诗》学成为主流，元明《诗》学诠释系统注重对朱子《诗》说和诗旨的阐发，相对较为忽略训诂名物。从体式来看，相关著述大略可分为两类，一类以刘瑾《诗传通释》、朱公迁《诗经疏义》以及胡广等修纂的《诗传大全》为代表，以朱子《诗集传》为主述之核心，分章逐句诠释诗旨、发明朱子诠诗之义；一类则继承欧阳修、吕祖谦、严粲等人的诗解传统，不尽从朱子，兼采众说，体式上也不似《诗传通释》等谨严，不分章逐句对《诗经》进行诠释，而是散论诗义，明代吕柟《毛诗说序》、李先芳《读诗私记》、袁仁《毛诗或问》均属此类。本书将这种诗经诠释体式泛称为"以理说《诗》"。明末学者重新发现汉唐经解传统，并恢复了诗序的权威性，出现了不少发明诗序之旨、考证训诂名物的著作，以及如何楷《诗经世本古义》这样独具特色、融会历代《诗》说之作。但若从数量上论，以理说《诗》的诠释体系仍然在《诗》学著作中占有很大比例。

　　清代初期，随着学风转向，以理说《诗》出现了一些新的现象。首先，在诗序的权威性日益增强的情况下，产生了不少专门祖述朱传的著作，如孙承泽《诗经朱传翼》、赵灿英《诗经集成》、冉觐祖《诗经详说》等；其次，出现了既不主序也不主朱，而别自为解、颇具个人特色的著作，如王夫之《诗广传》、姚际恒《诗经通论》、秦松龄《毛诗日笺》等。另外，还有不少著作仍折中古义和宋儒之义，或偏重诗序或偏重宋人解说，如贺贻

---

① 　徐澄宇：《诗经学纂要》，第 183 页。

孙《诗触》、毛奇龄《白鹭洲主客说诗》、惠周惕《诗说》、杨名时《诗经札记》等。虽然在数量上以理说《诗》仍是清初诗经学之大宗，但这些著作已逐渐缺乏具有创造性的诠释，多是围绕宋人之说空谈义理，鲜有所发明。因此，以理说《诗》实质上已经难以为继。康熙官修《诗经传说汇纂》集宋明以来以理说《诗》之大成，既是以理说《诗》的总结也是结束。此后《诗经》考据之作、祖述汉学及三家诗的著作渐成诗经学主流，也成为乾嘉学术的重要组成部分。本章考察以理说《诗》这种诠释方法的衰亡过程，主要分析孙承泽《诗经朱传翼》、冉觐祖《诗经详说》、王夫之《诗广传》、姚际恒《诗经通论》等相关著作。

第一节　祖述朱子的诗经学著作及其困境

一　孙承泽《诗经朱传翼》

孙承泽（1592～1676 年），字耳伯，号北海，顺天大兴（今属北京）人。他是崇祯四年（1631）进士，曾任河南陈留等地知县，后授刑科给事中，户科、工科右给事中，升刑科都给事中。崇祯十七年（1644）李自成攻入北京，孙承泽投降闯军。两个月后清军入城，孙承泽又投降清军，官至吏部左侍郎兼都察院右都御史。顺治十一年（1654），因卷入清廷上层政治斗争，被吏部强令休致，遂不复用。①

从顺治十一年到康熙十五年（1676）孙承泽去世的二十多年间，孙承泽的生活主要是著述和交游。孙承泽著作极多，尤长于经史、地理和金石之学，有记录崇祯朝史事的《崇祯山书》、记录北京形胜名迹的《春明梦余录》、类似北京地方志的《天府广记》、记录京畿地区人物事迹的《畿辅人物志》，编有《元朝人物略》《益智录》等人物传记，还有《庚子销夏记》《研山斋珍赏历代名贤图绘集览》《研山斋珍赏历代名贤墨迹集览》《研山斋珍赏历代名贤法书集览》《闲者轩帖考》等金石书画著作，以及

---

① 关于孙承泽生平，参见（清）王崇简《青箱堂文集》卷八《光禄大夫太子太保都察院右都御史吏部左侍郎孙公行状》，《四库全书存目丛书》集部第 203 册，影印山西大学图书馆藏清康熙二十八年王燕刻本，济南：齐鲁书社，1997，第 485～487 页。

《学典》《元朝典故编年考》等典制之作，《九州山水考》《河纪》等地理著述。在经学方面，孙承泽著有《五经翼》《诗经朱传翼》《尚书集解》《春秋程传补》，皆为祖述程朱之作。另外还有记录历史兴亡之感的笔记《山居随笔》。①

孙承泽晚年亦多与当时学者往来，如顾炎武、孙奇逢、陆元辅等遗民，另与曹溶、龚鼎孳、陆陇其、朱彝尊交往甚密。陆陇其引述陆元辅的话说："北海学博而才敏，其所著诸书，虽不皆精，然多有益于学者。博学之士，皆收入门下，相助校对，朱锡鬯、顾宁人其尤也。"② 钱澄之于康熙十一年（1672）第一次抵京时，孙承泽亦托严沆向钱氏致意，③ 可见二人亦有旧谊。

孙承泽为学主程朱而排斥阳明，故他与康熙朝理学名臣亦有交往，如魏裔介、魏象枢、熊赐履等。顾炎武在《日知录》中引述孙承泽论王阳明《朱子晚年定论》：

> 宛平孙承泽谓："阳明所编，其意欲借朱子以攻朱子。且吾夫子以天纵之圣，不以生知自居，而曰'好古敏求'，曰'多闻多见'，曰'博文约礼'，至老删述不休，犹欲假年学《易》。朱子一生效法孔子，进学必在致知，涵养必在主敬，德性在是，问学在是。如谬以朱子为支离，为晚悔，则是吾夫子所谓好古敏求，多闻多见，博文约礼皆早年之支离，必如无言、无知、无能为晚年自悔之定论也。"④

孙承泽此说见于其所著《考正晚年定论》⑤，他写道："《易本义》、《诗集传》与《论》、《孟》集注同年著成，阳明以《集注》为中年未定之书，

---

① 参见刘仲华《世变、士风与清代京籍士人学术》，第一章第一节"孙承泽与清初降臣学术"，第 9～32 页。
② （清）陆陇其：《三鱼堂日记》卷三，《续修四库全书》史部第 559 册，影印中国科学院图书馆藏同治九年浙江书局刻本，上海：上海古籍出版社，1997，第 494 页。
③ （清）钱撝录：《钱公饮光府君年谱》，载（清）钱澄之《所知录》，第 215 页。
④ （清）顾炎武著、（清）黄汝成集释《日知录集释》卷十八，第 1064～1065 页。
⑤ （清）孙承泽：《考正晚年定论》，《四库全书存目丛书》补编第 95 册，影印台湾汉学研究中心藏旧抄本，济南：齐鲁书社，2001，第 1～2 页。

而不敢议及《易》与《诗》,岂能定者独在二经,而不定者独在四书耶?亦见阳明沉潜之学少,而全无致知之实功也。"① 孙承泽认为朱子晚年并未改变其学宗旨,且一生效法孔子,致知与主敬并重,而尤重致知,认为此是王学沉潜之学所不能及者。

《诗经朱传翼》成书于康熙十一年(1672)夏,孙承泽时年八十。此书专为述朱子《诗集传》之义而作,故曰"朱传翼",在自序中,孙承泽开宗明义地说:

> 诗序不知作于何人,托名子夏,伪也。传为毛氏作,而卫宏润饰之,其言近是。汉郑康成为之笺,唐孔颖达为之疏,宋吕东莱之《诗记》、严华谷之《诗缉》、段子武之《诗解》,皆宗之。朱子晚年著《集传》,力正毛氏之失,而不甚许可《诗记》……诗独本于日用,属于人情,取义于声韵之微默,寓夫劝惩之旨,大者载焉,小者载焉,贞者载焉,淫者载焉。盖不极乎事之变,不足以穷人之情。情者,性之用也。情至于穷而性见矣。故曰"思无邪"。思者由情反性之路也。此圣人教人学诗之要,非谓诗尽无邪也。毛氏不达其解,而曰:"变风发乎情,止乎礼义。"夫止乎礼义固亦有之,然岂皆止乎礼义者哉。操说如此,故篇篇必求止乎礼义,穿凿迂滞不通。②

可见孙氏论诗全从义理中出。他认为诗序并非出于子夏,而是毛公作,卫宏增益。他对《诗集传》之权威多有维护。他又以毛氏不达诗义,凝滞不通,认为诗本于日用,属于人情,穷极事物之变,以尽人情。而情是性在人伦、政治等方面的体现和运用,性即宋儒所谓理,尽情即可以见性穷理。孙说本于朱子,朱子在《诗集传序》中说:"人生而静,天之性也,感于物而动,性之欲也。夫既有欲矣,则不能无思,既有思矣,则不能无言。既有言矣,则言之所不能尽,而发于咨嗟咏叹之余者,必有自然之音

---

① (清)孙承泽:《考正晚年定论》,《四库全书存目丛书》补编第95册,第5页。
② (清)孙承泽:《诗经朱传翼》,《四库全书存目丛书》经部第72册,影印复旦大学图书馆藏清康熙孙氏刻本,济南:齐鲁书社,1997,第435~437页。

响节奏而不能已焉。此诗之所以作也。"① 孙承泽所说的"性"即朱子的
"天性"，孙承泽所谓"情"即朱子所说的"欲"。由此可见孙氏治《诗》
之旨趣与宗主。

《诗经朱传翼》的体例是，先于书首取朱子《诗集传序》、朱子论吕祖
谦《吕氏家塾读诗记》、《朱子语类》中论诗之语以展现"朱子诗旨"，其
后取小序与朱子之说并列每篇之首，定其是非；再分章述诗之义，皆以朱
子之说为归。如《葛覃》，朱子以为后妃自作，《诗集传》又述此诗首章之
义云："盖后妃既成绤绤而赋其事，追叙初夏之时，葛叶方盛，而有黄鸟鸣
于其上也。" 孙承泽则述首章诗义云：

> 此后妃自叙之诗，追忆初夏时景物，见葛有可治之渐，女工所由
> 始也。只闲闲点缀，当葛叶萋萋，犹记曩昨一段光景如此，不必说到
> 动女工之思。后妃女工无日不在念，岂待黄鸟始兴感乎。②

可见孙氏只是申述《诗集传》之义而已。又如《子衿》，诗序以之为
刺学校废，朱子认为是女子思男，亦属淫奔之诗。孙承泽辨之曰：

> 人因子衿二字，遂以为学校之诗。细读诗意，如"不往不来"、
> "挑达"、"一日三月"等语，岂可用之学校？人又因朱子《白鹿洞赋》
> 有"广青衿之疑问"一语，遂执之以为学校之证，古言共父母衣纯以
> 青，则朱子所言青衿盖断章取义，未必用郑风之青衿也。③

孙氏此说，最为迂曲，也最能见其维护《诗集传》《诗序辨说》之意。
他认为朱子《白鹿洞赋》所用并非诗序废学校之义，而是用古语之说。朱
子原文曰："广青衿之遗问，乐菁莪之长育"，不仅举《子衿》，还举《菁
菁者莪》，皆用古义。足见孙氏维护《诗集传》之意甚切，而其说实难以
服人。并且孙氏这类对诗义的诠解带有很深的科举用书的烙印。

---

① （宋）朱熹：《诗集传》，第 1 页。
② （清）孙承泽：《诗经朱传翼》卷一，《四库全书存目丛书》经部第 72 册，第 448～449 页。
③ （清）孙承泽：《诗经朱传翼》卷七，《四库全书存目丛书》经部第 72 册，第 525 页。

对于朱子用前人之说者，孙承泽则并列二说，以见朱子《诗》说之渊源。如《卷耳》，朱子认为诗序"后妃之志"说得之，而"辅佐君子，求贤审官"则为穿凿。此说其实来自欧阳修，故孙承泽先列朱子之说，在朱子之说后又列欧阳修之说："欧阳文忠公曰：妇人无外事，求贤审官，非后妃职也。国君不能官人于列位，又不知臣下之勤劳，阙宴劳之常礼，使后妃越职而忧伤如此，则文王之志荒矣。"① 孙承泽虽未加按语，读者自可从其体例中见朱子《诗》说与前人《诗》说的关系。

《诗经朱传翼》还吸收了不少明代学者的意见，孙承泽常引述杨慎《升庵集》、徐光启《诗经六帖》、黄佐《诗经通解》、邓元锡《诗绎》、郝敬《毛诗原解》、邹忠胤《诗传阐》、沈守正《诗经说通》等诸家《诗》说，亦引及伪《子贡诗传》②。如他引杨慎之说论《卷耳》诗义云：

> 杨用修曰："如朱子解可也，但妇人思夫，陟冈饮酒，携仆望砠，即为托言，亦伤大义。盖后妃思文王行役而云也，陟冈文王陟之也，马玄黄文王之马也，仆痛文王之仆也，金罍兕觥冀文王酌以消忧也，盖身在闺门而思在道途，若后世云：'计程应说到凉州'、'计程应说到常山'耳。"此说极新，然于前后我字说不去。③

杨慎不同意朱子以后妃思夫乃至陟冈饮酒，以陟冈、饮酒皆为文王之事，孙承泽亦认为此说极新，可见朱子之说实有难通之处。不过孙承泽并不完全赞同杨慎之说，认为以"我"指文王颇为牵强，仍有曲护朱子之意。

孙承泽引述明人之说亦有疏误，如《卷耳》首章引黄佐之说云：

> 黄氏佐曰："唐人《闺情诗》云：'袅袅庭前柳，青青陌上桑。提笼忘采叶，昨夜梦渔阳。'即首章意也。又云：'梦里分明见关塞，不知何路向金徽。'即后章意也。思念之词，虽非经历实事，然而寄意深矣。"④

---

① （清）孙承泽：《诗经朱传翼》卷一，《四库全书存目丛书》经部第 72 册，第 449 页。
② （清）孙承泽：《诗经朱传翼》，《四库全书存目丛书》经部第 72 册，第 520、548 页。
③ （清）孙承泽：《诗经朱传翼》卷一，《四库全书存目丛书》经部第 72 册，第 450 页。
④ （清）孙承泽：《诗经朱传翼》卷一，《四库全书存目丛书》经部第 72 册，第 450 页。

此说非黄佐之语，实出自杨慎，见其《升庵集》"唐诗近三百篇条"，杨慎原文作：

> 唐人《闺情诗》云："袅袅庭前柳，青青陌上桑。提笼忘采叶，昨夜梦渔阳。"即《卷耳》诗首章之意也。又曰："莺啼绿树深，燕语雕梁晚。不省出门行，沙场知近远。"又曰："渔阳千里道，近于中门限。中门逾有时，渔阳常在眼。"又曰："梦里分明见关塞，不知何路向金微。"又云："妾梦不离江上水，人传郎在凤凰山。"即《卷耳》诗后章之意也。若如今《诗传》解为托言，而不以为寄望之词，则《卷耳》之诗乃不若唐人作《闺情诗》之正矣。若知其为思望之词，则诗之寄兴深，而唐人浅矣。①

杨慎此说正与上举孙承泽引杨慎论《卷耳》诗义相应，合而观之，杨慎之意甚明。而孙承泽误以此说来自黄佐，且删节杨慎此条最后之结论，使得杨慎此说成为仅仅以文学方法解读诗篇而已。

《诗经朱传翼》中还有一些考证制度的内容，但是细考其文，均非孙承泽原创，而是袭用前人之说，如《采蘩》"被之僮僮"，孙承泽曰：

> 被之僮僮，时解以为助祭之时，其被僮僮然竦敬。按《天官·内司服》后六服，祎衣、揄翟、阙翟，谓之三翟，与鞠衣、展衣、褖衣为六也，首饰则有副、编、次。三翟为祭服，首皆服副。鞠衣告桑之服，展衣朝王及见宾客之服，首皆服编。褖衣进朝于王之服，首则服次。凡诸侯夫人于其国，衣服与王后同。上公夫人得祎衣以下，侯伯夫人得揄翟以下。被即次也，夫人祭祀，不应服次。曹氏以为此在商时，故与《周礼》异。终不确，不如作未祭与祭毕时。②

此条所云，自"《天官·内司服》"至"故与《周礼》异"乃袭自严

---

① （明）杨慎：《升庵集》卷五八，《景印文渊阁四库全书》第1270册，台北：台湾商务印书馆，1983，第545页。

② （清）孙承泽：《诗经朱传翼》卷二，《四库全书存目丛书》经部第72册，第459页。

粲《诗缉》之文①。

又如考证《小雅·鼓钟》"以雅以南"，孙承泽云：

> 按《仪礼》《礼记》凡乐四节：首节歌也，工入，升堂歌《鹿鸣》《四牡》《皇皇者华》，是为升歌三终；其比歌则以瑟，手弹而口和也。二节笙也，笙入堂下奏《南陔》《白华》《华黍》，是为笙入三终，其辅笙则以磬，所谓磬南北面立也。于是堂上间歌《鱼丽》，则堂下笙《由庚》；堂上间歌《南有嘉鱼》，则堂下笙《崇丘》；堂上间歌《南山有台》，则堂下笙《由仪》，是为间歌三终。歌笙相禅，故曰间，此乐之第三节也。于是工歌《关雎》，笙吹《鹊巢》合之；工歌《葛覃》，笙吹《采蘩》合之；工歌《卷耳》，笙吹《采蘋》合之。堂上下歌，瑟及笙并作，是为合乐三终，此乐之第四节也。《燕礼》又有所谓下管新宫，《大射仪》亦曰："新宫三终"，《乡射礼》又曰："奏《驺虞》，间若一。"鼓瑟鼓琴，笙磬同音，以雅以南，此之谓也。郑氏以万舞为雅，于义何居？且籥为文舞，既总于万，若雅果是万，何言雅又更言籥乎？毛诗以南为南夷之乐，夫周备古乐，如云、韶、夏、濩各取一代极盛者用之，岂有文王象箾而独采夷乐以配，如云大德广及，又岂应含东昧西，离北禁而独用南蛮之兜任？先儒程大昌氏尝力辨其妄，孔颖达谓："言南得总四夷，以周之德先致南方。"此亦附会毛郑之说耳。惟朱传直以雅为二雅，南为二南得之。②

此考"以雅以南"，雅、南皆非乐器，而是二雅、二南中诸诗，此说全袭自邹忠胤《诗传阐》③，亦非孙氏自得之见。

孙承泽自述其作《诗经朱传翼》的方法云："朱子注经之法，不以己意解经，而以经还经，余愿学焉，不敢以己意衍传，而以传还传。俾学者观小序之说如是，朱子之说如是。"④ 这种"以经还经""以传还传"的理

① （宋）严粲：《诗缉》卷二，页四。
② （清）孙承泽：《诗经朱传翼》卷二十，《四库全书存目丛书》经部第72册，第656页。
③ 参见（明）邹忠胤《诗传阐》，《四库全书存目丛书》经部第65册，第700～701页。
④ （清）孙承泽：《诗经朱传翼》，《四库全书存目丛书》经部第72册，第437页。

路看上去与陈启源"寻绎毛传以考经文"之法十分相近，但实际有天壤之别。从上文所论可见，《诗经朱传翼》祖述朱传，仅是以说理的方式来申说传义，维护极严，不敢有丝毫逾越。此正中朱鹤龄所云不疑、不辨而专一说之弊。孙氏考证颇多剿袭前说，于朱传义理亦无所发明，这是孙氏此书最大的问题。他不仅在义理上无法再进一步，做出具有创发性的解释，仅亦步亦趋解说朱传，在体例、训诂、名物、学术渊源等方面也未对朱传、《诗序辨说》等详加分析，未有创见。故孙氏《诗经朱传翼》之失，不在祖述朱子，而在于对朱子无所发明，如此则使此书与私塾启蒙之书无别。这不仅是孙承泽一家之弊，其他专尊朱子的著作，如赵灿英《诗经集成》、冉觐祖《诗经详说》等也存在同样的情况。这些著作仅仅是反复重申朱子已言之义，在学术上已经失去了生命力。

二　冉觐祖《诗经详说》

冉觐祖，字永光，号蟫庵，中牟（今河南省中牟县）人。康熙三十年（1691）进士，改翰林院庶吉士，康熙三十三年（1694）授翰林院检讨。因不汲汲于仕进，不久就请假归里。曾讲学于嵩阳书院，专宗程朱，尤邃于性理之学，晚年声名日高，为当时理学名臣李光地、张伯行等所敬重。八十二岁卒于家。①

冉觐祖的著作以《五经详说》最为知名，包括《易经详说》、《书经详说》、《礼记详说》、《春秋详说》以及本文将要讨论的《诗经详说》。另还著有《孝经详说》，编有《性理纂要》《天理主敬图》。此六部详说，《四库全书总目》皆著录。《易经详说》兼用程颐《易传》和朱子《本义》，认为朱子重象数、程传重义理，二者不可偏废。《书经详说》以蔡沈《书集传》为主，折中孔传、孔疏以及宋元以下诸家之说，但以申述蔡传为主，与蔡传有异者则削而不录，体例甚严。《礼记详说》旨在发明陈澔《礼记集说》，兼采孔疏，并取卫湜、吴澄、郝敬等宋元明诸家之说。《春秋详说》事迹多取《左传》，议论则宗胡安国的《春秋传》，总体上考证较少，偏重

---

① 关于冉觐祖生平，参见（清）张伯行《冉检讨觐祖传》，载（清）钱仪吉《碑传集》卷四六，《清代传记丛刊》第 108 册综录类 3，台北：明文书局，1985，第 600~605 页。

对义理的阐发。① 冉觐祖之学全从宋学中出，其所宗主者，也是元代以来科举所宗之经解，《书经详说》专为发明蔡传，删节不同于蔡传之说，做法一如胡广等人编纂《诗传大全》删节刘瑾等书中不同于朱子之说。故《四库全书总目》称他"笃守宋学，不肯一字异同"。② 他的《五经详说》也体现了折中的趋势，也兼采古义、异说。后来康熙晚期编诸经汇纂多受冉觐祖撰述体例之启发。

《诗经详说》也是一部专宗朱子《诗》说的著作。冉觐祖在自序中驳斥汉唐经解系统云："醇疵参半，瑕瑜不相掩，其所称为何王何公、某人某事，多出臆断，无的据。比兴之义弗明，美刺之体或溷。章与章不联，句与句不续，转不下则增饰其辞，解不通则改窜其字，毛、郑均有失，而郑倍焉。唐宋诸儒习而安之，无有穷尽根株而深为之辨者。"又称赞朱子道："朱子生平以穷理格物为先务，于经学尤不敢苟取序、传、笺、疏，而研究之、厘正之。存其是，去其非，缺其疑，驳其谬，理取其当，而无所矫诬，意取其贯而不致割裂，《集传》成而诗之本旨于是毕出。盖孔子删诗，而后诗为完经；朱子传诗，而后诗有正训，其功足相配也。"③ 极力赞誉朱子之功，认为《诗集传》成才使诗之本旨毕出。又以朱子直承孔子，跳过汉唐诸儒。他自述其书宗旨道：

> 复汇辑《语类》《大全》及时下诸家讲义羽翼《集传》者，参考而胪列之，并附《注疏》于中，使读者了然心目间。知此说为至正，则知彼说之有误。鉴彼说之有误，则益服此说之至正……非谓注疏可不读也，譬之农，毛、郑其翦除荆棘者也，朱子其修治田畴者也。翦除荆棘，时不无卤莽灭裂之弊，及修治田畴，始有深耕易耨之乐。先后相资，时异而功同。学者于集众美中定厥宗尚，庶诗教以之日隆，正学因之勿替矣。④

---

① （清）永瑢等：《四库全书总目》，第76、115、197、256页。

② （清）永瑢等：《四库全书总目》，第115页。

③ （清）冉觐祖：《诗经详说》，《四库全书存目丛书》经部第74册，影印上海图书馆藏清光绪七年大梁书局刻五经详说本，济南：齐鲁书社，1997，第605页。

④ （清）冉觐祖：《诗经详说》，《四库全书存目丛书》经部第74册，第606页。

他视毛、郑、孔为诗经学的开拓者，只有剪除荆棘之功，却不免卤莽灭裂之弊，朱子修治田畴，才意味着有所创获。

《诗经详说》一共九十四卷，篇幅庞大，内容丰富。其体例为分章解诗，每章下先解训诂，再解诗义。章下先列朱子《诗集传》之说，后列毛传、郑笺、孔疏，其后引朱子《辨说》《语录》等驳之，再举辅广、罗愿、李樗、刘瑾、朱公迁、朱善、顾梦麟等申朱子之说。每诗之后列诗序，再详引朱子《辨说》及各家之说，或驳诗序，或申朱子之说。除朱子《诗》说外，该书引孔疏、《诗传大全》、朱公迁《诗经疏义》也较多，大多列举各家之说，而按语极为简明，亦无所考证。

冉觐祖此书既意在主述朱子，故虽大量援引毛传、郑笺和孔疏，但他对所用材料进行了裁剪，不符合朱子诗义的汉唐旧说均不采录，也常对毛、郑之说加以驳斥，以辨明朱子之说为优。

如《采蘋》，郑笺云："古者妇人先嫁三月，祖庙未毁，教于公宫，祖庙既毁，教于宗室。教以妇德、妇言、妇容、妇功，教成之祭，牲用鱼，笾用苹藻，所以成妇顺也。此祭女所出祖也。"[1] 郑笺以《礼记·昏义》"三月庙见"之礼释《采蘋》，又申之云"此祭女所出祖"，解释此祖庙为女所出之祖。[2] 朱子于此诗则仅云："南国被文王之化，大夫妻能奉祭祀，其家人叙其事以美之也。"[3] 不从郑笺之说。故冉觐祖在此诗首章之下采毛传、孔疏仅为训释名物，于郑笺此说则削之。其按语道："毛、郑谓妇人将嫁教于宗室，而祭女所出祖。其说大异，故不录。"[4] 以毛、郑（其实仅为郑笺）异于朱子之说，故不加以采录。

对于《邶风·柏舟》一诗，诗序、毛传、郑笺皆以为仁人不遇，小人在侧，而朱传以之为妇人之诗。故冉觐祖虽引郑笺解群小之语，"群小，众小人在君侧者"，其下即云："笺、疏以此诗为卫之仁人，故以群小为君侧之小人，今不用。"[5] 虽录郑笺，但特标明不用其说。

---

① （唐）孔颖达：《毛诗正义》，第 286 页。
② （唐）孔颖达：《毛诗正义》，第 287 页。
③ （宋）朱熹：《诗集传》，第 9 页。
④ （清）冉觐祖：《诗经详说》，《四库全书存目丛书》经部第 74 册，第 699 页。
⑤ （清）冉觐祖：《诗经详说》，《四库全书存目丛书》经部第 74 册，第 747 页。

又如《邶风·日月》，诗序、毛传、郑笺以之为卫庄姜之诗，郑笺认为"乃如之人"指庄公。朱子承袭郑笺之说，亦以为如是。郑笺释末章"父兮母兮，蓄我不卒"云："卒，终也。父兮母兮者，言己尊之如父，又亲之如母，乃反养遇我不终也。"① 是言庄姜尊庄公如父如母，朱子则称："忧患疾痛之极，必呼父母，人之至情也。"② 不过认为"父兮母兮"为呼天抢地之意。故冉觐祖按语云："郑说父母指庄公，尊敬之如父母，反养我不终。不唯文义不顺，且称谓悖理。"③ 因此不录郑笺此解。

可见《诗经详说》之例所采录者或与朱子之说同，或能补充朱传，而与朱子不同者则加以删削。《诗经详说》中还有不少直接指斥毛传、郑笺、孔疏之非的地方。如《竹竿》，诗序认为："卫女思归也，适异国而不见答，思而能以礼者也。"朱子以为此诗"未见不见答之意"，冉觐祖申之云："全诗无不见答之意，而毛、郑必曲为之说，将极有情景之诗，说得支离可笑。"④

又如《芄兰》一诗，诗序云："刺惠公也，骄而无礼，大夫刺之。"认为其是卫大夫刺惠公之诗。朱子则认为"此诗不知所谓，不敢强解"。冉觐祖同朱子之意："此诗当在'童子'二字上取义，即阙党童子欲速成之意。故诗人刺之。《子贡传》云：'一子不孙，廊人刺之，赋芄兰。'较旧说为优。传未大行于世，故姑存之。'不我知''不我甲'云云，断非臣刺君之语。"⑤ 朱子犹不敢强解，而冉觐祖强解之，宁信伪造之《子贡诗传》，而不信古义，故其说难以服人。冉觐祖对朱子认同的诗序也加以批驳。如《东门之墠》，诗序认为是刺乱之诗，"男女有不待礼而相奔者也"。朱子曰："此序得之。"冉觐祖则认为"序说尚浑，而传、笺说得支离"⑥，仍然以诗序、毛传、郑笺之说不如朱子明晰。

对于朱子的淫诗说，不少尊朱学者也觉不安，往往在曲护朱子的前提下加以驳正。冉觐祖对朱子此说多持信从态度，并由此来驳毛、郑之说。

---

① （唐）孔颖达：《毛诗正义》，第 299 页。
② （宋）朱熹：《诗集传》，第 17 页。
③ （清）冉觐祖：《诗经详说》，《四库全书存目丛书》经部第 74 册，第 760 页。
④ （清）冉觐祖：《诗经详说》，《四库全书存目丛书》经部第 75 册，第 82 页。
⑤ （清）冉觐祖：《诗经详说》，《四库全书存目丛书》经部第 75 册，第 84～85 页。
⑥ （清）冉觐祖：《诗经详说》，《四库全书存目丛书》经部第 75 册，第 179 页。

如《将仲子》，毛、郑以仲子为祭仲，以此诗为刺郑庄公。朱子则直以为"民间男女相悦之词"。冉觐祖据此驳毛、郑云：

> 祭仲乃庄公腹心，与庄公同谋害段者也。庄公不听祭仲，只是欲缓之以成段之恶耳，岂真拒祭仲之谏，与仲相左哉！谓庄公拒祭仲之谏为小不忍，谬也。况诗人果为刺庄公，自有正大议论，令其无可置喙，何必委曲借喻，作鄙亵狎昵之语，然后为善也。今之说者，多欲推崇毛、郑，而不以为淫诗。予故录之，使学者细心体认，当知其为支离附会而不可从之也。①

毛、郑附会《左传》言诗，本身有穿凿之处，冉觐祖据诗辞说明以仲子为祭仲不论从情理上还是从史实上都说不通，这是比较合理的。但他过于强调毛、郑与朱子之别，以及毛、郑训释的支离附会，这只是为了尊朱而驳毛、郑，目的不在于求诗义之真，而是求朱子之"正"，很容易陷入自相矛盾、强为说解的境地。

冉觐祖常驳斥毛、郑的训诂，但他不明训诂文字之理，疏失甚多。如《中谷有蓷》之"暵其干矣"，毛传解释说："暵，菸貌。陆草生于谷中，伤于水。"郑笺申之云："兴者，喻人居平安之世，犹蓷之生于陆，自然也。遇衰乱凶年，犹蓷之生谷中，得水则病将死。"冉觐祖不以此说为然，其按语道：

> 山谷之谷，谓两山之间卑处也，不必皆有水。本文之言暵，而毛、郑皆添出伤于水一层，果谷中贮水，则蓷不生，岂先生无水而后为水所伤邪？不如只作暵说为捷。暵是活字，干是死字，干以地言，暵其干，非谓因暵而干，乃为其干地先暵也。②

其实"暵"为"灘"之假借，"灘"，《说文》解释为"水濡而干也"，

---

① （清）冉觐祖：《诗经详说》，《四库全书存目丛书》经部第 75 册，第 140 页。
② （清）冉觐祖：《诗经详说》，《四库全书存目丛书》经部第 75 册，第 117 页。

引诗"灘其干矣"。正因灘为水濡而干，故毛传解释为"伤于水"。① 可见古训本来如是，而冉觐祖不明通假，故强为之解。

又如《郑风·羔裘》之"洵直且侯"，毛传解释"侯"为"君"，朱传则曰："侯，美也"，认为指羔裘毛顺而美。冉觐祖遵从朱传之意，驳斥毛传云："毛、郑以侯为君，且君字义不顺。方言羔裘，何遽言且君？依朱传作裘说为是。"② 但冉觐祖不明古字训君者多有美义③，毛传训"侯"为"君"，意即美也，与朱传无别。而朱子犹能明其理，故直以美释之。冉觐祖不知古训义例，故强为分别，以朱传来驳斥毛传。

另如《遵大路》之"无我魗兮"，毛传云："魗，弃也。"朱子云："魗，与丑同。"冉觐祖全同朱传，认为："魗即丑陋之丑，当以貌言，此更亵昵，必非留君子之辞。"④ 冉觐祖并不知道毛诗"魗"本字为"𣪧"，《说文》："𣪧，弃也。"正合毛传此训，《说文》无"魗"字，可知诗文本字作"𣪧"。冉觐祖于毛、郑义例全然不明，固执地以朱子解说来指斥毛、郑之非。

冉觐祖批驳诗序、毛传、郑笺，其关键问题在于以一个事先设立的完全正确的"坐标"为标准，这个"坐标"就是朱传，不同于朱传的即指为穿凿支离、卤莽灭裂。但冉觐祖对朱传的正确性没有任何解释和考证，似乎在他那里，朱传是"天然"正确的。其结果就是冉觐祖对《诗经》的诠解陷入了一种循环论证：他首先认为朱传为"天然"正确，再以朱传为参照来驳斥毛、郑之非，然后以这样得来的毛、郑之非又来反证朱子的正确。

这样的循环论证使《诗经详说》在学术上的价值大大降低，尽管它的内容十分丰富，但更多的是资料的堆积，同孙承泽的《诗经朱传翼》一样，都仅仅是祖述而没有发明。相比孙承泽和冉觐祖，钱澄之的著作中虽然有不少内容抄自何楷的著作，但钱澄之对材料进行了分析，在裁剪和分析材料的基础上，做出了很多自己的解释。同样，朱鹤龄的《诗经通义》虽备

---

① 参见（清）胡承珙《毛诗后笺》，第 347 页。
② （清）冉觐祖：《诗经详说》，《四库全书存目丛书》经部第 75 册，第 155 页。
③ 参见（清）马瑞辰《毛诗传笺通释》，第 263 页。
④ （清）冉觐祖：《诗经详说》，《四库全书存目丛书》经部第 75 册，第 159 页。

引前人之说，但该书不是材料的堆积，而是有所归纳、分析，朱鹤龄不仅申述序义，对朱子《诗》说的渊源及与宋人《诗》说之关系也有颇多发明之处。孙承泽和冉觐祖都试图反抗当时宗序的潮流，希图重新确立朱子学的地位。但由于他们自身对朱传不疑、不考、不辨，对于毛、郑之说的指责也不能切中其弊，最后只能陷入循环论证的困境。

不过，冉觐祖的《诗经详说》在每篇之后均列诗序，再引众说以见异同，这种体例对后来官修《诗经传说汇纂》颇有启发。张伯行曾说道：

> 时内廷方纂修五经，大学士安溪公以《五经详说》上闻。乙未春，都御史刘公为纂修总裁，奏请内府藏书以供采取，上谕：河南冉觐祖有《五经详说》，可取来参用。于是使者取书去，君复缮其副藏于家焉。①

李光地对冉觐祖十分推重，先将《五经详说》推荐给康熙帝。乙未为康熙五十四年（1715），此年正是康熙御纂《诗经》《书经》《春秋》三部汇纂开始编纂之时。当诸经开编之际，康熙又谕修纂官员，提示《五经详说》可以参用。《诗经传说汇纂》体例大致从明胡广等编纂《诗传大全》，而每篇后列诗序并罗列众说则借鉴了冉觐祖《诗经详说》之体。在汇辑朱传系统和古义方面，《诗经详说》也对《诗经传说汇纂》有所影响。但《诗经传说汇纂》编成后进一步削弱了《诗经详说》的价值。在材料的择取方面，《诗经传说汇纂》与《诗经详说》一样丰富而更为精审，但相比《诗经详说》，《诗经传说汇纂》以官方途径推广到各地学官，使学子更易获取，且更具权威性，既然拥有了《诗经传说汇纂》，就不必再读《诗经详说》了。这显示清代述朱《诗》学的无奈困境。一方面，述朱的学者已经很难在义理方面做更进一步的诠释；另一方面，官修经书本的权威性使其能得到更好的推广和传播，客观上却阻碍了冉觐祖《诗经详说》这类著作的影响扩散与传播。

---

① （清）张伯行：《冉检讨觐祖传》，载（清）钱仪吉《碑传集》卷四六，《清代传记丛刊》第 108 册综录类 3，第 604 页。

第二节　王夫之《诗广传》与"以《诗》论理"传统

第五章曾讨论王夫之的《诗经》考证著作《诗经稗疏》，本节将分析他的另一部诗学著作《诗广传》。《诗广传》与《诗经稗疏》风格完全不同，以说理为主，体例也极为特殊，体现出王夫之在政治、理学、《诗》学等多方面的思考。《诗广传》与一般的《诗经》诠解著作不同，它不列诗名，亦不列诗文，只是按照诗文顺序，根据诗句、诗序或朱传的阐释展开议论，而所论者不完全与诗义有关，而是具有更为丰富和深刻的内容。

一　《诗广传》与以史释诗的诠诗方式

在《诗经》诠释或考证的过程中加入历史省思是诗经学者常见的一种做法，其渊源可以追溯到诗篇诞生之初，其时一部分诗作就是以叙述过往历史来提供鉴戒。例如，《大雅·抑》一诗，《国语·楚语上》记载左史倚相之说，认为此诗是卫武公"年数九十有五矣，犹箴儆于国，曰：'自卿以下至于师长士，苟在朝者，无谓我老耄而舍我，必恭恪于朝，朝夕以交戒我；闻一二之言，必诵志而纳之，以训导我。'在舆有旅贲之规，位宁有官师之典，倚几有诵训之谏，居寝有亵御之箴，临事有瞽史之导，宴居有师工之诵。史不失书，蒙不失诵，以训御之，于是乎作《懿》戒以自儆也"。① 又《周礼》记载："瞽蒙……讽诵诗，世奠系，鼓瑟琴。"世奠系，按郑众的解释就是帝系世本之属，故汉代杜子春解释此句说："瞽蒙主诵诗，并诵世系，以戒劝人君也。"② 可见在《诗经》形成过程中，瞽蒙诵诗，不仅仅诵诗文，还需要诵与诗有关之世系，目的是戒劝人君。从这个角度看便很能理解孟子"知人论世"之说和以诗序、毛传为中心的汉代《诗》学诠释系统强调"以一国之事系一人之本"的原因。

明末学者如郝敬、何楷等尤为重视孟子"知人论世"之说，何楷更是重视诗之世系在经学诠解中的重要性，故他作《诗经世本古义》旨在发明

---

① 《国语》，上海：上海古籍出版社，1978，第551页。
② （清）孙诒让：《周礼正义》，北京：中华书局，1987，第2098~2099页。

诗之"世系"，重新厘定诗三百之次序和时代，并从中发现兴衰嬗递之迹。清初学者一方面继承明末以来的《诗经》诠解成就，另一方面继承古已有之的以史释诗、以供鉴戒的传统，在《诗经》诠释中往往加入兴亡之思，具体包括阐发历史感悟、讨论政治得失、抒发兴亡之叹等。这在遗民学者中体现得尤为明显，如钱澄之的《田间诗学》、吴肃公的《诗问》、顾炎武的《日知录》等著作均有此特征。

作为南明政权兴衰的亲历者和见证者，钱澄之的《田间诗学》中就有不少"以史释诗"的内容，尤其是以对历史兴亡的认识和教训来表达自己的感悟和反思。比如借诗义的阐发来反思党争之害，他在诠释《小雅·雨无正》时说："此诗与《十月》篇所讥不同，此篇讥者，非皇父辈也。即所云自逸之我友，洁身远引者。故曰正大夫，非指皇父一辈小人也。小人乱国，正人争去，国事其谁赖乎。"[1]又如在解《小雅·小旻》时论帝王行政贵集众思："帝王出政，贵集众思，惟其合众，是以成一是也。谋夫孔多，是非相夺，无有一是，乌能集之？若违众而独持其是，则盈庭之咎归焉，谁敢任之？"[2]又如论民困之弊："民困至此而犹不叛者，以田可稼穑，力民犹以代食自给，不即乱也。蟊贼降而稼穑废，代食者无所用，其能已于乱乎，从来之乱，未有不起于岁饥者也。"[3]以上所举均是以自己的历史感悟和省思来诠解诗篇。[4]

吴肃公在《诗问》中同样展现了"以史释诗"的诠解方式。他解《蒹葭》一诗，认为"所谓伊人，在水一方"的诗旨是不仕于异姓之人。他写道：

> 自平王之时，岐、丰之地，尽没于西戎，虽以其地赐秦，终襄公之世，不能取而有之，至文公始逐戎而后有其地。是时岐、丰故墟，有遗黎故老，隐于河上者，初以周亡于戎，有左衽之痛，既而复更为

---

① （清）钱澄之：《田间诗学》，第 521 页。
② （清）钱澄之：《田间诗学》，第 525 页。
③ （清）钱澄之：《田间诗学》，第 798 页。
④ 参见于波《情与史的交融：钱澄之〈田间诗学〉中的情感体悟与史鉴意蕴》，《中国典籍与文化》2016 年第 1 期，第 41～43 页。

秦，有河山之感，不肯仕进，人亦不得而见之。"所谓伊人，在水一方"，盖此辈也。《蒹葭》之诗所为作也。①

其中所表现的"左衽之痛"和"河山之感"正是当时遗民学者共同的感慨。他论《邶风·北风》《卫风·考槃》《郑风·女曰鸡鸣》《魏风·十亩之间》等，称赞高节无求、超然流俗者，又于《秦风·终南》《大雅·文王》之"常服黼冔"感慨左衽之痛，均是如此。②

王夫之在明清之际的经历与钱澄之类似，也经历千劫万险，几乎死难。1644 年明朝灭亡，王夫之才二十六岁。1647 年清军入湖南，王夫之全家逃散，其父、二叔及叔母和仲兄在战乱中相继去世。次年，王夫之在衡山尝试举兵抗清，未发而兵溃。为躲避追捕，王夫之前往永历朝廷所在的肇庆，得到堵胤锡推荐，授翰林院庶吉士。他目睹永历朝政局混乱，党争不熄，无复国之望，1649 年夏天返回家乡。因清军再陷湖南，王夫之又回到桂林，与瞿式耜、金堡、方以智、钱澄之等往来较密。不久清军下桂林，瞿式耜死难，王夫之被迫逃亡，曾困于淫雨，绝食四日，1651 年初终于回到衡州。虽然王夫之曾受李定国招请，但他再未出仕。由于受到清军缉捕，王夫之避居湘南，又经历了一段三年的流亡生涯。直到顺治十四年（1657），王夫之才返回到衡阳旧居。王夫之晚年穷且益坚，著述极丰，而思想尤为深刻。自康熙二十一年（1682）至康熙三十一年（1692）十年间，王夫之相继完成《噩梦》《俟解》《张子正蒙注》《周易内传》《思问录》《读通鉴论》《宋论》《楚辞通释》《南窗漫记》等著作，并在康熙二十二年（1683）重订了《诗广传》一书。③

因为上述经历，王夫之对于国变自有一番独特的体验与思考。如同顾炎武、钱澄之、吴肃公一样，这些思考也体现在他的《诗广传》中。如他论《桧风·素冠》诗云：

---

① （清）吴肃公：《诗问》，《四库全书存目丛书》经部第 73 册，影印北京图书馆藏清抄本，济南：齐鲁书社，1997，第 2～3 页。

② 参见杨晋龙对吴肃公《诗问》的讨论，杨晋龙：《论〈诗问略〉之作者与内容》，载钟彩钧主编《传承与创新》，第 32～36 页。

③ 关于王夫之生平，参见萧萐父、许苏民《王夫之评传》，南京：南京大学出版社，2002，第 52～86 页。

河北之割据也，百年之衣冠礼乐沦丧无余，而后燕云十六州戴契丹而不耻。故拂情蔑礼，人始见而惊之矣，继而不得已而因之，因之既久而顺以忘也。悲夫！吾惧日月之逾迈、而天下顺之，渐渍之久，求中心之"蕴结"者，殆无其人与！"蕴结"者，天地之孤气也。君子可生、可死、而不可忘，慎守此也。①

《素冠》本是刺不能守三年之礼之诗，毛传释"素冠"为"练冠"。但王夫之由此论华夏衣冠礼乐，并申之云五胡十六国之割据，致使百年衣冠礼乐沦丧，而日久人情亦习以为常，不以此为异，故后人割燕云十六州时不再以此为耻。王夫之担心此种情势恐又将出现，"日月之逾迈、而天下顺之，渐渍之久，求中心之'蕴结'者，殆无其人与"。这显然是清朝建立之后王夫之发出的忧虑。

王夫之还常就诗而论君子在乱世之所为，如论《邶风·雄雉》云：

处乱世，仕暗君，非才者之所堪，尤非不才者之所堪也。诚有所矜而不自戢，物必忌之。受物之忌，而己不能忘忌于此，抑不能不屈于彼，而忮求兴矣。不才而忮，其忮也忍；不才而求，其求也淫。幸而济者有矣，而天下贱之。才而忮，忮而终有不忘；才而求，求而终有不逊；未有不自诒以劳伤者也。②

此论有才者处乱世、仕暗君，难免不自诒以劳伤，根据王夫之的经历，似有所指，乱世暗君，符合永历帝之特征。而有才者有所矜而不自戢，物必忌之，则似指当时受到迫害的金堡、严起恒等人。

又论《大雅·民劳》之诗云：

人之有情也，新晴而不喜，霪曀而不忧，波沸喧豗而不憎，霜清月澹而不适，必其非人而后可也。惀恄之，缱绻之，以缱绻惀恄之，

① （清）王夫之：《诗广传》，王孝鱼点校，北京：中华书局，1964，第62页。
② （清）王夫之：《诗广传》，第19页。

以惝恍缱绻之，霆浪百变而不出两端，乃且乐与之流连而不反，此岂犹有生人之气哉？然而取亡之主、召辱之士、甘授以身心而不厌。

　　呜呼！"人莫悲于心死，而身死次之。"魂栖于阴，魄荡其守，高天不能为之居，杲日不能为之照，呼吁沉浮而大命去之，古今败亡之相积、未有不由此者也。高朗之士、旁烛其表，如聚蚊之吟于幕，引身而避之，宁俟终日哉！①

　　王夫之批驳取亡之主和召辱之士限于惝恍缱绻之两端而不厌，不仅仅是身死国亡，更可悲者乃人心已死，而高朗之士则只能引身避之。其语极为沉痛。

　　从以上可见，王夫之在《诗经》诠释当中加入了他对历史的省思和遗民情愫，这既是《诗》学诠释中一个渊源极久的传统，也是当时学者因经历国变而在经学诠释上切近现实政治与社会的一种做法。不过"以史释诗"只是王夫之《诗广传》中较小的一个部分，他对《诗经》的诠释尤其在论理方面还有更为广阔和深刻的内容。

二　《诗广传》与"以《诗》论理"传统

　　上文所言"以史释诗"主要是围绕诗义展开，目的是诠释诗旨，虽然加入了撰述者的历史省思与兴亡感慨，最终还是为了更好地理解诗篇。尽管王夫之《诗广传》中有这样的内容，但《诗广传》的最终目的不完全是诠释诗旨，更像由阅读诗篇而兴发感悟，然后以诗来论理。因此他的最终目的是借诗来论所欲表达之理，所谓"以《诗》论理"，而非"以理论诗"。由是王夫之在《诗广传》中既不对诗文进行诠解，也很少围绕诗旨畅谈义理，更多的是阐发自己的思想，内容包括论为政、使民、封建、郡县，以及论性、情、命之关系等，另外还有讨论文学与诗歌创作以及历代诗人得失等内容。

　　因此从内容和体例来看，《诗广传》是诗经学史上非常特殊的一部著作。"以《诗》论理"有其渊源，《荀子》中的《富国》《王霸》《君道》

---

① （清）王夫之：《诗广传》，第129页。

《臣道》《致士》《礼论》等篇中常引诗以证其理，例如：

> 川渊深而鱼鳖归之，山林茂而禽兽归之，刑政平而百姓归之，礼
> 义备而君子归之。故礼及身而行修，义及国而政明，能以礼挟而贵名
> 白，天下愿，令行禁止，王者之事毕矣。诗曰："惠此中国，以绥四
> 方。"此之谓也。①

此是引《大雅·民劳》诗句论自近及远之理。在《礼记》的《学记》
《大学》《中庸》《缁衣》等篇中，"以《诗》论理"运用得更为普遍。最
典型的例子如《大学》篇云：

> 是故君子有诸己而后求诸人，无诸己而后非诸人。所藏乎身不恕，
> 而能喻诸人者，未之有也。故治国在齐其家。《诗》云："桃之夭夭，
> 其叶蓁蓁；之子于归，宜其家人。"宜其家人，而后可以教国人。
> 《诗》云："宜兄宜弟。"宜兄宜弟，而后可以教国人。《诗》云："其
> 仪不忒，正是四国。"其为父子兄弟足法，而后民法之也。此谓治国在
> 齐其家。②

引《周南·桃夭》、《小雅·蓼萧》和《曹风·鸤鸠》论治国在齐其家
之理。
《诗广传》"以《诗》论理"的方式与《荀子》《礼记》非常接近，如
王夫之论《汉广》：

> "南有乔木，不可休息"，志亢也。"翘翘错薪，言刈其楚"，知择
> 也。"之子于归，言秣其马"，致饰也。饰于己而后能择于物，择于物
> 而后亢无有悔也。弗饰于己以择于物，物乱之矣。弗择于物以亢其志，
> 亢而趋入于邪，不如其弗亢矣。秉乔木之志，择乎错薪而匪楚弗刈，

---

① （清）王先谦：《荀子集解》，北京：中华书局，2010，第260页。
② （宋）朱熹：《四书章句集注》，北京：中华书局，1983，第9页。

然且盛其车马以弗自媟焉，汉之游女，岂一旦而猎坚贞之誉哉？①

先引诗句，再简单做出解释，再证所说之理，其体与上举《礼记》《荀子》诸篇同。王夫之引《汉广》诗句论理，所论者不仅仅为诗之理，更求普遍之理，所谓君子要择于物，要饰于己，否则物乱而志邪。饰己、择物又非一日能成，故云"岂一旦而猎坚贞之誉哉"。可见王夫之虽依托于诗，而真正的关怀是借诗来申述更为深刻和普遍的至理。

三 《诗广传》"以《诗》论理"之内容

《诗广传》所言内容极广，但论为政之道最多，而所言其他之名理，如天命、性、情等，亦多与政治有关。故今以《诗广传》中论为政的内容为主、论封建内容次之，加以讨论。

《诗广传》一书多为政治而发，按《诗经》次序先后论理，常常前后呼应，不少观点反复出现，显示出王夫之对此本有通贯而成系统之思想，只是借助于对诗篇的诠释而阐发出来。

《诗广传》开篇论不匿情，其实意在说明为政需上下相通，王夫之云：

> 周衰道弛，人无白情，而其诗曰"岂不尔思，畏子不奔"，上下相匿以不白之情，而人莫自白也。②

"上下相匿"的结果就是上不知下，下亦不知上。王夫之以《王风·扬之水》论之云：

> 上不知下，下怨其上；下不知上，上怒其下。怒以报怨，怨以益怒，始于不相知，而上下之交绝矣。夫诗以言情也，胥天下之情于怨怒之中，而流不可反矣，奚其情哉！
> 且唯其相知也，是以虽怨怒而当其情实。如其不相知也，则怨不

---

① （清）王夫之：《诗广传》，第6页。
② （清）王夫之：《诗广传》，第1页。

知所怨，怒不知所怒，无已而被之以恶名。下恶死耳，下怨劳耳，而上名之曰奸。上恶危耳，上恶亡耳，而下名之曰私。奸私之名，显于相谪，则民日死而不见死，国日危而不见危，偷一日之自遂，沉酣窭寐，浸淫肌髓、而不自持也，故曰流而不反也。①

人不白情，故上下不相交，上下不交，则上下不知，进而相怨，最后陷入民日死而不知、国日危而不知的境地。

王夫之又认为民有余情才能有所安，他首先以《葛覃》诗提出"道生于余心，心生于余力，力生于余情"的观点：

> 道生于余心，心生于余力，力生于余情。故于道而求有余，不如其有余情也。古之知道者，涵天下而余于己，乃以乐天下而不匮于道；奚事一束其心力，画于所事之中，敝敝以昕夕哉？画焉则无余情矣，无余者惉滞之情也。惉滞之情，生夫愁苦，愁苦之情，生夫劬倦；劬倦者不自理者也，生夫悁忮；乍悁忮而甘之，生夫傲侈。力趋以供傲侈之为，心注之，力营之，弗恤道矣。故安而行焉之谓圣，非必圣也，天下未有不安而能行者也。安于所事之中，则余于所事之外；余于所事之外，则益安于所事之中。见其有余，知其能安。人不必有圣人之才，而有圣人之情。惉滞以无余者，莫之能得焉耳。②

有余情才能有余力，有余力才能有余心，由此方有得道之可能。无余者也有情，但这种情不过是惉滞之情，心力被束缚，汲汲于所为之事，而无余心、余力去关注道，如何能使民有余心、余力？王夫之认为：

> 上有勤心，下无勤力。下奚以能无勤力也？授之以式，则为之有度矣；授之以时，则为之有序矣；授之以资，则为之而无余忧矣。故王者制民产，而天下之力不勤，不勤则力以息而长，力长而不匮，乃

---

① （清）王夫之：《诗广传》，第34~35页。
② （清）王夫之：《诗广传》，第3页。

相劝以勤而渐勤以心。雉天下之心而勤之，行之所以兴也。①

故使民无勤力而有余心，必须上有勤心，王者需制民产，使天下之力休养生息，生息而能得长久不匮乏。王夫之又以《郑风》申之曰：

> 是以先王审情之变，以凤防之，欲嗇其情，必丰其生，乐足不淫而礼行焉，恶在乎戢淫者之靳予以安富邪？故善治心者，广居以自息；善治民者，广生以息民。民有所息，勿相恤而志凝焉。进冶容、奏曼音于其耳目之前，视之若已屦之余肉，而又奚淫？②

王夫之提出为政者需广生以息民，如此方能使民安而富。并且他不认同"国富以安，其民淫"之说，他说："国贫以危，其民乱；国富以安，其民淫。将欲止乱，则勿使民贫而厝以安，将欲止淫，抑勿使民富而试之危乎？此弗待有识者而知其不可。则奚以不可邪？曰：国富以安而民淫，非果富而能安也，贫之未著而危仅未亡也。贫未著，不可谓不贫；危未亡，不可谓不危。中虚而外不戢，尚有其生而无以自遂，故淫生焉。"③王夫之认为民之淫并非缘于国富，而是缘于贫未著、危未亡之时。故欲去淫，需要让民有所息、有所安，有所息、有所安即前文所云有余心、余力，如此能求道，而不至于堕入淫佚之中。

广生息民可使民安、民富，王夫之又论取民之道云：

> 善取民者，视民之丰，勿视国之急。民之所丰，国虽弗急，取也；虽国之急，民之弗丰，勿取也。……"有簧簋飱，有捄棘匕"，知势之谓也。下之既有余，而以奉上，情之所安，义之所正，顺矣。唯下之有余，而上乃可取，求之而得，得之而盈，可矣。如是则虽非国用之所急，储之于缓以待之，将终身而无急之日也。无急之日，乃可不于

①（清）王夫之：《诗广传》，第5页。
②（清）王夫之：《诗广传》，第42页。
③（清）王夫之：《诗广传》，第41页。

其空篋而施之以长匕。故善取者无贫国，其虑国者已久矣。①

王夫之此论其实是在说取民要有常制，而首先之要务在于丰民，使民有余，如此民才能奉上，此谓"情之所安""义之所正"，否则会陷入"上狠下怨，成乎交逆"，"民死亡而国入益困"之境地，明末动乱之因和灭亡之由正是如此。可见王夫之虽以《诗》论理，寄意却极为深远。

以上举《诗广传》论不匿情、息民、取民，以见王夫之以诗来讨论为政之理的具体表现。从中更能看到王夫之并非以理来释诗，他所诠释的并非诗篇、诗旨，而是更为深刻和普遍的至理，并试图从中阐明治乱兴衰之根源。

《诗广传》中还有不少论及政治制度的内容，尤多论封建与郡县之优劣。可见王夫之十分重视古代之封建，而不认同秦所立之郡县，对秦政亦多有批评。如以《何彼襛矣》诗论之云：

> 太学废而世子无亲臣，封建废而帝女无妇礼，君臣夫妇之道苦矣。
> ⋯⋯⋯⋯⋯⋯
> 道之替也，太学圮，封建裂，元子早贵，帝女降于寒门，未尝操贵，不知有友；既已为夫，乃操其贵；虽有贤者刻志降心以"鸣谦"，其鸣也即其不谦者矣。②

王夫之认为封建之制，王者、世子不操贵，而能亲臣，原因在于对其臣先友之而后臣，待臣之时已十分亲近。但封建之制败亡后，世子早贵，因此哪怕其不知操贵，其尊贵之实已在，因此不知有友，而臣亦不敢友之。古者君臣之关系湮没不存。王夫之又以《小雅·甫田》论郡县之失云：

> 封建之天下、以法为守，郡县之天下、以功为守。夫苟以功而守天下，为天子者无弗功也。为天子者无弗功，则为天子之心臂股肱者

---

① （清）王夫之：《诗广传》，第 97～98 页。
② （清）王夫之：《诗广传》，第 14～15 页。

亦无弗功也。畏其难，避其害，释其愁思，嬉恬憺忘于咫尺，而天下散矣。故不善读《甫田》之诗，而孙绰、王羲之、桑维翰、秦桧之邪说兴，陵墓且为甫田，君亲且为远人，莠乃逼生其户牖，不亦悲夫！[1]

王夫之认为郡县之弊在于臣子常畏难弊害，致使天下疲敝。又以《硕鼠》申论之曰：

> 诵《硕鼠》而知封建之仁天下无已也。国无恒治，无恒不治。三代之季，教衰政圮，樵苏其民，亦或棘矣。三岁贯之，而君民之义绝，则负耒携帑以之于他国，犹有乐土之适我所也。居其国则其民，君其国则利有其民，逾疆而至者，保之唯恐其不留，追摄不加、而授田之产不失，犹是一王之土，而民固不以叛为罪。故暴君污吏胺削其民者，民无死焉。

> 呜呼！秦并天下，守令浮处其上、而民非其民。君淫于上，执政秉铨者于没于廷，以法为课最，吏无不法者矣，以赇为羔雁，吏无不赇者矣。草食露处，质子鬻妻，圜土经年而偶一逸，无所往也。旦出疆，吏符夕至，稍有逸者，亦莫与授田，而且为豪右之强食矣。将奚往哉！一日未死，一日寄命于硕鼠也。汉之小康，二帝而已。宋之小康，六十年而已。过此以往，二千年之间，一游羿之彀中，听其张弛，而又申以胡亥、石虎、高洋、宇文赟、杨广、朱温、女直、蒙古之饕餮，天地之生，几无余矣，不亦痛乎！[2]

王夫之立足《硕鼠》之诗，认为封建之为仁，尽管有暴君、酷吏，但人民仍能自由迁徙，适之乐土，不仅不以叛为罪，而且犹能有田产。秦制则不然，法极苛而吏无不法，且民无所逃。故王夫之指出，汉代小康不过文、景，宋之小康也不过六十年而已，何况相比小康，暴君暴政则更多，此为封建废、秦制立以来的必然结果。

---

① （清）王夫之：《诗广传》，第46页。
② （清）王夫之：《诗广传》，第50~51页。

相同的议论还出现在王夫之对《小雅·谷风》的诠释中：

> 王以之衰，霸以之兴，后世以之崛起为天下君。世愈降，道愈偷，生其间者愈戚矣。周室乱，王化不行，忠厚之泽斩，《谷风》之刺兴焉。"将恐将惧，维予与女；将安将乐，女转弃予"；而上下离，臣友散，周室不可为矣。晋文以之，而渡河弃秦，舅犯测之，临河而辞，然而霸矣，而犹未足以王也。汉高以之，醢越葅信，系何于请室，张良测之，绝谷而逃，然而终为天下君，传祀四百。
>
> 呜呼！自是以降，晨加膝，夕推渊，无不为已；利在则仇亲，利去则亲仇，无不用已。唐未定四海，而刘文静巫诛；宋未一九州，而石守信早废；待狡兔之死而烹走狗，抑成虚语，图之惟恐不先。岂繫谷风？其为飘风乎！尽心以事人者游羿之彀中而不保其旦晚，悲夫！①

王夫之以封建为王道，春秋以来为霸道，二者最为关键之分别在于，霸道全成一己之私利，以天下为私，故臣友之情不复存在，有利仇人都可为亲，无利亲人亦可成仇，而君臣相忌，日益为甚。虽然受时代观念所限，王夫之更倾心于分封之制，但他对君主专制的批驳切中肯綮。同时，他对老子的功利主义、愚民思想以及重视权术之态度极为不满，在《诗广传》中有十余处批驳老子之说，如以《鸤鸠》谓：

> 老聃、术而已矣，奚知道哉？其言曰："天道如张弓然，高者抑之，下者亢之"，是以知其以术与天下相持而非道也。君子均其心以均天下，而不忧天下之不均，况天道乎？②

此诗批评老子重权术，目的性和功利性十分明显，且只注重眼前，而无远略。又如以《泂酌》论如何善用人云：

① （清）王夫之：《诗广传》，第95页。
② （清）王夫之：《诗广传》，第64页

故老氏曰："不善人、善人之资。"资失以得，资毁以誉，资败以兴，其用天下也犹仇敌然。不以民为子女而以为仇敌，民恶得而勿仇敌之哉？吴王不庭，赐以几杖，汉所以忍吴怨而祸发必克也。老氏之术自以为工于逃祸，而适深其祸，君子视之，祗愚而已矣。①

王夫之认为老子以掠民、劳民为善用，掠夺民资，而以为成功，视天下为仇敌。此种观念深不可为，但事实上历代君主多有行此道者。故王夫之揭示其弊，并批驳老子之术适得其反。

《诗广传》中还有许多论及性情、性命之文，仍多切于人事、政事，而非专门谈理。这应该是因为《诗广传》之论理皆依诗来发言，诗义又多与人事相关。

王夫之的性情之说本于孟子②，他认为心统性情，性为本，情为性之外在表象，通过情可知性亦可定性。他说："故圣人尽心，而君子尽情。心统性情，而性为情节。"③ 又说："《易》曰：'观其所感而天地万物之情可见矣。'见情者，无匿情者也。是故情者，性之端也。循情而可以定性也。"④ 又云："不毗于忧乐者，可与通天下之忧乐矣。忧乐之不毗，非其忘忧乐也，然而通天下之志而无蔽。以是知忧乐之固无蔽、而可为性用，故曰：情者性之情也。"⑤ 情既为性之表象，通其情、循其情，方能知性尽心。而情又有贞、淫之别，故犹需要辨明，王夫之以《静女》论之：

奖情者曰："以思士思妻之情、举而致之君父，亡忧其不忠孝矣"，君子甚恶其言。非恶其崇情以亢性，恶其迁性已就情也。……贞亦情也，淫亦情也。情受于性，性其藏也，乃迫其为情、而情亦自为藏矣。藏者必性生，而情乃生欲，故情上受性，下授欲。受有所依，授有所放，上下背行而各亲其生，东西流之势也。喻诸心者，可一一数矣。

① （清）王夫之：《诗广传》，第 126 页。
② 参见钱穆《王船山孟子性善义阐释》，载钱穆《中国学术思想史论丛》第 8 卷，合肥：安徽教育出版社，2004，第 75～104 页。
③ （清）王夫之：《诗广传》，第 8 页。
④ （清）王夫之：《诗广传》，第 43 页。
⑤ （清）王夫之：《诗广传》，第 68 页。

均之为爱，而动之恻然，将之肃然，敛之愈久而愈不容已，则以用之君父、昆友，可生、可死，而不可忘以叛。均之为爱，而动之歆然，思之泆然，敛之则隐，逐之则盈，则以用之思士、思妻，忘生、忘死，而终不能自名其故。夫其终也，可生可死而灼然不叛，忘生忘死而莫能自名，则心亦传于迹而皆不可掩矣。

《静女》之一章曰："俟我于城隅"，其俟可知已。两贞之相俟，未有于城隅者也。其二章曰："贻我彤管"，其贻可知已。彤管、贞物也，贞物而淫用之，顾名不慊而仅诧其炜也。其三章曰："洵美且异"，其美可知已。意以为美而异，意不以为美而故不异也。非所俟而俟、遽也，非所贻而贻、虚也，无可异而见异焉、心丧主也。遽则然、审则否，虚以往、实失其归，心丧而熺然兴、心得而退听，斯情也，非以用之床笫绸缪之爱、更奚用哉？

孝子之于亲，忠臣之于君，其爱沉潜，其敬怵惕，迫之而安，致命而已有余，历乱离而无不察，情之性也。故曰："召之则在侧，求而杀之则不可得"；又曰："执贽而后见，三让而后登"，言其俟之有择地也。故曰："人臣不以非所得而奉之君，人子不以非所得而奉之父"，言其贻之有择物也。故曰："叔齐不以得国为非常之慈，周公不以郊禘为非常之福"，言其见异而弗之异也。情迫而有不迫，道有常而施受各如其分，是故命有所不徇，召有所不往，受禄而不诬，隆礼笃爱而不惊，然乃终以可生可死而不可贰。若此者，借以《静女》之情当之，未见其相济而成用者也。①

此篇借《静女》论性情之说，极为精妙，而前后相应，中间以《静女》详加阐发，与一篇完整而系统的论理文无异。王夫之前已指出，情为性之外在表象，情之不同，其根本原因是性之不同，不可混为一谈，因此需循情见性，方能有所用。"奖情者"之谓，就是误将不同之性做相同之用，所谓"迁性就情"者，必不能成用。因此他指出男女之情与君臣之情不同，根本在于性之不同，男女之情为思士、思妻，忘生、忘死而不知其

① （清）王夫之：《诗广传》，第23～24页。

故；君臣之情则坚定如磐石，从容不迫。王夫之进一步强调，不能以男女之情去为君臣之事，否则自致其乱，君子犹须明此一层。

王夫之从情之表现、情之所感不同来认识性之不同，而求诸心以见性，故他对人情、人性颇有通达、同情之理解，如他借《宾之初筵》云：

> 货导人以黩，虽然、不可以废货也。色湛人以乱，虽然、不可以废色也。酒兴人以迷，无亦可以废酒乎？……曰：君子之道，求之己而已矣。求之己者尽性者也，尽性则至于命矣。货色之好，性之情也。酒之使人好，情之感也。性之情者，性所有也。故曰："天地之大德曰生"，"何以聚人曰财"，仁义之府也。情之感者，性所无也。无之而不损其生。生所无，则固好恶之所未有也。人有需货之理而货应之，人有思色之道而色应之。与生俱兴，则与天地俱始矣。上古之未有酒，而人无感以不动，则是增益之于己生之余，因有酒而始有好矣。虽然，人因感以有好，酒无因而已有于天下，孰为之乎？将无化机之必然者乎？①

王夫之以情为性之端，感为情之所发，因此认为货色之好乃情为之，而情又为性之所有，所以好货、好色乃本于性，若强加以芟除，是不明人性。情之感是性之所无，既然性所无，也就无所谓好恶，更不可以一概而禁，而需"纳之于宾祭而约之以礼，齐天物之不齐矣。誓而徼之，行乎不令之涂而令之矣。正其性无忧于命"，所谓"君子之道，齐之以礼、而不齐之以天，令之于己，而不令之于物"。② 可见王夫之不认同程朱以天理限人欲之说，而希望以礼义和仪式来规范、约束行为，并通过自身尽心、尽性，行乎正情而顺其命来求得君子之道。③

以上通过王夫之借诗之诠释论施政、制度、性情来考察其"以《诗》

---

① （清）王夫之：《诗广传》，第 104 页。
② （清）王夫之：《诗广传》，第 104 ~ 105 页。
③ 关于王夫之《诗广传》性情论还可参阅曾昭旭《王船山哲学》，台北：里仁书局，2008，第 100 ~ 115 页；袁愈宗《〈诗广传〉诗学思想研究》，博士学位论文，山东师范大学，2006，第 62 ~ 86 页。

论理"的方式。一方面他集成了《礼记》中《大学》《中庸》等篇的引诗论理的方式，另一方面也借助对诗篇的理解来阐发自己的思想，使《诗广传》一书成为诗经学史上最具特色的著作。以这样的方式给诗作传必须具备深邃的思想和广博的学识，才能够融会贯通，自成系统，为一家之言，否则极易成为老生常谈或浅薄之见。因此当清廷渐将思想定于一尊，这样的著作就越来越少。此后似乎只有在戴震的经解著作中才能见到类似的例子。与王夫之一样，戴震也能打破固有的著述体式而极具创造性。但总体来看，王夫之在后世很长一段时间都无知者，这固然与他隐居深山、著述流传不广有关，同时也因为他的思想过于深邃、知识极为广博。因此到清代末年，魏源才在《诗古微》中仿效了王夫之这种"以《诗》论理"的方式，并加入了新的思想与内涵①。

第三节　姚际恒《诗经通论》的考辨精神

今人对《诗经通论》的研究多关注姚际恒独立于传统《诗》学诠解系统（其实并未独立，详见下文）和"涵咏篇章、寻绎文义"等方法，不信诗序、朱传，别自为解，又能以文学解诗②。但姚际恒别出新解，其实背后贯穿了他的考辨精神。正因为他考辨极精，证据充分，足以支撑他对《诗经》的诠解，故他的新解更为可信。一方面，《诗经通论》的考辨显示了当时学风的趋向。姚际恒与毛奇龄交往甚密，又通过毛奇龄得识阎若璩、顾炎武等学者，颇能了解当时考据学风之状况，而他本人亦极具辨伪精神，

---

① 参见吴怀东、马玉《魏源诗学思想与湖湘地域文化——以〈诗古微〉、〈诗比兴笺〉为论述中心》，《安徽农业大学学报》（社会科学版）2013年第1期，第84～85页；〔美〕孔飞力《中国现代国家的起源》，陈兼、陈之宏译，北京：生活·读书·新知三联书店，2014，第35～42页。

② 参见李家树《诗经的历史公案》，台北：大安出版社，1990，第125～172页；黄忠慎《清代独立治诗三大家研究：姚际恒、崔述、方玉润》，台北：五南图书出版公司，2012，第1～24页。李家树谈及姚际恒与方玉润是真正完全排斥诗序系统的学者，本文不同意此论断，详见后文。有关《诗经通论》的研究，学位论文有吴超华《姚际恒的〈诗经通论〉研究》，硕士学位论文，福建师范大学，2007；樊万龙《姚际恒〈诗经通论〉研究》，硕士学位论文，中央民族大学，2008；付星星《姚际恒〈诗经通论〉研究》，硕士学位论文，贵州大学，2009。三篇论文均谈到《诗经通论》"涵咏篇章、寻绎文义"的诠释方式和文学解读，但对姚氏的经学立场及其考辨精神均未有论。

他也将这一时期的考据成果纳入《诗经通论》。他的侄子姚炳撰有《诗识名解》，专考《诗经》中的名物，《诗经通论》亦常引之。另一方面，《诗经通论》的体式大致上是"以理说《诗》"，先列诗文，然后阐释诗旨，再分章诠解大义。但他在阐释诗旨的过程中往往详加考辨，对各章的诠解也多依据自己的考辨结论，因此《诗经通论》虽在面貌上以"以理说《诗》"呈现，实质却是考辨之作，该书的学术价值和意义也多由考辨中出。

一 《诗经通论》的经学立场

论者多以《诗经通论》打破诗序、朱传的藩篱，自由解诗，又常以文学解诗，认为该书在诗经学史上独有其意义。但细观《诗经通论》一书，姚际恒仍严守经学立场，不少诠解甚至较诗序、朱传更为谨慎，不敢丝毫越经学之门墙。其实他在自序中批驳朱子淫诗之说和王柏删诗即体现出此种立场，他指出：

> 是使三百篇为训淫之书，吾夫子为导淫之人，此举世之所切齿而叹恨者。予谓若止目为淫诗，亦已耳，其流之弊，必将并诗而废之。王柏之言曰，"今世三百五篇岂尽定于夫子之手！所删之诗，容或存于闾巷游荡之口，汉儒取以补亡耳"。于是以为失次，多所移易；复黜《召南·野有死麇》及郑、卫风《集传》所目为淫奔者。其说俨载于《宋史·儒林传》。明程敏政、王守仁、茅坤从而和之。嗟乎，以遵《集传》之故而至于废经，《集传》本以释经而诗人至于废经，其始念亦不及此，为祸之烈何致若是！安知后之人不又有起而踵其事者乎？此予所以切切然抱杞、宋之忧也。①

姚际恒维护"正经"之心如此，而他作《诗经通论》，排诋《诗集传》淫奔之说，也是为了避免后人再以《诗集传》淫奔说为根据删经、改经。而他排诋《诗集传》、诗序，也并不是为了全面推翻旧有的经学诠释系统，而是多有所承，只是不满诗序、《诗集传》穿凿之处太多，不可尽信。因

_____

① （清）姚际恒：《诗经通论》，自序，第8~9页。

此，他处处考辨，详引经传反复证明，也是为了使诗旨大义能得到更好的体现。故由《诗经通论》的具体诠释，也可看到他的经学立场。

首先，在诠释经旨方面，姚际恒继承了诗序、郑玄《诗谱》注重诗篇时代、世系的方法，往往考释某诗属于某人、某王，无法考证的也标记出来。如《小雅·出车》，郑玄以为文王之诗，姚际恒辨之云：

> 南仲，《史·匈奴传》云，"在襄王时"；又云，"在懿王时"。《汉书·人表》有南中，在厉王时；《匈奴传》又引《出车》之诗，谓宣王命将征伐猃狁，则又在宣王时。史之矛盾如此。若郑氏谓文王时人，止因以《鹿鸣》至《鱼丽》为文、武时诗，故以南仲为文王时人，益不足凭。故南仲既不知为何时人，则亦不知此诗为何王矣。据《常武》为宣王诗，其云"南仲太祖"，则在宣王之上世可知；但不必文王耳。[①]

姚际恒虽据史书所在，不能明南仲在何世、属何王，但仍据《常武》之诗，认为此时当在宣王以上之世。又如，于周南、召南，姚际恒不信诗序、朱传之说，但并不是推翻经学诠释系统，而是别以文学观念诠解。他仍据传统说法，认为二南是以文王为中心，但上及太王、王季，下至武王，范围更广而已，其实仍属旧说体系。姚际恒虽然在《诗经论旨》中对何楷改窜经文次序、废风雅颂之旨、肆意更定某诗属某王等方面批评甚烈，但其实姚际恒有不少地方用何楷指诗为某人、某王者，如《月出》：

> 自小序以来，皆作男女之诗，而未有以事实之者。朱郁仪以为刺灵公之诗。何玄子因以三章"舒"字为指夏征舒，意更巧妙，存之。[②]

何楷因诗中"舒窈纠兮"等"舒"字，指实为夏征舒，本为牵强，而姚际恒信从之。又如《大雅·行苇》，姚际恒云：

---

① （清）姚际恒：《诗经通论》，第182页。
② （清）姚际恒：《诗经通论》，第149页。

何玄子谓此诗美公刘：一征之《吴越春秋》，曰，"公刘慈仁，行不履生草，运车以避葭、苇"。一征之《列女传》，曰，"晋弓工妻谒于平公曰，'君闻昔者公刘之行乎？牛、羊践葭、苇，恻然为痛之'"。一征之王符《潜夫论》，曰，"公刘厚德，恩及草、木、牛、羊六畜且犹感德"。一征之《后汉书》，桓荣曰，"昔文王葬枯骨，公刘敦行苇，世称其仁"。按杂说所传，王符、桓荣皆本《列女传》。虽未必为此诗正解，但何氏搜考可谓博矣；今载于此，以备一说。①

此虽未定何楷以《行苇》为美公刘之说为确，但仍存何氏之说，尤能见姚际恒对某诗属某世、某人之重视。姚际恒此种观念当本之孟子"知人论世"，同时也受汉唐《诗》说传统的影响，尤其是诗序"以一国之事系一人之本"之说，以诗所在之时世见政教兴衰之迹。

其次，《诗经通论》虽多驳斥诗序、《诗集传》，但用诗序、朱传之说处亦有不少。今统计《诗经通论》同意诗序之说共有 71 篇，其中国风 36 篇、小雅和大雅 26 篇、颂 9 篇。同时，《诗经通论》中还有不少暗袭《诗集传》诠释诗旨之处。如《小雅·甫田》，朱传解释为："此诗述公卿有田禄者力于农事，以奉方社田祖之祭。"姚际恒则说："此王者祭方社及田祖，因而省耕也。"② 直承朱子之说。又如《都人士》，姚际恒云："小序谓'周人刺衣服无常'，此亦何止衣服乎！此袭《礼·缁衣》为说也。诗云'彼都'，明是东周人指西周而言；盖想旧都人物之盛，伤今不见而作。"③ 此说亦袭朱子，朱传谓："都，王都也"，"周，镐京也"，"乱离之后，人不复见昔日都邑之盛，人物仪容之美，而作此诗以叹息之也"。④ 可见姚际恒于此诗全用朱子之意，只是未加注明而已。再如《渐渐之石》，朱传认为："将帅出征，经历险远，不堪劳苦而作此诗也。"姚际恒解之云："将士东征劳苦自叹之诗。"⑤ 明用朱传，不过略改文字而已。此外，小雅之《桑

---

① （清）姚际恒：《诗经通论》，第 283 页。
② （宋）朱熹：《诗集传》，第 156 页；（清）姚际恒：《诗经通论》，第 233 页。
③ （宋）姚际恒：《诗经通论》，第 249 页。
④ （宋）朱熹：《诗集传》，第 169 页。
⑤ （宋）朱熹：《诗集传》，第 173 页；（清）姚际恒：《诗经通论》，第 255 页。

扈》《采绿》《隰桑》《白华》《何草不黄》，大雅之《文王》《文王有声》《崧高》《烝民》《瞻卬》等篇亦全用朱传诗旨。①

最后，《诗经通论》不从诗序、朱传者，并非完全跳出经学藩篱做文学诠释，往往仍围绕经学大义而展开。姚际恒的文学诠释仅就文辞而发，目的是更好地发明经旨。他说："诗何以必加圈评，得无类月峰、竟陵之见乎？曰：非也，予亦以明诗旨也。知其辞之妙而其义可知；知其义之妙而其旨亦可知。"②是故姚际恒诠诗虽不同诗序、朱传，但大旨仍是求诗中性情之正与经义之正。他说：

> 大抵善说诗者，有可以意会，不可以言传。如可以意会，文王、太姒是也；不可以言传，文王、太姒未有实证，则安知非大王大任、武王邑姜乎！如此方可谓之善说诗矣。或谓，如谓出于诗人之作，则寤寐反侧之说云何？曰，此全重一"求"字。男必先求女，天地之常经，人道之至正也。因"求"字生出"得、不得"二义来，反覆以形容君子求之之意，而又见其哀乐得性情之正。此诗人之善言也。③

姚际恒解诗，反对胶固、牵强，即所谓"言传"者。这一点与郝敬相近，不过郝敬以胶固、牵强驳朱子一人，姚际恒则据以驳诗序、朱子二家。姚际恒认为善说诗者可以意会，并举例说《关雎》不必指实为文王、太姒，视其言指其他有德之君与后妃亦可，只要能得性情之正，即切合诗义。因此他从诗中"求"字进行解说，认为从"求"中见君子求之之义。

姚际恒批评朱子的淫诗说，也是因他认为淫诗之说不能得性情之正。例如，他解《采葛》一诗云："小序谓'惧谗'，无据。且谓'一日不见于君，便如三月以至三岁'，夫人君远处深宫，而人臣各有职事，不得常见君者亦多矣；必欲日日见君，方免于谗，则人臣之不被谗者几何！岂为通论。《集传》谓淫奔，尤可恨。即谓妇人思夫，亦奚不可，何必淫奔！然终非义

---

① （清）姚际恒：《诗经通论》，第 238、250、252、253、257、262、277、310、312、320 页。

② （清）姚际恒：《诗经通论》，第 8 页。

③ （清）姚际恒：《诗经通论》，第 15 页。

之正，当作怀友之诗可也。"① 此处批评诗序是因诗序胶固，不合于常理；而批评朱子尤能见姚际恒正经之意，他认为此诗谓妇人思夫亦可成说，但说淫奔，不是经义之正，故解为怀友人之诗。

又如《郑风·蘀兮》，姚际恒云：

> 小序谓"刺忽"，无据。《集传》谓"淫诗"，尤可恨。何玄子曰，"女虽善淫，不应呼'叔兮'，又呼'伯兮'，殆非人理，言之污人齿颊矣。"
>
> 苏氏曰："木槁则其蘀惧风，风至而陨矣。譬如人君不能自立于国，其附之者亦不可以久也。故惧而相告曰，'叔兮伯兮，子苟倡之，予将和女'，盖有异志矣。"此说可存。②

姚际恒认为序说胶固无据，又极恨《诗集传》淫诗之说。汉唐诠诗传统于每首诗都紧扣政事，而朱子淫诗之说客观上起到了瓦解以政事解诗的作用。但姚际恒对此十分不满，于《蘀兮》又用苏辙之说，认为所写是人君不能自立于国，其实回归了以政事解诗之传统。

二 姚际恒不信诗序、朱传的原因分析

姚际恒《诗经通论》秉持经学立场，不越经学诠解之藩篱，又何以不宗信诗序、朱传之说？这固然是因为姚际恒本人具有思辨精神，他不仅辨《子贡诗传》《申培诗说》为丰坊伪造，而且以大序为卫宏所作，小序亦为汉人所作，又认为《周礼》为西汉末年之书，还考辨了伪古文《尚书》《子夏易传》等。他的思辨精神又与当时尊经复古之风和考据风气的兴起密切相关。

首先，明中期以来，学者强调要回归经文，从经文之中寻绎和考证经义。姚际恒"寻绎文义"之法即与此同。例如，郝敬曾考辨群经，亦怀疑伪古文《尚书》，又以《周礼》出于战国、《仪礼》作于衰世，还提出"含

---

① （清）姚际恒：《诗经通论》，第98页。
② （清）姚际恒：《诗经通论》，第107页。

经味道，羽翼圣真"，姚际恒之理路与郝敬似出一脉。姚际恒虽对郝敬解诗不以为然，但这是因姚际恒以诗序为汉人所作，而郝敬以诗序源自圣人，郝敬尊序意在尊经，姚际恒驳序也意在尊经、正经，故二者同为尊经，只是因对诗序的性质和时代理解不同而出现意见分歧。姚际恒还说："郝仲舆《九经解》，其中莫善于《仪礼》，莫不善于诗。"① 可见姚际恒十分熟悉郝敬的著作。

姚际恒驳斥汉儒、宋儒云："毛传古矣，惟事训诂，与《尔雅》略同，无关经旨，虽有得失，可备而弗论。郑笺卤莽灭裂，世多不从，又无论已。……予谓汉人之失在于固，宋人之失在于妄。"② 这种批评汉人训诂无关经旨、郑笺卤莽灭裂、宋人之失在于妄的观点非姚际恒自创，明末清初学者如郝敬、张师绎、朱鹤龄等早已发之。

其次，姚际恒的考辨精神还受到自明中期渐兴的疑辨、考据之风的影响。尤其是王学兴起之后，学术思想风气较为自由，不少学者不仅反思朱子《诗》说，对于汉唐以来的经解传统亦加以怀疑和考辨。姚际恒学术近于王学，故他解诗多用明代王门学者季本之说。如《缁衣》一诗，姚际恒云："予尝谓解经以后出而胜，断为不诬。如此诗，序、传皆谓'国人美武公'；《集传》《诗缉》皆从之，无异说。自季明德始以为'武公好贤之诗'，则'改衣''适馆''授餐'皆合。不然，此岂国人所宜施于君上者哉！说不去矣。"③ 诗序以《缁衣》为美武公之诗，后朱传又承其说，历来无异议，至季本始别自为解。姚际恒在《诗经通论》中常用季本之说，可见季本这种不依傍诗序、朱传的方式对姚际恒的影响。

另外，明末以来的考据学成果对姚际恒撰《诗经通论》一书尤有助益。一方面，通过考证自可发现诗序、传笺以及朱传之误；另一方面，也可增强论点的可信度。例如，邹忠胤《诗传阐》虽为申述伪《子贡诗传》《申培诗说》之书，但其中有颇多对制度的考证；何楷《诗经世本古义》则广收博取，内容极为丰富。姚际恒常引用二人的考证，借以驳斥诗序和朱传。如《周颂·有客》，姚际恒云：

① （清）姚际恒：《诗经通论》，第5页。
② （清）姚际恒：《诗经通论》，自序，第8页。
③ （清）姚际恒：《诗经通论》，第100页。

小序谓"微子来见祖庙",向来从之。惟邹肇敏曰,"愚以为箕子也。《书》载武王十三祀,王访于箕子,乃陈《洪范》。此诗之作,其因来朝而见庙乎?'淫威、降福',亦即就《箕畴》中'向用五福,威用六极',遂用其意,言前之非常之凶祸,今当酬以莫大之福祜,盖祝之也"。此说甚新。以"威、福"合《洪范》,尤巧而确,存之。①

诗序以客为微子,历来无异说。而姚际恒引邹忠胤之说以客为箕子,虽并不破序说,但认为邹忠胤之说极为巧妙、合理。

又如《竹竿》一诗:

小序谓"卫女思归",是。大序增以"不见答",臆说也。何玄子谓泉水及此篇皆许穆夫人作。按《泉水》云,"女子有行,远父母、兄弟",又云,"驾言出游,以写我忧",此篇亦皆有之。夫两人之作,或前或后,用其语可也,必无一人之作而两篇重复者。余详《泉水》。此或许穆夫人之媵——亦卫女——而思归,和其嫡夫人之作,如此则用其语乃可耳。②

此用何楷之说以《竹竿》为许穆夫人所作,更进一步申之,认为当许穆夫人之媵所作。《诗经通论》中引何楷之说极多,姚际恒虽不尽赞同其言,但在对诗旨的阐发上多受到何楷的启发。

三 《诗经通论》中的考辨

姚际恒在《诗经通论》之中每出新解,常引经传详加考证,同时又引各家之说,辨正诗义,并从中见诗序、朱传之是非。因此,他的许多新意建立在考辨之上,《诗经通论》表面上是阐释诗旨、发明义理,但以考辨为骨架和基础。可以说,姚际恒的《诗经通论》对诗义的独特诠释之所以在学术史上具备极高的价值,不仅仅是因为"新",更是因为"新"而有

---

① (清)姚际恒:《诗经通论》,第342页。
② (清)姚际恒:《诗经通论》,第86页。

"征"。下文即从六个方面对《诗经通论》中的考辨加以分析和论述。

第一，姚际恒在《诗经通论》中较为广泛地运用以经证经的方法，或用《诗经》本文相互为证，或以他经证诗，并广泛参考古注，进而考证诗义。这也是经学考证中较常见的方式。如《羔羊》诗，姚际恒通过"羔裘"考证道：

> 毛传云，"大夫羔裘以居"，此说本无据。孔氏曰，"言'大夫羔裘以居'者，由大夫服之以居，故诗人见而称之也；谓居于朝廷，非居于家也"。《论语》曰，"狐貉之厚以居"，注云，"在家所以接宾客"，则在家不服羔裘矣。《集传》以为"大夫燕居之服"，盖误解毛传；然岂不见孔疏耶？①

姚际恒据孔疏及《论语》注，辨"羔裘"非在家之服，以驳朱传之非。

又如《摽有梅》，姚际恒就"求我庶士，迨其谓之"考证诗义云：

> 愚意，此篇乃卿、大夫为君求庶士之诗。《书·大诰》曰，"肆予告我友邦君越尹氏、庶士、御事"。《酒诰》曰，"厥诰毖庶邦、庶士"。《立政》曰，"庶常吉士"。是"庶士"为周家众职之通称，则庶士者乃国家之所宜亟求者也。以梅实为兴比，其有"盐梅、和羹"及"实称其位"之意与？又《月令》"孟夏，命太尉赞杰俊，遂贤良，举长大，行爵出禄，必当其位"。或古有是说而《月令》言之，则梅实正当孟夏，直赋其事，亦未可知也。吉者，《左传》所谓"枚卜，曰吉"之吉也。今者既已卜吉，乃可求矣。"谓"者，犹"帝谓文王"之谓，即"畴咨命官"之意；以见庶士既得，告语相亲之辞也。②

诗序认为诗言男女及时，朱子以为女子自作。姚际恒对二说均不认同，

---

① （清）姚际恒：《诗经通论》，第40页。
② （清）姚际恒：《诗经通论》，第42页。

以此诗为卿大夫为君求庶士之诗，并加以考证。先引《尚书》之《大诰》《酒诰》《立政》中所言庶士，考证庶士乃周朝职位之通称；又据《礼记·月令》所载孟夏求贤良之事，认为时节正值梅子时，则诗是赋梅以喻求贤。可见姚际恒不仅仅提出自己的新解，更对此新解加以证明。

又如《周颂·思文》，姚际恒考证其诗义云：

> 此郊祀后稷以配天之乐歌，周公作也。按《孝经》云，"昔者周公郊祀后稷以配天"，指此也。《国语》云，"周文公之为《颂》曰，'思文后稷，克配彼天'"，故知周公作也。郊祀有二：一冬至之郊，一祈谷之郊；此祈谷之郊也。小序谓"后稷配天"，此诗中语，是已。《集传》犹不之信，但曰"言后稷之德真可配天"，意以无祀天之文也。古人作《颂》从简，岂同《雅》体铺张其辞乎！可谓稚见矣。①

《思文》诗有"思文后稷，克配彼天"之语，故诗序言"后稷配天"，但未详言何祀。姚际恒据《孝经》《国语》之文，考证此诗为郊祀后稷已配天，并指出为周公所作。姚际恒还据此驳朱子，认为朱传之说毫无根据，且不明雅、颂风格不同。

以上略举数例见姚际恒以经证经之一斑，可见姚际恒阐释新义往往从经传中寻找根据，并详加考证，辨别异同是非，使其新解有充实的证据。

第二，考证史实以定诗旨。姚际恒十分重视诗篇的时代世次，上文已言之。他常通过对史实的分析与考证来辨正诗义，并有颇多创见。最为典型的例子为解释《二子乘舟》的诗旨。

《二子乘舟》历来均认为是卫宣公纳公子伋之娶，为宣姜，生公子寿、朔。朔与宣姜诉伋，公令伋使齐，使贼待于途中而杀之。公子寿知之，窃伋之节而先往，贼杀之，伋至，又杀之，国人思伋、寿而作此诗。但姚际恒不同意此说，他先从地理上辨旧说之非，云：

> 夫杀二子于莘，当乘车往，不当乘舟。且寿先行，伋后至，二子

---

① （清）姚际恒：《诗经通论》，第332页。

亦未尝并行也。又卫未渡河，莘为卫地，渡河则齐地矣，皆不相合。毛传则谓"待于隘而杀之"，亦与"乘舟"不合。其解则以"乘舟"为比，谓"如乘舟而无所薄，泛泛然迅疾而不碍也"，甚牵强，不可从。《集传》则直载其事，而于乘舟以为赋，漫不加考，尤疏。①

姚际恒据《左传》，伋、寿被杀于莘，故二人应该是乘车而往，并非乘舟，而且二子一前一后被杀，并非同乘于舟。姚际恒据此辨毛传之说极为牵强，而《诗集传》又忽略诗文与史实不合，毛传尚知以乘舟为比，而朱传直以为赋，尤为疏略。姚际恒此说极精，又于下文辨因伋、寿之事而附会说诗者云：

> 刘向《新序》曰，"使人与伋乘舟于河中，将沉而杀之。寿知不能止也，因与之同舟；舟人不得杀伋。方乘舟时，伋傅母恐其死也，闵而作诗。"其后又载杀伋、寿之事，与《左传》同。何玄子引之，以为此诗之证。按向之前说，明是因与《左传》不合，故造前一事以合于诗，附会显然；谓傅母作此诗，尤牵强迂折，岂可为据！故此诗当用阙疑。大抵小序说诗非真有所传授，不过影响猜度，故往往有合有不合。如《邶》、《鄘》及《卫》皆摭卫事以合于诗，《绿衣》、《新台》以言庄姜、卫宣，此合者也；《二子乘舟》以言伋、寿，此不合者也。正当分别求之；岂可漫无权衡，一例依从者哉。②

姚际恒指出刘向《列女传》牵合诗文和《左传》之说，造出伋傅母作诗之事，后人见诗序、朱传及刘向说，不论傅母作诗确否，此诗与伋、寿有关则可信矣。而姚际恒始以己意驳斥、考证。他又特别强调"岂可漫无权衡"，所谓权衡者，即加以考辨之意。

诗序的许多解释与《左传》密切相关，或直接用《左传》之史实，或用《左传》论诗之义，故从表面上看，诗序似有所根据。姚际恒便常从

---

① （清）姚际恒：《诗经通论》，第68页。
② （清）姚际恒：《诗经通论》，第68~69页。

《左传》入手，结合诗文内容，往往能发现诗文与《左传》所载的细微差别，以此论旧说之非，再进一步重定诗旨。除上举《二子乘舟》外，《击鼓》一诗也是如此。

诗序以《击鼓》为怨州吁之诗，郑玄以《左传》隐公四年州吁伐郑之事申序之说。但姚际恒认为《左传》此事与经文内容有六条不合：

> 当时以伐郑为主，经何以不言郑而言陈、宋？一也。又卫本要宋伐郑，而陈、蔡亦以睦卫而助之，何为以陈、宋并言，主、客无分？二也。且何以但言陈而遗蔡？三也。未有同陈、宋伐郑而谓之"平陈与宋"者。平者，因其乱而平之，即伐也。若是乃伐陈、宋矣。四也。隐四年夏，卫伐郑，《左传》云："围其东门，五日而还"，可谓至速矣。经何以云"不我以归"，及为此"居、处、丧马"之辞，与"死生莫保"之叹乎？绝不相类，五也。闵二年，卫懿公为狄所灭，宋立戴公以庐于曹漕同。其后僖十二年《左传》曰，"诸侯城卫楚丘之郭"。《定之方中》诗，文公始徙楚丘，"升虚望楚"。毛、郑谓升漕墟，望楚丘。楚丘与漕不远，皆在河南。夫《左传》曰"庐"者，野处也，其非城明矣。州吁之时，不独漕未城，即楚丘亦未城，安得有"城漕"之语乎？六也。①

此从六个方面证《击鼓》一诗绝非《左传》隐公四年州吁伐郑之事。姚际恒在破除旧说之误后，又举出自己的见解，并加以考证：

> 此乃卫穆公背清丘之盟救陈，为宋所伐，平陈、宋之难，数兴军旅，其下怨之而作此诗也。旧谓诗下迄陈灵，以《陈风》之《株林》为据。考陈灵公亡于宣公之年，此正宣公时事。《旄丘》，黎为狄灭，亦卫穆公时。《春秋》宣十二年，"宋师伐陈，卫人救陈"。《左传》曰，"晋原谷、宋华椒、卫孔达、曹人同盟于清丘，曰'恤病、讨贰'。于是卿不书，不实其言也"。又曰，"宋为盟故，伐陈，卫人救之。孔达曰，

---

① （清）姚际恒：《诗经通论》，第55页。

‘先君有约言焉，若大国讨，我则死之’”。又曰，“君子曰，‘清丘之盟，惟宋可以免焉’”。杜注曰，“宋伐陈，卫救之，不讨贰也，故曰‘不实’。其言宋伐陈，讨贰也。背盟之罪，惟宋可免。于是晋以卫之救陈讨卫，卫遂杀孔达以求免焉”。搎此，穆公之背盟争搆，师出无名，轻犯大国致衅，兵端相寻不已，故军士怨之以作此诗。因陈、宋之争而平之，故曰“平陈与宋”。陈、宋在卫之南，故曰“我独南行”。其时卫有孙桓子良夫，良夫之子文子林父，良夫为大夫，忠于国；林父嗣为卿，穆公亡后为定公所恶，出奔。所云“孙子仲”者，不知即其父若子否也？若城漕之事，他经传无见。穆公为文公孙，或因楚丘既城，此时始城漕耳。则城漕自是城楚丘后事，亦约略当在穆公时。合“土国”之事观之，而穆公之好兵役众盖可见矣。[1]

　　姚际恒据《左传》所载宣公十二年宋人伐陈、卫人救陈之事，认为此为“卫穆公背清丘之盟救陈，为宋所伐，平陈、宋之难，数兴军旅，其下怨之”之诗，并考证史实与诗文相合，较之旧说，显然更为合理。可见姚际恒不仅据史传所载驳斥旧说，提出新解之后，也会详为考证，以期己说能更切合诗旨，避免前人支离附会之失。

　　第三，分析诗文用例再加以考证。姚际恒还常对诗篇之文例进行分析，并以此考辨诗义。如《何彼襛矣》“平王之孙，齐侯之子”之“平王”，历来聚讼纷纭，或以平王为文王，或以为东周之平王，姚际恒以古书文例辨之曰：

　　　　此篇或谓“平王”指文王，或谓即春秋时平王。凡主一说者，必坚其辞，是此而非彼。然愚按主春秋时平王说者居多，亦可见人心之同然也。其主平王之说，固合于《春秋》，其主文王之说，不通者有三。说者曰，“平王”犹《书》言“宁王”；“平正之王”，“齐一之侯”，益不通，不辨。按《周书》辞多诘曲，故其称名亦时别；诗则凡称人名皆显然明白，不可以《书》例诗。一也。武王娶太公望之女，

---

① （清）姚际恒：《诗经通论》，第 55~56 页。

谓之邑姜；则武王之女与太公之子为甥舅，恐不宜昏姻。二也。武王元女降陈胡公；若依媵礼，则其娣宜媵陈，不当又嫁齐。三也。若是则为东周之诗，何以在二南乎？章俊卿曰，"为诗之时，则东周也；采诗之地，则召南也。于召南所得之诗而列于东周，此不可也"。亦为有见。①

姚际恒认为平王当为东周之平王，并指出，认为平王为文王者，因《尚书》以宁王、平王称文王。姚际恒认为《尚书》与《诗经》体例、文辞皆不相同，故不能以《尚书》文例来证《诗经》，再以礼制补充其说，思路及考证都较为全面。

又如《干旄》，姚际恒论之曰：

> 序谓"美好善"，意近是。故向来从之，谓大夫乘此车马以见贤者。然《邶风》"静女其姝"，称女以姝。《郑风·东方之日》亦曰"彼姝者子"，以称女子。今称贤者以姝，似觉未安。姑阙疑。②

此论尤能见姚际恒的思辨与疑问并非凭空而发，而是由分析、考证中来。此诗姚际恒虽认同序说，以为见贤者，但他还是从诗文用例中发出自己的怀疑，认为《静女》和《东方之日》之姝皆为女子，而《干旄》之姝不应独指为贤者，此与诗例不合。

又如《秦风·小戎》，姚际恒辨之曰：

> 序谓"美襄公，国人则矜其车甲，妇人能闵其君子焉"。一诗作两义，非也。《伪传》谓"襄公遣大夫征戎而劳之"，意近是。何玄子曰，"襄公当幽王时为西垂之大夫，未为诸侯也，而所遣者亦大夫耶？"此驳非，大夫之臣亦可称大夫也。邹肇敏曰，"凡劳诗或代为其人言，或代为其室家言。而此诗'言念君子'，则襄公自念其臣子"。予初亦疑"厌厌良

---

① （清）姚际恒：《诗经通论》，第45～46页。
② （清）姚际恒：《诗经通论》，第78页。

人"为妇目夫之词；以孟子"其良人出"，唐风"如此良人何"证之，
殆合。然《黄鸟》哀三良，亦曰"歼我良人"，雅之《桑柔》亦曰
"维此良人，作为式谷"，何也？若为室家代述，则种种军容固无烦如
此觊缕耳。何玄子曰，"先秦之世，'良人'为君子通称。吕氏《纪·
序意》曰，'秋甲子朔，朔之日，良人请问十二纪'，注亦谓'良人，
君子也'"。二说皆通。[①]

此详引诗文"良人"之用例，不独指妇人，且多指君子。由是姚际恒
更倾向于此诗为君子所述。由上所举，可见姚际恒对诗文用功之深，他
"寻绎文义"，不独吟咏诗辞而已，而是仔细分析、归纳《诗经》之文例，
并对照其他相关经书，详加考证，而又不强为之解，故所说多信而有据。

第四，考证诗序、朱传所本并加以辨正。姚际恒对诗义的诠解建立在
对之前的诠释系统即诗序与朱传的总结、吸收和批评之上，故他在提出新
解前，往往先对诗序、朱传进行辨正，而辨正方法就是指出诗序、朱传的
来源，分析诗序、朱传如何本于前说，然后定其是非。如《芄兰》，姚际恒
云："小序谓'刺惠公'。按《左传》云，'初，惠公之即位也少'，杜注
云，'盖年十五六'。序盖本传而意逆之耳；然未有以见其必然也。"[②] 此是
指出诗序所本，以见其穿凿附会。如《猗嗟》，姚际恒论之曰：

> 大序曰，"人以庄公为齐侯之子焉"，盖本《公》、《穀》二传为
> 说。《春秋》"子同生"，《穀梁》曰，"疑，故志之"。《公羊》曰，
> "夫人谮于齐侯，公曰，'同非吾子，齐侯之子也！'"。按此事暧昧，
> 序据以说诗，谬。郑氏于"展我甥兮"之下云，"展，诚也，言诚者，
> 拒时人言齐侯之子"，又本序说。然诗人未必果有此意也。后之解诗
> 者，不信序说，则不用可也。《集传》既用序说，又为之辨证，尤
> 可笑。[③]

---

① （清）姚际恒：《诗经通论》，第 139～140 页。
② （清）姚际恒：《诗经通论》，第 87 页。
③ （清）姚际恒：《诗经通论》，第 123 页。

　　姚际恒指出诗序本于《公羊传》《穀梁传》之说，原就颇为附会，而《诗集传》又从序说，更觉不可信。

　　姚际恒又通过诗序之所本考辨诗序的时代，他于《周颂·潜》诗下云：

> 　　此周王荐鱼于宗庙之乐歌。小序谓"季冬荐鱼，春献鲔"。按《月令》，季冬曰，"乃命鱼师始渔，天子亲往，乃尝鱼，先荐寝庙。"又季春曰，"荐鲔于寝庙"。序全袭之为说，则知作小序者，汉人也。以秦《月令》释周诗，谬一。一诗当冬、秋两用，谬二。上云"多鱼"，下二句以六鱼实之，"鲔"在六鱼之内，而云"春献鲔"，谬三。《月令》季冬，夏正建丑之月也，孔氏曰，"冬月鱼不行，乃性定而肥，故特荐之"，此释"潜"之义。今又引《月令》季春荐鲔之说，则鱼是时已不潜矣，与诗意违，谬四。①

　　姚际恒以《月令》为秦时所出，故以诗序用《月令》之说证诗序出于汉人。同时又指出诗序本于《月令》，举冬荐鱼、春献鲔，实有矛盾之处，季冬荐鱼，因此时鱼肥而不行，正符合诗"潜"之义，但诗序又赘言"春献鲔"，与诗义矛盾。由此可见诗序之支离灭裂。

　　姚际恒指出诗序、朱传之所本并非一味加以驳斥，亦有赞同之处，如《小雅·彤弓》诗，姚际恒谓：

> 　　《左传》文四年，"卫宁武子曰，'古诸侯敌王所忾而献其功，王于是乎赐之彤弓一，彤矢百，玈弓矢千，以觉报宴'"，故小序谓"天子锡有功诸侯"也。②

　　又如《周颂·我将》诗，姚际恒谓："小序谓'祀文王于明堂'，本《孝经》'宗祀文王于明堂以配上帝'，盖当时有此说云。"③ 指出诗序与《孝经》之说同，可见此说当古有所本。

---

① （清）姚际恒：《诗经通论》，第 340 页。
② （清）姚际恒：《诗经通论》，第 187 页。
③ （清）姚际恒：《诗经通论》，第 329 页。

　　第五，姚际恒亦对名物训诂加以考证，这在《诗经通论》中并不多见，但不少考证能发前人所未发，又尝试以名物考证辨正诗义。如《驺虞》"一发五犯"，姚际恒考之曰：

　　　　"犯"，《释兽》"牝豕"。《集传》谓"牡豕"，必误。"一发五犯"，毛传谓"翼五犯以待公之发"，此亦同贾谊文，谓"驱五犯以待君之一发，不尽物命也"。《集传》谓"中必叠双，是为四矢；其三矢中三，一矢叠双，为五"。无论一发非乘矢之谓，乘矢为四。若然，则尤巧射侈取物命，何以见其仁矣。①

　　姚际恒据《尔雅》断朱传之非，又以朱传释"一发五犯"不符诗义。
　　又如姚际恒考《燕燕》诗之"燕燕"与"燕"不同，引其侄姚炳之说云：

　　　　侄炳《识名解》曰，"《释鸟》曰，'燕燕，鳦'。又《汉书》童谣云，'燕燕尾涎涎'。按鳦鸟本名'燕燕'不名'燕'。以其双飞往来，遂以双声名之，若周周、蛩蛩、猩猩、狒狒之类，近古之书凡三见而适合，此经及《尔雅》、《汉书》是也。若夫单言'燕'者，乃乌也。《释鸟》曰，'燕，白脰乌'，可据。孔鲋亦谓之'燕乌'。故以'燕燕'为两燕及曲为重言之说者，皆非也。'差池其羽'，专以尾言，燕尾双歧如剪，故曰'差池'，不必溺两燕之说。"②

　　姚炳以"燕燕"为今之所谓"燕子"，古不单称燕。古单称燕者为乌。故"燕燕于飞"之燕燕，非指双鸟之飞，而"参差"亦非形容双鸟飞翔之态，乃指燕燕之尾。姚际恒全用其说，可见当时考据学对《诗经通论》之影响。
　　第六，从前文所举之例已能够看到姚际恒熟练运用综合、归纳的方法

---

① （清）姚际恒：《诗经通论》，第 47 页。
② （清）姚际恒：《诗经通论》，第 52 页。

展开讨论和考证。此处再举一例，以见姚际恒考证方法之成熟、系统与精美。对于《桧风·素冠》一诗，诗序以为"刺不能三年"，后世多从其说。姚际恒则始加以辨正，并列出十项证据加以考论：

> 小序谓"刺不能三年"；旧皆从之，无异说。今按之，其不可信者十。时人不行三年丧，皆然也，非一人事；何必作诗以刺凡众之人？于情理不近。一也。思行三年丧之人何至于"劳心忉忉"以及"伤悲"、"蕴结"之如是？此人无乃近于杞人耶？二也。玩"劳心"诸句，"与子同归"诸句，必实有其人，非虚想之辞。三也。旧训"庶"为"幸"，是思见而不可得，设想幸见之也。既幸见之，下当接以"我心喜悦"之句方合；今乃云"伤悲"，何耶？四也。丧礼从无"素冠"之文。毛传云，"素冠，练冠也"。郑氏不以为练冠而以为缟冠，孔氏曰，"郑以练冠者练布为之，而经传之言素者皆谓白绢，未有以布为素者，则知素冠非练也"。据《玉藻》"缟冠、素纰，既祥之冠也"为说。观此，则毛、郑已自龃龉。然郑为缟冠，亦非也。《玉藻》"缟冠、素纰"，《间传》郑注云，"黑丝白纬曰缟"，此何得以素冠为缟冠乎！《玉藻》郑注云，"纰，缘边也"，此何得以"素纰"为素冠乎！五也。丧礼从无"素衣"之文。毛传曰，"素冠，故素衣"，混甚。郑氏据《丧服小记》"除成丧者，其祭也朝服、缟冠"为说，曰，"朝服缁衣、素裳。然则此言'素衣'者，谓素裳也"。按朝服缁衣、素裳，礼无其文，乃郑自撰，以《士冠礼》云，"主人玄冠、朝服、缁带、素韠"，以为韠从裳色，故知素裳。然则《士冠礼》止言"素韠"，非言素裳也。即使为素裳，非言素衣也。何得明改诗之"素衣"以为素裳乎！六也。丧礼从无"素韠"之文。孔氏曰，"丧服斩衰，有衰裳、绖带而已，不言有韠。《檀弓》说既练之服，云'练衣黄里、縓缘、要绖、绳屦、角瑱、鹿裘'，亦不言有韠。则丧服始终皆无韠"，可为明证。七也。且郑之解"素衣"，"素韠"，唯据《小记》"除成丧者，其祭也朝服、缟冠"之"朝服"为说，其于"素衣"，"素韠"既已毫不相涉，且朝服，吉服也，《小记》不过言祥祭之日，得以借用其服，非朝服为祥祭之服也，安得以朝服惟为祥祭之服而言此诗为祥祭服耶！可笑。八

也。且《小记》之说本以"成丧"对"殇丧"言，此期、功之丧皆是，非言三年也。误而又误。九也。不特此也，诗思行三年之人，何不直言"齐衰"等项而必言祥后之祭服，如是之迂曲乎？则以上亦皆不必辨也。十也。而素冠等之为常服，又皆有可证者。"素冠"，《孟子》，"'许子冠乎'，曰，'冠素'"。又皮弁，尊贵所服，亦白色也。"素衣"，《论语》，"素衣、麑裘"。《曹风》，"麻衣如雪"，郑云，"麻衣，深衣也"。《郑风》女子亦着"缟衣"。古人多素冠、素衣，不似今人以白为丧服而忌之也。古人丧服唯以麻之升数为重轻，不关于色也。"素韠"，《士冠礼》，"主人玄冠、朝服、缁带、素韠"；又于皮弁服云，"素积、缁带、素韠"。《玉藻》云，"韠，君朱，大夫素"，则又不必言矣。①

姚际恒此说翔实精密。毛传解"素冠"为"练冠"，郑笺以为"缟冠"。姚际恒从情理、训诂、礼制等方面详加考证，认为毛、郑之说自相矛盾又不与礼合。尤其指出礼书中所载丧礼无"素冠""素衣"，郑笺解素冠为缟冠、解素衣为素裳，乃据《玉藻》《士冠礼》为说，而《玉藻》之缟冠、《士冠礼》之素韠皆无关乎丧礼，尤见郑说之牵强。故姚际恒据《孟子》及相关诗文考证"素冠""素衣"不过是当时之常服而已。

此段考证之文层次分明、逻辑严谨、资料翔实，可见姚际恒学识之丰富、见解之独到与考辨功力之深。像这样的考证，在《诗经通论》中还有不少，如考《大雅·抑》非《国语》所谓卫武公自儆之诗、考《周颂·丝衣》小序之非等②均是如此。

姚际恒的《诗经通论》支撑其新解最关键的地方在于考辨，这是其书有别于一般说理著作尤其是述朱之作的地方。参考前文对于述朱的诗经学著作的讨论，更可以发现以理说《诗》和以《诗》论理存在的困境：述朱的学者意欲反正朱子《诗》学地位下降的趋势，但他们所言一方面陷入循环论证，另一方面没有考证加以支撑，故其论难以令人信服。姚际恒《诗

---

① （清）姚际恒：《诗经通论》，第 151～153 页。
② （清）姚际恒：《诗经通论》，第 301～304、348 页。

经通论》以批判诗序和朱传、别出新解著称，但他的别出新解并非仅仅提出观点，还对其观点详加考证，又仔细辨正诗序、朱传说诗之是非，极为精审且言而有征，这是他的《诗经通论》在学术史上极具价值之原因。

综上言之，虽然钱澄之、朱鹤龄等学者都有一定的宋学背景，对朱子《诗》说也颇多曲护，但朱子《诗》学之下降势不能免。在这种学风转变过程中，有不少学者希图扭转学术发展状况，重新树立朱子学的权威，如孙承泽、冉觐祖等专以朱子为依归，尊奉朱子不敢有丝毫异议。但正因尊之太过，无有疑辨，他们的著作不论是在义理上还是在考证上都不能再进一步，无所发明，学术价值和意义大大降低，又往往陷入循环论证的困局而不能自明，他们的著作也因此而失去了生命力。

与此同时，清初又出现了不少颇具特色的以理说《诗》和以《诗》论理之作，尤其以王夫之《诗广传》与姚际恒《诗经通论》两部著作成就最高。王夫之从《荀子》《礼记》的"引诗论理"方法获得启发，由诗文引申而谈一己之思，《诗广传》虽缘于对诗的诠释而发，但所讨论的并不仅仅是诗义、诗理，而是更为普遍和深邃的至理。因此《诗广传》一书显示出极深的思想性和理论性，内容也极为丰富。

姚际恒《诗经通论》亦属说理中的精粹之作。不过细考其书，可以发现姚际恒的说理完全建立在系统而精密的考辨的基础之上，以说理之表象，行考证之实。正是基于他的考辨，《诗经通论》对诗义、诗序、朱传才皆有所发明和独见，而又证据充分足以服人。后世对此书评价甚高其实并非因其说之新，而在于其说新且有征。姚际恒的《诗经通论》做到了无征不信，这正是后来乾嘉考据学者所秉持的观念。

第七章 钦定之旨：清康熙《诗经传说汇纂》与清初官方《诗》学的传播

《钦定诗经传说汇纂》（以下简称《诗经传说汇纂》）是清代康熙时期官修的一部诗经学著作，成书于康熙晚年，刻于雍正五年（1727）。当时清廷政权稳固，渐有统一思想之趋势，而康熙本人对朱子之学尤为推崇，至晚年更甚。康熙五十一年（1712）二月上谕即说："朕自冲龄，笃好读书，诸书无不览诵。每见历代文士著述，即一字一句于理义稍有未安者，辄为后人指摘。惟宋儒朱子，注释群经，阐发道理，凡所著作，及编纂之书，皆明白精确，归于大中至正。经今五百余年，学者无敢訾议。朕以为孔、孟之后，有裨斯文者，朱子之功最为弘巨。"① 康熙四十五年（1706）《朱子全书》开始编纂，康熙五十二年（1713）刊刻颁行。之后又相继编纂《御纂周易折中》《钦定春秋传说汇纂》《钦定书经传说汇纂》《钦定诗经传说汇纂》四部御纂经书注本，俱以朱子为宗。雍正帝在《御制诗经传说汇纂序》中也说道：

> 《御纂周易折中》既一以《本义》为正，于《春秋》《诗经》，复命儒臣次第纂辑，皆以朱子之说为宗。②

《诗经传说汇纂》在正文部分首列朱子《诗集传》，并汇集历代诠释、补充发明《诗集传》之说③。康熙帝编纂此四经不满足于独尊朱子，同时

---

① 《圣祖实录》，《清实录》第 6 册，第 466 页。
② （清）王鸿绪等：《钦定诗经传说汇纂》，《景印文渊阁四库全书》第 83 册，第 1 页。
③ 《钦定诗经传说汇纂》之编排体例依次为凡例、引用姓氏、诗经图、诸国世次图、作诗时世图、纲领、诗集传序、正文、附《诗序辨说》。参见杨晋龙《从〈诗经传说汇纂〉到〈诗义折中〉——清代两部官订〈诗经〉注本诠释形式之比较》，载《王叔岷先生学术成就与薪传研讨会论文集》，台北：台湾大学中文系，2001，第 370 页。

意在以钦定之书来取代和超越明初所编《五经大全》之地位。方苞在《拟定纂修三礼条例札子》中就指出："明初《五经大全》，皆各主一人之说，且成于仓卒，不过取宋、元儒者一二家纂辑之书，稍摭众说以附之；数百年来，皆以为未尽经义，不称《大全》之名。是以圣祖仁皇帝特命重修四经，颁布学官，昭示群士。"①《五经大全》之所以"不称《大全》之名"，最主要的原因是只"取宋、元儒者一二家纂辑之书"，未能尽经义。因此康熙编纂四经之书则重在融会众说，在《五经大全》的基础上，还广泛纳入宋以前之经说以及明代学者的意见。是故《诗经传说汇纂》除了汇集对《诗集传》的解释外，还附录大量不同于朱子《诗》说的汉唐旧说和宋元明《诗》说。《诗经汇纂·凡例》云：

> 自汉迄明，诸儒先之解诂，采其义理精当，有裨经旨者，录在朱传之后，为集说；其文义小殊，彼此相备者，为折其中，或二说各成其是，则别为附录，用兹参考。②

《诗经传说汇纂》用"集说"的方式，汇录从汉至明能够补充朱传的解诂；又用"附录"的形式，存录不同于朱子《诗》说的其他解说。此外，《诗经传说汇纂》还以"总论"的形式融会各家对全诗或各章诗义的解说③，以"按语"的形式辨别各家《诗》说之异同，或"折其中"，或"各成其是"，但亦时有下判断以成定论之处。《诗经传说汇纂》这样的安排，正如杨晋龙所说："不但表现清人'于学术持其至平，于经义乃协其至当'的态度，同时也具有矫正明代学术'拘守门户'之失的态度。"④ 可以说达到了康熙力求超越《五经大全》之目的。

《诗经传说汇纂》在 21 世纪之前一直鲜有人关注，近二十年相关研究才逐渐增多。洪湛侯在《诗经学史》中曾辟出一节讨论《诗经传说汇纂》，

---

① （清）方苞：《方苞集·集外文补遗》卷二，第 564 页。
② （清）王鸿绪等：《钦定诗经传说汇纂》，《景印文渊阁四库全书》第 83 册，第 8 页。
③ 参见杨晋龙《从〈诗经传说汇纂〉到〈诗义折中〉——清代两部官订〈诗经〉注本诠释形式之比较》，第 371 页。据杨晋龙统计，《诗经传说汇纂》中"总论"共有 301 条。
④ 杨晋龙：《从〈诗经传说汇纂〉到〈诗义折中〉——清代两部官订〈诗经〉注本诠释形式之比较》，第 373 页。

认为其透露了《诗》学转变之端倪。伍纯娴则从官修经书的立场来讨论《诗经传说汇纂》与《诗传大全》的关系，集中于其《〈诗传大全〉与〈诗经传说汇纂〉比较研究》一书，后来又发表《〈诗传大全〉与〈诗经传说汇纂〉关系探讨：简析明代〈诗经〉官学的延续与发展》一文①。杨晋龙的《从〈诗经传说汇纂〉到〈诗义折中〉——清代两部官订〈诗经〉注本诠释形式之比较》一文也从同样的立场和角度考察了清代两部官修诗经疏的异同。王丰先的《康熙朝御纂诸经编纂研究》讨论了康熙时期编纂的四部经书《周易折中》《诗经传说汇纂》《书经传说汇纂》《春秋传说汇纂》，详细考察了它们的体例、编纂人员、取材等。专门集中研究《诗经传说汇纂》的有卢启聪的《〈诗经传说汇纂〉研究——以编撰背景、体式内涵与思想特质为中心》。关于《诗经传说汇纂》的编纂时间，王丰先曾对三经汇纂做过统一的考察，认为三经的编纂都始于康熙五十四年（1715），陆续完成于康熙五十七年（1718）。② 这个判断是正确的。《诗经传说汇纂》开始编修的时间有王鸿绪《乙未二月十九日，恭闻特旨恩召还朝，领修毛诗经馆，谨志二律》一诗为证，故开始于康熙乙未即五十四年初，当无问题。③ 但具体完成时间仍未有定。王丰先已经发现了不少可判定《诗经传说汇纂》完成时间的材料，不过限于全书之体例，未能进行分析。此后卢启聪认为康熙末年至雍正五年间《诗经传说汇纂》可能还在不断修改④，认为该书完成于雍正五年，此说仍有待进一步检视。

　　关于《诗经传说汇纂》的底本问题，伍纯娴通过统计《诗传大全》和《诗经传说汇纂》二书的引文，考察其异同，发现："《大全》实是编纂《汇纂》时主要依据的底本，《汇纂》的成书乃是根据订定的编纂原则，增删《大全》而成，因而二书不论是在编纂形式、原则、目的等方面，都存

---

① 伍纯娴：《〈诗传大全〉与〈诗经传说汇纂〉关系探讨：简析明代〈诗经〉官学的延续与发展》，《中山人文学报》第 20 期，2005，第 81～118 页。

② 王丰先：《〈钦定春秋传说汇纂〉纂修时间考正》，《中国典籍与文化》2009 年第 2 期，第 29～34 页。

③ （清）王鸿绪：《横云山人集》卷二六《续还朝集》，《清代诗文集汇编》第 168 册，影印清康熙增修刻本，上海：上海古籍出版社，2010，第 311 页。另可参阅王丰先《康熙朝御纂诸经编纂研究》，博士学位论文，北京大学，2009，第 62 页。

④ 卢启聪：《〈诗经传说汇纂〉研究——以编撰背景、体式内涵与思想特质为中心》，硕士学位论文，台湾政治大学，2013，第 41 页。

在极为密切的递承延续的关联性，在引文内容上，更有高达百分之五十五的相似性。"①《诗经传说汇纂》以《诗传大全》为底本，进行了大量增删，通过比对增加的内容和删除的部分，伍纯娴发现删去的大多是繁复相近或与经旨无关的引文，这使《诗经传说汇纂》的内容更为简洁；增加的引文共有 6687 条，主要是不同于朱传的解说、有助于理解朱传解诗宗旨的解说、对地名等有所补充的引文以及可与朱传相发明的内容等，体现了《诗经传说汇纂》更趋多元、不以朱传为唯一"真理"的特点。②

有关体例及宗旨等问题，杨晋龙认为，《诗经传说汇纂》有因袭《诗传大全》的一面，也有创新的一面，体现了清人学术持平、协其至当的态度。对比后来乾隆编纂的《诗义折中》，杨晋龙指出《诗经传说汇纂》仍然"认为朱子的解说绝大部分符合圣人诗教的基本原则"，其义例繁多、引用先儒注解庞大就是为了"协助读者读懂《诗集传》"。"汇纂"，即意在汇聚，所以搜录丰富，"选取其中有助于读者了解《集传》之义理、可以发明经义之说及可备一说的文字，罗列在《集传》正文之外"。不过，"相对于《诗传大全》搜录资料，决不录与朱《传》相矛盾的纯粹性而言，《汇纂》的附录录入一些与朱《传》不相符的论说，虽说明清两朝《诗经》的注解，都以朱子《集传》为经义是非的标准，但这种情况的出现……显示朱子《集传》在清朝官方的地位已经开始下降，不如明代的崇高绝对了"。③

王丰先则将御纂四经作为考察的切入点，他认为四经中最先编撰的《周易折中》的凡例由康熙皇帝亲自拟定，而《周易折中》的凡例又对其他三经起到了发凡起例的作用。④ 王丰先详细比对了《诗经传说汇纂》凡例与《周易折中》凡例之异同，发现《诗经传说汇纂》第一条、第二条凡例直接承《周易折中》而来，另外四条是因《诗》之内容不同而有所变

---

① 伍纯娴：《〈诗传大全〉与〈诗经传说汇纂〉关系探讨：简析明代〈诗经〉官学的延续与发展》，第 95～96 页。

② 伍纯娴：《〈诗传大全〉与〈诗经传说汇纂〉关系探讨：简析明代〈诗经〉官学的延续与发展》，第 115 页。

③ 杨晋龙：《从〈诗经传说汇纂〉到〈诗义折中〉——清代两部官订〈诗经〉注本诠释形式之比较》，第 373、378、390、391 页。

④ 王丰先：《康熙朝御纂诸经编纂研究》，第 53 页。

通。① 由此可知，康熙御纂四经，《周易折中》最先完成，康熙帝参与程度最深，因此也成为后来三经汇纂之标杆。

有关《诗经传说汇纂》的资料来源，王丰先的考察十分详尽。他也指出《诗经传说汇纂》有承袭《诗传大全》的一面，同时对《诗经传说汇纂》增补的内容进行了考证，认为《诗经传说汇纂》所引宋及宋以前各家之说主要参考的几部书是吕祖谦《吕氏家塾读诗记》、严粲《诗缉》和梁益《诗传旁通》。有关明代的诗经学说，《诗经传说汇纂》主要取材于何楷《诗经世本古义》、张次仲《待轩诗记》以及季本《诗说解颐》。② 从这些考证不仅可以看到《诗经传说汇纂》在编纂时所用的材料和资源，也可以看到在清朝颇受批评而我们也不大注意的几部书其实极受官修之书的重视，揭示出明代至清代诗经学的传承轨迹。

关于《诗经传说汇纂》的编纂人员，王丰先曾做过初步的考察。③ 卢启聪着重考察了揆叙和王图炳二人，发现揆叙的《隙光亭杂识》中多有揭示朱子之失处。④ 卢启聪也对编纂官员的基本情况进行了考察，认为张廷玉、蒋廷锡、励廷仪、魏廷珍"实为当时之政务官员"。⑤ 卢启聪的最大发现是考察出王图炳《经传征实》一书中的《毛诗纲领》和《毛诗疑义》与《诗经传说汇纂》关系极为密切，尤其《毛诗疑义》与《诗经传说汇纂》按语有极多雷同，很有可能是王图炳撰写《诗经传说汇纂》按语之原稿。⑥

透过对《诗经传说汇纂》之体式内涵及思想特质的考察，卢启聪还指出："《汇纂》操控其庞杂之经说体系，其思想机制是尝试透过对朱《传》的解释，来发扬'以诗观政'的实用价值，而在缘政论诗的主张之下，事实上《汇纂》即有特重诗经学上'正变说'之倾向。"这一点观察也十分独到。同时，他认为："《汇纂》之一大弊病，即在于其无法真正摆脱朱

---

① 王丰先：《康熙朝御纂诸经编纂研究》，第 109～113 页。
② 王丰先：《康熙朝御纂诸经编纂研究》，第 145～146、147～148 页。
③ 王丰先：《康熙朝御纂诸经编纂研究》，第 78～81 页。
④ 卢启聪：《〈诗经传说汇纂〉研究——以编撰背景、体式内涵与思想特质为中心》，第 36～41 页。
⑤ 卢启聪：《〈诗经传说汇纂〉研究——以编撰背景、体式内涵与思想特质为中心》，第 44 页。
⑥ 卢启聪：《〈诗经传说汇纂〉研究——以编撰背景、体式内涵与思想特质为中心》，第 44～48 页，又见第 144 页对《钦定诗经传说汇纂》按语的整理。

《传》的影响，甚至溺于朱《传》之中，导致其案断往往只能各成其是，而无法非其当非。"① 此说似有可商。从上文所引杨晋龙的研究可见，《诗经传说汇纂》的体例和宗旨在于引众说来解释《诗集传》，因此无法真正摆脱《诗集传》的影响是其一大弊病。《诗经传说汇纂》之体例本就不在于摆脱朱子《诗集传》。而案断各成其是其实与康熙力求扩大经学的解释体系，从而超越明代《诗传大全》之地位甚至超越宋学之地位的意图密切相关，因此在这方面有必要做进一步深入探讨。

综合以上所论，可见对于《诗经传说汇纂》一书虽已有不少研究，但仍有很多问题没有解决，或存在进一步讨论的空间。首先，关于《诗经传说汇纂》编纂完成的时间犹未有定论。完成时间不明，对于了解此书之目的及意义亦会有所遮蔽。其次，关于编纂官员的情况，王丰先和卢启聪都进行了基本介绍，但对于编纂官员的学术取向、诗学立场、彼此间的师承授受与交游关系以及他们与当时其他学者间的联系，尚未及论述。参与编纂《诗经传说汇纂》的都是康熙的学臣，也就是康熙朝翰林出身，曾担任翰林编修、检讨或詹事府詹事等职，后或为阁臣或为学政的一个官员兼学者之群体。他们经常与康熙探讨经义，也与其他学者广泛交流。《诗经传说汇纂》的编纂人员均属这一群体，本书谈到的其他学者如李光地、方苞、惠周惕等亦属于此群体。康熙学臣间交往甚密，同时又颇受康熙影响，考察他们的学术取向对于了解《诗经传说汇纂》之立场与内容有极大帮助。

最后，对于《诗经传说汇纂》的取材已有较为翔实的论述，但还存在未尽之处。比如《诗经传说汇纂》中非常重要的按语有没有来源或成说？按语所秉持的立场和态度又如何？因此本章力求通过对《诗经传说汇纂》的编纂时间、编纂人员、康熙学臣与《诗经传说汇纂》的关系等方面进行考察，希望展现出康熙朝学术发展动向的一个侧面，并对当时学术转向提供一定的解释和说明，在诗经学史上提供一些前人未曾注意到的现象。

---

① 卢启聪：《〈诗经传说汇纂〉研究——以编撰背景、体式内涵与思想特质为中心》，第 140 ~ 141 页。

第一节　《诗经传说汇纂》的编纂及其宗旨

一　《诗经传说汇纂》编纂时间考

关于《诗经传说汇纂》开始编纂的时间，前文已言及，有王鸿绪《乙未二月十九日，恭闻特旨恩召还朝，领修毛诗经馆，谨志二律》一诗，可证开始于康熙五十四年，王丰先对此已有详述①。王鸿绪去世后不久，张伯行所撰写的《皇清诰授光禄大夫经筵讲官户部尚书加七级王公鸿绪墓志铭》中也记述：

> （王鸿绪）及为《诗经》总裁，奏请发内府之书，又访远近藏书家，得宋元明诸家经解百余种，荐用词臣及举贡通经博古者二十人。乃考郑、孔之古义，究朱、吕之精微，辑诸家论说，书成进御。②

据文中所言，王鸿绪在康熙五十四年担任《诗经传说汇纂》总裁官后才开始收集内府与私人藏书，并举荐编纂人员，更可证《诗经传说汇纂》于康熙五十四年开始编纂无疑。

至于《诗经传说汇纂》的完成时间，则尚无定论。过去多持"康熙六十年（1721）"之说，如《清文献通考》称此书为"康熙六十年王鸿绪撰"③，后江藩《汉学师承记》、丁仁《八千卷楼书目》均持此说④。当代研究者论及此书亦多承此说，或直陈康熙六十年，或笼统说是康熙晚年。首先对此问题进行关注的是王丰先和卢启聪。对于此书最后的纂成时间，卢启聪也未下定论，但基本上认为其编纂过程应延续到雍正初年：

> 揆叙既病故于康熙五十六年（1717 年），而后王鸿绪亦卒于雍正

---

① 王丰先：《康熙朝御纂诸经编纂研究》，第 78～80 页。

② （清）钱仪吉：《碑传集》卷二一，《清代传记丛刊》第 107 册综录类 3，第 495 页。

③ 《清朝文献通考》卷二三《经济三》，第 6769 页。

④ （清）江藩纂、漆永祥笺释《汉学师承记笺释》卷一，第 18～19 页；丁仁：《八千卷楼书目》卷二，《海王村古籍书目题跋丛刊》第 4 册，北京：中国书店，2008，第 17 页。

元年（1723 年），时距雍正五年（1727）《汇纂》成书刊刻之期尚有五年。然二人逝世后，皇帝并未再次授命他人担任总裁之事，则雍正以后，《汇纂》之纂修是在馆无总裁之情况下进行的。虽然据王鸿绪之奏书，则编纂之事或于其生前业已完成。然其后是否经过雍正或其他分修人员的删改、增补，实仍未能知。①

卢启聪此文似前后矛盾。先是认为雍正五年为《诗经传说汇纂》成书刊刻之期，又认为揆叙、王鸿绪逝世后，《诗经传说汇纂》在无总裁的情况下继续纂修，应是认为《诗经传说汇纂》当于雍正五年成书。但又因王鸿绪奏书明确声明此书已"告竣"，故其结论模棱两可。对于雍正元年（1723）至五年，是否继续对此书进行修订，不能知晓。卢启聪还考察了《诗经传说汇纂》之馆员，但亦未有定论。其实卢文之矛盾，主要是因为王鸿绪之奏疏，此奏疏为日本内阁文库藏《和刻本明史稿》书首所载，原文如下：

> ……迨（康熙）四十八年春，奉旨以原官，解任回籍，遂发列传史稿，细加删润。于五十三年进呈先帝。蒙俞旨宜付史馆。遂于五十四年春，特召来京，修御纂《诗经》，告竣，又蒙先帝点充《省方盛典》总裁。②

此奏疏是卢启聪发现的一条重要材料，不过其解释略显矛盾。其实此则材料正可与另一则材料相互补充，证明《诗经传说汇纂》在王鸿绪生前即已完成，且时间可确定在康熙五十七年。此则材料在上文所引张伯行所作王鸿绪墓志铭中也有明确记述：

> 癸巳春，赴京祝仁皇帝六秩万寿。乙未二月，特旨召还朝，为纂修《诗经》总裁官。戊戌书成。十二月，命为《省方盛典》总裁官，

---

① 卢启聪：《〈诗经传说汇纂〉研究——以编撰背景、体式内涵与思想特质为中心》，第 41 页。
② 转引自卢启聪《〈诗经传说汇纂〉研究——以编撰背景、体式内涵与思想特质为中心》，第 35 页。

书未成而捐馆。①

乙未即康熙五十四年，戊戌是康熙五十七年，皆能与王鸿绪之奏疏对应。唯一之不同即王鸿绪奏疏未写明《诗经传说汇纂》完成的具体时间，而张伯行所撰之墓志铭则明确于康熙五十七年成书。

另外还有几则材料可作为旁证。李光地去世当年撰成《诗所》，此书即因勘阅《诗经传说汇纂》而写。据李光地弟子陈万策《诗所后序》云：

> 恭惟圣祖皇帝崇道稽古，表彰经籍，修明四府，以惠教万世。公首奉诏编辑《周易折中》，比成而予假归里。及还朝，则《书》《诗》《春秋》三馆所修《传说汇纂》先后告竣，圣祖并命公重加看定。其时公著此书垂就，因以为经学之传，章解句释，义理微密，必逐条讨论，然后进退群言。②

又《榕村谱录合考》也称康熙五十七年三月"《诗所》成"。

> 按行状，时奉旨看阅诸大臣所纂《诗》《书》《春秋》三经。自度文义生熟，不得与《易经》比。乃温习旧编，纪其所见，庶以斟酌群言，获有条理，上副圣天子稽古尊经至意。《诗经》以次脱稿。③

李光地于康熙五十六年还朝，当年冬开始撰写《诗所》，康熙五十七年春《诗所》完成，两个月后李光地即去世。综合上引两处材料，可知《诗

---

① （清）张伯行：《正谊堂续集》卷七，《清代诗文集汇编》第 182 册，影印清同治五年福州正谊书院刻正谊堂全书本，上海：上海古籍出版社，2020，第 296 页。又见（清）钱仪吉《碑传集》卷二一，《清代传记丛刊》第 107 册综录类 3，第 491～492 页。此条材料王丰先《康熙朝御纂诸经编纂研究》已引用（第 61 页），但未进一步论述，后文论及《诗经传说汇纂》之编纂时间（第 95 页），亦未举此条证据，恐是因此书涉及材料过多而无意疏忽。

② （清）陈万策：《近道斋文集》，《清代诗文集汇编》第 220 册，影印清乾隆八年刻本，上海：上海古籍出版社，2020，第 85～86 页。

③ （清）李清馥纂辑《榕村谱录合考》，载（清）李光地《榕村全书》第 10 册，陈祖武点校，福州：福建人民出版社，2013，第 328 页。

经传说汇纂》应在康熙五十六年已完成初稿,李光地还京后即进行看阅,但自认为对于《诗经》不如《易经》熟悉,先温习旧编,撰写《诗所》,"《诗经》以次脱稿"当指《诗所》脱稿,而非看阅完《诗经传说汇纂》。至于李光地是否完成《诗经传说汇纂》的看阅任务,据陈万策序,似未能完成。但不论是否看毕,康熙五十七年时,李光地当已看到《诗经传说汇纂》的成稿,看阅工作也已开始。或许李光地去世后由其他人完成了看阅工作。故张伯行所作王鸿绪墓志铭称"戊戌书成"。陈万策也曾参与《诗经传说汇纂》的编纂工作,他的说法有很大的可信度。至于康熙五十七年至雍正五年《诗经传说汇纂》是否还有修订,则不可知。即使有修改,此书的内容应当也不会有大的变动①。

前人之所以对《诗经传说汇纂》的编成时间有疑义,还有一个很重要的原因是误将纂成时间与刊刻、颁行时间混为一谈。我们回头来看《四库全书总目》的说法其实十分审慎:

> 《钦定诗经传说汇纂》二十卷,序二卷,康熙末圣祖仁皇帝御定,刻成于雍正五年,世宗宪皇帝制序颁行。②

御定之时间与刻成之时间分别甚为明显。因四库馆臣不能定《诗经传说汇纂》纂成之具体时间,只能笼统说是康熙末。雍正五年乃刊刻时间。

另外,康熙五十六年二月,担任《诗经传说汇纂》在馆分修校对的吴士玉提督顺天学政;同年九月,同样担任在馆分修校对的沈翼机提督贵州学政。③根据清康熙间翰林官员修书制度,"纂辑诸书词臣皆就馆局从事"④,而原在馆中任职的词臣相继提调各省学政在康熙五十六年《诗经传

---

① 对于陈万策此序,卢启聪一文已经引用,认为按陈氏之言,此书在当时已经完成,没有立行刊刻恐是康熙未及审阅之故,但"当时实况,实难以稽考",没有更进一步探讨。参见卢启聪《〈诗经传说汇纂〉研究——以编撰背景、体式内涵与思想特质为中心》,第29~30页。

② (清)永瑢等:《四库全书总目》,第130页。

③ 《圣祖实录》,《清实录》第6册,第659、687页。

④ (清)鄂尔泰:《词林典故》卷三,《景印文渊阁四库全书》第593册,台北:台湾商务印书馆,1983,第483页。相关记载仅有康熙二十八年(1689)十一月徐乾学告假,带书回家编次,及四十二年(1703)陈元龙以《历代赋汇》携至其家校对,见同书第483~484页。

说汇纂》已经大致编成的情况下才有可能，此又与陈万策之序所说一致。可见《诗经传说汇纂》在康熙五十六年已编成初稿，康熙五十六年至五十七年为看阅时期，康熙五十七年定稿。故康熙五十七年后，参与编纂此书的官员陆续离京。例如，康熙五十八年（1719）陈溥担任湖南攸县知县①，吴士玉开始编纂《骈字类编》；康熙五十九年（1720）蒋涟提督河南学政、张大受提督贵州学政；雍正元年（1723）蔡嵩提督云南学政，沈翼机调为江西学政；雍正四年卫昌绩提调广西学政。② 这些官员都是编纂《诗经传说汇纂》的主要人员，同担任在馆分修校对。自雍正元年至雍正四年，担任《诗经传说汇纂》南书房校对的魏廷珍出为湖南巡抚，后又先后改任盛京工部侍郎、安徽巡抚；③ 蒋廷锡则于雍正二年担任《大清会典》副总裁。④ 加上两位总裁官揆叙、王鸿绪先后于康熙五十六年和雍正元年去世，担任在馆分修校对的张大受也于雍正元年去世，将近一半的《诗经传说汇纂》编纂人员在康熙五十六年至雍正四年或去世，或调任至外省，或编纂他书。因此康熙五十七年后，《诗经传说汇纂》的编纂工作实际已经结束。其实《四库全书总目》明确说明《诗经传说汇纂》是"康熙末圣祖仁皇帝御定"，虽未明具体时间，但指出是康熙御定。虽然在康熙的精力投入方面，《诗经传说汇纂》比不上《周易折中》，但内容最后经过康熙钦定是无可怀疑的，也间接说明了此书在康熙生前已经完成。

综合以上所论，可断定《诗经传说汇纂》于康熙五十四年开始编纂，康熙五十六年编完初稿，康熙五十七年编定。

二　编纂人员及其学术取向

《诗经传说汇纂》的编纂人员众多，在编纂完工后，又各任他职，其中很多人姓名不彰。这些编纂人员在编纂前后担任的职位和参与修纂其他官

---

① （清）卞宝第、李翰章等：《（光绪）湖南通志》卷一二三，《续修四库全书》第 664 册，影印商务印书馆 1934 年影印清光绪十一年（1885）刻本，第 261 页。

② 以上参见（清）永瑢等《四库全书总目》，第 1157 页；《圣祖实录》，《清实录》第 6 册，第 819 页；《世宗实录》，《清实录》第 7 册，第 145、232、750 页。

③ 《世宗实录》，《清实录》第 7 册，第 382、529 页。

④ 《清史稿·蒋廷锡传》，第 10250 页。

书的情况，以及他们的知识背景和交游状况如表 1 所示。

表 1　《诗经传说汇纂》编纂人员情况

职名	人名	籍贯	中试时间	编纂期间所任职位	编纂前后担任职位	参编他书情况	师承	交游
总裁	王鸿绪	江南华亭	康熙十二年	退休，原任户部尚书	《省方盛典》总裁	明史 日讲书经解义 省方盛典	龚鼎孳 徐乾学	宋琬 李光地 何焯
	揆叙	满洲正黄旗	康熙三十五年以二等侍卫授翰林院侍读	都察院左都御史兼翰林院掌院学士	在任上去世	钦定皇舆表	查慎行 唐孙华	朱彝尊 惠周惕
南书房校对	张廷玉	江南桐城	康熙三十九年	翰林院侍讲学士、内阁学士兼礼部侍郎	礼部尚书大学士、翰林院掌院学士、吏部尚书、军机大臣	周易折中 书经传说汇纂 日讲礼记解义 日讲春秋解义 春秋传说汇纂 明史 省方盛典		方苞 励廷仪 蒋廷锡
	蒋廷锡	江南常熟	康熙四十二年	詹事府少詹事、内阁学士兼礼部侍郎	户部侍郎、户部尚书、文华殿大学士	周易折中 书经传说汇纂 春秋传说汇纂 大清会典 康熙字典 古今图书集成	严虞惇 宋荦	方苞 张廷玉 查慎行
	励廷仪	直隶静海	康熙三十九年	内阁学士	翰林院掌院学士、兵部侍郎、刑部尚书、吏部尚书	周易折中 书经传说汇纂 春秋传说汇纂 康熙字典 省方盛典	姜宸英	张廷玉 蒋廷锡 吴士玉 吴襄 蒋涟
	王图炳（王鸿绪之侄）	江南华亭	康熙五十一年	翰林院编修	都察院左都御史、礼部侍郎	周易折中 书经传说汇纂 春秋传说汇纂	宋荦	张大受 吴士玉 蒋廷锡
	魏廷珍	直隶景州	康熙五十二年	翰林院编修、侍读	内阁学士兼礼部侍郎、湖南巡抚、安徽巡抚、工部尚书	朱子全书 周易折中 书经传说汇纂 春秋传说汇纂	李光地 梅文鼎	何焯 刘岩 方苞

续表

职名	人名	籍贯	中试时间	编纂期间所任职位	编纂前后担任职位	参编他书情况	师承	交游
在馆分修校对	吴士玉	江南吴县	康熙四十五年	翰林院侍读	顺天学政、内阁学士、礼部侍郎、礼部尚书	一统志 骈字类编 子史精华	宋荦	励廷仪 张大受 王图炳 蒋廷锡 阎若璩 冯景
	吴襄	江南青浦	康熙五十二年	翰林院编修	顺天学政、内阁学士兼礼部侍郎、礼部尚书	明史 八旗通志（总裁）	韩菼 李光地	励廷仪 戴名世 方中发 陈万策
	蔡嵩	江南上海	康熙五十二年	翰林院编修	云南学政、湖北按察使、太仆寺卿			
	梅之珩	江西南城	康熙二十四年	詹事府少詹事	詹事府少詹事	三朝国史 渊鉴类函 康熙字典		
	沈翼机	浙江海宁	康熙四十五年	翰林院编修	贵州学政、江西学政	浙江通志		
	蒋涟（蒋廷锡之侄）	江南常熟	康熙四十八年	翰林院编修	右春坊右中允、河南学政	书经传说汇纂 康熙字典		励廷仪 吴士玉
	张大受	江南嘉定	康熙四十八年	翰林院检讨	贵州学政	省方盛典	汪琬 韩菼 宋荦	朱彝尊 李光地 吴士玉 查慎行 赵执信
	许王猷	浙江嘉善	康熙五十二年	翰林院编修	内阁学士、礼部侍郎			袁枚
	徐云瑞	浙江钱塘	康熙五十一年	翰林院编修	河南学政			
	陈万策	福建晋江	康熙五十七年	举人	翰林院庶吉士、编修詹事府詹事、翰林院检讨	周易折中 性理精义	李光地 梅文鼎	魏廷珍 吴襄 何焯

职名	人名	籍贯	中试时间	编纂期间所任职位	编纂前后担任职位	参编他书情况	师承	交游
在馆分修校对	卫昌绩	山西阳城	康熙四十五年	翰林院检讨	江南道御史、广西学政			
	蒋洽秀	贵州安顺	康熙五十二年	翰林院编修	湖广道御史、汀州知府			
	冯汝轼	江南吴县	康熙五十一年	翰林院庶吉士	内阁中书			
	林佶	福建侯官	康熙五十一年赐进士	内阁中书	中书舍人	明史子史精华	陈廷敬汪琬王士禛宋荦	王鸿绪万斯同徐乾学朱彝尊潘耒张廷玉张大受方苞
	王贲	江苏无锡	康熙五十二年		内阁中书			
	陆琼	陕西绥德	康熙五十年		内阁中书			
	乔学尹	陕西猗氏	康熙五十二年	翰林院编修	江南道御史、福建布政使、太仆寺卿			
	周天祜	湖广江夏	康熙五十一年	翰林院编修	重庆府知府			
	车敏来	湖广邵阳	康熙五十二年		广东新会令			
	陈溥（陈瑚之孙）	浙江天台	康熙五十二年		攸县知县			张大受

注：《诗经传说汇纂》的编纂人员职名列在文渊阁《四库全书》本《钦定诗经传说汇纂》雍正御制序后，一共29人，因举人王希正、岁贡生陈嵲二人在当时地位较低，未列入此表，故此表中共考察27人。

资料来源：本表制作，主要参考了王丰先《康熙朝御纂诸经编纂研究》，博士学位论文，北京大学，2009；卢启聪：《〈诗经传说汇纂〉研究——以编撰背景、体式内涵与思想特质为中心》，硕士学位论文，台湾政治大学，2013。此外，还参考了钱实甫编《清代职官年表》，北京：中华书局，1980；（清）钱仪吉《碑传集》，《清代传记丛刊》第107~108册综录类3，台北：明文书局，1985；（清）阮元《两浙辖轩录》，上海：上海古籍出版社，1995；（清）鄂尔泰《词林典故》，《景印文渊阁四库全书》第593册，台北：台湾商务印书馆，1983；朱汝珍《词林辑略》，台北：

明文书局，1985；（清）冯桂芬《（同治）苏州府志》，《中国地方志集成·江苏府县志辑》第 7～10 册，影印清光绪八年（1882）刻本，南京：江苏古籍出版社，1991；（清）何绍基《光绪重修安徽通志》，《中国地方志集成·省志辑·安徽》第 1～5 册，影印清光绪四年（1878）刻本，南京：凤凰出版社，2011；（清）王鸿绪《横云山人集》，《清代诗文集汇编》第 168 册，影印清康熙刻增修本，上海：上海古籍出版社，2010；（清）揆叙《益戒堂自订诗集》，《清代诗文集汇编》第 236 册，影印清雍正二年谦牧堂刻本，上海：上海古籍出版社，2010；（清）揆叙《益戒堂文钞》，《故宫珍本丛刊·集部别集》第 590 册，影印清谦牧堂刻本，海口：海南出版社，2000；（清）张廷玉《澄怀园文存》，《清代诗文集汇编》第 229 册，影印清光绪十七年张绍文刻本，上海：上海古籍出版社，2010；（清）魏廷珍《课忠堂诗钞》，《清代诗文集汇编》第 224 册，影印清乾隆刻本，上海：上海古籍出版社，2010；（清）励廷仪《双清阁诗稿》，《清代诗文集汇编》第 224 册，影印清乾隆三年刻本，上海：上海古籍出版社，2010；沈翼机《澹初诗稿》，《四库全书存目丛书》第 263 册，影印清乾隆刻本，济南：齐鲁书社，1997；（清）张大受《匠门书屋文集》，《清代诗文集汇编》第 205 册，影印清雍正七年顾诒禄刻本，上海：上海古籍出版社，2010；（清）林佶《朴学斋诗稿》，《清代诗文集汇编》第 205 册，影印清乾隆九年家刻本，上海：上海古籍出版社，2010；等等。

从表 1 可见，27 人中，属今江苏、上海、浙江、安徽地区的学者有 16 位，占了编纂人员一半以上，从侧面亦可见当时江南人才学术之盛。以上参编人员，除王鸿绪、揆叙、张廷玉、蒋廷锡、励廷仪、梅之珩等资格较老外，其余均为康熙四十五年至五十二年进士（陈万策例外，他于康熙五十七年才中进士，以举人身份参编），绝大部分人曾在翰林供职，因此透过此表，可以看到当时已形成一个以翰林学臣为主体的经学、诗文交织的学术网络。

要特别注意的是，张廷玉、蒋廷锡、魏廷珍、励廷仪、王图炳五人同时也是《周易折中》《书经传说汇纂》《春秋传说汇纂》的纂修官，均担任南书房校对。《周易折中》于康熙五十四年编成，而《诗》《书》《春秋》三书汇纂同时开编，可见此三书是康熙统一安排之计划。李光地为此三书汇纂编撰幕后的重要人物，一则《周易折中》为康熙御纂四经中质量最为上乘之作，由李光地担任总裁，其弟子魏廷珍与陈万策参与编纂。陈万策以举人身份不仅参与编纂《周易折中》，而且参与编纂《诗经传说汇纂》。此外，吴襄、张大受等人也与李光地有师友之谊。李光地与《诗经传说汇纂》之关系，后文还有详述。

两位总裁在《诗经传说汇纂》编完之后不久即去世，揆叙因结交允禩，陷入储位之争，雍正二年发其罪，被夺官削谥。[①] 担任南书房校对的五人

---

① 《清史稿·揆叙传》，第 10225 页。

中，张廷玉、蒋廷锡、励廷仪和魏廷珍四人在雍正继位后极获信任，先后进入权力中枢，并参与或主持编纂重要官书。在馆分修校对的吴士玉、吴襄、张大受等在当时亦颇为知名。其余大部分编纂人员有在各地担任学政、地方行政长官之经历。

所有编纂人员中，王鸿绪、揆叙、张廷玉、蒋廷锡、励廷仪等资格较老，应是编纂时的主导官员。前文所引张伯行所作王鸿绪墓志铭已显示择选馆臣、收集图书均由王鸿绪主持，可见其主导作用。揆叙在编纂《诗经传说汇纂》期间一直兼任翰林院掌院学士，负责教育指导庶吉士，康熙五十一年之后中试的参编官员大部分曾受揆叙教习，其地位亦不言而喻。

康熙帝极为重视翰林学臣的教育和培养，其对翰林的要求，一在经学，一在诗文，故编纂《诗经传说汇纂》的学臣均长于诗。在经学方面，康熙虽极为尊崇朱子，对理学亦颇推扬，但他更重博通，讲求实学。康熙五十二年，康熙帝上谕论科考出题：

> 至四书五经，俱系圣贤之言。考试出题，专意取冠冕者，则题目渐少，士子易于揣摩，甚有将不出题之书，删而不读，尚得言学问乎！经书内有不可出之题，试官自然不出。其余出题之处，须以各种题目试之，则怀才实学之士，自然无遗弃矣。①

可见康熙帝十分了解科考弊端，学子容易养成非考试内容则不读之病，故要求考官灵活出题，以求真才实学之士。康熙帝认为理学重要，但不能空言义理，他说：

> 又如理学之书，为立身根本，不可不学，不可不行。朕尝潜心玩味。若以理学自任，必至执滞己见，所累者多。宋明季，世人好讲理学，有流入于刑名者，有流入于佛老者。昔熊赐履自谓得道统之传，其没未久，即有人从而议其后矣。今又有自谓得道统之传者，彼此纷

---

① 《圣祖实录》，《清实录》第6册，第537页。

争，与市井之人何异。凡人读书，宜身体力行，空言无益也。①

摒弃空言之关键，康熙帝认为即在于博采众说，然后折中于至当，他在上谕中说："儒者著书立说，荟萃群言，务期阐明大道，折衷于至当。"②又尝对李光地说："朕不尝语汝乎，凡事皆宜得中。中之一字，真大难也。"③此正合《四库全书总目》"于学术持其至平，于经义乃协其至当"之意。由此可知康熙帝的经学观念其实不完全是持理学之立场，而是符合他心目中之义理大道者，均可以容纳，是一种超越理学之经学立场，此经学立场④虽仍以理学为根基，但重在融会众说，持其至平、协其至当。

康熙帝又极重经筵，常向经筵讲官问询有关音韵、文字、地理、天文、音律等方面问题。参与编纂《诗经传说汇纂》的官员中，王鸿绪、张廷玉、励廷仪、蒋廷锡四人都曾担任过康熙帝的经筵讲官。他们肯定都感受到康熙帝崇尚博学、讲求实用的态度。

康熙帝甚至直接指导学臣进行实学之创作，如《诗经传说汇纂》之参编官员蒋廷锡著有《尚书地理今释》。而据《四库全书总目》所云："是编乃其官内阁学术时所作，首题恭录圣训，盖儤值内廷之日，仰承指授，敬缮成帙者也。"《四库全书总目》还评价此书"考订精核，足证往古之讹、释后儒之惑。至于昆仑河源之说，非惟订汉儒之谬，并证《元史》之非，是则恭逢圣代混一舆图，得以考见其实据，尤非前代经师辗转耳食者比矣，《书经传说汇纂》已备采其文"。⑤可知此书创作得自康熙"指授"，富于考订，并且被《书经传说汇纂》所采录。

可以说，康熙时期的学术转向超越宋学之折中立场、注重实学与康熙帝的反复提倡和直接指导是密不可分的。在康熙帝的倡导下，翰林学臣的学术取向渐趋博学，既通宋儒之学，也不废古说。以参与编纂《诗经传说汇纂》之学臣为例，张大受，"有异才，又好学特甚，于经史百家

---

① 《圣祖实录》，《清实录》第 6 册，第 613 页。
② 《圣祖实录》，《清实录》第 6 册，第 586 页。
③ 《康熙起居注》第 3 册，第 2161 页。
④ 康熙帝"经学立场"之说由杨晋龙首先提出，特此注明。
⑤ （清）永瑢等：《四库全书总目》，第 104 页。

之言，无不贯串"。① 福建侯官人林佶，家富藏书，徐乾学刻《通志堂经解》、朱彝尊编选明诗都曾借他的藏书；又喜金石书画，博通子史，著有《朴学斋诗文集》，以"朴学"为斋名。② 陈万策本为李光地授业弟子，同时随梅文鼎习算学，倪涛《小学偶拈》记载："六书之学，古人自八岁即已教之。今白首不讲，是以小学失传，讹谬百出。往在史馆，极荷陈对初先生指示，近留心稍久，错处似少。"③ 可见陈万策对于文字之学亦十分精通。

《诗经传说汇纂》总裁揆叙在学术上亦不主汉宋，而是博综众意以求折中，甚至已经显示出尊主诗序而不满于朱子的倾向。其《隙光亭杂识》一书屡屡引及常熟学者顾大韶之说，指出顾大韶之说"最为近理"。④ 他在书中介绍了顾氏及其治学："顾大韶，字仲恭，常熟人，少治诗义，专门名家，钱牧斋亟称之。其论《诗》曰：……朱子尽扫毛、郑，概以郑、卫为淫风，世儒皆知其缪。其尤踳驳者，则不取义之兴也。既不取义矣，又何兴乎？又有全不会小序之意，妄自删改者。"《隙光亭杂识》中一共有46条论及《诗经》，其中涉及朱子有31条，而这31条中驳斥朱子之说多达28条。

揆叙对于朱子的批评主要集中在四个方面。一是批评朱子《诗》说凿空无据，极为疏脱，如论《裳裳者华》："序云：'刺幽王也。古之仕者世禄，小人在位，则谗谄并进，弃贤者之类，绝功臣之世焉。'朱注此天子美诸侯之诗，盖以答彼洛矣也。乃凿空之说，无所依据。"⑤ 二是指出朱子未明诗辞，误解诗义，如论《頍弁》："序曰：'刺幽王暴戾无亲，不能宴乐同姓，亲睦九族也。'朱注以为燕兄弟亲戚之诗。玩诗中死亡无日、无几相

① （清）郑方坤：《张学政大受小传》，载（清）钱仪吉《碑传集》，《清代传记丛刊》第108册综录类3，第641页。
② （清）黄锡蕃：《闽中书画录》卷十，《中国书画全书》第12册，上海：上海书画出版社，1998，第915页；《（乾隆）福州府志》卷六十，《地方志人物传记资料丛刊·华东卷》上编第75册，北京：北京图书馆出版社，2007，第602~603页。
③ （清）倪涛：《六艺之一录》卷二六四，《景印文渊阁四库全书》子部第141册，台北：台湾商务印书馆，1983，第607页。
④ （清）揆叙：《隙光亭杂识》，《续修四库全书》第1146册，影印中国科学院图书馆藏清康熙谦牧堂刻本，上海：上海古籍出版社，1997，第17、13~14页。
⑤ （清）揆叙：《隙光亭杂识》，《续修四库全书》第1146册，第16页。

见，情词迫蹙，决非欢乐喜悦之语。而'如彼雨雪，先集惟霰'，忧祸之义显然，自当以序为正。"① 三是指出朱注前后不一、自相矛盾，如论《小弁》："朱注：'宜臼作此以自怨，序以为太子之傅作，不知何据。'按，朱注《孟子》亦云：宜臼之傅作此诗。今注《诗》独不主序说，盖恶序之过，而忘其自相矛盾矣。"② 这是指出朱子注《四书》与《诗集传》之说前后不一，同时揆叙也发现朱注有前后矛盾之处："《召旻》'昏椓靡共'，自毛、郑而下，皆主幽王信用奄人，惟《集注》不从。今按《瞻卬》'时惟妇寺'正与此篇昏椓相合，《集注》于妇寺已主奄人立说，何于此反独不然？"③ 四是指出朱子妄改经文，如："《菀柳》'上帝甚蹈'，朱注改作神，据《战国策》以改经，恐未可训。"④ 由此可见，揆叙对朱子的批评十分严厉。揆叙通过对朱子的批驳反复强调要以诗序为正。他亦有赞同朱子之说处，如《郑风·有女同车》，诗序认为是刺忽之诗，揆叙云："朱子驳之，以为未必为忽而作，且忽之辞昏未为不正而可刺也。其说固是。余独怪齐女即鲁桓夫人文姜，姜之丑行所不忍闻，而序称其贤，岂不谬哉。"⑤ 直陈诗序之谬误。又如《秦风·无衣》，诗序以为"美晋武公"，揆叙认为："朱子痛辟小序，主刺不主美，是也。"⑥ 颇赞同朱子痛辟小序。但揆叙对朱子的批驳更具有学风转向的意义。

作为《诗经传说汇纂》的总裁官，揆叙的一些意见被采入《诗经传说汇纂》。比如《唐风·羔裘》，《隙光亭杂识》云："《羔裘》'自我人居居'，'自我人究究'，朱注'居居''究究'未详。毛氏曰：'居居，怀恶不相亲比之貌。究究，犹居居也。'据《尔雅》'居居、究究，恶也'。毛说盖本此。"《诗经传说汇纂》此诗按语云："朱子以'居居''究究'之文止见《尔雅》，未敢据以解经，故云此诗不知所谓。然羔裘、豹祛，不得不指为卿大夫之服也。详绎'居居''究究'云者，必非颂美之词。况《尔雅》之为训，兴于中古，在毛、郑之前，与其废斯篇于不解，且姑从传

---

① （清）揆叙：《隙光亭杂识》，《续修四库全书》第 1146 册，第 17 页。
② （清）揆叙：《隙光亭杂识》，《续修四库全书》第 1146 册，第 15～16 页。
③ （清）揆叙：《隙光亭杂识》，《续修四库全书》第 1146 册，第 18 页。
④ （清）揆叙：《隙光亭杂识》，《续修四库全书》第 1146 册，第 18 页。
⑤ （清）揆叙：《隙光亭杂识》，《续修四库全书》第 1146 册，第 36 页。
⑥ （清）揆叙：《隙光亭杂识》，《续修四库全书》第 1146 册，第 14 页。

疏以求通，似亦可矣。"① 《诗经传说汇纂》显然吸收了揆叙的意见。又如揆叙《隙光亭杂识》在小雅之《楚茨》《甫田》《大田》诗下详考诸诗为天子之礼，驳斥朱子"公卿有田禄"之说，也被采入《诗经传说汇纂》按语。另如对于《周颂·昊天有成命》《周颂·执竞》《商颂·烈祖》等诗，《诗经传说汇纂》按语的意见也多同于《隙光亭杂识》。

揆叙虽然在《诗经》方面对朱子驳斥甚多，但在其他方面对朱子有不少赞扬，如称赞"朱子于地理最精"②。又说："朱子云：'《书》且看易晓处，其不可晓者，不要强说，纵说得出，恐未必是当时本意，近世解《书》者往往皆是穿凿。'又曰：'孔氏《书》注，某疑决非安国所注，亦非后汉文字，恐是魏晋间人作托安国为名，与毛公《诗传》大段不同。'愚深有味乎其言。"③《隙光亭杂识》卷五有关《尚书》的内容有30多条引用朱子之说，且表示赞成之意，故若仅以《诗经》观之，揆叙为反朱者无疑，若以《尚书》观之，揆叙为尊朱者无疑。其实揆叙既非佞朱，也非反朱，他只是在康熙帝反复提倡征实的观念之下，站在超越汉宋的经学立场，既尊重朱子之精神，又对朱子《诗》说有所订正。

康熙帝的经学立场和折中态度客观上对学臣中征实考据之风的兴起有所影响，康熙对于音韵、地理、天文、历算等实用之学本就十分感兴趣，他在评论朱子时也曾说道：

> 《朱子全书》，凡天文、地理、乐律、历数，俱非泛论，皆能确见其所以然之故。朕常细加寻绎，欲求毫厘之差，亦不可得。即如径一围三，畸零之数，讲论已自通彻，尚有留待后人参考之语。其虚心不自是如此。④

康熙对朱子的推崇侧重于天文、地理、乐律、历数等领域，还常常亲

---

① （清）揆叙：《隙光亭杂识》，《续修四库全书》第1146册，第14页；（清）王鸿绪等：《钦定诗经传说汇纂》，《景印文渊阁四库全书》第83册，第296页。
② （清）揆叙：《隙光亭杂识》，《续修四库全书》第1146册，第56页。
③ （清）揆叙：《隙光亭杂识》，《续修四库全书》第1146册，第108页。
④ 《圣祖实录》，《清实录》第6册，第439页。

自加以检验。在康熙帝影响下，翰林学臣渐重实学，自是理所当然，上文所举蒋廷锡之《尚书地理今释》就是很典型的例子。在编纂此书之前，曾被选为翰林院庶吉士的惠周惕有《诗说》三卷，虽然后人对其开创吴中汉学多有所表彰，但此书其实并不偏主一家，对于毛说、朱说亦多有驳正，其实亦是超越汉宋的经学立场。① 惠周惕与揆叙多有往来，揆叙《益戒堂诗集》、惠周惕《砚溪先生集》中均存二人往返诗文。

　　揆叙之学受吴中学术影响较大，他是明珠次子，其兄纳兰性德受教于徐乾学，并刻有《通志堂经解》。揆叙则受学于太仓人唐孙华②。《隙光亭杂识》论《诗》又多受明末常熟学者顾大韶影响。唐孙华曾随徐乾学编《一统志》，阎若璩参与其中。揆叙《隙光亭杂识》的最后两卷专辨《古文尚书》之伪，不知是否曾受阎氏影响。虽然揆叙之辨与阎氏《尚书古文疏证》之关系今不可考，但从中亦可见《古文尚书》真伪问题已经成为当时学者共同关注的研究话题。阎若璩撰有《毛朱诗说》一卷，亦不偏主一家，对毛说多有驳斥，他认为："诗小序，久而渐知其不安也，与《书序》同。"③ 这几乎是将诗序视为伪作。同时，他认为朱子求诗有矫枉过正之嫌，但也认为："文公《诗集传》出，说者谓一洗末师专己守残之陋，允矣。"④ 因此张潮在阎氏此书题词中说："两家（作者按：毛、朱）之书，各有短长，亦弟问读诗之人为何如人耳。其人而为经生家言，则制举之文，一以朱子为断，固不必问其说之当否也。若博雅好古之士，自不妨合二书而参之，某诗毛序为优，某诗朱说为善，虚心静气，以折衷于至当。"⑤ 可见此种参之众说而折中于至当的观念已成为当时许多学者的共识。

---

① （清）惠周惕：《诗说》卷上，《诗经要籍集成》第26册，影印文渊阁《四库全书》本，北京：学苑出版社，2002，第5页。

② （清）顾陈垿：《唐先生孙华传》，载（清）钱仪吉《碑传集》，《清代传记丛刊》第109册综录类3，第382页。

③ （清）阎若璩：《毛朱诗说》，《四库全书存目丛书》经部第77册，影印清华大学图书馆藏清康熙刻昭代丛书本，济南：齐鲁书社，1997，第772页。

④ （清）阎若璩：《毛朱诗说》，《四库全书存目丛书》经部第77册，第774页。

⑤ （清）阎若璩：《毛朱诗说》，《四库全书存目丛书》经部第77册，第770页。

三　李光地《诗所》与《诗经传说汇纂》

李光地与《诗经传说汇纂》的关系极为密切,《文贞公年谱》"康熙五十三年秋八月"条下载:

> 是时方承修《折中》,荟萃自汉迄明诸儒之说凡三百余家,采撷精纯,刊取领要,熔铸百氏,陶冶千载,《易》之道于是大备。每奏进,上御经座,引儒臣讲论,其勤如读《朱子全书》时。……公又频言经学隆污,有关世运。上遂分简大臣,修纂《诗》、《书》、《春秋》。①

可见李光地对康熙帝编纂《诗》《书》《春秋》三经汇纂之意图曾起到推动作用。

而三经汇纂的编纂人员与李光地亦多有关系,上文已有提及。编纂人员中,魏廷珍本为李光地弟子,此前还随李光地修纂《朱子全书》,李光地另一弟子陈万策也以举人身份参与编纂《周易折中》《性理精义》《诗经传说汇纂》。康熙五十四年二月,王鸿绪被任命为《诗经传说汇纂》总裁,有《乙未二月十九日,恭闻特旨恩召还朝,领修毛诗经馆,谨志二律》之诗记载此事,赴京后,王鸿绪立刻拜访了李光地,写下了《端午前二日同侍讲杨宾实、编修何屺瞻、孝廉陈对初集安溪相国邸第》一诗,称赞李光地"鼎鼐调元气,菁莪育正人,千秋推相业,周召是公伦"。② 陈万策亦在座。王鸿绪甫就任诗经馆总裁,即拜会李光地,可见李光地当时地位之重要,说他是三经汇纂工作的幕后重要人物应不为过。

前文亦言及《诗经传说汇纂》编成之后曾交给李光地看阅,《诗所》也是为看阅《诗经传说汇纂》所做之准备,其中部分内容很可能在看阅之前已开始编写。陈万策《诗所后序》称:"因以为经学之传,章解句释,义理微密,必逐条讨论,然后进退群言惟允。将复绎古文今字之训,求属辞比事之指,于《尚书》裁得七篇,而绝笔于《洪范》。三经汇纂虽钦承

---

① (清)李清植纂辑《文贞公年谱》,载(清)李光地《榕村全书》第10册,第93~94页。
② (清)王鸿绪:《横云山人集》卷二六,第311页。

上命，而不克终竟大业。"也就是说，李光地看阅三经汇纂，只完成了《尚书》中的七篇。这七篇之书即后来收入《四库全书》的《尚书解义》，所解为《尧典》《舜典》《大禹谟》《皋陶谟》《益稷》《禹贡》《洪范》七篇①，止于《洪范》，与陈序所说一致。《尚书解义》的性质与《诗所》相似，而据陈序文义，似是李光地在看阅《书经传说汇纂》时写下此书。《诗所》亦有可能是在看阅《诗经传说汇纂》的过程中写作。要之，不论是为看阅《诗经传说汇纂》而作，还是在看阅过程中所作，李光地此书乃因《诗经传说汇纂》而写，应无疑义。

虽然李光地与《诗经传说汇纂》的编纂有密切关系，其《诗所》亦因《诗经传说汇纂》而作，但李光地毕竟不是《诗经传说汇纂》之总裁，且三经汇纂开编之时李光地已告假归闽，待康熙五十六年还京时，三经汇纂已陆续编成。三经汇纂也不似《周易折中》在编纂过程中有康熙帝的深度参与。《周易折中》编纂时，不仅每编成一部分即交由康熙亲自审定，凡例亦由康熙帝亲自撰定。《诗经》《尚书》《春秋》汇纂的凡例则由馆臣写定。康熙帝晚年，西北多事，诸子争储，其精力和体力均有所不济。②从《康熙实录》《康熙朱批奏折》等材料来看，康熙有关三经汇纂的上谕远少于《周易折中》。或许正因为如此，康熙帝在三经汇纂陆续编成之后让李光地看阅，应该是想让李光地在质量方面给这几部钦定经书把关。《榕村语录》中探讨编纂三经体例的内容应就是针对此三经汇纂而发，兹将李光地此段议论全文移录于下：

> 凡修一书，必立意推戴何人做主。《诗经》自当以朱传为主，纲领内便不应入《诗传序》。《周易折中》纲领，采《程传序》者，不敢主程传也。朱子说，《易》之取象，不可尽以道理求。盖谓随人随事，皆可以生解耳。虽象皆有根，根即是道理，却要知他原可以随人随事求之也。朱子此说毕竟是讲《易》的定盘星。《尚书》注亦未有强于蔡传者，但多敷衍帮衬，不能字字著实，其解"天聪明"二句云："天

---

① （清）永瑢等：《四库全书总目》，第104页。
② 参见卢启聪《〈诗经传说汇纂〉研究——以编撰背景、体式内涵与思想特质为中心》，第29页。

之聪明，非有视听；天之明威，非有好恶。"即以本书作证，"天视自我民视，天听自我民听"，何以见得天无视听？"帝乃震怒"，"皇天震怒"，何以见得天无好恶？其说之弊，直使人把天作糊涂物事，全凭人以为聪明好恶者。然蔡氏此等处，都似还未见到根源，所以未觉熨贴。朱子说，《春秋》据事直书为多，未必尽有褒贬。或不以为然，不知朱子不是说全无褒贬，谓未必如今人说一字不放空，都有褒贬耳。道理却是宽宽的说好，宽些包得道理多。宁可失出不妨，若过密，万一失入，其弊甚大。胡传多不是圣人意，你看朱子传注，文义或有未当，至大道理，一丝不错，他人便大处错。朱子议论人物，规陈时事，容有太刚过严处，要无不可见之行事者，若胡传说来，一步不可行。修此三经，《诗》当全用朱传，惟斟酌几篇。《书》半用蔡传，《春秋》则当不用胡传，合者数条而已。①

对于《诗经》，李光地认为除几篇需斟酌外，其余诗篇应全用朱传。《诗经传说汇纂》虽宗主朱子《诗集传》，但在附录中大量存录古义，按语中也有多条内容分辨古义和朱子诗义之优劣，甚至有很多按语是不赞成朱子意见的。李光地反复重申"《诗经》自当以朱传为主""《诗》当全用朱传"，所谓当者，自是因为有不当处，可见李光地对于《诗经传说汇纂》未完全尊朱实不以为然。

与李光地编纂观念相应的是，他的《诗所》完全尊朱。此书旨在申发朱子解诗之大义，对朱子《诗》说往往有引申、补充和发明之处。在内容及方法上，有三个特点。

其一，指明朱子暗袭诗序及古义处。对于朱子之说与诗序相同处，《诗所》或直接引用诗序，或标明"从旧说""从序说"，而不加评论。这些地方其实都是李光地在指明朱子之解释承袭诗序，所谓"从序说""从旧说"也是指朱子从旧说。如《邶风·泉水》，《诗所》直接引序云："序：卫女嫁于诸侯，父母终，思归宁而不得，故作此以自见。"② 不加其他解释。朱

①（清）李光地：《榕村语录》卷一，《榕村全书》第5册，第11～12页。
②（清）李光地：《诗所》，《榕村全书》第2册，第164～165页。

子《诗集传》则云："卫女嫁于诸侯，父母终，思归宁而不得，故作此诗。"① 可见朱传是承袭诗序。清代学者对于朱子之学极为熟稔，李光地这样标明序说，学者借此可以理解朱子解释来源。

其二，《诗所》中也有不赞成朱子之处，共有 39 处。对于不赞成朱子的地方，大部分有解释，一以成教化、厚人伦为准则。不赞成朱子不代表李光地就赞同古义，他不赞同朱子之处主要是对朱子《诗》说不够融通处加以弥缝和补充，也多在朱子之说基础上再引申。如《陈风·东门之池》，朱子认为是"男女会遇之辞"，李光地认为这并非诗旨。因《东门之池》上一诗《衡门》，朱子解释为"隐居自乐而无求者之词"，故李光地认为《东门之池》"语意与前篇相类，恐亦贤者之诗"。②

其三，《诗所》有很多地方是承朱子之解释再加以深化和演绎，如《鄘风·桑中》、《郑风》题下之解释，《豳风·七月》下解释豳雅、豳颂，③兹不具举。

可见李光地的《诗所》虽有少数（大概占 1/10 强）不赞同朱子之说，但总体上是"全用朱传，惟斟酌几篇"的羽翼朱子的诗经学著作。作为一部私人撰述，李光地已如此推崇朱子，那么对于官修之书，李光地当持更为严谨之态度。对比《诗所》与《诗经传说汇纂》即可见二者之说有极多不同。

如《卫风·木瓜》，诗序认为是美齐桓公之诗，《诗经传说汇纂》按语认为朱子《读尊孟辨》尝用序说，至注诗则改为"疑其为男女赠答之诗"，朱子用"疑"字意即不是必然之论，因此提出："毛、郑指为美桓者，述其所传；朱子改为赠答者，据文诠义，后儒独于此诗，祖毛、郑而与朱子相左者甚众。今从《集传》，亦不废笺义，在读诗者善观而会通之可耳。"④ 这是很典型的折中态度。李光地在《诗所》中则说："序说无据，且依朱传。"⑤

又如《魏风·伐檀》，《诗经传说汇纂》同样认为朱子在注四书时曾用序说，与《诗集传》所说不同，因此在附录中存录郑玄和吕祖谦之说，

---

① （宋）朱熹：《诗集传》，第 24 页。
② （清）李光地：《诗所》，《榕村全书》第 2 册，第 217 页。
③ （清）李光地：《诗所》，《榕村全书》第 2 册，第 169、186、229~230 页。
④ （清）王鸿绪等：《钦定诗经传说汇纂》，《景印文渊阁四库全书》第 83 册，第 216~217 页。
⑤ （清）李光地：《诗所》，《榕村全书》第 2 册，第 178 页。

"以存古义之大略云"。① 在《诗所》中，李光地则在《伐檀》下强调："朱传于贤者之志，发至尽矣。"②

再如有关"笙诗"，《诗经传说汇纂》虽以朱子为主，但在附录中载录不同于朱子的序说以及毛、郑之说，并引严粲之说云：

> 乐以人声为主，人声，即所歌之诗也。若本无其辞，则无由有其义矣。序本因其辞以知其义，后亡其辞，则惟有序所言之义存耳。③

严粲其实就在驳朱子之说，故《诗经传说汇纂》并存两义。《诗所》则赞同朱子之说：

> 旧说谓亡其辞，朱子以为本无辞者。据《仪礼》，皆笙诗而云也。《由庚》《崇丘》《由仪》亦然。案：乐有升歌者，堂上之人声也。《小雅》则《鹿鸣》《四牡》《皇皇者华》，《大雅》则《文王》《大明》《绵》，《颂》则《清庙》《维天》《维清》之类是也。堂下则尊者以管，有虞下管，《周礼·大司乐》亦下管是也。卑者以笙，《乡饮酒》《燕》《射》笙入是也。今考周人所谓管象、管新宫者，亦无其辞。朱子之说，盖其是与？④

这些都显示了对于《诗经传说汇纂》不赞同朱子之说或并存古义的地方，《诗所》则认为朱子之说没有问题。

《诗经传说汇纂》一个很重要的特点是不少地方写有按语，这些按语一般会解释为何要在"附录"中存录古义以及辨别朱子《诗》说与古义之异同，往往指出孰优孰劣。根据杨晋龙和卢启聪的统计，《诗经传说汇纂》的按语共有109条，考察这些按语后发现，有30条不用朱子之说，超过了按语的1/4，有38条并存两义。二者加起来，一共是68条，占按

---

① （清）王鸿绪等：《钦定诗经传说汇纂》，《景印文渊阁四库全书》第83册，第285页。
② （清）李光地：《诗所》，《榕村全书》第2册，第203页。
③ （清）王鸿绪等：《钦定诗经传说汇纂》，《景印文渊阁四库全书》第83册，第404页。
④ （清）李光地：《诗所》，《榕村全书》第2册，第252~253页。

语的六成以上。不少按语直接表明应从旧说。如《东门之池》按语云：
"汉儒之说，殆其是欤？"《墓门》按语云："此诗业有古序可据，则诸儒
之从序说，似不必致疑于千载之下矣。"《大田》按语认为："朱子既无
定论，则郑笺引《周礼》以解豳诗，似尚为近古。况《周礼》出于西汉
郑氏一门，具有师承，其说或非无本也。"① 这些说法虽然较为委婉，但
都表达了应从古义的态度，而《周颂·载芟》按语甚至肯定道："且从古
说为是。"② 这些立场与李光地《榕村语录》中说《诗经》当"全用朱传，
惟斟酌几篇"的态度是不一致的。

作为康熙最为信任的学臣，李光地的私人撰述却与康熙钦定之书所秉持
之态度有很多分歧，这本身就是一件吊诡之事。其实李光地在《诗所》中对
于诗序、毛传、郑笺以及孔疏等解释的长处亦不排斥，显示出较为融通的一
面。但融通的前提是坚持朱子之说更为明晰，更符合诗教大义。在这样的观
念下，他的《诗所》以朱子之说为主，在少数不认同朱子之说的地方也多是
补充、弥缝朱子之不足。因李光地在当时影响力甚巨，其后如杨名时的《诗
经札记》、夏宗澜的《诗义记讲》、徐铎的《诗经提要录》等都是本于《诗
所》之作③，客观上使官修《诗经传说汇纂》的权威性下降。例如，张叙
在《诗贯》中就批评《诗经传说汇纂》："徒尔骑墙，尚未有折中。"甚至
有的著作在解读诗义时认为《诗所》的意见较《诗经传说汇纂》为优，如
徐铎在《诗经提要录》中论《郑风·褰裳》的诗义时就写道："《汇纂》并
存序、传两说，《诗所》独从朱传，今详玩诗词，似当以文贞公为定论
也。"④这恐怕是《诗经传说汇纂》编纂时未能想到的。

李光地与《诗经传说汇纂》关系至为密切，但《诗经传说汇纂》的具

---

① （清）王鸿绪等：《钦定诗经传说汇纂》，《景印文渊阁四库全书》第83册，第326、328、
519页。

② （清）王鸿绪等：《钦定诗经传说汇纂》，《景印文渊阁四库全书》第83册，第727页。

③ （清）永瑢等：《四库全书总目》，第134、147页。

④ （清）张叙：《诗贯·鸥鹎四章》，《四库全书存目丛书》经部第78册，影印南开大学图书
馆藏清乾隆刻本，济南：齐鲁书社，1997，第134页；（清）徐铎：《诗经提要录·褰
裳》，《四库全书存目丛书》经部第78册，影印北京大学图书馆分馆藏清乾隆阁茂溶刻本，
第177页。以上两条材料均为杨晋龙首揭，参见杨晋龙《〈诗集大全〉与清代前期〈诗
经〉学关联性探讨——以〈四库全书总目〉著录之专著为对象的考察》，未刊稿，第19～
20页。

体内容与李光地的编纂观念存在差异，虽然同属康熙御纂四经中的一部，《诗经传说汇纂》并没有完全按照《周易折中》的体例，按语中有较多不赞同朱子之说的地方。这样的做法固然是康熙帝力求超越宋学、折中众意之意图的体现，但出现了较多非议朱子、以古义之说为正的并非"折中"的内容，尊崇朱子和宋学的学者对此并不满意，反而削弱了《诗经传说汇纂》的权威。

第二节　《诗经传说汇纂》的传布与影响

一　《诗经传说汇纂》的刊布与推广

《诗经传说汇纂》于雍正五年刻成，即行颁赐，首先是一些地方大员获蒙馈赠，如吏部右侍郎河南副总河兼管山东黄河堤工稽曾筠、四川巡抚宪德、贵州巡抚何世璂、魏廷珍等。① 时任云贵总督的鄂尔泰亦获蒙颁赐。《鄂文端公年谱》载雍正五年九月十四日"复蒙颁到《钦定诗经传说会纂》，全部祗领讫"。② 颁赐范围主要限于各省督抚或是因为当时《书经传说汇纂》尚未刻成，故无法统一颁赐至各省学官。雍正八年《书经传说汇纂》刻成后，即行统一颁赐，将《诗经传说汇纂》《春秋传说汇纂》《书经传说汇纂》三书连同《性理精义》一同颁赐到各省学官。雍正年间修撰、乾隆元年修成的《云南通志》即载当时云南府学所藏御纂经书包括《周易折中》《书经传说汇纂》《诗经传说汇纂》《春秋传说汇纂》《孝经衍义》《朱子全书》《性理精义》，"以上七种奉颁重刻板，存云南府学"。③

《云南通志》又存鄂尔泰《赐书谢恩疏》：

> 为恭谢天恩事，雍正八年十一月初三日，邮差赍捧颁赐臣《钦定诗经传说汇纂》二部、《春秋传说汇纂》二部、《御纂性理精义》二部

---

① 卢启聪：《〈诗经传说汇纂〉研究——以编撰背景、体式内涵与思想特质为中心》，第49页。

② （清）鄂容安：《襄勤伯鄂文端公年谱》，《北京图书馆藏珍本年谱丛刊》第91册，北京：北京图书馆出版社，1998，第563页。

③ （清）鄂尔泰等：《云南通志》卷七，《景印文渊阁四库全书》第569册，台北：台湾商务印书馆，1983，第248页。

抵滇，臣随郊迎至署，恭设香案，望阙叩头，谢恩祗领讫。①

对此谢恩疏与《云南通志》存录之御纂经书相比，其中少了《周易折中》《朱子全书》《孝经衍义》，可见此三书在这之前就已经颁赐到各省学官②。雍正八年统一颁赐的只有三经汇纂和《性理精义》。鄂尔泰的《赐书谢恩疏》还记载了颁赐的数量，即每种两部。乾隆初年，各地学子众多，每种仅两部显然不能满足学子的需要，因此有乾隆帝反复重申需多行印刷之事。如乾隆元年（1736）上谕称：

> 从来经学盛则人才多，人才多则俗化茂。稽诸史册，成效昭然。我皇祖圣祖仁皇帝御纂《周易折中》，《尚书》《诗》《春秋》三经《汇纂》诸书，直省虽已镌板，但士子赴司具呈俟批，已不免守候。又一人所请，止于一部，势难鸠工刷印，是以得书者寥寥。着直省抚藩，招募坊贾，自备纸墨刷印，通行售卖，严禁胥吏阻抑需索。但使坊贾皆乐于刷印，则士子自易于购买，庶几家传户诵，足以大广厥传。③

显然，诸书于雍正八年颁赐到直省府学后，学子获取仍然不易。故乾隆帝甫登极即要求各省抚藩招募坊贾进行刷印售卖，以便学子购买，但效果似乎不甚佳。此后乾隆直接要求各省抚藩印刷后每种书再给学官多发两部，并先后在乾隆九年（1744）、十四年、十五年多次鼓励坊间翻刻：

> 乾隆九年奏准：从前御纂诸书，虽经颁发，然士子众多，恐不足以资钞诵。令各省督抚藩司，多行刷印，每学每种给发二部，以备士子钞诵。
>
> 乾隆十四年议准：闽省生童，于御纂四经皆未经寓目。应令该布

---

① （清）鄂尔泰等：《云南通志》卷二九之五，《景印文渊阁四库全书》第570册，第427页。

② 《钦定学政全书》卷四载康熙五十二年颁发《朱子全书》、康熙五十四年颁发《周易折中》、雍正元年颁发《孝经衍义》，参见（清）素尔纳等《钦定学政全书》，台北：文海出版社，1968，第91~92页。

③ （清）素尔纳等：《钦定学政全书》，第94页。

政使转饬州县，照大中小学，核定数目，详司刷印，颁发各该教官，听从士子照价购买。将所缴价值，解司归项。

乾隆十五年议准：御纂三礼，甫经告成。应俟刊刻成书，奉旨颁发时，令各省布政使照御纂《折中》《传说》诸书之例，敬谨刊刻，准人刷印。并听坊间翻刻，以广诵习。①

从以上乾隆帝上谕可见，第一，乾隆九年要求各省督抚藩司多行刷印，其原因是担心数量不够。因学子众多，而御纂诸经只存于直省学官，学子不易获读，因此每种再给发两部。第二，乾隆十四年上谕特别标出闽省，可见只是特例，而非全国均是如此，而且出现此种情况，乾隆即要求布政使转饬州县核定数目、刷印颁发给各教官，以使学子照价购买，可见其推行力度极大。第三，从乾隆十五年之议可见，御纂诸书均准人刷印，并且允许坊间刊刻，以广诵习。

综上所论，自雍正八年颁赐至乾隆初年，御纂诸书确实流行不广，但经过乾隆的大力推行，至少在乾隆十五年后御纂诸书在学子间应有较为广泛的诵习。乾隆二十年（1755），观保《请颁发三礼疏》即称：

国家重道崇儒，敦尚经术，《易》《诗》《书》《春秋》历蒙圣祖、世宗钦定，折中传说，刊刻颁行。臣监奉到颁给各经分给六堂，令助教等官与诸生讲贯，每月考课，挑问经疑，其有成诵在心，条对无误者，拔置优等，量给奖赏，以期仰副国家造就人材之意。②

可见御纂诸经颁发到学官后，还会对学子掌握程度进行考核。乾隆要求学子考试五经，经义需尊用御纂经书之说，《科场条例》载：

乾隆二十一年覆准，查向例五经取士，经旨悉遵用先儒传注，今学宫颁行御纂四经、钦定三礼，博采诸儒之说，折衷至当，集古今之

---

① （清）素尔纳等：《钦定学政全书》，第113～115页。
② （清）梁国治等：《钦定国子监志》卷五四，《景印文渊阁四库全书》第600册，台北：台湾商务印书馆，1983，第601页。

大成，嗣后考较经文，应遵奉圣制及传注者为合旨。其有私心自用，
与泥俗下讲章，一无禀承者，概置不录。①

乾隆三十二年（1767）丁亥科，当时担任湖南学政的卢文弨在科试诸
生策问的题目中即举出：

> 我皇上圣学渊深，钦定《三礼》，迄复颁《周易》《诗经》《春
> 秋》于学官，大道昭揭，洵日月中天之会也。多士研习有资，其各以
> 所得对。②

明确要求学子以御纂经书的内容来作答。提出这种要求的前提是御纂
诸书在一般学子中已广为诵习。到了乾隆末年，《诗经传说汇纂》在科考中
的使用就更为普遍，如秦瀛为乾隆六十年（1795）浙江武乡试录所撰《后
叙》云：

> 而《兔罝》一篇所称"赳赳武夫"者，诗人流连咏叹，又见于二
> 南，论者以为文王举闳夭、泰颠于罝网之中，风人所称，疑即指此。
> 盖古者文武同揆，故以武夫而材可以为干城，亦德可以为腹心，盖其
> 盛矣。③

这里使用的《兔罝》诗意，正是《诗经传说汇纂》"按语"中的
解释④。

---

① （清）杜受田：《钦定科场条例》卷五十，《续修四库全书》第 830 册，影印南京图书馆藏
　清咸丰二年刻本，上海：上海古籍出版社，1997，第 390 页。《钦定学政全书》作"乾隆
　二十三年"，参见（清）素尔纳等《钦定学政全书》，第 160 页；《续修陕西通志》亦作
　"乾隆二十三年"，参见《续修陕西通志》，《地方志书目文献丛刊》第 6 册，北京：北京
　图书馆出版社，2004，第 16 页。
② （清）卢文弨：《抱经堂文集》卷二三，北京：中华书局，1990，第 326 页。
③ （清）秦瀛：《小岘山人诗文集·文集》卷三，《续修四库全书》第 1465 册，影印上海图
　书馆藏清嘉庆刻增修本，上海：上海古籍出版社，1995，第 143 页。
④ 参见（清）王鸿绪等《钦定诗经传说汇纂》，《景印文渊阁四库全书》第 83 册，第 93 页。

二 《诗经传说汇纂》在清代诗经学中的影响——以方玉润《诗经原始》为讨论中心

《诗经传说汇纂》自乾隆十五年渐为一般学子所诵习，此后科举出身之学者对此书当不陌生。其后有不少诗经学著作征引《诗经传说汇纂》，其较著者如顾镇《虞东学诗》、成僎《诗说考略》、顾栋高《毛诗类释》和《毛诗订诂》、汪梧凤《诗学女为》、顾广誉《学诗详说》、徐璈《诗经广诂》等。其中顾镇、顾栋高皆为乾隆年间人，顾栋高为乾隆十六年进士，顾镇为乾隆十九年进士，汪梧凤亦活跃于乾隆朝前期。① 顾栋高《毛诗订诂》引用《诗经传说汇纂》多达 54 条②，对《诗经传说汇纂》之说极为赞同。顾镇亦称他的《虞东学诗》一尊《诗经传说汇纂》，他在卷首即标明："《钦定诗经传说汇纂》备录古义，是书一遵《汇纂》，引据经传，及诸家义疏，以证明之。"③

一些札记形式的学术著作也引用了《诗经传说汇纂》。例如，"吴中七子"之一的赵文哲，其《娵雅堂别集》卷五、卷六专论《诗》的部分征引《诗经传说汇纂》之说就多达 40 处。《娵雅堂别集》这两卷一共只有 62 条，所引各家之说也都见于《诗经传说汇纂》，所以很可能这部分内容就是赵文哲读《诗经传说汇纂》的笔记。他不仅大量引用《诗经传说汇纂》存录的汉唐宋明各家《诗》说，而且不少地方直接引用《诗经传说汇纂》按语为说，如论《桃夭》云：

> 御案有云，文王之化莫先于正家，后妃之德莫盛于不妒忌。序主后妃，传主文王，意各专重，道实相成。谅哉斯言，论定不易矣。④

---

① 参见钱穆《中国近三百年学术史》，第 343、829~842 页。
② （清）顾栋高：《毛诗订诂》，《四库未收书辑刊》第 1 辑第 4 册，影印清光绪二十二年（1896）江苏书局刻本，北京：北京出版社，1997。
③ （清）顾镇：《虞东学诗·例言》，《景印文渊阁四库全书》第 89 册，台北：台湾商务印书馆，1983，第 373 页。
④ （清）赵文哲：《娵雅堂别集》卷五，《四库未收书辑刊》第 10 辑第 26 册，影印清乾隆五十九年刻本，北京：北京出版社，1997，第 481 页。

又如论《周颂·噫嘻》：

> 御案谓，天子戒敕劝农，止及国中之乡遂，尚不及乎畿甸，似毛义之推广于天下为所该者远矣。①

以上赵文哲所引两条，一为折中诗序和朱传，一则认为毛义更长。可见《诗经传说汇纂》在认同汉人《诗》说方面所起到的作用，也说明到乾隆中期以后，《诗经传说汇纂》在学者间已颇具影响力。

徐璈活跃于嘉庆至道光年间，顾广誉则是咸丰时期的学者。顾广誉《学诗详说》中引用《诗经传说汇纂》有 34 条之多②，可见至晚清时期《诗经传说汇纂》仍具备一定的影响和使用价值。

受《诗经传说汇纂》影响最大的一部诗经学著作，时间比顾广誉的还要晚，这部书就是同治年间的方玉润《诗经原始》。方氏一书有大量承袭、抄纂《诗经传说汇纂》的内容，许多方氏提出的"创发之见"其实不属于他的独创，而是来自《诗经传说汇纂》的按语或者存录的他人之说。《诗经原始》"集释"等部分的内容则直接节抄自《诗经传说汇纂》。因此考察《诗经传说汇纂》对清代诗经学著作的影响，《诗经原始》是一个非常典型的案例。

方玉润（1811～1883 年），字友石，一字黝石，号鸿蒙子，云南宝宁人。道光十二年（1832）补廪膳生员，后屡试不第，遂绝意进取，以读书自任，留心经世致用之学。咸丰五年（1855）出滇从军，曾入曾国藩幕，但与曾国藩主张不合，未得其用。晚年任陇州州同，讲学于陇州五峰书院，居陇东十有九年。光绪九年（1883）升补砖坪厅通判，未抵而卒，终年七十三岁。③

---

① （清）赵文哲：《媕雅堂别集》卷五，《四库未收书辑刊》第 10 辑第 26 册，第 524 页。

② （清）顾广誉：《学诗详说》，《清代诗文集汇编》第 602 册，影印清光绪三年平湖顾鸿升刻四年王大经补刻本，上海：上海古籍出版社，2010。

③ 关于方玉润生平，参见《（民国）新纂云南通志》卷二百《列传十二》，昆明：云南人民出版社，2007，第 334～335 页；《（民国）续修陕西通志稿》卷七一《名宦八》，《地方志书目文献丛刊》第 6 册，北京：北京图书馆出版社，2004，第 579 页。另参见向达《方玉润著述考》，载向达《唐代长安与西域文明》，石家庄：河北教育出版社，2007，第 578～579 页；谢国桢《江浙访书记》，北京：生活·读书·新知三联书店，2007，第 210 页；冯莉《方玉润年谱》，《云南民族大学学报》（哲学社会科学版）2007 年第 7 期，第 113～120 页。

方氏著述宏富，颇以学问自许，是清末较具影响力的学者，其《诗经原始》尤为著名。向达提及民国八九年间王伯沆在南京讲《诗经》，即对《诗经原始》称道不置。① 1934 年沈达材在《海滨月刊》上发表《方玉润诗经原始述评》一文，全面介绍《诗经原始》的观点与优劣，称赞方氏"不欲盲从古人，唯其是者从，而非者正。以此治诗，则诗中之困难问题，如所谓汉宋之争，序传之争者，皆可以息喙矣"。② 20 世纪 80 年代之后，因为《诗经原始》的点校出版，《诗经原始》越发受到研究者重视，论者多认为《诗经原始》是对传统解释模式的挑战，常将此书与清初姚际恒的《诗经通论》并提，尤赞方玉润能够以"文学解诗"和"推翻旧说"，是近代疑古之风的先行者。③ 同时，也有学者意识到《诗经原始》的不足，他的文学解经只是手段，大体仍不脱传统经学范畴。④ 这种分歧正显示出当今《诗经原始》研究中的"以今律古"之弊，研究者多用今日之文学观念在《诗经原始》中寻找能够契合的材料，忽视了方氏此书的真正宗旨、目的及其实际学术水平。

《诗经原始》明确注明引用《诗经传说汇纂》有五处，分别是《十五国风舆地图》之"附录"引《诗经传说汇纂》按语、《作诗时世图》篇末引《诗经传说汇纂》按语、《周颂·天作》之"集释"引《诗经传说汇纂》所录沈括之说、《周颂·丰年》引《诗经传说汇纂》按语、《周颂·载见》引《诗经传说汇纂》按语。⑤ 但《诗经原始》与《诗经传说汇纂》之关系绝不止体现于此五处。详细比对二书可知，《诗经原始》摘录了大量《诗经传说汇纂》一书的内容，具体表现在四个方面：第一，《诗经原始》

---

① 向达：《方玉润著述考》，第 577 页。
② 沈达材：《方玉润诗经原始述评》，《海滨月刊》1934 年第 3 期，第 2 页。
③ 李家树：《清代传统诗经学的反动》，载李家树《诗经的历史公案》，台北：大安出版社，1990，第 149 页；洪湛侯：《诗经学史》，第 572～573 页。另可参见李晋娜《现代〈诗〉学的曙光——方玉润及其〈诗经原始〉》，硕士学位论文，山西大学，2005；李晓丹《方玉润〈诗经原始〉综论》，硕士学位论文，辽宁师范大学，2010；苏元泾《孔门〈诗〉教与方玉润〈诗经原始〉研究》，硕士学位论文，山东大学，2013；韩立群《方玉润〈诗经原始〉研究》，博士学位论文，河北大学，2013。
④ 韩立群：《方玉润〈诗经原始〉研究》，第 176～179 页；李春云：《方玉润〈诗经原始〉研究》，硕士学位论文，福建师范大学，2004，第 29～33 页。
⑤ （清）方玉润：《诗经原始》，北京：中华书局，2006，第 12、40、585、604、609 页。

卷首上《大东总星之图》至《作诗时世图》及图后之说明均摘录于《诗经传说汇纂》；第二，《诗经原始》卷首下论诗旨的绝大部分内容抄自《诗经传说汇纂》；第三，《诗经原始》正文有关诠释字义、名物等的"集释"全部节抄自《诗经传说汇纂》，只略增姚际恒、姚炳叔侄等人的意见；第四，《诗经原始》最具独创性的解释诗义的部分也有不少内容抄自《诗经传说汇纂》，有时举引用学者之姓名，亦有多处不加注明以为己说。

首先，《诗经原始》卷首上有九图，除第一幅图《诗无邪太极图》及第二幅图《十五国风舆地图》外，《大东总星之图》《七月流火之图》《楚丘定之方中图》《公刘相阴阳图》《豳公七月风化之图》《诸国世次图》《作诗时世图》均来自《诗经传说汇纂》。第二幅图《十五国风舆地图》，方氏自陈为其本人所作，但图后所附前人之说亦抄自《诗经传说汇纂》①。

其次，《诗经原始》卷首下引录先儒众说总论诗旨，大部分摘录自《诗经传说汇纂》卷首下之"纲领"部分，引文顺序大多与《诗经传说汇纂》相同。例如，引郑樵论"风有正变"一段、叶适"诸诗各有一体"一段、严粲"纯乎雅之体为雅之大"一段、王柏"风、雅之别"一段均见于《诗经传说汇纂》卷首下"纲领二"之论四始部分。②引郑樵"善观《诗》者"一段、范浚"高山仰止"一段来自《诗经传说汇纂》卷首下"纲领三"论读《诗》之法部分。③如此之类甚多，概不具举。而《诗经原始》中绝大部分未完全按照《诗经传说汇纂》顺序之引文也能在《诗经传说汇纂》卷首下"纲领"部分找到原文，仅有章潢、顾炎武、姚际恒三处引文不见于《诗经传说汇纂》。方氏在每条引文下都加有自己的按语，这些都是方氏自己的意见。

再次，《诗经传说汇纂》的体例为分章训释，于每诗每章之后先列朱子《诗集传》，对《诗集传》若有补充，则引历代众说列于朱子解释之下；每章后或有"集说"或有"附录"，每诗后亦有"附录"或"总论"之类。

① （清）王鸿绪等：《钦定诗经传说汇纂》，《景印文渊阁四库全书》第83册，第20页。
② （清）方玉润：《诗经原始》，第47~49页；（清）王鸿绪等：《钦定诗经传说汇纂》，《景印文渊阁四库全书》第83册，第50~51页。
③ （清）方玉润：《诗经原始》，第50~51页；（清）王鸿绪等：《钦定诗经传说汇纂》，《景印文渊阁四库全书》第83册，第56~57页。

凡旁征博引，融会汉、唐、宋、元、明诸儒《诗》说。《诗经原始》于每诗解释之后列有"集释"，解释字义、各物等，其内容全部节抄自《诗经传说汇纂》中所录朱子《诗集传》之解释与历代学者注释，不过是将《诗经传说汇纂》散列的内容集中到一起，只在少数地方加入了姚际恒《诗经通论》、姚炳《诗识名解》等书的内容。

最后，在解释诗义时，常常引用前人之说，除姚际恒、姚炳等人的著作外，大多引自《诗经传说汇纂》。如《召南·江有汜》，《诗经原始》引南宋黄震之说云：

> 《列女传》云"倚柱而啸"，《王风》"条其啸矣"，皆借悲歌以发郁积气，又安见其为融融意哉？唯黄氏震曰："岷隐云不我以，正是置之于无所与事之地，非遇勤劳也。己乃宽释曰：久当自悔，且有以处我，啸歌以俟时，不必过为戚戚也。"以前二章作或然之想，以末一章寓无聊之心，庶几乎得之矣。①

此处所引黄震之说即来自《诗经传说汇纂》释《江有汜》诗之"附录"。②又如《豳风·东山》，《诗经原始》引朱善论"圣人之所以能感人者"一段见于《诗经传说汇纂》。《诗经原始》解《十月之交》为幽王时诗，举欧阳修、苏辙、陈鹏飞、李樗等人意见，均抄自《诗经传说汇纂》此诗之"集说"。③这样的情况很多，不一一列举。

从《诗经原始》与《诗经传说汇纂》如此密切的关系及方玉润袭用《诗经传说汇纂》之痕迹可见，《诗经传说汇纂》应该是他撰写《诗经原始》时的工作本。同治四年（1865），方玉润在日记中拟定了一个鸿蒙室拟著丛书目录，与经学有关的几部书值得注意，即《易经通致评解》《书经通致评解》《诗经通致评解》《礼经通致评解》《春秋通致评解》《四书通致评解》，这几部书恰能与清康熙、乾隆间编订的官修经书注本《周易折

---

① （清）方玉润：《诗经原始》，第 112 页。
② （清）王鸿绪等：《钦定诗经传说汇纂》，《景印文渊阁四库全书》第 83 册，第 122 页。
③ （清）方玉润：《诗经原始》，第 320、395 页；（清）王鸿绪等：《钦定诗经传说汇纂》，《景印文渊阁四库全书》第 83 册，第 366、464 页。

中》《钦定书经传说汇纂》《钦定诗经传说汇纂》《钦定仪礼义疏》《钦定春秋传说汇纂》《日讲四书解义》一一对应。方氏这几部书大概都未完成，《诗经通致评解》很可能是《诗经原始》的前身。

据方玉润《星烈日记汇要》，《诗经原始》的撰写草创于同治八年（1869）七月[1]，方氏自述"愚拟广集众说，折衷一是，留为家塾课本"，可见方氏撰写《诗经原始》的最初用途是家塾课本，家塾课本用《诗经传说汇纂》进行改编、撰述则很正常，比如明清时期科举类《诗经》注本就多直接采录《诗传大全》或《诗经传说汇纂》中的附图，《诗经原始》的做法正与这些科举类注本的编写一致。《诗经原始》于同治十年春在陇州开雕，如果按方玉润日记的记载来看，从计划撰写到开雕，前后不过一年半，在这么短的时间里完成这部部头不小的著作几乎是不可能的[2]，因此向达认为《诗经原始》的雏形早在同治八年已经形成。这个"雏形"很可能即《诗经通致评解》，后者未必完全成书，方玉润在写作过程中逐渐形成自己的思路与观念，遂抛弃旧的计划，而意欲撰成一部成一家之说的著作。

对比方玉润《星烈日记汇要》中所述《诗经原始》宗旨与《诗经原始自序》，可见其变化之痕迹。《星烈日记汇要》卷三，方氏自述《诗经原始》梗概云：

> 愚拟广集众说，折衷一是，留为家塾课本，名之曰《原始》，盖欲探求古人作诗本旨而原其始意也。……诗后乃总论作诗大旨，大约论断于小序、集传之间，其余诸家亦顺及之。末乃集释名物，标明音韵。本诗之上眉有评旁有批，诗之佳处亦点亦圈，以清眉目。然后全诗可

---

[1]　向达：《方玉润著述考》，第584页；黄美椿：《〈鸿蒙家书〉与方玉润著作》，《文史》第9辑，第238页。

[2]　据方玉润《诗经原始》自序可知，同治十年辛未小阳春时《诗经原始》已成书，并开始刊雕。《凡例》又云："于是群相怂恿，劝付剞劂，亦不能以自主焉。其役经始于辛未仲冬，告竣于癸酉孟夏，凡阅月一十有八。"可知刊刻的时间从同治十年冬一直持续到同治十二年夏，耗费十八个月，赖诸多友人资助方成。冯莉《方玉润年谱》误将刊刻时间作为撰写时间，以为同治十年始撰此书，同治十二年夏书成。

无遁义，足以沁人心脾矣！①

《诗经原始》自序则写道：

> 乃不揣固陋，反覆涵泳，参论其间，务求得古人作诗本意而止。不顾《序》，不顾《传》，亦不顾《论》，唯其是者从而非者正，名之曰《原始》，盖欲原诗人始意也。虽不知其于诗人本意何如，而循文按义，则古人作诗大旨要不外乎是。……（李勤伯）以为二千余年说《诗》疑案至是乃可以息喙而无争耳。②

在最初的计划中，方氏还"大约论断于小序、集传之间"，但书撰成后已是"不顾《序》，不顾《传》，亦不顾《论》"；最初方氏对此书的期许是"全诗可无遁义，足以沁人心脾矣"，书成则自信"古人作诗大旨要不外乎是"，并借他人之口说两千年说《诗》疑案到此书就可以全部息喙了，虽然他表示不敢承，但既然写在序中，自然显示了方氏内心的实际想法。

通过考察方玉润的日记，对比《诗经原始》和《诗经传说汇纂》的关系，大致可以了解到方玉润原先有撰写诸多经书通致评解的计划，用于家塾授课（上引《星烈日记汇要》之语说"本诗之上眉有评旁有批"，并有圈点，就是明清时私塾、科举读本最主要的注释范式），写作所根据的都是康熙、乾隆时期编定的官修诸经注本。方玉润以《诗经传说汇纂》为工作本撰写《诗经通致评解》，后来欲进一步探求古人作《诗》本旨，在此基础上更名《诗经原始》，增添了不少自己思考得来的结论，丰富了《诗经原始》的内容，但仍保留了摘录自《诗经传说汇纂》的不少文字，对有意无意抄袭自《诗经传说汇纂》的部分也未改尽。

《诗经原始》中对诗义之诠解是方氏自信最具独创性的一部分。然而考察此部分内容可以发现，方氏常常以《诗经传说汇纂》按语或他人之说为己说，后人不别，往往误认为是方氏的独见。这样的情况在《诗经原始》

---

① 转引自向达《方玉润著述考》，第584页。
② （清）方玉润：《诗经原始》，自序，第3~4页。

中多达五十余处。如果说图说、纲领、集释等内容还具有资料性质，那么诗义诠解及《诗经》相关内容之考证袭用他人之说而不加注明，则不免有抄袭之嫌。下文举较具代表性的例证以见一斑。

《邶风·柏舟》，《诗经原始》"集释"部分解释"柏舟"的内容抄自《诗经传说汇纂》所录严粲之说而未注明出处。《诗经原始》云：

> "柏舟"以喻国也。旧说以为自喻，下即继以"耿耿不寐"，未免伤于迫切，非仁人心也。惟舟喻国，泛泛然于水中流，其势靡所底止，为此而有隐忧，乃见仁人用心所在。①

《诗经传说汇纂》中，《柏舟》第一章之"附录"云：

> 严氏粲曰：……旧说以柏舟自喻其材美，以泛泛喻己之不见用。下即继之以"耿耿不寐，如有隐忧"，则伤于迫切而非仁人之气象矣。故以舟喻国，流于水中，以喻国之靡所底止，为此而隐忧，然后见仁人之心也。②

严粲"柏舟以喻国"之精妙《四库全书总目》早有赞语③。

《邶风·式微》，《诗经原始》考证"泥中"非毛传所说"卫邑"的内容来自《诗经传说汇纂》按语：

> 泥中，犹言泥涂也。毛氏苌曰：中露、泥中，卫邑也。此或后人因经而附会其说耳，不可从。④

《诗经传说汇纂》按语云：

---

① （清）方玉润：《诗经原始》，第 122 页。

② （清）王鸿绪等：《钦定诗经传说汇纂》，《景印文渊阁四库全书》第 83 册，第 134 页。

③ （清）永瑢等：《四库全书总目》，第 125 页。

④ （清）方玉润：《诗经原始》，第 139 页。

毛苌以中露、泥中为二邑，当非无本，但周时地理已属荒邈难稽，而后代都邑志所载，或因经而附会其说。①

《鄘风·桑中》，《诗经原始》云：

> 夫诗之所咏曰"唐"、曰"麦"、曰"葑"，匪一其采矣。曰"沫乡"、曰"沫北"、曰"沫东"，又匪一其地也。曰"孟姜"、曰"孟弋"、曰"孟庸"，更匪一其人。而期、而要、而送之者，则必于"桑中"之"上宫"与"淇上"，岂一人一时所期，而三地三人同会于此乎？②

此说实来自《诗经传说汇纂》所录邓元锡之说而略加改动：

> 邓氏元锡曰：……"唐""麦""葑"，匪一其采。"沫乡""沫北""沫东"，匪一其地。"孟姜""孟弋""孟庸"，匪一其姓。而期、而要、而送，如出一轨焉。③

《鄘风·定之方中》，《诗经原始》云：

> 观其卜筑楚丘也，始则验中星而重天时，继则升墟陇而察地利，终则教树畜而尽人力，规模宏远，经营具备。而尤不敢自暇自逸，躬亲课农，星言税驾，率以为常。故不数年而戎马浸强，蚕桑尤盛，为河北巨邦。其后孔子适卫犹有庶哉之叹，则再造之功不可泯也。④

此说来自《诗经传说汇纂》按语而略加改动，按语云：

---

① （清）王鸿绪等：《钦定诗经传说汇纂》，《景印文渊阁四库全书》第83册，第159页。
② （清）方玉润：《诗经原始》，第160页。
③ （清）王鸿绪等：《钦定诗经传说汇纂》，《景印文渊阁四库全书》第83册，第181页。
④ （清）方玉润：《诗经原始》，第163～164页。

今观《定之方中》一诗，占天时，审土宜，尽人力，规模宏远，经营具备。而尤以农桑为立国之本，戎马为富强之资，巡行不息，蕃育有方，使康叔开国之模复见于播迁之后。而诗人推本自塞渊中来，可见一心为万事根本，卫业所由重兴也。及春秋之季，孔子适卫殷，然思所以富之教之，夫孰非文公生聚之所贻欤？①

《王风·君子阳阳》，《诗经原始》论诗义之语袭自邓元锡，《诗经原始》云：

盖三代贤人君子，多隐仕于伶官，以其得节礼乐，可以陶情淑性而收和乐之功。故或处一房之中，或侍遨游之际，无不扬扬自得，陶陶斯咏，有以自乐。其乐而何害其为贤也耶？②

《诗经传说汇纂》引邓元锡之说云：

邓氏元锡曰：……古贤多隐伶官，夫伶贱工也，然司乐节得节礼乐，而乐有平心反性之益焉。君子之阳阳，乐独得其道也云尔，故仕为贫而道存焉。③

《郑风·有女同车》，《诗经原始》云：

《小序》谓"刺忽也"。……《辨说》以为"忽之辞昏，未为不正。至其失国，以势孤援弱，亦未有可刺之罪也。"故《集传》又"疑为淫奔之诗。"夫曰"同车"，则有御轮之礼；曰"佩玉"，则有矩步之节；曰"孟姜"，则本齐族之贵。淫奔而越国，有若是之威仪盛饰

---

① （清）王鸿绪等：《钦定诗经传说汇纂》，《景印文渊阁四库全书》第83册，第187页，此条按语其实亦袭自方苞的《朱子诗义补正》，参见（清）方苞《朱子诗义补正》，《续修四库全书》第62册，影印清乾隆三十二年刻本，上海：上海古籍出版社，1995，第406～407页。
② （清）方玉润：《诗经原始》，第194页。
③ （清）王鸿绪等：《钦定诗经传说汇纂》，《景印文渊阁四库全书》第83册，第223～224页。

昭彰耳目乎？前人驳之，固已甚详。①

此说袭自《诗经传说汇纂》之按语，按语引"后儒"之说云：

> 后儒谓：诗曰"同车"，则有御轮之礼；曰"佩玉"，则有矩步之
> 节；曰"孟姜"，则本齐族之贵；淫奔而越国，有若是之威仪盛饰昭彰
> 耳目乎？不知朱子特辨序说，因孟姜二字为齐女，遂指刺忽之为傅会，
> 其曰淫奔，盖疑词也。诗人固在人之善观矣。②

《诗经传说汇纂》按语中所谓"后儒"即胡绍曾，此说见于其《诗经
胡传》③。而方玉润则将《诗经传说汇纂》所录胡氏之语略加改动，颠倒次
序，以"前人驳之，固已甚详"掩其抄袭之迹。

《诗经原始》释《郑风·野有蔓草》为"朋友期会之诗"，实来自《诗
经传说汇纂》所录吴肃公之说。《诗经原始》云：

> 况其诗……一见于《韩诗外传》，孔子遭程木子于郑，倾盖而语，
> 顾子路束帛以赠，子路对曰："士不中道相见。"孔子乃咏此诗以晓之。
> 是皆取士君子邂逅相遇为义。"有美"云者，犹《简兮》之称"彼
> 美"，《干旄》之咏"彼姝"云尔。若如晦翁所言，纵不为郑卿地，独
> 不为孔子地乎？是知此诗必为朋友期会之诗无疑。士固有一见倾心，
> 终身莫解，片言相投，生死不渝者，此类是也。又何必男女相逢始适
> 愿哉？④

《诗经传说汇纂》在《野有蔓草》诗后之"附录"引吴肃公之说云：

---

① （清）方玉润：《诗经原始》，第 213 页。
② （清）王鸿绪等：《钦定诗经传说汇纂》，《景印文渊阁四库全书》第 83 册，第 247 页。
③ （明）胡绍曾：《诗经胡传》卷三，《四库未收书辑刊》第 1 辑第 4 册，影印明崇祯十六年
胡氏春熙堂刻本，北京：北京出版社，1997，第 405 页。
④ （清）方玉润：《诗经原始》，第 225 页。

吴氏肃公曰：蔓草为朋友期会之诗。《韩诗外传》孔子遭齐程木子于郑，倾盖而语终日，顾子路束帛十匹以赠先生。子路对曰："士不中道相见，女无媒而嫁者。"孔子曰："夫诗不云乎：'野有蔓草，零露洊兮。有美一人，清扬婉兮。邂逅相遇，适我愿兮。'齐程木子，天下之贤士也。吾于是而不赠，终身不之见也。"①

方玉润释《野有蔓草》为朋友相会，看似极有创见，其实清初吴肃公早已有此论，而《诗经传说汇纂》按语亦加以申说，由此可见，《诗经原始》乃抄吴肃公之说与《诗经传说汇纂》按语为己说。

《诗经原始》论《齐风·还》之诗不过为猎者互相称誉，此说来自《诗经传说汇纂》所录姚舜牧之语。《诗经原始》云：

此不过猎者互相称誉，诗人从旁微哂，因直述其词，不加一语，自成篇章。而齐俗急功利，喜夸诈之风，自在言外，亦不刺之刺也。②

《诗经传说汇纂》此诗第三章"总论"引姚舜牧之语云：

姚氏舜牧曰：所尚者弋猎便捷，便见齐俗之急功利处；所遇者相称誉，便见齐俗之喜夸诈处。③

《秦风·晨风》，《诗经原始》以为男女情与君臣义原本相通，此说来自《诗经传说汇纂》按语。《诗经原始》云：

惟《集传》则以为妇人念其君子之词，又引《庡廖歌》以证秦俗，与古《序》大相反。今观诗词，以为"刺康公"者固无据，以为妇人思夫者亦未足凭。总之，男女情与君臣义原本相通，诗既不露其

---

① （清）王鸿绪等：《钦定诗经传说汇纂》，《景印文渊阁四库全书》第 83 册，第 258～259 页。

② （清）方玉润：《诗经原始》，第 230 页。

③ （清）王鸿绪等：《钦定诗经传说汇纂》，《景印文渊阁四库全书》第 83 册，第 264 页。

旨，人固难以意测。①

《诗经传说汇纂》诗后按语云：

> 朱子则改为妇人念其君子之词，又引《黄鸟歌》以证西秦风俗。盖康公弃贤，固无从考其实事。而思妇独居与贤士失所，亦情之相似而理之可通者也。②

《诗经原始》不过是将《诗经传说汇纂》按语中的"思妇独居与贤士失所"改为"男女情与君臣义"而已。

《诗经原始》论《渭阳》诗义之语，其实抄自《诗经传说汇纂》所录朱道行之说。《诗经原始》云：

> 若当其携手渭阳，樽酒惜别，虽曰甥情，实奉父命。穆公之为重耳也，且与以纪纲仆三千，然后晋可定而霸业以成。故《春秋》于、秦晋交战，每主晋而客秦，多抑扬焉。此诗之存，其亦《春秋》意也夫？③

《诗经传说汇纂》引朱道行之说云：

> 朱氏道行曰：读《渭阳》便见晋伯，中原皆西秦羽翼，虽曰甥情，实奉父命。传记穆公为重耳虑，与以纪纲之仆三千，人皆所以郑重其行，借以定晋也。《春秋》于秦晋交战，每主晋客秦，多抑扬焉，即录诗《渭阳》之意。④

《陈风》篇首，《诗经原始》之按语实来自《诗经传说汇纂》所录朱公

---

① （清）方玉润：《诗经原始》，第 276 页。
② （清）王鸿绪等：《钦定诗经传说汇纂》，《景印文渊阁四库全书》第 83 册，第 315 页。
③ （清）方玉润：《诗经原始》，第 279 页。
④ （清）王鸿绪等：《钦定诗经传说汇纂》，《景印文渊阁四库全书》第 83 册，第 318 页。

迁之语而略加改动。《诗经原始》云：

> 陈、桧、曹皆小国，故居诸国之末。而陈为伏羲旧治，又帝舜后裔，故在二国前。说者谓桧、曹《匪风》《下泉》二诗有思治心，未便居于陈国先，盖乱极则思治，理或然也。①

《诗经传说汇纂》引朱公迁之语云：

> 朱氏公迁曰：陈、桧、曹皆小国，故居变风之终。……但桧、曹比陈为尤小，且有思治之诗，故二国不可先陈，而以陈列于其前也。②

《诗经原始》此段称"说者谓"，但未举朱公迁之名。

《诗经原始》解《陈风·宛丘》诗义抄自《诗经传说汇纂》按语。《诗经原始》云：

> 《集传》泛指"游荡人"，固是慎重解经之意。但乐舞非细民所宜，威望亦于庸众无关，使闾巷鄙夫终岁执羽舞翿于宛丘之上，亦属常然，何烦诗人讽咏，重劳大圣人录而冠夫《陈风》之首，以为游荡者戒耶？此必陈君与其臣下不务政治，相与游乐，君击鼓而臣舞翿，无冬无夏，威仪尽失。③

《诗经传说汇纂》按语曰：

> 朱子曰：子指游荡之人也。辨《小序》曰：陈国小无事，实幽公但以恶谥，故得游荡无度之诗，未敢信也。解经可谓慎矣。然曰望人所瞻望也，则仍似属有位者言也。若闾巷细民鼓舞于宛丘，何系轻重，而国人作诗以刺之？又致夫子录是诗以冠陈风之首，重为后世戒耶？

---

① （清）方玉润：《诗经原始》，第 281 页。
② （清）王鸿绪等：《钦定诗经传说汇纂》，《景印文渊阁四库全书》第 83 册，第 322 页。
③ （清）方玉润：《诗经原始》，第 281 页。

盖上行则下效，序与传笺推其原，则有所指。①

《陈风·防有鹊巢》，《诗经原始》云：

> 程子曰："予美，心所贤者。一言下之，诳君以谗人；一言奸之，诬善以害人，皆作诗者忧患之意。"可谓深得风人义旨矣。而朱子乃谓"予美"指所私者，定此诗为"男女有私，而忧其或间之之词。"岂不异哉？夫《风》诗托兴甚远，凡属君亲朋友，意有难宣之处，莫不假托男女夫妇词婉转以达之。②

此段抄自《诗经传说汇纂》按语而略加改动：

> 程子曰："予美，心所贤者。一言下之，诳君以谗人；一言奸之，诬善以害人，皆作诗者忧患之意。"朱子曰予美指所与私者，而定此诗为男女有私忧或间之之词。然不指其所谓予美者为男乎？为女乎？夫风诗之托兴甚远……予美为君子词，可做男女夫妇读意，可作君亲朋友观。即不泥为宣公，而程子之说为可思矣。③

《豳风·伐柯》，《诗经原始》云：

> 朱子初说，亦用《序》义，后以此诗难晓，而"我觏之子"一句又与下章同，故推求其意，以为东人欲见周公，始难而终易，而为是深喜之词。然总作比看，则与《九罭》之"我觏之子"一赋一比又相戾，且皆非诗词中所有意也。④

此说抄自《诗经传说汇纂》按语而略为改动：

---

① （清）王鸿绪等：《钦定诗经传说汇纂》，《景印文渊阁四库全书》第83册，第323页。
② （清）方玉润：《诗经原始》，第288页。
③ （清）王鸿绪等：《钦定诗经传说汇纂》，《景印文渊阁四库全书》第83册，第330页。
④ （清）方玉润：《诗经原始》，第323页。

朱子初说……盖用序义也。后以此诗难晓，而"我觏之子"一句，与《九罭》之诗同，二篇又相属。故推求其意，以为东人欲见周公，始难而终易，而为是深喜之词。然总作比看，则与序所言刺朝廷之不知，皆非诗词之所有者一也。①

《小雅·祈父》，《诗经原始》云：

案成周兵制，籍乡遂之众以作六军，而邱甸之民亦出车乘、甲士、步卒，然其为数少，故统言之则六军之士出自六乡也。至虎贲、司右，简勇士属焉，以左右王，郑康成所谓征行之士，例不取王之爪牙之士也。②

此说照抄《诗经传说汇纂》之按语：

案成周兵制，籍乡遂之众以作六军，而邱甸之民亦出车乘、甲士、步卒，然其为数少，故统言之则六军之士出自六乡也。至虎贲、司右，简勇士属焉，以左右王，郑康成所谓征行之事，例不取王之爪牙之士也。③

《大雅·皇矣》，《诗经原始》论之曰：

愚谓畔者，离而去之也。援者，攀而附之也。无然者，谓无间离人以攀附之心也。至歆者，欲之动乎中；美者，心之慕乎外，盖利人土地而生美慕之念耳。④

此说改自《诗经传说汇纂》所录朱善之说：

---

① （清）王鸿绪等：《钦定诗经传说汇纂》，《景印文渊阁四库全书》第83册，第370页。
② （清）方玉润：《诗经原始》，第377页。
③ （清）王鸿绪等：《钦定诗经传说汇纂》，《景印文渊阁四库全书》第83册，第438页。
④ （清）方玉润：《诗经原始》，第493页。

朱氏善曰：畔者，疏而离之，援者，亲而附之也；歆者，欲之动乎中；羡者，心之慕乎外也。①

《大雅·既醉》，《诗经原始》云：

"笾豆静嘉"，诚之寓于物也，何其洁！"朋友攸摄"，诚之萃于人也，何其敬！"孝子不匮"，"室家之壸"，诚之者于后嗣与内助也，又何其贤且孝！于是锡尔以祚，所以厚其身；锡尔以胤，所以昌厥后。②

此说亦抄自《诗经传说汇纂》所录朱善语，《诗经传说汇纂》云：

朱氏善曰："笾豆静嘉"，孝诚之著于物也；"朋友攸摄"，孝诚之寓于人也；孝子不匮，孝诚之传于后嗣也；"室家之壸"，孝诚之形于内助也；"锡尔以祚"，所以厚其身也；"锡尔以胤"，所以昌厥后也。③

《诗经原始》全书中明抄或暗袭朱善之语甚多，不仅以上所引两处。
《大雅·凫鹥》，《诗经原始》批评郑玄之说云：

郑氏又以首章之"在泾"，喻燕祭宗庙之尸；二章之"在沙"，喻燕祭四方万物之尸；三章之"在渚"，喻燕祭天地之尸；四章之"在潨"，喻燕祭社稷山川之尸；五章之"在亹"，喻燕祭七祀之尸。一"在泾"也，而曲为分别，以譬在宗庙等处，岂尚知诗人用字义哉？④

此说抄自《诗经传说汇纂》之按语：

《凫鹥》之诗，汉、唐、宋诸儒皆定为祭之明日绎而宾尸之乐，固

---

① （清）王鸿绪等：《钦定诗经传说汇纂》，《景印文渊阁四库全书》第83册，第583页。
② （清）方玉润：《诗经原始》，第511页。
③ （清）王鸿绪等：《钦定诗经传说汇纂》，《景印文渊阁四库全书》第83册，第612页。
④ （清）方玉润：《诗经原始》，第513页。

已。但毛苌以为燕宗庙之尸，郑则以首章之"在泾"，喻燕祭宗庙之尸；二章之"在沙"，喻燕祭四方万物之尸；三章之"在渚"，喻燕祭天地之尸；四章之"在潨"，喻燕祭社稷山川之尸；五章之"在亹"，喻燕祭七祀之尸。欧阳修破之曰："凫鹥在泾、在沙，谓公尸和乐，如水鸟在水中及水旁，得其所尔。在渚、在潨、在亹，皆水旁尔。郑氏曲为分别，以譬在宗庙等处者，皆臆说也。"斯论甚当。①

　　方玉润此说全袭《诗经传说汇纂》按语之意见，驳斥郑玄，亦全用《诗经传说汇纂》按语所引欧阳修之说，然而方氏在文后云："诸儒说《诗》大都如此，可慨也夫！"鄙视前代诸儒之意溢于言表。如此讨巧，非学者所为。

　　由上举诸例可见，方玉润多将《诗经传说汇纂》按语与所录他人之说略加改动，或直接以他人之意为己意，或在前人意见上申述己意；部分段落和句子与《诗经传说汇纂》的文字雷同。在大多数情况下，方玉润没有注明出处，也未说明一些对诗旨的解释来自前人启发，剿袭的痕迹较为明显。方氏又常认为自己的意见远胜前代诸儒，肆意批评前人。这种做法实在不能令人信服。他曾在《诗经原始》里说："夫人心之患，莫患于非圣而自是。"② 他自己却往往陷入"非圣而自是"，可以说这句话正是他本人的写照。

　　综上所述，《诗经传说汇纂》是方玉润撰写《诗经原始》时的工作本，《诗经原始》中的附图、纲领、集释几乎全部摘录自《诗经传说汇纂》，在诗义解说部分，凡引前人之说处，除了姚际恒、姚炳等人著作之外，几乎全部来自《诗经传说汇纂》，因此《诗经传说汇纂》若节引前人之说，《诗经原始》中会出现完全一致的现象③。《诗经原始》中还有 50 多处抄袭《诗经传说汇纂》的情况，多抄自《诗经传说汇纂》的按语和所录前人之

---

① （清）王鸿绪等：《钦定诗经传说汇纂》，《景印文渊阁四库全书》第 83 册，第 614 页。
② （清）方玉润：《诗经原始》，第 528 页。
③ 如《小雅·钟鼓》，《诗经原始》引及欧阳修辨周幽王东巡事，非欧阳修《诗本义》原文，而是直接抄自《诗经传说汇纂》所录胡一桂引欧阳修语，胡一桂有删节，《诗经原始》亦同。参见（清）方玉润《诗经原始》第 429 页；（清）王鸿绪等《钦定诗经传说汇纂》，《景印文渊阁四库全书》第 83 册，第 505 页。

说。方氏在书中对所抄《诗经传说汇纂》材料做了改写,不少观点或直接袭用《诗经传说汇纂》,或在《诗经传说汇纂》材料基础上再做自己的解读,但都未注明出处。清代学术经过一段时间的发展,至乾嘉时已确立一定的学术规范,注明出处即其中之一。① 方氏袭用《诗经传说汇纂》按语或前人意见,未加注明,已属抄袭,且从文字改动痕迹来看,很可能是有意识的行为。

《诗经原始》与《诗经传说汇纂》的密切关系也可见方玉润对《诗经传说汇纂》下了一定的功夫。他长期在陇州书院讲学,很可能即以《诗经传说汇纂》为蓝本教授弟子。方氏刚开始写作时,只是准备将此书作为私塾课本,但撰写过程中思路发生变化,意欲成一家之言,遂有"二千余年说《诗》疑案至是乃可以息喙而无争"之志,然而《诗经传说汇纂》作为《诗经原始》工作本的痕迹在其中依然大量存在。从中可以看到《诗经传说汇纂》在清末仍具有一定影响力。《诗经传说汇纂》的内容极为丰富,融会了汉、唐、宋、元、明代各家《诗》说,虽以尊朱为主,但不废旧说。持此一书即可知汉唐以来《诗》说之大概,尤其于元、明诸家《诗》说所引甚多。《诗经原始》所用诸家之说也以元、明《诗》家为最多。更重要的是,在古代书不易得的情况下,拥有《诗经传说汇纂》,可以不必要再去购买其中所录各家之单行本。何况此书通过乾隆大力推行,地方学官均至少藏有两部,并且允许私家翻刻②。对于藏书不多、家境不丰的学者来说,该书提供了研究上的便利。

因此,今人若讨论《诗经原始》之成就得失,理应注意方氏与《诗经传说汇纂》的密切关系。除抄袭以外,方氏不少意见受到《诗经传说汇纂》的启发,需细加辨别。例如,《诗经原始》解释《小雅·菁菁者莪》,认为"既见君子"之"君子"非人君而是"贤者",以此诗为"君临辟雍,见学校人才之盛,喜而作此"。③ 此说显然是受到《诗经传说汇纂》所引范处义之说和按语的启发④。方氏独抒己见的地方其实亦有佳处。例如,解释

---

① 〔美〕艾尔曼:《从理学到朴学:中华帝国晚期思想与社会生活面面观》,第130页。

② (清)素尔纳等:《钦定学政全书》,第115页。

③ (清)方玉润:《诗经原始》,第359页。

④ 〔清〕王鸿绪等:《钦定诗经传说汇纂》,《景印文渊阁四库全书》第83册,第417~418页。

《采薇》之诗，驳斥诗序与《诗集传》"代作"之说云："使当前好景亦可代言，则景必不真；景不真，诗亦何能动人乎？此诗之佳，全在末章：真情实景，感时伤事，别有深情，非可言喻。"①解《出车》《六月》均似此，但这类解读在全书中并不多见。

　　前人多已论及，方氏虽抱负不凡，但识见不高，好谈空论，他不能为曾国藩、左宗棠所用的原因即在于此②。方氏汲汲于功名，有强烈的用世之心，而始终不遇，这种功名用世之心在《诗经原始》中也有所体现，然因其识见不高，所论往往迂腐、固陋。因此，就其书之学术水平而言，与同类型的姚际恒《诗经通论》以及同时期的魏源《诗古微》等相比均有差距。曹道衡早已指出方玉润在学术上没有下切实功夫，是所谓"不知三通、四史是何等文字"的八股家，"今人对方玉润似乎评价过高，对他的话，有时缺乏必要的思考"③。从方氏引用、抄袭《诗经传说汇纂》的情况来看，曹道衡无疑切中其弊。

　　当然，识见之高下，除天资禀赋外，还与环境、际遇有关，方氏长期困居陇东一隅，交通不便、信息不畅，又数奇不遇，是以其书中之缺失自有客观缘由。方氏于《诗》学用功甚勤，虽有诸多不足，但亦有可取之处。本文揭示《诗经原始》引用、抄袭之迹，并非意在贬诋此书一无是处，而是希望研究者探讨此书时不仅注意到《诗经传说汇纂》对它的影响，而且要公允地看待其成就与价值。

　　《诗经原始》是清季学术转变过程中的产物，方玉润限于学识眼界，未能跳出旧有的解释传统。他力求摒弃《毛诗序》、朱熹《诗集传》的影响，重建诗义，不过依旧带着经学的眼光和视角，所谓"如诵《二南》，则识其为风化所由始，而得其伦行之正焉；诵列国，则知其为风俗所由变，而察其治乱之机焉；诵《二雅》《三颂》，则知其为宗庙朝廷之乐，而深体其政治得失，与夫人物贤否及功德隆替焉"，仍从《诗经》中查风俗之变、治乱之机与政治得失、功德隆替等，以至于认为文辞工拙、训诂详略，都

---

①　（清）方玉润：《诗经原始》，第 341 页。

②　向达：《方玉润著述考》，第 580 页；冯莉：《方玉润年谱》，第 120 页。

③　曹道衡：《试论〈毛诗序〉》，载曹道衡《汉魏六朝文学论文集》，《曹道衡文集》第 3 卷，郑州：中州古籍出版社，2018，第 528 页。

可以不必讨论，重点在于"涵濡乎六义之旨"，然后证以身心性命之微。①
在这样的观念下，方玉润解释《诗经》往往忽略文字训诂、历史考证，而
重在申说诗篇所透露的"微言大义"。因此乍观其书确有不少惊人之新说，
但细细体察就会发现其说不如前人笃实和可靠，而颇多腐朽、固陋之见。
他所谓"文学解诗"，其实多受时文评点之影响，在明清科举类《诗经》
注本中也能看到大量雷同的解读。站在学术史的角度来看，如果说新文化
运动时期学者重新评定《诗经》、推翻旧说曾受到方玉润的影响，这是符合
历史事实的，但如果视方氏为经学解释传统的"反动"，并因此对其评价过
高，则非平实之论。

第三节　《诗经传说汇纂》与方苞的诗经学

一　方苞《朱子诗义补正》成书时间及相关问题

此节讨论方苞的诗经学与《诗经传说汇纂》之关系。考察《诗经传说
汇纂》的按语可以发现有多处内容与方苞的《朱子诗义补正》相同。那么
是《诗经传说汇纂》抄自方苞，还是方苞抄自《诗经传说汇纂》？《朱子诗
义补正》中还大量征引李光地之说，这些说法是否来自《诗所》？这些问
题亦与《朱子诗义补正》的撰写时间相关。本节将讨论《朱子诗义补正》
的撰写时间及其与李光地、《诗经传说汇纂》之关系，并探讨康熙学臣之诗
经学与御纂之书的互动和联系。

据方苞的弟子程鉴在《仪礼析疑序》中所说，《朱子诗义补正》应是
方苞在三十岁之前所作，"年三十以前，有《读尚书偶笔》《读易偶笔》
《朱子诗说补正》"。②苏惇元辑《方望溪年谱》即承此说③。《朱子诗说补
正》即《朱子诗义补正》。而方苞本人在《答刘拙修书》与《再与刘拙修
书》中均谈到此书。《答刘拙修书》云："承示冯君《诗说》，命质其言当

---

① （清）方玉润：《诗经原始》，自序，第 2 页。
② （清）方苞：《仪礼析疑》卷首，"中研院"历史语言研究所傅斯年图书馆藏清嘉庆抗希堂
十六种本，第 32 册。
③ 参见（清）方苞《望溪先生全集》，《清代诗文集汇编》第 222 册，影印清咸丰二年戴钧
衡刻本，上海：上海古籍出版社，2020，第 444 页。

否？想因仆于朱子《诗说》有所补正，恐其异趣，故以试之，此吾兄盛心也。"① 可见当时已有人读过此书。刘拙修即方苞好友刘岩，字大山，有《匪莪堂文集》存世。刘岩在康熙五十二年与方苞同受《南山集》案牵连，最后被发配至新疆，卒于康熙五十五年②。可知此信定写于康熙五十二年《南山集》案发生之前。方苞与刘岩在康熙四十四年前后交往最为密切，很可能信写于这一时期。因此大约在方苞四十岁之前，他的《朱子诗义补正》已为人所知，并可能在友人间传阅。同时也可证明程鉴说此书写于方苞三十岁之前是有根据的。

然而《朱子诗义补正》中大量征引李光地之说，这些"李光地曰"又与李光地《诗所》的内容非常相近。《诗所》完成于康熙五十七年春，因此《朱子诗义补正》中所引李光地之语是否来自《诗所》对于确定《朱子诗义补正》撰写时间及其与《诗经传说汇纂》的关系十分重要。

经统计，《朱子诗义补正》共有 26 处引用李光地语，对比《诗所》，有 13 条内容与《诗所》相同，占所引之一半。另外 13 条在文字上略有不同，大部分为行文表达上的差异，古人引书不甚规范，改写、删节内容或有之，其中亦有差别甚大者，尤其值得注意。如《鹊巢》，《朱子诗义补正》云：

> 李光地曰：鹊之有巢，兴夫人之有家也；鸠居而盈之，兴诸娣之相从也。③

李光地《诗所》则作：

> 巢者，鹊之巢也，鸠且居而有之，至于盈焉。家者，夫人之家也，

---

① （清）方苞：《方苞集·集外文补遗》卷五，第 659～660 页；《再与刘拙修书》见《方苞集》卷六，第 174～176 页。

② 参见（清）吴楳《刘大山先生传》，载（清）刘岩《匪莪堂文集》卷首，《清人诗文集汇编》第 198 册，影印清光绪二年刻本，上海：上海古籍出版社，2020，第 63～64 页。另可参阅何冠彪《戴名世研究》，台北：稻乡出版社，1988，第 20、279 页。

③ （清）方苞：《朱子诗义补正》，《续修四库全书》第 62 册，第 399 页。

诸娣从之，而亦将以为家矣。①

又如《朱子诗义补正》释《巧言》：

> 李光地曰：荏苒柔木，以兴善柔便佞之小人，君子听信其言，是树之也。②

李光地《诗所》作：

> 荏染柔木，以兴善柔便佞者也。君子恶强梗正直者，而惟柔木之树。③

《朱子诗义补正》所引李光地语释"君子树之"，乃承朱子《诗集传》之解释："荏染柔木，则君子树之矣。"初无"君子恶强梗正直者"之意，《诗所》则加入此语。另《采绿》一诗，《朱子诗义补正》引李光地语，与《诗所》文字略有差异，细考察之，可发现二说意义并不相同。《朱子诗义补正》引之：

> 李光地曰：此诗以为妇人念其君子，则意味甚浅，盖刺居位而怠其职事者。故言终朝所采无几，而已托言归沐矣，或期以五日，而六日不见其来矣。狩则韬其弓而不张，钓则绻其绳而不下，而问所欲钓，则鲂鲔也，观者咸料其无成，而不自警省，可乎？④

《诗所》则作：

> 此诗旧为妇人念君子之作。然其味则已浅矣，反覆辞意，盖刺人

---

① （清）李光地：《诗所》，《榕村全书》第 2 册，第 145 页。
② （清）方苞：《朱子诗义补正》，《续修四库全书》第 62 册，第 443 页。
③ （清）李光地：《诗所》，《榕村全书》第 2 册，第 291 页。
④ （清）方苞：《朱子诗义补正》，《续修四库全书》第 62 册，第 454 页。

之欲有为而不敏于事者，故言终朝所采无几，而或借言归沐而不继矣，或期以五日采尽，而至于六日犹不见其来矣。狩则韬其弓而不张，钓则绳其绳而不下，问所欲钓者，则鲂鲔也，然薄言观之而已，未尝一投竿施饵焉，则亦所谓临渊羡鱼者耳，虽未知所讽，然其取譬则警人者至深切也。①

《朱子诗义补正》的"盖刺居位而怠其职事者"，《诗所》作"盖刺人之欲有为而不敏于事者"。二书之意并不相同，居位怠其事者，是主观上荒怠职事；"人欲有为而不敏"是主观上并不荒怠，只是在执行上"不敏于事"。可见两处李光地对诗旨的探讨，略微有些不同，而《诗所》之解释对诗中的主人公似乎更多一些宽容与同情。对于此诗之宗旨，《朱子诗义补正》所引李光地语认为是"观者咸料其无成，而不自警，可乎"，"薄言观者"之意在于观者都认为其不能有所成，故足以自警。在《诗所》中旁观者变成了临渊羡鱼者，他们只是旁观，未真正尝试，较之诗中主人公甚或不如，此诗之基调也由自警变成了警诫他人。

引文中还有不见于《诗所》者，如《杕杜》篇，《朱子诗义补正》引李光地语：

> 李光地曰：观《东山》《采薇》《出车》皆眷眷于征人道路之艰辛，室家之离别；《杕杜》则并探其父母之忧思，皆圣人所以体天地之心也。至宣王诸诗，徒侈其盛威于中国，而此意微矣。②

此条引文中，仅最后一句"至宣王诸诗，徒侈其盛威于中国，而此意微矣"见于《诗所》，此句之前的内容均不见于《诗所》。

由此可见，虽然《朱子诗义补正》所引李光地语大部分与《诗所》雷同，但亦有许多不同之处，这些差异可证《朱子诗义补正》中的李光地语未必来自《诗所》。这些引语出现在《朱子诗义补正》中，不外两种可能：

---

① （清）李光地：《诗所》，《榕村全书》第 2 册，第 324 页。
② （清）方苞：《朱子诗义补正》，《续修四库全书》第 62 册，第 431 页。

其一，方苞在晚年曾增补过此书，在增补过程中征引了《诗所》中的意见；其二，《朱子诗义补正》所引李光地语有另外的来源，或是李光地的诗学讲义，或是不存于世的一些手稿。本书更倾向于第二种情况。首先，《仪礼析疑序》和方苞《答刘拙修书》均显示《朱子诗义补正》已在方苞三十岁前完成，且四十岁前已在朋友间流传。并且《仪礼析疑》始撰于康熙五十二年，完成于方苞晚年，程崟作为其授业弟子，撰写此书之序，特别写明方苞三十岁前有《朱子诗说补正》，如果方苞晚年对《朱子诗义补正》有所增补，程崟不会不加以注明。其次，根据上文对《朱子诗义补正》引李光地语与《诗所》进行比较，其中有多条意见在两书中并不一致，很可能《朱子诗义补正》所引正是李光地早年意见，后来李光地在撰写《诗所》时有所修订。因此《朱子诗义补正》虽大量引用李光地语，其中并未出现《诗所》之名。这种现象也出现在何焯《义门读书记》中。何焯为李光地弟子，其《义门读书记》中涉及《诗经》的部分引李光地之说亦甚多，且多不与《诗所》相同。后人多不明此，常误以为《朱子诗义补正》所引李光地语即来自《诗所》。如胡承珙《毛诗后笺》就曾犯此错误，胡承珙释《采芑》一诗时，引李光地说云："李氏《诗所》云：观《东山》《采薇》《出车》皆眷眷于征人道路之艰辛，室家之离别，《杕杜》则并探其父母之忧思，皆圣人所以体天地之心也。至宣王诸诗，徒侈其盛威于中国，而此意微矣。"[1] 此引文实际是照抄《朱子诗义补正》，未详考《诗所》中并无此段话。

　　另外可提供旁证的是，李光地《诗所》中的许多内容亦散见于其文集，如《榕村全集》卷十八《杂著一》之《关雎》条、卷二十三《鳌峰讲义一》之关于《诗经》的十一条，内容均与《诗所》大同小异。[2] 前文引《榕村谱录合考》亦说李光地《诗所》为斟酌旧篇而成，可见李光地在撰写《诗所》之前确有一定的底本或草稿。《诗所》于康熙五十六年冬开始撰写，第二年春即告完成，前后不过两个多月的时间。此时已是李光地生命最后一年，他不仅健康状况极差，而且还在奉命看阅《尚书》《诗》《春秋》三部汇纂，以常理推断，很难在两个月的时间里完成这样一部诗经学著作，因此很

---

① （清）胡承珙：《毛诗后笺》卷十七，第 865 ~ 866 页。
② （清）李光地：《榕村全集》卷十八，《榕村全书》第 8 册，第 448 页；（清）李光地：《鳌峰讲义》卷一，《榕村全书》第 9 册，第 62 ~ 69 页。

有可能李光地此前已有底稿，在撰写《诗所》时进行了整理和重新编撰。

方苞在《朱子诗义补正》中大量引用李光地的观点，是因为他与李光地的关系非常密切。康熙三十年（1691），二十四岁的方苞游历京师，曾拜会李光地，经常向其请益。方苞《礼部尚书赠太子太傅杨公墓志铭》载："辛未，再至京师，乃见公（即杨名时）于文贞公所。余与文贞辨析经义，常自日昃至夜中。"① 其撰《朱子诗义补正》受到李光地影响亦在情理之中。

二　指事类情：方苞说诗立场及其特点

在《诗经》的诠释上，方苞极为维护朱子的权威，他在写给刘岩的信中不仅批评了吴中学者反朱的态度，而且反复申辩自己的《朱子诗义补正》是"用朱子说《诗》之意义，以补其所未及，正其所未安，非敢背驰而求以自异"，并强调自己"所承用，皆朱子之意义"，正如朱熹未尝不更定程子之说，但所承用的也都是程子之意义。② 从《朱子诗义补正》的内容看，方苞对朱子《诗》说其实做了比较多的修正，也有与朱子《诗》说绝不相同者，但在方苞看来，这并非对朱子的背离。因为方苞认为其所用观念与方法均以"理"为中心，虽然与朱熹的《诗集传》有所不同，但仍在理学的范畴内，因此并不背离朱子，而是有所继承和发扬（所谓"承用"）。

《朱子诗义补正》最为显著的特征是方苞将理学概念与范畴施之于对诗篇的解读，尤其重视理欲之辨和礼法对人心的作用。方苞承认人有私情私欲，但私情私欲需要符合天理，否则易走入淫佚，天理在人间秩序中的体现就是礼。他解释《樛木》诗说："后夫人之于众妾，常恐其上陵，而思有以限隔之。众妾之于后夫人，预料其妒己，而思所以曲避之。此恒情也。樛木下逮，葛藟上附，缠绵固结而不可解，如此，非尽乎天理之极而无一毫人欲之私不能也。"后妃限隔众妾、众妾曲避后妃，这都是正常的人情，破除这种限隔和曲避，需要尽乎天理之极，无一毫人欲之私。如何践行"天理"？就是通过"礼"。③ 方苞非常重视礼的作用，他在《葛覃》诗的解

---

① （清）方苞：《方苞集》卷十，第264页。
② （清）方苞：《方苞集》，第175～176、660页。
③ （清）方苞：《朱子诗义补正》，《续修四库全书》第62册，第397页。另可参见丁亚杰《生活世界与经典诠释：方苞经学研究》，台北，学生书局，2010，第124～126页。

释中就强调古之礼可以"养廉耻、禁狎昵",进一步则"人同此心,心同此理,所谋一于天理,则辞必辑,民必协和;所谋即乎人心,则辞必怿,民必安定"。① 《诗》的功能和礼相近,因为《诗》中尽可能地展现了遵循古礼和不遵循古礼的后果。方苞在《朱子诗义补正》中指出小雅之《楚茨》《信南山》《甫田》《大田》描写的正是公刘迁豳,能够"立君宗,定田赋","其后宗庙之器渐备,礼仪益详",故其国能逐渐壮大。② 方苞解《江汉》之说则认为宣王后期不能用古礼,"不藉千亩,料民太原",致使国家日益衰亡。③

对于国风中的"淫诗",方苞也从同样的角度进行解读,认为淫诗的多寡与国家兵祸之疏数相符:"稽之春秋,中原建国,兵祸结连,莫剧于陈、郑,卫次之,宋又次之,而淫诗惟三国为多。以此知天恶淫人,不惟其君以此败国亡身殒嗣,其民夫妇男女亦死亡危急,焦然无宁岁也。"④ 淫诗所体现的是国君和民夫妇皆弃礼废俗,这招致的后果也极为严重。显然,方苞对《诗》的解说更注重《诗》在人伦道德等方面的教化功能,这与他所说的"诗之用,主于吟咏性情,而其效则足以厚人伦、美教化。盖古之忠臣、孝子、劳人、思妇,其境足以发其言,其言足以感动人之善心,故先王著为教焉"⑤ 是相一致的。

《四库全书总目》评价方苞说经之文的特点是"指事类情"⑥,《朱子诗义补正》也体现了这种特点。所谓"类情",即上文所举方苞释诗往往比附于性情天理之说;"指事"指方苞深入历史语境来解说诗篇。丁亚杰曾敏锐地指出方苞在朱子《诗》说的基础上"增补并推论了甚多的情境,但这些情境并不在作品中",又常"延伸诗作的历史时间,将文本所指涉的对象,论其行事,对照前后异同,以为后世法戒"。⑦ 所谓"情境""论其行事"就是方苞的"指事"。比如《葛覃》一诗,方苞云:"礼经止载后夫人

---

① (清)方苞:《朱子诗义补正》,《续修四库全书》第 62 册,第 397、470 页。
② (清)方苞:《朱子诗义补正》,《续修四库全书》第 62 册,第 448 页。
③ (清)方苞:《朱子诗义补正》,《续修四库全书》第 62 册,第 480 页。
④ (清)方苞:《朱子诗义补正》,《续修四库全书》第 62 册,第 402 页。
⑤ (清)方苞:《方苞集·集外文补遗》卷四,第 605 页。
⑥ (清)永瑢等:《四库全书总目》,第 1528 页。
⑦ 丁亚杰:《生活世界与经典诠释:方苞经学研究》,第 116~118 页。

躬桑。观此诗，则知凡百妇功无不亲执。所以内事治而女教章也。古者夫妇之礼甚谨，妇之于夫，夫之于妇，有不自言而使人将命者，所以养廉耻、禁狎昵也。妻将生子，夫出居侧室，使人日一问之。女子归宁，使师氏告于君子。闺门之内，俨若严宾。所为起教于微眇者，其意深矣。"① 关于《葛覃》诗旨，朱熹只说能见后妃贵而能勤、富而能俭，成长后仍能尊敬师傅，出嫁后仍能孝顺父母，但方苞将礼制所规定的生子、归宁等具体仪式置于其中，意在申说内事治而女教章、闺门之内俨若严宾之"理"。

结合"礼"、"事"与"理"来解读诗旨，方苞对朱子之说也颇有修正，如《有女同车》诗，方苞云："《集传》谓与所奔之男子同车，非也。玩其辞意，乃见车中之女而慕悦之，绝无既得所欲而挟以同车之意。序谓国人追咎郑忽失婚于齐，义似有著。曰有女同车者，国君嫁女，必以侄娣从，如华如英，乃想像之辞，烂其盈门之类也；将翱将翔，佩玉琼琚，言孟姜将与同车之女，翱翔佩玉而来归也；德音不忘，忽虽辞婚，而齐侯爱忽亲郑之德音，则不可忘也。所以志忽失大援，以致丧位陨身之意，隐然可思。若以为男女同车以奔，则将翱将翔、德音不忘，义皆无处。"② 方苞认同序说，因为他以"既得所欲而挟以同车"是不符合礼的，若以公子忽失去外援，更能体现"将翱将翔""德音不忘"之理。从这里也可以看到，方苞自认为尽管其说有不同于朱子之处，但仍承用其意，原因是方苞始终在理学的范畴内对诗义进行解读，他认为这是不背朱子之道的。

三　"理"胜于诗：方苞"以理说《诗》"的矛盾与弊端

方苞尝试在理学的框架下对朱子《诗》说之不足进行弥缝、补充，以"类情""指事"的方式使诗义更切近于事理，由此也提出了不同于朱子的解释。然而，这种方法带来诠释上的不少问题。比如，方苞既以理学框架来解读诗义，那么他反复倡导的"礼"就不是真正的"古礼"，而是后来理学所规定的"礼"，由此出现了很多由今礼来解读诗篇的现象，这种解读就不免附会，难以令人信服。如《摽有梅》诗，方苞认为："女子之嫁也，

---

① （清）方苞：《朱子诗义补正》，《续修四库全书》第 62 册，第 397 页。
② （清）方苞：《朱子诗义补正》，《续修四库全书》第 62 册，第 412 页。

行不辞、戒不诺，所以远耻，至曰'迨其谓之'，抑甚矣。当为求贤之诗。世乱则人材凋丧，如果实剥落，存者日稀。迨其吉兮，必吉士乃能劝相国家也；迨其今兮，恐后时也；迨其谓之，欲其相招而朋至也。"① 方苞以一种绝对的道德主义强调女子寻夫家应守礼仪，保持矜持和含蓄，所谓行不辞、戒不诺，他认为诗中"殆其谓之""迨其今兮"等句若是女子之言则太过分，故转而认为《摽有梅》是求贤之诗。后世对于女子的道德要求显然不能应用于《诗经》的时代，方苞对这首诗的解释不仅有先入之见，而且他对"迨其吉兮"等句的解释也颇牵强附会。"迨其吉兮"，"迨其今兮"，按《诗经》句例，"吉"和"今"词性当相同，今即今日，吉就是吉日，不能解释为"吉士"。类似的例子还有很多，如方苞解释《邶风·柏舟》说："倚兄弟以抗其夫，非礼也；诉于兄弟而反见怒，非情也。盖谓女兄弟耳。娣，女弟也。"② 他站在"情"与"礼"的高度认为《柏舟》中的女子不可能倚兄弟以抗其夫，也不会诉于兄弟而反见怒，于是将"亦有兄弟"解释为女兄弟，这难以令人信服。

对于淫诗说，方苞的解释也同样充满矛盾。上文提到过方苞认为淫诗的多寡与兵祸的疏数有关，但他自己也发现"郑风淫诗最多，何以郑之亡，转后于陈，卫之亡，又后于宋？"于是解释道："郑之淫风，盛于下而未及其上，卫有康叔武公之遗德，虽至季世，犹多君子。国于天地，必有与立，或同始而异终，或将倾而复植，岂可以一端尽哉。故曰天命无常，一以人事悬衡，则知其终无爽忒矣。"③ 最后只能归结为天命无常，在逻辑上难以自洽。

方苞重视《诗经》的惩戒功能，为了给"淫诗"何以存于《诗经》而未被孔子所删一个合理的解释，他结合《诗经》之惩戒功能，在《朱子诗义补正》的开篇就郑重说明："郑、卫、齐、陈之奸声污人口耳，而具列之，使有国者见之，惕然于便私从欲、有家不闲，如卫宣、齐襄、陈灵、鲁桓，既已败国陨身，灭世绝嗣。即中君承敝，政教不修，民有桑间濮上之风，则国之灭亡无日，而自上以下，凡有人心者，皆知辨之不早，其末

---

① （清）方苞：《朱子诗义补正》，《续修四库全书》第 62 册，第 400 页。

② （清）方苞：《朱子诗义补正》，《续修四库全书》第 62 册，第 403 页。

③ （清）方苞：《朱子诗义补正》，《续修四库全书》第 62 册，第 402～403 页。

流遂至此极也。所以警发昏愚，砥维世教，视陈雅颂之音而尤切矣。"① 在这里，方苞认为淫诗之存可以警发昏愚、砥维世教，故淫诗存在有其合理性与正当性。然而，在后文中，方苞又往往辨析那些诗篇并非"淫诗"。例如，上文所举《有女同车》，方苞认为是刺公子忽；又如，方苞认为《山有扶苏》是国君好谗慝顽童，致使贤才伏匿之诗；认为《狡童》是"同僚治事于公所，必常会食，此必心怀嫉恶，而易期以相避"之诗；《风雨》用汉儒旧说，亦不同意《扬之水》是"淫诗"。这样就与《朱子诗义补正》开篇义正词严的那段话自相矛盾。

方苞自己也意识到这一点，又努力加以弥缝。如论《齐风》，认为："齐之立国能强，由其民习于武节，而其后篡弑窃国之衅，皆由女宠。其诗十篇，二篇为游田，六为男女之乱，而冠以古贤妃之警其君。盖齐之所以始终者具此矣。"② 将齐国之亡归结为女宠，并认为这样体现了孔子删诗之旨。这是强行呼应自己开篇的立论，也是其"指事类情"说诗方法的极端体现。

由上可见，方苞的解释不可避免地陷入逻辑难以自洽的境地，其原因是"理"胜于诗。方苞以理学范畴内的礼欲性情观念衡量《诗经》，对诗之本事的解读，也更倾向于道德与政治训诫。站在这样的立场上，虽然方苞自认这是对朱熹的承用，但其实在解释上已大大弱化了《诗经》的文化意蕴。过于强调"惩劝"、"教化"和追求理之大义，对诗的解读也难免出现不近人情甚至虚伪的地方。如方苞解释《小雅·杕杜》"忧我父母"："国风所载妇人思其君子，不过室家之情，男女之思而已。此诗则曰'忧我父母'，而不及其私，则所见者愈大，而所忧者愈切矣。以舅姑之忧为忧，则所以体君子之心，而代其子职者可知。以劳还役而及此，教孝作忠，彷徨周浃，非圣人不能为此言。"③ 朱熹《诗集传》对这句的解释是："盖托以望其君子，而念其以王事诒父母之忧也"，较为妥帖，方苞则认为"忧我父母"是人君假妇之言，以舅姑之忧为忧，所见愈大所忧愈切，这样的解释毫无道理。方苞所强调的"教孝作忠"值得注意，这不仅是朱子重视的内容，也是明清《诗经》解释中经常出现的话题，但是这在明代的《诗》

① （清）方苞：《朱子诗义补正》，《续修四库全书》第 62 册，第 395 页。
② （清）方苞：《朱子诗义补正》，《续修四库全书》第 62 册，第 414 页。
③ （清）方苞：《朱子诗义补正》，《续修四库全书》第 62 册，第 431 页。

学注本中往往作"体孝作忠"。比如，黄文焕的《诗经嫏嬛集注》卷十四引魏浣初之说："人生惟忠孝之情并切，使臣尽忠，不得尽孝。王者体孝以作其忠。""忧我父母"是因尽王事而无法尽孝，所以为人君者应该体会孝道，臣子才更能领略忠道，这种解释更近乎人情。而方苞的"教孝作忠"则显示出强烈的自上而下的教戒意味。以这样"理"胜于诗的态度解释诗就出现了对《七月》这样的解读：

> 首章言小民自营衣食之难，然所衣不过布褐而已。其载绩也，则曰为公子裳；其于貉也，则曰为公子裘。所食菽粟以外，不过瓜苴荼荑之属而已。而其获禽则曰献豣于公……纳稼之隙，宵旦靡宁。其乘屋也必先之以上执宫功，民之戴君，皆知为义所当然，且动于情之不能已。俾蒙瞍日诵于前，即中主闻之，亦将恻然有隐矣。①

朱熹《诗集传》在解释《七月》时引王安石之说："上以诚爱下，下以忠利上"，人君以诚爱民，即使不是前提，至少也与民以忠利人君是相互而成的。但方苞认为，民之戴君是"义所当然"，并且"动于情之不能已"，不能不说是《诗经》诠释的一个倒退。

四　汉学风气的冲击与方苞的矛盾

自明中期后，诗经学著作中逐渐出现反对朱子的声音，郝敬的《毛诗原解》重新回归诗序而排诋朱说，风气所及，以致一些笃尊程朱之学的学者也不免依违于朱子《诗集传》与诗序之间。面对这样的情况，方苞显然是大不满的，李塨受其师颜元影响反对程朱之说，方苞就写信给他说："窃疑吾兄承习斋颜氏之学，著书多訾謷朱子。习斋之自异于朱子者，不过诸经义疏与设教之条目耳，性命伦常之大原，岂有二哉？……孔、孟以后，心与天地相似，而足称斯言者，舍程、朱而谁与？"②方苞甚至认为李塨长子去世与他不尊朱子有关，所谓"自阳明以来，凡极诋朱子者，多绝世不

---

① （清）方苞：《朱子诗义补正》，《续修四库全书》第 62 册，第 421 ~ 422 页。
② （清）方苞：《方苞集》卷六，第 140 页。

祀"，显示出颇为极端的态度。

朱子《诗》学同样受到来自吴中地区宗汉复古之风的挑战和冲击，前文所引方苞的《答刘拙修书》与《再与刘拙修书》就显示了这一学风嬗变的信息。方苞之所以给刘岩答信，就是因为刘岩给方苞看了"冯氏诗说"，且其说颇为流行，因此方苞不得不进行回应。方苞写完《答刘拙修书》后意犹未尽，又作《再与刘拙修书》，畅论其尊朱立场，驳斥非议朱子者。方苞、刘岩提到的"冯氏诗说"即常熟学者冯班，其《诗》说今存于其《钝吟杂录》。

方苞在《答刘拙修书》中引冯氏之文有两则①，第一则云："冯君之言曰：'朱子说诗，只成山歌巷曲，绝不似经。'"冯班的《钝吟杂录》原文作："朱子《诗》注，全不是经，只是一部山歌曲子、俗人拙文字耳。"②第二则云："诗人不以比、兴分章，如朱子所谓兴者，皆重复无谓。"此条则见于《钝吟杂录》卷四，原文为："宋儒都不解《诗》。朱紫阳诗人也，然所得颇浅。比兴乃《诗》中第一要事，二字本出《大序》，《大序》出于《毛诗》，齐、鲁、韩皆无此《序》。朱子既不信《序》文，却不应取此二字。既用二字，又不应不用毛解。毛止有兴也，本是意兴之兴，非兴起之兴。又比兴是诗中作用，诗人不以比兴分章。朱子谬甚，如朱说，则兴者乃是说了又说，重复可厌，又如此解兴字，亦鄙而拙。"③

冯班为明清之际的著名藏书家、学者，其父即撰写《六家诗名物疏》的冯复京。吴中复古尊汉之风，自明代中叶即已逐渐兴盛，冯复京即此风气兴起之助推者。钱谦益在《冯嗣宗墓志铭》中说他"强学广记，不屑为章句小儒。少而业《诗》，钩贯笺疏，嗤宋人为固陋"。④ 冯班承此学风，在《钝吟杂录》中反复表明自己尊崇汉学、批驳宋儒的态度，"汉儒释经，不必尽合。然断大事，决大疑，可以立，可以权，是有用之学，去圣未远，古人之道，其有所受之也。宋儒视汉儒如仇，是他好善不笃处"。⑤ 在方法

---

① （清）方苞：《方苞集·集外文补遗》卷五，第660页。

② （清）冯班：《钝吟杂录》卷七，第223页。

③ （清）冯班：《钝吟杂录》卷四，第155～156页。

④ （清）钱谦益：《牧斋初学集》卷五五，第1378页。

⑤ （清）冯班：《钝吟杂录》卷一，第24页。

论上，冯班强调读经当由训诂名物入手："余尝读《尔雅》，有儒者相规，曰此等学问支离琐碎，不足劳心。呜呼！此书乃《诗》《书》之义训，不读此，如何读《诗》《书》！此小学也。夫子曰：多识于鸟兽草木之名。非此书则诗人之兴遂不可解矣。"①

这种见解在清初吴中学者中渐成共识，并大有扩散之势，引起了方苞的不安。他在写给刘拙修的第一封回信《答刘拙修书》中说："至冯氏纰缪，本不必为吾兄陈述；然往闻吴中人甚重其学，故因吾兄所举，少发其诞，俾宗之者有省焉。"又在最后说："仆平生不喜道人文字短长，以冯君所言关于经义，又为吴中学者所宗，恐波荡后生，故质言之。"② 方苞在第二封信《再与刘拙修书》中语气更为激烈，将颜元、黄宗羲二人一并斥之，认为："如二君者，幸而其身枯槁以死，使其学果用，则为害于斯世斯民，岂浅小哉！"③ 其实尊汉复古的风气，不仅如方苞所说"为吴中学者所宗"，而且已经影响到不少京中学官，如上所论，当时担任翰林院掌院学士的揆叙就非常认同冯班等人的观点。

方苞本人与《诗经传说汇纂》也有着千丝万缕的联系。他同参与编纂《诗经传说汇纂》的张廷玉、魏廷珍、蒋廷锡等都有密切来往。张廷玉在为方苞所作《宋元经解删要序》中说："康熙癸巳，望溪蒙诏入南书房，与共晨夕，叩其删取大指，颇与余同志。"④ 又在《跋王箬林为方望溪书韩子五箴》一文中说："癸巳三月，圣祖仁皇帝召入南书房，余始熟而悉焉。……然与余交，自癸巳至今凡十有七年，常以天下之公义、古贤之大节相砥淬，而未尝一及于私。"⑤ 癸巳即康熙五十二年，当时方苞受《南山集》案牵连在狱，蒙李光地等营救，宽宥出狱，并以白衣身份召入南书房。正是此时张廷玉与方苞相识，"与共晨夕"探讨经义，两年后《诗经传说汇纂》开始编纂，张廷玉担任南书房校对，仍然与方苞同在南书房。

所以我们能看到这样一个现象：《诗经传说汇纂》的"按语"部分采

---

① （清）冯班：《钝吟杂录》卷四，第 144～145 页。
② （清）方苞：《方苞集·集外文补遗》卷五，第 660～661 页。
③ （清）方苞：《方苞集》卷六，第 175 页。
④ （清）张廷玉：《澄怀园文存》卷七，《清代诗文集汇编》第 229 册，影印清光绪十七年张绍文刻本，上海：上海古籍出版社，2020，第 395 页。
⑤ （清）张廷玉：《澄怀园文存》卷十，第 441 页。

用了方苞《朱子诗义补正》中的意见，一共有 10 条之多（见表 2）。

表 2　方苞《朱子诗义补正》与《钦定诗经传说汇纂》对比

序号	篇名	方苞《朱子诗义补正》	《钦定诗经传说汇纂》按语
1	葛覃	礼经止载后夫人躬桑。观此诗，则知凡百妇功无不亲执。所以内事治而女教章也。古者夫妇之礼甚谨，妇之于夫，夫之于妇，有不自言而使人将命者，所以养廉耻、禁狎昵也。妻将生子，夫出居侧室，使人日一问之。女子归宁，使师氏告于君子。闺门之内，俨若严宾。所为起教于微眇者，其意深矣	载于礼经者，止后夫人躬桑之文。观此诗，则知凡百妇功无不躬亲，所以女教修明，而足以化下也。古者夫妇之礼甚谨，妇之于夫，夫之于妇，有不自言而使人将命者，所以严内外而禁狎昵也。妻将娠，夫出居侧室，使人日再问之。女子归宁，使师氏告于君子。闺门之内，俨若严宾。所为起教于微眇者，其意深矣
2	驺虞	朱子谓一发五豝，犹言中必叠双，似非诗人之意。盖中或叠双，断无一发而得五豕之理。况天子不合围，诸侯不掩群，若以尽物为心，则于礼为过，且与颂文王泽及草木昆虫之意相刺谬矣	朱子谓一发五豝，犹言中必叠双，似非诗人之意。且田猎之礼，天子不合围，诸侯不掩群，若以尽物为心，于礼为过，而与嗟美文王之泽及草木昆虫之意亦未符
3	旄丘	故三章疑其无与同心者而不能来，盖救患分灾，非一国所能独任也。观齐晋主盟，凡役必合诸侯，可见至于终不见恤，乃知非无同心也，非有他故也，乃卫之君臣褒如充耳焉耳。曲折以体其情，而终乃质言以责之，忠厚之至也	故三章疑其无与同心者而不来，盖救灾分患，非一国所能独任。观齐晋主盟，凡役必合诸侯，可见至于终不见恤，乃知非无与国，非有他故，乃卫之君臣褒如充耳若罔闻知也。曲折以体其情，而终乃质言以责之，尤见忠厚之意
4	定之方中	独举其夙驾桑田一事，盖人君能知小民之依，则所以克己厉俗，任贤修政，皆有不能自已者矣。周公戒成王，先知稼穑之艰难，盖君心敬肆之原，百政废兴之本也。……先言树木而后及田桑，以制疆封树主田表道作邑之始事也，败亡播迁，即预植良材，为礼乐之器，秉心塞渊，即此可见	尤以农桑为立国之本，戎马为富强之资，巡行不息，蕃育有方，使康叔开国之模复见播迁之后。而诗人推本自塞渊中来，可见一心为万事根本
5	遵大路	序以为思君子，理亦可通。盖托言君子将去，要于路而执其袪，谓之曰：子无我恶，故国不可以遽绝也。下章仿此。贤者不见礼于君，而浩然长往，则必恶留者之言而以为丑。故曰无我恶，无我丑也	序："思君子也。庄公失道，君子去之，国人思望焉。"朱子初解云："君子去其国，国人思而望之，于其循大路而去也，揽持其袪以留之，曰：子无恶我而不留，故旧不可以遽绝也。"是亦尝从序义矣

续表

序号	篇名	方苞《朱子诗义补正》	《钦定诗经传说汇纂》按语
6	风雨	小序:"世乱,而君子不改其度。"刘向、曾巩皆承用之。盖风雨沓至而如晦,犹世之昏乱也。鸡鸣在暗而思曙,犹君子居乱而思治也。君子不改其度,则世道可挽,故见之而心悦,如疾之去其体焉	序:"鸡鸣,思君子也。乱世则思君子不改其度焉。"……自两汉六朝及唐宋诸儒,皆传其说……盖风雨杂至而如晦,喻世之昏乱。鸡鸣在暗而思曙,喻君子居乱而思治。君子不改其度,则世道可挽,故见之而心悦,如疾之去其体焉
7	扬之水（郑风）	朱子引《戴记》以兄弟为婚姻之称,与终鲜文义不协	即就婚姻诠释兄弟,后儒谓与终鲜文义,究有未协
8	候人	首章似宜作赋,盖谓才德无以异人,只可给役事之小者,如候人之荷戈与袯是也。而彼其之子乃累累而服卿大夫之服乎,敷陈其事而言之,无比兴之义	《候人》首章,《毛传》主赋,盖言贤者之官不过候人,而不贤者佩赤芾,乃三百人,所谓远君子而近小人也。……首章有赋与兴之各别,然赋则直陈,兴则婉喻耳,与作诗者之旨,皆无害也
9	思文	立当如字。盖烝民阻饥,则教化不得施,而无以立人之道。自后稷播种,民人率育,彝常之道乃得遍陈,是所以立烝民之命,而使各保其极者,皆后稷之功也	后儒多有主是说者,盖谓"立我烝民",立当如字。时烝民阻饥,教化不得施,无以立人之道,后稷播种,民人率育,而陈常时夏,是立我烝民,皆后稷之功也
10	雝	《周礼》赞牲荐俎,职列五官,诸侯助祭纳其方物,牲非所荐也。盖言荐此大牲之时,有群侯以相我肆祀,此皆皇考之德之大,有以安我孝子耳	宗庙之祭,主者为尊,故荐大牲者,归于天子,以对祖考,而赞助之者诸侯尔,载于《周礼》,详于《礼器》及《祭义》甚备

资料来源:(清)方苞:《朱子诗义补正》,《续修四库全书》第 62 册,上海:上海古籍出版社,1995,第 397、401、405、406~407、412、413、487、489 页;(清)王鸿绪等:《钦定诗经传说汇纂》,《景印文渊阁四库全书》第 83 册,台北:台湾商务印书馆,1983,第 84、128~129、161、187、244、254、256、341、704、713 页。

《诗经传说汇纂》中的《葛覃》《旄丘》《风雨》《郑风·扬之水》《思文》等诗按语几乎是照抄方苞《朱子诗义补正》,其余诗篇的按语则稍做改写。至于其内容与观点,第 1、2、3、4、10 条为方苞"指事类情"的解读,第 5、6、7、8、9 条则是不用朱熹之说而改用诗序之说、毛传。似乎《诗经传说汇纂》的编者更重视的是方苞不同于朱子的意见,这与方苞撰《朱子诗义补正》的宗旨相去甚远。《诗经传说汇纂》按语依违于诗序、朱传之间正显示了尊序风气的渐起和朱传权威渐落,这一起一落之间,方苞正处其中，虽然其说被官方《诗经》注本所吸纳，却有一半是不同于朱传的观点。而《朱子诗义补正》在方苞身前未有刻本，不仅未能收入《四库全书》，待刊刻时已是清代考据学渐成主流的乾隆中期，被之后的学术界所忽略就在所不免。

第四节　《诗经传说汇纂》的衍生刻本及其学术史意义

《诗经传说汇纂》自颁行以来，经过乾隆的大力推行，颁发到各部官员、各省督抚和各地学官，不仅为当时学者所重视，还出现了以《诗经传说汇纂》为蓝本的衍生刻本。这些衍生刻本多以教育学子、科举考试为目的，在形式上或以简单的方式罗列《诗经传说汇纂》的主要意见，或以较为复杂的方式对《诗经传说汇纂》进行重新改造，甚至割裂原文再加以拼合。前者如嘉庆十六年（1811）扬州十笏堂所刻《御案五经》本《御案诗经》，它的主体是朱熹《诗集传》原文，在天头相应的位置附上《诗经传说汇纂》的按语，以"御案曰"开头。后者则包括福建四堡雾阁邹圣脉的《诗经备旨》、许宝善和周蕙田等人编纂的《诗经揭要》、陆锡璞编纂的《诗经精义汇钞》等。这几部《诗经传说汇纂》的衍生刻本形式多样，翻印次数较多，在流传过程中产生了不小的影响。从它们拼合《诗经传说汇纂》与《诗经》相关解说的内容来看，可以发现一些学术发展的有趣现象。

一　《诗经备旨》：流传最广的《诗经传说汇纂》衍生刻本

《诗经备旨》是福建四堡雾阁书商邹圣脉所编辑的《五经备旨》之一。邹圣脉在《周易折中》编成的康熙五十四年（1715）即开始《五经备旨》的编纂，随着三经汇纂和乾隆十三年《钦定礼记义疏》的陆续完成，邹氏以此官修五经注本为底本编辑《五经备旨》，一直到乾隆二十七年（1762）去世，后由其子邹廷猷整理刊行，其孙邹景扬等又进行了修订。[①] 根据

---

① 〔美〕包筠雅：《文化贸易：清代至民国时期四堡的书籍交易》，第 272 页。

《诗经备旨》前邹圣脉撰写的序言，可知《诗经备旨》一书正是在乾隆二十七年完成。其序云：

> 制科之学，四子书尚矣，而经学亦我圣朝之所重。五经中，温柔敦厚，诗教也，夫诗自紫阳传注后，阐其义者不下数十家。若王守溪、唐荆川以及钱秀峰、何确斋诸先达著有经义解说，各擅所长。《钦定汇纂》，贯通百家，诸美毕备，已风行宇内，脍炙人口矣。然篇帙浩繁，难于披阅，习学者不无望洋之叹。欲得一约而能该详而有旨，为后学之津梁，余实早勌有志焉。予谓经生时，四书五经采集精义，附以臆说，未遑订正，质诸海内，留百 [有] 待矣。及近奉功令，崇尚经学，乡会专场校艺，是诚作人雅化，日新月异，爰首取毛诗之书，增删厘定，疑义共晰，考异订同，采出诗人当日之旨，用以句有释、讲有序，参之以题解，增之批，使学者开卷朗彻，一目了然。①

从此序可知，乾隆二十七年，《诗经传说汇纂》已经风行天下，只是苦于卷帙浩繁，不便学习，尤其是不便以科考为目的的学习，因此邹圣脉编纂《诗经备旨》，删繁就简，并加上解说，指导答题，将《诗经传说汇纂》改编成更适合科考士子学习的科举注本。这也是目前所能见到的最早的《诗经传说汇纂》衍生刻本。

《诗经备旨》共八卷，封题"钦奉御案解经五经备旨"、"邹梧冈先生纂辑"，开本甚小，便于携带。《诗经备旨》是典型的高头讲章式科举类《诗经》注本，分上、下两栏，上栏分别列诗之全旨、御案、各章之旨；下栏列朱子《诗集传》，每诗之后有"讲"。下栏所列朱子《诗集传》有所剪裁，如《周南》下对朱子原文略加剪裁。每句后列朱注，每章后有"注"，均非朱子《诗集传》原文，而是有所剪裁。如《关雎》注，仅录"兴者，先言他物以引起所咏之词"至"若雎鸠之情挚而有别也"一段，而"后凡言兴者"至"可谓善说诗矣"皆删去。各章之后的"讲"为串讲各句之义，以朱子之说为准。

---

① （清）邹圣脉：《诗经备旨》卷首，江西省图书馆藏清同治四年（1865）同文堂刻本。

　　《诗经备旨》的主体部分是朱熹的《诗集传》，但对其内容也仅仅是节录，《诗经传说汇纂》中的汉、唐、宋、元、明诸家《诗》说全部摒弃，只在上栏保留"按语"。《诗经备旨》篇幅较重的部分，是邹圣脉撰写的诗旨、各章旨及每诗之"讲"，即其自序中所说的"句有释、讲有序，参之以题解，增之批"。

　　上文已言及，"按语"是《诗经传说汇纂》的重要组成部分，《诗经备旨》在上栏相关诗篇部分全录《诗经传说汇纂》"按语"原文，夹在诗旨、章旨之间，以"御案曰"表示，"御"字突出一格。最为有趣的是，《诗经备旨》仅采录"按语"，不论是对诗旨、章旨的解释还是对章句的串讲，都完全不顾"御案"的意见，尤其是"御案"不同于朱子之说处，《诗经备旨》视若无物，仍然严格按照朱子《诗集传》的解释进行讲解。

　　如《郑风·遵大路》，"御案"云："序：思君子也。庄公失道，君子去之，国人思望焉。……辨之者曰：小序首句，国史所题，尤去古未远也，况遵大路见非私径，宋元明诸儒于此篇都从序说，故节存大意以俟考。"关于《遵大路》之旨，"御案"不能裁定，表示宋、元、明诸儒全从序说，其实对于朱子之说已有怀疑，而《诗经备旨》之"讲"仍根据朱传解说："淫妇为人所弃，作此诗以留之也。曰男女之情为之于始，不若缔之于终。子于我，故旧之人也，今予舍我而去，我之情有不容以顿忘者。于是遵大路之上，惨执子之祛而留之。盖子之去非无以也，必有所恶于我者，愿无以其一时之恶而弃我，须念我之与子其所以缔结于昔，何如而可以遽绝乎哉！"上栏解该诗全旨亦云："全诗留意深情，在不寁二字，始云不寁故，犹假义以责之；再云不寁好，责其情见而辞愈哀矣。"①

　　又如《有女同车》，序云刺忽，"御案"亦不同意朱子解为淫奔。而《诗经备旨》之讲解则同朱传："此亦淫奔之诗也。"其解诗之全旨亦云："郑诗惟此篇为男悦女之词，上章序其相从而悦其色，下章叙其相从而悦其德，非贞静闲雅之度，贤淑之名。其心一迷于色，自无往不见，其可美耳。"②

---

　　① （清）邹圣脉：《诗经备旨》卷二，页三二至三三。
　　② （清）邹圣脉：《诗经备旨》卷二，页三五。

　　也就是说,《诗经备旨》虽然采录《诗经传说汇纂》"按语",但在讲解中完全忽视"御案"的意见,有意无意间消解了《诗经传说汇纂》弥缝和纠正朱子《诗》说的努力。其他《诗经传说汇纂》的衍生刻本中也有类似的现象。这些科举类《诗经》注本围绕朱子《诗》说系统展开阐释、解读,《诗经传说汇纂》融会众说,尤其是将汉唐旧说、宋元各家之说以及明代诗经学成果融会为一书,折中于至当的这种特征,在《诗经备旨》里完全不见痕迹。

　　至于邹圣脉所撰写的诗旨、章旨及讲解,不少内容其实也有所本。今考《诗经备旨》论诗旨、章旨处,多与江西省图书馆所藏一部题为陈子龙撰的《陈卧子先生辑著诗经旦》(国风一卷)雷同。这种雷同在很大程度上给我们提供了此类科举类《诗经》注本如何编纂的线索。《诗经备旨》对《诗经旦》的内容进行了删节、改写,形成更为简洁明晰的解说。《诗经旦》一书多剿窃他人之书而成,这部分诗旨、章旨的解说是否也有所本?《诗经备旨》不一定直接参考了《诗经旦》,因《诗经旦》似乎流传不广,除江西省图书馆外,目前未见其他馆藏,也不见于公私目录,很可能是《诗经备旨》和《诗经旦》有共同的来源或将某个共同的科举类注本作为底本。邹圣脉《五经备旨》共二十册,内容是非常详尽和广博的,以一人之力对康熙朝、乾隆朝御纂五经注本进行删节、解读、注释,这个工作量是较为巨大和复杂的,因此除了御纂五经外,邹圣脉在编纂过程中应该还参考了前人所编的相关科举类注本,杂采各书之精华,再加以改写。

　　邹氏是清代非常著名的科举类图书出版书商,而《诗经备旨》本身讲解详尽,围绕科举考试、答题来讨论诗旨、解释诗义,在清代科举界影响力极广,证据就是《诗经备旨》有极多的翻刻本。

　　《诗经备旨》的版本系统有两种,一种是乾隆二十八年刊刻版本;一种为后来的修订增补本,称之为《增补诗经备旨精萃》(以下简称《精萃》),增补本与原刊本在体例上基本一致,增加了《诗十五国图》、朱熹《诗集传序》(天头部分摘录诗大序)、《篇目歌》等,天头增加了一些批注。增补本还更正了原刊本的一些明显错字,如《定之方中》的"树之榛栗",《诗经备旨》中作"粟",《精萃》改正过来;《齐风·鸡鸣》的"东方明矣",《诗经备旨》中"明"误作"鸣",《精萃》也加以改正;《唐风·无衣》注"尽以其宝器赂周",《诗经备旨》中"赂"误作"贿",《精萃》加以改正。所以《精萃》应该是校勘更为精审的版本。今天所能见到的翻刻本大多是翻刻原刊本,这很可能是因为原刊本刊行时间较早、流行更广。

今以江西省图书馆所藏版本为例,有四种翻刻本,即嘉庆三年(1798)爱日堂刻本、道光二十九年(1849)同文堂刻本、同治四年(1865)同文堂刻本、光绪五年(1879)海陵书屋刻本。

另据包筠雅介绍,上海图书馆至少有三种不同的翻刻本,分别为光绪五年、十二年(1886)、三十年(1904)刻本①,其中光绪五年本很可能就是江西省图书馆藏海陵书屋刻本,光绪十二年本很可能是上海点石斋印本②。《诗经备旨》还曾传到日本、韩国,其中日本所藏翻刻本较多,如日本国立国会图书馆藏有光绪十七年上海鸿宝书局石印本《增订五经备旨》,二松学舍大学藏有光绪十九年上海蜚英馆铜板印本《增广五经备旨》,一桥大学藏有光绪二十年聚盛堂刊本《五经备旨精萃》,佐野市立乡土博物馆藏有光绪十二年刊本《五经备旨》,新潟大学藏有一部未记录具体年代的《五经备旨》。从这些不同的翻刻本足以看出《诗经备旨》(或《五经备旨》)的流传之广。

二　《诗经揭要》及其对《诗经传说汇纂》按语的改造

《诗经揭要》③是高头讲章式科举类《诗经》注本,是许宝善、周蕙田所编《五经揭要》之一部,乾隆五十四年刊行,今日本国立公文书馆、美国哈佛燕京图书馆均有藏本。书前凡例云:"朱子《诗经集传》参考众说,独得精义,后人解注一书,遵考亭之旨,塾间久奉为善本。是书节繁揭要,务求合乎《集传》,庶使学者有所指归。"又云:"毛郑以下诸儒,有与《集传》训释稍殊,及二说各成其是者,谨遵《诗经传说汇纂》以折其中。"这里透露出《诗经传说汇纂》按语所起到的重要作用。朱子解诗有一些漏洞,引起了一些争论,自《诗集传》行世后,一直聚讼纷纭,不能

① 〔美〕包筠雅:《文化贸易:清代至民国时期四堡的书籍交易》,第273页。
② 曹之:《中国古籍版本学》,武汉:武汉大学出版社,2015,第424页。
③ (清)许宝善、周蕙田:《诗经揭要》,日本国立公文书馆藏乾隆五十四年刊本。

定于一是,《诗经传说汇纂》按语则对这些问题一一做出回应、考证和辨析,或认为朱子之说与古序无异,或指出古序旧说为长而朱子之说亦有道理等。《诗经揭要》的作者认为这并没有使朱子的权威遭到怀疑,对于聚讼之处可以依据《诗经传说汇纂》来折中诗义。

《诗经揭要》分为上、下两栏,上栏论诗旨、章旨,下栏为朱熹《诗集传》,相较《诗经备旨》,《诗经揭要》没有对《诗集传》的讲解,下栏更为清晰简明。但它打乱了《诗集传》的内容,首先表现在朱熹的注释上,《诗经揭要》并非录朱熹《诗集传》原文,而是有所裁选,使朱熹的注释显得非常简单。其次是割裂朱熹《诗集传》原文,常常将一部分集传内容移至上栏,或者将原属《诗集传》的一段文字割裂成两个部分,分属上、下栏。如朱熹《诗集传》"国风"下原注云:"国者,诸侯所封之域,而风者,民俗歌谣之诗也。谓之风者,以其被上之化以有言,而其言又足以感人,如物因风之动以有声,而其声又足以动物也。是以诸侯采之以贡于天子,天子受之而列于乐官,于以考其俗尚之美恶,而知其政治之得失焉。旧说二南为正风,所以用之闺门、乡党、邦国而化天下也。十三国为变风,则亦领在乐官,以时存肆,备观省而垂监戒耳。合之凡十五国云。"《诗经揭要》将"风者,以其被上之化"至"知其政治之得失焉"置于上栏,将"国者,诸侯所封之域……合之凡十五国云"置于下栏"国风"二字下。

详细对比《诗经揭要》与《诗经传说汇纂》二书,可以很清楚地看到,《诗经揭要》以《诗经传说汇纂》为蓝本,进行裁剪、删节、拼贴和改写,除节选朱子《诗集传》的内容外,还节抄《诗经传说汇纂》所引前人之说,汇辑成篇。

如《兔罝》一诗上栏"附考"部分,《诗经揭要》引金氏语:"案墨子书文王举闳夭泰颠于罝网之中,授之政,西土服,计此诗必为此事而作也。"这是节引自《诗经传说汇纂》中《兔罝》诗末"附录"所录金履祥之语。①《召南·采蘩》上栏"附考"云:"《周礼·追师》掌王后之首服,为副、编、次,注云:'副以覆首,若今步摇,服之以从王祭祀;编列发为

---

① (清)许宝善、周蕙田:《诗经揭要》卷一,页四 b;(清)王鸿绪等:《钦定诗经传说汇纂》,《景印文渊阁四库全书》第 83 册,第 93 页。

之，若今假紒，服之以桑；次，次第发长短为之，所谓髲髢，服之以见王。'孔氏谓被次也，夫人助祭首服，副不应配被，故在公为视濯，非正祭之时，还归为已释副而服被，为祭毕之时。朱子则未分。"此内容据《诗经传说汇纂》该诗的"附录"改写。①

《诗经揭要》与《诗经备旨》也有关系。《诗经揭要》论诗旨部分几乎抄录自《诗经备旨》，只是将语句略加变换。

例如，《诗经揭要》释《关雎》全旨云："首言太姒之合德宜配君子，次章未得之忧，末章既得之喜，皆本窈窕之德而言也。此见宫人好德之心，得性情之正而文王修身齐家之化于此基矣。"《诗经备旨》则作："首章言后妃之德宜配君子，次章追言昔日未得之忧，末章叙今日已得之乐，皆本窈窕之德说来。忧乐俱以宫人言。"② 不论是《诗经揭要》的"宫人好德之心"，还是《诗经备旨》的"忧乐俱以宫人言"，都是围绕朱传阐释。《诗经揭要》的意思与《诗经备旨》完全相同。

又如，对于《葛覃》全旨，《诗经揭要》云："后妃自叙其绨绤始为之事，而及归宁之情，其勤俭孝敬之风俱可见矣。"《诗经备旨》云："首章是追序治葛以前事，次章正是治葛时事，末是治葛以后事，不重归宁上，以因成绨绤而叙及之。通章要体认后妃自家口气，勤俭孝敬作说。"③《诗经揭要》"及归宁之情"正是《诗经备旨》"不重归宁上，以因成绨绤而叙及之"的省写。

《诗经揭要》各章之旨则杂用《诗集传》与《诗经备旨》之讲解。如《诗经揭要》论《葛覃》首章云："追言初夏之时，葛之系于中谷者，方盛而有黄鸟之飞而集，集而鸣于其间也。是绨绤虽未可以遽为，而景物所触，已动女工之思矣。"《诗经备旨》此诗集注后之"讲"云："……追维往事，尚当初夏之时，葛之覃延施于中谷者，其叶方萋萋而尚盛，盖未可治以为布，而已有其渐矣。斯时也，黄鸟于飞，集于灌木之上，其鸣喈喈然，和

---

① （清）许宝善、周蕙田：《诗经揭要》卷一，页六 a；（清）王鸿绪等：《钦定诗经传说汇纂》，《景印文渊阁四库全书》第 83 册，第 107 页。

② （清）许宝善、周蕙田：《诗经揭要》卷一，页二 a；（清）邹圣脉：《诗经备旨》卷一，页一 a。

③ （清）许宝善、周蕙田：《诗经揭要》卷一，页三 a；（清）邹圣脉：《诗经备旨》卷一，页三 a。

声之远闻，若迫我以女工之思矣。"① 《诗经揭要》论二章云："言盛夏之时，葛既成矣，于是刈以取其材，濩以和其性，精而为之绤，粗而为之绤，亲执其劳而成之，不易如此，是以心诚爱之，虽至垢敝而不忍厌弃也。"其内容来自《诗集传》，但有所割裂。

从以上所论可见，《诗经揭要》除了以《诗经传说汇纂》为蓝本进行裁剪、改写外，《诗经备旨》也是其非常重要的参考注本和资料来源。

《诗经揭要》对于《诗经传说汇纂》"御案"的处理也值得关注。首先，《诗经揭要》并非全录"御案"，主要采录紧扣诗旨、诗义的内容。例如，《诗经传说汇纂》关于《兔罝》一诗的按语中，"古者文武同揆，兵民合一"一段论述教化民众之重要的内容未被《诗经揭要》采用。其次，《诗经揭要》对《诗经传说汇纂》的按语有所删节和割裂。

《诗经揭要》引用《诗经传说汇纂》按语时，在引文中加"钦遵御案"四字标示，"御案"凸出天头一格。如《卷耳》，《诗经传说汇纂》按语云："此诗之序，以为后妃当辅佐君子，求贤审官，知臣下之勤劳，朝夕思念，至于忧勤，而归本于后妃之志如此。其说始于左氏，自汉、唐、宋诸儒及朱子旧说俱从之，至撰《集传》，则断以为后妃怀文王，以妇人不预外事也。其论固正，然诗人特咏其情如此耳，非果预外事也，理亦可通。"②

《诗经揭要》在《卷耳》诗末云："按，序云：'后妃之志也，辅佐君子，求贤审官，知臣下之勤劳，朝夕思念，至于忧勤。'其说始于左氏，汉、唐、宋诸儒及朱子旧说皆从之，至撰《集传》，则断以为后妃怀文王，以妇人不预外事也。钦遵御案，朱子之论固正，然诗人特咏其情如此耳，非果预外事也，理亦可通。"③ 其实是将"御案"稍加改造，然后以"钦遵御案"来标明结论。

如果《诗经传说汇纂》按语较长，《诗经揭要》则节用其意。如《关雎》诗后，《诗经传说汇纂》按语云：

---

① （清）许宝善、周蕙田：《诗经揭要》卷一，页三 a；（清）邹圣脉：《诗经备旨》卷一，页三 a。
② （清）王鸿绪等：《钦定诗经传说汇纂》，《景印文渊阁四库全书》第 83 册，第 87 页。
③ （清）许宝善、周蕙田：《诗经揭要》卷一，页二 b 至页三 a。

古者后立三夫人、九嫔、二十七世妇、八十一御妻，乃所以理阴德、治内事、章女教、宾祭之事，皆后夫人供之，而众嫔御佐之，非得淑女，不足以称其职。后妃思得淑女以自助而事君子，未得而求思之深如此，设若既得而和乐之浃如此，此其所以为女德之至盛，而足以为风教之首也。自毛、郑而后，从此说者众，至朱子不主后妃自作，盖因"君子好逑"之语，以为非众嫔御所可当，且专主一事，其义为狭，论固宏远矣，然亦未尝以郑氏为非也，今以朱传为宗，而仍附其说于章末，俾后之学者见自有《关雎》诗，以迄汉唐诸儒之论盖如此。①

《诗经揭要》在《关雎》诗后列按语云：

毛氏、郑氏谓后妃思得淑女以自助而事君子，未得而求思之深如此，设若既得而和乐之浃如此，其所以为后妃之德也。朱子不主后妃自作，以君子好逑之语，非众嫔妃御所可当，且专主一事，其义为狭，论固宏远矣。钦遵御案，以朱传为宗，而仍附录其说，盖未尝以郑氏为非也。②

上引所谓"附录其说"指《诗经传说汇纂》在第三章末附录有汉唐诸儒旧说，《诗经揭要》抄录其文，而文后并无附录。《诗经揭要》删节按语的目的是让内容更加简明，去除了编者所认为的无关或多余的材料以及与考证有关的内容，然后照录《诗经传说汇纂》按语之结论而已。

如《采蘩》诗，《诗经传说汇纂》的按语是一段非常详尽的考证：

小序以夫人奉祭祀为不失职，故毛、郑、孔三家皆主祭祀以训解之，朱子以儒先有采蘩为蚕事之说，故两存之，以亲蚕亦后夫人大礼之所在也。但末章所谓"被"者，孔颖达考《周礼》被者次也，夫人

---

① （清）王鸿绪等：《钦定诗经传说汇纂》，《景印文渊阁四库全书》第83册，第82页。
② （清）许宝善、周蕙田：《诗经揭要》卷一，页一b。

助祭首服副，不应配被，故解"在公"为视濯，非正祭之时，"还归"为已释副而服被，为祭毕之时，朱子《集传》则未分祭前祭后也，而时说则以在公为正祭，还归为祭毕，是与朱、孔之说又稍异，而于礼亦无所据矣。又案，首章二章是祭是蚕，二说俱可通。惟末章《集传》云："或曰公，即所谓公桑也"，却不解到"被"字上。若以蚕事论之，《礼》，告桑服编，受茧服副，亦非服次，何楷因为之说曰："此言被者，指三宫夫人世妇之服。观《少牢礼》，卿大夫之主妇从祭服髲鬄可见。"公所，即公桑夫人世妇，凤而趋事，至夜还归，非君夫人之重蚕事而勤倡率，安能如此，是亦通解经之穷也。但告桑、受茧，《礼》有明文，至蚕毕服成，止言以祀先王先公，故孔颖达以妇人无外祭解之，而蚕毕未别有所谓祭者，惟将蚕，后斋戒以享先蚕，盖古礼也，若以蚕事及祭，其享先蚕之谓欤？然不可考矣，故今仍以祭祀为正说，而以蚕事为附录云。①

《诗经揭要》则在诗末节录其意：

> 小序以夫人奉祭祀为不失职，故毛、郑、孔三家皆主祭祀以训解之，朱子以儒先有采蘩为蚕事之说，故两存之，以亲蚕亦后夫人大礼之所在也。钦遵御案以祭祀为正说，而以蚕事为附录云。②

《诗经揭要》只用《诗经传说汇纂》按语之结论，"但末章所谓'被'者，孔颖达考《周礼》被者次也"至"朱子《集传》则未分祭前祭后也"，略做改动而移录至上栏"附考"，其余部分则删去不录。

《诗经揭要》对于"御案"的删节、改写，有一个倾向值得注意，即不录怀疑朱子的态度或意见。如《邶风·终风》未在诗末标明"御案"，但"御案"的意见经过改编后，存在上栏的"附考"中，云："庄姜遭州吁之暴，毛、郑皆从之，朱子详味诗辞，有夫妇之情，无母子之意，故改

---

① （清）王鸿绪等：《钦定诗经传说汇纂》，《景印文渊阁四库全书》第83册，第107页。
② （清）许宝善、周蕙田：《诗经揭要》卷一，页六 b。

其说。"《诗经传说汇纂》按语原文作：

> 此篇序以为庄姜遭州吁之防，毛、郑以后皆从之。至朱子《集传》始变其说，以为详味诗辞，有夫妇之情，未见母子之意，识可谓卓矣。但四诗篇次，朱子虽欲移《日月》《终风》于《燕燕》之前，然止存其论，而究未曾改置其位，良以诗本删定于孔子，故不敢更易其经也。今以《朱传》为正义，俾讲师有所宗主，而附古说于后，以见释经之初义有如此。①

《诗经传说汇纂》认为朱子识见虽卓，但既无证据，诗次亦不能就此而更改，故取朱子之说，也不废古义，这是"御案"常见的兼采、折中之态度。《诗经揭要》则将"御案"对古说的态度删去，只能看到"御案"中对朱子赞同的内容。又如《桑中》一诗，《诗经传说汇纂》按语云：

> 诗，乐章也，古人皆以乐论诗。荀况曰："诗者，中声所止"，司马迁曰："《三百篇》夫子皆弦歌之，以求合于韶武之音"，汉、唐诸儒，祖述其说，而不敢易，至吕祖谦以为圣人正乐，首放郑声，岂有删诗而反取淫词？《桑中》之诗，刺恶昭彰，所谓思无邪也。又《史记》载师旷所指濮上之音，郑康成以为濮水之上，地有桑间，亡国之音，于此水出焉，则桑间乃纣乐，非即《桑中》诗也。诸说皆不为无据，然朱子力辟其非，以为夫子于郑、卫，深绝其声于乐以为法，而严立其辞于诗以为戒，若谓《桑中》为刺恶者之辞，则发人隐僻，有伤温厚，谓出自淫奔者之口，而我以无邪之思观之，其惩戒尤切；而又云："古乐既亡，无所考正，则我不敢必为之说，独以其理与其词推之，有以知其必不然耳。"盖千百载后，欲于《三百篇》中，求所为中声、求所为合于韶武之音者，何从而得之？何如即其词以考其实为足据，《集传》就本诗称我之辞，而断为淫者所自言，与古《序》虽

---

① （清）王鸿绪等：《钦定诗经传说汇纂》，《景印文渊阁四库全书》第83册，第145页。

异，而与圣人垂戒后世之意一也。①

《诗经揭要》"附考"引作：

> 序云刺奔也。吕祖谦曰：圣人正乐，首放郑声，岂有删诗而反取
> 淫词？《桑中》之诗，刺恶昭彰，所谓思无邪也。又《史记》，师旷所
> 指濮上之音，郑康成以为濮水之上，地有桑间，亡国之音，于此水出
> 焉，则桑间乃纣乐，非即《桑中》诗也。诸说皆不为无据，然朱子力
> 辟其非，以为夫子于郑、卫，深绝其声于乐以为法，而严立其词于诗
> 以为戒，若谓《桑中》为刺恶者，则发人隐僻，有伤温厚，谓出自淫
> 奔者之口，而我以无邪之思观之，其惩戒尤切，桑间即此篇也。②

《诗经揭要》将《诗经传说汇纂》按语中的朱子"又云"一句删去，
此句之意在于指出朱子也不能提出证据，只是以情理推之而已，古序与朱
子之说虽不同，但垂戒意义一致，两者均有可取之处。《诗经揭要》将这一
部分删去，并下结论直接说桑间就是《桑中》一诗，态度和立场与《诗经
传说汇纂》颇不相同，进一步维护了朱子的权威。

当然，《诗经揭要》也有不赞同朱熹之处。例如，对于《郑风》中被
朱子定为"淫奔"之诗的篇目，《诗经揭要》多取旧说。但明末以来的科
举类《诗经》注本就已经针对淫诗说发出了怀疑的声音，相比明末科举类
《诗经》注本对朱子的质疑，《诗经传说汇纂》衍生刻本的质疑程度减弱
了。这是经过衍生刻本改造的"御案"给我们带来的最大启示，不少学者
提出《诗经传说汇纂》按语出现不赞同朱子的声音显示出朱子《诗》说权
威进一步降低。但我们在《诗经传说汇纂》衍生刻本里看到的是相反的情
况，《诗经传说汇纂》本意是折中诗义、兼采众说，对朱子《诗》说中不
能圆融、聚讼纷纭的地方提供更权威的官方解释，从效果来看，朱子的权
威其实得到了更好的维护，而朱子《诗》说中的不足也借旧说得到弥缝和

---

① （清）王鸿绪等：《钦定诗经传说汇纂》，《景印文渊阁四库全书》第 83 册，第 182 页。
② （清）许宝善、周蕙田：《诗经揭要》卷一，页二一 a - b。

补充。

三　《诗经精义汇钞》：清代考据学成果在实用书籍中的接受

《诗经精义汇钞》①，陆锡璞撰，道光二十年（1840）刊行。陆锡璞为广西龙川人，除此书外，还撰有《书经精义汇钞》。两书均作于广西南平学署，是学子学习经书和《诗经传说汇纂》、《书经传说汇纂》的参考注本。书前有凡例、自序，其中自序作于道光十八年，云：

> 我朝经学昌明，既有《钦定传说汇纂》极其精详，又有《钦定诗义折中》归于简要，有志之士，博综约取，奚俟他求哉。第其卷帙重大，未能家有其书。学者案头所存多系坊间浅俗解本，《集传》外类无甚精义。其裕言博涉者，又或徒趋汉学，曼衍支离于经旨究少融洽之处，窃尝病之，不揣固陋，撮录钦定两书精要语汇为一编……兹编辑于丙申之岁，仅数阅月，诚不免于缺漏，笃学之士，晰其大略，尤详究钦定全书以穷其蕴。

序中提到《诗经传说汇纂》卷帙浩繁，不便于传播和阅读，同时批评了"坊间浅俗解本"，除了《诗集传》之外无甚精义，这一点在《诗经备旨》和《诗经揭要》中确实能够看到。陆锡璞对纯粹的汉学研究也有不满，认为曼衍支离，不能体现出经旨。因此他编辑此书，主要是撮录《诗经传说汇纂》和《诗义折中》这两部官修注本的精要，再补充《诗集传》以外的内容，所以在形式上，这本书没有使用坊刻常见的高头讲章式。

从内容上看，《诗经精义汇钞》其实是《诗经传说汇纂》的一种摘录本。书前有"纲领"，内容是从《诗经传说汇纂》的"纲领"中节选而出；"纲领"后录《诗大序》，保留了《诗经传说汇纂》中所录朱熹的注释和按语，其他人的注释则不录。正文部分以朱熹《诗集传》为中心，朱子注下附"释传""总论""集说""释案""附录""音注""附存"等，以黑底白字阴文标示，内容皆从《诗经传说汇纂》中节取。例如"国风一"之

---

① （清）陆锡璞：《诗经精义汇钞》，日本内阁文库藏清道光二十年刊本。

下，先录朱注原文，《诗经传说汇纂》原在朱注下录有何休、孔颖达、程颐、刘瑾以及朱子他说作为补充，《诗经精义汇钞》只录何休一条，以"释传""集说"等方式列于朱注之下。

除《诗经传说汇纂》，《诗经精义汇钞》还补充了乾隆《御纂诗义折中》的内容，以"折中"二字标示，不过所录"折中"多非原文，做了改写。"御案"则录《诗经传说汇纂》按语，大部分录全文，亦有少部分删节、节选大义，有时以"御案大旨"标示，有时标以"御案"。如《邶风·燕燕》，《诗经传说汇纂》按语云：

> 《史记》州吁袭杀桓公自立，欲伐郑，请宋、陈、蔡与俱，石碏乃因桓公母家于陈，详为善州吁，至郑郊，石碏与陈侯谋，因杀州吁于濮。据史以论《诗》，则戴妫之大归，正后日石碏用陈以讨贼之由也，然则庄姜之越礼远送，而倦倦于戴妫，为之涕泣不置者，当非仅辱常妇人女子离别之情，其亦有他望也欤？①

《诗经精义汇钞》"御案大旨"云："据《史记》，石碏因桓公母家于陈，与陈侯谋杀州吁。则戴妫之大归，正后日讨贼之由也。庄姜之倦倦不置者，非仅辱别离之情，其亦有他望也与？"② 这种删节改写与《诗经揭要》的做法类似，都是为了使《诗经传说汇纂》按语的考证更为简洁，便于学子阅读。

又如《凯风》，《诗经传说汇纂》按语云：

> 序曰："《凯风》，美孝子也。"又曰："七子能尽其孝道，以慰其母心而成其志。"郑康成解之曰："母有嫁志，孝子自责以安母心，母遂不嫁。"朱子则以为此诗乃孝子自责之辞，而不及其母之不嫁，盖据经文而言，而不衍述其事也，然犹曰："以孟子之说证之，序说亦是"，则亦不尽废古说矣。夫使当日孝子自责，不能感动其母，卒致嫁去，

---

① （清）王鸿绪等：《钦定诗经传说汇纂》，《景印文渊阁四库全书》第83册，第141页。

② （清）陆锡璞：《诗经精义汇钞》卷一之三，页五a。

七子亦遂已焉，是何足成其为孝也？故附录诸儒之从古说者，以补《传》义之所未足。①

《诗经精义汇钞》标示"御案"，实际是节引：

> 序曰："《凯风》，美孝子也。"郑康成解之曰："母有嫁志，孝子自责以安母心，母遂不嫁。"朱子则以为此诗乃孝子自责之辞，而不及其母之不嫁，然犹曰："以孟子之说证之，序说亦是"，则亦不尽废古说矣。夫使不能感动其母，卒致嫁去，是何足成其为孝也。②

对比二者可以看到，《诗经精义汇钞》和前文所论两种衍生刻本一样，刻意回避了朱子的不足，《诗经传说汇纂》明确指出《诗集传》对《凯风》的解释有缺陷，因此才附录旧说；《诗经精义汇钞》删节、改写之后，保留了朱子"亦不尽废古说"，而删去了"《传》义之说所未足"的字样。

总体上看，《诗经精义汇钞》对《诗经传说汇纂》内容的采录，仍集中在《诗集传》和按语上，相比《诗经备旨》和《诗经揭要》，《诗经精义汇钞》保存了更多《诗经传说汇纂》所录对朱注解释、补充的内容，高头讲章式的讲解诗旨和章旨、串讲文义等部分全部被摒弃，从这个角度来看，《诗经精义汇钞》更为严谨一些。

《诗经精义汇钞》最值得注意的是"附存"部分，即上文所说作者辑录的《诗集传》和《诗经传说汇纂》之外的部分③。作者吸收了大量乾嘉考据学家的成果，这部分内容全为考证文字，包括陈启源《毛诗稽古编》、王引之《经义述闻》、李黼平《毛诗䌷义》三家之说，共73条，其中王引之6条、李黼平1条，陈启源最多，达66条。《诗经精义汇钞》对陈启源的青睐再次证明《毛诗稽古编》在清代诗经学上的重要地位，同时也可一

---

① （清）王鸿绪等：《钦定诗经传说汇纂》，《景印文渊阁四库全书》第83册，第149页。
② （清）陆锡璞：《诗经精义汇钞》卷一之三，页九b。
③ 夏传才曾指出《诗经精义汇钞》原名《诗经精华汇钞》，《诗经精义汇钞》是对《诗经精华汇钞》的增补，主要增补了近儒之说。根据此说，《诗经精义汇钞》的"附存"应是陆锡璞专门增补的。因未见《诗经精华汇钞》，姑录传才之说于此，参见夏传才《诗经学大辞典》，石家庄：河北教育出版社，2014，第1544～1545页。

窥清代考据成果在两广地区的传播和影响。

《诗经精义汇钞》所录陈启源之说,包括辨别毛、郑异同、优劣,分析诗旨,考证训诂词义,讨论史事,考证名物等各个方面,但对于陈启源考证较详的部分,《诗经精义汇钞》亦有所删节,不录陈氏全文。这些意见可以补充《诗集传》之不足,增进对诗义的理解。

如《邶风·终风》,《诗经精义汇钞》引陈启源之说曰:"愿言则怀,毛云:'怀,伤也',盖言思及此则伤心也。"① 《击鼓》诗引陈启源之说:"契阔本训勤苦,言死生勤苦相与共之也。"② 又如《有女同车》后录陈启源关于《郑风》与公子忽有关的六诗(《有女同车》《褰裳》《山有扶苏》《萚兮》《狡童》《扬之水》)的考证和解说③,都能加深对诗旨的理解。

《诗集传》对于名物的解释颇为简单,因此《诗经精义汇钞》特别重视陈启源对名物的考证。例如,《卫风·淇奥》引陈启源之说认为绿竹为二草,《芄兰》引陈氏对"觼"的考证,《王风·黍离》引陈氏解释黍、稷之区别,《采葛》引陈氏分析萧、艾的不同功能,等等,都是解释明晰的例子。《诗经精义汇钞》颇能吸收陈启源考证精妙之处。如《七月》一诗,陈启源指出历来对毛传断句之误,毛传"于貉谓取狐狸皮也",当断作:"于貉,谓取;狐狸,皮也",而非《毛诗正义》以来读作"于貉,谓取狐狸皮也",这个意见后来也被马瑞辰的《毛诗传笺通释》所引用。

有趣的是,《毛诗稽古编》一书批评最多的是朱熹《诗集传》和明代胡广等人所编的《诗经大全》,这些批评内容尤其是对朱熹的批评却完全不见于《诗经精义汇钞》。如果将《诗经精义汇钞》所引陈启源之文与陈氏《毛诗稽古编》原书做对比,可以很清楚地发现《诗经精义汇钞》所引陈氏之文基本上都是"技术"层面的考证,不涉及价值判断。如《鸤鸠》,陈启源云:"援古刺今,诗之常体,不独《鸤鸠》然也。晦翁以为是美非刺,徒以词而已。况末章云'胡不万年',盖思之而不得见,若曰天胡不假之以年,使至今存也,思古之意显然。"《诗经精义汇纂》将其中对朱子的不利语言删去,只取陈氏的结论:"陈氏启源云:'胡不万年',盖思之而

---

① (清)陆锡璞:《诗经精义汇钞》卷一之三,页七a。
② (清)陆锡璞:《诗经精义汇钞》卷一之三,页八a。
③ (清)陆锡璞:《诗经精义汇钞》卷一之七,页十a-b。

不得见，若曰天胡不假之年，使至今存也，思古之意显然。"① 诸如此类，这种态度和做法与《诗经备旨》《诗经揭要》是一致的。

通过对三种《诗经传说汇纂》衍生刻本的分析，可以看到此类衍生刻本的核心是《诗集传》和《诗经传说汇纂》的按语。诚如嘉庆年间扬州十笏堂所刻《御案诗经》一般，《诗经备旨》等书在朱注和按语的基础上，或加上编者的解说、阐释，或节录《诗经传说汇纂》中的注释。相应的，与朱子《诗》说不同的宋代其他学者的意见，如吕祖谦、严粲、黄佐等，甚至包括更早期的可视为属于朱子《诗》说部分渊源的欧阳修、程颐等人之说，几乎都不见于这些衍生刻本，《诗经传说汇纂》中分量极重的明代诗经学者的解释则全部摒弃不录。同时，对于《诗经传说汇纂》按语中对朱子不利的论断，不同的衍生刻本做出了不同的处置。《诗经备旨》是全文照录，但它的解说完全忽视了按语；《诗经揭要》和《诗经精义汇钞》都做了一些文字上的调整，几乎全删除了对朱子不利的意见，或者至少表现得不那么明显。

《诗经传说汇纂》的研究者大都承认一点，在资料的完备和对诗义的阐释、折中方面，《诗经传说汇纂》的确超越了明代官修的《诗经大全》。例如，杨晋龙曾指出："清代官方特别强调这种'以《集传》为纲，而古义之不可磨灭者，必一一附录以补阙遗'的创新体例，不但表现清人'于学术持其至平，于经义乃协其至当'的态度，同时也具有矫正明代学术'拘守门户'之失的重大作用。"② 卢启聪也指出："《汇纂》之所以被认为能够超越《大全》，即在于《汇纂》能够以持平之见破除朱学门户之见，将久分为二的讲学、穷经重合为一，而整合手法，则是对各种经说采取兼容并蓄的态度。"③ 可见，不拘守门户、兼收并蓄是《诗经传说汇纂》的成功所在，也是其学术价值的体现。正因材料多，后世的《诗经传说汇纂》衍生刻本要远多于《诗义折中》的衍生刻本。但《诗经传说汇纂》衍生刻本恰

① （清）陆锡璞：《诗经精义汇钞》卷一之十四，页四b。
② 杨晋龙：《从〈诗经传说汇纂〉到〈诗义折中〉——清代两部官订〈诗经〉注本诠释形式之比较》，第373页。
③ 卢启聪：《〈诗经传说汇纂〉研究——以编撰背景、体式内涵与思想特质为中心》，第95～96页。

恰抛弃了"于学术持其至平,于经义乃协其至当"的一面,不采录《诗经传说汇纂》中具有"学术性"的内容,对其按语的改写也是删除了多余的考证,而直接以简明的方式展现出来,这是折中通俗性衍生刻本的特点所决定的。这意味着若从学术史角度考察《诗经传说汇纂》的影响,必须考虑到衍生刻本所产生的潜在影响。

旧说衍生刻本往往是与《诗经传说汇纂》本身,尤其是其按语背道而驰的。这些刻本的编者仍要维护朱子《诗集传》"独霸"的地位,因此才通过割裂、删节、改写等方式,删除按语中对朱子不利的讨论。《诗经备旨》甚至完全无视按语的意见,一边照录按语,一边仍围绕朱熹的解释来阐释诗旨。这些衍生刻本中,《诗经备旨》《诗经揭要》都是专为科举而设的《诗经》注本,而《诗经备旨》的影响力至少从嘉庆到清末一直都未消歇。《诗经精义汇钞》也是专为学子编辑的简明读本。也就是说,这些衍生刻本的读者群体是科考学子,其数量是十分庞大的。如果说以赵文哲为代表的知识精英接受《诗经传说汇纂》的影响而进一步肯定诗序、毛传的价值,质疑朱熹的权威,那么普通学子或民间阶层很可能接受的仍然是以朱子为权威的解释体系。

《诗经传说汇纂》的衍生刻本究竟在科考学子或民间知识群体中产生多大的影响和效应,也许还要做更深入的统计和研究。不过,这里可以提一个有趣的现象来说明衍生刻本所产生的效果。不止一篇文献提到,民国时期学习《诗经》、《诗集传》的入门书仍是《诗经备旨》,张树璜及周风山曾说:"吾邑秀才,所读《四书合讲》、《五经备旨》、《小题正鹄》、《青云诗集》,共值不过千钱,此外谁知有书?"[1] 刘半农幼年所读之书中亦有《诗经备旨》。[2] 1919 年出版的《新青年》第六卷第三号上刊发了任鸿隽《何为科学家》一文,上面提到清末学生所读的书中就有《五经备旨》。[3]不过当时人对这类书已经不大有兴趣了。

江西省图书馆所藏清同治四年的《五经备旨》,天头部分几乎每一页都

---

① 张树璜:《周风山先生传》,载宋庆阳主编《徐州与南社》,北京:团结出版社,2014,第4页。

② 朱洪:《刘半农传》,上海:东方出版社,2007,第7页。

③ 任鸿隽:《科学救国之梦:任鸿隽文存》,上海:上海科技教育出版社,2002,第180页。

写满了批注，批注用朱笔或墨笔，有的墨笔批注之处又用朱笔加以圈点和补充，应是读了不止一遍，写不下的地方，还用纸条补充，粘贴于书上。批注者常常补充《诗义折中》的内容，很可能批注者是取《诗义折中》与《五经备旨》对读，可见《诗经传说汇纂》《诗义折中》确实是当时读者的两种重要参考书。除此以外，批注者还引用了大量清代考据学家的成果，如《书经备旨》中引用了顾炎武、胡渭、全祖望、王引之、郝懿行等诸人之说，有时详加考证，足见批注者的功力。例如，《禹贡》"三江既入"，批注者写道："说三江者，孔传与郑注合。郑康成注云：左合汉为北江，右会彭蠡为南江，岷山居其为中江。苏氏说本此。水经注引郭景纯曰：三江者，岷江、松江、浙江。又韦昭注国语以三江为松江、钱唐江、浦阳江，与郭说少异。案浦江与钱唐江合流入海，则不得分为二，似不如郭说之当。归震川、顾宁人、全谢山皆从郭说，胡胐明从苏说。"这些批注从另一个侧面显示出《五经备旨》这类科举注本的流传和影响要更为复杂。而批注中采录《诗义折中》又引及顾炎武、胡渭、王引之等人之说，如果整理成书，其实就是《诗经精义汇钞》汇集《诗经传说汇纂》《诗义折中》，附入陈启源《毛诗稽古编》、王引之《经义述闻》的样式。这也证明了《诗经精义汇钞》这类图书在当时具有一定的需求。

总而言之，《诗经传说汇纂》的衍生刻本丰富了我们对这类官修注本的认知，尤其是官修注本在传播和影响层面的认知。《诗经传说汇纂》及其衍生刻本在影响方面大致存在两个维度：一是知识精英阶层，他们大多接受了《诗经传说汇纂》按语的结论和意见，这些按语客观上鼓励了知识精英更多地关注诗序和毛传的价值；二是衍生刻本所辐射的普通学子和民间知识群体阶层，由于衍生刻本对《诗经传说汇纂》及其按语的改造，他们对于按语的体认也许不如赵文哲等学者那样强烈。这两个维度往往又存在互动，并不是两条平行线。如果透过这些衍生刻本去揭示当时学术史、思想史一些更为深入和不易察觉的现象与变化，还要做更为广泛、细致的考察。

结　语

　　观诸明末清初的诗经学，可以发现以下几个特征：一是好立新说，二是对经义诠释注重融会与折中，三是名物考证之作纷出，四是古音研究成就显著。从此四个特征来看，明末清初的诗经学在学术面貌上更近于宋代诗经学，而当时学者立新说、重考据也多渊源于宋代学者。明末冯复京、沈万钶等学者的《诗经》名物考证多将宋人罗愿《尔雅翼》、黄震《黄氏日钞》等作为主要的参考著作，何楷《诗经世本古义》也同样如此。朱鹤龄《诗经通义》参考欧阳修、苏辙、吕祖谦、严粲等学者的《诗》说去补充和改正朱子。陈第、顾炎武等学者的古音研究则直接承续宋人吴棫《诗补音》的遗产。毛奇龄、姚际恒的辨伪更是与宋人的思辨精神一脉相承。

　　不过，明末清初的诗经学之所以出现以上现象，是缘于明末学者不满足于朱子《诗》说系统，尤其是科举程序下的《诗》说系统固守一家、无所发明。因此在继承宋代诗经学的基础上，又出现了一些新的学术趋向。

　　明末清初诗经学者或引众说以补充、弥缝朱子之说，或以他说攻驳朱子之说、别立新说。不论是补充、弥缝，还是攻驳、立新，他们都试图从古义中寻找根据。一方面，这使诗序的价值重新进入学者的视野；另一方面，这也致使伪造的《子贡诗传》和《申培诗说》得到一定程度的传播和从信。

　　诗序的价值是明末清初诗经学的主要话题。明代中期吕柟就已撰《毛诗说序》，专申诗序之义。吕氏为专守程朱之学者，他申序并非驳朱，更多的是为了弥缝和补充朱子《诗》说。不过由此可见此时学者已不尽信从朱子。至明末，诗序尤其是序首句的合法性和权威性重新得到承认。当时学者或认为序首句为子夏所作，或认为出自国史、太师，或不明指为何人，但皆均以序首句渊源最古，能体现文字中所无法获得的微旨宏义。例如，郝敬《毛诗原解》专宗诗序，严格来说其所宗主者为序首句。郝敬不指实序首句为何人所作，但认为序首句为说诗根柢，并且简当精约，经过了圣人删正。沈守正持相同的看法：

> 尊序者曰：非子夏不能作；排序者曰：后人附会之词耳。两者皆讥。余谓后序可去，而首序必不可去。首序难读，略与诗等，或一字撮要，或片言含讥，或词切而明，或旨近而远。神明之用，生生不穷，即紫阳严斥，其解亦多撮入首序中，所不能浑合者，卫、郑十余什耳。①

郝敬尊序是为了排诋朱子，沈守正则意在折中，二人的目的不同而观点一致。另外，冯元飏为钱天锡《诗牗》作序，也说："诗之有序也，自子夏昉也；其为小序也，自卫宏昉也。"② 认为序首句出自子夏；魏浣初《诗经脉》则不指明诗序为何人所作，但同样认为其渊源甚古：

> 释文曰："大序是子夏作，小序是子夏、毛公合作，卜商意有未尽，公更足成之。"范晔《汉书》曰："卫宏作毛诗序。"《隋书》曰："毛诗序，子夏所创，毛公及卫敬仲更加润色。"又郑氏曰："诗序本一篇，毛公分以置诸诗之首。"合观诸说，虽不能定为何人作，要之有汉以前，经师传授，去作诗之时盖未远也。③

可见诗序去古未远，已成为当时大多数学者之共识，尽管一些著作不尽从序说，但也会承认序首句的权威。何楷《诗经世本古义》在诗旨的诠释上用序说才四十余篇，但仍认为序首二句为古序，续申之词则为卫宏

---

① （明）沈守正：《诗经说通》，《四库全书存目丛书》经部第64册，影印北京师范大学图书馆藏明万历四十三年刻本，济南：齐鲁书社，1997，自序，第2页。

② （明）冯元飏：《诗牗序》，载（明）钱天锡《诗牗》卷首，《四库全书存目丛书》经部第67册，第507页。

③ （明）魏浣初：《鼎镌邹臣虎增补魏仲雪先生诗经脉讲意》，《四库全书存目丛书》经部第66册，影印复旦大学图书馆藏明末刻本，济南：齐鲁书社，1997，第8页。

所作。

明末学者重新恢复了诗序（主要是序首句）之权威，清初学者延续了这一共识，朱鹤龄就说："序之出于孔子、子夏，出于国史与出于毛公、卫宏，虽无可考，然自成周至春秋数百年间，陈之太师，肄之乐工，教之国子，其说必有所自来。大约首句为诗根柢，以下则推而衍之。推衍者间出于汉儒，首句则最古不易。"① 这种说法与郝敬和魏浣初等学者之说并无二致。在朱鹤龄《诗经通义》之后，对于诗序的讨论骤然减少，这意味着诗序的权威重新确立后，已无必要再就这一话题详加讨论，《诗经通义》也可以说是明末以来提升诗序权威的一个总结。

明末清初学者恢复诗序的权威，集中在序首句，而非全部，这其实是回归宋代学者观点。例如，程颐以大序为圣人所作，小序为国史所作；苏辙虽不信诗序为子夏所作，但仍采序之首句。南宋学者中，如范处义、吕祖谦、严粲都尊信诗序。明末学者已多用范处义、吕祖谦、严粲等人之说；何楷的诗序观则直接来自程大昌的观点。朱鹤龄在《诗经通义》中也以程颐、苏辙、吕祖谦、严粲的《诗》说来阐释序义。也就是说，明末清初学者在诗序方面的工作主要是清除朱子《诗》说定于一尊、固守一说带来的弊病，回归宋代其他学者的学说，重新恢复诗序首句的权威。在这个过程之中，学者们又发现汉唐的《诗》说系统尤其是汉人《诗》说无法回避。

原本明末一些学者对汉人和宋人的经说都有所不满，他们批驳汉儒训诂失之琐碎、宋人论理失之穿凿，郝敬、何楷、朱鹤龄等均是如此。张以诚也说："谓汉儒近古，度有师承，而傅会不少；宋儒明理，疑无曲说，而矫枉或过。"② 这样的议论还可以找出很多。因对汉人和宋人《诗》说均有所不满，故当时学者欲超越前代学者的经说系统而自立新说。因此他们强调尊经，直接从经文本身入手展开讨论，而尊序者往往也意在托序以立新。但序文太过简略，存在不少难以解释的地方，因此一部分学者既不从宋人之说，也不从序说，而试图寻找更为近古而又能帮助厘清经义的材料，由此适时"发现"了《子贡诗传》和《申培诗说》。明末清初至少有十五种

---

① （清）朱鹤龄：《愚庵小集》卷七《毛诗通义序》，第131页。

② （明）张以诚：《张君一先生毛诗微言》，《四库全书存目丛书》经部第63册，影印北京大学图书馆藏明刻本，济南：齐鲁书社，1997，第453页。

诗经学著作用到这两部伪书，不少学者明知其伪，仍然加以引用，说明这两部伪书符合当时学者趋奇好古的心理，也可见当时学者急需这两部著作给他们的诠解提供依据。

还有一部分学者则逐渐注意到毛传、郑笺在《诗经》诠解方面的价值。例如，冯复京、顾大韶、魏冲、张师绎、曹学佺等学者的著作中均出现了重视传、笺的倾向，而何楷集明代诗经学之大成，亦发现笺、疏在经解上的重要地位。这些学者认为汉儒近古，师传授受俱有根源，故从汉人《诗》说、训诂入手，再参考相应的经传、古注，然后与朱传比较异同，成为这些学者研究诗义的路径。如顾大韶介绍了自己治诗的方法："今欲刊定一书，当用毛传为主，毛必不可通，然后用郑。毛、郑必不可通，然后用朱。毛、郑、朱皆不可通，然后网罗群说，而以己意衷之。"① 顾大韶、冯复京、魏冲、张师绎等学者均为吴中学者，也使这个地区在明末形成了一个倾向汉人之学的学术共同体。

吴中学者对汉人之学的重视，不是仅用以补充宋、元、明经义诠释之不足，更不是弥缝朱子，而是从汉人《诗》说本身入手，试图发现其训诂渊源、诠释体例与方法、诠释背后的经学思想等。吴中学者还有一个共同的兴趣，就是对古籀文字的热衷，这激发了学者对历代字书的收藏和研究，也增强了学者对于声音文字之学的兴趣。吴县赵宦光《说文长笺》在此背景下出现，该书虽存在各种不足，但显示出汉学风气在吴中地区的影响力。陈启源深受明末以来复古宗汉之风浸染，潜心学术，在当时学者仍聚讼于诗序、朱传价值孰优孰劣之时，首先标举毛传，寻绎汉人经解的观念和方法，并以此考证经文、经义，注意对文字形、音、义方面的探讨和毛传义例的分析，打开了清代汉学研究之格局。

明末清初不少诗经学著作出现"折中"趋向。所谓"折中"即参考历代众家《诗》说，加以考辨，取其义当者。此种著作在诗义上多以古义或其他宋人《诗》说补朱子不足，在训释上多罗列历代诗训。嘉靖末年沈鲤撰《毛诗序折衷》，认为"毛诗之序，朱子亦既尝折衷矣"。② 万历间张彩

---

① （清）钱谦益：《牧斋初学集》卷七二，第 1612 页。
② （明）沈鲤：《亦玉堂稿》卷九，《景印文渊阁四库全书》集部第 227 册，台北：台湾商务印书馆，1983，第 330 页。

撰有《诗原》，人称："凡诗中意义两可、邪正相邻者，序、传、疏、笺各睹一班，公直因其天然而衷之正的，融其偏驳而会之大通。"① 可知此类著作多为弥缝诗序、朱传而作，并融会各家之说。清初高承埏辑《五十家诗义裁中》亦复如是，其自序云："孔子曰：'诗三百，一言以蔽之，曰思无邪。'序所云'发乎情，止乎礼义'者，无邪之说也，本乎孔子者也。孟子曰：'以意逆志，是为得之。'《集传》去序言诗，求诗人之志于千载之上，以意逆志之说也，本乎孟子者也。吾因二者而裁其中焉，于国风淫奔诸诗仍存旧序，其余则以朱子为归，而五十家之义附之，非敢异于朱子也，窃取者二程子之言，亦孔子之诗教然尔。"②

折中趋势在明末清初科举类《诗经》注本中也有体现，徐光启《毛诗六帖》、魏浣初《诗经脉》、顾梦麟《诗经说约》、何大抡《诗经主意默雷》、张溥《诗经注疏大全合纂》、陈组绶《诗经副墨》等书，或折中诗序、《诗集传》，或备列诗序、毛传、郑笺及孔疏之文以为参考。这些著作注意到古注的价值，但仍然对朱子《诗》说持尊重之意。例如，顾梦麟自述其《诗经说约》之宗旨："紫阳称量句字，寄托呼应，始归条明……此当求初本，又合传、笺、疏及宋元以来诸说家，于紫阳学撅一者附丽焉。"③ 顾梦麟认为《诗传大全》本于刘瑾《诗传通释》和朱公迁《诗经疏义》，而不及此二书，故他意在从此二书入手，即所谓"当求初本"，然后旁及历代诗家，附丽朱子。张溥也说：

> 予谓欲明朱氏之诗，必宜取古之说诗者尽发其藏，比类而观，著彼之失，明此之得，然后三家可续，毛、郑可屈。④

可见他们旨在弥缝朱子之说，融会众说，求经义之至当。这样的做法也一直延续到清初，如冉觐祖《诗经详说》、赵灿英《诗经集成》、王梦白

---

① （清）朱彝尊：《经义考》第4册，第225页。
② （清）朱彝尊：《经义考》第4册，第253页。据朱彝尊《经义考》引谭吉璁语，可知此书经乱已遗失。高承埏之事迹，可参见钱谦益《高寓公稽古堂诗集序》与《嘉兴高氏家传》，（清）钱谦益《牧斋有学集》卷十六、卷三七，第749、1285页。
③ （明）顾梦麟：《诗经说约》，《续修四库全书》第60册，第219~220页。
④ （明）张溥：《诗经注疏大全合纂》，《四库全书存目丛书》经部第69册，第4页。

《诗经广大全》、汪桓《诗经衍义大全合参》等均采折中立场。从这个角度可以看到，康熙晚年所编《钦定诗经传说汇纂》与其说是诗经学转型的信号，不如说是适应了当时的普遍做法。

在采取折中立场、融会众说的同时，明末一些学子为纠正八股习气，主张祖述六经、尊经复古。他们常聚集在一起探讨时艺，结社运动由此而兴。① 先是张溥、杨彝、顾梦麟等在常熟建应社，后来又集全国各社为复社，影响甚大。由于他们旨在学习经文的语言、文辞，又受当时文论的影响，在诗经学上，逐渐重视文学的解读，分析章句结构、语言辞藻等。万时华、贺贻孙、陈弘绪、徐世溥尝结社豫章，后亦入复社，四人常往来探讨时艺、古文，② 万时华《诗经偶笺》和贺贻孙《诗触》就有很多对《诗经》文辞、结构的探讨，丰富了《诗经》诠解的内容。③ 不过明清易代，不少学子失去从仕的阶梯，这种揣摩时艺、分析表达方式的注经方法自然走到了末路。本书原计划就这方面进行更为深入的探讨，由于时间关系未能如愿，但期日后能再加以讨论。

学者著述和科举用书中出现的"折中"趋向，说明了朱子《诗》说在诠解诗义方面确实存在难以弥缝的问题，当时学者也意识到经学定于一说所带来的负面影响。朱子《诗》学不仅不是《诗经》诠解的全部，也不是宋人《诗》说的全部。因此，尽管在立意上折中是为了更好地发明朱子之说或者弥缝、曲护朱子，但客观上提升了学者对古义的认同度。由此有学者提出循序渐进的研经之法，如钱谦益《与卓去病论经学书》所说：

> 六经之学，渊源于两汉，大备于唐、宋之初，其固而失通，繁而寡要，诚亦有之，然其训诂皆原本先民，而微言大义，去圣贤之门犹未远也。学者之治经也，必以汉人为宗主，如杜预所谓原始要终。寻其枝叶，究其所穷，优而柔之，餍而饫之，焕然冰释，怡然理顺，然后抉摘异同，疏通凝滞。汉不足求之于唐，唐不足求之于宋，唐、宋

---

① 参见谢国桢《明清之际党社运动考》，第 99 ~ 109 页。
② 参见（清）贺贻孙《心远堂诗自序》，《水田居文集》卷三，《清代诗文集汇编》第 21 册，影印清刻敕书楼水田居全集，上海：上海古籍出版社，2020，第 472 页。
③ 参见刘毓庆《从经学到文学——明代〈诗经〉学史论》，第 403 ~ 408 页。

皆不足，然后求之近代。庶几圣贤之门仞可窥，儒先之钤键可得也。①

类似的言论也可见于钱谦益《顾仲恭传》中所引顾大韶之语。钱谦益之意，并非以古学取代宋人之学，只是强调为学之次第，当从汉人入手，而后求之于唐、宋、近代，如此才能见学术之渊源流变，进而辨别异同，定其是非。

通过这个重新体认诗序、毛传、郑笺、孔疏的过程，人们发现纯粹的说理已难以辨明经义，需要用经传、旧注等反复相证，加之其时名物考证著作不断涌现，更加深了考证方法在辨析经义上的意义。可以说，明末以来折中经义的趋向、重新认识汉唐《诗》说的价值、考据方法和理念的不断深化、吴中地区宗汉风气的逐渐兴起以及学者对于声音文字之学的兴趣共同造就了学风的转向，这几种因素同时存在、互为影响。康熙末年，随着思想管控的沿革以及官方钦定《诗经》注本成为经义诠释上的唯一标准，学术发展便渐渐向整理古学、重视考据进一步倾斜。这个过程在清初远远没有完成，还要经过乾隆前中期很长一段时间的学术实践。

最后，我们也能够看到明末清初学者交往与学术交互的复杂网络，李维桢、郝敬的师友关系，郝敬、黄道周、何楷、朱朝瑛等对朱鹤龄、黄宗羲、钱澄之、张次仲的影响，朱鹤龄、黄宗羲、钱澄之又常互通声气，同时又与顾炎武、毛奇龄、朱彝尊、阎若璩等互有往来；朱鹤龄与陈启源商榷《诗》学，毛奇龄尝与朱鹤龄、陈启源交，又与姚际恒关系密切；钱澄之为王夫之旧友，同时因顾炎武又识得徐乾学兄弟，揆叙曾受业于徐乾学，其《诗》学观点多受顾大韶、冯班之影响；钱谦益尝为冯复京、顾大韶立传，又与胡胤嘉、卓去病为知交；万时华、陈弘绪、徐世溥、贺贻孙往复论学，入复社后又与张溥、顾梦麟等往来。这些学者互相论学，交流学术成果，而学术取向又不尽相同。从中可以看到明清之际活跃、蓬勃、充满生气的学术交互的面貌。

---

① （清）钱谦益：《牧斋初学集》卷七九，第1706页。

附录　明末清初诗经学大事简表

明万历三十二年甲辰（1604）

徐光启、杨守勤中进士。杨守勤为一甲第一名。

明万历三十三年乙巳（1605）

冯复京《六家诗名物疏》书成。

黄道周《诗表》大约作于此年或之前。洪思《诗表序》云："少作也，时方弱冠，与《春秋轨》同作。"（《黄漳浦集》卷二十）

贺贻孙生。贺贻孙字子翼，号水田居士，江西永新人，天启末与万时华、陈弘绪、徐世溥等结社豫章。

明万历三十四年丙午（1606）

朱鹤龄生。

陈第《毛诗古音考》书成。

郝敬开始撰写《毛诗原解》。

吴雨《毛诗鸟兽草木考》书成。

杨守勤《诗经讲意悬鉴》书成，徐光启作序。

明万历三十六年戊申（1608）

周应宾《九经考异》书成。

明万历三十七年己酉（1609）

朱谋㙔《诗故》书成。

沈万钶《诗经类考》书成。

明万历三十八年庚戌（1610）

钟惺、陆燧中进士。

明万历三十九年辛亥（1611）

冬，姚舜牧《诗经疑问》书成。

明万历四十年壬子（1612）

钱澄之生。

明万历四十一年癸丑（1613）

陆化熙、邹忠胤、胡胤嘉中进士。

明万历四十二年甲寅（1614）

郝敬完成《九部经解》。

明万历四十三年乙卯（1615）

沈守正《诗经说通》书成。

明万历四十四年丙辰（1616）

郝敬《九部经解》刊刻。

徐奋鹏《诗经主意约》书成。徐奋鹏字自溟，江西临川人，除《诗经主意约》外，还有《诗经辨俗晤言》（张以诚作序）、《诗经删补》（江西铅山县文化馆藏有清初刻本）、《葩经》等，大约均成于万历末。

魏浣初中进士。

明万历四十五年丁巳（1617）

徐光启《毛诗六帖》书成。

明万历四十六年戊午（1618）

陆化熙《诗通》书成。

张能麟生。张能麟字玉甲，号西山，顺天大兴人。顺治四年进士，入清后撰有《诗经传说取裁》。

明万历四十七年己未（1619）

九月初一，王夫之出生于湖南衡阳。

明天启元年辛酉（1621）

张次仲中举。

明天启二年壬戌（1622）

黄道周、冯元飚中进士。黄道周时年三十八。

秋，凌濛初《诗逆》书成。

明天启三年癸亥（1623）

夏，冯元飏、冯元飚《诗经狐白》书成。

毛奇龄生。

明天启四年甲子（1624）

朱谋㙔卒，时年七十三。

秋，张元芳、魏浣初《毛诗振雅》书成。

明天启五年乙丑（1625）

何楷、黄文焕中进士。何楷因魏忠贤秉权，不谒选。

钱天锡《诗牖》书成。

徐奋鹏《笔洞山房批点诗经捷渡大义》由金陵王荆岑刊刻。

明天启六年丙寅（1626）

吴肃公生。吴肃公字雨若，安徽宣城人，著《诗问》。

明崇祯元年戊辰（1628）

冯元飏中进士。

明崇祯三年庚午（1630）

何楷担任户部主事，管榷苏州浒墅关。黄宗羲游苏州，第一次拜访何楷，并读何楷所著《古周易订诂》。

范王孙《诗志》书成。

明崇祯四年辛未（1631）

凌濛初《圣门传诗嫡冢》书成。

明崇祯六年癸酉（1633）

万时华《诗经偶笺》书成。

顾梦麟乡试中副榜，贡入国子监。

明崇祯七年甲戌（1634）

何楷担任刑科给事中，迁工科都给事中。

陈际泰、陈组绶中进士。陈际泰，临川人，著有《诗经读》；陈组绶，武进人，著有《诗经副墨》。

明崇祯八年乙亥（1635）

邹忠胤《诗传阐》书成。

明崇祯九年丙子（1636）

张自烈《诗经程墨文辩》书成。

明崇祯十一年戊寅（1638）

何楷因奏劾杨嗣昌主款议一事，被贬为南京国子监丞。

明崇祯十二年己卯（1639）

郝敬去世，年八十二。

黄宗羲赴南京参加解试，第二次访何楷，讨论五经。（黄宗羲《朱康流先生墓志铭》）

陈迁鹤生。迁鹤字声士，晋江人，康熙二十四年进士，撰有《毛诗国风绎》。

明崇祯十三年庚辰（1640）

朱朝瑛中进士。朱朝瑛曾问学于黄道周，明亡不仕，唯与张次仲探讨经义，撰有《读诗略记》。

顾懋樊《桂林诗正》书成。

钟惺、韦调鼎《诗经考定》书成。

明崇祯十四年辛巳（1641）

何楷完成《诗经世本古义》，范景文、林兰友、曹学佺为之序。

韦调鼎《诗经备考》书成。

明崇祯十五年壬午（1642）

冬，顾梦麟《诗经说约》书成。

明崇祯十六年癸未（1643）

大约此年前后，胡绍曾完成《诗经胡传》。曹勋《诗经胡传序》云胡绍曾"令学宪司部诸君，横经服业，偕与出入风雅，改订曩今"。又王锡衮序云："孝廉宗一兄，今之贾英，英博绝人，读书余署，先后三载。"王锡衮于崇祯十三年自詹事府迁少宗伯掌翰林院事，所谓学宪，即其人也。十六年，王锡衮经部院科道会推，擢为吏部左侍郎尚书，职掌铨政，恰在三载之后。此后局势骤乱，王锡衮奔波闽、滇，为贼所害，无暇从容作序。故《诗经胡传》很可能成于此年。

明崇祯十七年甲申（1644）

朱鹤龄读书南京瓦官寺，向何楷请益，何楷嘱朱鹤龄对《尚书》做考证，后朱鹤龄成《禹贡长笺》（朱鹤龄《禹贡长笺序》）。

郑尚玄问学于黄道周，并辑《四书琅玕》，为黄道周所奖许。准备辑《诗》《书》，并与熊九岳（字寅牧）论诗。后因国变未及成，直至黄道周去世后才成书，名曰《诗经琅玕》，托名黄道周（郑尚玄《诗经琅玕序》）。

李自成军陷京师，冯元飚由海道脱归，秋九月卒。

冯元飚病故。

清顺治二年乙酉（1645）

清军攻南京，钱谦益率众降。何楷走避杭州，旋入闽，担任隆武朝户部尚书。钱澄之亦间道入闽，经黄道周推荐，担任吉安府推官，因吉安城破未能赴任。

清顺治三年丙戌（1646）

清军入福建，曹学佺投缳自尽。

何楷抑郁而亡。

清顺治六年己丑（1649）

钱澄之抵广州，经瞿式耜推荐，取进士第二名，永历帝特授庶吉士、翰林院教习。

清顺治七年庚寅（1650）

钱澄之抵桂林，与瞿式耜、方以智、吴德操等终日宴集，并与张同敞订交。

朱鹤龄与叶继武、吴炎、潘柽章、顾炎武、归庄、顾有孝等结"惊隐诗社"。

清顺治九年壬辰（1652）

钱澄之易服逃亡，辗转回到桐城。

清顺治十二年乙未（1655）

朱鹤龄居钱谦益家，注杜诗。

清顺治十四年丁酉（1657）

钱澄之至南京，与钱谦益、方以智会。钱谦益有诗《和普照寺纯水僧房壁间诗韵，邀无可、幼光二道人同作》纪其事。

清康熙九年庚戌（1670）

朱鹤龄开始撰写《诗经通义》，时年六十四。

朱朝瑛卒，时年六十六。

清康熙十一年壬子（1672）

钱澄之至北京，与旧友严沆、顾炎武、陆元辅等相聚，并与徐乾学兄弟、朱彝尊等结交。孙承泽托严沆向钱澄之致意。

夏六月，孙承泽《诗经朱传翼》书成，时年八十一。

清康熙十二年癸丑（1673）

春，钱澄之与陆元辅、陈祚明、周之道、陈维岳等在王崇简青箱堂宴集（《青箱堂诗集》卷二十八）。

四月，钱澄之与王崇简、陆元辅、计东、朱彝尊在丰台芍药圃小饮（《青箱堂诗集》卷二十八）。

孙承泽《诗经朱传翼》刊刻。

清康熙十三年甲寅（1674）

陈启源开始撰写《毛诗稽古编》。

清康熙十四年乙卯（1675）

春，钱澄之（时年六十四）过浮山，吊方以智墓，作《乙卯春将入中州，过浮山哭无公墓》。开始撰写《田间诗学》。

张沐《诗经疏略》书成。

清康熙十五年丙辰（1676）

孙承泽去世，年八十五。

张次仲《待轩诗记》书成，张次仲时年八十八。

清康熙十七年戊午（1678）

毛奇龄撰《白鹭洲主客说诗》。

清康熙二十一年壬戌（1682）

钱澄之完成《田间诗学》。

朱鹤龄完成《诗经通义》。

顾炎武去世。

王梦白、陈曾《诗经广大全》书成。

清康熙二十二年癸亥（1683）

朱鹤龄去世，终年七十八岁。

王夫之重订《诗广传》。

顾炎武《音学五书》刊刻。

康熙二十三年甲子（1684）

姜文灿《诗经正解》书成。

赵嘉稷在吴江城东陈启源之存耕堂见《毛诗稽古编》初稿，秋，请人抄誊一本。

清康熙二十六年丁卯（1687）

陈启源完成《毛诗稽古编》定稿。

清康熙二十七年戊辰（1688）

贺贻孙卒，年八十四。生前撰有《诗触》。

钱澄之最后一次入京，结交查慎行，并致信黄宗羲，谈及所著《田间易学》《诗学》《庄屈合诂》诸书。

清康熙二十八年己巳（1689）

钱澄之《田间诗学》在苏州刻成，题"雉斟堂藏版"。

陈启源去世。

清康熙二十九年庚午（1690）

赵灿英《诗经集成》书成。

清康熙三十年辛未（1691）

方苞二十四岁，游历京师，拜会李光地，见杨名时。与李光地辨析经义，常自日昃至夜中。

清康熙三十一年壬申（1692）

正月初二，王夫之去世，年七十四。

清康熙三十二年癸酉（1693）

钱澄之去世，年八十二。

清康熙三十四年乙亥（1695）

张怡（字瑶卿）卒，年八十八。生前撰有《白云学诗》。

清康熙三十七年戊寅（1698）

方苞年三十一，已撰成《朱子诗义补正》。

清康熙三十八年己卯（1699）

吴肃公去世，年七十四。

清康熙三十九年庚辰（1700）

秦松龄《毛诗日笺》书成。

清康熙四十四年乙酉（1705）

十月，姚际恒撰定《诗经通论》。

清康熙五十二年癸巳（1713）

戴名世《南山集》案发，牵连极广，方苞亦入狱，蒙李光地营救，三月，康熙召方苞入南书房，方苞因与张廷玉交。

三月初五，毛奇龄卒，年九十一。

清康熙五十四年乙未（1715）

《钦定诗经传说汇纂》开始编纂；春，王鸿绪入馆，与纳兰揆叙共同担任《诗经汇纂》总裁。

清康熙五十五年丙申（1716）

纳兰揆叙迁左都御史，仍掌翰林院事。

清康熙五十六年丁酉（1717）

纳兰揆叙去世，年四十四，谥文端。

冬，李光地开始撰写《诗所》。

清康熙五十七年戊戌（1718）

《钦定诗经传说汇纂》编成，交李光地看阅。

春，李光地《诗所》撰成。

五月，李光地卒，年七十七，谥文贞。

清雍正元年癸卯（1723）

王鸿绪卒，年七十九。

清雍正二年甲辰（1724）

雍正发揆叙及阿灵阿罪状，追夺揆叙官，削谥，墓碑改镌"不忠不孝阴险柔佞揆叙之墓"。

清雍正三年乙巳（1725）

朱鹤龄《诗经通义》刊刻。

清雍正五年丁未（1727）

《钦定诗经传说汇纂》刻成，颁赐天下。

参考文献

古籍类

（北魏）郦道元著，陈桥驿校证《水经注校证》，北京：中华书局，2007。

（唐）孔颖达：《毛诗正义》，影印世界书局本，北京：中华书局，1980。

（宋）欧阳修：《诗本义》，上海：商务印书馆，1936。

（宋）王安石：《诗义钩沉》，邱汉生辑校，北京：中华书局，1982。

（宋）程颐：《程氏经说》，《景印文渊阁四库全书》第 183 册，台北：台湾商务印书馆，1983。

（宋）程大昌：《诗论》，学海类编本，扬州：广陵书社，2007。

（宋）朱熹：《四书章句集注》，北京：中华书局，1983。

（宋）朱熹：《朱子语类》，北京：中华书局，1986。

（宋）朱熹：《晦庵先生朱文公文集》，《朱子全书》第 24 册，合肥：安徽教育出版社，2002。

（宋）朱熹：《诗集传》，上海：中华书局上海编辑所，1958。

（宋）吕祖谦：《吕氏家塾读诗记》，《景印文渊阁四库全书》第 73 册，台北：台湾商务印书馆，1983。

（宋）严粲：《诗缉》，影印明嘉靖味经堂刻本，台北：广文书局，1970。

（宋）黄震：《黄氏日钞》，《景印文渊阁四库全书》第 707 册，台北：台湾商务印书馆，1983。

（元）刘瑾：《诗传通释》，《元代古籍集成》点校本，北京：北京师范大学出版社，2013。

（元）许谦：《诗集传名物钞》，《景印文渊阁四库全书》第 76 册，台北：

商务印书馆，1983。

（明）宋濂等《元史》，北京：中华书局，1976。

（明）黄佐：《翰林记》，《景印文渊阁四库全书》第 596 册，台北：台湾商务印书馆，1983。

（明）廖道南：《殿阁词林记》，《景印文渊阁四库全书》第 452 册，台北：台湾商务印书馆，1983。

（明）胡广：《诗传大全》，《景印文渊阁四库全书》第 78 册，台北：台湾商务印书馆，1983。

（明）季本：《诗说解颐》，《景印文渊阁四库全书》第 79 册，台北：台湾商务印书馆，1983。

（明）李先芳：《读诗私记》，《景印文渊阁四库全书》第 79 册，台北：台湾商务印书馆，1983。

（明）王守仁：《传习录》，邓艾民注，上海：上海古籍出版社，2012。

（明）王守仁：《王阳明全集》，上海：上海古籍出版社，1992。

（明）朱谋㙔：《诗故》，《景印文渊阁四库全书》第 79 册，台北：台湾商务印书馆，1983。

（明）冯复京：《六家诗名物疏》，《景印文渊阁四库全书》第 80 册，台北：台湾商务印书馆，1983。

（明）姚舜牧：《重订诗经疑问》，《景印文渊阁四库全书》第 80 册，台北：台湾商务印书馆，1983。

（明）何楷：《诗经世本古义》，《景印文渊阁四库全书》第 81 册，台北：台湾商务印书馆，1983。

（明）张次仲：《待轩诗记》，《景印文渊阁四库全书》第 82 册，台北：台湾商务印书馆，1983。

（明）朱朝瑛：《读诗略记》，《景印文渊阁四库全书》第 82 册，台北：台湾商务印书馆，1983。

（明）戴君恩：《读风臆评》，《四库全书存目丛书》经部第 61 册，影印首都图书馆藏明万历四十八年闵齐伋刻朱墨套印本，济南：齐鲁书社，1997。

（明）许天赠：《诗经正义》，《四库全书存目丛书》经部第 61 册，影印中国科学院图书馆藏明万历刻本，济南：齐鲁书社，1997。

（明）林兆珂：《毛诗多识编》，《四库全书存目丛书》经部第 62 册，影印清华大学图书馆藏明刻本，济南：齐鲁书社，1997。

（明）郝敬：《毛诗原解》，《四库全书存目丛书》经部第 62 册，影印湖北省图书馆藏明万历四十三年至四十七年郝千秋郝千石刻郝氏九经解本，济南：齐鲁书社，1997。

（明）沈万钶：《诗经类考》，《四库全书存目丛书》经部第 62～63 册，影印中国科学院图书馆藏明万历刻本，济南：齐鲁书社，1997。

（明）沈守正：《诗经说通》，《四库全书存目丛书》经部第 64 册，影印北京师范大学图书馆藏明万历四十三年刻本，济南：齐鲁书社，1997。

（明）徐光启：《毛诗六帖讲意》，《四库全书存目丛书》经部第 64 册，影印上海图书馆藏明万历四十五年金陵书林广庆唐振吾刻本，济南：齐鲁书社，1997。

（明）钟惺：《诗经图史合考》，《四库全书存目丛书》经部第 64 册，影印吉林省图书馆藏明末刻本，济南：齐鲁书社，1997。

（明）钟惺：《毛诗解》，《四库全书存目丛书》经部第 65 册，影印明拥万堂刻本，济南：齐鲁书社，1997。

（明）陆化熙：《诗通》，《四库全书存目丛书》经部第 65 册，影印明书林李少泉刻本，济南：齐鲁书社，1997。

（明）邹忠胤：《诗传阐》，《四库全书存目丛书》经部第 65 册，影印北京图书馆藏明崇祯刻本，济南：齐鲁书社，1997。

（明）凌濛初：《圣门传诗嫡冢》，《四库全书存目丛书》经部第 66 册，影印中国科学院图书馆藏明崇祯刻本，济南：齐鲁书社，1997。

（明）凌濛初：《孔门两弟子言诗翼》，《四库全书存目丛书》经部第 66 册，影印上海图书馆藏明崇祯刻本，济南：齐鲁书社，1997。

（明）凌濛初：《诗逆》，《四库全书存目丛书》经部第 66 册，影印复旦大学图书馆藏明天启二年刻本，济南：齐鲁书社，1997。

（明）张溥：《诗经注疏大全合纂》，《四库全书存目丛书》经部第 69～70 册，影印北京大学图书馆藏明崇祯刻本，济南：齐鲁书社，1997。

（明）万时华：《诗经偶笺》，《四库全书存目丛书》经部第 70 册，影印清华大学图书馆藏明崇祯六年李泰刻本，济南：齐鲁书社，1997。

（明）陈组绶：《诗经副墨》，《四库全书存目丛书》经部第 71 册，影印复旦大学图书馆藏明末光启堂刻本，济南：齐鲁书社，1997。

（明）范王孙：《诗志》，《四库全书存目丛书》经部第 71～72 册，影印中国科学院藏明末刻本，济南：齐鲁书社，1997。

（明）胡绍曾：《诗经胡传》，《四库未收书辑刊》第 1 辑第 4 册，影印明崇祯十六年胡氏春煦堂刻本，北京：北京出版社，1997。

（明）王志长：《毛诗注疏删翼》，湖北图书馆藏清抄本。

（明）陈第：《毛诗古音考·屈宋古音义》，康瑞琮点校，北京：中华书局，2011。

（明）曹学佺：《诗经剖疑》，《续修四库全书》第 60 册，影印辽宁省图书馆藏明末刻本，上海：上海古籍出版社，2002。

（明）顾梦麟：《诗经说约》，《续修四库全书》第 60 册，影印复旦大学图书馆藏明崇祯织帘居刻本，上海：上海古籍出版社，2002。

（明）周宇：《字考启蒙》，《四库全书存目丛书》经部第 190 册，影印辽宁省图书馆藏明万历周传诵刻本，济南：齐鲁书社，1997。

（明）田艺蘅：《大明同文集举要》，《四库全书存目丛书》经部第 191 册，影印北京大学图书馆藏明万历十年汪以成刻本，济南：齐鲁书社，1997。

（明）杨慎：《升庵集》，《景印文渊阁四库全书》第 1270 册，台北：台湾商务印书馆，1983。

（明）董其昌：《容台文集》，《四库全书存目丛书》集部第 171 册，影印清华大学图书馆藏明崇祯三年董庭刻本，济南：齐鲁书社，1997。

（明）冯时可：《雨航杂录》，《景印文渊阁四库全书》第 867 册，台北：台湾商务印书馆，1986。

（明）王锜：《寓圃杂记》，《四库全书存目丛书》子部第 239 册，影印上海图书馆藏清抄本，济南：齐鲁书社，1995。

（明）董斯张：《吹景集》，《续修四库全书》第 1134 册，影印山东省图书馆藏明崇祯二年韩昌箕刻本，上海：上海古籍出版社，2002。

（明）邹迪光：《始青阁稿》，《四库禁毁书丛刊》集部第 103 册，影印中国科学院图书馆藏明天启刻本，北京：北京出版社，2000。

（明）魏大中：《藏密斋集》，《续修四库全书》第 1375 册，影印上海图书馆藏明崇祯刻本，上海：上海古籍出版社，2002。

（明）唐时升：《三易集》，《四库禁毁书丛刊》集部第 178 册，影印北京大学图书馆藏明崇祯谢三宾刻、清康熙三十三年陆廷灿补修嘉定四先生集本，北京：北京出版社，2000。

（明）张师绎：《月鹿堂文集》，《四库未收书辑刊》第 6 辑第 30 册，影印清道光六年蝶花楼刻本，北京：北京出版社，1996。

（明）赵宧光：《说文长笺》，《四库全书存目丛书》经部第 195、196 册，影印首都图书馆藏明崇祯四年赵均小宛堂刻本，济南：齐鲁书社，1997。

（明）周永年：《吴都法乘》，《中国佛寺史志汇刊》第 3 辑第 19～28 册，台北：丹青图书公司，1985。

（明）祁承㸁：《澹生堂藏书目》，《明代书目题跋丛刊》本，北京：书目文献出版社，1994。

（明）张岱：《石匮书·石匮书后集》，上海，上海古籍出版社，2008。

《明实录》，台北："中研院"历史语言研究所，1966。

（清）钱谦益：《牧斋初学集》，（清）钱曾笺校，钟仲联标校，上海：上海古籍出版社，2009。

（清）钱谦益：《牧斋有学集》，上海：上海古籍出版社，1996。

（清）顾炎武：《音学五书》，影印观稼楼仿刻本，北京：中华书局，1982。

（清）顾炎武：《顾亭林诗文集》，北京：中华书局，1983。

（清）顾炎武著、（清）黄汝成集释《日知录集释》，栾保群、吕宗力校点，上海：上海古籍出版社，2013。

（清）黄宗羲：《明儒学案》，北京：中华书局，2008。

（清）黄宗羲：《南雷诗文集》，《黄宗羲全集》第 10 册，杭州：浙江古籍出版社，1985。

（清）刘献庭：《广阳杂记》，北京：中华书局，1985。

（清）冯班：《钝吟杂录》，台北：广文书局，1969。

（清）朱彝尊：《静志居诗话》，北京：人民文学出版社，1990。

（清）朱彝尊：《经义考》，许维萍等点校，林庆彰等编审，台北："中研院"中国文哲研究所，1997。

（清）谈迁：《国榷》，北京：中华书局，1958。

（清）查继佐：《罪惟录》，杭州：浙江古籍出版社，2012。

（清）万斯同：《明史》，《续修四库全书》第 324～331 册，影印北京图书馆藏清抄本，上海：上海古籍出版社，1997。

（清）张廷玉等：《明史》，北京：中华书局，1974。

（清）蒋良骐：《东华录》，北京：中华书局，1980。

（清）陈启源：《毛诗稽古编》，《孔子文化大全丛书》本，影印张敦仁校清抄本，济南：山东友谊书社，1992。

（清）陈启源：《毛诗稽古编》，《儒藏》精华编第 29 册，北京：北京大学出版社，2011。

（清）朱鹤龄：《诗经通义》，《景印文渊阁四库全书》第 85 册，台北：台湾商务印书馆，1983。

（清）朱鹤龄：《愚庵小集》，卢思征点校，上海：华东师范大学出版社，2010。

（清）钱澄之：《田间诗学》，朱一清校点，黄山书社，2005。

（清）钱澄之：《田间易学》，吴怀祺校点，合肥：黄山书社，1998。

（清）钱澄之：《田间文集》，彭君华校点，合肥：黄山书社，1998。

（清）钱澄之：《田间诗集》，诸伟奇校点，合肥：黄山书社，1998。

（清）钱澄之：《藏山阁集》，汤华泉校点、马君骅审订，合肥：黄山书社，2004。

（清）钱澄之：《所知录》，诸伟奇辑校，合肥：黄山书社，2006。

（清）王夫之：《诗广传》，王孝鱼点校，北京：中华书局，1964。

（清）王夫之：《诗经稗疏》，《船山全书》第 3 册，长沙：岳麓书社，2011。

（清）孙承泽：《诗经朱传翼》，《四库全书存目丛书》经部第 72 册，影印复旦大学图书馆藏清康熙孙氏刻本，济南：齐鲁书社，1997。

（清）孙承泽：《考正晚年定论》，《四库全书存目丛书》补编第 95 册，影印台湾汉学研究中心藏旧抄本，济南：齐鲁书社，2001。

（清）吴肃公：《诗问》，《四库全书存目丛书》经部第 73 册，影印北京图书馆藏清抄本，济南：齐鲁书社，1997。

（清）张怡：《白云学诗》，南京图书馆藏清抄本。

（清）毛奇龄：《毛诗写官记》，《景印文渊阁四库全书》第 86 册，台北：
　　台湾商务印书馆，1983。

（清）毛奇龄：《诗札》，《景印文渊阁四库全书》第 86 册，台北：台湾商
　　务印书馆，1983。

（清）毛奇龄：《诗传诗说驳义》，《景印文渊阁四库全书》第 86 册，台北：
　　台湾商务印书馆，1983。

（清）毛奇龄：《续诗传鸟名卷》，《景印文渊阁四库全书》第 86 册，台北：
　　台湾商务印书馆，1983。

（清）毛奇龄：《白鹭洲主客说诗》，《四库全书存目丛书》经部第 73 册，
　　影印首都图书馆藏清康熙刻西河合集本，济南：齐鲁书社，1997。

（清）毛奇龄：《国风省篇》，《四库全书存目丛书》经部第 73 册，影印清
　　华大学图书馆藏清康熙刻西河合集本，济南：齐鲁书社，1997。

（清）毛奇龄：《西河文集》，《清代诗文集汇编》第 87 册，影印清康熙刻
　　西河合集本，上海：上海古籍出版社，2010。

（清）毛奇龄：《西河集》，《景印文渊阁四库全书》第 1321 册，台北：台
　　湾商务印书馆，1983。

（清）秦松龄：《毛诗日笺》，《四库全书存目丛书》经部第 73 册，影印北
　　京大学图书馆藏清康熙尊贤堂刻本，济南：齐鲁书社，1997。

（清）姚炳：《诗识名解》，《景印文渊阁四库全书》第 86 册，台北：台湾
　　商务印书馆，1983。

（清）陈大章：《诗传名物集览》，《景印文渊阁四库全书》第 86 册，台北：
　　台湾商务印书馆，1983。

（清）冉觐祖：《诗经详说》，《四库全书存目丛书》经部第 74～77 册，影
　　印上海图书馆藏清光绪七年大梁书局刻五经详说本，济南：齐鲁书
　　社，1997。

（清）陆奎勋：《陆堂诗学》，《四库全书存目丛书》经部第 77 册，影印北
　　京图书馆藏清康熙五十三年陆氏小瀛山阁刻本，济南：齐鲁书社，
　　1997。

（清）阎若璩：《毛朱诗说》，《四库全书存目丛书》经部第 77 册，影印清
　　华大学图书馆藏清康熙刻昭代丛书本，济南：齐鲁书社，1997。

（清）陆陇其：《三鱼堂日记》，《续修四库全书》史部第559册，影印中国
　　科学院图书馆藏同治九年浙江书局刻本，上海：上海古籍出版社，1997。

（清）揆叙：《隙光亭杂识》，《续修四库全书》第1146册，影印中国科学
　　院图书馆藏清康熙谦牧堂刻本，上海：上海古籍出版社，2002。

（清）揆叙：《益戒堂自订诗集》，《清代诗文集汇编》第236册，影印清雍
　　正二年谦牧堂刻本，上海：上海古籍出版社，2010。

（清）王鸿绪：《横云山人集》，《清代诗文集汇编》第168册，影印清康熙
　　刻增修本，上海：上海古籍出版社，2010。

（清）王鸿绪等：《钦定诗经传说汇纂》，《景印文渊阁四库全书》第83册，
　　台北：台湾商务印书馆，1983。

（清）李光地：《诗所》，《景印文渊阁四库全书》第86册，台北：台湾商
　　务印书馆，1983。

（清）李光地：《榕村全集》，《清代诗文集汇编》第160册，影印清乾隆元
　　年刻本，上海：上海古籍出版社，2010。

（清）李光地：《榕村续集》，《清代诗文集汇编》第160册，影印清道光七
　　年刻本，上海：上海古籍出版社，2010。

（清）戴名世：《戴名世集》，北京：中华书局，1982。

（清）方苞：《方苞集》，上海：上海古籍出版社，2008。

（清）张叙：《诗贯》，《四库全书存目丛书》经部第78册，影印南开大学
　　图书馆藏清乾隆刻本，济南：齐鲁书社，1997。

（清）杨名时：《诗经札记》，《景印文渊阁四库全书》第87册，台北：台
　　湾商务印书馆，1983。

（清）杨名时述、夏宗澜记《诗义记讲》，《四库全书存目丛书》经部第78
　　册，影印北京大学图书馆藏清乾隆阊茂溶刻本，济南：齐鲁书社，
　　1997。

（清）杨名时：《杨氏文集》，《清代诗文集汇编》第207册，影印清乾隆五
　　十八年江阴叶廷甲水心草堂校刻杨氏全书本，上海：上海古籍出版
　　社，2010。

（清）顾栋高：《毛诗类释》，《景印文渊阁四库全书》第88册，台北：台
　　湾商务印书馆，1983。

（清）顾镇：《虞东学诗》，《景印文渊阁四库全书》第 89 册，台北：台湾商务印书馆，1983。

（清）傅恒等：《御纂诗义折中》，《景印文渊阁四库全书》第 84 册，台北：台湾商务印书馆，1983。

（清）姚际恒：《诗经通论》，北京：中华书局，1958。

（清）张英：《笃素堂文集》，《清代诗文集汇编》第 150 册，影印清康熙刻本，上海：上海古籍出版社，2010。

（清）方中履：《汗青阁文集》，方昌翰辑《桐城方氏七代遗书》第 15 册，影印清光绪十四年刊本，北京：国家图书馆出版社，2015。

（清）惠周惕：《砚溪先生集》，《清代诗文集汇编》第 209 册，影印清康熙惠氏红豆斋刻本，上海：上海古籍出版社，2010。

（清）惠栋：《九经古义·毛诗古义》，《景印文渊阁四库全书》第 191 册，台北：台湾商务印书馆，1983。

（清）惠栋：《松崖文钞》，《清代诗文集汇编》第 284 册，影印清光绪刘氏聚学轩丛书刻本，上海：上海古籍出版社，2010。

（清）永瑢等：《四库全书总目》，影印浙江杭州本，北京：中华书局，1965。

（清）翁方纲：《复初斋集外诗》，《清代诗文集汇编》第 382 册，影印吴兴刘氏嘉业堂刊本，上海：上海古籍出版社，2010。

（清）翁方纲著、吴格编《翁方纲纂四库提要稿》，上海：上海科学技术文献出版社，2005。

（清）陆奎勋：《陆堂文集》，《清代诗文集汇编》第 215 册，影印清乾隆刻本，上海：上海古籍出版社，2010。

（清）汪梧凤：《诗学女为》，《续修四库全书》第 63 册，影印复旦大学图书馆藏清乾隆不疏园刻本，上海：上海古籍出版社，2002。

（清）邵晋涵：《尔雅正义》，《续修四库全书》第 187 册，影印南京图书馆藏清乾隆五十三年邵氏面水层轩刻本，上海：上海古籍出版社，1995。

（清）戴震：《戴震集》，上海：上海古籍出版社，1980。

（清）钱大昕：《潜研堂集》，吕友仁校点，上海：上海古籍出版社，2009。

（清）钱大昕：《十驾斋养新录》，上海：上海书店出版社，2011。

（清）王昶：《春融堂集》，《清代诗文集汇编》第 358 册，影印清嘉庆十二年塾南书舍刻本，上海：上海古籍出版社，2010。

（清）段玉裁：《诗经小学》，《段玉裁遗书》本，影印道光乙酉抱经堂刻本，台北：大化书局，1986。

（清）段玉裁：《毛诗故训传定本小笺》，《段玉裁遗书》本，影印经韵楼丛书本，台北：大化书局，1986。

（清）段玉裁：《经韵楼集》，上海：上海古籍出版社，2008。

（清）段玉裁：《说文解字注》，影印经韵楼本，上海：上海古籍出版社，1988。

（清）段玉裁：《古文尚书撰异》，《续修四库全书》第 46 册，影印七叶衍祥堂藏版，上海：上海古籍出版社，2002。

（清）沈彤：《吴江县志》，国家图书馆藏民国石印本。

（清）吴省钦：《白华后稿》，《清代诗文集汇编》第 372 册，影印石经堂藏版，上海：上海古籍出版社，2010。

（清）成僎：《诗说考略》，《续修四库全书》第 71 册，影印湖北省图书馆藏清道光十年王氏信芳阁木活字印本，上海：上海古籍出版社，2002。

（清）胡承珙：《毛诗后笺》，合肥：黄山书社，1999。

（清）胡承珙：《求是堂文集》，《清代诗文集汇编》第 518 册，影印清道光十七年刻本，上海：上海古籍出版社，2010。

（清）陈奂：《三百堂文集》，《清代诗文集汇编》第 553 册，影印民国二十四年铅印本，上海：上海古籍出版社，2010。

（清）陈奂：《诗毛氏传疏》，影印 1851 年漱芳斋本，北京：北京市中国书店，1984。

（清）马瑞辰：《毛诗传笺通释》，北京：中华书局，1989。

（清）包世荣：《毛诗礼征》，《续修四库全书》第 69 册，影印中国科学院图书馆藏清道光八年刻本，上海：上海古籍出版社，2002。

（清）李清馥：《闽中理学渊源考》，徐公喜、管正平点校，南京：凤凰出版社，2011。

（清）李元度：《国朝先正事略》，《清代传记丛刊》第 193 册综录类 8，台北：明文书局，1985。

（清）徐璈：《诗经广诂》，《续修四库全书》第 69 册，影印湖北省图书馆藏清道光十年刻本，上海：上海古籍出版社，2002。

（清）张士元：《嘉树山房续集》，《清代诗文集汇编》第 443 册，影印清道光六年续刻本，上海：上海古籍出版社，2010。

（清）钮树玉：《匪石先生文集》，《清代诗文集汇编》第 463 册，影印民国四年上虞罗氏铅印学堂丛刻本，上海：上海古籍出版社，2010。

（清）王玉树：《经史杂记》，《续修四库全书》第 1156 册，影印道光刻本，上海：上海古籍出版社，2002。

（清）李富孙：《校经廎文稿》，《续修四库全书》第 1489 册，影印华东师范大学图书馆藏清道光刻本，上海：上海古籍出版社，2002。

（清）陈寿祺：《左海文集》，《清代诗文集汇编》第 499 册，影印清刻左海全集本，上海：上海古籍出版社，2010。

（清）王先谦：《诗三家义集疏》，北京：中华书局，1987。

（清）王先谦《荀子集解》，北京：中华书局，2010。

（清）章学诚：《文史通义》，北京：中华书局，1985。

（清）孙诒让：《周礼正义》，北京：中华书局，1987。

（清）方玉润：《诗经原始》，北京：中华书局，1986。

（清）魏源：《诗古微》，《魏源全集》第 1 册，长沙：岳麓书社，2011。

（清）钱曾：《读书敏求记校证》，管庭芬、章钰校证，上海：上海古籍出版社，2007。

（清）瞿镛：《铁琴铜剑楼藏书目录》，《续修四库全书》第 926 册，影印瞿氏家塾刊本，上海：上海古籍出版社，2002。

（清）陆心源：《皕宋楼藏书志》，《续修四库全书》第 928 册，影印光绪八年万卷楼藏版，上海：上海古籍出版社，2002。

（清）瞿中溶：《古泉山馆题跋》，《国家图书馆藏古籍题跋丛刊》第 9 册，北京：北京图书馆出版社，2002。

（清）龚自珍：《龚自珍全集》，上海：上海人民出版社，1975。

（清）江藩纂、漆永祥笺释《汉学师承记笺释》，上海：上海古籍出版社，2013。

（清）叶昌炽：《藏书纪事诗》，王欣夫补正，徐鹏辑，上海：上海古籍出版社，1989。

（清）叶德辉：《书林清话》，长沙：岳麓书社，1999。

（清）叶德辉：《郋园读书志》，《湖南近现代藏书家题跋选》第 1 册，长
　　沙：岳麓书社，2011。

（清）徐世昌：《清儒学案》，北京：世界书局，2008。

（清）钱仪吉：《碑传集》，《清代传记丛刊》第 107～108 册综录类 3，台
　　北：明文书局，1985。

（清）杜受田：《钦定科场条例》，《续修四库全书》第 830 册，影印南京图
　　书馆藏清咸丰二年刻本，上海：上海古籍出版社，1997。

《清史稿》，北京：中华书局，1977。

《康熙起居注》，北京：中华书局，1984。

《清实录》，北京：中华书局，1987。

《清朝文献通考》，杭州：浙江古籍出版社，1988。

《清朝通志》，杭州：浙江古籍出版社，1988。

《大清会典则例》，《景印文渊阁四库全书》第 622 册，台北：台湾商务印书
　　馆，1983。

《钦定国子监志》，《景印文渊阁四库全书》第 600 册，台北：台湾商务印书
　　馆，1983。

《（雍正）江西通志》，《景印文渊阁四库全书》第 515 册，台北：台湾商务
　　印书馆，1983。

《（雍正）浙江通志》，《景印文渊阁四库全书》第 523 册，台北：台湾商务
　　印书馆，1983。

《（乾隆）云南通志》，《景印文渊阁四库全书》第 569 册，台北：台湾商务
　　印书馆，1983。

《乾隆吴江县志》，《中国地方志集成·江苏府县志辑》第 20 册，南京：江
　　苏古籍出版社，1991。

《乾隆震泽县志》，《中国地方志集成·江苏府县志辑》第 23 册，南京：江
　　苏古籍出版社，1991。

《续修陕西通志》，《地方志书目文献丛刊》第 6 册，北京：北京图书馆出
　　版社，2004。

诗经学研究论著

专著

胡朴安：《诗经学》，上海：商务印书馆，1930。

张寿林：《清代诗经著述考略》，《燕京大学图书馆报》第 50～56 期，1933。

徐澄宇：《诗经学纂要》，上海：中华书局，1936。

黄节：《诗旨纂辞·变雅》，北京：中华书局，2008。

黄焯：《诗说》，武汉：长江文艺出版社，1981。

黄焯：《毛诗郑笺平议》，上海：上海古籍出版社，1985。

黄焯：《诗疏平议》，上海：上海古籍出版社，1985。

林叶连：《中国历代诗经学》，台北：学生书局，1993。

李家树：《诗经的历史公案》，台北：大安出版社，1990。

李家树：《传统以外的诗经学》，香港：香港大学出版社，1994。

黄忠慎：《惠周惕〈诗说〉析评》，台北：文史哲出版社，1994。

黄忠慎：《清代诗经学论稿》，台北：文津出版社，2011。

黄忠慎：《清代独立治诗三大家研究——姚际恒、崔述、方玉润》，台北：
    五南图书公司，2012。

洪湛侯：《诗经学史》，北京：中华书局，2002。

刘毓庆：《从经学到文学——明代〈诗经〉学史论》，北京：商务印书馆，
    2001。

朱孟庭：《清代诗经的文学阐释》，台北：文津出版社，2007。

刘毓庆：《历代诗经著述考（先秦—元代）》，北京：中华书局，2002。

刘毓庆、贾培俊：《历代诗经著述考（明代）》，北京：中华书局，2008。

侯美珍：《晚明〈诗经〉评点之学研究》，台北：花木兰文化出版社，2009。

郭全芝：《清代〈诗经〉新疏研究》，合肥：安徽大学出版社，2010。

何海燕：《清代诗经学研究》，北京：人民出版社，2011。

硕士、博士学位论文

周浩治：《清代之诗经学》，硕士学位论文，台湾政治大学，1969。

陈智贤：《清儒以说文释诗之研究》，博士学位论文，台湾政治大学，1997。

杨晋龙：《明代诗经学研究》，博士学位论文，台湾大学，1997。

伍纯娴：《〈诗传大全〉与〈诗经传说汇纂〉比较研究》，硕士学位论文，台北中国文化大学，2000。

陈国安：《清初诗经学研究》，硕士学位论文，苏州大学，2003。

陈国安：《清代诗经学研究》，博士学位论文，苏州大学，2008。

袁愈宗：《〈诗广传〉诗学思想研究》，博士学位论文，山东师范大学，2006。

洪文婷：《毛诗稽古编研究》，博士学位论文，台湾中大，2007。

王丰先：《康熙朝御纂诸经编纂研究》，博士学位论文，北京大学，2009。

施马琪：《朱鹤龄〈诗经通义〉文献学研究》，硕士学位论文，华中师范大学，2012。

周挺启：《钱澄之〈田间诗学〉研究》，博士学位论文，华东师范大学，2013。

卢启聪：《〈诗经传说汇纂〉研究——以编撰背景、体式内涵与思想特质为中心》，硕士学位论文，台湾政治大学，2013。

论文

黄仲琴：《重刊古周易订诂》，《岭南学报》1932 年第 3 期。

林庆彰：《何楷〈诗经世本古义〉析论》，《中国文哲研究集刊》第 4 期，1994 年 3 月。

杨晋龙：《朱熹〈诗序辨说〉述义》，《中国文哲研究集刊》第 12 期，1998 年 3 月。

杨晋龙：《论〈诗问略〉之作者与内容》，载钟彩钧主编《传承与创新》，台北："中研院"中国文哲研究所筹备处，1999。

杨晋龙：《从〈诗经传说汇纂〉到〈诗义折中〉——清代两部官订〈诗经〉注本诠释形式之比较》，载《王叔岷先生学术成就与薪传研讨会论文集》，台北：台湾大学中文系，2001。

杨晋龙：《何楷〈诗经世本古义〉引用〈化书〉及其相关问题探究》，《中国文哲研究集刊》第 21 期，2002 年 9 月。

杨晋龙：《明人何楷〈诗经〉诠解中的个人情感与大众教化》，载钟彩钧、杨晋龙主编《明清文学与思想中之主体意识与社会——学术思想篇》，台北："中研院"中国文哲研究所，2004。

杨晋龙：《〈诗传大全〉与清代前期〈诗经〉学关联性探讨：以〈四库全书总目〉著录之专著为对象的考察》，2015，未刊稿。

蒋秋华：《姚际恒对〈子贡诗传〉与〈申培诗说〉的批评》，《中国文哲研究集刊》第 8 期，1996 年 3 月。

蒋秋华：《郝敬的诗经学》，《中国文哲研究集刊》第 12 期，1998 年 3 月。

蒋秋华：《季本〈诗说解颐〉诗次说评议》，载中国诗经学会编《第四届诗经国际学术研讨会论文集》，1999。

蒋秋华：《郝敬著作考》，载《张以仁先生七秩寿庆论文集》，台北：学生书局，1999。

张晓生：《郝楚望生平考述》，《书目季刊》2002 年第 3 期。

刘毓庆：《何楷的〈诗〉学贡献》，《晋阳学刊》2000 年第 2 期。

刘毓庆：《季本、丰坊与明代〈诗〉学》，《中国文学研究》2003 年第 3 期。

伍纯娴：《〈诗传大全〉与〈诗经传说汇纂〉关系探讨：简析明代〈诗经〉官学的延续与发展》，高雄《中山人文学报》第 20 期，2005。

张丹丹：《〈诗经世本古义〉述略》，《鲁东大学学报》（哲学社会科学版）2010 年第 3 期。

周挺启：《论〈毛诗原解〉中朱子改序说》，《淮北师范大学学报》（哲学社会科学版）2012 年第 6 期。

侯美珍：《明代会试〈诗经〉义出题研究》，《台大中文学报》第 38 期，2012 年 9 月。

蔺文龙：《陈启源对清代〈诗经〉考据学的贡献》，《宜春学院学报》2013 年第 8 期。

樊国相：《黄宗羲、何楷交游考略——点校本〈黄宗羲年谱〉正讹一则》，《语文教学通讯》2015 年第 1 期。

谢正光：《清初的遗民与贰臣》，《汉学研究》第 17 卷第 2 期，台北，1999。

翻译论文

〔日〕村山吉广：《〈毛诗原解〉序说》，林庆彰译，《书目季刊》第 29 卷第

4 期，1996 年 3 月。

〔日〕西口智也：《季本的诗经学》，载中国诗经学会编《第四届诗经国际
　　学术研讨会论文集》，2000。

〔日〕西口智也：《季本的〈诗经〉观》，载林庆彰主编《国际汉学论丛》
　　第 2 辑，台北：乐学书局，2005。

〔日〕西口智也：《郝敬的诗序论》，《贵州文史丛刊》2000 年第 4 期。

〔日〕西口智也：《郝敬的赋比兴论》，李寅生译，《陕西师范大学继续教育
　　学报》2004 年第 2 期。

其他学术著作

中文专著

容肇祖：《明代思想史》，台北：开明书店，1978。

梁启超：《清代学术概论》，北京：中华书局，2011。

梁启超：《中国近三百年学术史》（新校本），北京：商务印书馆，2011。

钱穆：《中国近三百年学术史》（新校本），北京：九州出版社，2011。

胡适：《戴东原的哲学》，长沙：岳麓书社，2010。

陈垣：《明季滇黔佛教考》，北京：中华书局，1962。

陈垣：《清初僧诤记》，北京：中华书局，1962。

陈寅恪：《柳如是别传》，北京：生活·读书·新知三联书店，2015。

冯友兰：《中国哲学史》，上海：华东师范大学出版社，2000。

谢国桢：《顾宁人学谱》，上海：商务印书馆，1933。

谢国桢：《黄梨洲学谱》，上海：商务印书馆，1933。

谢国桢：《增订晚明史籍考》，上海：上海古籍出版社，1981。

谢国桢：《明末清初的学风》，上海：上海书店出版社，2004。

谢国桢：《明清笔记谈丛》，上海：上海古籍出版社，1981。

谢国桢：《明清之际党社运动考》，上海：上海书店出版社，2004。

钱锺书：《谈艺录》，北京：生活·读书·新知三联书店，2001。

钱锺书：《管锥编》，北京：生活·读书·新知三联书店，2001。

何炳棣：《明清社会史论》，徐泓译注，台北：联经出版公司，2013。

侯外庐：《中国思想通史》，北京：人民出版社，1959。

张舜徽：《清代扬州学记》，上海：上海人民出版社，1962。

张舜徽：《顾亭林学记》，北京：中华书局，1963。

张舜徽：《清人文集别录》，北京：中华书局，1963。

张舜徽：《清人笔记条辨》，北京：中华书局，1986。

杜维运：《清代史学与史家》（增订二版），台北：三民书局，2013。

牟润孙：《注史斋丛稿》（增订本），北京：中华书局，2009。

何佑森：《何佑森先生学术论文集（下册）：清代学术思潮》，台北：台大
    出版中心，2010。

陈祖武：《清初学术思辨录》，北京：中国社会科学出版社，1992。

陈祖武、朱彤窗：《乾嘉学派研究》，石家庄：河北人民出版社，2005。

刘起釪：《尚书研究要论》，济南：齐鲁书社，2007。

余英时：《士与中国文化》，上海：上海人民出版社，2003。

余英时：《方以智晚节考》，北京：生活·读书·新知三联书店，2004。

余英时：《论戴震与章学诚》，北京：生活·读书·新知三联书店，2005。

余英时：《文史传统与文化重建》，北京：生活·读书·新知三联书店，
    2012。

林庆彰：《丰坊与姚士粦》，台北：万卷楼图书公司，2015。

林庆彰：《明代考据学研究》，台北：学生书局，1983。

林庆彰：《清初的群经辨伪学》，台北：文津出版社，1990。

林庆彰：《明代经学研究论集》（增订本），上海：华东师范大学出版社，
    2015。

胡楚生：《清代学术史研究》，台北：学生书局，1988。

胡楚生：《清代学术史研究续编》，台北：学生书局，1994。

詹海云：《清初学术论文集》，台北：文津出版社，1992。

何冠彪：《戴名世研究》，台北：稻乡出版社，1988。

何冠彪：《明末清初学术思想研究》，台北：学生书局，1991。

何冠彪：《生与死：明际士大夫的抉择》，台北：联经出版公司，1997。

曾昭旭：《王船山哲学》，台北：里仁书局，2008。

李纪祥：《明末清初儒学之发展》，台北：文津出版社，1992。

吕妙芬：《胡居仁与陈献章》，台北：文津出版社，1996。

漆永祥：《乾嘉考据学研究》（增订本），北京：北京大学出版社，2020。

尚小明：《学人游幕与清代学术》（增订本），北京：东方出版社，2018。

葛兆光：《中国思想史》，上海：复旦大学出版社，2001。

王汎森：《晚明清初思想十论》，上海：复旦大学出版社，2004。

王汎森：《权力的毛细管作用——清代的思想、学术与心态》，北京：北京
　　大学出版社，2015。

赵园：《易堂寻踪——关于明清之际一个士人群体的叙述》，南昌：江西教
　　育出版社，2001。

赵园：《明清之际士大夫研究》，北京：北京大学出版社，2014。

赵园：《制度·言论·心态——明清之际士大夫研究续编》，北京大学出版
　　社，2006。

何宗美：《明末清初文人结社研究》，天津：南开大学出版社，2003。

何宗美：《明末清初文人结社研究续编》，北京：中华书局，2006。

顾诚：《南明史》，北京：光明日报出版社，2011。

樊树志：《晚明史》，上海：复旦大学出版社，2003。

孙静庵：《明遗民录》，杭州：浙江古籍出版社，1985。

萧萐父、许苏民：《王夫之评传》，南京：南京大学出版社，2002。

陈冠志：《明代的苏州藏书》，台北：明史研究小组，2002。

陈冠志：《明代的苏州藏书：藏书家的藏书活动与生活》，台北：花木兰文
　　化出版社，2007。

于亭：《玄应"一切经音义"研究》，北京：中国社会科学出版社，2009。

白谦慎：《傅山的世界：17世纪中国书法的嬗变》，北京：生活·读书·新
　　知三联书店，2012。

乔秀岩：《义疏学衰亡史论》，台北：万卷楼图书公司，2013。

谢明阳：《明遗民的"怨""群"诗学精神：从觉浪道盛到方以智、钱澄
　　之》，台北：大安出版社，2004。

谢明阳：《钱澄之的遗民晚景——以〈田间尺牍〉为考察中心》，台北：五
　　南图书公司，2007。

饶宗颐：《饶宗颐二十世纪学术文集》，台北：新文丰出版股份有限公司，

2003。

陈恒嵩：《〈五经大全〉纂修研究》，台北：花木兰文化出版社，2009。

章宏伟：《十六—十九世纪中国出版研究》，上海：上海人民出版社，2011。

何九盈：《中国古代语言学史》（第 4 版），北京：商务印书馆，2013。

马承源：《上海博物馆藏战国楚竹书（一）》，上海：上海古籍出版社，2001。

张民权：《清代前期古音学研究》，北京：北京广播学院出版社，2002。

邸永君：《清代翰林院制度》，北京：社会科学文献出版社，2002。

李零：《上博楚简三篇校读记》，北京：中国人民大学出版社，2002。

张丽珠：《清代新义理学——传统与现代的交会》，台北：里仁书局，2005。

刘若愚：《中国文学理论》，南京：江苏教育出版社，2006。

钱仲联：《梦苕庵清代文学论集》，济南：齐鲁书社，1983。

罗宗强：《明代后期士人心态研究》，天津：南开大学出版社，2006。

罗宗强：《明代文学思想史》，北京：中华书局，2013。

严寿澂：《诗道与文心》，上海：华东师范大学出版社，2009。

董玲：《郝敬思想研究》，北京：中国社会科学出版社，2011。

杨自平：《世变与学术：明清之际士林易学与殿堂易学》，台北：台湾大学出版中心，2012。

刘仲华：《世变、士风与清代京籍士人学术》，北京：中国人民大学出版社，2013。

李玉栓：《明代文人结社考》，北京：中华书局，2013。

张晖：《帝国的流亡：南明诗歌与战乱》，北京：中国社会科学出版社，2014。

张晖：《易代之悲：钱澄之及其诗》，北京：人民文学出版社，2014。

张晖：《中国诗史传统》，北京：生活·读书·新知三联书店，2012。

译著

〔日〕大木康：《明末江南的出版文化》，上海：上海古籍出版社，2014。

〔日〕小野和子：《明季党社考》，李庆、张荣湄译，上海：上海古籍出版社，2013。

〔美〕卜正民：《纵乐的困惑：明代的商业与文化》，方骏等译，台北：联经出版公司，2004。

〔美〕高彦颐：《闺塾师：明末清初的江南才女文化》，李志生译，南京：江苏人民出版社，2022。

〔美〕艾尔曼：《从理学到朴学：中华帝国晚期思想与社会变化面面观》，赵刚译，南京：江苏人民出版社，2012。

〔美〕艾尔曼：《经学、政治和宗族：中华帝国晚期常州今文学派研究》，赵刚译，南京：江苏人民出版社，1998。

〔美〕艾尔曼：《经学·科举·文化史：艾尔曼自选集》，曹南屏等译，北京：中华书局，2010。

〔美〕托马斯·库恩：《科学革命的结构》，张卜天译，北京：北京大学出版社，2003。

〔美〕周绍明：《书籍的社会史：中华帝国晚期的书籍与士人文化》，北京：北京大学出版社，2009。

〔法〕福柯：《知识考古学》，谢强、马月译，北京：生活·读书·新知三联书店，1998。

〔德〕伽达默尔：《真理与方法》（修订译本），洪汉鼎译，北京：商务印书馆，2009。

外文著作

R. Kent Guy, "The Development of the Evidential Research Movement: Ku Yen-wu and the Ssu-k'u Ch'üan-shu", *Tsing Hua Journal of Chinese Studies*, n. s. , 16, 1984.

Benjamin A. Elman, "The Failures of Contemporary Chinese Intellectual History", *Eighteenth-Century Studies*, Vol. 43, No. 3, 2010.

Hilary J. Beattie, *Land and Lineage in China: A Study of T'ung-ch'eng County, Anhui, in the Ming and Ch'ing Dynasties*, London: Cambridge University Press, 1979.

R. Kent Guy, *The Emperor's Four Treasuries: Scholars and the State in the Late Ch'ien-lung Era*, Cambridge: Harvard University Council on East Asian Studies, 1987.

江尻徹誠『陳啓源の詩経学：「毛詩稽古編」研究』、札幌：北海道大学出版会、2010。

吉川幸次郎『吉川幸次郎全集　第 16 巻』、東京：筑摩書房、1968。

山井湧『明清思想史の研究』、東京：東京大学出版会、1980。

荒木見悟『明清思想論考』、東京：研文出版、1992。

濱口富士雄『清代考拠学の思想史的研究』、東京：国書刊行会，1994。

木下鉄矢『「清朝考証学」とその時代：清代の思想』、東京：創文社、1996。

后　记

　　本书由我的博士学位论文和我主持的国家哲学社会科学基金青年项目"明末清初《诗经》注本与学术史研究"研究成果修订而成。2013 年确定博士学位论文选题，2016 年完成写作并通过答辩，2017 年获得国家哲学社会科学基金青年项目立项，2022 年 5 月结项，2022 年底至 2023 年初又将全书修改一过，至今出版，前后整十年。

　　这本书得以完成，首先要感谢我的博士生导师于亭老师。于老师是我心目中完美学者的典范，既对古代经典、传统学术了然于心，博通密致，又十分熟悉西方古典学，同时具有宏通的卓识与视野，当初听老师的"域外汉学""清代小学研究"等课程，如同打开了一扇窗户，让我看到了丰富、有趣并充满思想光芒的学术世界。老师在学识、思想、为人处世等各个方面都深深影响着我，不仅授我以学，而且以人格之高蹈、治学之卓越示我学术当何为、学者当何为。在为人、为学上强调"不苟"，"君子行不贵苟难，说不贵苟察，名不贵苟传"，要求我们"女为君子儒，无为小人儒"。我虽不能至，心向往之，研究、教学都努力向老师看齐，虽犹不及老师之万一，但他的要求一直都是我衡量自己的标准。

　　记得刚入珞珈山，我便迫不及待给于老师写了一封电子邮件，上午 8 点多发出，中午 11 点就收到老师的一封长信，信中说：

　　　　看了你的信，心中有些感慨。人只有在成长中，面对种种事态，才感觉到知识和思想的重要。其重要，我觉得不在于"有用"，而在于真正的知识和充盈的思想给人的内心带来的安全感，同时，像是给自己对生活和社会的感知增加了无数的触须，使人更加敏锐和富有"痛感"，变得不再粗鲁和麻木。我想，古代哲人如此推扬知识和理性，意义乃在于此。书本和教育自然成为知识与思想最好的承载物。

　　不过，虽然我们不妨用动听而煽情的语言铺说如此高远玄妙的感怀，无论读书的生涯如何令人向往，读书，作为一件事业，还是很苦的。用心读书，就可以用艰辛来描述了。这一点，希望你有心理准备。尤其是古文献这门学问艰深冷僻，清贫辛劳、"皓首穷经"形容的就是我们这些研究古代文献的人。读书可以是赏心怡情的雅事，可是经年砣砣，埋首古书，对于古人也不是一件容易的事情，对于今天这样一个热闹无比只争朝夕的世道，就更加显得不合时宜地苦了。因此，希望你先放下对于读书生涯的美好梦想，也先放下跃入龙门的兴奋，不妨把自己未来的两年生活想得艰苦一些。当然，前提是，你对自己的读书生活有所期许。

　　这封信更坚定了我从事古典文献学研究的决心。于老师在古籍整理研究所（以下简称"古籍所"）和国学院开设的几门课程，是武汉大学的经典课程，包括"清代小学研究""域外汉学""诗经研读""文献学"等，每一门课的课件都内容丰富、设计精美，体现了老师一贯"不苟"的态度。正是在这些课堂上，我对清代学术和诗经学产生了浓厚的兴趣。2013 年我跟随老师读博，以清代考据学为研究方向，当时几乎每周都与老师讨论，最后确定先以《毛诗稽古编》为切入点。为了敦促我的研究，于老师还专门让我开了一个报告，汇报《毛诗稽古编》的研究进度。后来我以"陈启源《毛诗稽古编》与清代汉学的兴起"为题，参加了武汉大学文学院主办的博士生论坛，又与老师合作撰写了《赵宧光〈说文长笺〉与明末复古之风》一文。前文后来以《〈毛诗稽古编〉与清代汉学的展开》为题发表于《长江学术》2016 年第 2 期，后文刊于《语言之旅：竺家宁先生七秩寿庆论文集》（五南图书公司，2015）。

　　在研究过程中，我发现《毛诗稽古编》已有不止一篇专文做过研究，虽有未尽之义，但以此专书为博士学位论文选题已觉狭窄，故向老师提议将范围扩大至清代初期。于老师肯定了我的意见，并且建议应将范围上溯至明代，方能更好地见学术流变，于是最终确定以"明末清初诗经学研究"

为题。在研究和写作过程中，于老师时常加以指导，提示我应注意清代官修经书注本及各类通俗类《诗经》注本。初稿交给老师后，老师详加批改，批抹满纸，我既自愧粗疏，又极感激老师的负责与严谨。这份老师批改的稿件至今保存在我书房，时时激励自己。毕业以后我入职南昌大学国学研究院，于老师也依旧关心我的研究。2017 年初，我以博士学位论文为基础申报国家哲学社会科学基金，申报书初稿完成后，曾致电老师咨询意见，老师在电话中与我谈了一个多钟头，我用手边的草稿纸仓促记录下老师的建议，后来都写到申报书里，使我的申报书更加充实，关注的问题也更为前沿。最后获得国家哲学社会科学基金青年项目立项，不得不说是老师的指导起了关键作用。

老师对我的研究话题原有更多、更长远的规划。他认为我以此为基础，下可以梳理乾嘉至民国学术之流变，上可以溯源宋元经学诸话题，并应与刻本产生后文本观念的变化与学术观念的关系等话题紧密结合，同时告诫我应及时摆脱专经研究，不要只着眼于《诗》，而当放眼诸经。可以说，这本书前前后后都源自老师的提点、启发、教导，惭愧的是，我距离老师的要求还有很远。

人生中会面临许多关键选择，而我最正确的一次就是选择了武汉大学古籍所。古籍所学风严正笃实，老师极为负责，对待学生尽心尽力。我的硕士生导师李会玲老师精研《诗经》之学，带我初入《诗经》研究世界。李老师治学极为用功、细心，指导我撰写学术论文也是如此，凡选题、文章结构、遣词造句、行文逻辑都一一教示，使我在初学学术论文撰写时少走了很多弯路。当时李老师方从加拿大不列颠哥伦比亚大学访学归来，嘱我治学，需学好外语，否则易闻见短浅，又对我有颇多提携，至今感激不尽。

早在入古籍所之前，我就已闻宗福邦先生之名。在古籍所中，其他老师可以以"老师"称之，唯宗先生，我们都是异口同声称呼"先生"。读博时我曾选宗先生音韵学专题课程，宗先生因颈椎问题，手术后行动不便，我们都是到先生家中上课，当时先生还住在东中区的老宿舍四楼。每回上课，我们先至楼下，赵师母将钥匙包在信封里扔到草坪上，我们取钥匙、开单元门，再鱼贯而入。每一次宗先生都会拄着拐杖在门口迎候我们。听课的有我们四位博士生，还有邓福禄老师、熊桂芬老师两位教授。我们先后细读《唐五代韵书集存》、陈澧的《切韵考》等书，课上先谈自己的认识，宗先生再加以评论。偶尔闲聊，宗先生也会谈及自己年轻时喜欢打篮球、曾在珞珈山上抓蟒蛇等事，严肃之中透露出可爱的一面。下课了，宗先生也必送至门口。当时我参与《古音汇纂》的编纂工作，整理和校对木部、末部、手部、糸部等材料，前后将近 200 万字。书稿编完后送到宗先生那里审阅，过一段时间，汪波老师就会将宗先生的审阅稿发还。每一次发还书稿上都满是宗先生校正、补订的笔迹。我觉得自己做得已经够仔细了，不想仍有错误和疏漏，而宗先生审阅的稿件数量极多，仍一丝不苟，极为严谨和认真。宗先生握笔不便，然每一笔都力透纸背，这样的精神让我们极为感佩。

骆瑞鹤老师、邓福禄老师对我也有颇多指导。甫入古籍所，骆老师要求我们在五经中选一经注疏点读一过，我即选《毛诗正义》。骆老师告诉我，《毛诗正义》质量较高，需细细读之。遇到疑义，我就用一张纸片写下来，上课的时候交给骆老师，骆老师都会在课后或查阅资料后详细解答。如是往返一个学期，《毛诗正义》点读一过，而我对经学注疏相关问题也因骆老师的教导得以认识较深，为日后治《诗》学打下了坚实的基础。我硕士研究生、博士研究生时期，都有骆老师的"文献学方法论"一课，但硕士研究生、博士研究生的课程内容截然不同，显然骆老师下了很大功夫，使两门课更加适合不同层次的学生学习，博士研究生的课程内容较之硕士研究生更难、更深、更具有启发性。骆老师上课，每每备课极为用心，而上课又不完全靠讲义，他用极富辨识度的广西口音，将古代文献、典制娓娓道来，引述古书旁征博引，展示出极为深厚的学养，为我们树立了学者的典范。

记得有一回，我前往古籍所自习，早上 8 点半前后抵达教室，发现骆老师已坐在资料室，正在抄资料。我未敢打扰，自己在一旁的教室里看书，到 11 点半前后准备去吃饭，发现骆老师仍在伏案抄写。当时已是 6 月，资料室没有空调，只有一个老式的吊扇，骆老师背上的汗水已浸透衬衫，他却丝毫没有察觉。我在梅园食堂吃完饭已是 12 点半，特意又到资料室看了一眼，骆老师还在那里，伏案的姿势没有丝毫改变。我这时实在忍不住，只好打断骆老师的抄写，问他吃没吃饭。骆老师笑着说没吃，我赶紧问需不需要帮忙买一份，骆老师说不用，家里已经做好了，我这才退下。但到了 1 点多钟，骆老师才从资料室走出，骑着那辆锈迹斑斑的自行车回家了。在骆老师身上，我仿佛看到的就是段玉裁、王念孙、焦循……

刚入古籍所的时候，我们就听说了邓福禄老师曾经一度住在古籍所的机房里，为的是专心通宵读书。他又曾仿陆宗达先生故事，将《说文解字》《广雅疏证》等前后读之三过：点完一部，再买一部重新点一过，如是者三，才毕其役。待到上邓老师"校雠学"课程，我看到了邓老师手头用的三本《广雅疏证》，果然都是朱墨盈卷。"校雠学"课程直接以王念孙的《读书杂志》为教材，如是带我们进入了高邮王氏之学的高妙世界。读博时，于老师让我主持了一个《广雅疏证》的读书会，如果没有邓老师之前上课给我打下的基础，恐怕我难于应付。博士毕业前我曾和邓老师在办公室长谈，邓老师以自己的经历勉力我好好用功，我至今难忘。

宗先生、骆老师、邓老师也是我博士学位论文答辩委员，在答辩过程中对论文提出了很多宝贵建议，我不善言辞和表达，只有一一铭记在心，并在此表示感谢。

还要感谢答辩委员会主席漆永祥老师。在我读研时，漆老师的《汉学师承记笺释》《乾嘉考据学研究》就是引导我进入清代学术的重要著作，漆老师《汉学师承记笺释》中的《笺释缘起与后记》读之令人感动，一直是激励我潜心向学的鸿文。得见漆老师，也为他的博学、爽朗、幽默所折服。尤记得答辩时漆老师告诫，博士学位论文最好"捂一捂"再出版，最好再设定一些可供后续研究的话题。这些意见我都一一采纳。在本书的后续研究过程中，我也有幸得到漆老师的指点。杨逢彬老师在答辩过程中也提出了很多细致而宝贵的意见，并赠我大著《论语新注新译》，铭感不已。博士学位论文的初稿还曾给顾永新老师审阅，顾老师写了 2000 多字的审阅意见，让我多关注明清时期的通俗注本以及衍生刻本等话题，极大地启发了我后来的研究，在此一并深致谢忱。

2015 年 9 月至 12 月，我赴台湾"中研院"中国文哲研究所（以下简称"文哲所"）访学，联系导师杨晋龙先生热情地接待了我，并在四个月的时间里给予我充分的指导。杨老师是明代经学史、诗经学史、四库学等研究领域的大家，在赴台之前，我已经读了杨老师的《何楷〈诗经世本古义〉引用〈化书〉及其相关问题探究》《论〈诗传大全〉与〈诗经通释〉的差异》《从〈诗经传说汇纂〉到〈诗义折中〉——清代两部官订〈诗经〉注本诠释形式之比较》《论〈诗问略〉之作者与内容》《朱熹〈诗序辨说〉述议》等文章，深为杨老师的视角、方法与渊博的学识所折服。当时知道杨老师的博士学位论文题为《明代诗经学研究》，但无由得见。故想让杨老师在明清经学、诗经学等方面进一步予以指导，遂写信给杨老师，杨老师非常爽快地答应做我的联系导师。到文哲所后，我即将杨老师的《明代诗经学研究》读之一过，又把杨老师的硕士学位论文《钱谦益史学研究》读了一遍。文哲所图书馆材料很多，极大地促进了我博士学位论文的撰写，古籍方面我则常到傅斯年图书馆查阅。各研究所的图书馆面积都不大，甚至有些逼仄，但藏书全面，尤为有利于学术研究。

杨老师不论是在学业上还是在生活上，对我都有颇多照顾。他督促我勤奋用功，有一次我早上稍晚抵达研修室，就见门口贴了一张纸条，是杨老师写的："于浩，大懒虫！"此后我便再也不敢睡懒觉。有时到晚上11点后，他会从办公室踱步过来，看到我仍在研修室里读书，便会鼓励我说："不错！"他爽利干脆的性格和充沛的活力也深深感染了我。他强调治明代学术，需对四书极为熟悉，同时要从基本史料如《明实录》《国榷》《罪惟录》等读起，并时常提出问题，引发我的思考。从中国文哲研究所回来后，我一直与杨老师保持联系，他继续不断地鼓励、督促我，可以说，杨老师见证了这本书研究、撰写的全部过程，书稿完成后，杨老师也欣然赐序，令我倍加感动。

在文哲所时，蒋秋华、陈鸿森、林月惠诸位先生对我也有颇多照顾和指导，蒋秋华先生审阅了关于《诗经传说汇纂》一章的初稿，并指出了文中不少错误；陈鸿森先生常与我谈治清代学术与《诗经》之心得，指示清代学术研究之法门；林月惠先生惠赠多部大作，对我十分关照，从她身上能见到宋明儒者治学与事功兼具的影子。访学期间我还得到徐道彬老师、冯兵老师的照拂，徐老师的皇皇巨著《戴震考据学研究》一直是我学习的榜样。他为人温厚随和，交谈起来使人如沐清风。离开文哲所前，陈鸿森先生带徐老师和我游野柳，夕阳将下，我们三人坐在堤岸上看海，这也是访学期间最为诗意的记忆。冯兵老师当时住处与我相近，我们往来颇多，他提供了很多治学的经验，使我受益匪浅。此外，还颇得肖雄兄、沈威廷兄帮助，肖雄兄为我联络住房，介绍研究所情况，使我很快适应了访学生活；威廷兄提供了很多学界信息，并帮我查阅不少资料。"中研院"静谧的研究氛围也使我流连，我日日行走于文哲所、近代史研究所、历史语言研究所之间，在文哲所图书馆、傅斯年图书馆、郭廷以图书馆查阅群籍，每日午后踱胡适桥，观四分溪，黄昏时则常散步到胡适墓园，与胡适、董作宾诸先生同享落日余晖。

本书得以完成，还要感谢硕士同窗好友张雪、卢冰，同门陈凌、覃力维、朱明数、丁雅诵、江韵，以及好友聂涛、聂文华诸君。张雪、卢冰提供了很多研究资料与研究思路，江韵在阳明山中国文化大学帮我扫描了江尻彻诚《陈启源的诗经学：〈毛诗稽古编〉研究》全书，丁雅诵在台南中山大学交流期间也帮我查阅了很多资料。陈凌、朱明数参与了本项目；覃力维一直与我分享研究思路和视角，激发我的思考。每回与力维、明数畅谈，都收获极丰，他们勤于治学，闻见广博，是我学问上的畏友和榜样。聂涛君与我相识于金陵，一见如故，他后亦赴台大读博，专治经学与清代学术，在台大期间帮我收集了不少资料，后亦参与了本项目。师妹赵宝璐任教于韩国培材大学，研治梁启超在东亚之影响等话题，为我提供了很多韩国学界讯息，她也是我主持的研究项目组成员之一。聂文华是我高中好友，在高中期间，他即以过目不忘、思维敏捷、文理兼通、勤奋过人而为同学中之佼佼者，现在渝治宋史，颇有成绩。我在撰写博士学位论文期间，他正在北京大学读博，帮我收集了不少资料，在此一并致谢。

这里还要感谢我的本科学位论文指导老师文师华教授，他带我初入学术研究世界，并在大学期间和毕业后一直关心和鼓励我走向学术之路。黄红春老师在大学期间对我有很多指点，也一直鼓励和支持我。尤其要感谢的是黄新光老师，正是他引导我进入古典文献学的琳琅世界，并指导我如何研究《诗经》，他温厚的笑容一直是我坚持的动力。当年在准备考研的过程中，黄老师在学习和生活上对我有极大帮助。今天这本书的刊行是答谢黄老师的最好礼物。

本来想写一个简单的致谢作为后记，因博士学位论文已写有后记，此书再写，以为不过是把之前说过的话再倒一遍，不想拉拉杂杂说了这么多，想来是任教以后心态与博士毕业时已有不同，而更加怀念那种纯粹的读书时光。既然如此，不妨再多说两句。

我属于开窍甚晚的那一类人，大学时不知该从事何种职业，虽心爱文史，但不求甚解，泛滥无所归。2006年从南昌大学中文系毕业，考上公务员，在秘书岗位工作一年，才深知自己不堪案牍劳形，当时，唯梁任公的《中国近三百年学术史》和《中国历史研究法》、葛兆光的《中国思想史》诸书最契我心，此是我有心以学术为志业之始。辞职后，我又到黄新光老师处问业，黄老师不嫌我愚钝，指导我何为版本、校勘、目录、辑佚之学，我得以一窥古典文献学门径，也越来越喜爱这门艰深又充满乐趣之学科。同时我也深觉自己读书浮泛无归，驳杂不纯，为矫其弊，也倾向以严谨笃实之学锻炼自己。当时我找到一份兼职，边工作边复习考研，但屡遭挫败。女友刘莺倩已在武汉大学攻读汉语国际教育硕士学位，2009年中秋，往游珞珈山，见山光月影，堂庑宏阔，徘徊不忍去，遂发愿誓要考入此地。幸运的是，第二年顺利考上武汉大学古籍所。入学后，因在校园外已蹉跎四年，深感读书机会之不易，故特别珍惜在武大读书的时光，一心向学，毫无二致，期能以学问为终身志业。至今每有惰怠，便思此段经历激励自己。

回顾来路，自己能坚持向学，未尝放弃，得诸师友亲朋鼓励支持甚力。大学就读于南昌大学中文系，当时系中读书氛围甚好，又有上下届之间相互提携传统，我就颇受师兄毛飞峰和师姐邹娟、冯欣、贾鑫、李冰等指引，同届同学刘然、吴妮、王冲、刘静娴、樊铭，挚友王彦山，师弟陈宏涛、师妹赵宝璐等亦爱文史，谈宴砥砺，成为至交。在大学时及大学毕业后，我与高中同寝室好友陈飞、李凌宇一直往来不断，情同手足。毕业之后，徘徊歧路，茫然无措，得赖诸友鼓励鞭策。记得当年辞职回到母校，冯欣师姐正经过二次努力，考上北京师范大学文艺学硕士，她郑重地对我说："现在应该做的不是鼓励你，而是督促你。"令我感动万分。多年后，当我获得国家哲学社会科学基金青年项目立项，也是冯欣第一时间发短信息告知，只有五个字："耗子，你中了!"我知道，这是发自肺腑地为我高兴。甚至爱人刘莺倩的硕士挚友刘晓婧与肖波老师对我也鼓励甚多。记得武大考研成绩公布时，第一时间打来电话祝贺的，竟然是晓婧，而当时她正在美国匹兹堡孔子学院交流，专门跨洋打来电话。入学后，也屡蒙他们照拂。我怎能不黾勉求之，不负众多挚友的期望。

我走向学术之路，还受到家庭环境的影响。父母自幼极爱学习和读书，但他们年轻时无书可读，错过了读书的黄金时期，纵然如此，他们仍然靠着自己的努力和奋斗，通过自考，白手起家，走出了农村和县城，也为我提供了严格的教育和优良的环境。我在家中最深的记忆就是父母经常伏案学习和工作，这贯穿了我自幼年到青少年的整个成长阶段。父母非常爱书，我六七岁的时候，父亲带着我在县城新华书店购来一部厚厚的《辞海》（缩印本），给我打开了一个神奇的世界，这是我第一次看到这么厚的书、这么丰富的知识。小时候家中有很多通俗小说，除了四大名著外，还有《说唐》《说岳全传》《济公全传》《儒林外史》《三侠五义》《包公案·狄公案》等，我把这些书都翻烂了。后来父亲又买了一整套蔡东藩《中国历史通俗演义》，我又将它们一气读完，这些都培养了我对古代文学、历史最初的兴趣。进入高中以后，每年生日，父母都会给我200元专门用来买书。

初中时，我的表哥胡大梓暂住我家，他学计算机专业，但热爱文学、历史，记忆力惊人，每日晚上，高声读唐诗、宋词及《古文观止》，一日读到"春花秋月何时了，往事知多少"，我听罢被深深震撼，天底下哪有这么好的文字，自己也半懂不懂地拿起《宋词三百首》等书读起来，很快就进入古代文学的世界而不能自拔。高中时读了《聊斋志异》《唐宋传奇选》，因蔡东藩的书又去翻了《史记》的部分世家和列传，又读了梁启超的《李鸿章传》、林语堂的《苏东坡传》、朱东润的《张居正大传》、弗洛伊德的《梦的解析》、鲍桑葵的《美学史》，而对我影响最深的是一本小小的罗曼·罗兰的《贝多芬传》。高考填报志愿，父母为我日后生活计，希望我报考金融或经济类专业，但他们同时表示，这只是建议，对于我最终的选择则不会加以干涉，也会尊重我的选择。这样，我在选择专业时都毫不犹豫地填了"中国语言文学"。

至今想来，父母的言传身教在我身上留下了很深的烙印。我的祖辈均生活在农村，父母都是纯靠自己的努力取得优秀成绩，不依傍，不趋附，耿介刚直，人格整峻。我自幼既深受影响，为人为学也尽力以父母为榜样，不依傍，不趋附，问心而无愧。父母在艰难条件下极为刻苦用功，无论考试、评比，还是工作考核，都力争第一，从不拿第二。可惜我自己的用功和努力不及父母之万一。如果父母当年有我今日之条件，成就肯定会比我大很多。年少不更事，任性妄为，现在才逐渐明白，只有更加努力，以成绩报答父母的教养。这本小书也谨献给我的父母。

我的爱人刘莺倩不仅是我人生道路上的伴侣，也是我在文学艺术上的知己，我们爱好相同，见解相近，相识十余年，犹有许多谈不完的话题。我们初识时正是我人生低谷，她却毫不嫌弃。她先于我入武大求学，在准备考研过程中对我屡加鼓励，正是她的不断鼓励使我有了极大的自信。我考入武大后，我们相互扶持，在武大度过了美妙的六年。我们在珞珈山求学、成婚、生子，毕业后，她又毫不犹豫和我一起回到南昌，再从头奋斗。我极欣赏她的独立、果决、勇于任事的性格，而见解又较我活跃，能补充我之不足。正是她的不断鼓励、支持，我才能顺利走上学术之路。

读博期间，我的岳父岳母也给我极大的帮助。尤其是 2015 年我赴“中研院”文哲所、2016 年初博士学位论文写作最为紧张的阶段，都有赖岳父岳母照顾小儿，使我免于家事之劳，专心于撰述。2016 年博士毕业，回到南昌，也多承岳父岳母帮助迁居事宜。但我们才搬回南昌的第二年年初，距离春节还有三日，岳父遽然弃养，我们陷入巨大的悲痛，久久不能回缓。岳父为人宽宏开朗，似粗而实细，貌严而内温，热爱生活且极具同情心。今日小书出版，想必他在天上一定会微笑吧。

我在南昌大学国学班曾指导肖鸿哉、谢应敏、郑榕、赵蒙、谢葆瑭、钟赣钧、高如月等同学治《诗经》之学，分治程晋芳、焦循、何楷、黄节、黄侃、黄焯、晚明复社与豫章社士人学术、清华简诗类文献等话题，对我也有不少启发。他们如今各有所成，联系颇多，提供了不少学界新的讯息和成果。

最后，还要感谢国家哲学社会科学基金的资助，南昌大学人文学院一流学科建设经费的大力支持。书中部分内容曾发表在《长江学术》《中国典籍与文化》《人文论丛》《出版发行研究》《中国出版》《中国典籍与文化论丛》《北京大学中国古文献研究中心集刊》《古典文献研究》等刊物上，谨此深表谢忱。感谢社会科学文献出版社编辑团队的细心编校，使本书避免了不少错误。

　　顾亭林尝言："盖天下之理无穷，而君子之志于道也，不成章不达。故昔日之得，不足以为矜；后日之成，不容以自限。"（《初刻日知录自序》）小子不敏，才学疏漏，虽勉力为之，但书中所涉问题既多，所论亦难以周全，祈望方家通人不吝批评赐正。

星郡于浩书于南昌红谷滩

2023 年 2 月，5 月

作者简介

　　于浩，南昌大学国学研究院副教授、硕士生导师，江西省作家协会会员，中国楹联学会青年工作委员会副主任，江西省楹联学会秘书长，江西省社会科学界联合会第九届理事会理事。主持并完成国家哲学社会科学基金青年项目"明末清初《诗经》注本与学术史研究"，主持江西省高校人文社会科学项目、江西省汉代文化研究项目各1项。主要研究方向为古典文献学、诗经学、经学史、明清学术史等。在《文学遗产》等刊物发表论文十余篇，多篇被人大复印报刊资料转载。主讲"毛诗正义""文献目录学""诗词古文写作""英语经典作品选读""训诂学"等课程，多次获得南昌大学授课质量优秀奖，获得南昌大学第二届青年教师教学竞赛二等奖、第四届江西省高校青年教师教学竞赛三等奖、南昌大学2022年度"十大教学标兵提名奖"等。另在《诗刊》《星星》《扬子江诗刊》《光明日报》《中国艺术报》等发表诗歌、散文百余篇，获2018～2019年度江西文化艺术基金资助，出版诗集《尺素书》（江西高校出版社，2020）。

图书在版编目（CIP）数据

明末清初诗经学研究 / 于浩著. -- 北京：社会科
学文献出版社，2023.12
（致远学术文丛）
ISBN 978 - 7 - 5228 - 2080 - 4

Ⅰ.①明…　Ⅱ.①于…　Ⅲ.①经学 - 研究 - 中国 - 明
清时代　Ⅳ.①Z126.274.8

中国国家版本馆 CIP 数据核字（2023）第 125433 号

致远学术文丛
明末清初诗经学研究

著　　者 / 于　浩

出 版 人 / 冀祥德
组稿编辑 / 祝得彬
责任编辑 / 郭红婷
责任印制 / 王京美

出　　　版 / 社会科学文献出版社 · 当代世界出版分社（010）59367004
　　　　　　地址：北京市北三环中路甲 29 号院华龙大厦　邮编：100029
　　　　　　网址：www.ssap.com.cn
发　　　行 / 社会科学文献出版社（010）59367028
印　　　装 / 三河市东方印刷有限公司

规　　　格 / 开　本：787mm × 1092mm　1/16
　　　　　　印　张：32.25　字　数：511 千字
版　　　次 / 2023 年 12 月第 1 版　2023 年 12 月第 1 次印刷
书　　　号 / ISBN 978 - 7 - 5228 - 2080 - 4
定　　　价 / 198.00 元

读者服务电话：4008918866